Wahrheit und Geschichte

# Wahrheit und Geschichte

Die gebrochene Tradition
metaphysischen Denkens

Festschrift zum 70. Geburtstag
von Günther Mensching

Herausgegeben von
Alia Mensching-Estakhr
und Michael Städtler

Königshausen & Neumann

*Bibliografische Information der Deutschen Nationalbibliothek*

Die Deutsche Nationalbibliothek verzeichnet diese Publikation in der Deutschen Nationalbibliografie; detaillierte bibliografische Daten sind im Internet über http://dnb.d-nb.de abrufbar.

© Verlag Königshausen & Neumann GmbH, Würzburg 2012
Gedruckt auf säurefreiem, alterungsbeständigem Papier
Umschlag: skh-softics / coverart
Frontispiz: © Ulrich Kohlhoff, Hannover
Printed in Germany
ISBN 978-3-8260-4844-9
www.koenigshausen-neumann.de
www.buchhandel.de
www.buchkatalog.de

# INHALTSVERZEICHNIS

## III. Historische Perspektiven: Aufklärung und Moderne

## IV. Modelle I: Gegenwart und ihre Kritik

# VORWORT

„Für den Alexandrinismus, die auslegende Versenkung in überlieferte Schriften, spricht manches in der gegenwärtigen geschichtlichen Lage. Scham sträubt sich dagegen, metaphysische Intentionen unmittelbar auszudrücken; wagte man es, so wäre man dem jubelnden Mißverständnis preisgegeben. Auch objektiv ist heute wohl alles verwehrt, was irgend dem Daseienden Sinn zuschriebe, und noch dessen Verleugnung, der offizielle Nihilismus, verkam zur Positivität der Aussage, einem Stück Schein, das womöglich die Verzweiflung in der Welt als deren Wesensgehalt rechtfertigt, Auschwitz als Grenzsituation. Darum sucht der Gedanke Schutz bei Texten. [...] Die Interpretation beschlagnahmt nicht, was sie findet, als geltende Wahrheit und weiß doch, daß keine Wahrheit wäre ohne das Licht, dessen Spur in den Texten sie folgt. [...] Denn die Autorität der großen Texte ist, säkularisiert, jene unerreichbare, die der Philosophie als Lehre vor Augen steht. Profane Texte wie heilige anschauen, das ist die Antwort darauf, daß alle Transzendenz in die Profanität einwanderte und nirgends überwintert als dort, wo sie sich verbirgt.“ (Adorno)[1]

Die hier vorgelegte Aufsatzsammlung erscheint anläßlich des 70. Geburtstags von Günther Mensching. Sie fällt in eine Zeit, in der die akademische Departementalisierung des Geistes längst abgeschlossen ist. Allerdings arbeiten viele Hochschullehrer – die sich immer öfter selbst als das verstehen, was sie juristisch sind: Verwaltungsbeamte – in den Instituten – die immer öfter auch *Departments* heißen – mit xenophobischer Energie daran, die Verkehrsverbindungen zwischen den Departements endgültig einzustellen und dafür den Binnenverkehr auf Schmalspurgleisen aufs Differenzierteste auszubauen.

Günther Mensching ist dagegen bündig als ein Denker zu charakterisieren, der bei der Auflistung seiner speziellen (!) Arbeitsgebiete immer auch und zuerst „Philosophie“ angegeben hat, in der begründeten Überzeugung, daß es oberhalb der philosophischen Disziplinen und Epochen einen Begriff der Philosophie und eine Philosophie des Begreifens gibt, aus denen die einzelnen Bereiche erst ihren Sinn erhalten, ohne daß dies als *philosophia perennis* zu hypostasieren wäre. Das schließt zugleich ein, daß es seinem Denken in einem eminenten, nicht phänomenologischen, Sinn stets um ‚die Sache‘ geht, um das, was am Gegenstand zu erkennen ist, und nicht um die gleichgültige antiquarische Verwaltung dessen, was hier oder dort gedacht worden ist. Das bedeutet nun aber, daß jener Begriff der Philosophie seinerseits nur einen Sinn erhält, indem er auf besondere Inhalte bezogen ist, und das bestimmt Menschings Interesse für scheinbar disparate Gegenstände und Epochen der Philosophiegeschichte einerseits und seine Offen-

---

[1] Theodor W. Adorno, „Zur Schlußszene des Faust“, in: *Gesammelte Schriften*, Bd. 11, Noten zur Literatur, Frankfurt am Main 1974, 129.

heit für interdisziplinäres Arbeiten im Verständnis eines *studium generale* andererseits.

Dieser Philosophiebegriff läßt sich in seiner inneren Systematik ebenso darstellen am individuellen Werdegang des philosophischen Denkens und der wissenschaftlichen Arbeit von Günther Mensching.

Der Kontakt mit philosophischen und theologischen Fragen ergibt sich bereits im Haus der Eltern; der Religionswissenschaftler Gustav Mensching pflegt vielfältige Kontakte ohne konfessionelle oder kulturelle Borniertheit, der heutige Papst wird ebenso empfangen wie der sowjetische Botschafter. Das Studium beginnt Mensching 1961 in Bonn, und zwar mit den Fächern Chemie, Biologie und Philosophie, unter anderem bei Rothacker, Thyssen und Litt, wobei die metaphysischen Fragen der Naturwissenschaften zunächst im Mittelpunkt stehen. Die Konzentration des Interesses auf die Philosophie, aber auch musikalische Interessen sowie ein Ungenügen an der intellektuellen Situation der 1950er Jahre führen 1962 zum Wechsel nach Frankfurt am Main. Übrigens stand auch Gustav Mensching bereits in Kontakt mit Adorno, wegen des Plans zur Gründung einer ‚Weltuniversität‘, der jedoch nie realisiert werden konnte.

In Frankfurt rückt die Philosophie dann in den Mittelpunkt des Interesses, das sich jedoch ebenso auch auf die Fächer Soziologie, Ethnologie, Germanistik und Geschichte richtet. Neben Lehrveranstaltungen von Liebrucks, Cramer, Habermas, Marcuse und anderen hört Mensching vor allem bei Horkheimer, Adorno und Haag, die in unterschiedlicher Weise einflußreich werden. Karl Heinz Haag lenkt den Blick auf die systematische Entwicklung der Philosophiegeschichte und auf die Philosophie des Mittelalters, deren Studium sonst weitgehend noch ein Thema der katholischen Universitäten ist. Max Horkheimer steht besonders für die Philosophie der Aufklärung, aber ebenso für die elementare metaphysische Dimension von Philosophie. Theodor W. Adorno vertritt schließlich eine Form des Philosophierens, die sich ebenso durch textnahe Interpretation auszeichnet wie durch ein große Spektrum interpretatorischer Mittel, die auch gesellschaftliche und ästhetische, im engeren Sinn auch künstlerische Aspekte einzubeziehen versteht. Dabei ist es besonders die reflektierte Kritik am Betrieb der Kultur und auch der Wissenschaft, die Adorno wohl zur wichtigsten Persönlichkeit in Menschings akademischer Entwicklung machen.

Mehreren Studienaufenthalten in Paris, unter anderem im Mai 1968, folgt 1969 die Promotion über *Totalität und Autonomie. Zur philosophischen Gesellschaftstheorie des französischen Materialismus* bei Adorno und Horkheimer.

Nach einigen Semestern als Lehrbeauftragter und Habilitationsstipendiat der DFG in Frankfurt wird Mensching 1972 zum Akademischen Rat an der Pädagogischen Hochschule Niedersachsen, Abteilung Lüneburg, ernannt; aber auch darüber hinaus bleibt er Frankfurt durch Lehraufträge verbunden. Die Habilitation erfolgt dann 1979 an der Universität Hannover. 1985 wird Mensching dort zum außerplanmäßigen Professor ernannt. Nach einer Vertretung an der Christian-Albrechts-Universität in Kiel im Studienjahr 1992/93 wird er 1994 in

Lüneburg Hochschuldozent. Ab 1997 wirkt er dann als Professor für Philosophie in Hannover. Bis zu seiner Pensionierung im Jahre 2008 war er über zehn Jahre hinweg der Geschäftsführende Direktor des Seminars.

Menschings Arbeit befaßt sich anfangs überwiegend mit der Philosophie der Aufklärung, bald aber auch mit Thomas von Aquin und immer zunehmend mit der mittelalterlichen Philosophie überhaupt. Aus der Lehre in Hannover und, im Rahmen einer Gastprofessur, an der Université Paris I (Panthéon Sorbonne) im Studienjahr 1984/85 entsteht die Monographie *Das Allgemeine und das Besondere. Der Ursprung des modernen Denkens im Mittelalter*, die, bis heute, als Menschings Hauptwerk bezeichnet werden darf.

Menschings Abschied von der Universität Hannover vollzieht sich, das sollte nicht unerwähnt bleiben, in einer Phase des äußeren und inneren Verfalls des Philosophischen Seminars, das kurz später nach gänzlicher Auflösung durch ein Institut für Philosophie ersetzt wurde, das im Rahmen des Konzepts der Rückkehr zur Technischen Universität, gleichwohl nun im Namen Gottfried Wilhelm Leibniz', vorwiegend auf eine Philosophie der Naturwissenschaft setzt, die anderer Art ist als Mensching sie 1961 im Blick gehabt haben mochte und die sich darum auch den Gegenständen der Philosophiegeschichte auf eine andere Art zuwendet als zuvor das hierfür bekannte Philosophische Seminar.

Dieser formale oder institutionelle Abriß deutet schon an, warum die Philosophie der Aufklärung früh und anhaltend zum wesentlichen Thema wurde: Es ergibt sich zunächst aus dem Studienkontext der kritischen Theorie Horkheimers und Adornos, deren Theorie einer *Dialektik der Aufklärung* allerdings von Mensching nicht im Sinne der fatalen, letztlich postmodernen Hauptströmung der Rezeption als verhängnisvolle Identität von Vernunft und Herrschaft aufgefaßt wurde, die nur durch Preisgabe der Vernunft zu beantworten sei. Vielmehr geht es Mensching darum, die immanente Gegenläufigkeit der Entwicklung menschlicher Vernunft herauszuarbeiten, die mit der zunehmenden Befreiung, Bildung von Autonomie, zugleich soziale Herrschaft und deren Institutionen entwickelt, die ihrerseits auf der Autonomie des Individuums gegründet sind. Dieser vor allem in der Neuzeit verlaufende Prozeß lenkt den Blick besonders auf den französischen Materialismus, der gewissermaßen invers zum geschichtlichen Vorgang eine theoretische Befreiung intendiert, aber durch den Bruch mit der traditionellen Metaphysik, die Reduktion des Menschen aufs Naturwesen, diesen, wenn auch ungewollt, dem Naturzusammenhang überantwortet und darin seine sozial erzeugte Reduktion auf Funktionalität in verbrämter Weise ausspricht. Neben Editionen von Voltaire, Helvétius, d'Alembert und einer neueren Monographie zu Rousseau ist hier vor allem die Studie *Totalität und Autonomie* zu nennen.

Indem die Aporetik des modernen Denkens auf überlieferte metaphysische Theorien unter veränderten geschichtlichen Bedingungen reagiert, weist sie zurück auf die Philosophie des Mittelalters, aus der die kritisierten Theorien letztlich stammen. Menschings Frage ist dabei aber nicht rein ideen- oder motivgeschichtlich formuliert, sondern sie richtet sich auf den sachlichen Kern der Entstehung des modernen Denkens mit allen seinen spezifischen Aporien. In dieser Intention beginnt das Buch über den *Ursprung des modernen Denkens im Mittelalter* mit der spätantiken Transformation der Metaphysik und arbeitet sich vor bis zu der, mit Ockham verknüpften, *Ambivalenz der Moderne*. Leitend ist dabei das Moment-Verhältnis von Allgemeinem und Besonderem, deren erstes in der Metaphysik des Mittelalters, deren zweites aber in deren Infragestellung im Übergang zur Neuzeit vorwiegt. Die Gründe dieser Gewichtsverschiebung werden als Ursprünge des modernen Denkens identifiziert, und zwar auf eine Weise, die den Übergang zur Neuzeit deutlich früher ansetzt als es üblich ist, nämlich spätestens bei Thomas von Aquin, dem Mensching, neben Roger Bacon, eine Monographie gewidmet hat. Diese ‚Vordatierung' ergibt sich aus der Aufgabenstellung einer systematischen Neubestimmung des Übergangs vom Mittelalter zur Neuzeit aus dem an der Kritik der Aufklärung gebildeten Verständnis der Aporetik neuzeitlichen Denkens heraus.

In der letzten Zeit hat sich Mensching in Vorträgen, Aufsätzen, Vorlesungen und Colloquien immer wieder erneut mit der kritischen Theorie und deren Umfeld beschäftigt. Das ist wohl weniger als das Schließen eines Kreises zu interpretieren denn als fortgesetzte aktive Positionierung des eigenen Denkens, das als kritisches sich der Gegenstände wie der Maßstäbe der Kritik ständig neu versichert; auch dies ist ja eine Bedeutung der Dialektik der Aufklärung, daß aufklärendes Denken, um nicht dogmatisch zu werden, sich über sich selbst aufklären, die eigenen Bedingungen und Voraussetzungen reflektieren muß. Eine solche Philosophie versteht sich im emphatischen Sinn als historisch und hält zugleich systematisch am Anspruch auf wahre Erkenntnis fest. Sie ist damit zugleich, wie Mensching selbst mit teils ironischem teils forciertem Akzent bekundet, ‚normativ'. Dieser Philosophiegriff bildet das einigende Band seiner Arbeiten, ob sie nun über Kunst, Erkenntnistheorie, politische Philosophie, Ethik oder Fragen des Rechts handeln.

Mit diesem Philosophiebegriff, der systematische Begriffe und historische Genese verbindet, ohne einerseits Genesis und Geltung zu verwechseln oder andererseits die Geltung mit gewollt wissenschaftlicher Neutralität gegen die Entwicklungsbedingungen menschlichen Denkens, die immer selbst normative Bedingungen einschließen, zu isolieren, – mit diesem Begriff von Philosophie ist das Thema des vorliegenden Bandes präzise bestimmt. Die Autoren waren aufgefordert, aus ihren unterschiedlichen Fächern, Disziplinen und Arbeitsgebieten heraus das Verhältnis von Wahrheit und Geschichte zu kommentieren. Sie haben es teils in systematischer Absicht getan, teils an bestimmten historischen Modellen von der Antike bis in die Gegenwart, teils anhand praktischer Modelle, teils auch in sehr persönlicher Weise.

Die Herausgeber sind zunächst allen Autoren des Bandes zu großem Dank verpflichtet. Drei Beiträge müssen leider postum erscheinen; da es sich um Persönlichkeiten handelt, die für das Leben und Denken  Günther Menschings von besonderer Bedeutung gewesen sind, gilt unser herzlichster Dank denjenigen, die es ermöglicht haben, aus den Nachlässen zu publizieren. Für den Beitrag von Karl Heinz Haag bedanken wir uns bei Friderun Fein und Dr. Hubert Fein, für den Text Gerhard Menschings bei Katharina Mensching und für den Beitrag von Peter Bulthaup beim Peter-Bulthaup-Archiv.

Für unverzichtbare technische Unterstützung danken wir Burkhard Müller sowie für wertvolle redaktionelle Mitarbeit Alexander Lückener.

Schließlich sind wir Herrn Dr. Thomas Neumann vom Verlag Königshausen & Neumann ganz besonders verbunden für die freundliche und reibungslose Zusammenarbeit sowie für die großzügige Betreuung und Unterstützung der Herausgabe dieses Buches.

Hannover, zu Beginn des Jahres 2012
Alia Mensching-Estakhr
Michael Städtler

# I.

## Systematische Perspektiven

# Wahrheit und Geschichte.
## Die ungebrochene Tradition metaphysischen Denkens

ANDREAS SPEER (Köln)

## I.

Der folgende Beitrag mag als eine ungehörige Provokation und als eine Anma-
ßung zugleich erscheinen. Denn er negiert die im Untertitel dieser Festschrift
aufgestellte Behauptung, die sicher nicht ohne Bedacht mit Blick auf das Werk
und das Denken des zu Ehrenden gewählt worden ist. Doch diese Negation erfolgt in dialektischer oder besser in disputativer Absicht. Ziel ist ein intellektueller Streit in bester scholastischer Tradition um das Verständnis und um die Möglichkeiten metaphysischen Denkens. Ich sage bewußt nicht: der Metaphysik.
Denn es geht mir nicht um die Disziplingeschichte der Metaphysik und damit
um die Frage, ob und wie diese ihre vormals angestammte Stellung als „erste
Wissenschaft" behaupten kann. Denn die Felder des Wissens erscheinen disapara-
ter denn je, und zumeist sind es andere Wissenschaften, die heute mit dem Anspruch einer Leitdisziplin auftreten. Doch das ist für den, der sich auf die Suche
nach einem Wissen von den ersten Ursachen macht, keine wirkliche Überra-
schung. Schon Aristoteles sah sich in seiner Metaphysikvorlesung (*Met.* A 3) mit
einer vergleichbaren Herausforderung konfrontiert, die ihn zu einer Auseinandersetzung mit den wichtigsten Positionen vor allem der Ionischen Naturphilosophen führt, die für seine Bestimmung der „gesuchten Wissenschaft" von konstitutiver Bedeutung ist. Aristoteles selbst führt damit vor Augen, was Robin
George Collingwood in seinem *Essay on Metaphysics* so formuliert hat: „*Metaphysics has always been an historical science; but metaphysicians have not always
been fully aware of the fact.*"[1]

Diesem archäologischen Ausgangspunkt metaphysischen Denkens – dem
zugleich historischen wie systematischen Ausgangspunkt – gilt die Aufmerksamkeit dieses Beitrages. Diese für den metaphysischen Diskurs konstitutive
Verschränkung sagt auch etwas über die Eigentümlichkeit der Philosophie, die
als Probleme lösende und Fragen beantwortende Wissenschaft sicherlich nur unzureichend beschrieben ist. Die Fragen der Philosophie sind anderer Art, und sie
sind oftmals zu komplex und zu weitreichend, als daß wir Menschen sie überhaupt beantworten könnten. Collingwood spricht in diesem Zusammenhang von
„*absolute presuppositions*", absoluten Voraussetzungen oder Grundüberzeugungen, die unseren Fragen und den Fragen und möglichen Antworten der Wissenschaften zugrundeliegen. Diese absoluten Grundüberzeugungen oder absoluten

---

[1] Robin George Collingwood, *An Essay on Metaphysics.* Revised Edition, hg. mit Einleitung v. Rex Martin, Oxford 1998, 58.

Voraussetzungen sind der eigentliche Gegenstand der Metaphysik oder genauer: der Geschichte der Metaphysik. Denn es sind eben keine Antworten auf Fragen, sondern vielmehr Voraussetzungen für Fragen, und deshalb – so Collingwood – „ist die Unterscheidung zwischen wahr und falsch auf sie gar nicht anwendbar"[2]. Mithin ist das metaphysische Denken auch nicht der unstatthafte Versuch, diese Fragen aus einer göttlichen Perspektive zu beantworten, vielmehr eine kritische Grenzbestimmung unserer Erkenntnis- und Antwortmöglichkeiten.

Genau hier scheint mir das grundlegende Mißverständnis zu liegen, wenn von einem Bruch mit der Tradition metaphysischen Denkens oder gar von einem Ende der Metaphysik die Rede ist. Dabei ist sich die Rede von einem nachmetaphysischen Zeitalter, die heutzutage zum Jargon einer *„philosophical correctness"* zählt, oftmals nicht einmal mehr des eigenen metaphysischen Ausgangspunktes jener Befindlichkeit bewußt, welche die Möglichkeiten der abendländischen Metaphysik für erschöpft hält. Martin Heidegger hat dies so formuliert[3] und zugleich die Geschichte der Metaphysik als eine einzige Verfallsgeschichte erzählt, als den letztlich zum Scheitern verurteilten Versuch, die ereignishafte Offenheit des Seins dinghaft als Seiendes zu erfassen und dem Denken verfügbar zu machen[4] – einem Denken, das zudem ganz offenkundig den göttlichen Standpunkt nicht scheut, um von dort aus die Wirklichkeit als einen weitgehend homogenen Ordnungszusammenhang zu (re)konstruieren. Eben diese von Beginn an latente ontotheologische Verfassung der Metaphysik und ihre Qualifizierung als ein idealer Gegenweltsdiskurs habe, folgt man dieser Anlyse, zu der Überzeugung beigetragen, daß diese Form der Metaphysik ihre Bedeutung endgültig eingebüßt hat und wir in ein nachmetaphysisches Zeitalter eingetreten sind. In der Tat scheinen unsere gegenwärtigen Grundintuitionen, die in der Betonung der Differenz gegenüber der Synthese, in der Unausweichlichkeit von Dezentrierung und Perspektivismus sowohl in theoretischer wie in praktischer Hinsicht dem metaphysischen Denken kontradiktorisch zuwiderzulaufen, sofern dieses auf der Grundüberzeugung der Konvergenz und der Möglichkeit homogener Wirklichkeitserfassung beruht.

Jürgen Habermas, der den Begriff des „nachmetaphysischen Denkens" geprägt hat, sieht gleichwohl das Ziel von Heideggers Destruktion der Geschichte der Metaphysik in einer negativen Metaphysik, d.h. „im Einkreisen dessen, was

---

[2] Robin George Collingwood, *Denken. Eine Autobiographie* (übers. v. H.-J. Finkeldei), Stuttgart 1955, 66 (engl. R.G. Collingwood, *An Autobiography*, Oxford 1939, paperback 1970, 66); vgl. auch: Collingwood, *An Essay on Metaphysics*, 59.

[3] Vgl. Martin Heidegger, *Nietzsche II*, 6. Aktualisierte Aufl., Stuttgart 1998, 60-68 und 177-180.

[4] Siehe hierzu klassisch Martin Heideggers Einleitung zu *Sein und Zeit* oder die Vorbetrachtung zur Vorlesung: *Die Grundbegriffe der Metaphysik: Welt – Endlichkeit – Einsamkeit*, in: Gesamtausgabe Bd. 29/30 hg.v. Friedrich-Wilhelm von Herrmann, 2. Aufl., Frankfurt am Main 1992, bes. das dritte Kapitel der Vorbetrachtung, 37-87; ferner Costantino Esposito/Pasquale Porro (Hg.), *Heidegger e i medievali* (Quaestio 1), Turnhout-Bari 2001.

die Metaphysik immer schon gemeint und immer schon verfehlt hatte"[5]. Und entgegen dem gängigen Verständnis der Rede vom nachmetaphysischen Zeitalter macht sich Habermas auf die Suche nach Motiven und Aspekten metaphysischen Denkens, an denen sich der Funke einer „sich aus der Asche dieses Negativismus"[6] erhebenden Erneuerung der Metaphysik ablesen läßt.

Auch ein Blick auf die vielen *„Introductions and Companions to Metaphysics"*, die nicht von ungefähr an die berühmten *„Cursus metaphysici"* der frühen Neuzeit erinnern, zeigt eine verblüffende Selbstverständlichkeit, mit der gegenwärtig metaphysische Fragen identifiziert und diskutiert werden, und bestätigt ein ständig wachsendes Interesse im Kontext des analytischangelsächsischen Philosophiediskurses an dieser einstmals mit Argwohn verfolgten Disziplin. Hierbei ist allerdings der historische Kontext der als metaphysisch qualifizierten Probleme zumeist ausgeblendet oder auf einige arbiträre historische Kennmarken reduziert, die über eine bloße namentlich Markierung des Arguments nicht hinausgehen. Daß die Geschichte eines Begriffs oder eines Problems selbst einen argumentativen Status besitzt, spielt bei einer solchen Rekonstruktion metaphysischer Fragestellungen keine Rolle. Die behandelten Fragen scheinen vielmehr eine unmittelbare Aktualität zu besitzen, so als ob wir sie jetzt in gleichsam präsentischer Gestalt vorfinden und zu beantworten haben. Immerhin zeigen diese aktuellen Debatten, wie lebendig der Metaphysikdiskurs ist, frei von jeder postmetaphysischen Müdigkeit.

Ich möchte im folgenden den Versuch unternehmen, im Rekurs auf die Geschichte der Metaphysik das Ursprüngliche des metaphysischen Denkens zurückzugewinnen. Es gilt das metaphysische Denken in seinem sachlichen wie historischen Ursprung freizulegen. Im Mittelpunkt stehen dabei Aristoteles und die aristotelische Traditionslinie metaphysischen Denkens, die Jürgen Habermas in seiner idealistischen Skizze der Entwicklung des metaphysischen Denkens wie in der Suche nach Motiven und Aspekten nachmetaphysischen Denkens eingestandenermaßen vernachlässigt. Oder ist diese Ausblendung nicht doch Teil des Problems, das sich nicht zuletzt an der Skepsis gegenüber der Reichweite metaphysischer Geltungsansprüche entzündet?

Indem wir dieser Frage nachgehen, richtet sich das Augenmerk vor allem auf das metaphysische Denken selbst und nicht so sehr – ich sagte es bereits – auf die höchst komplexe Disziplingeschichte der Metaphysik. Ziel einer solchen Archäologie ist dabei weniger die Erforschung der Vergangenheit, als vielmehr das bessere Verständnis unserer gegenwärtigen Fragen – ganz im Sinne von Collingwoods „Laboratorium historischen Denkens"[7], das im Kern als eine fragende Aktivität zu begreifen ist, die nicht nur die Bedingungen menschlichen

---

[5] Jürgen Habermas, *Nachmetaphysisches Denken. Philosophische Aufsätze*, Frankfurt am Main 1988, 35.

[6] Ebd.

[7] Collingwood, *Denken*, 27 (Collingwood, *An Autobiography*, 26).

Verstehens allgemein betrifft, sondern eine Dimension menschlicher Existenz selbst darstellt.

II.

„Metaphysics has always been an historical science."[8] Dieses Diktum Collingwoods trifft auf exemplarische Weise auf jene Vorlesung des Aristoteles zu, die – ob aus bibliothekarischen oder anderen Gründen – seit dem 1. Jhdt. v. Chr. unter dem Titel *Metaphysik* überliefert ist.[9] Aristoteles selbst gebraucht einen anderen Namen: „erste Philosophie"[10] oder „erste Wissenschaft"[11]. Dies geschieht im doppelten Sinn des Wortes, setzt er doch diejenigen, welche sich auf die Suche und auf den Weg nach jenem ausgezeichneten Wissen machten,[12] das er als Wissen der ersten Ursachen und Prinzipien bestimmt,[13] mit den ersten Philosophen gleich, die nach den Ursachen von allem gesucht hätten, woraus alles Seiende ist, woraus es als dem Erstem entsteht und wohinein es als dem Letzten wieder eingeht.[14]

Diesem Rekurs auf die konkrete historische Ausgangssituation, dem wir zu großen Teilen auch unsere Kenntnis der sogenannten Vorsokratiker verdanken, entspricht hinsichtlich der wissensgenetischen Rekonstruktion die Berufung auf die Evidenz der Alltagserfahrung, etwa diejenige des Handwerkers oder des Arztes. Auf diese Weise stellt der Gedankengang am Beginn der aristotelischen *Metaphysica* eine eigentümliche Mischung aus erfahrungs- und begründungstheoretischer Argumentation dar. Für Alexander von Aphrodisias, einem der ältesten in einer langen Reihe von Kommentatoren, ist dieser Ausgang von der allgemeinen Alltagspraxis bezeichnend für die Art und Weise, wie Aristoteles seine Untersuchungen gewöhnlich beginnt, um schließlich zu allgemeinen Vorstellungen bzw. Allgemeinbegriffen zu gelangen.[15] Im Ausgang von der flüchtigen, auf den singulären Eindruck beschränkten Wahrnehmung bietet das Gedächtnis die Möglichkeit, derartige Eindrücke zu speichern und somit die Grundlage für die Erfahrung (*empeiria*) bereitzustellen, die sich stets auf eine Mehrzahl gleicher

---

[8] Siehe Anm. 1.

[9] Siehe hierzu Hans Reiner, „Die Entstehung und ursprüngliche Bedeutung des Namens Metaphysik", in: *Zeitschrift für philosophische Forschung* 8 (1954), 210-237; ders., „Die Entstehung der Lehre vom bibliothekarischen Ursprung des Namens Metaphysik", in: *Zeitschrift für philosophische Forschung* 8 (1954), 77-99; sowie Pierre Aubenque, *Le problème de l'être chez Aristote*, 2. Aufl., Paris 1994, 28-44.

[10] Aristoteles, *Metaphysik*, E 1 (1026 a 24). Im Folgenden wird die Abkürzung *Met.* verwendet.

[11] Ebd., K 4 (1061 b 30f.).

[12] Vgl. ebd., A 2 (983 a 21-23).

[13] Vgl. ebd., A 1 (982 b 28f.).

[14] Vgl. ebd., A 3 (983 b 7-9).

[15] Vgl. Alexander von Aphrodisias, *Comm. in lib. Met. Aristotelis*, A 2. 982 a 6, hg.v. Hermann Bonitz, Berlin 1847, 9, 22.

und gleichartiger Eindrücke beruft. Diese erlauben uns eine bessere Orientierung in vergleichbaren Situationen, ohne daraus eine feste Regel gewinnen zu können. Das Regelhafte zu erkennen, ist dagegen eine Kunst (*techne*), die schließlich zum Wissen (*episteme*) im eigentlichen Sinne führt, das darin über die Kunstfertigkeit hinausgeht, daß es stets auch das Prinzip der jeweils erkannten Gesetzmäßigkeit in den Blick nimmt.

Damit zeigt sich das Strukturprinzip dieser kurzgefaßten Rekonstruktion der Wissensgenese von der Wahrnehmung über die Erinnerung, die Erfahrung und die Kunstfertigkeit zum Wissen gemäß der aristotelischen Vorgabe aus *Met.* A 1: Es geht um die Verknüpfung von einfachen Informationseinheiten und Daten und um das Meistern von Komplexität. Dies geschieht durch die Zuordnung einzelner Elemente zu einer Folge und schließlich durch das Einführen eines Kriteriums. Dieses Kriterium fungiert als Bedingung, der gemäß die Glieder der jeweiligen Folge innerhalb der durch dieses Kriterium gesetzten Grenzen „eingefangen" werden können und im Sinne Collingwoods als *„presupposition"*, als Voraussetzung gelten kann. Bei diesem Verfahren geht es nicht so sehr um Homogenität, sondern um Konvergenz, und es geht um die Voraussetzungen dieser Konvergenz – etwa dann, wenn nach der Art dieser *„presupposition"* gefragt wird.

Dieser Sinngehalt von Konvergenz scheint mir recht genau die Grundintention des aristotelischen Gedankengangs am Beginn seiner Metaphysikvorlesung zu treffen: Die aristotelische Wissensgenese nämlich setzt bezogen auf das jeweilige epistemische Feld eine Grenzwertannahme voraus, welche der Erkenntnisoperation ihre Zielrichtung innerhalb der damit zugleich vorgegebenen Schranken verleiht. Vor allem um diese Bedingung des Begriffs der Konvergenz soll es im folgenden gehen.[16] Je weiter nämlich bei der beschriebenen Erkenntnisoperation unser Blick reichen soll, je umfassender die epistemischen Felder angelegt sein sollen, desto allgemeinere Regeln müssen wir suchen, desto mehr müssen wir, so hatte uns Aristoteles zu zeigen versucht, vor allem die Ursachen kennenlernen und wie diese miteinander verknüpft sind: etwa in Form von Schlußfolgerungen. Um zu komplexeren Schlußfolgerungen und umgreifenderen epistemischen Feldern zu gelangen, bedürfen wir allgemeinerer Prinzipien, welche ein Verknüpfen von etwas Gewußtem zu größeren Zusammenhängen überhaupt erst ermöglichen. Denn Wissen zeichnet sich dadurch aus, daß wir stets die Gründe angeben können, die unserer Verknüpfung, unserem Urteil zugrundeliegen.

Dahinter steht eine erfahrungsbezogene Heuristik, die bei der Bestimmung jener Ursachen und Prinzipien, deren Wissen die Weisheit (*sophia*) ist, ihren Ausgang von den Ansichten nimmt, die wir von dem Weisen haben.[17] Aus dieser Heuristik leitet Aristoteles die Merkmale jener Wissenschaft ab, in der die Wissensdynamik in dem Anspruch, alles zu wissen, zu konvergieren scheint. Ihr

---

[16] Siehe hierzu ausführlich Andreas Speer, *Fragile Konvergenz. 3 Essays zu Fragen metaphysischen Denkens* (éditions questions, Sonderband 7), Köln 2010.

[17] Vgl. Aristoteles, *Met.* A 2 (982 a 6 – 982 b 4).

kommt im Vergleich mit anderen epistemischen Feldern insofern eine Sonderstellung zu, als bei der Suche nach den Konvergenzkriterien nicht mehr zu einem nächsten, höheren Kriterium fortgeschritten werden kann. Die erste Wissenschaft bildet vielmehr den obersten Referenzpunkt für das im höchsten Sinn Erkennbare, „durch das und aus dem alles übrige erkannt wird, nicht aber dieses aus etwas Untergeordnetem"[18].

Die Konvergenzkriterien der gesuchten ersten Wissenschaft sind Allgemeinheit, Genauigkeit und das Wissen um die ersten Prinzipien und Ursachen.[19] Ein solches Wissen ist jedoch – so lauten die von Aristoteles aufgestellten Kriterien – am schwersten zu gewinnen, da es am weitesten von den Wahrnehmungen entfernt ist; es ist genauer, da es mit weniger Bestimmungen auskommt; es befähigt am meisten zum Lehren, sofern es uns in die Lage versetzt, von jedem Ding die Ursachen anzugeben, und bildet gerade darin mehr als alles übrige Wissen die Voraussetzung dafür zu erkennen, worum willen ein jegliches zu tun ist; dabei ist es selbst zweckfreies Wissens und Verstehen um seiner selbst willen – nicht als *l'art pour l'art*, sondern als Reflexion auf jene Bedingungen und Prinzipien, „durch die und aus denen die übrigen Dinge erkannt werden"[20].

Darin zeigt sich ein konstitutives epistemisches Strukturmoment metaphysischen Denkens, das im Ausgang von der Wahrnehmung (*aisthesis*) auf die Bedingungen des Verstehens abhebt. Hierbei nimmt das Denken nicht nur die Verstehensbedingungen der jeweils konkreten Kunstfertigkeit oder Wissensform in den Blick. Dieser Blick richtet sich vielmehr auf die Bedingungen des Verstehens schlechthin. Je weiter aber die Analyse voranschreitet, desto deutlicher wird erkennbar, daß der Auffindungszusammenhang schon einen gewissen Begründungszusammenhang als dessen Voraussetzung (*presupposition*) voraussetzt. Beide sind invers miteinander verschränkt: Die Suche nach den Bedingungen, unter denen wir etwas wissen können, läßt nämlich erkennen, daß das, was sich uns als Erstes zeigt, nicht das Erste in der Begründungsordnung ist, sondern sich schon immer und nur unter den Grenzwertbedingungen des jeweiligen Prinzips als der jeweiligen Voraussetzung erschließt, ohne daß dieses Prinzip jedoch in der Weise erkannt werden kann, daß diese beiden Ordnungen „für uns" und „an sich selbst" zusammenfielen. Damit entfällt die Möglichkeit, die Untersuchungsrichtung umzukehren und diese Wissenschaft deduktiv zu entwickeln.[21]

Doch gerade diese methodische Selbstbeschränkung des metaphysischen Denkens ist in der Folgezeit nicht unwidersprochen geblieben, etwa in der Forderung nach einem höheren Maß an apodeiktischer Verbindlichkeit. Der *„mos geometricus"* als Modell einer strengen Wissensaxiomatik hat seine Faszination

---

[18] Ebd., A 2 (982 b 2-4).

[19] Vgl. ebd., A 2 (982 a 17-32).

[20] Ebd., A 1 (982 b 1-3).

[21] Siehe hierzu Pierre Aubenque, „Aristoteles und das Problem der Metaphysik", in: *Zeitschrift für Philosophische Forschung* XV/3 (19XX), 321-333, bes. 328-331; ferner ausführlich Aubenque, *Le problème de l'être chez Aristote*, 45-66.

bekanntlich bis heute nicht verloren.[22] Für Aristoteles jedoch – darauf hat vor allem Pierre Aubenque hingewiesen – bleibt die erste Wissenschaft in der Konsequenz eine „gesuchte Wissenschaft"; so lautet ja auch der keineswegs rhetorisch gemeinte Name, unter dem uns Aristoteles diese Wissenschaft zunächst vorstellt. Dieser Gestus des Suchens bestimmt das Ziel, die Methode und die Eigenart eines Philosophierens nach Art des metaphysischen Denkens.[23]

## III.

Mit dieser Unzugänglichkeit muß wohl erklärt werden, warum sich Aristoteles bei der Antwort auf die Frage, was denn die Natur der gesuchten Wissenschaft sei, zunächst auf diejenigen bezieht, „die vor uns zu einer Untersuchung der Natur der Dinge schritten und über die Wahrheit philosophierten"[24]. Denn auch diese hätten von gewissen Prinzipien und Ursachen gesprochen, die für die eigene Erörterung von Nutzen seien, sei es, daß eine andere Art von Ursachen gefunden oder die bereits genannten bestätigt würden.[25] Somit gewinnt Aristoteles seine Antwort zunächst im Rekurs auf die Theorien vornehmlich der Ionischen Naturphilosophen, die er vorfindet und die er zum Teil ausführlich darstellt und diskutiert, um zu zeigen, wie ein jeder seiner Vorgänger, „wie gesagt, von der Wahrheit selbst genötigt <war>, das nächstfolgende Prinzip zu suchen"[26], wenn die bisherige Antwort sich als unzureichend erwies. In diesem Sinne sind – wie Robin George Collingwood zu zeigen versucht hat – auch absolute Annahmen, wie sie die Metaphysik zum Gegenstand hat, in geschichtliche Entwicklungsprozesse einbezogen. Denn jene Grundüberzeugungen, die der Metaphysiker zu erfassen und einzuordnen versuche, seien eben nicht einfach Antworten auf Fragen, vielmehr Voraussetzungen für Fragen. Sie können selbst nicht ohne die historisch aufzuklärenden Fragen verstanden werden, auf die sie eine Antwort formulieren. Als Archäologe sei ihm, so schreibt Collingwood in seiner philosophischen Autobiographie, die Bedeutung der „fragenden Aktivität" für die Erkenntnis klar geworden.[27] Mit Recht müsse man daher, so formuliert dann auch Aristoteles seine hermeneutische Leitvorstellung, „nicht bloß gegenüber denje-

---

[22] Hierzu Andreas Speer, „Das ‚Erwachen der Metaphysik'. Anmerkungen zu einem Paradigma für das Verständnis des 12. Jahrhunderts", in: Matthias Lutz-Bachmann/Alexander Fidora/Andreas Niederberger (Hg.), *Metaphysics in the Twelfth Century. On the Relationship among Philosophy, Science and Theology* (Textes et Études du Moyen Âge, 19), Turnhout 2004, 17-40, bes. 33-39.

[23] Vgl. Aristoteles, *Met.* A 2 (983 a 20-23). Hierzu Aubenque, „Aristoteles und das Problem der Metaphysik", 322-325.

[24] Ebd., A 3 (983 b 1-3).

[25] Vgl. ebd., A 3 (983 b 3-6).

[26] Ebd., A 3 (984 b 9-11).

[27] Vgl. Collingwood, *Denken*, 65-68 (Collingwood, *An Autobiography*, 65-68).

nigen dankbar sein, deren Ansichten man zustimmt, sondern auch gegenüber denen, die ihre Lehren mehr an der Oberfläche gehalten haben. Denn auch sie trugen dadurch etwas <zur Wahrheit> bei, daß sie unsere Fähigkeiten übten und vorbildeten"[28].

Diese Feststellung, die auf das historische Strukturmoment metaphysischen Denkens verweist, nimmt Aristoteles ernst, wie seine ausführliche Auseinandersetzung mit den Vorgängern zeigt. Das historische Strukturmoment ist somit keinesfalls äußerlicher Natur, sondern gehört zum Kern der Suche nach der ersten Wissenschaft. Diese Suche verläuft – nehmen wir das dritte Buch der *Metaphysik* zum Maßstab – zunächst aporetisch. Doch auch dies scheint mir für das metaphysische Denken charakteristisch, das – wie wir gesehen haben – einerseits Ausdruck der offenkundigen Notwendigkeit eines Endpunktes der Wissensgenese ist, der als Grenzwert die Wissensfolge überhaupt konstituiert und ohne den – wie Averroes in seinem Metaphysik-Kommentar nachdrücklich unterstreicht – alles Wissen zerstört würde.[29] Doch zugleich sieht sich das metaphysische Denken im Verfolg dieser Suche mit der Tatsache konfrontiert, daß ein den eingangs explizierten Kriterien entsprechender weisheitlicher Wissenshabitus dem Menschen schlechterdings nicht möglich ist. Von einem „schaffenden Scheitern" des aristotelischen Metaphysikprojekts hat daher Pierre Aubenque gesprochen und die eigentümliche Produktivität der Metaphysik gerade darin gesehen, daß das progammatische Vorhaben einer ersten Philosophie, welche kraft des Primats ihres Prinzips und der Allgemeinheit ihres gegenüber den übrigen Wissenschaften ausgezeichneten Gegenstandes die gesamte Wirklichkeit in einer höchstmöglichen Einheit zu betrachten imstande wäre, in der Suche nach dieser Einheit, nicht jedoch in deren anschauenden Besitz, ihre zumindest für den Menschen mögliche Antwort findet.[30] Denn es sind, wie schon Platon im *Symposion* (204 A) bemerkt, allein die Menschen, die philosophieren.

Diese Eigentümlichkeit des metaphysischen Denkens besitzt zugleich Folgen für die Möglichkeitsbedingungen der Konstitution epistemischer Felder überhaupt. Hierbei erscheinen die Grenzwertbestimmungen unter den Erkenntnisbedingungen der menschlichen Vernunft als jene Wahrheit, die wir nie ganz erfassen, von der wir aber immer etwas erfassen müssen. Die epistemische Konvergenz ist daher im Kern fragil. Damit steht aber auch die Einheit des epistemischen Feldes der Metaphysik in Frage – eine Frage, für die Aristoteles offensichtlich nicht ohne Absicht mehrere Alternativen für zulässig hält, obgleich er

---

[28] Aristoteles, *Met.* α 1 (993 b 11-14).

[29] Vgl. Averroes, *In II Metaph.*, comm. 8-11 (ed. Ven. 1562-1574, repr. Frankfurt am Main 1962), 32vM-33vM; Ausgangspunkt ist die Feststellung des Aristoteles in *Met.* α 2 (994 a 1f.), daß es ein Prinzip geben müsse und die Ursachen des Seienden weder in fortlaufender Reihe noch der Art nach ins Unendliche fortschreiten können.

[30] Vgl. Aubenque, „Aristoteles und das Problem der Metaphysik", 332f.

doch in seiner *Zweiten Analytik* das Einheitskriterium für jede Wissenschaft ausdrücklich unterstreicht.[31]

Wenn wir daher in den Worten des Thomas von Aquin das epistemische Feld der ersten Philosophie gemäß der Kriterien aus *Met.* A 2: nämlich Allgemeinheit, Genauigkeit, Erstheit hinsichtlich der Prinzipien, Autarkie und Ordnungsprimat, als *universalis veritas entium*, als umfassende Wahrheit des Seienden bestimmen, dann kann dies doch zugleich allein unter der Perspektive geschehen, wie sich der Mensch zu der zu erkennenden Wahrheit verhält.[32] Aus der Beschränkung seitens unserer Vernunft[33] leitet etwa Thomas von Aquin die Notwendigkeit ab, daß sich die Menschen einander bei der Erkenntnis der Wahrheit unterstützen, denn niemand sei hierzu allein in der Lage.[34] Daher gebe es eine historische Sukzession derer, die sich auf diese Suche begeben haben.[35]

Diese Notwendigkeit einer historischen Konvergenzbedingung ist nicht zuletzt dem Umstand geschuldet, sich in einer gegebenen Situation für einen bestimmten Zugang entscheiden zu müssen, ohne daß wir sicher sein könnten, von diesem Zugang aus die aufgeworfene Frage vollständig beantworten zu können. Dies gilt in einem eminenten Sinne auch für das metaphysische Denken selbst. Metaphysische Analyse nennt Collingwood daher eine Methode, *„by which the metaphysician discovers what absolute presuppositions have been made in a certain piece of scientific work by using the records of that work as evidence"*[36]. Jene absoluten Grundannahmen (*absolute presuppositions*), die der Metaphysiker zu erfassen und einzuordnen, deren Geschichte er zu studieren hat, sind, so Collingwood, Voraussetzungen für Fragen, wie sie von Wissenschaftlern gestellt werden, aber keineswegs Antworten auf diese Fragen.[37] In diesem Sinne ist die Metaphysik *„a science of absolute presupposition"*[38].

---

[31] Siehe hierzu etwa Aristoteles, *Analytica posteriora*, A 28 (87 a 37f.), wo Aristoteles insbesondere die Einheit des Gegenstandsbereiches betont, die in Hinblick auf die Subjekt-Gattung ausgesagt wird. Neben dem Begriff des *„genos"* gewinnt in diesem Zusammenhang vor allem der Begriff des *„hypokeimenon"* – so in *Met.* B 2 (997 a 18-22) – an Bedeutung. Siehe hierzu Albert Zimmermann, *Ontologie oder Metaphysik? Die Diskussion über den Gegenstand der Metaphysik im 13. und 14. Jahrhundert. Texte und Untersuchungen*, 2. erw. Aufl. (RTPM - Bibliotheca 1), Leuven 1998, 130-134. Die Frage nach dem eigentümlichen Wissenschaftssubjekt, dem *„proprium subiectum"*, spielt, wie Albert Zimmermann in seiner groß angelegten Studie zeigt, eine zentrale Rolle in den Debatten um das Metaphysikverständnis des 13. und 14. Jahrhunderts.

[32] Vgl. Thomas de Aquino, *In Metaph.* II, lect. 1 (ed. Cathala-Spiazzi), Turin 1964, n. 273.

[33] Vgl. ebd., n. 282.

[34] Vgl. ebd., n. 287.

[35] Vgl. ebd., n. 288.

[36] Collingwood, *An Essay on Metaphysics*, 59.

[37] Vgl. Collingwood, *Denken*, 66 (Collingwood, *An Autobiography*, 66f.).

[38] Collingwood, *An Essay on Metaphysics*, 34ff.

## IV.

Wenn wir uns somit erkennend auf die Wirklichkeit beziehen, dann haben wir offenkundig schon immer etwas von der Wahrheit erkannt, auch wenn unser Intellekt hierbei weit eher einem Nachtvogel gleicht als einem Adler, und sich zu den Dingen, die ihrer Natur nach die offenbarsten von allen sind – das sind die Prinzipien –, gleich einer Nachteule zum Tageslicht verhält.[39] Doch andererseits wird keiner hinsichtlich der Betrachtung der Wahrheit die Tür verfehlen, wie schwierig es auch ist, angemessen die Wahrheit zu treffen. Denn dies erfordert die Kenntnis der Ursachen.[40]

Diese eindringlichen Bilder und Sprichwörter aus dem Anfang des zweiten Buches der *Metaphysik*, die selbst Ausgangspunkt vielfältiger Auslegungen geworden sind, stehen für jene Alltagsevidenz, auf die uns Aristoteles mit guten Gründen immer wieder verweist. Thomas von Aquin greift in seinem Metaphysik-Kommentar das Sprichwort von der Tür auf und läßt uns durch diese in das Innere des Hauses blicken, das jedoch schwer zu erkunden sei und hinsichtlich dessen man sich leicht täuschen könne. Anders hingegen sei es mit dem Eingang in das Haus selbst, der allen offenstehe und sogleich vor Augen tritt; niemand täuscht sich darin. Ebenso ist dasjenige, wodurch man zur Erkenntnis alles übrigen gelangt, allen bekannt, und niemand vermag sich darin zu täuschen. Dies aber sind die ersten von Natur aus bekannten Prinzipien: daß nichts zugleich bejaht oder verneint werden könne, und daß das Ganze größer als sein Teil sei, etc. Diese also bilden für Thomas gleichsam die Tür zu jeder anderen Erkenntnis.[41] In dieser einfachen Wahrheitsannahme, von der wir immer etwas erfassen müssen, gründet alle Vernunfttätigkeit. Doch dies ist kein starkes Prinzip, vielmehr die notwendige Minimalbedingung, die erklärt, warum wir uns über unterschiedliche Voraussetzungen und Überzeugungen hinweg überhaupt verständigen können.

Folgt man der bisherigen Analyse, so erweist sich das metaphysische Denken als weitaus fragiler als dies aus der Sicht späterer Debatten erscheinen mag, die oftmals bereits in den verfestigten Strukturen eines disziplinalen Diskurses verlaufen. Nicht absolutes Wissen kann jedoch das Ziel der ersten Philosophie sein, denn dieses ist dem menschlichen Erkennen versagt. Eine Philosophie, die von derartigen Prämissen ausgeht, nimmt die erforderliche Selbstbeschränkung in theoretischer und praktischer Hinsicht selbst vor. Sie ist sich dessen selbst

---

[39] Vgl. Aristoteles, *Met.* α 1 (993 b 9-11). Zu diesem Motive siehe die ausführliche Studie von Carlos Steel, *Der Adler und die Nachteule. Thomas und Albert über die Möglichkeit der Metaphysik* (Lectio Albertina 4), Münster 2001.

[40] Vgl. Aristoteles, *Met.* α 1 (993 a 30 - b 5).

[41] Vgl. Thomas de Aquino, *In Metaph.* II, lect. 1, n. 277.

bewußt, nicht Weisheit im vollkommenen Sinn zu sein, sondern lediglich, wie alles menschliche Wissen, endliche Weisheit.[42]

Diese Option für eine „*metafisica povera*", für eine Metaphysik in den Grenzen der endlichen diskursiven Vernunft, schließt gleichwohl nicht aus, daß wir weiterfragen können. Dies zeigt die Geschichte der Metaphysik. Kein geringerer als Immanuel Kant selbst spricht in diesem Zusammenhang geradezu programmatisch gleich im Einleitungssatz der ersten Vorrede zur *Kritik der reinen Vernunft* – von dem besonderen Schicksal der menschlichen Vernunft: „daß sie durch Fragen belästigt wird, die sie nicht abweisen kann; denn sie sind ihr durch die Natur der Vernunft selbst aufgegeben, die sie aber auch nicht beantworten kann; denn sie übersteigen alles Vermögen der menschlichen Vernunft"[43].

Anders als viele heutige Metaphysikkritiker hindert dies Kant nicht daran, sich selbst um die Grundlegung „einer jeden künftigen Metaphysik" zu bemühen, „die als Wissenschaft wird auftreten können" – so heißt es programmatisch im Titel der *Prolegomena*. Denn er ist von der Notwendigkeit einer solchen kritischen Grundlegung der Vernunft überzeugt. Wie Aristoteles stellt Kant diesen Bemühungen eine Geschichte voran. Anders als jener ist Kant allerdings mit seinen Vorgängern wenig gnädig, wenn er die Geschichte der Metaphysik als einen Kampfplatz endloser Streitigkeiten beschreibt: Zwischen der Despotie des Dogmatismus und der Anarchie von Skeptizismus und Indifferentismus sieht er die Metaphysik gegenüber der Logik, der Mathematik und den Naturwissenschaften, die alle erfolgreich den sicheren Weg der Wissenschaften gegangen seien, soweit ins Hintertreffen geraten, daß ihr Verfahren nurmehr einem bloßen Herumtappen unter bloßen Begriffen gleiche – und das sei bekanntlich das Schlimmste.[44] Was emphatisch gern als gänzlicher Neuanfang der Metaphysik dargestellt und vor dem Hintergrund der damaligen philosophischen Debatten mit dem Nimbus des Besonderen versehen wird, führt jedoch im Grunde auf den Anfang unserer Suche nach dem Ursprung des metaphysischen Denkens zurück. Denn gewiß hat Kant die aristotelische Aitiologie im Blick, wenn er wie dieser ganz im Rahmen der theoretischen Philosophie die Ausgangsbedingungen der Vernunft, und zwar der menschlichen Vernunft, zu den Ausgangs- und Grenzwertbedingungen des metaphysischen Denkens macht.

Als Methode zur Aufdeckung absoluter Voraussetzungen (*absolutepresuppositions*) in einem Wissenszusammenhang hatte Robin George Collingwood die metaphysische Analyse bestimmt,[45] und sich dabei vorzüglich auf Aristoteles als Gewährsmann bezogen. Charakteristisch für diese Analyse ist ferner die Bestimmung des metaphysischen Denkens als fragende Aktivität. Diese richtet sich nicht auf „ewige" Fragen im Sinne einer „*philosophia perennis*", sondern bezieht

---

[42] Siehe Andreas Speer, „Endlich Weisheit. Eine Annäherung an die Philosophie", in: *Recherches de Théologie et Philosophie médiévales* LXIX,1 (2002), 3-32.

[43] Immanuel Kant, *Kritik der reinen Vernunft*, A VII.

[44] Vgl. ebd., B XV.

[45] Collingwood, *An Essay on Metaphysics*, 34-48 und 59.

sich auf die Fragen ihrer Zeit, auf die es eine Antwort zu finden gilt. Diese Frage- und Antwortstruktur erweist sich bei Lichte besehen als ein durchgängiges Strukturmoment metaphysischen Denkens, das nicht nur beiläufig, sondern konstitutiv in die epistemischen Bedingungen dieses Denkens eingeht.

Damit stellt sich auch die Frage nach möglichen Brüchen in der Tradition metaphysischen Denkens auf eine neue Weise. Historische Perspektivenwechsel erscheinen vor dem Hintergrund unserer Analyse weniger als Brüche denn als Antworten auf Herausforderungen und Fragen, die unter verschiedenen Bedingungen und in verschiedenen Kontexten auf unterschiedliche Weise und in unterschiedlicher Intensität hervortreten. Für diese ungebrochene Tradition metaphysischen Denkens wollte ich in diesem Beitrag argumentieren.

# Versuche, das Unvernünftige zu denken.
## Oder Metaphysik und Geschichte

Michael Städtler (Münster)

## I.

Während Metaphysik in der Moderne alles andere als selbstverständlich zu sein scheint, ist der Umgang sowohl mit dem Ausdruck ‚Metaphysik' als auch mit der Sache selbst früher weitgehend selbstverständlich gewesen. So ist erst in den letzten 200 Jahren häufiger die Frage gestellt worden, was Metaphysik überhaupt sei und mit welchem Recht sie auftrete.

Das mag daran liegen, daß zunächst einmal jede Philosophie, im engeren Sinn des Wortes, von der Antike bis in die Neuzeit Metaphysik ist: Das heißt aber nur, daß sie über das Wesen und über die Ursachen dessen, was ist, Auskunft geben soll. Sie soll erklären, was etwas ist. Und dafür soll sie die Ursachen ermitteln, die dem, was ist, zugrundeliegen und die dafür notwendig sind, daß es das ist, was es eben ist.

Diese Frage nach den Ursachen geht allerdings sehr schnell aus eigener Dynamik buchstäblich aufs Ganze. Wenn alles Ursachen hat, also abhängig von Ursachen ist, dann muß sich eine Ursache ermitteln lassen, in der die anderen Ursachen gründen. Sonst verzettelt sich das Denken in unendliche Regresse. Es kann nur dann mit sich selbst konsistent bleiben, wenn es diese Unendlichkeit selbst beherrscht, auf den Begriff des Absoluten verweist, der für eine Instanz steht, die nicht mehr abhängig von Anderem ist. Sobald Denken etwas erklärt, und beansprucht, daß die Erklärung gültig sei, muß es angeben können, *warum* sie gilt. Dafür aber kann es nicht wieder auf den beschränkten Zusammenhang verweisen, um dessen Begründung es geht. Das wäre tautologisch oder zirkulär. Erklärendes Denken muß allgemeine Gründe angeben können. Metaphysik geht also in letzter Instanz aufs Allgemeine und Unbedingte:

„Man kann wohl sagen, daß der Begriff der Metaphysik das Ärgernis der Philosophie sei. Denn auf der einen Seite ist die Metaphysik das, um dessentwillen die Philosophie überhaupt existiert; also, wenn ich einmal die philosophische Phrase übernehmen soll (nur um später vielleicht etwas anderes an ihre Stelle zu setzen), dann behandelt die Metaphysik ja jene sogenannten letzten Dinge, um derentwillen die Menschen zu philosophieren überhaupt angefangen haben. Auf der anderen Seite aber ergeht es der Metaphysik so, daß man äußerst schwer nicht nur angeben kann, was eigentlich ihr Gegenstand sei; nicht nur in dem Sinn, daß die Existenz dieses Gegenstands fragwürdig und selber das kardinale Problem der Metaphysik sei, sondern darüber hinaus auch, daß es sehr schwer auch nur zu sagen ist, was Metaphysik, unabhängig von Sein und Nichtsein ihres Gegenstandes überhaupt sei. Heute wird Metaphysik fast in der gesamten nichtdeutschen Welt geradezu als ein Schimpfwort gebraucht, das gleichsinnig sein soll mit eitlem Spekulieren, mit bloßer Gedankenspinnerei und Gott weiß was für anderen intellektuellen Lastern."[1]

Angesichts des Problems der Undeutlichkeit der ‚letzten Dinge' einerseits und ihrer philosophischen Grundlegungsfunktion andererseits ist zu betonen, daß die Ausrichtung der Metaphysik aufs Allgemeine und Unbedingte sich von Anfang an dem Streben verdankt, das zu erklären, was *ist*. Die Spekulation aufs Unbedingte erfolgt nie allein um des Unbedingten willen, sondern sie dient stets der Erkenntnis des Bedingten. Sie hat Begründungsfunktion. Sie soll den Abschluß von sonst unabgeschlossenen und daher ziel- und zwecklosen Begründungszusammenhängen liefern. Begründungszusammenhänge, die Lücken aufweisen, sind gar keine Zusammenhänge, sondern bloße Aggregate, die nichts begründen können.

Im wissenschaftlichen Denken, dessen Resultate notwendig und allgemein gelten, muß es aber möglich sein, Begründungen zu geben, und diese erkenntnistheoretische Möglichkeit ist das wesentliche Motiv von Metaphysik. So jedenfalls hat Aristoteles sie verstanden, der sie unter dem Namen *protä philosophia* betreibt. Damit ist diejenige Wissenschaft gemeint, die solche Fragen untersucht, die alle anderen Wissenschaften auch betreffen, aber die in diesen Einzelwissenschaften, der Mathematik oder der Physik, nicht geklärt werden. Damit sind Fragen verbunden danach, was überhaupt Wissenschaft ist, was Wissen von Meinung unterscheidet, was man im Allgemeinen wissen muß, um überhaupt etwas Bestimmtes wissen zu können. In der Beantwortung dieser Fragen bezieht sich Aristoteles kritisch auf seine Vorgänger, auf Platon und auf die Vorsokratiker. Insofern sind bereits diese Autoren in der Tradition der erkenntnistheoretischen Reflexion zu sehen, die danach fragt, wie Wissen möglich ist, und die nicht aus Selbstzweck im Nebel des Unbedingten stochert. Im Gegenteil besteht die Philosophie seit Thales darin, die mythischen Welterklärungen zu überwinden, hinter Naturgewalten nicht die unberechenbaren Launen der Götter zu sehen.

In der neuplatonischen Rezeption der klassischen griechischen Philosophie werden nun bereits eingeführte Prinzipienbegriffe wie ‚das Eine' oder ‚das Sein' in der Form selbständiger, hypostatischer Prinzipien aufgefaßt, auf die sich zwar vom Bedingten her allein schließen lasse, auf die sich aber eben nicht *adäquat* schließen lasse. Die Prinzipien ruhen in sich selbst und sind für menschliches Denken eigentlich nicht zugänglich. Die Resultate erkenntnistheoretischer Reflexion sollen als von deren Verfahren selbständig abtrennbar vorgestellt werden. Mit dieser antinomischen Vorstellung ist aber nur deklariert, daß sie dem endlichen Denken entzogen sein sollen. Die Prinzipien werden zu etwas hinter den Dingen, hinter der Natur, hinter der *physis*. Und so wird Metaphysik dann verstanden: Als Wissenschaft von dem, was hinter den uns direkt zugänglichen

---

[1] Theodor W. Adorno, *Metaphysik. Begriff und Probleme* (1965), Frankfurt am Main 2006, 9.

Dingen liegt. Das ist immer noch erkenntnistheoretische Reflexion, aber es tritt doch die Selbständigkeit der Prinzipien in den Vordergrund.

In der neuplatonisch inspirierten christlichen Philosophie werden dann der personhafte Gott und die Prinzipien zusammengeführt. Es gibt außer Gott kein Prinzip, nur sekundäre Ursachen, und umgekehrt besteht Theologie zu überwiegenden Teilen aus erkenntnistheoretischer Prinzipienreflexion. Diese Verschränkung verändert den Prinzipienbegriff erheblich. Man kann dann zwar auf verschiedene Weise darauf schließen, daß es Gott geben muß, aber man kann nicht in sein Wesen intellektuell vordringen. Er bleibt transzendent. Weil aber ein Wissen von ihm prinzipiell möglich sein soll und er nicht als ein ganz Fremdes gedacht wird, deshalb wird die Erkenntnis von Gott in die postume *visio dei* verlegt. Erreichbar ist dieser Zustand durch Gottes Gnade; mit dieser ist die Vorstellung eines verantwortlichen Willens verbunden. Damit sind die drei kardinalen Themen der neueren Metaphysik umrissen: Gott, Freiheit, Unsterblichkeit. Über diese Themen variieren die Metaphysik des Mittelalters und die der Neuzeit. Bei Aristoteles selbst findet sich im Grunde keines davon. Das *kinoun akineton* ist keine persönliche Gottheit, die Unsterblichkeit der Seele bezeichnet Aristoteles als lächerlich, und die Freiheitsvorstellung der *Ethiken* ist eine bloß negative und zudem weitgehend mechanisch gedachte: nicht durch Äußerliches gehindert zu sein. Auch für Aristoteles wird die Welt aber nur erklärbar durch die Voraussetzung ihrer zweckmäßigen Wohlordnung, und diese Voraussetzung wird in der Geschichte der Metaphysik entfaltet.

Die Veränderung des begrifflichen Mediums, in dem metaphysisches Denken sich entfaltet, von dem kosmologischen aber innerweltlichen Vorstellungshorizont des Aristoteles zu dem theologischen des Mittelalters bringt nun aus der Sicht der sich säkularisierenden Neuzeit die Frage mit sich, wie weit die nicht wegzuleugnenden begrifflichen Fortschritte von dem theologischen Medium, in dem sie entstanden sind, abgelöst werden können.

Daß im Mittelalter auf der Grundlage der antiken Metaphysik die Voraussetzungen für das moderne Denken in einer Weise entwickelt werden, die es unmöglich macht, ohne Kenntnisse des mittelalterlichen Denkens das moderne angemessen zu verstehen, hat Günther Mensching in seinen Schriften, aber auch in Seminaren und Vorlesungen, sowohl *en détail* als auch mit philosophischem Weitblick, vermittelt. Bis heute geistert dagegen auch in avancierten Köpfen das Vorurteil herum, das Mittelalter sei eine Episode *sui generis*, eigentlich eine Unterbrechung, der Geschichte des Denkens, vor allem des politischen, gewesen, deren irritierende Spuren man bloß austilgen müsse, um zu modernen Vorstellungen zu gelangen. Problemlos läßt sich aber zeigen, daß die meisten modernen Begriffe und Probleme der Philosophie derart im Mittelalter verwurzelt sind oder doch maßgeblich transformiert wurden, daß die Austilgung jener Herkunft entweder die logische Substanz der Begriffe aushöhlt oder überhaupt eine bloße Illusion ist.

Allerdings: Die Anerkennung der systematischen Stellung des mittelalterlichen Denkens in der Entwicklung der Philosophie führt umgekehrt auf das Problem, wie das sich säkular aufs Subjekt gründende moderne Denken sich zum theologischen oder religiösen Kontext seiner eigenen Vorgeschichte stellen kann. Die Lösung dieses Problems ist kaum durch eine sogenannte Säkularisierung möglich, sondern allenfalls durch eine genuin säkulare Begründung der Philosophie. Soll diese aber nicht positivistisch die Begriffe zu reinen Zeichen der Sachen verkürzen, sondern weiterhin ihre Gegenstände erklären, kommt sie um die Einsicht in die Negativität ihrer Begriffe nicht herum, denn wenn die moderne Welt nicht als durch einen Gott geeint angesehen wird, ist ihre Einheit überhaupt nur vom Subjekt und der, wie immer dialektisch, fortschreitenden Gattungsgeschichte her rekonstruierbar.

Deshalb ist die Entwicklung durch die Neuzeit bis zu Kant, zum Idealismus und zu dessen Kritik immer auch und zunehmend mit Religions- oder Theologiekritik einerseits und Geschichtsphilosophie andererseits verbunden gewesen. Und mit der Frage nach dem theologischen oder profanen Charakter der metaphysischen Begriffe und ihres Zusammenhangs stellt sich zugleich die Frage nach der Kontinuität oder Brüchigkeit ihrer Entwicklung, und zwar auf radikale Weise, denn ob diese Begriffe im menschlichen Denken oder im göttlichen Wesen gründen, ob sie bloß negativ oder aber positiv sind, das verändert mit den Begriffen selbst auch die Vorstellung des durch sie erfaßten Gegenstandsbereichs; dem Übergang von der mittelalterlichen zur neuzeitlichen Metaphysik korrespondiert nichts Geringeres als der Verlust der Selbstverständlichkeit des Vertrauens in die göttliche Weltordnung einerseits und die allmähliche Einrichtung bürgerlicher, auf Partikularität und Privatisierung beruhender Verhältnisse andererseits. Daß in der Metaphysik, trotz der Entdeckung neuzeitlicher Subjektivität, kein kompromißloser Bruch geschah, hängt neben der Kraft und Flexibilität der religiösen Vorstellungswelt sicherlich auch mit der erwähnten Verselbständigung metaphysischer Prinzipienbegriffe selbst zusammen, durch die sich ihre ursprünglich erklärende Funktion in eine begründende verwandelt hatte. Nicht zufällig schließen die Trinitätsspekulation wie der Hegelsche Reflexionsbegriff an neuplatonische Motive an und versuchen, deren Vereinbarkeit mit dem Aristotelischen Denken nachzuweisen. Auf dieser Linie liegen auch die rationalistischen Versuche der frühen Neuzeit, den Cartesischen Prinzipiendualismus von Subjekt und Gott in der Monade oder der Substanz systemförmig zu vermitteln, was später Kant, ebenso wie der Empirismus, zu grundsätzlichen Zweifeln anregte, deren Begründung in der Transzendentalphilosophie dann ihrerseits den Idealismus vor erhebliche Schwierigkeiten stellte. Religionskritisch sind jene frühneuzeitlichen metaphysischen Theorien gerade darin, daß sie gegen den Wortlaut der Offenbarung einen Gottesbegriff konstruieren, der nicht mehr Gegenstand von Anbetung ist. Andererseits bewahren sie, wie die Religionskritik seit Kant und Feuerbach gezeigt hat, in der theomorphen Form des Systems ein Moment von Heteronomie, insofern die durchs System bestimmte Rationalität der Weltordnung sich dem willentlichen Eingriff der Einzelnen entzieht.

An der Möglichkeit einer säkularen – nicht: säkularisierten – Begründung von Philosophie hängt dann in der Konsequenz nichts Geringeres als die Verantwortung der Menschen für die *Bedingungen* ihres Handelns. Entweder können technische oder moralische Zwecke in der Welt realisiert werden, weil die Welt selbst durch einen weisen oder gütigen Schöpfer so gestaltet ist, oder aber weil menschliche Begriffsbildung immer schon im Zusammenhang ihrer Praxis zu sehen ist und die Begriffe und Zwecke sich auf die Welt so beziehen, wie sie bereits Resultat menschlicher Gestaltung ist. Die Prinzipien hätten dann den Status negativer Reflexionsbegriffe, bezogen auf die Erfahrung dieser Praxis. Dann aber wäre das, was ist, selbst grundsätzlich als geschichtlich aufzufassen. Vor dieser Konsequenz schreckt noch die klassische deutsche Subjektphilosophie zurück: Kant mag auf die, wie immer negative, Vorstellung von Teleologie nicht verzichten, und Hegels Geschichtsbegriff ist der einer Geschichte des Geistes, gegenüber der das reale geschichtliche Handeln jedenfalls nicht primär zweckbestimmend ist. Weiter vorgedrungen ist hier Fichte mit der Konstruktion der Perfektibilität, und das dokumentiert sich auch in der tiefen Aporetik seines Denkens, die womöglich näher an der Sache ist als Fichte selbst es wußte. Der Gedanke indes, daß Denken und Praxis miteinander und daher mit Geschichte verschränkt sind, ist in systematischer Weise nicht zufällig zuerst in der Sozialphilosophie formuliert worden, und zwar bei Marx, der ja keineswegs, wie in bereitwilliger Nachfolge Löwiths bis heute behauptet wird, konsequent ein teleologisches Geschichtsmodell vertreten hat, sondern bei dem menschliche Zwecksetzung, natürliche und politische Realisierungsbedingungen sowie die Gefahr des Rückfalls eine vielschichtige Kombination miteinander und mit der – allerdings problematischen – ‚Naturnotwendigkeit‘ eingehen. Der Grundgedanke aber, daß Menschen über die Fähigkeit verfügen, ihre Geschichte in vollem Umfang selbst zu bestimmen, indem sie nämlich auch die Bedingungen ihres Handelns gestalten können, bricht auf beunruhigende Weise mit der stillschweigenden oder offenen Voraussetzung eines an sich selbst sinnvollen Bedingungszusammenhangs. Fehlt dieser, sind die Menschen radikal für alles, was sie tun, selbst zuständig. Das Beunruhigende daran ist das Unvernünftige in der Welt, für das es dann keine transzendente oder transzendentale Abfederung gibt.

Philosophie hat immer schon die größten Probleme mit dem Unvernünftigen gehabt. Sie soll ja begreifen und erklären, und für das Unvernünftige gibt es weder einen vernünftigen Begriff, noch eine vernünftige Erklärung. Philosophie kann einerseits das Unvernünftige als unbedeutend aus ihrem Denken ausschließen; dann steht sie aber außerhalb der realen Welt. Andererseits sind ungeheure Anstrengungen des Denkens aufgewendet worden, um das Unvernünftige als vernünftig erscheinen zu lassen. Allerdings verliert das Denken sich in dieser Anstrengung selbst, es entzieht sich den Boden und wird vor lauter Kraftaufwand kraftlos: Es ist dann nämlich seines Gegenstands, der rational zu erkläforden Naturzusammenhänge, nicht mehr mächtig, sondern stellt sich ganz in den Dienst des Unvernünftigen, läßt sich von ihm beherrschen und mißbrauchen. Und gerade in der Metaphysik sind Vernunft und Unvernünftiges öfters solche problematischen Verbindungen eingegangen.

Damit kommt der Geschichte der Metaphysik eine gewisse Dialektik zu: Einerseits werden in ihr Begriffe, Formen des Denkens, entwickelt, mit deren Hilfe die Welt überhaupt erst der Vernunft zugänglich wird, andererseits wohnt dem Begreifen der Welt eine Dynamik inne, die darauf ausgeht, alles was ist, in eine umfassende widerspruchsfreie Ordnung zu bringen. Diese Totalität wird erst dann zum Problem, wenn Gegenstände auftauchen, die nicht vernünftig sind, aber gleichwohl in die Totalität einer vernünftigen Weltkonzeption eingebunden werden.

## II.

Die Frage, wie so etwas wie Metaphysik überhaupt möglich sein könne, wurde systematisch von Kant aufgebracht.[2] Er stellt zuerst einmal fest, daß die metaphysische Philosophie, das Denken des Unbedingten und Universellen, sich in den letzten 2500 Jahren so schlecht entwickelt habe, daß keine der überlieferten Schriften ihrem Anspruch gerecht werde, das Unbedingte und Universelle zu erkennen. Im Unterschied dazu beginnen sowohl die Geschichte der modernen Mathematik als auch die der Naturwissenschaft, strenggenommen, mit Isaac Newton, und haben es damit nach zu Kants Zeit gerade einmal 100 Jahren bereits zur systematischen Wissenschaft gebracht. Wenn nun aber die Metaphysik mit einem Vielfachen an Aufwand kaum vorangekommen ist, warum beschäftigt man sich dann überhaupt mit ihr?

Kant zufolge liegt das Bedürfnis, metaphysisch zu denken, in der Natur des menschlichen Denkens überhaupt.[3] Das Denken, das auf Erfahrungen bezogen bleibt, der ‚Erfahrungsgebrauch der Vernunft‘, stößt immer an Grenzen. Erfahrungen sind immer einzeln, und es läßt sich von ihnen ausgehend nie etwas Allgemeines sagen. Kein Mensch kann alle möglichen Erfahrungen sammeln, weil es unendlich viele wären, die in einem endlichen Leben nicht zu machen sind. Kein Mensch kann, um beispielsweise das Fallgesetz zu ermitteln, alle möglichen Gegenstände so oft wie überhaupt möglich fallen lassen, den Verlauf des Fallens messen und daraus das allgemeine Gesetz als Durchschnitt berechnen. Es muß etwas aus dem Denken zur Erfahrung hinzukommen, das als Grund der Allgemeinheit gelten kann. Deshalb geht das Denken über den Erfahrungsgebrauch hinaus bis zur Spekulation. Im spekulativen Denken wird in Begriffen gedacht, über die Endlichkeit der Erfahrung hinaus. Wenn überhaupt etwas erkannt werden soll, muß über das bloß Empirische, bloß positiv in der Erfahrung Gegebene hinausgedacht werden. Dann ermittelt das Denken aber Kenntnisse, von denen

---

[2] Vgl. Immanuel Kant, *Kritik der reinen Vernunft*, Hamburg 1990, B 20f.
[3] Vgl. ebd.

es *als menschliches* Denken gar nichts wissen kann. Die Begriffe, auf die es gerät, führen auf Widersprüche, es lassen sich zum Beispiel genauso gute und viele Gründe dafür anführen, daß die Welt einmal angefangen hat, wie dafür, daß sie immer schon da war. Der Erfahrung entzieht sich das. Kant schließt daraus: „Da sich aber bei allen bisherigen Versuchen, diese natürliche Fragen, z.B. ob die Welt einen Anfang habe, oder von Ewigkeit her sei u.s.w., zu beantworten, jederzeit unvermeidliche Widersprüche gefunden haben, so kann man es nicht bei der bloßen Naturanlage zur Metaphysik, d.i. dem reinen Vernunftvermögen selbst, woraus zwar immer irgend eine Metaphysik (es sei, welche es wolle) erwächst, bewenden lassen, sondern es muß möglich sein, mit ihr es zur Gewißheit zu bringen, entweder im Wissen oder Nicht-Wissen der Gegenstände, d.i. entweder der Entscheidung über die Gegenstände ihrer Fragen, oder über das Vermögen und Unvermögen der Vernunft in Ansehung ihrer etwas zu urtheilen, also entweder unsere reine Vernunft mit Zuverlässigkeit zu erweitern, oder ihr bestimmte und sichere Schranken zu setzen. Diese letzte Frage, die aus der obigen allgemeinen Aufgabe fließt, würde mit Recht diese sein: Wie ist Metaphysik als Wissenschaft möglich?"[4]

Die Frage, wie Metaphysik als Wissenschaft möglich sei, geht darauf, wie dasjenige, was den Inhalt von Metaphysik bildet, als Wissen gewußt werden kann, und nicht bloß Einbildung, Illusion und Spinnerei, bloße Behauptung bleibt. Für Kant ist es klar, daß dies nur möglich ist, wenn man klärt, was man wissen kann und was nicht, wenn also dem Denken Grenzen gesetzt werden. Die Schwierigkeit dieses Unternehmens besteht dann darin, daß diese Grenzen des Denkens nur vom Denken selbst gezogen werden können. Deshalb ist der Titel *Kritik der reinen Vernunft* doppeldeutig. Der *genitivus objectivus* bezeichnet dasjenige, das kritisiert wird: Die Kritik der reinen Vernunft ist der Vorgang, durch den die reine Vernunft kritisiert wird. Der *genitivus subjectivus* hingegen bezeichnet dasjenige, von dem die Kritik ausgeht: Die Kritik der reinen Vernunft ist diejenige Kritik, die die reine Vernunft selbst ausübt. Gemeint ist also ein reflexives Verhältnis der Vernunft zu sich selbst: Mittels der Kritik der reinen Vernunft kritisiert die reine Vernunft als Subjekt sich selbst als Objekt der Kritik.

Diese systematische Reflexivität ist nicht nur die Form des Selbstbewußtseins, sondern auch die der historischen Entwicklung der Philosophie: Jedes Denken, jeder Denker kritisiert zu seiner Zeit das, was vor ihm gedacht wurde, und aus dieser Kritik resultiert eine modifizierte Gestalt des Denkens. Platon zeigt, wie Sokrates unermüdlich die Sophisten ihrer Denkfehler überführt, und Aristoteles weiß genau, daß er an seinem Lehrer Platon nicht vorbeikommt: Er muß seine eigene Theorie immer wieder im Vergleich mit der Platons rechtfertigen, die er ja in zentralen Elementen ablehnt. Man kann sagen, Philosophie wird entwickelt durch die Kritik an den Fehlern der Vorgänger, aus dem Bedürfnis

---

[4] Ebd., B 22.

heraus, das, was gedacht wurde, besser, genauer zu denken. Modern gesprochen ist dieser Vorgang Ideologiekritik, Kritik falscher Vorstellungen durch Denken mit dem Anspruch auf wahre Erkenntnis. Was aber in diesem geschichtlich verlaufenden Prozeß geschieht, ist Kritik von Gedachtem durch Denken, Kritik von Denken durch Denken. Metaphysik als ganze hat auch hier schon die reflexive Form, der Kant später zum Selbstbewußtsein verhilft. Das Selbstbewußtsein als allgemeine reflexive Form des Denkens ist ohne Reflexion auf inhaltlich bestimmtes Denken selbst nicht denkbar und setzt darin die geschichtliche Entwicklung der Inhalte des Denkens voraus. Umgekehrt ist diese Geschichte ohne die Voraussetzung der Form des Selbstbewußtseins nicht systematisch denkbar, weil jeder geschichtliche Gehalt von Denken nur dann bewußter Gehalt dieses Denkens sein konnte, wenn er vom transzendentalen ‚Ich denke‘ begleitet worden ist; sonst hätte der Denkende nicht gewußt, daß es sich überhaupt um den Inhalt seines Denkens gehandelt hat. Nun hat es immer Bewußtseinsstörungen gegeben, aber diejenigen, die daran litten, haben nur selten Philosophiegeschichte geschrieben; das mag sich erst mit der dekonstruktivistischen ‚Dezentrierung des Subjekts‘ geändert haben, die ja gewissermaßen die Bewußtseinsstörung zum erkenntnistheoretischen Normalfall erklären will. Daß es diese Behauptung gibt und daß sie tatsächlich Philosophiegeschichte schreibt, wäre wohl das hinreichende Argument gegen sie, wenn mit ihr nicht reale Macht in den Universitäten und in der Politik verbunden wäre.

Erkenntnistheoretisch ergibt sich jedenfalls, daß die systematische Form des Denkens und die bestimmten Gehalte der Geschichte des Denkens wechselweise aufeinander verweisende Bestimmungen desselben, Momente des Selbstbewußtseins, sind. Der Kunstgriff nun, die Kritik von Denken an Denken aus ihrem geschichtlichen Verlauf herauszunehmen und in das Denken eines und desselben Subjekts zurückzunehmen, stellt dann allerdings einen enormen Sprung dar, denn die Begrenzung des Denkens verliert damit alles Äußerliche. Es wird nicht mehr das Denken von A durch den Denker B begrenzt, sondern Denken reflektiert *in sich selbst grundsätzlich* auf seine Grenzen. Insofern ist der Metaphysik ihre eigene Grenze in dem geschichtlichen Prozeß von einem Denker zum nächsten und so fort immer schon gegenwärtig: Jeder, der Unendliches denkt, wird vom nächsten auf seine Endlichkeit hingewiesen. Das dreht sich nun mit Kant paradoxerweise um: Indem die Kritik des Denkens durch Denken aus der Geschichte herausgenommen und in das einzelne endliche Subjekt hineingenommen wird, wird das endliche Subjekt zum Repräsentant des unendlichen Prinzips: Was durch nichts als durch sich selbst begrenzt wird, ist absolut, unbedingt und in der Reflexivität unendlich.

Kant résummiert: „Die menschliche Vernunft hat das besondere Schicksal in einer Gattung ihrer Erkenntnisse: daß sie durch Fragen belästigt wird, die sie nicht abweisen kann, denn sie sind ihr durch die Natur der Vernunft selbst aufgegeben, die sie aber auch nicht beantworten kann, denn sie übersteigen alles Vermögen der menschlichen Vernunft.

In diese Verlegenheit geräth sie ohne ihre Schuld. Sie fängt von Grundsätzen an, deren Gebrauch im Laufe der Erfahrung unvermeidlich und zugleich durch diese hinreichend bewährt ist. Mit diesen steigt sie (wie es auch ihre Natur mit sich bringt) immer höher, zu entfernteren Bedingungen. Da sie aber gewahr wird, daß auf diese Art ihr Geschäfte jederzeit unvollendet bleiben müsse, weil die Fragen niemals aufhören, so sieht sie sich genöthigt, zu Grundsätzen ihre Zuflucht zu nehmen, die allen möglichen Erfahrungsgebrauch überschreiten und gleichwohl so unverdächtig scheinen, daß auch die gemeine Menschenvernunft damit im Einverständnisse steht. Dadurch aber stürzt sie sich in Dunkelheit und Widersprüche, aus welchen sie zwar abnehmen kann, daß irgendwo verborgene Irrthümer zum Grunde liegen müssen, die sie aber nicht entdecken kann, weil die Grundsätze, deren sie sich bedient, da sie über die Gränze aller Erfahrung hinausgehen, keinen Probirstein der Erfahrung mehr anerkennen. Der Kampfplatz dieser endlosen Streitigkeiten heißt nun Metaphysik."[5]

Offenbar führt das Ungenügen, das Kant der Metaphysik attestiert, nicht dazu, sie aufzugeben, sondern dazu, sie als notwendiges Element des Denkens zu bewahren und genau zu zeigen, in welchem Bereich sie ihre Notwendigkeit habe. Darin liegt zugleich auch eine gute Portion Fortschrittsoptimismus: Die Welt wird immer weiter wissenschaftlich und technisch erschließbar, das Denken wird genauer und systematischer. Eine ungezügelte Metaphysik, die in alle wissenschaftlichen Bereiche ihre ungesicherten Begriffe von Gott, vom Unendlichen oder von der Seele hineinprojiziert, erscheint auch als Hindernis dieses Fortschritts. Deshalb versucht Kant, diese Begriffe so zu verändern, daß sie dem Fortschritt in der Wissenschaft nicht widersprechen, daß sie vielleicht sogar zu seiner Begründung und Erklärung dienen können. Philosophie wird wissenschaftlich und systematisch, was der deutsche Idealismus in stringenter Weise zu Ende denkt. An diesem Ende steht das große System Hegels, das, Hegels Anspruch nach, keine Gegenstände mehr *hat*, sondern das alle seine Gegenstände zugleich selbst *ist*: „Man kann sich deswegen ausdrücken, daß dieser Inhalt [der philosophischen Logik; M.St.] die Darstellung Gottes ist, wie er in seinem ewigen Wesen vor der Erschaffung der Natur und eines endlichen Geistes ist."[6]

Hegel versteht dies aber nicht als Wiederaufnahme antiker oder mittelalterlicher Metaphysik, sondern er versucht, den mit Kant, Fichte und Schelling gegebenen Stand der Philosophie metaphysisch zu rekonstruieren. Die Wende aufs Subjekt wird nicht zurückgenommen, aber der Ausgang von der Subjektivität im Unterschied zur Objektivität wird kassiert. Damit dies nicht in eine bestimmungslose und bestimmungsunfähige positive Identität zusammenfällt, entwirft Hegel die Totalität als Verweisungszusammenhang von Subjekt und Objekt, die jeweils, in sich allein defizitär, negativ das andere aus sich heraus setzen. Dieser Zusammenhang ist aber Resultat einer Entfaltung der logischen Momente, die

---

[5] Kant, *Kritik der reinen Vernunft*, A VII.

[6] G.W.F. Hegel, *Wissenschaft der Logik*, Bd. 1, in: Theorie-Werkausgabe, hg.v. K.M. Michel/E.Molden-hauer, Bd. 5, Frankfurt am Main 1986, 44.

nicht mehr als Ausdruck eines auf sein Wissen reflektierenden Subjekts gefaßt ist. Der *Logik* liegt gleichsam ein Über-Subjekt zugrunde, das sich selbst dialektisch in seine subjektiven und objektiven Bestimmungen entfaltet. So sollen Subjekt und Objekt als Momente des Wissens dargestellt werden, in deren abstrakter Trennung der Fehler liege, an dessen Korrektur die gesamte neuere Philosophie sich abarbeite. Wie das freie, denkende Subjekt mit der kausal geordneten Natur zusammenkomme, muß dann nicht mehr gefragt werden, wenn die Natur selbst als ein Moment der subjektiven Freiheit begriffen wird: Nur in ihr kann das Subjekt sich überhaupt frei ausdrücken. In sich geschlossen, bliebe es ganz unwirklich. Und eine Natur, in der sich keine freie und denkende Subjektivität verwirklichte, wäre ein sinnloses Aggregat von Materie. Kants Grundfrage, wie Natur und Freiheit vereinbar seien, resultierte demnach aus der Geschichte einer Abstraktion, die in Hegels Fassung des Begriffs der Idee überwunden sei:

„Alles Übrige ist Irrtum, Trübheit, Meinung, Streben, Willkür und Vergänglichkeit; die absolute Idee allein ist Sein, unvergängliches Leben, sich wissende Wahrheit, und ist alle Wahrheit. Sie ist der einzige Inhalt und Gegenstand der Philosophie. Indem sie alle Bestimmtheit in sich enthält, und ihr Wesen dies ist, durch ihre Selbstbestimmung oder Besonderung zu sich zurückzukehren, so hat sie verschiedene Gestaltungen, und das Geschäft der Philosophie ist, sie in diesen zu erkennen. Die Natur und der Geist sind überhaupt unterschiedene Weisen, ihr Dasein darzustellen, Kunst und Religion ihre verschiedenen Weisen, sich zu erfassen und ein sich angemessenes Dasein zu geben; die Philosophie hat mit Kunst und Religion denselben Inhalt und denselben Zweck; aber sie ist die höchste Weise, die absolute Idee zu erfassen, weil ihre Weise die höchste, der Begriff ist."[7]

Die absolute Idee ist danach der seiner selbst bewußte Begriff der Totalität aller Dinge; sie steht damit systematisch an der Stelle des theologischen Begriffs der göttlichen Vorsehung. Und wie diese ist sie in die reale Welt entäußert. Naturerkenntnis ist dann Arbeit an der Erkenntnis des Absoluten. Kunst, Religion und Philosophie sind dann geistige Äußerungen, die zugleich das Geistige erfassen. Sie sind somit Selbsterkenntnis des Geistes.

Hier rächt sich Kants Versuch, Metaphysik zu entschärfen, um an ihr festzuhalten. Indem er sie nämlich in die Kritik der Vernunft zog, um dem Denken durch Denken selbst Grenzen zu setzen, hat er sie von allen ihr fremden Grenzen befreit; vom Gedanken der Selbstbegrenzung des Denkens zu dem der Absoluten Idee – und damit auch zur Vorstellung eines unverfügbaren Absoluten zurück – ist es nur ein Katzensprung. Kant war diesen Weg nicht zu Ende gegangen, weil er wußte, daß an seinem Ende die bösen Häuser stehen, womöglich wieder dieselben, denen er hatte ausweichen wollen. Diese Weigerung Kants, hier weiterzugehen, ist zunächst von Jacobi nicht als Problem in der Sache, son-

---

[7] G.W.F. Hegel, *Wissenschaft der Logik*, Bd. 2, in: Theorie-Werkausgabe, hg.v. K.M. Michel/E.Moldenhauer, Bd. 6, Frankfurt am Main 1986, 549.

dern als theoretisches Defizit aufgefaßt worden, und in dieser Auffassung liegt die Motivation der idealistischen Philosophie zur subjektphilosophisch revidierten Wiederaufnahme metaphysischer Prinzipien.

Hegel gelingt es damit, zwei Grundmotive der Philosophie konsequent durchzuführen und dadurch zu verbinden. Von Anfang an war es erstens ein Ziel, Begriffe zu entwickeln, die der Allgemeinheit des Denkens angemessen sind. Das Unbegrenzte des Anaximander und das reine Sein des Parmenides waren die ersten Formen. Das Denken sollte in sich einen stabilen Halt finden. Zweitens entsteht gleichzeitig, bei den vorsokratischen Atomisten, dann aber bei Aristoteles und wieder im späteren Mittelalter, das Bedürfnis, das Einzelne, die Vielfalt der Dinge unter allgemeine Begriffe zu fassen. Hegel stellt nun das Einzelne als Selbstdarstellung des Allgemeinen, des Absoluten dar: Nur insofern in allen Dingen die absolute Idee wirksam ist, sind diese Dinge erkennbar. Sie sind selbst Momente am Allgemeinen, in sich begrifflich strukturiert. Das Denken findet sich dann überall in der Welt selbst wieder. Das Allgemeine ist mit dem Einzelnen und dadurch mit sich selbst vermittelt. Allerdings bringt Hegels konsequente Fassung von Philosophie auch deren implizite Probleme zum Ausbruch. Wenn das Einzelne nur erkennbar ist, weil es und insofern es Moment am Allgemeinen ist, dann ist es für sich selbst Nichts: „Sagen wir nun dagegen, die allgemeine Vernunft vollführe sich, so ist es um das empirisch Einzelne freilich nicht zu tun; denn das kann besser und schlechter sein, weil hier der Zufall, die Besonderheit ihr ungeheures Recht auszuüben vom Begriff die Macht erhält."[8]

## III.

Auf den Idealismus folgt eine Welle der Metaphysikkritik, die in ganz verschiedenen Formen verläuft, Romantik, Historismus, Existenzphilosophie, Anthropologie, Hermeneutik oder auch Positivismus, um nur einige zu nennen. Dagegen hat es auch zu keiner Zeit an offensiven Versuchen gefehlt, Metaphysik in ihrer traditionellen Form festzuhalten oder weiter zu betreiben, wobei die ‚traditionelle Form' weit hinter dem Bewußtseinsstand des Idealismus zurückblieb oder, wo sie an ihn anknüpfte, entweder methodologisch verkürzt oder theologisch überhöht wurde. Auch diese Versuche sind, wenngleich zumeist religiös konnotiert, vielfältig.

Gleichzeitig beginnen die Naturwissenschaften und Ingenieursstudien eine Entwicklung, die nicht mehr an der Philosophie orientiert ist. Im Zusammenhang der Industrialisierung entstehen Chemische Industrie und Elektroindustrie, ebenso macht die Physik erhebliche Fortschritte, die durch ihre neuen Anwendungsfelder und die damit verbundene Finanzierung der Forschung gefördert

---

[8] G.W.F. Hegel, *Vorlesungen über die Philosophie der Geschichte*, in: in: Theorie-Werkausgabe, hg.v. K.M. Michel/E. Moldenhauer, Bd. 12, Frankfurt am Main 1986, 52.

werden. Das philosophische System der Natur tritt dagegen zurück. Ebenso setzt sich mit der Entstehung der Biologie die Betrachtung des Lebendigen von ihrer traditionell theologischen Form ab.

Die Folge ist die Aufspaltung der Wissenschaft in Natur- und Geisteswissenschaften. Die Geisteswissenschaften legen ihren Anspruch auf Wissenschaftlichkeit weitgehend ab, überlassen dies den Naturwissenschaften. Während die Naturwissenschaften objektivierbare Erkenntnisse produzierten, müsse sich die Geisteswissenschaft auf das Verstehen von Sinn zurückziehen, eine je subjektive Interpretationsleistung, die allein durch methodische Regulierung ,intersubjektive' Geltung beanspruchen könne. Diejenigen Teile der Philosophie, die nicht auf die Sinnsuche gehen wollen, verstehen sich selbst als objektive positive Wissenschaften und grenzen sich methodisch gegen die historisch oder metaphysisch argumentierenden Teile ab.

Dem so vielfältig nachgegangenen Bedürfnis nach Metaphysikkritik einerseits und nach Kritik – oder einfach Ignoranz – dieser Kritik andererseits korrespondiert historisch die Entstehung der modernen bürgerlichen Gesellschaft in der Folge von Aufklärung, Unabhängigkeit Amerikas und Französischer Revolution. Diese Entwicklung, in der sich der bürgerliche Fortschrittsoptimismus artikuliert hatte, mündete schließlich nicht in jene volkssouveräne Republik, die man sich vorgestellt hatte, sondern in eine sich rasant industrialisierende Gesellschaft. In dieser Gesellschaft wurde der Fortschritt aber offenbar erzeugt durch die Arbeit von Menschen, die an ihm nicht teilhatten, sondern unter heute unvorstellbaren Arbeitsbedingungen vegetieren und sich schinden mußten. Der sich entwickelnde bürgerliche Rechtsstaat erwies sich gerade durch seinen formellen Gleichheitsanspruch als geeignete Form, die gesellschaftlichen Abhängigkeiten und materiellen Ungleichheiten zu verwalten. Die überlieferten sittlichen Vorstellungen, mit denen die Menschen sich ihre Verhältnisse zurechtgelegt hatten, versagten nun vollends vor der veränderten Realität. Nun mögen die Sittlichkeitsvorstellungen des christlichen Abendlandes schon immer eher schlechte als rechte Mittel der Sinnstiftung gewesen sein, aber nun versagten sie noch diesen Dienst. Ein Modell dafür bietet das bürgerliche Trauerspiel *Maria Magdalene* von Friedrich Hebbel aus dem Jahr 1843. Der Inhalt ist, gerade in der Trockenheit von *Kindlers Literaturlexikon*, berückend: „Klara, die Tochter des Tischlers Meister Anton, der seine Familie und Umgebung mit engherziger Rechtschaffenheit tyrannisiert, hat sich nicht durch eine entschiedene Partnerbeziehung [...] von dem väterlichen Hause getrennt; sie hat sich zwar Leonhard, ihrem Bräutigam, hingegeben, aber ohne Liebe in einem Augenblick, als ihre Jugendliebe zu einem Sekretär wieder aufleben wollte. Das periphere Mutter-Sohn-Verhältnis schafft die Zuspitzung der Tragödie. Karl, der Bruder Klaras, wird unter dem Verdacht des Diebstahls verhaftet, die Mutter trifft der Schlag: So sieht sich Klara noch ausschließlicher auf ihren prinzipientreuen Vater verwiesen, der ihr mit Selbstmord droht, falls auch sie ihm Schande bereite. Rückhalt findet Klara weder bei dem Sekretär, der nicht darüber hinwegkommt, daß sich Klara seinem unwürdigen Nebenbuhler hingegeben hat, noch bei ihrem Bräutigam, dem sie sich bittend hinwirft; unzufrieden mit Klaras Aussteuer und von der Aussicht auf eine lukrative Heirat fasziniert, hat sich Leonhard von Klara unter dem Vorwand losgesagt, die Familie sei durch die Verhaftung Karls ihrer Bürger-ehre verlustig gegangen. Während der Sekretär Leonhard zu einem Pistolenduell fordert und erschießt, ertränkt sich die von allen isolierte Klara in einem Brun-nen, weil sie weiß, daß ihr Vater – auch nach der erfolgten Rehabilitierung seines Sohnes – ihren Fall nie verstehen wird."[9]

Hier sind fast alle Vorurteile und Klischees des Spießbürgertums versam-melt: Rechtschaffenheit, Ehre und Schande, Heiligkeit des Eigentums und fal-sche Verdächtigungen, pflicht- und standesgemäße Verbindungen und Eifer-sucht wegen der Unwürdigkeit des Nebenbuhlers. In alldem drückt sich eine so-ziale Welt aus, in der die Menschen plötzlich als vereinzelte Einzelne agieren, und zudem ganz unwillkürlich *gegeneinander* agieren. Hebbels Drama endet mit folgenden Worten des Meister Anton: „Ich verstehe die Welt nicht mehr!" Nun ist es keineswegs so, daß er sie zuvor perfekt verstanden hätte, aber genau das wird ihm jetzt klar.

Der Philosophie geht es ganz ähnlich. Mit den weitgehend affirmativen In-strumenten der Metaphysik, also mit einem Denken, daß darauf ausgeht, die Welt zustimmend zu erfassen, eine Ordnung, die ihr real zugrundeliegt, zu er-gründen, – mit diesen Mitteln ist der modernen Gesellschaft nicht beizukom-men, weil in ihr allenthalben Widersprüche aufbrechen. Die von Menschen ge-machte und betriebene Welt wird zusehends unmenschlich. Die politische Mani-festation der neuen Konkurrenz, den 1. Weltkrieg, hat der österreichische Schriftsteller Karl Kraus dann treffend *Die letzten Tage der Menschheit* genannt. Und der berühmt gewordene erste Satz seines Buches *Die dritte Walpurgisnacht* lautet: „Zu Hitler fällt mir nichts ein." Auf den ersten Blick sind das keine philo-sophischen oder gar metaphysischen Fragen, aber es zeugt doch davon, daß die Welt nicht mehr und nicht als ganze sinnvoll erscheint. Ganz gleich, ob sie es jemals war; mittlerweile ist selbst der *Anschein*, sie sei es, verlorengegangen.

Das liegt daran, daß den gesellschaftlichen Zwecken, denen die Einzelnen unterworfen sind, weder eine Erfahrung noch eine gegenständliche Vorstellung korrespondiert. Die kapitalistische Produktionsweise, nach deren Zwecken die gesellschaftliche Praxis und ihre gegenständlichen Bedingungen weitgehend ge-ordnet und aufgeteilt sind, zielt weder auf die optimale Versorgung aller Einzel-nen, noch auf die egoistische Bereicherung einiger von ihnen. Die Verwertung des Werts, die Produktion von Produktivität um der Produktion willen, sind nicht Gegenstände möglicher Erfahrung, sondern lediglich der gesellschaftstheo-retischen Analyse. Daher kann die Instrumentalisierung der Einzelnen zu hete-ronomen Zwecken zwar als drückend empfunden werden, aber die Gründe blei-ben verborgen. Das eigene Handeln und seine gesellschaftlichen Bedingungen

---

[9] *Kindlers Literatur Lexikon*, München 1986, Bd. 8, 6029f.

wie deren kulturelle und zivilisatorische Voraussetzungen werden als sinnlos empfunden. Der Einzelne wird austauschbar, zum bloßen Exemplar, und zum bloß ausführenden Organ gesellschaftlicher Zwecke, die er nicht versteht.

Zum ersten Mal in der Geschichte hat die Herrschaft von Menschen über Menschen, ein wesentlich partikulares und auf irrationale (bestenfalls zweckrationale) Willkür gegründetes Verhältnis, eine systematisch allgemeine und daher scheinbar rationale Form angenommen. Herrschaft, die immer nur mit schwerem kosmologischen Gerät und nur in bestimmten Hinsichten als Implement einer umfassenden Vernunft hatte erklärt werden können, erscheint jetzt im Ganzen als selbständiger Ausdruck von Vernunft, ja geradezu als die avancierte Gestalt menschlicher Freiheit, indem alle ‚Marktteilnehmer‘ nicht nur Rechtspersonen und Vertragspartner, sondern vor allem auch Teil des demokratischen Souveräns seien. Aber schon, indem diese formale Freiheit der materialen Gleichheit entbehrt, unterliegen die Handlungen der Einzelnen sozialen Zwängen; sowohl daß diese Zwänge wahrgenommen werden als auch daß sie in ihrer geschichtlich-gesellschaftlichen Kontingenz nicht begriffen werden, erscheint in der Formulierung ‚Sachzwang‘.

Dieser in sich verkehrten Form von Rationalität ist mit den Mitteln der Metaphysikkritik ebensowenig beizukommen wie mit denen traditioneller Metaphysik. Ihre Erkenntnis setzt Gesellschaftstheorie voraus; diese ersetzt freilich nicht die Philosophie, aber sie wird zum Moment adäquaten philosophischen Bewußtseins der Moderne, und zwar in einer Form, die ihrerseits auf Philosophie verweist, weil sie nicht nur beschreibt, sondern kritisch erklärt. Der systematische Bedarf an Begriffen verweist die Gesellschaftstheorie auf Metaphysik zurück, aber im Bewußtsein von deren aporetischer Geschichte. Es geht nicht mehr darum, Sinn zu identifizieren, sondern das Unvernünftige, das falsche Allgemeine, das in der Gleichgültigkeit der Einzelnen zutage tritt, angemessen zu erklären. Das betrifft nicht bloß die metaphysischen Grundlagen der praktischen Philosophie, sondern auch die Metaphysik als Wissenschaft von den Wissenschaften, als Erkenntnistheorie, sofern die gesellschaftliche Funktion der Wissenschaften als Moment von deren Begriff erkannt wird. Damit ist nicht die soziologische Auflösung der Wissenschaften im sozialen Kontext gemeint, vielmehr ist Wissenschaft gerade durch die ‚Neutralität‘ oder ‚Wertfreiheit‘ ihrer Resultate – klassisch gesprochen: durch ihre notwendige und allgemeine Geltung – unter beliebige gesellschaftliche Zwecke zu subsumieren; deswegen ist ihre gesellschaftliche Funktion als solche als Bestandteil ihres Begriffes zu reflektieren.

## IV.

Die Negativität des Einzelnen, seine Gleichgültigkeit, die durch die Herrschaftsform der Moderne gesetzt ist, wird Adorno zufolge mit der Shoah zur geschichtlichen Erfahrung, die sich paradox gerade dadurch nicht mehr abweisen lasse, daß sie das Erfahrungsvermögen sprenge. Das habe auch dem metaphysischen Denken endgültig die Unschuld genommen: „Also, – ich würde schon sagen, daß diesen Erfahrungen eine zwingende Allgemeinheit zukommt; daß es schon tatsächlich der Verblendung gegen den Weltlauf bedarf, wenn man diese Erfahrung heute *nicht* machen will. Es hat sich angesichts dieser Erfahrung die Behauptung von Sinn, wie sie formaliter in der Metaphysik gelegen ist, in Ideologie verwandelt, das heißt in einen leeren Trost, der zugleich in der Welt, wie sie nun einmal ist, seine sehr genaue Funktion erfüllt; nämlich die, die Menschen bei der Stange zu halten. Sicherlich hat Metaphysik schon immer auch ihre ideologischen Aspekte gehabt [...]. Aber wenn ich mich nicht täusche, ist an dieser Stelle etwas wie ein qualitativer Umschlag erfolgt [...]: während die alten Metaphysiken, indem sie dieses Moment des Sinnes urgiert haben, das Bestehende verklärt haben, haben sie immer zugleich auch das Moment der Wahrheit gehabt: das was ist zu begreifen versucht, den Versuch gemacht, des Rätselhaften und Chaotischen sich zu versichern. [...] Damit ist es also aus. Eine solche Konstruktion von Sinn ist überhaupt nicht mehr möglich."[10]

Mittlerweile ist die Erfahrung von Auschwitz, was Adorno sich nicht vorstellen mochte, verblaßt. Auschwitz ist zum Allerweltswort in politischen Debatten geworden. Die unvorstellbare Gewalt dient zuweilen gerade der Ermutigung zu neuer Gewalt. Wenngleich die Erfahrung von Auschwitz verblaßt ist, lebt sie daher gerade in ihrer Vergleichgültigung fort. Was in Auschwitz erfahrbar wurde, war nicht allein die Vernichtung von Juden durch Nationalsozialisten, sondern eine Ahnung der absoluten Negativität und Vergleichgültigung menschlichen Lebens. Das Verblassen der Erfahrung von Auschwitz zeigt das Unvorstellbare an: daß die Vergleichgültigung der Menschen durch ihr gewaltförmiges Extrem noch nicht erschöpft war.

Das bedeutet aber, daß die Philosophie durchaus Anlaß hat, immer wieder zur Sinnfrage der Metaphysik zurückzukehren, daß sie aber einer Täuschung aufsitzt, wenn sie meint, daß hier eine positive Antwort möglich wäre. Alle Massenphänomene, am deutlichsten die auf Kirchentagen und Papstvisiten, urgieren Sinn, wollen so gern die zu recht als Last empfundene Vereinzelung überwinden, aber sie verstehen nicht deren Grund. Ebenso bedient die zeitgenössische Rückkehr der Philosophie zur Metaphysik in ihren naiven Ausformungen ganz unreflektiert das Bedürfnis nach Sinn.

Gleichwohl setzt die Einsicht in die Sinnlosigkeit logisch den Begriff von Sinn voraus. Metaphysisches Denken bleibt eine Voraussetzung seiner eigenen Kritik. Allerdings wirkt diese Kritik zurück in ihre Voraussetzung, indem sie nicht ein Absolutes oder ein Ideal, sondern die subjektive Einheit des Selbstbewußtseins und der Erfahrung als ihren Maßstab reklamiert. Das gelingt aber nur mittels eines Subjekt-Begriffs, in dem die Vermittlung von transzendentalem

---

[10] Theodor W. Adorno, *Metaphysik. Begriffe und Probleme* (1965), Frankfurt am Main 2006, 162f.

und empirischem Subjekt zumindest als Desiderat mitgedacht wird. Adorno hat deshalb darauf bestanden, das Subjekt sei immer auch Objekt, und zwar in grundsätzlich anderer Weise als das Objekt seinerseits an Subjektivität geknüpft sei.

Es geht nicht darum, naiv empiristisch die Objekte als handfeste Dinge wieder einzuführen. Vielmehr kann das Subjekt darauf reflektieren, daß es von den Objekten nur durch Reflexion weiß: Ohne Subjekt kein Bewußtsein vom Objekt; aber dieses Bewußtsein besteht zugleich darin, daß ohne Objekte Subjektivität nicht möglich wäre. Dieser doppelt negative Gedanke verweist letztlich auf die pure Materialität des Lebens, die für Adorno nur mittelbar, über den Tod, überhaupt noch faßbar wird: „Theoretisch zu widerrufen wäre die Integration des physischen Todes in die Kultur, doch nicht dem ontologisch reinen Wesen Tod zuliebe, sondern um dessentwillen, was der Gestank der Kadaver ausdrückt und worüber deren Transfiguration zum Leichnam betrügt. [...] Die Theologie der Krise registrierte, wogegen sie abstrakt und darum vergebens aufbegehrte: daß Metaphysik fusioniert ist mit Kultur. [...] Herausführen könnte einzig, was beides in seiner Vermitteltheit bestimmt, Kultur als den Deckel überm Unrat, Natur, auch wo sie sich zum Urgestein des Seins wird, als Projektion des schlechten kulturellen Verlangens, es müsse in allem Wandel doch beim Selben bleiben."[11]

Die Forderung danach, die Kultivierung des Todes zu widerrufen, bedeutet keineswegs, man solle nun die Kadaver auf dem Acker verfaulen lassen; *theoretisch* ist sie zu widerrufen: Das Bewußtsein von der kruden Materialität des Lebens ist in Erinnerung zu bringen, um Behutsamkeit, auch im Denken der Menschen, zu ermöglichen: „Aber Denken, selber ein Verhalten, enthält das Bedürfnis – zunächst die Lebensnot – in sich. [...] Das Bedürfnis im Denken will aber, daß gedacht werde. Es verlangt seine Negation durchs Denken, muß im Denken verschwinden, wenn es real sich befriedigen soll, und in dieser Negation überdauert es, vertritt in der innersten Zelle des Gedankens, was nicht seinesgleichen ist. Die kleinsten innerweltlichen Züge hätten Relevanz fürs Absolute, denn der mikrologische Blick zertrümmert die Schalen des nach dem Maß des subsumierenden Oberbegriffs hilflos Vereinzelten und sprengt seine Identität, den Trug, es wäre bloß Exemplar. Solches Denken ist solidarisch mit Metaphysik im Augenblick ihres Sturzes."[12]

Das philosophische Bewußtsein würde dann die auf Einheit und Sinn zielenden Begriffe der Metaphysik im Bewußtsein ihrer – und damit seiner – Geschichte verwenden, durch die sie in vielfacher Weise mit dem Heterogenen und dem Heteronomen, dem Nicht- und dem Un-Vernünftigen, verknüpft sind; das Bewußtsein rekonstruierte dann nicht mittels metaphysischer Begriffe das Unvernünftige als Vernünftiges, sondern erschlösse sich durch die geschichtlich re-

---

[11] Theodor W. Adorno, *Negative Dialektik*, Frankfurt am Main 1980, 359ff.
[12] Adorno, *Negative Dialektik*, 399f.

flektierten Begriffe der Metaphysik die Aporien und Widersprüche des Unvernünftigen.

Umgekehrt bedarf es schon einer ungeheuren, vielleicht ungeheuerlichen, positivistischen Energie, sich mit der bloßen, allerdings akribisch genauen Beschreibung und Differenzierung jener Aporien und Widersprüche zu begnügen oder solche Beschreibungen für die Erklärung selbst zu halten. Ob man das nun mit Jürgen Habermas als ‚nachmetaphysisches Denken‘ bezeichnet oder, nach einem Titel von Günther Patzig, ‚Ethik ohne Metaphysik‘ betreiben will, oder ob man schließlich mit Ernst Tugendhat ‚Anthropologie statt Metaphysik‘ präferiert. Der Schaden, der durch die unreflektierte Preisgabe des begrifflichen Fundaments der Metaphysik angerichtet wird, ist im Resultat allerdings der gleiche, der durch das unreflektierte Festhalten daran entsteht: Die in sich aporetische und doch gesetzmäßige Form der modernen Welt bleibt unerkannt und ihre Macht bleibt ungebrochen.

# Zur metaphysischen Aporie
## des geschichtsphilosophischen Denkens –
## Das Gebrochene und Ungebrochene der Metaphysik

ALIA MENSCHING-ESTAKHR (Bonn)

„Die Geschichte der Philosophie ist selbst Philosophie, auch wenn dieses Verhältnis vielen Philosophiehistorikern und nur systematisch arbeitenden Philosophen nicht bewußt ist oder gar von Ihnen geleugnet wird. Umgekehrt ist die Entfaltung der philosophischen Lehrmeinungen nicht nur historisch, weil diese in der Zeit erfolgt ist und berichtet werden kann, sondern auch deshalb weil ihr Medium, die Begriffe, Resultat akkumulierter Erfahrung ist und nur als solches jeweils neue Erfahrung ermöglicht. Im Unterschied zu anderen Wissenschaften bezieht sich Philosophie zumindest implizit in jedem ihrer Theoreme auf ihre Vergangenheit zurück, die sie trotz der vielen Brüche und Neuanfänge, die sie gezeitigt hat, nicht loswird."[1]

## Prolog

Der Begriff der Wahrheit als oberste Norm der Erkenntnis und das Selbstbewußtsein als dessen Medium unterstehen der Freiheit, da jeder Akt der Erkenntnis selbst ein Akt der Freiheit ist. In dem Begriff des Fortschritts versteckt sich die Illusion, daß es diese Freiheit gebe. Nirgendwo ist dieses metaphysische Dilemma so zu verdeutlichen wie im Bereich der Geschichte, diese im zweifachen Sinne verstanden: Geschichte der Philosophie und Philosophie der Geschichte. Die metaphysischen Begriffe der Philosophie werden im Bereich der Geschichte mit ihren Problemen erneut konfrontiert. Die Geschichte ist die *ultima ratio* der Aufhebung der Widersprüche und damit der letzte Prüfstand der Philosophie überhaupt.

Diesem Beitrag liegt die These zugrunde, daß in der Philosophie der Geschichte (Geschichtsphilosophie) die Aporien der Metaphysik ihren höchsten Ausdruck finden und diese Aporien in der Betrachtung der Geschichte der Philosophie eine Konstante zeigen, die die Brüche notwendig hervorruft. Durch diese Brüche jedoch ist die Metaphysik nicht liquidiert, sondern besteht als eine

---

[1] Günther Mensching, „Geschichte der Philosophie als Philosophie der Geschichte", in: G. Kapriev und G. Mensching (Hg.), *Die Geschichtlichkeit des philosophischen Denkens*, Sofia 2004, 15.

Wissenschaft fort, die sich aus diesen Brüchen immer wieder erneut schöpft. Die Geschichte zeigt hierbei, daß „jede Stufe der Metaphysik ein Ausdruck ihrer Zeit ist, sich aber darin nicht erschöpft"[2]. Damit ist sowohl eine Betrachtung der Metaphysik in Abstraktion von jeglichen geschichtlichen Momenten abgewiesen, aber zu gleich auch jede Reduktion dieser auf geschichtliche und gesellschaftliche Momente.

## I. Das Ungeschichtliche

Die metaphysischen Begriffe werden erst in der Spätantike mit dem Bewußtsein der Geschichte konfrontiert. Die Philosophie der klassischen Antike konzentriert sich nämlich auf das Unveränderliche, wie bei Plato die Ideen das höchste Ziel der menschlichen Erkenntnis und somit auch das höchste Ziel des menschlichen Daseins sind. Die reine Schau ist ein Zu-sich-selbst-Kommen, das die Seele als die Intellektseele vollziehen soll. Sie erfolgt in der Abwendung von allem Sinnlichen und bleibt ungeschichtlich, da sie im Überstieg den zeitlichen Gang der menschlichen Erkenntnis zu ihrer Voraussetzung hat, um zu den Ideen zu gelangen.[3]

Bei Aristoteles ist die Erkenntnis ebenso die Erfüllung des menschlichen Daseins, wonach alle Menschen von Natur aus streben. Diese Erkenntnis jedoch, die bei Platon reine Erkenntnis des Göttlichen und des Guten ist, wird bei Aristoteles zu einer Tugend, die sich in der Polis realisieren soll. Die *theoria* wird im 10. Buch der Ethik als höchste dianoetische Tugend thematisiert und damit zum Problem der praktischen Philosophie gemacht.[4] Damit ist die Erkenntnis zwar in die Immanenz der Geschichte mit eingezogen und faktisch damit verbunden, aber Aristoteles macht die Geschichte nicht zum Thema der Philosophie. Die Frage, die ein geschichtsphilosophisches Denken hier stellen müßte aber nicht stellt, ist, ob die vollkommene Erkenntnis schlechthin unter den Bedingungen einer lückenlosen Kausalität überhaupt herzustellen sei? Nicht einmal mit dem Begriff der *causa finalis*, also dort, wo Aristoteles innerhalb seiner Ursachenlehre von einer Teleologie spricht, kann er über die Zweckmäßigkeit der Natur weiterkommen; das Subjekt der Teleologie ist nämlich bei ihm das Naturphänomen selber. Hierbei fallen das Wesen der Dinge und deren Telos zusammen.

[2] Dieser Gedanke stammt von Günther Mensching, den ich aus unseren Gesprächen im Sommer 2011 entnehme. Die Unreduzierbarkeit der Metaphysik auf historische und gesellschaftliche Momente hat Günther Mensching in den letzten Jahren besonders beschäftigt. Hierzu z.B. der noch nicht veröffentlichte Aufsatz: „Die ungelösten Probleme der Metaphysik".

[3] Vgl. Platon, *Phaidros*, in: Platon Werke, übers. v. Friedrich Schleiermacher, Bd. 5, Darmstadt 1990, 249b-d, 85.

[4] Vgl. Aristoteles, *Nikomachische Ethik*, übers. v. Eugen Rolfes, hg. v. Günther Bien, Hamburg 1972, Buch 10, Kap. 7, 1177a, 248.

Diesem Schritt nähert sich erst Augustinus an, indem er die bei Aristoteles angeführte Glückseligkeit mit dem künftigen Heil der Menschheit zusammenbringt, das am Ende der Geschichte liegt. Damit wird das Ziel der Erkenntnis und das Ziel des menschlichen Handelns in die generationenübergreifende Geschichte verlegt. Diese Verflochtenheit von Metaphysik, Erkenntnistheorie und Geschichte begleitet von da an die gesamte Geschichte der abendländischen Philosophie.[5]

Die bei Plotin noch dem Einzelnen gestellte Aufgabe der Erkenntnis des Einen, die uns moralisch aufgegeben ist, wird bei Augustinus zum Telos der Geschichte gemacht, das in der Freiheit, d.h. in der Freiheit vom Körper, von der Naturkausalität, in der glückseligen Schau Gottes besteht. Der Weg vom Einzelnen zum Einen ist bei Plotin keine die Menschheit übergreifende Aufgabe, sondern eine, die dem Einzelnen gestellt ist: „denn damit daß er [der Geist] sich in sein eigenes Selbst hineinwendet, wendet er sich zu seinem Ursprung".[6] Welche Bedeutung jedoch die Einbeziehung der Geschichte für die Metaphysik hat, soll im nächsten Abschnitt ausführlich dargelegt werden.

## II. Das Geschichtliche: Augustinus und Kant[7]

Augustinus und Kant sind die Hauptprotagonisten zweier Epochen in denen sich Geschichte in einem nachdrücklichen Sinn der Betrachtung darbietet. Die Heilsgeschichte erscheint als neues christliches Motiv in der Spätantike, und die Epoche der Aufklärung versteht sich als Ausdruck der autonomen Subjektivität, die Herr der eigenen Geschichte sein will. Für beide Konzepte gilt, daß die Metaphysik sich dem Telos der Geschichte widmet und sich damit in eine Antinomie von Freiheit und Unfreiheit verwickelt, der sie, in die geschichtliche Dimension übertragen, eigentlich entkommen wollte. Daraus ergibt sich eine Aporie, die sich als eine Konstante des geschichtsphilosophischen Denkens bezeichnen läßt. Ist bei Kant nämlich eine göttliche Ordnung und deren Herrschaft für das menschliche Leben zwar nicht mehr relevant,[8] setzt sich dennoch der Konflikt

---

[5] Eine Betrachtung dieser Entwicklung innerhalb der orientalischen Philosophie wäre sehr interessant, muß aber in diesem Aufsatz außer Betracht bleiben.

[6] Plotin, *Enneaden* VI9,2-3, in: Plotins Schriften, übers. v. Richard Herder, Bd. 1, Hamburg 1965, 177.

[7] Die folgenden Ausführungen zu Augustinus und Kant sind großenteils meiner Magisterarbeit (Freiheit und Geschichte bei Kant, 2008)entnommen. Vorlesungen und Seminare meiner Lehrer Günther Mensching und Michael Städtler haben meine Gedanken sehr eng begleitet. Die Erkenntnis, daß von der Philosophie in einer affirmativen Denkweise, wo man versucht, die Aporien zu glätten, nichts übrig bleibt, verdanke ich diesen Studienjahren.

[8] Das ist eine Entwicklung, die auch realhistorische Hintergründe hat, wie z. B. den Machtverlust des Papstes, die Reformation und ihre Folgen sowie die Veränderungen der politischen Institutionen, die hier nicht bearbeitet werden können.

zwischen Glauben und Unglauben in dem Spannungsverhältnis zwischen Freiheit und Unfreiheit fort. Ob man nun die Geschichte als Produkt des kollektiven Willens frei handelnder Subjekte begreift oder als unter der Herrschaft einer obersten Instanz stehend, so läßt sich in beiden Fällen das metaphysische Problem nicht lösen, sondern es wird nur innerhalb der Tradition verschoben.

II.1) Urbild solcher aporetischen Konstellationen ist vor allem Augustinus' *De civitate Dei*, ein Werk das bereits „alle Abgründe der Fortschrittsidee" [9] in sich trägt. Das Drama der Geschichte beginnt für Augustinus mit dem Sündenfall, der die Menschen, wie Thomas von Aquin es später ausdrücken wird, überhaupt erst in den *status praesentis vitae* [10] versetzt, und sie der Erlösung bedürftig macht. Das Böse als die Privation des Guten aber, womit hier, wie später auch bei Kant in dem Aufsatz *Mutmaßlicher Anfang der Menschengeschichte,* [11] die Geschichte der Menschheit beginnt, ist nicht vom Menschen kreiert, sondern es erwächst aus dem Sündenfall des Engels, wodurch auch der Mensch verführt wird. Infolge der Unseligkeit der bösen Engel im Hochmut, der ja der Anfang aller Sünde ist, nimmt Augustinus das Motiv der Willensentscheidung auf, dessen Differenzierung in bösen und in guten Willen die Dualität der beiden *civitates* entspricht. Der Wille der Engel, der sich gerade wegen seiner Perfektibilität (ein Motiv, das bei Kant auch die Überlegenheit des Menschen in der Vernunftbegabung ausmacht und womit die Geschichte ansetzt) sich selbst zuwendet, verkehrt sich aufgrund der Negation des reinen Guten, des göttlichen Willens, also aufgrund der Distanzierung von dem Prinzip, dem jedes sein Sein verdankt, in den bösen Willen. [12]

Daß die Geburtsstunde der Geschichte sich in der Verflochtenheit von Freiheit mit dem Bösen auszeichnet, beschreibt Augustinus im Zusammenhang mit der verkehrten Liebe des bösen Willens: „Desgleichen weiß ich, daß böser Wille nicht entstehen würde, wenn das Wesen, in welchem er entsteht, es nicht wollte, daß also der Abfall nicht notwendig, sondern *freiwillig* ist, weswegen ihm gerechte Strafe folgt." [13]

Die Ursache der Unseligkeit des bösen Engels ist das Selbstbewußtsein, aber das Selbstbewusstsein an sich hat keine Ursache, denn es ist freiwillig: „Sucht man nach einer bewirkenden Ursache dieses bösen Willens" sagt Augustinus, „findet man keine" [14]. Der Sündenfall des Menschen ist fast ein Abbild dieses Motivs in dessen Geschichte die Erbsünde aus der *freien* Hinwendung des Geistes auf sich selbst besteht.

---

[9] Theodor W. Adorno, *Zur Lehre von der Geschichte und von der Freiheit*, hg. v. Rolf Tiedemann, Frankfurt am Main, 2001, 209.

[10] Günther Mensching, *Thomas von Aquin*, Frankfurt am Main 1995, 61.

[11] In der Schrift *Die Religion innerhalb der Grenzen der bloßen Vernunft* vertritt Kant eine andere Konzeption des Bösen, dies kann hier aber nicht ausgeführt werden.

[12] Vgl. Augustinus, *De civitate dei*, übers. v. Wilhelm Thimme *(Vom Gottesstaat)*, Zürich 1955, 12, 6.

[13] Ebd. 12, 8. [Hervorhebungen A.M.]

[14] Ebd., 12, 6.

Die Idee des Menschen und deren Realisierung, an die das kantische Geschichtsdenken gebunden ist, wird schon bei Augustinus, zwar noch nicht im Begriff des Antagonismus, dessen er sich ja noch lange nicht bedient, aber doch an die Vorstellung dualistischer Verhältnisse gebunden, ein Moment, das wiederum bei Kant in dem widersprüchlichen Subjekt, als Individuum und Gattung, aufgehoben ist. Der Antagonismus ist aber auch bei Augustinus der Sache nach in dem Kampf des göttlich Guten mit dem teuflisch Bösen ausgedrückt, die er in seiner Zweireichelehre, der Theorie von *civitas dei* und *civitas terrena*, zu erläutern versucht. Aus dem Spannungsverhältnis der beiden infolge des ersten Akts der Freiheit entstandenen Staaten wird hier die säkulare Geschichte als ein Interim *zwischen* der ersten Offenbarung des Heilsgeschehens und dessen künftiger Erfüllung gedacht.

Der Beginn der Geschichte läßt sich mit der biblischen Erzählung von Kain und Abel vorstellen, die als Begründer des Menschen- und Gottesstaates, zweier mystischer Existenzweisen, auftreten: „Von den beiden Eltern des Menschengeschlechts ward also zuerst Kain geboren, der dem Menschenstaate angehört, darauf Abel, der Angehörige des Staates Gottes."[15] Das, was als Fortschritt in der Geschichte gelten könnte, ist nur in der „Pilgerschaft" einer ausgewählten Gruppe zu finden, die zwar im Jenseits ihr höchstes Ziel erreichen soll, aber hineinwirkend in die *civitas terrena* und deren Erscheinung als Staat, an der *res publica*, an der irdischen zeitlich begrenzten Gestalt des römischen Imperiums, beteiligt ist. Ihre diesseitige auf Selbstbewußtsein beruhende Existenz ist aber als Hoffnung auf die jenseitige Erlösung und auf die Schau Gottes gerichtet: „In Hoffnung lebt er, solange er hier pilgert, der Gottesstaat, der erzeugt wird aus dem Glauben an die Auferstehung."[16]

Ineinander verflochten doch gründen die beiden Staaten auf unterschiedlichen Regeln und fördern jeweils entweder die individuellen Absichten oder die Hingabe an das Allgemeine.[17] In diesem Kampf zwischen den Gegenpolen der Geschichte, zwischen irdischem und himmlischem Reich, angekündigt durch das Erscheinen Christi, wird einerseits der Widerspruch zwischen Herrschaft und Vernunft zum Ausdruck gebracht, andererseits werden die beiden Gemeinschaften als zwei aufeinander angewiesene Momente dem Gang der Geschichte und jeglicher Vorstellung vom Fortschritt zugrundegelegt. Als ein für das Geschichtsverständnis wichtiges Merkmal gilt also das Spannungsverhältnis, in dem die beiden Staaten zueinander stehen und der notwendige Antagonismus dieser beiden Gruppen, aus dem so etwas wie Geschichte überhaupt verstanden wird. Augustinus hat erkannt, schreibt Adorno, „daß Erlösung und Geschichte nicht ohne einander sind und nicht ineinander, sondern in einer Spannung"[18]. Trotz der von jeher bestehenden Aufspaltung der Menschheit in diese beiden mitei-

---

[15] Augustinus, *De civitate*, 15, 1.
[16] Ebd., 18.
[17] Vgl. Ebd. 14, 28.
[18] Adorno, *Zur Lehre von der Geschichte und von der Freiheit*, 210.

nander im Kampf stehenden Formationen ist das Verhältnis beider in dem Sinne „verwirrt und vermengt", daß die *civitas dei* trotz zukünftiger Überlegenheit in der diesseitigen Sphäre auf die *civitas terrena* angewiesen ist. Der Antagonismus ist also schon hier, bevor Kant ihn Jahrhunderte später als „ungesellige Geselligkeit" zum Motor der Geschichte erklärt, im Geschichtsdenken mit einbezogen.

Das Telos der Geschichte liegt bei Augustinus in der Überwindung der Geschichte selbst; denn die Herrschaft einer auf Egoismus beruhenden Gesellschaft, die mittels der Arbeit im irdischen Zustand Buße leistet, findet ihre Erlösung im jenseitigen, außerhalb der Zeit liegenden Reich Gottes, in der *civitats Dei*, der Gemeinschaft des erlösten Teils der Menschheit.

In der Dualität beider Staaten und ihrer Beweggründe bei Augustinus ist die im geschichtsphilosophischen Denken anhaltende aporetische Konstellation eines teleologisch angelegten Geschichtsverständnisses mit einem den frei handelnden Subjekten zugesprochenen Fortschritt bereits präformiert; gleichgültig, ob man *Gott*, die *Natur* oder die *Vorsehung* als Garanten des Fortschritts behauptet, in all den teleologischen Konzepten ist der Gang der Geschichte erst dann sichergestellt, wenn der Zufall auf die eine oder andere Weise in den Dienst einer höheren Notwendigkeit gestellt wird. Der Widerspruch von Freiheit und Vorherbestimmung, der bei Augustinus noch theologisch gedacht ist und zur Dynamik der Geschichte gehören soll, wiederholt sich bei Kant in dem naturteleologischen Konzept seiner Geschichtsphilosophie und zeigt, daß es hierbei um eine Problematik geht, die ihren Grund in der Sache selbst hat. „Dieses Motiv" sagt Adorno, „ist überhaupt eines der zentralsten des geschichtsphilosophischen Denkens, weil es das eigentliche Vermittlungsmotiv ist zwischen der Vorstellung einer historischen Tendenz, des historischen Zuges einerseits, und des individuellen menschlichen Verhaltens andererseits [...]"[19]. Man könnte damit sagen, daß es entweder freie Handlungen gibt, die kein Telos aufweisen, oder man hält an der göttlichen Determination fest, dann ist sowohl die Freiheit illusorisch als auch der emphatische Charakter der Erkenntnis destruiert.

Die Linearität der Zeit positioniert Augustinus in der biblisch überlieferten *Schöpfungsgeschichte*, in der die Reihe der Zeitalter, worin die Geschichte besteht, die zwischen Schöpfung und Erlösung gelagert ist und das Telos in der glückseligen Schau Gottes, als ein objektiv vorbestimmten Ziel, als Ende der Geschichte selbst verstanden werden. Im Streben nach der Glückseligkeit, in dem das moralische Moment angesiedelt ist, und zugleich das Ideal der Erkenntnis intendiert ist, fällt durch die vollendete Enthüllung (Apokalypsis) die Wahrheit mit dem Ende der Geschichte zusammen. Das Ende der Geschichte ist also auch das Ziel der Erkenntnis!

Die historische, diesseitige Zeitbestimmung, läßt sich an der Dauer der Schöpfung messen, innerhalb derer der Pilgerweg der Menschheit bezeichnet wird. Wenn das Telos der Geschichte in die Überwindung dieser selbst gelegt

---

[19] Ebd., 411.

wird, fällt das Jenseits mit dem Ende der geschaffenen Zeit zusammen. Die Zeit selbst wird während ihrer Vergänglichkeit negativ bestimmt, wovon Augustinus die Ewigkeit abzugrenzen bemüht ist: „Diese beiden Zeiten, Vergangenheit und Zukunft, wie sollten sie seiend sein, da das Vergangene doch nicht mehr ‚ist‘, das Zukünftige noch nicht ‚ist‘? Die Gegenwart hinwieder, wenn sie stetsfort Gegenwart wäre und nicht in Vergangenheit überginge, wäre nicht mehr Zeit, sondern Ewigkeit. Wenn also die Gegenwart nur dadurch zu Zeit wird, daß sie in Vergangenheit übergeht, wie können wir dann auch nur von der Gegenwartszeit sagen, daß sie ist, da doch ihr Seinsgrund eben der ist, daß sie nicht sein wird? Rechtens also nennen wir sie Zeit nur deshalb, weil sie dem Nichtsein zufließt.“[20] Dementsprechend stellt sich die Ewigkeit als *Negation der Negation* heraus, die in Ausgrenzung des nur scheinbar Positiven, das reine Positive darstellen soll. Das Bewußtsein der reinen Positivität aber, setzt ein Sicherinnern an das Negative voraus, wodurch dann das Jenseitige die Momente des Diesseitigen in sich aufhebt, so wie bei Kant die Bestimmung der Freiheit in der Negation des ursprünglichen Naturzustandes oder der Unfreiheit, die Autonomie selbst in Heteronomie verstrickt und das geschichtliche Subjekt eher zum Opfer der Freiheit wird. Ein Moment der Unlösbarkeit der geschichtlichen Aporie wird schon hier bei Augustinus deutlich. Die Dualität der beiden Staaten soll sich ja gerade im Eschaton auflösen. Die Aporie des Geschichtlichen besteht ja in der Verstricktheit der beiden Staaten in der Weltzeit. Ist aber die Ewigkeit auch mit Momenten der Weltzeit versehen, erweist sich die Aporie als unlösbar. Diese zeigt sich auch in den qualitativen Bestimmungen des Jenseits, die wiederum infolge der Negation der Negation Eigenschaften des Zeitlich-Weltlichen ins Jenseits transportieren! Sollten Herrschaft und Besitz, Neid und Konkurrenz nur das weltliche Leben begleiten, sieht sich Augustinus aufgrund eines theoretischen Problems genötigt, die jenseitige Gemeinschaft an Hierarchievorstellungen teilhaben zu lassen, die relativ zu dem bestimmt sind, was die einzelnen in der Zeit der Pilgerschaft in der Welt geleistet haben.[21]

Das Telos, das aus der Endlichkeit hinausführen sollte, hat selbst an der Charakteristik der Endlichkeit teil. Nicht ohne Grund schreibt Augustinus im letzten Kapitel von *De civitate dei*: „Denn welch anderes Ende gäbe es für uns, als heimzugelangen zu dem Reich, das kein Ende hat.“[22] Entzieht man der Geschichte dieses Ende, bleiben deren Akteure für immer Vagabunden.

II.2) Die kantische Geschichtsphilosophie versteht sich als ein Ausdruck der Aufklärung, in dem die Menschen aus ihrer selbstverschuldeten Unmündigkeit herausgehen sollen. Dazu gehört, daß sie sich als Individuen und als Gattung ihr Ziel selbst setzen. Dieses Ziel ist primär von jeder religiösen Dogmatik unabhängig. Die Handlungsunfähigkeit des moralischen Subjekts bei Kant soll in

---

[20] Augustinus, *Bekenntnisse*, übers. v. J. Bernhart, Elftes Buch, 14,17- 15,18, Frankfurt am Main 1987, 336.

[21] Vgl. Augustinus, *De civitate*, 22, 30, 831f.

[22] Ebd., 835.

der Betrachtung der Geschichte durch einen Begriff der *Natur,* ohne jegliche Reduktion auf einen göttlichen Willen, theoretisch behoben werden, so daß die Menschheit in einem teleologischen System ihr letztes Ziel erreichen kann.[23]

Es sind metaphysische, erkenntnistheoretische und moralische Konflikte der kritischen Philosophie in einer Antinomie zwischen Freiheit und Natur, um deren endgültigen Lösung Kant sich hier bemüht. Die Natur als historisches Gesamtsubjekt, an deren *Absicht* oder *Wille* der Fortschritt gebunden wird, muß so aufgefaßt werden, daß Natur und Freiheit auf denselben Zweck gerichtet sind, in der Geschichte sich also doch als verträglich nachweisen lassen.

In der Folge der Trennung des *Noumenalen* und *Phaenomenalen* fällt die Geschichte in den Bereich der Erscheinungen. Würde man dieser Gesamtheit der Handlungen die Freiheit des Willens absprechen, was für das Individuum zunächst zutrifft, würde sich die Geschichte nicht von der empirischen Natur unterscheiden. Der geschichtliche Prozess ist als das Empirische nicht unter die Formalität des Sittengesetzes zu subsumieren. Die moralische Anlage der Subjekte ist von ihren empirischen Handlungen streng isoliert. Die Frage, die Kant in Anbetracht dieser Aufspaltung stellt, ist, ob trotz der Determination der Kausalreihe, die als Reihe der Erscheinungen auch die Geschichte ausmacht, dieser nicht ein *Telos* zugesprochen werden kann, das dann unter bestimmten Bedingungen dasselbe Ziel ist, das die Kantische Moralphilosophie als das höchste Gut versteht, nämlich die Idee einer intelligiblen, moralischen Welt, wo Freiheit und Glückseligkeit miteinander vereint sein sollen,[24] auch wenn nichts Empirisches dafür spricht: „Es ist hier keine Auskunft für den Philosophen, als daß, da er bei den Menschen und ihrem Spiele im großen gar keine vernünftige *eigene Absicht* voraussetzen kann, er versuche, ob er nicht eine *Naturabsicht* in diesem widersinnigen Gange menschlicher Dinge entdecken könne."[25] Alles Vernünftige also spielt sich hinter dem Rücken der geschichtlichen Subjekte als Individuen ab; so kann eine Zweckmäßigkeit der Gesamthandlungen in der Geschichte erzeugt werden, die in der praktischen Philosophie nicht einmal im *Reich der Zwecke* verwirklicht werden kann. Durch gemeinschaftliche Gesetze sollen zwar die Subjekte im Reich der Zwecke miteinander systematisch verbunden werden, indem sie in der Einhaltung des kategorischen Imperativs überindividuelle Maximen setzen, was die Mannigfaltigkeit der Handlungen auf einen Zweck richten könn-

---

[23] Die geschichtsphilosophischen Konzepte Kants sind nicht homogen. Bleibt in der naturteleologischen Konzeption die Antinomie zwischen Natur und Freiheit ungelöst, stützt sich Kant in *Streit der Fakultäten* auf ein Faktum wie die Französische Revolution, um den moralischen Fortschritt im empirischen Bereich, zu dessen Ursache es keinen Zugang gibt, aus einem Zeichen heraus, aus einem „Geschichtszeichen" heraus zu zeigen.

[24] Vgl. Immanuel Kant, *Kritik der reinen Vernunft (KrV)*, Hamburg 1998, B 83f.

[25] Immanuel Kant, *Idee zu einer allgemeinen Geschichte in weltbürgerlicher Absicht*, in: Immanuel Kant, Was ist Aufklärung? Ausgewählte kleine Schriften, hg. v. H. D. Brandt, Hamburg 1999, 4.

te, wenn alle sich so verhielten.[26] Diese wird in Kants Geschichtsphilosophie von der Natur bewirkt und nicht mehr den frei handelnden Subjekten überlassen. An die Absicht der Natur ist das teleologische Prinzip gebunden: *„Alle Naturanlagen eines Geschöpfes sind bestimmt, sich einmal vollständig und zweckmäßig auszuwickeln."* Alles andere wäre ein Widerspruch in der „teleologischen Naturlehre."[27] Innerhalb dieser Lehre ist der Natur eine *objektive Vernunft* zugesprochen, die selbst den Menschen Vernunft und die daraus folgende Freiheit des Willens gab,[28] und auch für dessen Entwicklung sorgt. Wenn die Vernunft eine Naturanlage im Menschen ist, dann besitzt die Natur als Träger des Zwecks selbst eine *Intelligenz*, die alles lenken soll: *„Die Natur hat gewollt, daß der Mensch alles, was über die mechanische Anordnung seines tierischen Daseins geht, gänzlich aus sich selbst herausbringe und keiner anderen Glückseligkeit oder Vollkommenheit teilhaftig werde, als er sich selbst, frei von Instinkt, durch eigene Vernunft verschafft hat."*[29] Wenn aber die Natur selbst der Grund der Freiheit sein soll, trägt die Autonomie Momente der Heteronomie in sich, was aufgrund der Kantischen Moralphilosophie nicht sein darf: „Autonomie des Wollens ist die Beschaffenheit des Willens, dadurch derselbe ihm selbst (unabhängig von aller Beschaffenheit der Gegenstände des Wollens) ein Gesetz ist."[30] Menschen sind aber auch empirische Subjekte. Soweit sie als geschichtliche Akteure in Betracht kommen, unterliegen sie den Bedingungen der historischen Zeit. Ist aber von Freiheit des Willens die Rede, wäre dies nur auf die intelligible Ursache außerhalb der Reihe der Erscheinung und hiermit auch außerhalb der historischen Zeit zu beziehen. An diese Aufspaltung schließt das kantische *Wollen der Natur* in der Geschichte an.

Die Problematik ist in ihrem Kern eine erkenntnistheoretische und metaphysische, die aus der Konsequenz der 3. Antinomie stammt, die nicht nur den Freiheitsbegriff, sondern auch den unter eine Einheit zu bringenden Naturbegriff betreffen. Fallen die Handlungen der Menschen als empirische unter die Naturphänomene, die nicht in ein System zu bringen sind, ist auch die Einheit der ganzen Natur zerstört. Einerseits soll hier weder die Möglichkeit noch die Wirklichkeit der Freiheit bewiesen werden, „Freiheit wird hier nur als transzendentale Idee behandelt"[31]. Andererseits verlangt der bloße Begriff der Freiheit schon eine mögliche Handlung. Auch die positive Bestimmung des transzendentalen Freiheitsbegriffes als das Vermögen, „eine Reihe von Begebenheiten von selbst anzufangen", kann den *Anspruch der Vernunft* nicht erfüllen; denn die Vernunft will nicht nur die Reihe beginnen, sondern auch die empirischen Bedingungen in ihre eigene, aus völliger Spontaneität gemachte Ordnung einpas-

---

[26] Vgl. Kant, *Grundlegung zur Metaphysik der Sitten (GMS)*, hg. v. B. Kraft u. D. Schönecker, 433.

[27] Kant, *Idee*, 4. [Hervorhebungen im Original]

[28] Ebd., 6.

[29] Ebd. [Hervorhebungen im Original]

[30] Kant, *GMS*, 440.

[31] Kant, *KrV*, B 586.

sen, denn „ohne das würde sie nicht von ihren Ideen Wirkungen in der Erfahrung erwarten"[32].

Dieses Problem holt Kant in der Geschichtsphilosophie ein: Die Vernunft ist systematisch angelegt und sorgt selbst für die Totalität der Erscheinungen, worunter auch die empirische Seite der menschlichen Handlungen fällt. Sorgt die transzendentale Freiheit als Spontaneität, als das Vermögen eine Reihe zu beginnen, für unzulässige Sprünge in der Natur,[33] so wird dieser Spontaneität die absolute Spontaneität der Vernunft als Bedingung der Möglichkeit von Naturkausalität übergeordnet, was die bewußte gesetzmäßige Konstruktion des Naturganzen, oder anders ausgedrückt, Gottes Schöpfung selbst ist. Das ist die Rechtfertigung der Natur – oder besser der Vorsehung: „Denn was hilft's, die Herrlichkeit und Weisheit der Schöpfung im vernunftlosen Naturreiche zu preisen [...]."[34] Innerhalb dieser absolut zweckmäßig geordneten Schöpfung, deren Begriff die *Vorsehung* ist, ist aber dann menschliche Freiheit nicht zu denken! Freiheit wäre in diesem System, das nur die Einheit, jedoch nicht die Verschiedenheit fördert, nicht vorstellbar.

Die vermöge der Vernunft geleistete systematische Einheit, die im Vergleich zur transzendentale Einheit der Apperzeption des Verstandes auf das Unbedingte zielt, und den Gegenständen der Metaphysik, den drei Ideen (Unsterblichkeit der Seele, Freiheit, Gott) eine regulative Funktion überläßt, wird in diesem „focus imaginarius"[35] das historische Gesamtsubjekt der Geschichte eingebettet, nachdem der Augustinische Gott für das säkularisierte Verständnis als Weltlenker ausgeschieden ist. Wir betrachten die Natur, als ob sie diese Einheit ermögliche, was selbst nichts anderes ist als der regulative Gebrauch der Idee – nur der Idee – einer „obersten Intelligenz", die der Verknüpfung der Dinge der Welt zugrunde liegt und die *Teleologie* rechtfertigt. Zur Möglichkeit der Erklärung eines Weltganzen brauche man eine außerhalb der Welt liegende Ursache, die zwar nicht an sich selbst angenommen wird, die man aber „relativ auf die Sinnenwelt"[36] bezieht. Zu denken sei der Begriff dieses Wesens, dieser „selbständige[n] Vernunft"[37] oder höchsten Vernunft, analog zu den „Realitäten in der Welt, der Substanzen, der Kausalität und der Notwendigkeit"[38], der als Schema im empirischen Gebrauche der Vernunft zur Geltung kommt: „Ich denke mir nur die Re-

---

[32] Ebd., B576.

[33] Der Zusammenhang der Erscheinungen läßt nach Kant keinen Abbruch zu. Hierzu B 282.

[34] Kant, *Idee*,18.

[35] Kant, *KrV*, B 672.

[36] Ebd., B 705. Kant hat diesen Gedanken in der *Kritik der Urteilskraft* weiterverfolgt. Dem kann hier nicht weiter nachgegangen werden. Im § 83 führt er die Kultur als den letzten Zweck an, „den man der Natur in Ansehung der Menschengattung beizulegen Ursache hat". Diese Wendung führt aus der Aporie der Geschichtsphilosophie nicht hinaus, denn die Kultur ist ja hiernach selbst eine Hervorbringung der Natur.

[37] Ebd., B 706.

[38] Ebd.

lation eines mir an sich ganz unbekannten Wesens zur größten systematischen Einheit des Weltganzen, lediglich um es zum Schema des regulativen Prinzips des größtmöglichen empirischen Gebrauchs meiner Vernunft zu machen."[39] Das ganze Drama der Teleologie hängt an dieser dritten Idee der reinen Vernunft, dem Vernunftbegriff von Gott. Es ist diese Idee, die die höchste formale Einheit ermöglicht und zur Voraussetzung der systematischen Einheit der Erkenntnis wird, was nichts anderes ist, als die bewußte gesetzmäßige Konstruktion des Naturganzen: „Diese höchste formale Einheit, welche allein auf Vernunftbegriffen beruht, ist die *zweckmäßige* Einheit der Dinge, und das s p e k u l a t i v e Interesse der Vernunft macht es notwendig , alle Anordnung in der Welt so anzusehen, als ob sie aus der Absicht einer allerhöchsten Vernunft entsprossen wäre. Ein solches Prinzip eröffnet nämlich unserer auf das Feld der Erfahrungen angewandten Vernunft ganz neue Aussichten, nach *teleologischen Gesetzen* die Dinge der Welt zu verknüpfen, und dadurch zu der *größten systematischen Einheit* derselben zu gelangen."[40]

Die größtmögliche Einheit in der Mannigfaltigkeit und deren Zweckmäßigkeit als Voraussetzung der teleologischen Naturbetrachtung ist nach Kant in der Idee der höchsten Weisheit und in dessen regulativem Gebrauch aufgehoben. Die bewußte und zweckmäßige Konstruktion des Naturganzen hat hier den Begriff der „zweckmäßigen Kausalität der obersten Welturache"[41] zur Voraussetzung, die Kant in der Geschichtsphilosophie als *Vorsehung*, *Naturabsicht* oder auch einfach als *Natur* bezeichnet; das teleologische Prinzip, das gleich in dem ersten Satz des Aufsatzes *Idee zu einer allgemeinen Geschichte in weltbürgerlicher Absicht* angegeben wird, *alle Naturanlagen eines Geschöpfes sind bestimmt, sich einmal vollständig und zweckmäßig auszuwickeln*, hat im Rahmen einer teleologischen Naturlehre Geltung, deren zugrunde liegender Naturbegriff an die Idee einer höchsten Weisheit anschließt: Die Idee derselben, also die Idee eines höchsten Urhebers, das ist die Idee „von der Natur der Dinge der Welt"[42]. Es muß dementsprechend „einerlei sein zu sagen", meint Kant: „Gott [die Idee Gottes und deren regulativer Gebrauch!] hat es weislich so gewollt, oder die Natur hat es also weislich geordnet"[43]. Es ist diese Formulierung *die Natur hat gewollt*, die Kant in *Idee zu einer allgemeinen Geschichte in weltbürgerlicher Absicht* wieder aufnimmt. Hiermit wäre aber dann gesagt, daß das Resultat der menschlichen Handlungen, das sich in der Geschichte ergibt, zwar aus menschlichen Handlungen resultiert, aber nicht aus den Absichten der Menschen; die Natur ist hier das Subjekt, oder das Übersubjekt, das mit Notwendigkeit die Freiheit des Willens aus sich selbst hervorbringt. Indem das System nicht nur den kausalen Zusammenhang der Handlungen als Erscheinungen, sondern auch deren

---

[39] Ebd., B 707.
[40] Ebd., B 714f. [Hervorhebungen A.M.]
[41] Ebd., B 716.
[42] Ebd., B 729.
[43] Ebd., B 727.

Zweckmäßigkeit für die Teleologie notwendig erklärt, bleibt wie in der 3. Antinomie die Spannung zwischen Freiheit und Natur bestehen. Die Bedingungen der Reproduktion der Menschen bestehen nicht nur in der Autonomie, sondern auch in der Abhängigkeit von der Natur, was Kant versucht idealistisch in seinem System zusammen zu bringen: „Er sollte [obwohl er unter der Obhut der Natur steht!] nämlich nun nicht durch Instinkt geleitet oder durch anerschaffene Kenntnis versorgt und unterrichtet sein; er sollte vielmehr alles aus sich selbst herausbringen. Die Erfindung seiner Nahrungsmittel, seiner Bedeckung, seiner äußeren Sicherheit und Verteidigung [...], alle Ergötzlichkeit, die das Leben angenehm machen kann, selbst seine Einsicht und Klugheit, und sogar die Gutartigkeit seines Willens sollten gänzlich sein eigen Werk sein.“[44]

Wie wenig aber der empirische Mensch in diesem System Subjekt der geschichtlichen Handlungen sein kann, zeigt auch die Unterscheidung von Gattung und Individuum: *„Am Menschen (als dem einzigen vernünftigen Geschöpf auf Erden) sollten sich diejenigen Naturanlagen, die auf den Gebrauch abgezielt sind, nur in der Gattung, nicht aber im Individuum vollständig entwickeln.“*[45] Die Natur setzt für den Fortschritt eher eine „vielleicht unabsehliche Reihe von Zeugungen“ voraus, „deren eine der anderen ihre Aufklärung überliefert, um endlich ihre Keime in unserer Gattung zu derjenigen Stufe der Entwicklung zu treiben, welche ihrer Absicht vollständig angemessen ist“[46]. Da aufgrund der kurzen Lebenszeit eines einzelnen Menschen die Entwicklung nur im Zuge eines die Generationen übergreifenden Lernprozesses geschehen kann, sind für die geschichtliche Betrachtung nicht mehr die unvernünftigen, unmoralischen Einzelhandlungen der Individuen wichtig, sondern die Bedeutung die ihnen jeweils in Anbetracht des letzten Zweckes der Geschichte in Zusammenhang mit anderen Phänomenen und der Entwicklung der Gattung zukommt.[47]

Die Individuen sind im Verlaufe der Generationenfolge nicht mehr die frei handelnden Subjekte, sondern das Subjekt dieser teleologischen Geschichte kann nur die metaphysische Totalität der Natur sein, die Kant auch Naturabsicht oder Vorsehung nennt. Infolgedessen kann von der Freiheit des Willens nicht mehr die Rede sein. Eine Stelle aus *Zum ewigen Frieden* belegt das sehr deutlich: „Wenn ich von der Natur sage: sie will, daß dieses oder jenes geschehe, so heißt das nicht soviel als: sie legt uns eine Pflicht auf, es zu tun (denn das kann nur die zwangsfreie praktische Vernunft), sondern sie tut es selbst, *wir mögen wollen oder nicht* [...].“[48]

---

[44] Kant, *Idee*, 6.

[45] Ebd., 5. [Hervorhebungen im Original]

[46] Ebd.

[47] Vgl. ebd. 7.

[48] Immanuel Kant, *Zum ewigen Frieden*, hg. v. R. Malter, Stuttgart 1984, 30. [Hervorhebungen A.M.]

Das Mittel, dessen sich die Natur zur Erreichung dieses Zieles bedient, ist der Antagonismus, die „ungesellige Gesellichkeit", die den Fortschritt fördern und „am Ende die Ursache einer gesetzmäßigen Ordnung" werden soll. Der Antagonismus besteht in dem Widerspruch, daß die empirischen Menschen sowohl den Hang zur Vereinzelung, als auch den Hang zum Zusammenschluß in einer Gesellschaft haben. Es liegt nach Kant in der Natur der Menschen, daß sie egoistische Neigungen haben, die aber nur in einer Gesellschaft zu befriedigen sind. Man könnte auch sagen, daß die jeweils individuellen Interessen, die miteinander nicht verträglich sind, von Kant als zur Reproduktion der Gesellschaft für notwendig erklärt werden: „Dank sei also der Natur für die Unvertragsamkeit, für die mißgünstig wetteifernde Eitelkeit, für die nicht zu befriedigende Begierde zum Haben, oder auch zum Herrschen! Ohne sie würden alle vortreffliche Naturanlagen in der Menschheit ewig unentwickelt schlummern."[49]

Der Antagonismus ist hier bei Kant ähnlich wie bei Augustinus der Antagonismus zwischen den beiden Staaten ein realhistorisches Moment in der systematischen Argumentation, auch wenn es um zwei unterschiedliche Epochen und Gesellschaftsstrukturen geht. Kant macht ein negatives Moment zur Bedingung des Fortschritts, was für die bürgerliche Gesellschaft charakteristisch ist. Die Ordnung, für die Kant plädiert, hat zu ihrem Prinzip die Dissonanzen, unter denen auch die Gewalt und das Böse in der Geschichte zu rechtfertigen sein sollen. Die menschliche Handlungsintention ist dabei völlig unwichtig. Das Böse, das in historischer Perspektive die Geschichte vorantreibt, ist rechtlich-politisch erlaubt. Der Antagonismus ist in einer „allgemein des Rechts verwaltenden bürgerlichen Gesellschaft"[50] am besten bewahrt. Er wird sogar zum Prinzip der äußeren Staatsverhältnisse, das dann letztlich den „weltbürgerlichen Zustand"[51] hervorrufen und die Staaten in einem „Völkerbund"[52] zusammenschließen soll. Ganze Gesellschaften und Staaten sollen nach dem Gesetz des Antagonismus funktionieren, indem die Natur die „Unvertragsamkeit" der Staatskörper zu einem Mittel braucht, „um in dem unvermeidlichen Antagonismus derselben einen Zustand der Ruhe und Sicherheit aufzufinden"[53], auch wenn zu diesem Zweck üble Kriege geführt werden müssen.[54]

Wird der Augustinischen *civitas terrena* wahrer Frieden und die Realisierung des höchsten Guts abgesprochen und die höchste Entwicklung der Menschheit eher in eine Überwindung der Geschichte selbst gelegt, so versucht Kant, den Staat, dessen gerechte Einrichtung sogar für ein Volk von Teufeln möglich sein soll,[55] aufzuwerten und innerhalb einer von der Naturabsicht gelenkten bürgerli-

---

[49] Kant, *Idee*, 8.
[50] Ebd. 9.
[51] Ebd. 13.
[52] Ebd. 11.
[53] Ebd.
[54] Vgl. Ebd. 13.
[55] Vgl. Kant, *Zum ewigen Frieden*, 31.

chen Gesellschaft den diesseitigen Frieden zu bejahen, der seine höchste Gestalt in einem weltbürgerlichen Friedenszustand gewinnt.

Ob allerdings in diesem weltbürgerlichen Zustand, der durch Kriege seinen Halt gewinnt, ein moralisches Ganzes erreicht werden kann, ist sehr zu bezweifeln, da hier eher unmoralische Handlungen, die „zwar nicht in Absicht der Menschen, aber doch in der Absicht der Natur"[56] geschehen, zur Moralität führen sollen. Deshalb kommt Kant schon in der *KrV* dazu, das Ideal des höchsten Gutes, gebunden an die Bedingungen einer höchsten Vernunft oder die Idee einer höchsten Intelligenz – eines weisen Urhebers und Regenten – ganz wie Augustinus einer künftigen Welt vorzubehalten: „Ich nenne die Idee einer solchen Intelligenz, in welcher der moralische vollkommenste Wille, mit der höchsten Seligkeit verbunden, die Ursache aller Glückseligkeit in der Welt ist, so fern sie mit der Sittlichkeit (als der Würdigkeit glücklich zu sein) in genauem Verhältnisse steht, das I d e a l  d e s  h ö c h s t e n  G u t s. Also kann die reine Vernunft nur in dem Ideal des höchsten u r s p r ü n g l i c h e n Guts den Grund der praktisch-notwendigen Verknüpfung beider Elemente des höchsten abgeleiteten Guts, nämlich einer intelligibelen d.i. m o r a l i s c h e n Welt, antreffen. Da wir uns nun notwendiger Weise durch die Vernunft, als zu einer solchen Welt gehörig, vorstellen müssen, obgleich die Sinne uns nichts als eine Welt von Erscheinungen darstellen, so werden wir jene als eine Folge unseres Verhaltens in der Sinnenwelt, da uns diese eine solche Verknüpfung nicht darbietet, als eine für uns künftige Welt annehmen müssen."[57]

Der Antagonismus, als diesseitiger Motor der Geschichte schränkt selbst eher die Freiheit ein. Er dient dem Ziel der Natur, unter der das Telos der Geschichte, das moralische Ganze, erreicht werden soll. Jede Möglichkeit, den kategorischen Imperativ als „Diktat der Vernunft" einzusehen, folgt der Naturgeschichte, was wiederum die Autonomie in Heteronomie verwickelt. So wie der Augustinische Begriff vom Jenseits (der Ewigkeit) in Folge der Negation der Negation die weltlichen Momente in sich aufhebt, verwirklicht sich die Teleologie der Geschichte in einem ähnlichen Widerspruch und bleibt unter dem Zwang des Systems als Naturgeschichte übrig, die metaphysisch aufgefaßt wird. Hier im Gedanken des Antagonismus, schreibt Adorno, „fällt das Stichwort von einer Gesellschaft, in der Freiheit ‚mit unwiderstehlicher Gewalt verbunden' sei"[58]. Diese ist die „erhabene Stelle seiner Geschichtsphilosophie"; wenn diese zeigt, „daß der Antagonismus, die Verstricktheit des Fortschritts in Mythos, in der Naturbefangenheit von Naturbeherrschung, kurz, im Reich der Unfreiheit, vermöge seines eigenen Gesetzes zum Reich der Freiheit tendiere [...], so sagt das nicht weniger, als daß die Bedingung der Freiheit die vorausgehende Unfreiheit sei"[59].

---

[56] Kant, *Idee*, 12.
[57] Kant, *KrV*, B 838f.
[58] Adorno, *Zur Lehre von der Geschichte und von der Freiheit*, 213.
[59] Ebd. 212.

## Epilog

Nach Augustinus ist die Glückseligkeit das Ziel der menschlichen Erkenntnis sowie des praktischen Strebens und soll in der Überwindung der Geschichte, in der Schau Gottes erreicht werden. Die *civitas terrena* kann sich selbst nicht auf diesen Zustand hinbewegen, sie ist zwar darauf hingeordnet, es braucht aber das Bewirken eines *transzendenten Gottes*, was für Augustinus überhaupt kein Problem ist. Das Diesseitige und Jenseitige sind einander genau entgegengesetzt, auch wenn die *civitas terrena* schon die Elemente einer *civitas Dei* in sich enthält und die *civitas Dei* in die Welt verflochten ist und in ihr wachen muß. Bei Kant soll die weltliche Sphäre ganz aus sich heraus auf das Ziel hingeordnet sein, das der Glückseligkeit nach Augustinus analog ist. Die weltliche Sphäre sei selbst autonom und sich selbst gesetzgebend, soll also frei sein, auch frei von einer transzendenten Bevormundung. Dies ließ sich aber nicht durchhalten, denn Kant registriert innerhalb der Geschichtsphilosophie die Erfahrung, daß die Ereignisse nicht vernunftmäßig geschehen, sondern naturwüchsig, so daß die Geschichte diese Aufspaltung des Subjektes – die Handlungsunfähigkeit des moralischen Subjekts zur Erscheinung bringt. Die Geschichte wäre hiermit nichts anderes als eine Aneinanderreihung von Erscheinungen. Also kommt ein *Begriff von Natur* ins Spiel, der direkt oder indirekt Merkmale Gottes in sich enthält. Man könnte auch sagen, daß der noch ungebrochenen, offenen Heilserwartung des Augustinus, die er ja gerade gegen die Skeptiker seiner Zeit zu rechtfertigen versucht, das kantische säkularisierte Denken der Philosophie – der Intention nach – entgegensteht. Trotzdem setzt sich bei ihm durch die Entfaltung dieser Gedanken von denen er ausgegangen ist, eine metaphysische Position durch, die eben auch eine religiös besetzte Position ist, und zwar unvermeidbar aus systematischen Gründen und aus der Immanenz der Sache heraus. Es ist nicht mehr dasselbe wie bei Augustinus, diese Reflexion steht jedoch für die Kontinuität der metaphysischen Fragen über die Zeitspanne hinweg, in der über die Geschichte nachgedacht worden ist, und dazwischen liegen Brüche. – Es bringt das Gebrochene und Ungebrochene der Metaphysik zum Ausdruck, wo die Metaphysik in der geschichtlichen Reflexion ihrer Brüche eine Ungebrochenheit zum Ausdruck bringt, deren Betrachtung außerhalb eines reinen rationalen Denkens fällt.

# Handlung und Geschichte

Johannes Rohbeck (Dresden)

Wenn man unterstellt, daß die Aufgabe von Historikern und vor allem von Philosophen nicht darin besteht, die Geschichte als ein Faktum mit ‚objektiver‘ Realität zu beschreiben, sondern einen *Sinn* in die Geschichte zu legen, ist genauer nach der Eigenart dieses Sinns zu fragen. Dazu erinnere ich an die doppelte Bedeutung des Begriffs der Geschichte. Bekanntlich bezeichnet Geschichte sowohl die Darstellung in der Historiographie als auch den Sachverhalt als zeitlich aufeinanderfolgende Ereignisse.[1] Diesen beiden Seiten der Geschichte kann ein je verschiedener Sinn zugeordnet werden.

## Handlungssinn und Deutungssinn

Einerseits bedeutet Geschichte die *Darstellung*, so wie man eine Geschichte oder Geschichten erzählt. Dem entspricht das alte, aus dem Griechischen und Lateinischen stammende Wort Historie (*historia*), mit dem das über ein Gebiet versammelte Wissen gemeint ist. Hier geht es auch um die Methode der Forschung, um die Interpretation historischer Ereignisse und um ihre entsprechende Präsentation. Wenn der Historiker die Geschichte auf diese Weise deutet, produziert er einen bestimmten historischen Sinn, den ich als *Deutungssinn* bezeichne.

Andererseits verweist das Wort Geschichte auf den *Sachverhalt*, d.h. auf den Zusammenhang von Ereignissen, die in der Vergangenheit tatsächlich geschehen sind (*res gestae*). Geschichte ist Geschehenes, das zum Objekt einer Darstellung wird. Ihr Inhalt besteht aus den kollektiven Handlungen der Menschen in der zeitlichen Folge; denn jedes historische Ereignis setzt bestimmte Handlungszusammenhänge voraus, so wie menschliche Handlungen selbst geschichtlich verfaßt sind. Diesen Sinn der menschlichen Handlungen nenne ich *Handlungssinn*.[2]

---

[1] Auf diese Eigenart des modernen Geschichtsbegriffs hat schon Hegel aufmerksam gemacht: G.W.F. Hegel, *Vorlesungen über die Philosophie der Geschichte*, in: Werke in 20 Bänden, hg.v. E. Moldenhauer und K.M. Michel, Frankfurt am Main 1969, Bd. 12, 83.

[2] Herbert Schnädelbach, dem ich hier teilweise folge, unterscheidet zwischen einem Handlungssinn und einem Mitteilungssinn: „Kulturelle Evolution", in: *Geschichtsphilosophie und Kulturkritik*, hg.v. J. Rohbeck und H. Nagl-Docekal, Darmstadt 2003, 336. – Man kann auch den Handlungssinn als einen Deutungssinn bezeichnen, weil ja der Handelnde sich dabei selbst deutet; um aber die Perspektive des Handelnden zu betonen und sie von der des Historikers zu unterscheiden, benutze ich hier den Terminus Handlungssinn.

Sofern die Darstellung der Geschichte im Vordergrund steht, dominiert der Deutungssinn, der in neueren Diskurstheorien und vor allem in Erzähltheorien reflektiert wird. Wird dabei der Handlungssinn programmatisch ausgeklammert, fällt es schwer, zwischen ‚realer' Geschichte und Fiktion zu unterscheiden. Das trifft auch für entsprechende Geschichtsphilosophien zu, die allein den Deutungssinn gelten lassen. Demgegenüber stelle ich mir die Aufgabe, den Handlungssinn stärker zur Geltung zu bringen. Doch beabsichtige ich damit nicht, den Deutungssinn einfach durch den Handlungssinn zu ersetzen; vielmehr kommt es mir darauf an, beide Seiten miteinander zu vermitteln. Diese Vermittlung soll im Nachweis einer engen Korrelation bestehen, in der *Handlungssinn und Deutungssinn* wechselseitig aufeinander verweisen.

Der Historiker benötigt ein bestimmtes *Vorverständnis von Handlung*, das deren pragmatische und temporale Struktur sowie die symbolische Bedeutung beinhaltet. Das gilt auch für die Theorie und Philosophie der Geschichte, in der nicht nur das alltägliche Verständnis von Handlung, sondern Handlungsbegriffe und -theorien vorausgesetzt werden. Im Folgenden versuche ich nachzuweisen, daß auch die Methodologien der Geschichtswissenschaft und Geschichtsphilosophie bestimmte Konzeptionen menschlichen Handelns voraussetzen und von diesen geprägt werden. Außerdem möchte ich zeigen, daß die dabei verwendeten Deutungsmuster in kristallisierten Handlungsmodellen bestehen. Meine These lautet, daß die Handlung bereits einen eigenen historischen Sinn enthält, der in die Historiographie und Geschichtsphilosophie transformiert wird. Die Handlung ist eine Art Transzendental des Geschichtsbewußtsein, d.h. die Bedingung der Möglichkeit der historischen Darstellung und Methodologie. Indem ich der Theorie der „dreifachen Mimesis" von Paul Ricœur folge,[3] versuche ich, die von mir angestrebte Vermittlung von Handlungssinn und Deutungssinn zu konkretisieren.

## Dreifache Vermittlung

Das Verhältnis von *Zeit und Erzählung* bei Ricœur läßt sich so rekonstruieren, daß die Zeitstruktur nicht allein von der Erzählung bestimmt wird, sondern auch und primär von der menschlichen Handlung. Interessant ist dabei zu beobachten, wie Ricœur gerade in seiner Narratologie den Aspekt der Handlung wieder anmahnt. In seiner Theorie des Gedächtnisses verbindet er das Insistieren auf die Handlung mit einem Realismus in der Geschichtswissenschaft und in der Geschichtsphilosophie. An diese Theorie der Erzählung und des Gedächtnisses werde ich anknüpfen, indem ich die Zeit als die Zeit der Handlung fasse und die Erzählung allgemein als Geschichtsdeutung.

---

[3] Paul Ricœur, *Zeit und Erzählung*, München 1988-1991, Bd. I, 87ff.

Auf der *ersten Stufe* (*mimesis* I) gibt es ein bestimmtes Vorverständnis von *Handlung*. Es gründet sich auf ein praktisches Verstehen, das von der Alltagserfahrung geprägt wird, und unterscheidet sich deutlich vom narrativen Verstehen, das aus der Erzählperspektive resultiert. Das praktische Verstehen konstituiert einen Handlungssinn *vor* aller Erzählung. Auf der *zweiten Stufe* (*mimesis* II) wird dieser Handlungssinn in eine *Geschichtserzählung* transformiert. Der Sinn der der dort handelnden Menschen wird nicht aus dem Nichts geschaffen, vielmehr wird ein Handlungssinn vorausgesetzt und narrativ überformt. Der Erzähler entfaltet dessen historische Potentiale und realisiert eine im Handlungssinn bereits angelegte virtuelle Geschichte.[4] Durch die Deutung wird der Handlungssinn in einen Deutungssinn überführt. Auf der *dritten Stufe* (*mimesis* III) erzeugt der *Leser* einen je eigenen Sinn, indem er den Deutungssinn wieder auf die eigene Lebenserfahrung und damit auf den vorgängigen Handlungssinn zurückführt.

Diese *dreifache Vermittlung* hat zum Ziel, dem Handlungssinn gegenüber dem Deutungssinn mehr Gewicht zu verleihen. Allein die Unterscheidung zwischen Handlungssinn und Deutungssinn enthält diese Absicht. Gegenüber einer strikten Diskurstheorie oder einem extremen Konstruktivismus stellt der Begriff des Handlungssinns schon eine Provokation dar, weil er der Handlung in relativer Unabhängigkeit von der Historiographie einen eigenen Sinn zuschreibt. Dieser spezifische Sinn der Handlung besteht auf der Seite der Handlung in den Motiven und Intentionen der Handelnden, von denen die Handlung geleitet wird. Auf der Seite der Deutung besteht der Handlungssinn im Vorverständnis von Handlung sowie in Deutungsmustern, die sich aus praktischen Erfahrungen herleiten lassen.

In der Geschichte des historischen Denkens zeigt sich dabei eine eigenartige Verschiebung innerhalb des Verhältnisses von Handlungssinn und Deutungssinn. Der Akzent verschiebt sich wechselnd nach beiden Extremen, je nachdem wie wichtig man die Intention der Akteure in der Geschichte nahm. Wurde den Motiven und Absichten der historisch Handelnden große Bedeutung zugemessen, lag der Akzent auf dem Handlungssinn. Wurde hingegen angenommen, daß die Akteure die Wirkungen ihrer Handlungen nicht überschauen und vorhersehen, befand sich die Deutungskompetenz beim Historiker bzw. Erzähler, der damit den Deutungssinn unterstrich.

In diesem Zusammenhang kann man auch von einer unterschiedlichen Nähe und Ferne zwischen Handlungssinn und Deutungssinn sprechen, die in ihrem gegenseitigen Abstand auf unterschiedliche Weise oszillieren. Wenn unterstellt wird, daß der Zweck bzw. das Ziel einer historischen Handlung realisiert wird, also am „Ende" herauskommt, was ursprünglich intendiert wurde, decken sich Handlungssinn und Deutungssinn. Die Deutung läuft darauf hinaus, die Intention des historischen Akteurs zu bestätigen. Wenn hingegen angenommen wird,

---

[4] Ebd., 118; vgl. Rüdiger Bubner, *Geschichtsprozesse und Handlungsnormen. Untersuchungen zur praktischen Philosophie*, Frankfurt am Main 1984, 23.

daß etwas anderes herauskommt, als vom Handelnden beabsichtigt wurde, dann widerspricht der Interpret der Geschichte dem Selbstverständnis des Handelnden und macht seinen eigenen Deutungssinn geltend. In diesem Fall driften Handlungssinn und Deutungssinn auseinander.

Mit der handlungstheoretischen Rekonstruktion der Methoden historischer Erkenntnis verlagerte sich die Aufmerksamkeit auf die Handlung in der Geschichte. Wie erwähnt, stellt sich dabei die Frage nach der Vermittlung von Handlungssinn und Deutungssinn. Diese Vermittlung beschreibe ich nun noch genauer auf *drei Ebenen*: auf der Ebene der *Historiographie*, der *Geschichtstheorie* und der *pragmatischen Orientierung*.

## Historiographie

Die *erste Ebene* betrifft die Arbeit des *Historikers*, der konkrete Handlungen von bestimmten Akteuren in der Geschichte deutet; es ist die Ebene der Geschichtswissenschaft, d.h. der historischen Forschung, Darstellung oder Erzählung. Demnach werden die Ereignisse der Vergangenheit als Handlungen von Akteuren betrachtet, die von ihren Absichten, Plänen und Intentionen geleitet wurden. Es gibt also nicht nur einen Deutungssinn, der durch die historische Erzählung erzeugt wird, sondern auch einen Handlungssinn in der Geschichte, der aus der Perspektive der früher Handelnden erschlossen werden kann.

Zwar ist nicht zu bestreiten, daß der so bestimmte Handlungssinn erst in der historischen Darstellung eine narrative, geschichtstheoretische oder geschichtsphilosophische Bedeutung erhält. Diese Deutung unterscheidet sich von den Motiven und Sinngebungen der Handelnden, weil der Interpret mit zunehmendem zeitlichem Abstand mehr weiß als der historische Akteur. Aus hermeneutischer Perspektive läßt der Historiker die Erfahrungen seiner Gegenwart in die Deutung einfließen; aus der Erzählperspektive ordnet er die Handlungen vom Standpunkt des „Endes" ein und verleiht ihnen dadurch ihren Deutungssinn. Wie Arthur C. Danto verdeutlicht, kann der Satz „Im Jahr 1618 begann der dreißigjährige Krieg"[5] nur zu einem späteren Zeitpunkt formuliert werden. Das gilt auch für die jüngst von Historikern vertretene Sicht, der Erste und Zweite Weltkrieg bildeten zusammen den dreißigjährigen Krieg des 20. Jahrhunderts. Dabei werfen die Erfahrungen sowohl dieser Katastrophe als auch des geeinten Europas ein völlig anderes Licht auf diesen Krieg, als es je zuvor möglich gewesen wäre.

---

[5] Arthur C. Danto, *Analytische Philosophie der Geschichte*, Frankfurt am Main 1974, 232ff., insbes. 269, siehe auch 374; vgl. Werner Schiffer, *Theorien der Geschichtsschreibung und ihre erzähltheoretische Relevanz. Danto, Habermas, Baumgartner, Droysen*, Stuttgart 1980, 23ff.

Aber der Deutungssinn wird durch einen vorgängigen Handlungssinn geprägt, der historische Potentiale enthält, die in den Erzählungen, Geschichtstheorien und Geschichtsphilosophien realisiert werden. Dieser Sinn besteht zunächst in der Struktur einer Handlung, die sich aus dem Subjekt mit seinen Motiven und Zielen, aus den Umständen und Interaktionen sowie aus den Wirkungen von Aktionen zusammensetzt. Hinzu kommt der symbolische Charakter, der aus dem kulturellen Kontext einer Beobachtung oder Selbstbeschreibung resultiert. Indem Handlungen eine Verbindung von Vergangenheit, Gegenwart und Zukunft herstellen, erzeugen sie bestimmte Zeitstrukturen, die durch erinnernde Reflexion ihren spezifisch geschichtlichen Charakter erhalten. Dieser Sinn wird in der Geschichtserzählung nicht erst geschaffen, sondern in einen narrativen Kontext transformiert und dadurch modifiziert. Eine solche Transformation setzt einen *prä-narrativen Handlungssinn* voraus.[6] Ich betrachte ihn daher als das *Transzendental* einer jeden Reflexion über die Geschichte.[7] Er ist die Bedingung der Möglichkeit einer jeden Geschichtsdeutung.

Nach Ricœur besteht die Aufgabe eines Historikers nicht zuletzt darin, die praktische Kompetenz der Akteure ernst zu nehmen. Nicht einmal die Erkenntnis historischer Kontingenz befreit von dieser Pflicht. Wie sich bei Danto zeigt, setzt die Feststellung kontingenter Verläufe die Analyse der Abweichung zwischen Motiv und Resultat voraus. Gerade aus der Erforschung von Zielen, die nicht verwirklicht werden konnten oder die zu anderen Ergebnissen führten, lassen sich wichtige Aufschlüsse gewinnen. Allein die Feststellung, daß ein Tyrannenmord gescheitert ist, unterstellt die entsprechende Absicht. Emphatisch gesprochen, verbindet sich mit dieser Haltung eine Wiederkehr des historischen Subjekts.[8]

---

[6] Wie es präreflexive oder präpositionale Vorstellungen gibt, spreche ich von einem pränarrativen Handlungssinn, indem ich mich an Ricœurs Begriff einer „pränarrativen Struktur der Erfahrung" anlehne und die Begriffe „präfigurierte Zeit" oder „quasi-narrative Bedeutung" modifiziere; Ricœur, *Zeit und Erzählung*, Bd. I, 89, 118; ders., *Gedächtnis, Geschichte, Vergessen*, München 2004, 9f.; ebd., 557, 594.

[7] Damit grenze ich mich von anderen Entwürfen einer transzendentalen Geschichtsphilosophie ab: Bei Kant stellt die „Naturabsicht" eine „regulative Idee" der Geschichtsbetrachtung dar, Immanuel Kant, *Idee zu einer allgemeinen Geschichte in weltbürgerlicher Absicht*, in: Werke in 12 Bänden, hg.v. W. Weischedel, Frankfurt am Main 1965, Bd. 11, 34; in der Nachfolge Kants bestimmt Wilhelm Dilthey das „Erlebnis" zum transzendentalen Ausgangspunkt seiner Hermeneutik der Geschichte, Wilhelm Dilthey, Der *Aufbau der geschichtlichen Welt in den Geisteswissenschaften*, hg.v. M. Riedel, Frankfurt am Main 1970, 93; im Anschluß an Kant sieht Baumgartner in der „Kontinuität" die maßgebende „regulative Idee", die durch die ebenso transzendental gefaßte Erzählung konstituiert wird, Hans Michael Baumgartner, *Kontinuität und Geschichte. Zur Kritik und Metakritik der historischen Vernunft*, Frankfurt am Main 1973, 11f., 261; in der analytischen Geschichtsphilosophie von Danto und der folgenden Narratologie wird die Geschichte von der Erzählung konstituiert; *Analytische Philosophie der Geschichte*, 232ff.

[8] Wolfgang Müller-Funk, *Die Kultur und ihre Narrative. Eine Einführung*, Wien/New York 2002, 70.

Eine so bestimmte Deutung des Geschichtlichen ist keineswegs beliebig, sondern hat in der historischen Handlung ihren Referenten. Demnach ist die Geschichte kein bloßes „Konstrukt", sondern setzt Ereignisse in der Zeit voraus, auf die sich der historische Diskurs bezieht. Für die „Angemessenheit" der Deutung gegenüber der geschehenen Geschichte lassen sich durchaus Kriterien formulieren wie etwa die Forderung, daß historische Aussagen den Quellen zumindest nicht widersprechen dürfen.[9] Der Historiker kann die überlieferten Einzelinformationen nicht in bloß ausgedachte Schemata pressen, sondern muß darauf achten, daß sie mit seinen Deutungsmustern übereinstimmen. Daher gibt es weder die reine Faktizität noch den reinen Diskurs, wohl aber Deutungen von Handlungen, die als historische Fakten anzuerkennen sind.

Die Entwicklung der jüngsten Geschichtstheorie hat ja die Sackgasse vor Augen geführt, in die eine Verabsolutierung der Erzählung geraten ist, indem die Geschichte als bloß literarische Fiktion behauptet wurde.[10] Das war nicht nur aus allgemeinen erkenntnistheoretischen Gründen fragwürdig, sondern war vor allem nicht mit dem Selbstverständnis und der Berufsehre von Historikern vereinbar, die zumindest darum bemüht sein müssen, die „historische Wahrheit" zu erforschen. Schließlich hat die Theorie des Gedächtnisses und der historischen Erinnerung demonstriert, daß die behauptete Fiktionalität der Geschichtserzählung moralische Grenzen hat. Wer behauptet, der Holocaust oder die Diktatur in Argentinien seien „nur" literarische Fiktionen, verletzt den ethischen Minimalkonsens. Er verstößt gegen die moralische Pflicht sowohl gegenüber dem Gedenken an die Opfer der Vergangenheit als auch gegenüber den künftig Lebenden, denen ein solches Schicksal erspart werden soll.

## Philosophie der Geschichte

Die *zweite Ebene* betrifft die Geschichtstheorie oder Geschichtsphilosophie, in der das Verhältnis von Handlungstheorie und Methodologie reflektiert wird. Thema sind nicht bestimmte Handlungen in der Vergangenheit, sondern diejenigen Handlungskonzepte, die von Theoretikern und Philosophen vorausgesetzt werden. Die historische Rekonstruktion der Methodologien historischer Erkenntnis zeigt, daß die entsprechenden Theoretiker mit einem bestimmten Vor-

---

[9] Jürgen Kocka, *Geschichte und Aufklärung*, Göttingen 1989, 8ff.; Herbert Schnädelbach, *Vernunft und Geschichte. Vorträge und Abhandlungen*, Frankfurt am Main 1987, 13f., 347; Günter Dux, *Die Zeit in der Geschichte. Ihre Entwicklungslogik vom Mythos zur Weltzeit*, Frankfurt am Main 1989, 38f.; Chris Lorenz, *Konstruktion der Vergangenheit. Eine Einführung in die Geschichtstheorie*, Köln u.a. 1997, 17ff.

[10] So Hayden White, *Metahistory, Die historische Einbildungskraft im 19. Jahrhundert in Europa*, Frankfurt am Main 1991; in einer späteren Verteidigung revidierte White die Behauptung, historische und fiktionale Darstellung seien grundsätzlich ununterscheidbar: Ders., *Auch Klio dichtet*, Stuttgart 1986, 101ff.

verständnis von Handlung operieren. Denn die Geschichtstheorien, Methodologien und Geschichtsphilosophien operieren nicht nur mit Alltagsvorstellungen über Handlungen, sondern mit verallgemeinerten und reflektierten Handlungsbegriffen und Handlungstheorien. Insbesondere liegen dabei bestimmte Handlungsmodelle zu Grunde, welche die Theorien der Forschung und Darstellung strukturieren. Der materiale Handlungsbegriff bestimmt, welche Art der Erklärung in der Geschichtsschreibung zum Zuge kommt. Damit präfiguriert das theoretische Vorverständnis menschlichen Handelns die entsprechende Methodologie.

Handlungen werden nicht nur erzählt, sondern auch verstanden und erklärt. In der neueren Forschung sind die Übergänge inzwischen fließend, indem sich nicht nur „Verstehen" und „Erklären" überschneiden, sondern auch Erzählen und Erklären, so daß man von narrativen Erklärungen sprechen kann. Doch mit dem Akzent auf den Handlungen können die Modi des Erklärens schärfer gefaßt werden. Dazu unterscheide ich zwischen drei idealtypisch ausgewählten Methoden: der kausalen, funktionalen und intentionalen Erklärung.

*Kausale Erklärungen* beziehen sich auf die äußeren Umstände des Handelns. Sie verweisen auf komplexe Handlungszusammenhänge, die das Handeln der Individuen teilweise determinieren. Sie wurden bedeutsam seit der Epoche der Aufklärung, in der versuchte wurde, den Prozeß der Geschichte aus ihren „Ursachen" heraus zu erklären. Die genaue Betrachtung kann zeigen, daß damit keine Kausalkette historischer Ereignisse gemeint war, sondern die Analyse der Bedingungen kultureller Veränderungen. Diese Tradition wurde bis Marx und bis zu den sozialwissenschaftlich ausgerichteten Geschichtstheorien des 20. Jahrhunderts fortgesetzt. In dem Maße, indem technologische, ökonomische, soziologische und politische Faktoren eine Rolle spielen, gewinnt die Kausalerklärung an Bedeutung. Ihre Verwendung ist auch ein Gradmesser dafür, welche Rolle die technische Zivilisation der Moderne in der Geschichtsphilosophie spielt.

Davon ist die *funktionale Erklärung* zu unterscheiden, welche die Veränderung eines Zustands oder die Entwicklung eines sozialen Systems begründet. Zu fragen ist, welche Faktoren welche Funktionen ausgeübt haben, um einen späteren Zustand zu hemmen oder zu fördern. Auch dieser Erklärungstyp ist mit der Tradition des Geschichtsdenkens zu vereinbaren. So stellt die Teleologie der klassischen Geschichtsphilosophie letztlich eine funktionale Erklärung dar. Das gilt auch für Marx, der die Geschichtsteleologie kritisiert und damit auch unabhängig von ihr funktionale Argumente benutzt. Es versteht sich von selbst, daß die moderne Systemtheorie und Evolutionstheorie mit funktionalen Erklärungen operieren, während sie in der Geschichtswissenschaft weniger verwendet werden.[11] Aber dieser Erklärungstyp ist auch mit der Erzähltheorie vereinbar, weil ja vom „Ende" her erzählt wird, wie ein bestimmter historischer Zustand entstan-

---

[11] Lorenz, *Konstruktion der Vergangenheit*, 298; vergleichbar mit der genetischen Erklärungbei Thomas Haussmann, *Zur Theorie und Pragmatik der Geschichtswissenschaft*, Frankfurt am Main 1991, 59ff.

den ist und welche Ereignisse zum Erreichen dieses Zustandes beigetragen haben. In diesem Sinn kann man von einer narrativen Argumentation oder eben von einer narrativen Erklärung sprechen.

In unserem Zusammenhang geht es vor allem um *intentionale Erklärungen*, die sich auf Motive und Intentionen von Individuen oder sozialen Gruppen beziehen. Diese Unterscheidung zwischen intentionaler und kausaler Erklärung entspricht den Grundsatzdebatten der Historiker wie die Frage nach dem Verhältnis von Ereignis und Struktur.[12] Dabei kommt es mir weniger auf den Unterschied zwischen individuellem und kollektivem Handeln an, sondern zwischen intentionalem und nicht-intentionalem Handeln, weil ich die Perspektive einer kollektiven Intention verfolge.

Wie erwähnt, entsteht dadurch eine gewisse Nähe zur Hermeneutik des Historismus, der sich darum bemühte, historische Ereignisse zu „verstehen", indem die Handlungsmotive der Akteure bestimmt wurden. Diese Wendung zu den Intentionen war mit zwei kritischen Abgrenzungen verbunden: auf der einen Seite gegen die Geschichtsteleologie der Aufklärung bis Hegel, die in unserer Lesart funktionale Erklärungen anboten; auf der anderen Seite gegen die sozialwissenschaftlichen Geschichtstheorien seit der Aufklärung bis Marx, in denen auch die kausale Erklärung wichtig war. Wenn nun der Historismus die intentionale Erklärung rehabilitierte, spielten nicht nur erkenntnistheoretische Gründe eine Rolle, sondern auch die inhaltliche Distanzierung von der modernen Zivilisation mit ihren sozialen Kausalitäten.

Bekanntlich hat sich dabei ein scheinbarer Gegensatz zwischen „Erklären" und „Verstehen" gebildet, der in der analytischen Handlungstheorie des 20. Jahrhunderts dadurch aufgelöst werden konnte, daß die Motive des Handelnden als Ursachen eines historischen Ereignisses interpretiert wurden. Auf diese Weise ließen sich kausale und intentionale Erklärungen miteinander vermitteln. Die Erzähltheorie von Danto setzt die Intentionen von Handlungen und damit die intentionale Erklärung wieder außer Kraft, weil sie die Absichten der Akteure angesichts der späteren Wirkungen für unwesentlich hält. Ricœur begründet seine Hermeneutik und Phänomenologie mit einer Rehabilitierung der Handlungen einschließlich ihrer Intentionen.

Ich sehe hier noch eine andere Art der Vermittlung, wenn sich nämlich die intentionale Erklärung nicht nur auf individuelles, sondern auch auf kollektive Handlungen und Intentionen bezieht. Droysen und Dilthey zeigen, daß sich die „Ausdrücke" von Intentionen auch auf soziale und kulturelle Institutionen beziehen können: bei Droysen auf „sittliche Mächte" oder „Gemeinsamkeiten"[13], bei Dilthey auf „Wirkungszusammenhänge" oder „Kultursysteme"[14]. Dabei sind

---

[12] Vgl. Lorenz, *Konstruktion der Vergangenheit*, insbes. 285ff.; vgl. Haussmann, *Zur Theorie und Pragmatik der Geschichtswissenschaft*.

[13] Johann Gustav Droysen, *Historik*, hg.v. P. Leyh, Stuttgart-Bad Cannstatt 1977, 164; zum Folgenden 291ff., 313ff., insb. 336f.

[14] Dilthey, *Der Aufbau der geschichtlichen Welt*, 191ff.

die Zuordnungen noch klärungs- und differenzierungsbedürftig, da ökonomische, politische oder kulturelle Zusammenhänge nicht systematisch unterschieden werden. Es wird ein Unterschied eingeebnet, der für Marx besonders wichtig war, nämlich die Unterscheidung zwischen „naturwüchsigen" und „bewußten" Prozessen. In jedem Fall schließt die funktionale Erklärung kollektives Handeln und kollektive Intentionen ein.

Auf diese Weise lassen sich auch Intention und Kontingenz miteinander vereinbaren. Die methodischen Schwierigkeiten des Historikers, Intentionen von Handelnden sicher zu bestimmen, sprechen nicht gegen die Annahme von Intentionen. Auch wenn Intentionen nicht eindeutig nachweisbar sind, behält die intendierte Handlung ihre heuristische Funktion. Mit Kant gesprochen, fungiert sie als „regulative Idee" der historischen Forschung. Das gilt auch für den Fall, daß Intentionen häufig „überdeterminiert" sind, weil sich mehrere Intentionen so miteinander kreuzen, daß die eine Intention die andere verdecken kann. Auch im Fall einer „unbeabsichtigten Nebenfolge" bleibt die Intention die Bezugsgröße und der Vergleichsmaßstab, an dem die Abweichungen gemessen werden. Allein die Feststellung, ein Tyrannenmord sei gescheitert, unterstellt das entsprechende Ziel. Die Behauptung von „unbeabsichtigten Nebenfolgen" setzt die Vorstellung einer „beabsichtigten Hauptfolge" voraus.

Die intentionale Erklärung ist also mit der Grunderfahrung historischer Kontingenz vereinbar, wie Droysen und Ricœur zeigen.[15] Droysen hatte noch die Teleologie von Hegel bemüht, um diese Erfahrung zu formulieren. Aber andere Autoren wie Marx und Ricœur zeigen, daß Kontingenz auch ohne Teleologie gedacht werden kann. Vor allem aber schließt Kontingenz die Spielräume für individuelles und kollektives Handeln nicht aus. Dadurch eröffnen sich Möglichkeiten für intentionales Handeln und für intentionale Erklärungen. Diese Rehabilitierung des Subjektiven hat nicht nur eine epistemologische Funktion, sondern auch eine ethische Bedeutung, wenn die Verantwortung für menschliches Handeln zur Diskussion steht.


## Pragmatik

Die *dritte Ebene* betrifft das pragmatische Verhältnis von Geschichtsschreibung und gesellschaftlicher Praxis.[16]

Einerseits ist die Deutung von Geschichte bis hin zur Darstellung und Erzählung selbst eine gesellschaftliche Praxis. Die Erzeugung von Deutungssinn ist

---

[15] Vgl. Droysen, *Historik*, 164; zum Folgenden 365, 424; Paul Ricœur, „Contingence et Rationalité dans le Récit", in: *Studien zur neuern französischen Phänomenologie*, hg.v. E.W. Orth, Freiburg/München 1986, 12f., 16f.

[16] Bubner, *Geschichtsprozesse und Handlungsnormen*, 30f.; Paul Ricœur, *Das Rätsel der Vergangenheit. Erinnern – Vergessen – Verzeihen*, Göttingen 1998, 9f., 25, 56; ders., *Gedächtnis, Geschichte, Vergessen*, 557, 594.

von praktischen Interessen geleitet und wird so von einem vorgängigen Handlungssinn diktiert. So wie man die gesellschaftliche Praxis als einen „Diskurs" bezeichnet hat, so kann man auch den Diskurs als Handlung bezeichnen. Diese Umkehr ist nicht beliebig, weil damit behauptet wird, daß historische Erzählungen eine „wirkliche" praktische Funktion ausüben. Im günstigen Fall dient sie der Orientierung in historischen Situationen im Hinblick auf Zukunftsfragen. Im schlechteren Fall dient sie der Legitimation von Herrschaft, wenn etwa im Namen des „Fortschritts" Opfer verlangt werden.

Andererseits wirkt die Historiographie auf die gesellschaftliche Praxis zurück, indem sie eine orientierende Funktion ausübt. Die Handelnden übernehmen Deutungsmuster der Historie, durch die sie ihre eigenen Motive und Ziele interpretieren. Politiker deuten ihr eigenes Handeln ständig als „historisch" oder sprechen von „historischen Augenblicken", indem sie ihr Handeln aus der Perspektive einer späteren Darstellung deuten. Derartige Deutungsmuster sind Orientierungshilfen, mit denen sich individuelle und kollektive Subjekte über ihre Handlungen und Erwartungen verständigen. Dies geschieht vor allem bei Handlungen mit langfristiger Perspektive. Menschen handeln etwa, um den „Fortschritt" voranzubringen, um die Klimakatastrophe abzuwenden, um für die künftige Generation Vorsorge zu treffen. Ein solcher Deutungssinn beeinflußt den Handlungssinn.

Die Pragmatik der Geschichtserzählung kommt insbesondere in der Theorie des Gedächtnisses zum Ausdruck.[17] Während die historische Erzählung rückwärts in die Vergangenheit gewandt ist, steht das Gedächtnis für die Orientierung in der Gegenwart und für die Projektion in die Zukunft. Außerdem repräsentiert das Gedächtnis die gesellschaftliche Dimension des Geschichtsbewußtseins, indem es, im Unterschied zur Erzählung, als kollektives Gedächtnis begriffen wird. Dabei geht es um aktuelle Fragen der Erinnerungskultur einer Gesellschaft oder einer Nation, um Fragen des Gedenkens an frühere Ereignisse und damit auch des Ignorierens bestimmter Ereignisse. Das führt zu Problemen des moralischen und politischen Umgangs mit der Schuld früherer Generationen. In diesen praktischen Kontexten spielt die Historiographie eine Rolle. Nach Ricœur sollen sich Gedächtnis und Geschichtsschreibung wechselseitig ergänzen. Zum einen korrigiert das kollektive Gedächtnis die Rückwärtsgewandtheit und den Wissenschaftspositivismus der Historiker; es bewegt den Historiker auch dazu, selbst als politischer Mensch Stellung zu nehmen und sich praktisch zu verhalten. Zum andern bedarf das kollektive Gedächtnis der Korrektur durch die Historiker, welche den Wahrheitsanspruch zu prüfen haben, indem sie Fakten klären und Deutungen anbieten. An dieser Stelle schlägt sich die Geschichtserzählung in der Lebenspraxis nieder. Der narrative Deutungssinn verbindet sich mit dem praktischen Handlungssinn.

---

[17] Vgl. Ricœur, *Gedächtnis, Geschichte, Vergessen*; dens., *Gedächtnis – Vergessen – Geschichte*.

## Aktualisierung in praktischer Absicht

Aus guten Gründen kann man die Geschichtsphilosophie als Ausdruck der Erfahrung von der „Unverfügbarkeit" der Geschichte interpretieren. Die Teleologie der Geschichte läßt sich dann als Kompensation dieser Einsicht deuten: entweder als pure Ideologie oder als psychische Angstbewältigung in einer pathologischen Moderne.[18] Doch verfolge ich ein anderes Ziel. Statt ideologiekritischer und sozialpsychologischer Verdächtigungen frage ich, ob die Geschichtsphilosophie nicht auch Modelle bereithält, die zu einer vernünftigen Bewältigung historischer Kontingenz beitragen können. Lassen sich in den Denkfiguren der Geschichtsphilosophie Ansätze einer rationalen Verarbeitung entdecken? In diesem Sinn setze ich an die Stelle von Ohnmachtsphantasien die Aufgabe, die praktischen Spielräume theoretischer Reflexion, praktischer Eingriffe und historischer Verantwortung auszuloten.

Indem ich mich dieser praktischen Frage zuwende, verlasse ich die Ebene der Geschichtserzählung und wende mich wieder der dritten Stufe der Mimesis von Ricœur zu. Damit kehre ich von Fragen der narrativen und erklärenden Deutung zum Handlungssinn der Lebenspraxis zurück und bewege mich von der formalen zur materialen Geschichtsphilosophie. Ich frage, welche Orientierungsleistung von den soeben behandelten Geschichtstheorien und Geschichtsphilosophien für die Lösung künftiger Aufgaben zu erwarten ist.

Dazu sind noch einmal die in den Geschichtstheorien und Geschichtsphilosophien aufgetretenen Handlungsmodelle sowie ihre Beziehung zur historischen Kontingenz in Erinnerung zu rufen. So wie wir zwischen mehreren Modellen menschlichen Handelns unterschieden haben, so sind auch mehrere Arten der Kontingenz zu differenzieren, die dazu im Verhältnis stehen. Die genannten Handlungsmodelle mit ihren entsprechenden Methoden enthalten offenbar unterschiedliche Arten von Kontingenz und bilden in ihren Beziehungen zueinander unterschiedliche Kontingenzverhältnisse.

Das Modell des kollektiven Handelns spielte zu Beginn der neuzeitlichen Geschichtsphilosophie insofern eine Rolle, als im Zuge der politischen Ökonomie die Eigendynamik ökonomischer Systeme erkannt wurde. Diese Systeme stellten das Gegenteil von Kontingenz dar, sie wurden nach dem Muster von Naturgesetzen betrachtet, so wie auch die soziale Evolution geradezu wie ein naturaler Prozeß betrachtet wurde. Vom Standpunkt des beginnenden Liberalismus war diese „natürliche Ordnung" sogar erwünscht. Erst bei Marx zeigen sich Kontingenzen sowohl innerhalb des kapitalistischen Systems, dessen „Kri-

---

[18] Reinhart Koselleck, *Vergangene Zukunft, Zur Semantik geschichtlicher Zeiten*, Frankfurt am Main 1979, 260ff.; Heinz Dieter Kittsteiner, *Naturabsicht und Unsichtbare Hand*, Frankfurt am Main 1980, 163f.; ders., *Listen der Vernunft. Motive geschichtsphilosophischen Denkens*, Frankfurt am Main 1998, 12ff.; ders., *Out of Control. Über die Unverfügbarkeit des historischen Prozesses*, Berlin/Wien 2004, 34; ders., *Wir werden gelebt. Formprobleme der Moderne*, Hamburg 2006, 103ff.

sen" zunehmend zum Vorschein kommen, als auch Kontingenz zwischen den sozialen Teilsystemen Ökonomie, Politik und Kultur. Schließlich diagnostiziert Marx eine Kontingenz des Kapitalismus gegenüber den einzelnen Menschen, welche den „naturwüchsigen" Markt als Entfremdung und damit als Einschränkung ihrer Autonomie erfahren. Marx war es denn auch, der gegen diese unterschiedlichen Kontingenzen das Modell des politischen Handelns und damit die kollektive Intention einer sozialen Klasse aufbot.

Im Anschluß an diese Entwicklung stellt sich eine Reihe von Fragen: Die Macht der sozialen Systeme schränkt die Möglichkeiten des intentionalen Handelns ein, das demgegenüber als kontingent erfahren wird.[19] Doch zugleich eröffnet die Kontingenz des kollektiven Handelns in den sozialen Systemen gerade auch die Möglichkeit des intentionalen Handelns.[20] Daraus folgt, daß mit der Perspektive praktischer Eingriffe auf die Kontingenzen der sozialen Systeme zu achten ist; sie können auch als Chance für praktische Aktionen verstanden werden. Die entscheidende Frage der Gegenwart besteht darin, welche Spielräume intentionalen Handelns die sozialen Systeme überhaupt zulassen. Wenn die Evolution dieser Systeme als historischer Determinismus erscheint, kommt es gerade darauf an, die Aufmerksamkeit auf Kontingenzen zu richten, welche ein eingreifendes Handeln ermöglichen. Wenn heute der sich beschleunigende Prozeß der Modernisierung als eine Steigerung von Kontingenz beschrieben wird, gewinnt die Frage nach Kontingenzbewältigung eine aktuelle Bedeutung – nicht nur im Sinne eines angepaßten Verhaltens, sondern auch als kritisch-verändernder Eingriff.

Gegenüber diesen Erfahrungen mit der modernen Zivilisation kann man den Historismus wie eine romantische Reaktion interpretieren. Denn er verlagerte den Akzent auf Politik, Religion und Kultur. Damit sollten die intentionalen Handlungen der Individuen wieder stärker zur Geltung kommen. Nun waren es gerade die Handlungen der Individuen, die als Quelle von Kontingenz galten. Der Hinweis auf die Tatsache, daß letztlich unberechenbare Menschen die Geschichte „machen", diente zur Charakterisierung des spezifischen Gegenstandes Geschichte. Dieses Argument setzte sich in der analytischen Geschichtsphilosophie fort gegen die naturwissenschaftlich orientierte Kausalerklärung. Der Einwand war daher berechtigt, der Historiker müsse auch mit irrationalen und damit kontingenten Handlungsmotiven rechnen.

Setzt man das intentionale Handeln, das geradezu den Prototyp von Kontingenz in der Geschichtswissenschaft ausmacht, ins Verhältnis zum kollektiven Handeln, gilt das oben Gesagte in Umkehrung. Gegen die Übermacht der Systeme ist, sofern sich durch systemische Kontingenz Lücken auftun, an der relati-

---

[19] Paradigmatisch für diese Position, Ludger Heidbrink, „Grenzen der Verpflichtung. Zum Verhältnis von Verantwortung und Pflichten", in: *Recht, Gerechtigkeit und Freiheit*, hg.v. Claus Langbehn, Paderborn 2006, 239-268; ders., *Handeln in der Ungewissheit. Paradoxien der Verantwortung*, Berlin 2007, 11ff.

[20] Ricœur, *Gedächtnis, Geschichte, Vergessen*, 446f.

ven Macht der Intentionen festzuhalten. Ist doch die Forderung unhintergehbar, die Individuen für ihr in bestimmten Grenzen intentionales Handeln verantwortlich zu machen. Aus der Perspektive der Handelnden heißt dies, daß sie für die späteren Folgen ihres Handelns verantwortlich sind. Auch wenn die Macht der sozialen Systeme erdrückend zu sein scheint, bleibt nichts anderes übrig, als Hoffnungen auf das intentionale Handeln der Menschen zu setzen, um Alternativen offen zu lassen.

# Der kritische Weg einer negativen Metaphysik[1]

Karl Heinz Haag † (Frankfurt am Main)

Die Natur geht nicht auf im begrifflich Faßbaren. Der Triumph des neuzeitlichen Menschen über sie lebt von einer kontinuierlichen Beschränkung ihrer Realität auf das jeweils an ihr Erkannte. Diese Reduktion entspricht den Absichten der modernen Wirtschaft. Deren besonderes Interesse gilt seit ihren Anfängen Naturdingen, die technisch beherrschbar und ausbeutbar sind. Im Dienste solchen Interesses waren und sind materielle Gebilde jeglicher Art durch Experimente der physikalischen Wissenschaften systematisch zu erschließen. Der Begriff der „Erschließung" von Gegebenem, der für das metaphysische Denken vergangener Zeitalter die Ermittlung des Wesens sinnlich wahrnehmbarer Entitäten be-zeichnete, hat in der Gegenwart jede ontologische Bedeutung verloren. Seine heute vorherrschende Definition entstammt der Physik des stofflich Elementaren. Er meint in erster Linie ein Aufbrechen der natürlichen Dinge, um sie in den „Griff" zu kriegen. Zu diesem Streben nach absoluter Verfügbarkeit der Natur hat die nominalistische Philosophie – angefangen von Wilhelm von Ockham bis zu Rudolf Carnap und Karl Popper – durch strikte Ablehnung eines intelligiblen Ansichseins der empirischen Welt die nihilistische Rechtfertigung geliefert. Bar eines inneren Seinsgrundes, der für ihre generischen und spezifischen Eigenheiten konstitutiv wäre, haben – streng nominalistisch gedacht – alle empirischen Einzeldinge den Charakter reiner Singularitäten. Auf ihre stoffliche Existenz in Raum und Zeit reduziert, verbindet sie keine Ordnung metaphysischer Wesenheiten mehr. Wie für die niederen Stufen kosmischen Seins gilt dies auch für die Entitäten der höchsten Stufe. Als Artefakte des nominalistischen Denkens verlieren auch die Menschen jede innere Bestimmung. Sie sind so entqualifiziert wie ihr Gegenüber, die Welt, welche sie nach dem Motto „divide

[1] {Der vorliegende Text ist dem Anfangs- und Schlußkapitel des letzten Werkes von Karl Heinz Haag entnommen: *Metaphysik als Forderung rationaler Weltauffassung*, Frankfurt am Main 2005, 7-10 u. 112-117. Dem am 15. April 2011 verstorbenen Autor war es wegen seiner langen und schweren Krankheit nicht möglich, einen neuen Beitrag für die Festschrift zu verfassen.

Er hat seinem Schüler und Freund Dr. Hubert Fein gegenüber in einem der letzten Gespräche geäußert, daß er die hier abgedruckten Teile seines Buches als den authentischen Ausdruck seiner philosophischen Intention ansehe und sie gern seinem Schüler Günther Mensching widme. Der Titel dieses Beitrages wurde von den Herausgebern im Einverständnis mit Hubert Fein gewählt. Die Datei des Buches wurde von Friderun und Hubert Fein den Herausgebern zur Verfügung gestellt, die Karl Heinz Haag bis zum Tode betreut haben und seinen Nachlaß verwalten. Um die Bedeutung der gewidmeten Passagen zu verdeutlichen, hat Hubert Fein den Herausgebern die für Karl Heinz Haag entscheidende Frage als Botschaft mitgeteilt, ob in der Menschen „Dasein ein transzendenter Sinn hineinragt oder nicht". Der Suche danach sei er bis zu seinem Lebensende treugeblieben. Die Herausgeber danken dem Verlag Humanities Online für die freundliche Abdruckgenehmigung. Anm. d. Hg.}.

et impera" in genau spezialisierte Teilgebiete zerlegen. Die nominalistische Verwerfung metaphysischer Wesenheiten dient nicht einer Entfaltung menschlicher Individualität, wie die moderne Aufklärungs-philosophie behauptet, sondern der Degradierung der Menschen zu wesenlosen Gebilden. Politisch bezieht sich der theoretische Kampf gegen Wesenheiten in den Individuen vor allem darauf, daß ihre Existenz an Solidarität gemahnt und die Einzelnen zur Kommunikation auffordert – nicht jedoch zur Konkurrenz. Die konkurrierenden Individuen der via moderna sind sowenig solidarisch wie ihre konkurrierenden Staaten. Indem sie mittels der Macht über die Natur zugleich Macht übereinander zu gewinnen trachten, unterwerfen sie sich den Spielregeln der neuzeitlichen Ökonomie. Zu ihr gehörte von Anbeginn, daß die wirtschaftliche Macht das Maß ist, nach dem das Leben sich richtet. Als das Allgemeine, von dem alle abhängen, ist sie mit der Aktivität der Subjekte identisch, deren Leistungswille zum letzten Agens wird. In einer wesenlosen Welt nehmen die wesenlosen Subjekte sich selber für ihren eigenen Sinn. Die Sprache wird ihnen zu einer in den Sachen unbegründeten Namengebung, durch welche sie allem und jedem vorschreiben, wie es heißen soll. Das ist die Konsequenz der zum flatus vocis verflüchtigten essentiae rerum. Gleich ihren Gegenständen, den einzig durch äußerliche Zeichen in genera und species eingeteilten Dingen, besitzen auch die einzelnen Subjekte von sich aus keine Rechte, wie sehr die bürgerlichen Verfassungen sie immer proklamieren mögen. Deren feierlicher Rede von ewigen Menschenrechten fehlt die ontologische Grundlage. Alle autoritären Staaten seit dem Ausgang des Mittelalters haben den obersten Grundsatz nominalistischer Rechtslehre zu ihrem eigenen gemacht, den später Thomas Hobbes so formulierte: auctoritas, non veritas facit legem.[2] Der keiner metaphysischen Ordnung mehr verpflichtete Staat erläßt selbstherrlich Gesetze und hebt sie nach Gutdünken wieder auf. Er selber steht über allen Gesetzen: was als gut oder böse, als recht oder unrecht zu gelten hat, liegt ausschließlich in seinem Belieben, gleichviel ob es den Einzelnen gerecht oder ungerecht deucht. Gegenüber den Untertanen kann es für eine solche Macht ein Unrecht sowenig geben wie für den nominalistischen Gott, die an nichts gebundene, aus reiner Willkür handelnde potestas absoluta. Akte oder Verhältnisse sind nämlich, nominalistischer Theodizee zufolge, gut oder böse nicht deshalb, weil sie, wie für die antike und mittelalterliche Metaphysik, Gottes vollkommener und unveränderlicher Wesenheit je nachdem entsprechen oder nicht entsprechen, sondern einzig, weil der göttliche Wille sie beliebig entweder fürs Böse- oder Gutsein bestimmt hat. Seine stets veränderlichen Beschlüsse stiften alle Gesetze der Natur und ebenso auch alle Gesetze der menschlichen Moral. Demnach wären die Normen, von deren Erfüllung menschliches Heil abhängt, nicht mehr ewig. Mit anderen Worten: nicht ein Leben, das von Gott einmal verkündeten Geboten folgt, sondern die völlig freie voluntas Dei absoluta entscheidet über das Schicksal der Menschen – über ihre Berufung zur Glückse-

---

[2] Thomas Hobbes, *Leviathan*, 26. Kapitel.

ligkeit oder ihre Verdammung.[3] Hier, in der äußersten Verachtung der Individuen, tritt der wahre Charakter nominalistischen Denkens unverhüllt zutage. Es ist ein nihilistisches Denken. Sein Nihilismus in der Lehre über Mensch und Natur aber ist ein Resultat aus seiner radikalen Verneinung von Metaphysik. Damit stellt sich die Frage: Wie konnte es zu einer solchen Verneinung kommen? Gefordert ist eine Antwort, die ihre Basis hat in einer kritischen Betrachtung der historischen Gestalten metaphysischer und antimetaphysischer Weltauffassung. Ohne deren kritische Betrachtung zerfällt Philosophie: ihre Theoreme und Prinzipien verkümmern zu willkürlichen Setzungen.

[...]

Der Weg von exakter Naturerkenntnis zu rationaler Naturerklärung ist der Weg in die Dimension des Metaphysischen. Sie besteht zutiefst in dem für Menschen unergründbaren Sein und Wirken der Gottheit. Der negative Schritt in diese Dimension ist vermöge seiner gnoseologischen Basis, die er im Durchdenken kosmischen Geschehens hat, ein rationaler Schritt. Er verbietet eine nominalistische Deutung der Natur: die Reduktion der natürlichen Dinge auf wesenlose Singularitäten. Die nihilistischen Folgen einer solchen Reduktion widerlegen die moderne Vorstellung von der straflosen Brandschatzung des Gegebenen. Es ist weder wesenlos noch wehrlos. Ob das erkannt wird oder nicht, ist von höchster Wichtigkeit nicht nur für das Schicksal der Philosophie, sondern hat intensivste Bedeutung auch und zuvörderst für das Schicksal der Menschheit. Der kritische Weg einer negativen Metaphysik ist zu beschreiten, weil er allein zu Erkenntnissen führt, durch welche es möglich ist, der nominalistischen Aus-höhlung von Mensch und Natur entgegenzuwirken. Das zu explizieren, war die primäre Absicht der in diesem kleinen Buch durchgeführten Reflexionen über Metaphysik als Forderung rationaler Weltauffassung.

Aus ihnen folgt unmittelbar: ähnlich wie Metaphysik ist für kritisches Denken auch Theologie nur in negativer Form möglich. Die philosophische Erkenntnis der Notwendigkeit eines creator mundi führt nicht über eine negative Gotteslehre hinaus: vor allem nicht zu einem Gott und Welt umfassenden theologischen System, in dem religiöse Dogmen die Evidenz zurückgewännen, die ihnen im geschichtlichen Prozeß verlorenging. Auch eine Naturerklärung, die sich auf Theologie verwiesen weiß, vermag dem Glauben an göttliche Offenbarungen heute nicht mehr zu geben, was er einmal besaß, einen Platz im allgemein anerkannten Wissen. Platz in ihm kann nur ein Weltdinge transzendierendes Denken finden, das von den physikalischen Wissenschaften selber gefordert wird. Dies ist der gnoseologische Punkt, an dem moderne Theologie ihre zentrale Aufgabe verfehlt hat. Statt einen Weg zu suchen, der von reflektierender Naturerkenntnis zu rationaler Gotteserkenntnis führt, haben nicht bloß ihre pro-

---

[3] Vgl. hierzu Thomas Hobbes, *Vom Menschen. Vom Bürger*, Hamburg 1959, 238.

testantischen Initiatoren, sondern in steigendem Maße auch ihre katholischen Strategen irrationale Bekenntnisse postuliert: Akte blinden Glaubens an Gott. Für ihn sollen die Menschen sich entscheiden – in einem „stets neuen Wagnis und Risiko der Freiheit"[4]. Ihre Entscheidung würde in dem Bewußtsein erfolgen: „Gottesglaube... ist meine Tat"[5]. Von der menschlichen Ratio in Ungewißheit gelassen, ob ein Gott überhaupt existiert, wäre solcher Glaube vor allem Gelegenheit zu beweisen, wie kühn theologische Denker sind: wie sehr sie „Abenteuer" des Geistes lieben.[6] Das impliziert: Gott ist nicht mehr der Allmächtige, sondern der Mensch ist es in seinem Belieben. Gegen die Pluralität des profanen Angebots von Sinn deklariert er Gott als den Sinn seines Lebens.[7] Wie in Pascals berühmter Wette wird Gott zum Gegenstand eines Glücksspiels: „Wägen wir Gewinn gegen Verlust für den Fall, daß wir auf Kreuz, daß wir darauf: daß Gott sei, setzen. Schätzen wir beide Möglichkeiten ab: gewinnen Sie, so gewinnen Sie alles, verlieren Sie, so verlieren Sie nichts. Setzen Sie also, ohne zu zögern, darauf, daß er ist"[8]. Anders argumentieren auch die modernen Theologen nicht: sie setzen auf einen Gott, von dem sie einzig hoffen können, daß er existiert und – gemäß den Verheißungen Jesu – die Menschen in der Stunde ihres Todes aufnimmt in seine Herrlichkeit. Kann aber solches Setzen auf Gott mehr zustande bringen als ein bloßes Spiel mit Wörtern? Präziser: Wird in ihm das erreicht, was schon von Pascal intendiert war, nämlich ein letzter Halt und Sinn des menschlichen Daseins im Strom des neuzeitlichen Nihilismus? Die Antwort auf diese Fragen kann nur lauten: Solange die modernen Theologen vor der Anstrengung einer rationalen Gotteserkenntnis in die Bequemlichkeit irrationaler Entscheidungen ausweichen, verzichten sie bewußt auf die Arbeit an einem Weg, der aus der Sackgasse des neuzeitlichen Nihilismus herausführen könnte.[9]

Eine Theologie, die vor kritischem Denken bestehen will, braucht eine rationale Grundlage. Zumindest eines muß für sie gewiß sein: daß es einen Gott gibt. Diese Gewißheit ist erreichbar – in logischer Strenge jedoch nur auf dem steilen Pfad zu der physikalisches Wissen transzendierenden Erkenntnis, daß

---

[4] Hanz Küng, *Existiert Gott?*, 634.

[5] l.c., 632.

[6] Vgl. hierzu Joseph Ratzinger, *Glaube und Zukunft*, 90f.

[7] l.c., 90.

[8] Blaise Pascal, *Über die Religion*. Übers. von E. Wasmuth. Heidelberg 1946, 124f.

[9] Ein solcher Verzicht bedeutet stets Kapitulation vor positivistischem Denken. Er läßt Ratzinger nur eine Vielheit oft sehr unähnlicher Philosophien noch sehen. Keine von ihnen soll mehr Wahrheit enthalten als eine andere: jede stelle einen „begründbaren Standort" dar (Ratzinger, *Glaube und Zukunft*, 68. Vgl. hierzu auch Ratzingers vielsagenden Aufsatz: Der angezweifelte Wahrheitsanspruch; in F.A.Z. vom 8.1.2000). Küng hat diesen Indifferentismus auf die Spitze getrieben. Selbst der Nihilismus ist für ihn eine vertretbare Philosophie. Es sei keineswegs auszuschließen, daß ein „blindes Schicksal" die Welt regiere: daß „alles letztlich zwiespältig, sinnlos, wertlos, nichtig" sei (Küng, *Existiert Gott?*, 468). Gleichwohl hält er die christliche Position für wahrscheinlicher: daß alles letztlich doch Wirklichkeit und einen Sinn besitzt (l.c., 469).

kosmische Prozesse ein gestaltendes Prinzip voraussetzen: eine allmächtige Vernunft, die konstitutiv ist für die Auswahl und Koordination der Gesetze, die in jenen Prozessen wirksam sind. Das hat moderne Theologie, sofern sie mehr sein will als eine paradoxe Glaubenslehre, zu erkennen und fruchtbar zu machen für eschatologische Überlegungen. Ihr Denken muß getragen sein von der Einsicht, daß kein natürliches Gebilde aufgeht in dem szientifisch an ihm Faßbaren: ein jedes vielmehr über sich hinausweist auf göttliches Sein und Wirken. Wird der Weg zu solcher Einsicht nicht beschritten, so bleibt die nominalistische Weltauffassung der Moderne die herrschende Doktrin: alle Entitäten verlieren die Aura ihres transzendenten Ursprungs. Es geht verloren, was die Menschen zu einem sinn-vollen Dasein brauchen, das Bewußtsein von der Existenz einer absoluten Wahrheit. Deren radikale Verbannung aus dem Bewußtsein der Menschen ist heute das oberste Ziel aller Gegner metaphysischen Denkens. Was von ihnen intendiert wird, ist die Ausrottung menschlichen Strebens nach Nicht-Relativem. Die Verwerfung von Ontologie, die – wie keine andere philosophische Disziplin – die Besinnung auf wahres Sein postuliert, ist das deutlichste Zeichen für solche Negativität. In der Philosophie soll es nur eine Richtung noch geben: den Positivismus, dessen Beschränkung der Realität auf mathematisch bestimmbare Naturerscheinungen identisch gesetzt wird mit dem Begriff der Wirklichkeit, wie er in den physikalischen Wissenschaften vorliege. Diese sind stets zwar auf exakte Erkenntnis ausgerichtet: die mathematische Bestimmung relationaler Eigenschaften empirischer Dinge. Nur zu solcher Bestimmung taugt ihre Methode des experimentellen Forschens – nicht jedoch zur Erschließung eines Ansichseins irgendwelcher Phänomene. Darin liegt: ihre methodische Ausrichtung hat nichts zu tun mit Positivismus als philosophischer Weltanschauung. Erst die Einschrän-kung des Wirklichen auf seine mathematisch faßbaren Eigenschaften läßt aus exakter Wissenschaft eine positivistische Seinslehre entstehen. Kennzeichnend für sie ist die rigorose Verneinung der Dimension des Metaphysischen: eines übersinnlichen Prinzips der rational aufgebauten Natur. Die Erkenntnis seiner Notwendigkeit führt über Positivismus und Materialismus hinaus zu dem theologischen Gedanken, daß die sinnlich wahrnehmbare Welt nicht das Letzte ist. Mit anderen Worten: wie von den Menschen die Möglichkeit physikalischer Forschung gedacht wird, davon wird in künftigen Äonen es abhängen, wie sie selber sich begreifen – ob in ihr Dasein ein transzendenter Sinn hineinragt oder nicht. Dies gilt für alle Menschen. Die religiösen Bekenntnisse werden der Entmythologisierung verfallen – durch eine ebenso unaufhaltsame wie universale Ausbreitung der physikalischen Weltvorstellungen. Deshalb ist es nicht gleichgültig, was die Menschen über die ontologischen und gnoseologischen Voraussetzungen realer Naturerkenntnis wissen. Dieses Wissen, entfaltet zu einer negativen Metaphysik, könnte die Grundlage bilden für ein wahrhaft intellektuelles und gesittetes Leben der Menschen.[10] Was einem Denken auf

---

[10] Zu einem intellektuellen und gesitteten Dasein der Menschen gehören Offenheit und

nominalistischem Boden nicht gelingen kann, erscheint möglich: die geistige Überwindung des modernen Nihilismus.

---

Distanz. Das hat Walter Hoeres in ebenso inhaltsreichen wie scharfsinnigen Untersuchungen meisterlich dargetan. Vgl. W. Hoeres, *Offenheit und Distanz*, Berlin 1993.

# Metaphysik. Zwei Vorlesungen[1]

PETER BULTHAUP † (Hannover)

## I. 6. 1. 1992

Liebe Kommilitonen, ich wünsche Ihnen alles Gute im neuen Jahr.

Dieser Wunsch wird zwar nicht viel ausrichten, er mag sogar als Verhöhnung erscheinen in Zeiten, die finster sind wie die gegenwärtigen. Zur Versöhnung mit diesen Zeiten aufzufordern, hieße, den moralischen Zusammenbruch der Subjekte zu fordern, zum Widerstand aufzurufen, hieße jetzt, da die politische Praxis von den Siegern diktiert wird, zur Vernichtung der eigenen bürgerlichen Existenz aufzurufen.[2] Um angesichts solcher Verhältnisse nicht den Verstand zu verlieren, bedarf es des Vertrauens in die Objektivität der eigenen Vernunft, die dadurch zur metaphysischen Instanz wird. Daß sie deswegen nicht mit aller Realität auch die eigene preisgeben muß, ohne doch der Realität *telquel*, also wie sie ist, sich unterwerfen zu müssen, ist das Motiv, aus dem das Programm der Metaphysik begründet ist. Ob das Motiv standhält, hängt davon ab, ob das Programm durchzuführen ist. Mit dieser dialektischen Volte habe ich Ihnen dann bewiesen, daß die Bedeutung der Philosophie proportional zu ihrer Ohnmacht wächst. Dazu, daß die rationale Metaphysik nicht in ausgesponnene Hinterwelten, in denen die Götter wohnen, zu flüchten braucht, noch eine frühe Formulierung, der zufolge die siegende Sache den Göttern, die besiegte aber dem Cato gefallen habe.

Nun aber zurück zur bestimmten Gestalt der Metaphysik, der des Begriffsrealismus des Aristoteles.

Aus den Vorlesungen im vergangenen Jahr blieb das Resultat, daß der Begriff, der das Wesen einer Sache bezeichnet, mit Notwendigkeit gefordert werden muß, wenn denn die Rede einen Gegenstand haben soll, daß aber kein bestimmter Begriff deduziert werden kann.

Das heißt aber nicht, daß der Begriff des Begriffs nicht analysiert werden kann, z.B. daraufhin, ob er aus Teilen zusammengesetzt ist, es also so etwas gibt

---

[1] {Der vorliegende Text entstammt der Vorlesung *Metaphysik II*, die im WS 1991/92 an der Universität Hannover gehalten wurde. Der Text wurde hergestellt nach dem Manuskript und der – vielfach abweichenden – Tonbandaufnahme der Vorlesung, die sich im Peter-Bulthaup-Archiv Hannover befinden (RBL-182, 37-44, bzw. KAS-533 und 534). Bei Abweichungen wurde durchgehend das gesprochene Wort bevorzugt, wo dies nicht eine sprachliche Verschlechterung gegenüber dem Manuskript darstellt. Sprachliche Unebenheiten im mündlichen Vortrag und offensichtliche sprachliche Fehler im Manuskript wurden stillschweigend korrigiert. Zweifelhafte, insbesondere sinnändernde, Korrekturen stehen in geschweiften Klammern. Anm. d. Hg.}.

[2] {Bulthaup bezieht sich hier auf die Ende 1991 erfolgte Erklärung der Auflösung der Sowjetunion.}.

wie einen Begriffsbaukasten, oder nicht. Begriffsbaukästen, so eine Art Lego-Philosophie, werden häufig angeboten.

Dazu aus der *Metaphysik*:[3]

„Da aber die Wesensdefinition ein Begriff (Rede) ist" – also ‚Begriff‘ und ‚Rede‘ ist beides richtig, ‚Rede‘ im nachdrücklichen Sinn, im Griechischen heißt es *logos* – „und jeder Begriff (Rede) Teile hat und der Teil des Begriffs zu dem Teil der Sache in dem gleichen Verhältnis steht wie der Begriff zur Sache, so entsteht nunmehr die Frage, ob der Begriff der Teile in dem Begriff des Ganzen enthalten sein muß oder nicht. Bei einigen nämlich ist er offenbar darin enthalten, bei anderen nicht. Denn der Begriff des Kreises enthält den der einzelnen Segmente nicht in sich, wohl aber der Begriff der Silbe den der Buchstaben, und doch wird ja ebensogut der Kreis in Segmente zerlegt wie die Silbe in die Buchstaben."[4]

Ich möchte dieses Beispiel der Zerlegung der Silbe in Buchstaben und das Problem, ob der Begriff der Silbe dann aus dem der Buchstaben zu komponieren sei, für eine Viertelstunde beiseite lassen, weil ich jetzt nicht gleich eine Sprachtheorie skizzieren möchte, sondern mich auf die Teile des Textes beschränke, in denen gesagt wird, daß der Begriff nicht aus Teilen zu komponieren sei.

„Ferner, wenn die Teile früher sind als das Ganze, und von dem rechten Winkel der spitze, von dem Lebewesen der Finger ein Teil ist, so würde der spitze Winkel früher sein als der rechte, und der Finger früher als der Mensch. Doch scheint vielmehr jenes früher zu sein; denn dem Begriff nach ist der spitze Winkel und der Finger abhängig von dem rechten Winkel und dem Lebewesen, und auch darum sind diese früher, weil sie ohne jene sein können."[5]

Oder: Der spitze Winkel ist definiert dadurch, daß er kleiner ist als ein rechter. Also setzt die Definition des spitzen Winkels die des rechten voraus. Der Finger ist dadurch definiert, daß er ein Teil des Menschen ist. Also setzt die Bestimmung des Fingers die des Menschen voraus.

„Doch wird wohl Teil in verschiedenen Bedeutungen gebraucht, von denen die eine ist, daß er das Maß der Quantität nach bezeichnet. Diese wollen wir aber jetzt beiseite setzen und vielmehr nur untersuchen, woraus das Wesen als aus seinen Teilen besteht."[6]

Abgesehen soll hier werden von der Kategorie Quantität; denn es ist offensichtlich ein anderes Problem, ob der Finger ein Teil des Menschen oder ob drei Erdbeeren ein Teil von fünf Erdbeeren sind. Das letztere ist einfach zu lösen, deswegen wird es beiseite gesetzt, das andere nicht.

---

[3] {Die jeweils vor den Zitaten erfolgten mündlichen Textnachweise wurden durchgängig durch standardisierte Nachweise in den Fußnoten ersetzt. Die Zitate erfolgen nicht nach dem Vortrag, sondern nach den jeweiligen Ausgaben.}.

[4] Aristoteles, *Metaphysik*, nach der Übers. v. H. Bonitz hg. v. H. Seidl, Bd. 2, Hamburg 1980, 1034b.

[5] Ebd., 1034b.

[6] Ebd.

Das Argument gegen die Komponierbarkeit des Begriffs ist eines gegen seine Zusammensetzung aus Teilen. Dem Teil aber gehe logisch das voran, wovon es ein Teil ist. Das ist einzusehen, denn ein Hund wird nicht aus Kopf, Rumpf, Schwanz, Beinen und Pfoten gemacht. Daß er in Teile zerlegbar ist, heißt nicht, daß er aus ihnen gemacht ist. Die Zerlegbarkeit wird von Aristoteles daraus begründet, daß das erste Subjekt der Prädikation die in der Materie realisierte Form ist. Als realisierte Form sei sie zerlegbar; aber die Zerlegbarkeit sei in der Materie begründet, nicht in der Form.

Was auch wiederum einleuchtend ist, denn wenn man einen Hund in Kopf, Rumpf, Beine und Pfoten zerlegt, ist er kein Hund mehr. Bei Hunden kommt das seltener vor, aber bei anderen Tieren geschieht das schon.

Das entsprechende Zitat:

„So auch, wenn die Linie durch Teilung in die Hälfte, der Mensch durch Zerlegung in die Knochen und Sehnen und das Fleisch sich auflöst, so bestehen sie deshalb doch nicht aus diesen als aus Teilen des Wesens, sondern als aus dem Stoffe, und von der konkreten Vereinigung sind sie Teile, aber darum sind sie nicht Teile der Art-Form [also des *eídos*; P.B.] und des im Begriff Enthaltenen; und deshalb finden sie sich auch nicht im Begriff. (d) In einigen Begriffen also findet sich der Begriff solcher Teile, in anderen aber kann er sich nicht finden, wenn der Begriff nicht auf die mit Materie zusammengefaßte Form geht. Darum besteht denn einiges aus demjenigen als aus seinem Prinzip, in das zerlegt es vergeht, anderes nicht. Was nämlich Zusammenfassung ist von Form und Stoff, wie das Stülpnasige und der eherne Kreis, das vergeht durch Auflösung in diese Substrate, und der Stoff ist ein Teil von ihnen; was aber nicht mit der Materie zusammengefaßt ist, sondern ohne Materie besteht, und dessen Begriff jeweils nur ein solcher der Art-Form ist, das vergeht nicht, entweder überhaupt nicht oder doch nicht auf diese Weise."[7]

Oder: Das einzelne Lebewesen oder der einzelne Gegenstand kann vergehen. Und so kann etwa auch ein bestimmter Teil an einem einzelnen Lebewesen vergehen. Wenn der stirbt und seine Nase, wenn es denn eine Stülpnase ist, mit zerfällt, dann bleibt nicht Hohlheit übrig als Selbständiges gegenüber der Stülpnasigkeit, oder die Hohlheit ist nicht abzutrennen von der Nase, weil sie eine bestimmte Gestalt der Nase ist, und zwar eine bestimmte äußere Gestalt der Nase ist.

Aristoteles sagt: Vergehen tut dieses Einzelne, dieser einzelne Gegenstand, sein Begriff nicht. Denn dadurch, daß jeder einzelne Hund sterblich ist, muß nicht das *eídos* Hund-sein vergehen, sondern nur die einzelnen Hunde vergehen. Es bleibt die Bestimmung der Art, oder wie es in dieser Übersetzung heißt: der Art-Form, es vergehen die einzelnen Gegenstände, die zu dieser Art-Form gehören. Was dann stattfindet beim Vergehen, sagt Aristoteles, ist eine Zerlegung des bestimmten Gegenstandes, und diese Zerlegung des bestimmten Gegenstandes

---

[7] Ebd., 1035a.

hat etwas zum Resultat, was nicht mehr zu den Gegenständen dieser Spezies, dieser Art gehört.

„Bei jenen (zusammengesetzten Dingen) [wie bei den Silben; P.B.] sind diese [die Elemente; P.B.] daher Prinzipien und Teile, von der Art-Form aber sind sie weder Teile, noch Prinzipien. Und deshalb löst sich die irdene Bildsäule in Erde, die eherne Kugel in Erz und Kallias in Fleisch und Knochen auf, und auf ähnliche Weise ferner der Kreis in die Kreissegmente, weil er etwas mit der Materie Vereinigtes ist. Denn mit demselben Namen wird ja der Kreis seinem allgemeinen Begriff nach und der einzelne benannt, weil es für das Einzelne keine besonderen Namen gibt."[8]

Zerlegbarkeit und Komposition sind nicht spiegelbildlich, sind nicht intellektuell ineinander überführbar. Aus der Asymmetrie von Werden (Realisierung der Form in der Materie) und Vergehen (Zerlegung in Teile) wird der ontologische Vorrang des Begriffs begründet. Nicht, daß es den Begriff unabhängig von der Realisierung der Form, des *eídos*, gebe, denn dann wäre er transzendente Idee und die Teilhabe der Gegenstände, deren Begriff er ist, an ihm bliebe mysteriös, wohl aber, daß der Prozeß seiner Realisierung asymmetrisch ist zu der Zerlegung, das gibt ihm den Vorrang vor den Teilen, oder seine relative Selbständigkeit. Nun scheint der Ausdruck ‚relative Selbständigkeit' ein hölzernes Eisen zu sein. Er ist aber unumgänglich, wenn die Asymmetrie von Realisierung der Form und Zerlegung des so entstandenen Gegenstandes richtig erfaßt ist. Und er bedeutet nicht mehr als diese Asymmetrie.

Eine Anmerkung: Die Auffassung des Aristoteles, die Silbenseien komponierbar aus Buchstaben, läßt sich nicht halten.
Aber zunächst das Zitat, in dem das von Aristoteles auch nur behauptet wird:

„Denn man muß die Art-Form und jedes Ding nach seiner Art-Form bezeichnen, während das Materielle niemals an sich bezeichnet werden kann. (c) Darum enthält der Begriff des Kreises den der Segmente nicht, wohl aber der Begriff der Silbe den der Buchstaben; denn die Buchstaben sind Teile des Begriffs der Art-Form und nicht Stoff, die Segmente aber sind Teile in dem Sinne, wie sie der Stoff sind, an welchem die Art-Form entsteht. Doch stehen auch sie der Art-Form noch näher als das Erz für den Fall, daß die Rundung am Erze entsteht. In gewissem Sinne werden auch nicht alle Buchstaben im Begriff der Silbe enthalten sein, wie etwa diese bestimmten einzelnen im Wachs oder in der Luft; weil diese bereits ebenfalls als sinnlicher Stoff Teile der Silbe sind."[9]

Oder: Die Buchstaben, sofern sie einzelne Art-Formen sind, bezeichnen eine bestimmte Gestalt. Die Realisierung dieser Gestalt in der Materie kann auf zwei Arten geschehen: durch Sprechen, dann ist der Laut selber die Materie und die Artikulation die Form; oder in der Schrift, dann ist das Wachs die Materie und die bestimmte Gestalt eines Buchstabens die Form.

---

[8] Ebd., 1035a f.
[9] Ebd., 1035a.

Unabhängig von dieser Realisierung existieren die Buchstaben nicht. Sie sind im sinnlichen Material zu realisieren.

Chomsky hat seinen Versuchen über die Tiefengrammatik die These von der Symmetrie von Zerlegbarkeit und Komponierbarkeit zugrunde gelegt und versucht, aus der Zerlegung die Prinzipien der Komposition zu erschließen, um so ein Schema zu erhalten, nach dem alle Sprachen aufgebaut sind. Die Kenntnis dieses Schemas hätte dann die maschinelle Übersetzung aus einer Sprache in eine andere ermöglicht. Das wäre der Fall, wenn die einzelnen Laute, die Phoneme, oder ihre schriftliche Fixierung in Gestalt der Buchstaben und der Silben tatsächlich Elemente einer Sprache wären, aus denen die Sprache selbst aufgebaut ist. Dann wäre es möglich, durch Zerlegung eines Satzes herauszufinden, nicht nur welche Elemente dem zugrunde liegen, sondern auch nach welchen Regeln diese Elemente komponiert werden. Wäre das möglich, dann brauchte man nur die Gestalten der Elemente ineinander zu übersetzen und jeweils nach denselben Regeln zu komponieren, und man könnte aus einer Sprache schematisch in eine andere übersetzen. Die Absicht, eine solche Methode der maschinellen Übersetzung einer Sprache aus der anderen zu finden, hat zunächst die Untersuchungen von Chomsky geleitet. Daß das mit einer Oberflächengrammatik nicht geht, hat er schnell herausgefunden, das war auch schon vorher bekannt. Und er hat gesagt, dann muß das weiter zerlegt werden in die ersten Elemente. Ganz analog zu der These von Aristoteles, daß es sich bei den sprachlichen Elementen, den Buchstaben als bestimmten Lauten und ihren schriftlichen Bezeichnungen, um Prinzipien der Sprache handelt; nicht um Teile, sondern um Prinzipien. Dann könnte aus diesen Prinzipien jede bestimmte sprachliche Gestalt konstruiert werden. Chomsky selbst hat herausgefunden, daß dieses Programm notwendig gescheitert ist, und ist aus dem Scheitern des Programms zu dem Schluß gelangt, daß den Sprachen angeborene, nicht durch rekursive Funktionen konstruierbare Ideen zugrunde liegen müßten. Diese angeborenen Ideen sind aber nichts Anderes als die nicht zerlegbaren Art-Formen in der Sprache. Also ist Chomsky mit seiner Vorstellung von den angeborenen Ideen darauf gekommen, daß es auch in der Sprache nicht-zerlegbare Art-Formen gibt. Und wenn es nicht zerlegbare Art-Formen gibt, so können diese, wie immer auch sie erfaßt werden, nicht aus Prinzipien oder aus Elementen konstruiert werden.

Das ist auch anders und einfacher darzustellen, zumindest plausibel zu machen: Eine Sprache ist nicht dadurch zu erlernen, daß man das Alphabet lernt und einige Kombinationsregeln. Denn das müßte dann ja möglich sein, eine Sprache zu erlernen dadurch, daß man ihre Elemente und die Regeln der Kombination ihrer Elemente erlernt. Chomsky ist auch konsequent fortgegangen dann dadurch, daß er gesagt hat, eine Sprachtheorie, die die Sprache zum Gegenstand hat, läßt sich so nicht durchführen; also muß ich zurückgehen auf die Verhältnisse, die gegeben sind, wenn jemand eine Sprache lernt, und er hat dann die Sprachtheorie gefaßt als Spracherwerbstheorie, ist dabei auf die angeborenen Ideen gestoßen, die nicht weiter erklärbar sind, und damit genau so weit gekommen, wie der Aristoteles mit der Nichtdeduzierbarkeit der Formbestimmung, des *eídos*.

Die mystische Formulierung, die Sprache sei der Leib Gottes und die Seele des Menschen, kommt dem Sachverhalt insofern näher, als sich an der Sprache jeweils ablesen läßt, wie es um Gott und die Menschen bestellt ist. Denken Sie nur daran, in welcher Weise heute ein Wort wie ,total' benutzt wird. Von Totalität, von einem Begriff, der alles umfaßt, ist nicht die Rede, sondern es dient nur dazu, einer in ihrer Artikulation ohnmächtig erscheinenden Sprache einen Nachdruck zu verleihen, der sofort wieder verschlissen ist, weil ,total' eben nicht ,total' heißt und der Nachdruck ausbleibt und mit einmal alles und jedes und der letzte Dreck ,total' ist. Ein anderes Beispiel dafür ist, daß die Sprache mit ihrer Rationalität ihre Verständlichkeit verliert. Es gibt eine Abkürzung, die heißt ,GAU' – ,Größter Anzunehmender Unfall' im Klartext. Und was erfinden die Journalisten? Den ,Super-GAU'. Nun möchte ich wissen, was über den Superlativ ,größter anzunehmender Unfall' noch hinausreicht. Allenfalls, daß er die Vorstellungskraft sprengt. Aber das tut schon der größte anzunehmende Unfall.

Aus der Asymmetrie von Realisierung der Form und der Zerlegung der so gewordenen Gegenstände in Teile – und zu dieser Asymmetrie ist synonym der Ausdruck von der relativen Selbständigkeit des *eídos* –, also aus dieser Asymmetrie läßt sich auch ein Fehler erklären, der dann der Metaphysik den Vorwurf eingetragen hat, sie sei eine Lehre von Gegenständen in Hinterwelten.

Zunächst zu dieser Bestimmung bei Aristoteles:

„Hiermit ist nun zwar die Wahrheit ausgesprochen, doch wollen wir, die Sache von neuem aufnehmend, uns noch deutlicher aussprechen. Diejenigen Teile, welche Teile des Begriffes sind und in welche der Begriff zerlegt wird, diese sind früher, entweder alle oder einige. Der Begriff des rechten Winkels wird aber nicht zerlegt in den des spitzen, sondern vielmehr der des spitzen in den des rechten; denn wer den spitzen Winkel definiert, gebraucht dabei den rechten Winkel; denn der spitze, definiert man, ist kleiner als der rechte. Ebenso verhalten sich Kreis und Halbkreis; denn der Halbkreis wird durch den Kreis definiert und der Finger durch das Ganze des Körpers; denn als den so und so beschaffenen Teil des Menschen definiert man den Finger. Was also stoffliche Teile eines Dinges sind und worin es als in den Stoff zerlegt wird, das ist später; was aber Teile des Begriffes sind und des begrifflichen Wesens, das ist, entweder alles oder doch einiges, früher."[10]

Das ist völlig übereinstimmend mit dem, was vorher gesagt wurde, ist nur Referat dessen, was vorher gesagt wurde, enthält aber ein Problem:

Die Form ist unteilbar, das *eídos* ist unteilbar. Das Resultat der Realisierung der Form ist aber teilbar, ist zerlegbar. Diese Zerlegbarkeit wird der Realisierung zugeschrieben. Unabhängig von der Realisierung gibt es aber die Form nicht. Denn für Aristoteles ist wirklich nur die realisierte Form, nicht aber die Form,

---

[10] Ebd., 1035b.

die unabhängig von der Realisierung ist. Das ist ein Problem. Das Problem läßt sich nur beschreiben, so beschreiben, daß es eine Asymmetrie gibt zwischen Realisierung der Form und Zerlegung des so geformten Gegenstandes. Das Eine ist nicht auf das Andere zurückzuführen.

Nochmal zur Erinnerung: Es war zunächst deduziert worden die Notwendigkeit des Begriffs und zwar des Begriffs des *eídos*, der Art, des bestimmten Soseins eines jeden Gegenstandes. Aus dieser Notwendigkeit konnte keine einzelne Form definiert werden. Diese Form mußte auf eine andere Weise dann in das Bewußtsein kommen. Wie, ist hier weitgehend ungeklärt. Dann wird diese Form vorausgesetzt und weiter, jetzt aber als bestimmte, analysiert {unverständlich: ‚und'?} gesagt: Sie hat selbst keine Teile, denn sie ist logisch vorrangig gegenüber jedem Teil; denn die Definition, die Abtrennung – nicht mit dem Beil, sondern in der Vorstellung – des Fingers, also die Unterscheidung des Fingers, ist abhängig von der Definition der Bestimmung des Begriffs dessen, was überhaupt nur Finger haben kann. Unabhängig davon gibt es die Bestimmung nicht. Dann wird gesagt: In diese Teile ist die realisierte Form zu zerlegen, nur verliert der Gegenstand dabei seine Bestimmung als realisierter Form. Der verwesende Sokrates ist nicht Sokrates, sondern Sokrates ist nur der lebende Sokrates.

„Was also stoffliche Teile eines Dinges sind und worin es als in den Stoff zerlegt wird, das ist später; was aber Teile des Begriffes sind und des begrifflichen Wesens, das ist, entweder alles oder doch einiges, früher. (f) Da nun aber die Seele der Lebewesen (denn sie ist die Wesenheit des Belebten) das begriffliche Wesen und die Art-Form und das Sosein für den so und so beschaffenen Leib ist (denn wenn man irgendeinen Teil recht definieren will, so kann man ihn nicht ohne Bezeichnung seiner Wirksamkeit definieren, und diese kann nicht stattfinden ohne Wahrnehmung), so werden die Teile derselben, entweder alle oder einige, früher sein, als das gesamte, konkrete Lebewesen, und dasselbe gilt auch auf gleiche Weise in jedem einzelnen Falle."[11]

Aus der Realisierung der Form, die zunächst nur die äußere Gestalt bestimmt, wird hier die Realisierung eines immanenten Prinzips. Nur dadurch ist jetzt zu unterscheiden zwischen der realisierten Form und dem, was als nicht mehr realisierte Form in Teile zerfällt. Der äußerlichen Gestalt nach unterscheidet sich der lebende Sokrates zunächst gar nicht von dem toten Sokrates. Die sehen noch beide gleich aus, haben beide dieselbe Gestalt, nur mit dem Unterschied, daß der tote Sokrates eben tot ist.

Deswegen, sagt Aristoteles, muß es außer der *ousía* als *morphé*, als Gestalt, noch ein immanentes Prinzip geben, das die einzelnen Teile zusammenhält und zu Teilen von einem Ganzen macht. Also anders als in einem Wachsfigurenkabinett, wo man die einzelnen Sachen erst herstellen kann und danach zusammenfügt, sind dort die einzelnen Teile in einem Zusammenhang. Oder: Das Ganze,

---

[11] Ebd., 1035b.

woran diese einzelnen Teile Teile sind, erhält sich selbst, und die einzelnen Teile sind dann Organe des Ganzen.

Das kommt hinterher auch, die werden hinterher auch direkt ‚Organe‘ genannt, Hirn und Herz, aber zur Reproduktion, zur Selbsterhaltung dieses Einzelnen bedarf es dieser Organe als seiner Teile. Die sind aber nur Instrumente der Wirksamkeit von etwas, das durch sie sich selbst erhält. Deswegen kommt hier notwendig an der Stelle, an der das Verhältnis von Teil und Ganzem abgehandelt wird, zu der äußeren Gestalt die immanente Bestimmung des *eídos* als *psyché*; sei es als Ernährungsseele bei den Pflanzen oder *anima sensitiva* bei den Tieren oder als *anima intellectiva* bei den denkenden Menschen.

Wenn jetzt gesagt wird, diese Seele ist *vor* dem Ganzen, dann müßte ja sozusagen diese Seele sich selbst in der Materie realisieren, diese Seele sich in der Materie einen Körper schaffen. Dann wird aus dem logischen Vorrang der Form die faktische Abtrennbarkeit der Seele von dem Körper. Und genau dann wird diese Seele zu einem metaphysischen Gegenstand in dem Sinne, in dem später die metaphysischen Gegenstände als solche in den Hinterwelten herumgeistern.

Nur wenn man die ganze Genesis dieses Problems, als der Teile vom Ganzen, das Verhältnis oder genauer die Asymmetrie von Realisierung der Form und Zerlegung des so gewordenen Gegenstandes und der Nichtzerlegbarkeit des lebendigen Gegenstandes, ohne daß dem das Leben ausgetrieben wird, wenn man das sich vergegenwärtigt, dann hat die Rede von der Seele einen metaphysischen Sinn, der nicht die Bezeichnung eines Gegenstandes in irgendeiner transzendenten Welt bedeutet.

Es muß bei Aristoteles hier die immanente Bestimmung dazukommen, zu der äußeren die immanente Bestimmung, weil nur durch sie die Teile eines Ganzen zusammengehalten werden. Entflieht das Leben aus diesem Ganzen, zerlegt es sich sozusagen von selbst in seine Teile. Das trifft nur zu für Lebewesen. Wird ein toter Gegenstand in der Vorstellung mit einem solchen immanenten Prinzip belehnt, und zwar so, daß die Belehnung selbst unerkannt bleibt, dann wird dem bloß Belehnten das belehnte Prinzip als ihm immanent zugesprochen, dann ist der so belehnte Gegenstand ein Fetisch. Ganz frei vom Fetischismus ist wohl keiner. Wenn‘s Auto nicht anspringen will, fängt man an, ihm gut zuzureden, obwohl das objektiv idiotisch ist. Also, viele rationale Wissenschaftler, {unverständlich: ‚die ich gekannt habe‘?}, die experimentell gearbeitet haben, haben immer mit ihren Maschinen geredet.[12]

---

[12] {Das Manuskript endet mit einem Satz, der nicht mehr vorgetragen wurde: „Die Seele als selbständiger metaphysischer Gegenstand ist dann nicht die Lösung des Problems, sondern die Verdinglichung der Asymmetrie.“}.

## II. 13. 1. 1992

Ich möchte heute vortragen einen *Exkurs über die Seele und über immanente Prinzipien*. Das geht darauf zurück, daß {man}[13] mir nach der letzten Vorlesung gesagt hat: ‚Was trägst Du da vor? Das steht doch alles so schon beim Aristoteles selber in der Schrift *Über die Seele*.‘ Ganz so steht‘s da nicht, aber inwiefern es da steht, würde ich Ihnen dann gern erklären.

Aristoteles hatte den Begriff des *eídos* oder der Art-Form dadurch erklärt, daß er logisch und sachlich vor den einzelnen Teilen, in die das realisierte *eídos* zu zerlegen ist, anzuordnen sei. Ausgezeichnet sind dabei die Artformen, die die Lebewesen bestimmen. Diese Artformen, die die Lebewesen bestimmen, haben notwendig Teile:

„Denn das Lebewesen ist etwas Sinnliches und nicht ohne Bewegung zu definieren, darum auch nicht ohne Teile von bestimmter Beschaffenheit; denn nicht die irgendwie beschaffene Hand ist ein Teil des Menschen, sondern die, welche ihr Werk vollbringen kann, also die lebendige; die nicht lebendige aber ist nicht Teil.“[14]

Teile, die nicht abtrennbar sind, ohne aufzuhören zu sein, was sie sind, bleiben bei der Abtrennung der Gestalt nach dasselbe, nicht aber der Funktion nach. Daraus läßt sich auf ein immanentes Prinzip schließen, das die der Gestalt nach Identischen zu unterscheiden erlaubt. Die Definition dieses immanenten Prinzips ist selbst Resultat eines Schlusses.

„Da aus dem Undeutlichen, aber Anschaulichen das Deutliche und dem Begriffe nach Kenntlichere hervorgeht, so wollen wir wiederum auf diese Weise die Untersuchung der Seele durchzuführen versuchen: nicht bloß den Tatbestand (*tò hóti*) soll die Begriffsbestimmung darlegen, wie es die meisten Definitionen (*hóroi*) tun, sondern auch die Ursache (*aitía*) soll eingeschlossen sein und zum Ausdruck kommen.“[15] – Entschuldigen Sie, daß ich eine Kritik dort an der Übersetzung vorwegnehme. Die Leute gefallen sich, und offenbar auch der Übersetzer {unverständlich}, in der Übernahme von *termini technici* aus der Sprache der Juristen. Ein Tatbestand ist bei den Juristen das, was im Strafgesetzbuch oder im bürgerlichen Gesetzbuch definiert ist. ‚Einen Diebstahl begeht, wer eine fremde bewegliche Sache fortnimmt in der Absicht, sie sich widerrechtlich anzueignen‘, oder so etwas. Das ist ein Tatbestand. Wenn jemand tatsächlich geklaut hat, dann ist das ein Sachverhalt. Und die Aufgabe des Juristen besteht darin, einen Sachverhalt so zu präparieren, daß er unter den Tatbestand subsumierbar ist. Und wenn das der Fall ist, dann kann ein Jurist urteilen. Und zwar einen Sachverhalt nach einem Tatbestand {be}urteilen. Ein Tatbestand ist eine juristische Konstruktion. Der Sachverhalt ist etwas, was real ist. Also, ‚Tatbestand‘ ist eine schlechte Übersetzung, ‚Sachverhalt‘ müßte da stehen. – „Da aus dem Undeutli-

---

[13] {Die Formulierung ist anonymisiert worden.}.
[14] Ebd., 1036b.
[15] Aristoteles, *Über die Seele*, übers. v. W. Theiler, o.O. 1968 (Rowohlt), 413a.

chen, aber Anschaulichen das Deutliche und dem Begriffe nach Kenntlichere hervorgeht, so wollen wir wiederum auf diese Weise die Untersuchung der Seele durchzuführen versuchen: nicht bloß den Tatbestand soll die Begriffsbestimmung darlegen, wie es die meisten Definitionen tun, sondern auch die Ursache soll eingeschlossen sein und zum Ausdruck kommen. Gewöhnlich sind aber die Definitionen Schlußsätzen (*sympérasma*) ähnlich, z. B.: was ist die Quadratur? Die Gleichheit eines ungleichseitigen Vierecks mit einem gleichseitigen rechtwinkligen. Eine solche Definition ist ein Schlußsatz. Wer aber sagt: Quadratur ist die Auffindung der mittleren Proportionale, nennt auch den Grund der Sache. Wir sagen nun, indem wir die Untersuchung aufnehmen, das Beseelte (*émpsychon*) sei vom Unbeseelten (*ápsychon*) durch das Leben (*tò zên*) geschieden. Wenn Leben in vielfachem Sinne gebraucht wird, so sprechen wir einem Wesen Leben zu, wenn ihm auch nur eines der folgenden Dinge zukommt: Vernunft, Wahrnehmung, Bewegung und Stillstand am Ort (*katà tópon*), ferner Bewegung in der Ernährung (*katà trophén*), weiter Hinschwinden (*phthísis*) und Wachstum (*aúxēsis*). Deshalb scheinen auch die Pflanzen alle zu leben. Sie haben nämlich anscheinend ein derartiges Vermögen und eine derartige Grundkraft (*arché*)" – hier steht zum Glück bei Grundkraft das griechische Wort in Klammern dahinter: *arché*; *arché* ist nicht Grundkraft, sondern Prinzip – „durch die sie Wachstum und Schwinden nach verschiedener Richtung besitzen. Denn nicht wachsen sie nach oben, nach unten nicht, sondern in gleicher Weise nach beiden und allen Seiten [[solange sie sich nähren]] und sie leben <<weiter, solange sie Nahrung aufnehmen können>>. Dieses Vermögen kann sich von den anderen abtrennen (*chōrízesthai*), unmöglich aber, bei sterblichen Wesen, die anderen Vermögen von diesem."[16]

Also die Wahrnehmung von der Ernährung oder das Denken von der Wahrnehmung. Es ist ein unsymmetrisches Verhältnis, sie sind alle abhängig von der Ernährung. Die Ernährung ist abtrennbar insofern, als es Lebewesen gibt, die sich nur reproduzieren, die sich nur ernähren und in der Ernährung reproduzieren, ohne sinnliche Wahrnehmung und ohne Denkvermögen. Daß aber diejenigen Lebewesen, die wahrnehmen können, die Tiere, und die denken können, die Menschen, sowohl von der Ernährung, dem letzteren Falle, von der Ernährung und der Wahrnehmung abhängig sind.

„Das zeigt sich bei den Pflanzen, denn sie haben kein anderes Seelenvermögen (*dýnamis psychês*) [als das der Ernährung; P.B.]. Das Leben kommt dem lebenden Wesen dank dieser Grundkraft zu [wieder ist Grundkraft *arché*; P.B.]. Das <Lebewesen> (Tier) (*zôon*) ist Lebewesen zuerst dank seinem Wahrnehmungsvermögen (*aísthēsis*). Denn auch von den Wesen, die sich nicht bewegen und den Ort nicht verändern, aber Wahrnehmungsvermögen besitzen, sagen wir, sie sind Tiere, und nicht bloß, sie leben. Als erstes Wahrnehmungsvermögen kommt allen der Tastsinn (*haphé*) zu. Wie aber die Ernährungskraft (*threptikón*)

---

[16] Ebd., 413 a.

abgetrennt werden kann vom Tastsinn und jedem Wahrnehmungsvermögen, so auch der Tastsinn von den andern Wahrnehmungsvermögen." – Oder: Der Tastsinn ist der erste Sinn, die erste Gestalt der Sinnlichkeit, von der alle anderen abhängig sind. Zum Beispiel koordiniert der Tastsinn die optischen Wahrnehmungen. Als erstes ist der Tastsinn, der Räumliches erfaßt, und später erst die optische Wahrnehmung, noch später wahrscheinlich die akustische. – „Unter der Ernährungskraft verstehen wir den Teil der Seele, an dem auch die Pflanzen (*tà phyómena*) teilhaben. Die Tiere aber scheinen alle das Tastempfinden zu haben. Aus welchem Grunde sich dies beides ergibt, werden wir später erklären."[17]

Für die erwähnten Vermögen ist und durch sie bestimmt ist nämlich das Vermögen des Nährens, Wahrnehmens, Überlegens und der Bewegung.

Solche immanenten Prinzipien sind, weil sie erschlossen sind, *per definitionem* nicht anschaulich[18]. Das meint Aristoteles damit, daß die Definitionen selber Schlüsse sind. Die immanenten Prinzipien der Lebewesen sind erschlossen. Sie sind nicht anschaulich. Zum Beispiel ist das Ernährungsvermögen nicht wahrzunehmen. Wahrzunehmen ist nur die Pflanze, die da steht und allenfalls die Veränderung an der Pflanze. Worauf die beruht, auf Assimilation, ist nicht wahrzunehmen.

Das Wahrnehmungsvermögen selbst ist auch nicht wahrzunehmen. Die Sinne sind nicht reflexiv. Man kann das Sehen nicht sehen oder man kann das Tasten weder tasten noch sehen. Man kann Gegenstände sehen, man kann Farben sehen, man kann Licht sehen, aber das Sehen selbst kann man nicht sehen. Also ist das Wahrnehmungsvermögen selbst nicht Gegenstand der Wahrnehmung. Wenn es nicht Gegenstand der Wahrnehmung ist, muß es erschlossen sein. Oder: Die Definition des Wahrnehmungsvermögens selbst ist Resultat eines Schlusses.

Realität mit Anschaulichkeit zu verwechseln, führt dann auf die Vorstellung von Gegenständen, die der Sache nach nicht anschaulich, der Vorstellung von ihnen nach aber anschaulich sind. Der Fehler liegt bei der Vorstellung, die erschlossene Prinzipien zu Gegenständen der Anschauung verdinglicht, wie etwa der Materialist, der einen Sterbenden auf eine Waage legt, um das Gewicht der entfliehenden Seele aus der Differenz des Gewichts des Sterbenden und des Gewichts des Toten zu bestimmen und feststellt: Der wird bei Eintritt des Todes nicht leichter, also gibt's die Seele nicht. – Das ist tatsächlich gemacht worden in der Aufklärung.

Aristoteles hingegen unterscheidet zwischen dem, was logisch abtrennbar ist, und dem, was sachlich abtrennbar ist. Logisch abtrennbar sind die verschiedenen Vermögen der Seele, ‚abtrennbar' heißt dort nur ‚unterscheidbar'. Sachlich abtrennbar sind diese verschiedenen Vermögen der Seele nicht. {…}[19]

---

[17] Ebd., 413 a f.

[18] {Im Manuskript setzt der Satz fort: „…, sie sind nichtsdestoweniger real."}.

[19] {Bulthaup kommentiert den Textnachweis wie folgt: „Ich bin ziemlich unglücklich, daß ich die mitbringen mußte, es ist meine älteste Ausgabe der Seelenschrift, bestimmt '68 erschienen, und die fällt mir schon beim bloßen Lesen auseinander. Man kann das ja auch so machen, daß

„Ist aber jedes davon Seele oder Seelenteil, und wenn Seelenteil, ist er nur gedanklich abtrennbar (*lógō chōristón*) oder auch örtlich (*tópō*)?" – Also der Seelenteil, der das Ernährungsvermögen, der Seelenteil, der das Wahrnehmungsvermögen und das Bewegungsvermögen, der Seelenteil, der das Denkvermögen bestimmt, ob die abtrennbar sind, logisch oder auch sachlich. – „Über einiges davon ist nicht schwer zur Einsicht zu gelangen (*ideîn*), einiges aber hat seine Schwierigkeit (*aporía*). Wie nämlich bei den Pflanzen offensichtlich einige leben, wenn sie geteilt und (ihre Teile) voneinander getrennt werden, weil die innewohnende Seele der Erfüllung nach [also *entelecheía*, dem immanenten Ziel nach; P.B.] eine Einheit in jeder Pflanze ist, der Möglichkeit nach (*dýnamei*) aber eine Vielheit, so, sehen wir, geht es zu auch hinsichtlich anderer Unterschiede der Seele bei den Insekten, wenn sie zerschnitten werden. Denn jeder der Teile hat da Wahrnehmungs- und örtliches Bewegungsvermögen." – Oder: Aus einem zerschnittenen Wurm werden zwei selbständige Würmer. Da sagt er, sind die Teile offenbar selbständig gegenüber dem Ganzen, von dem sie Teile sind. – „Und wenn Wahrnehmung, auch Vorstellung (*phantasía*) und Streben (*órexis*). Denn wo Wahrnehmung, gibt es auch Schmerz (*lýpē*) und Lust (*hēdoné*); wo diese, notwendig auch Begierde (*epithymía*). Hinsichtlich des Geistes (*noûs*) und des betrachtenden Vermögens (*theōrētikós*) ist damit noch nichts erwiesen, aber es scheint eine andere Seelengattung zu sein, und diese allein kann abgetrennt werden wie das Ewige von dem Vergänglichen."[20]

Das heißt dann, daß die *anima rationalis* soll abgetrennt werden können von dem anderen. Wenn aber Denken nur möglich ist aufgrund von Vorstellungen, diese nur möglich sind aufgrund von Wahrnehmungen, wäre das nicht zu bestimmen, daß dieser Seelenteil abtrennbar sei und selbständig abgetrennt existieren könnte.

Das Argument bei Aristoteles lautet ganz einfach: Etwas kann nur erkennen, was ihm analog ist. Also, wenn die Seele, die *anima intellectiva*, die denkende Seele, das Ewige erkennt, muß sie selbst dem Ewigen analog sein. Ist sie selbst dem Ewigen analog, ist sie selbst ewig. Was noch lange nicht sagt, bei Aristoteles, daß diese Seele dann auch als individuelle Seele abtrennbar wäre. Denn individuelle Seele wäre sie nur, sofern sie in der Materie individuiert ist.

Deswegen haben dann der Averroes und die Averroisten daraus geschlossen, daß zwar bei dem Tod eine Trennung der *anima intellectiva* von dem Körper stattfindet, aber diese *anima intellectiva* zurücksinke in die Allgemeinheit der Vernunft, also nicht mehr individuiert sei.

---

man das ruhig auseinanderfallen läßt und die herausfallenden Seiten dann benutzt als Lesezeichen, in dem Buch, aus dem sie herausgefallen sind. Ich kenn' die Technik! Das richtet dann einige Konfusion im Text an." Anm. d. Hg.}.
[20] Aristoteles, *Über die Seele*, 413 b.

Solche Auffassungen haben dann den Siger von Brabant dem Scheiterhaufen ziemlich nahe gebracht. Denn dann ist es nichts mit der Rettung der individuellen Seele.

Hier geht es aber zunächst über die Abtrennbarkeit, und er {d.i. Aristoteles} sagt, was die *anima intellectiva* angeht, will er sich dort nicht weiter äußern.

„Daß sie gedanklich (*lógō*) verschieden sind, ist klar. Zur Wahrnehmung vermögend zu sein und zur Meinung, ist so verschieden wie Wahrnehmen und Meinen (*doxázein*), und so ist auch jeder der erwähnten Teile verschieden. Ferner kommen einigen Lebewesen diese alle zu, einigen eine Anzahl von ihnen, wieder andern nur ein einziger – das wird den Unterschied der Lebewesen ausmachen;" – Allen kommt das Ernährungsvermögen zu, nicht allen kommt das Wahrnehmungsvermögen zu, sondern nur den Tieren, und nicht allen kommt das Denkvermögen zu, sondern nur dem Menschen. – „warum aber, ist später zu betrachten. Gleich steht es auch mit den Wahrnehmungsvermögen. Einige Wesen haben alle, andere eine Anzahl, wieder andere nur das eine notwendigste, den Tastsinn."[21]

Also einige können sehen, hören, riechen und tasten. Einige können dann nicht so gut riechen – das muß auch ziemlich scheußlich sein, wenn man so gut riechen kann wie ein Hund; jedenfalls in der Stadt. Meiner muß immer kotzen, wenn er an der Kreuzung steht.

Was aber soll eine logische Abtrennung von Seelenvermögen, die sachlich nicht durchzuführen ist? Aristoteles argumentiert mit einem Beispiel: Wahrnehmung und Meinung seien unterschieden.

Zum Beispiel: Wahrnehmungen und Vorstellungen über den wahrgenommenen Gegenstand sind nicht dasselbe. Zumindest {sind} die Wahrnehmung und die Äußerung über diese Wahrnehmung verschieden. Das Wort rot ist nicht rot. Wofern überhaupt geredet wird, gleichgültig, ob richtig oder nicht, ist die Rede unterschieden von ihrem Gegenstand. Sie ist, sagt Aristoteles, Ausdruck der Meinung, nicht Ausdruck des Gegenstandes. Also ist das Vermögen zu meinen unterscheidbar von dem Vermögen wahrzunehmen. Und weil diese Vermögen unterscheidbar sind, sind sie auch sachlich unterschieden. Wäre dies nicht der Fall, gäbe es keinen Ausdruck der Meinung in der Rede, dann müßte die Rede unmittelbar die Sache selbst sein, was offenbar nicht der Fall ist. Gleichwohl bleibt das Vermögen, Wahrnehmungen zu haben, die Grundlage des Vermögens, Meinungen zu haben letzteres ist also sachlich nicht abtrennbar.

Sagt Aristoteles: Logisch sind sie abtrennbar, weil unterschieden. Sachlich sind sie nicht abtrennbar, weil das Vermögen, eine Meinung zu haben, abhängig ist von dem Vermögen wahrzunehmen.

Wieder ist das Vermögen, Meinungen zu haben, relativ selbständig, d.h. es ist nicht identisch mit dem Vermögen wahrzunehmen, es subsistiert aber auch nicht in sich. Also, das Vermögen, Meinungen zu haben, ist nicht identisch mit

---

[21] Ebd.

dem Vermögen wahrzunehmen; aber das Vermögen, Meinungen zu haben, ist abhängig von dem Vermögen wahrzunehmen. Das Vermögen, Meinungen zu haben, subsistiert nicht in sich.

Der Vorwurf, der dann noch der Metaphysik gemacht werden kann, ist der, daß sie *nicht* in Tautologien sich erschöpft, daß ihre Gegenstände weder in sich subsistierende Substanzen sind, noch, daß sie auf anderes reduzibel sind. Die allgemeine logische Form der Darstellung solcher Gegenstände der Metaphysik ist die zweier unterscheidbarer Negationen, nicht in sich subsistierend und nicht reduzibel auf anderes. ‚Nicht in sich subsistierend‘ kann man sagen: Es gibt Wahrnehmungsvermögen nur als Vermögen von Lebewesen; ohne Lebewesen keine Wahrnehmung. Also ist das Wahrnehmungsvermögen abhängig von dem Vermögen sich zu ernähren, genauer: zu assimilieren, sich fremde Substanzen anzuverwandeln und damit sich zu reproduzieren. Es ist abhängig gleichwohl gegen die Wahrnehmung, nicht auch in dem Begriff dessen, was nur sich reproduziert, indem es assimiliert.

Die allgemeine logische Form der Darstellung solcher Gegenstände ist die zweier unterschiedener Negationen: nicht in sich zu subsistieren und nicht reduzibel auf anderes zu sein.

Nun sind Negationen nur zu denken, nicht etwa anzuschauen, und deswegen sind die Gegenstände der Metaphysik nur als *noumena*, als Gedankendinge zu bestimmen. Wer behauptet, Gedankendinge seien nicht real, seien Gedankengespenster, der muß auch sagen, es gebe keinen Unterschied zwischen Wahrnehmung und Denken. Denn sobald dieser Unterschied gemacht ist, ist die doppelte Negation bestimmt: Denken subsistiert nicht in sich, sondern ist abhängig von der Wahrnehmung, Denken ist nicht reduzierbar auf Wahrnehmung.

Daß es diesen Unterschied nicht gebe, behauptet der Behaviorismus, der nur wahrnehmbare Verhaltensweisen gelten läßt, doch der muß als Theorie der wahrnehmbaren Verhaltensweisen sich fragen lassen, was für eine wahrnehmbare Verhaltensweise er selbst sei, denn auch ein Skinner muß doch die Beschreibung eines Versuchs von dem Versuch selbst unterscheiden können, und damit die Meinung (Beschreibung) von dem Wahrzunehmenden.

Auf dieser Differenz aber beruht gerade bei Aristoteles die Definition – erst die logische Abtrennbarkeit des Vermögens und dann die Definition durch den Schluß.

Diese Theorie von Skinner ist ein Modell dafür, daß die Existenz dieser falschen Theorie deren Generalthesis schon widerlegt. Also, die bloße Existenz der behavioristischen Theorie widerlegt schon die Generalthesis, zwischen Wahrnehmung und Denken sei keine Differenz, sondern es gebe nur Verhaltensweisen, wahrnehmbare Verhaltensweisen.

Damit ist nur begründet, daß es, was Ernährungsvermögen, Wahrnehmungsvermögen und Denkvermögen angeht, immanente Prinzipien von Seiendem gibt, solche, die Formbestimmungen oder genauer: Wesensbestimmungen dieses Soseienden sind, ohne sich in der Gestalt dieses Soseienden, in der Definition, in der Abgrenzung der Gestalt dieses Soseienden, zu erschöpfen, sondern, daß dort immanente Prinzipien zu diesem Soseienden gehören. Diese immanenten Prinzipien sind weiter zu bestimmen. In der Seele sind drei der vier Ursachen, die *causa formalis*, die *causa finalis* und die *causa efficiens*, verschmolzen, so daß das Lebewesen etwas ist, was sich selbst (wenngleich nicht aus eigener Kraft) realisiert, oder das Leben des Lebewesens ist ein reflexiver (sich auf sich beziehender) Prozeß.

Nochmal zur Erinnerung: Die Realisierung der Form war von Aristoteles dargestellt worden am Modell handwerklicher Tätigkeit. Es gibt ein Material, es gibt eine Arbeit, eine Tätigkeit an diesem Material, diese Tätigkeit ist ausgerichtet auf die vorgestellte Form, die in dem Material zu realisieren ist – das Runde im Erz –, und diese Ausrichtung ist eine Führung, eine Leitung der *causa efficiens*, also der ausführenden Tätigkeit.

Das ist das Modell handwerklicher Tätigkeit, die aber immer nur dargestellt ist als Realisierung von Gestalt. Jetzt sagt Aristoteles: Der Begriff des *eídos* ist von dem der bloßen Gestalt, der *morphé*, unterschieden, indem dies jetzt eine Realisierung eines immanenten Prinzips, das er Seele nennt, in der Materie ist. Die Realisierung dieses immanenten Prinzips in der Materie ändert den Prozeß ab, ändert den Begriff des Prozesses ab. Denn jetzt sind nicht mehr die verschiedenen Ursachen getrennt, sondern drei Ursachen – *causa efficiens*, *causa finalis* und *causa formalis*, also das, was realisiert, das, was realisiert wird und die Ausgerichtetheit des Prozesses der Realisierung – die fallen in ein und dasselbe bei den Naturprozessen, und dadurch sind diese Naturprozesse reflexiv.

Bei Aristoteles im Modell handwerklicher Tätigkeit ist der Prozeß selbst nicht reflexiv, bezieht sich nicht auf sich selbst. Nur bei Naturprozessen und später beim Denken bezieht der Prozeß sich auf sich selbst:

„<<Die Seele ist des lebenden Körpers Ursache und Grund (*aitía kaì arché*).“ – In der Akademieausgabe der Übersetzung steht nur ‚Ursache und Grund‘. Hier steht *„aitía kaì arché“*, also ‚Ursache und Prinzip‘, was etwas anderes ist. – „Ursache und Grund [Prinzip; P.B.] haben verschiedene Bedeutung, und so ist die Seele Ursache nach den drei unterschiedenen Arten.“ – nämlich *causa efficiens*, *causa finalis* und *causa formalis* – „Denn Bewegungsanstoß ist sie ebenso wie Endzweck, und auch als Wesen (*ousía*) der beseelten Körper ist die Seele Ursache. Daß sie es als Wesen ist, leuchtet ein; denn das Wesen ist für alles die Seinsursache (*aitíon toû eînai*), Sein aber ist für die lebenden Dinge das Leben, und Ursache und Grund dafür ist die Seele. Ferner ist sie Begriff oder Erfüllung (*lógos ē entelécheia*) [also *entelécheia*; P.B.] des der Möglichkeit nach Bestehenden (*tó dynámei ón*). Klar ist aber auch, daß die Seele Ursache ist als Endzweck [oder *causa formalis*; P.B.]. Wie die Vernunft auf etwas hinarbeitet, genauso auch die Natur, und das ist ihr Zweck (*télos*) [oder ihr telos, P.B.]. Ein solcher Zweck ist in dem Lebewesen naturgemäß die Seele.“[22]

---

[22] Ebd., 415 b.

Wohlgemerkt, immer wenn da steht: ‚ist die Seele', dann könnte man denken, die Seele sei ein Ding. Nein. Die Seele ist Ernährungsvermögen, Wahrnehmungsvermögen und Denkvermögen und nichts Anderes, weil sie ja nicht abtrennbar ist; sonst, als Ding, wäre sie örtlich abtrennbar.

„Denn alle natürlichen Körper sind Werkzeuge (*órgana*) (Mittel) für die Seele, und wie für die der Tiere gilt dies auch für die der Pflanzen; denn sie sind für die Seele da. In zweifacher Bedeutung kommt Zweck vor (*tò hoû héneka*): Zweck von und Zweck für. Aber auch der erste Anstoß der Ortsbewegung ist die Seele. Nicht allen lebenden Wesen kommt dieses Vermögen zu [also nicht allen kommt das Bewegungsvermögen zu; P.B.]. Es gibt aber auch Umwandlung (*alloíōsis*) und Wachstum (*aúxēsis*) von der Seele aus. Denn die Wahrnehmung scheint eine Art Umwandlung zu sein, nichts aber nimmt wahr, was nicht Seele hat. Gleich steht es auch um das Wachstum und Hinschwinden (*phthísis*); denn nichts schwindet in natürlicher Weise (*physikôs*) dahin oder wächst, ohne sich zu nähren; nichts aber nährt sich, was nicht am Leben teilhat."[23]

Also, sagt Aristoteles, sind in den belebten Gegenständen die verschiedenen Ursachen verschmolzen, je nachdem, um welche Art von belebten Gegenständen es sich handelt.

Es sind drei der vier, nicht die *causa materialis*, nicht die Grundlage des Stoffwechsels und der Assimilation, denn die Grundlage des Stoffwechsels und der Assimilation bleibt für die Lebewesen heterogen, davon bleiben sie abhängig. Es sind nur drei der vier Ursachen.

Bedenken könnten bestehen darüber, daß die *causa efficiens*, also das, was die Form in der Materie realisiert, selbst ein immanentes Prinzip der Lebewesen ist. Auch bei Aristoteles ist es so, daß das, was bewegt wird und was lebt – auf eine gewisse Weise bewegt ist, weil es sich verändert, weil es Prozeß ist – was bewegt wird, von etwas anderem bewegt wird, also von einer ersten Ursache, oder: von dem unbewegten Beweger. Insofern sind die *causae efficientes* nicht selbständig in den Lebewesen, sondern abhängig.

Man könnte eine mit den Erkenntnissen der Naturwissenschaften konkordante Auslegung davon geben: Lebewesen können nur existieren in einem Energiegefälle. Für uns ist das ganz einfach: Nachts ist es kälter als am Tag.

Wenn eine gleichmäßige Temperatur herrschen würde, könnten keine Lebewesen existieren. Man kann ein ganz einfaches Modell davon machen: Was in einem abgeschlossenen – adiabatisch abgeschlossenen – System ohne Wärmezufuhr und -abfuhr, ohne Energieaustausch existiert, existiert nicht als Lebewesen.

Man muß das Experiment nicht machen, ich würde mich auch weigern, es an meinem Hund auszuprobieren. Aber wenn man einen Hund in einen materiell energetisch und adiabatisch, also gegen Wärmeaustausch geschlossenen Kasten einsperrt, stirbt er zwangsläufig. Er lebt von Austausch und es läßt sich zeigen, daß ein solcher Austausch nur möglich ist in einem Energiegefälle, so, daß das

---

[23] Ebd.

Leben auf der Erde tatsächlich von der Differenz der Temperatur auf der Sonne und der Kälte des Weltraums abhängig ist.

Das kann ich Ihnen nicht im Einzelnen vorführen; könnte ich, ist viel Rechnerei dabei. Ich will's nur erwähnen, daß tatsächlich das, was den Prozeß des Lebens, des Stoffwechsels ermöglicht, abhängig ist von einer anderen, ersten bewegenden Ursache, wobei diese erste bewegende Ursache keineswegs zureichender Grund für die Existenz von Lebewesen ist. Denn einen Energiegradienten gibt es genauso gut auf der Venus wie auf dem Mars, nur sind da Bedingungen gegeben, unter denen keine Lebewesen existieren können.

Reflexivität, Beziehung auf sich selbst, unterscheidet dann die Naturprozesse im Lebewesen von der Realisierung der Form nach dem Modell handwerklicher Tätigkeit. Die Reflexivität, der Exemplare, die sich selbst erhalten, wie der Arten, die sich selbst erhalten, läßt sich feststellen, nicht aber aus anderen Prinzipien deduzieren, also auch nicht auf anderes zurückführen. Darin ist die erste Philosophie des Aristoteles eben nicht tautologisch; wie Adorno leider immer wieder behauptet hat, daß die erste Philosophie eine riesige Tautologie sei. Wenn man im Text genau nachsieht, ist das nicht der Fall. Also, das ist nicht nur Adorno, Karl Heinz Haag hat das auch gesagt: Die ganze erste Philosophie ist eine einzige Tautologie.

## II.

Historische Perspektiven: Spätantike und Mittelalter

# WINTER IN THE MONASTERY

TZOTCHO BOIADJIEV (Sofia)

## The rhythm of times

Life in the monastery is drawn into the rhythm of times in a paradoxical way. Given that the teleological horizon of monastic life is eternity – since the goal of monastic seclusion is precisely to put behind the transient and the earthly in the name of eternal salvation –, the course of times in the „monastic heaven" must be reduced to a minimum, lest it should obsess the vision and thoughts, divert the servant of God from the chosen path, or obstruct his mission. Of course, here in the creaturely world time can never be completely excluded, for it is a measure of all things created; the importance of time, however, can be reduced to a minimum through specific methods, it can be left to flow in such a way as not to engage more than is acceptable the attention of those who have devoted themselves to God. The mechanism of this reduction is to establish a rhythm of everyday life.[1] The order and repetition of due activities guarantee the stability and changelessness of life, which, in turn, allow the monk to foretaste here, on his earthly road, the bliss promised him in the eternal home.

It is true, though, that the plot of history continues to unfold itself even behind the monastery walls. Monastic chronicles make careful note of memorable events, of the succession of abbots, construction works done, efforts to cultivate the land, relations with secular authorities, ecclesiastic conflicts, and natural and social catastrophes. But all this is treated as an inevitable incursion of the mundane into the even flow of a life bereft of novelties, a life established „since the beginning of time" and perpetually recurring, in other words, life as it *should* be lived and as regulated by the monastery statutes. The life of the mediaeval European monastery ran its course between two dynamically interacting poles: the chronicle on the one side and the rules, history and the immutable norm on the other. The effectiveness of this interaction implies a clear distinction between two modalities: the chronicle is focused on the unique and dramatic, while the statutes are tied to the ahistorically significant. Hence, the ordinary, routine occurrences are excluded from the former, while the latter displays a constant effort to impede the incursion of time into the sphere of the normative. When this proves impossible, the statutes strive to impose a strict regulation for all that is susceptible to temporal changes; they strive to regulate and set a measure on change itself.

This latter effort involves, in particular, the mastering of those segments of time that threaten to infringe upon the even rhythm of the pious life, temporal

---

[1] Cf. Tzotcho Boiadjiev, „In Praise of Everyday Life", in: *Eto* 1 (2007), 157 – 161 [in Bulgarian].

segments in which people are especially susceptible to purely human weaknesses, and which – because of their hostility and harshness – tend to weaken man's staunchness on the road to salvation. Such a temporal segment within the 24-hour cycle is the night, with its impenetrable darkness, with its harmful carnal vapors, with its profusion of all sorts of enemies of mankind. Within the framework of the year, a similarly problematic portion of time is winter. That is why the monastic rules generally include detailed description of conduct required for those periods. How the monk surmounts the problematic characteristic of night, I have tried to show in a previous study.[2] In this text I will trace the efforts to master the difficulties of winter in the monasteries of mediaeval Europe.

## Hiems erat asperrima…[3]

Winter, as every other reality in the highly symbol-ridden world of mediaeval man, is, of course, an element of a specific system of representations. But it is also a direct circumstance of human life, something that comes upon us naturally, a hardship that requires our counteraction. For mediaeval man, winter is a traumatic topic worth being preserved in the memory of generations. Mediaeval chroniclists are wont to make note, comparatively frequently though quite briefly, of the climatic particularities occurring in the winters. Even in their very laconic early mediaeval annals, the roughness of winter is an event equal in importance to military campaigns, to deaths, to the enthronement of kings, to the appearance of a comet, or to earthquakes. In some years, the particular features of that season were judged to be the only memorable events of the year. The chronicles enable us to trace the dynamics of the climate in a certain period of time but also display the narrative clichés used to describe the hardships of winter, clichés that demonstrate, in fact, how the monks perceived and experienced this harshest and most distressing of seasons. Thus the anonymous Parma chronicle of the last decades of the thirteenth century and the first of the fourteenth repeats on several occasions a series of stock motifs. In the month of February 1275 the snow attained a height of about two cubits.[4] The winter of 1281 was at first wet, with many rainfalls, after which cold weather set in, accompanied by thick snows.[5] About the middle of February 1286 a thick snow fell.[6] From the feast of Saint Anthony and Saint Liberata until the end of the month of February, the fields were covered with snow one cubit deep, which melted during a brief pe-

---

[2] Tzotcho Boiadjiev, *Die Nacht im Mittelalter*, Würzburg 2003, 38 sqq.; 289 sqq.; 372 sqq.

[3] The winter was harsh…

[4] Anonymus, *Chronicum Parmense* (Rerum Italicarum Scriptores: RIS, t. IX, 3), Bologna, s. a., 31.

[5] Ibid., 39.

[6] Ibid., 49.

riod of time in the beginning of March, but the foggy and rainy weather lasted only a few days, after which snow fell once again, about a cubit in depth, and the land remained in the grips of extremely cold weather from Epiphany until the end of the month.[7] In 1289, the cold continued from the feast of the Nativity until as late as April, and a strong snowfall covered the earth even on March 11th.[8] An unprecedented, extreme cold froze the earth for a period of thirteen days during January 1306, the rivers froze and the ice was so thick that the sailing vessels remained locked between the blocks of ice, and people could cross the river Po on foot. [9] After a warm January in 1315, about the middle of February cold weather set in and everything froze.[10] As for the harsh winter of 1316, it was accompanied by shortage of food and fuel.[11] In the night before the feast of Saint John the Baptist, on December 27th, 1317, dry and heavy snow fell all over Lombardy and especially on Parma and the vicinity. The wind was so strong that in the morning no snow was to be seen on the roofs or in the streets, but it had all been blown into the homes, the barns, the churches, and wherever doors or windows had inadvertently been left open. All night long, people did not sleep a wink from fear. Then the whole months of February and March were icy cold and snowy; on the feast of Saint Mary in March, a deep snow fell, and even on Easter, April 3rd, the weather was very cold, with rain and snow.[12] Equally cruel was the winter of 1319. There was such cold in January and February that the wine in the barrels froze, many trees froze, and on the very day of the carnival, which fell that year on Wednesday, February 20th, a stormy wind started to blow and heavy snow fell, so that people were unable to go out in the streets. The bad weather gripped all of Lombardy and continued until the middle of March, and for long after that the sun did not show itself. The price of fuel wood grew immensely. Many died of cold. Because of the abundance of wild pigs, hunting was permitted everywhere, so the town was flooded with villagers and hunters, who had come to sell their catch. The ice on the frozen streets was one span thick. The fig trees froze.[13] The vines also froze, which resulted in a shortage of wine.[14] Intense snowfall and cold weather were registered in 1322 as well. The hard winter continued from November almost until April. The snow was so deep that a person could not see someone standing on the other side of the street. People could move about town only through specially dug furrows. Some snowdrifts were as high as the roofs of the houses, and many homes were destroyed, having been engulfed by snow that had then frozen.[15] A great snow fell on Saturday,

---

[7] Ibid., 52.
[8] Ibid., 56.
[9] Ibid., 94.
[10] Ibid., 137 sq.
[11] Ibid., 150.
[12] Ibid.
[13] Ibid., 157.
[14] Ibid., 164.
[15] Ibid., 170.

February 14th, 1329.[16] At the end of December 1333, after a few dry and cold days, a deep snow fell, then froze and remained thus during the next icy, yet sunny, days.[17] The weather was dry and cold in the winter of 1335.[18]

The excessively harsh winter was an extraordinary event that violated the natural course of the seasons. This wresting of life out of its established framework caused great inconvenience to all, but the difficult season was especially pernicious in places where the even and repetitive course of events was the immediate condition for achieving man's highest mission: to serve God. That is why in the monasteries of mediaeval Europe, special efforts were made to overcome the difficulties of winter, to rearrange the gestures of life, and to re-accommodate life's rhythm is such a way that the burdens of the weather would not divert the monks from their essential activity. The monastery statutes were the first to take into account the eventual adversity of the weather.

### The Monastic Horarium

The monastic statutes usually divided the year into two seasons, the boundaries between them generally being the calendes of November and the beginning of Lent.[19] In some later statutes the winter period was fixed as the time between the feast of St. Luke and Easter,[20] from All Souls Day to Resurrection Sunday,[21] or from the feast of St. Martin to the feast of the Purification of the Blessed Virgin.[22] This division was significant as it determined some important differences in the monastic discipline in the two periods. Foremost, the horarium changed from one period to the other.

In the English monasteries of the 10th century, the summer schedule was as follows: About 1.30 a.m. – rise; 2 a.m. – vigils (nightly office); 3.30 or 4 a.m. – matins; about 5 a.m. – triple prayer; 6 a.m. – prime (office of the first hour); 7.30 a.m. – work; 8 a.m. – terce (office of the third hour) ; 9.30 a.m. – readings; 11.30 a.m. – sext (office of the sixth hour) ; 12 – noon meal; about 13.00 p.m. – afternoon rest; 14.30 p.m. – none (office of the ninth hour); drink; about 15.00 p.m.

---

[16] Ibid., 190.

[17] Ibid., 227.

[18] Ibid., 253.

[19] Cf. *Regularis Concordia Anglicae Nationis Monachorum Sanctimonialiumque*, II 28, ed. Dom Th. Symons, London et al. 1953, 25.

[20] *Consuetudines et Observantiae monasteriorum Sancti Mathiaeet Sancti Maximini Trevensium ab Iohanne Rode abbate conscriptae* (a. 1435 – 1436), I 8, 18, ed. P. Becker OSB (Corpus Consuetudinum Monasticarum, t. 5), Siegburg 1968, 22.

[21] *Redactio Helmstadiana – Fuldensis* (s. XI), XXVII 91, ed. M. Wegener, C. Elvert (Corpus Consuetudinum Monasticarum, t. 7, 3), Siegburg 1984, 338.

[22] Aelfricus abbas, *Epistula ad monachos Egneshamnenses* (post a. 1004), VI 14, ed. H. Nocent (Corpus Consuetudinum Monasticarum, t. 7, 3), Siegburg 1984, 159.

– work, vespers, supper; 19.30 p.m. – preparation for retiring; 20.00 p.m. – compline (nightly prayer); about 20.15 p.m. – triple prayer, retire.[23]

In winter, the monastic day was shortened by nearly three hours: around 2.30 a.m. – rise; 3.00 a.m. – nightly office; 5.00 a.m. – readings; 6.00 a.m. – matins; 6.45 a.m. – prime (office of the first hour); 7.30 a.m. – readings; 8 a.m. – toilet, terce (office of the third hour); about 9.45 a.m. – work; 12 noon – sext (office of the sixth hour); about 13.30 p.m. – none (office of the ninth hour); about 14.00 p.m. – supper; about 14.45 p.m. – vespers, preparation for retiring, drink; 18.15 – compline; 18.30 – triple prayer, retire.[24]

The difference between the winter and summer horariums implied, among other things, a difference in the rhythm of Divine Office. The regulations specially recommended that for the shorter winter days, briefer hymns be chosen, which could be fitted in the shorter time set for the office.[25] Certain gestures related to Divine Office were also adapted to the season. Monks were to kneel on the cold church floor *if* the weather permitted it.[26] After November 1st, the novices were allowed to remain sitting and even lie for a while on the church benches between the vigils and the matins, so long as they did not fall asleep; the prior was to see to it that they did not.[27]

The number of meals was also different. During the summer, monks were served a lunch and a light supper, both within three hours; in the winter months, only a supper was served in the early afternoon. Because night fell early in the winter months, especially in northern Europe, it was necessary to provide appropriate lighting in the refectory. The statutes, dating from 1229, of the Benedictine abbey in Eynsham, Oxfordshire, charged the sub-sacristan with providing a sufficient number of candles for the supper.[28] Another monk was to take care of the cushions placed on the benches and under the feet of the friars.[29] The beer, which was very different in taste and in its mode of preparation from that of today, was to be poured immediately before the friars entered the dining room, so it would not freeze in the cups.[30]

---

[23] *Regularis Concordia Anglicae Nationis*, ed. Symons, XLIV.

[24] Ibid., XLIII.

[25] Ibid., II 28, 25.

[26] Ibid., I 21, 17.

[27] *Decreta Lanfranci*, ed. D. Knowles, London et al. 1951, 7.

[28] *The Customary of the Benedictine Abbey of Eynsham in Oxfordshire* (a. 1229), VIII 165, ed. A. Grandsen (Corpus Consuetudinum Monasticarum, t. 2), Siegburg 1963, 101.

[29] Ibid., XVII 471, 188.

[30] Ibid., XVII 469, 187.

## Heating

The rooms in the monastery were generally not heated. Nevertheless, some statutes allowed for a special room in which, on particularly cold days, the monks could spend the hours before dawn, when it was freezing cold. This space was usually separate from the refectory, and the monks could go there only in case of extreme need; their conduct had to be the same as everywhere in the monastery, i.e. complete silence and good behaviour were to be observed.[31] In some cases, the kitchen too could be used as a place where the monks could warm themselves by the fireplace and wash their face and hands.[32] In the abbey of Farfa, the servants had the duty of lighting a fire in the kitchen and the infirmary so the monks could prepare for the morning Mass. Afterwards they had to heat water for washing and prepare the towels with which the novices would dry themselves.[33] On particularly cold days, the prior and the friars could remain in the refectory to do their reading.[34] There, too, the novices were to ask forgiveness for their misdeeds.[35] The sick could pray in the infirmary, so long as they did it silently, with reserve, and did not laugh.[36] Whether they would remain in the church or spend the time between offices in the heated room was left to the monks: The choice depended on their powers of endurance but also on their piety.[37] Walter Map testified that this concession to human frailty often led to unwarranted slackness of conduct.[38] It seems when abbot Johannes Rode prescribed that after the brief visit to this warm room the monks were to return to their beds and spend at least two hours in sleeping or dozing, not the least of his considerations was to preclude the temptation to linger too long by the fire.[39]

The duties connected with heating in the monastery were divided between the sacristan and the person serving at the table. The task of the former was to supply the necessary coal and firewood.[40] The latter was obliged to prepare eve-

---

[31] *Regularis Concordia Anglicae Nationis*, ed. Symons, II 29, 29 sq.

[32] *Redactio Wirzenburgensia* (s. XI), III 22, ed. R. Grünewald, K. Hallinger, C. Elvert (Corpus Consuetudinum Monasticarum, t. 7, 2), Siegburg 1983, 290.

[33] *Liber Tramitis aevi Odilonis abbatis* (s. X), I 13, ed. P. Dinter (Corpus Consuetudinum Monasticarum, t. 10), Siegburg 1980, 21.

[34] *Consuetudines Castellenses* (s. XV), 36, ed. P. Maier (Corpus Consuetudinum Monasticarum, t. 14, 1), Siegburg 1996, 315. – cf. Ibid., 33, 312.

[35] Ibid., 35, 295.

[36] Ibid., 44, 350. – All through winter, the sick were dispensed from the obligation of fasting. Cf. Consuetudines *Fructuarienses – Sanblasianae* (ss. XI – XIII), III b 23, 973, ed. L.G.Spätling/P. Dinter. (Corpus Consuetudinum Monasticarum, t. 12, 2), Siegburg 1987, 251.

[37] *Consuetudines Corbienses* (ante a. 826), VIII 1, ed. J. Semmler (Corpus Consuetudinum Monasticarum, t. 1), Siegburg 1963, 416.

[38] Walter Map, *De nugis curialium*, I 25, ed. R. M. James, Oxford 1983, 84 sqq.

[39] *Consuetudines et Observantiae monasteriorum Sancti Mathiaeet Sancti Maximini Trevensium ab Iohanne Rode abbate conscriptae* (a. 1435 – 1436), II 10, 28, ed. P. Becker, 33.

[40] Ibid., VIII 67, 181, 169. – cf. *Caeremoniae Burfseldenses* (s. XV), II 7, ed. M. Albert, OSB (Corpus Consuetudinum Monasticarum, t. 13), Siegburg 2002, 255.

rything for dinner and light the morning fire so that immediately after matins the monks could warm themselves by it.[41] At Monte Cassino, the care for the fire was assigned to the chamberlain.[42] In other monasteries, this was the duty of the first monk to enter the kitchen.[43] The deacon, for his part, was obliged to provide firewood during the time between the feast of St. Martin and the end of the cold and wet winter season whenever necessary: This included firewood for heating rooms and the kitchen, as well as for shaving or washing of feet.[44] A specially assigned procurator took care of the abbot's cell.[45]

At the monastery of Fleury, as early as the 10th century there was a special room by the monastery entrance where poor travelers were accommodated for the night. The rules of hospitality required that no one be refused shelter. Together with this, during the winter a fire was constantly kept burning to warm water for washing the feet of wretched travelers in need of warmth.[46] There is one curious regulation connected with the provision of a special room for solitary confinement of fugitives and troublemakers; the possibility of warming in winter was envisaged for it as well.[47]

## Hygiene

In the English Benedictine monasteries, the monks usually took a bath three times a year: before Christmas, before Easter, and before Pentecost. According to the regulations of abbot Lanfranc, the suitable time for these baths was the feast of St. Thomas, but in any case every monk was obliged to have taken his winter bath before Christmas. The concrete instructions were probably based on the personal experience of the future Archbishop of Canterbury, for there are no other extant texts similar to this one. On the previous night the abbot was to entrust one of the elder monks to see to it that all was done as prescribed. This elderly friar, in turn, would appoint as helpers for the task only elderly monks, not youths or children, and would also see to it that the young ones did not remain by themselves in the bathroom but were always under the supervision of elderly,

---

[41] Ibid., VIII 75, 211, 196.

[42] *Statuta Casinensia* (s. XIV), III 51, ed. T. Leccisoti, OSB, C. W. Bynum (Corpus Consuetudinum Monasticarum, t. 6), Siegburg 1975, 237.

[43] *Liber Tramitis aevi Odilonis abbatis*, ed. Dinter, II 23, 232.

[44] Ibid., II 40 – 43, 236.

[45] *Consuetudines Fructuarienses – Sanblasianae*, ed. L.G.Spätling/P. Dinter, III b 27, 985, p. 257.

[46] *Consuetudines Floriacenses Antiquariores* (s. X). *Libellus Consuetudinarius*, 14, ed. A. Davril, L. Donnat (Corpus Consuetudinum Monasticarum, t. 7, 3), Siegburg 1984, 24.

[47] *Legislatio Aquisgranensis. Synodi primae acta praeliminaria*, 22, ed. J. Semmler (Corpus Consuetudinum Monasticarum, t. 1), Siegburg 1963, 436 - cf. Ibid. *Synodi primae decreta authentica*, ed. J.Semmler, Siegburg 1973, 36, 468; *Regula S. Benedicti Amanensis*, 31, 524.

pious, and sensible monks. After that, he was to designate – according to the number of places available – which brothers were to bathe and in what order. Those selected were to be shaven, and, taking with them their change of clothes, were to proceed to the bath space, undress in a modest manner, and go to the place indicated for them, never forgetting to draw the concealing curtain. All this was to be done in complete silence. If he needed anything, the bather was to silently and reservedly signal the servicing monk, who would quickly bring what was requested. None were to remain in the bath longer than necessary, for bathing is a need, not a pleasure.[48]

Though taking a full body bath was something comparatively rare in monasteries, monks kept their bodies clean through regular scrubbings. The chamberlain's duty was to provide a wash-basin with warm water during the winter and towels for the friars, who had to wash their hands before going to church for morning Mass.[49] The monks had to wash their feet every evening. From All Saints Day until Easter this was done with warm water, and in the summer period with cold water.[50] Shaving was done once every 12 days in summer and once every 15 in winter, while after the start of the 40-day fast, friars shaved only on Good Saturday.[51] On very cold days, the barber was allowed to sharpen the razors in the kitchen, and if he wanted to do this in the room warmed for this purpose, he had to receive special permission.[52] With the aid of his assistants, he lit a fire during the morning Mass with wood specifically intended for this purpose.[53] In case of bloodletting, monks were allowed to remain in bed until the time of the Mass dedicated to the Holy Virgin or for as long as they themselves felt it wise to remain lying, providing they did this not for pleasure but out of necessity.[54] It was preferable that the friars who had undergone this procedure should have lunch one hour earlier in the wintertime. They could miss some of the offices but were obliged to attend compline.[55] In all cases, a fire was to be lit for them in the calefactory.[56]

---

[48] *Decreta Lanfranci*, ed. Knowles, 10.

[49] Ibid., 13.

[50] *Redactio Helmstadiana – Fuldensis*, XXVII 91, ed. Wegener et al., 338. – cf. *Consuetudines Castellenses* 16, ed. Maier, 157.

[51] *Statuta Casinensia* (s. XIII), 75, ed. Leccisoti, 220.

[52] *Consuetudines Fructuarienses – Sanblasianae*, III b 20, 957, ed. L.G.Spätling/P. Dinter, 244.

[53] Ibid., III b 22, 967, 248.

[54] *The Customary of the Benedictine Abbey of Eynsham in Oxfordshire*, IX 173, ed. Grandsen, 105.

[55] *Consuetudines Castellenses*, 44, ed. Maier, 348 sqq.

[56] *Liber Tramitis aevi Odilonis abbatis*, II 29, ed. Dinter, 249.

## Winter clothes

In monastic regulations, special provisions were made for winter clothes. Early on, at the end of the 8th century, the abbot of Monte Cassino, Theodomar, pointed out in a letter to Charlemagne[57], that a monk should have at his disposal three tunics – two thicker ones for the winter and a lighter one in the summer – and also a fur-lined hooded cowl (*coculla villosa*) for the cold months. In the decrees of a council dating from the same time[58], more detailed prescriptions were given: The monk had to possess two shirts, two tunics, two cowls, and two hats; when necessary, a third one was added. He was also to have four pairs of socks, two thigh covers, one belt, and a leather cloak reaching to the calves and tied with two strings; when traveling, the monk was to carry with him four pairs of summer gloves, colloquially called *uuantos* in that age (or gloves of sheep hide in winter), two pairs of shoes for the daytime, two pairs of slippers (and, in winter, long stockings), a sufficient amount of soap, and grease used both for greasing and for cooking. The statutes of Kastl Abbey in Oberpfalz[59] state clearly that the garments of a friar should be accommodated to the place of residence and the temperature there. And since the abbey in question was located in a cold climate, and it was fitting to have compassion for the friars, starting from the first day of October, the feast of St. Michael, the monks and converts were to be given the necessary clothes, shoes, and furs, as far as the monastery resources permitted: two or three woolen cowls, three shirts, two capes, a pair of shoes, two pairs of slippers – one for daytime and one for nighttime use –enough socks, one large and one small leather hat, each year a linen nightcap, once every three or four years an outer garment lined with lambskin or sheep skin, thick boots, and a thick mantle. When sent to another monastery, a friar was to be supplied with enough clothing so as not to have to beg on the way.[60] Clothes were washed every three weeks in summer and once a month in winter. Three days a month were indicated when the monks could hand in their clothes for washing. Whoever missed the term had to wait until the following month.[61] In other monasteries it was customary for undershirts to be washed once every two months in winter and every month in the summer.[62]

---

[57] *Theodomari abbatis Casinensis epistula ad Karolum regem*, 5, ed. D. J. Winandy, OSB, D. K. Hallinger, OSB (Corpus Consuetudinum Monasticarum, t. 1), Siegburg 1963, 166 sqq.

[58] *Synodi primae decreta authentica*, 20, ed. J.Semmler, ibid., 462.

[59] *Consuetudines Castellenses* (s. XV), 42, ed. P. Maier, 336 sq.

[60] Ibid., 41, 334.

[61] *Consuetudines et Observantiae monasteriorum Sancti Mathiaeet Sancti Maximini Trevensium ab Iohanne Rode abbate conscriptae* (a. 1435 – 1436), VIII 89, 254, ed. P. Becker , 230.

[62] *Caeremoniae Burfseleldenes* (s. XV), II 29, ed. M. Albert, OSB (Corpus Consuetudinum Monasticarum, t. 13), Siegburg 2002, 259.

Putting up patiently with the cold was, of course, considered to be part of the mortification of the flesh expected from a monk. Nevertheless, taking into account and in compassion for human weakness, monastic regulations showed reasonable care for providing the friars against the cold, as far as was possible. The monks accepted this care with gratitude and humility. Yet in cases when the prescriptions failed to be fulfilled, they did not hesitate to stand up for their rights, at times with extreme firmness. Thus, for instance, an anonymous monk from Tegernsee Abbey did not simply plead before the prior to be given the leather gloves due him, but styled his request with bold irony, referring to „the time of year when we all blow on our hands: hu, hu"; he thus expressed reproach that the prior had failed to fulfill his promise.[63]

## Work

Despite the severity of winter, the season did not cancel the ruling principle of monastic life, *ora et labora*, „pray and work". Of course, similarly to the length and frequency of divine offices, the various kinds of labor were to be accommodated to climatic conditions. During the cold season, there was naturally not much work to be done in the monastery gardens and vineyards. Judging by monastic miniatures, these duties were restricted to cutting the vines in February and March and gathering firewood for winter in November and December.[64] Certain medicinal herbs and roots were gathered during the winter months.[65] Apart from this, manual activities were concentrated inside the monastery rooms.

As a rule, one of the basic monastic activities, the copying of books, did not stop during the winter.[66] This kind of work, as we know, was perceived as a kind of ascetic exercise, as an act of service to the Word of God. Probably for this reason, the scriptorium was generally not heated, and if the copyist was allowed to make a brief visit to the kitchen, this was done to warm not himself but the freezing ink, so he could continue writing. The inscriptions at the end of the completed codes, the so-called „colophons", clearly show how burdensome this kind of work could be during the cold winter months. Added to the usual com-

---

[63] *Die Tegernseer Briefsammlung*, IV, ed. K. Strecker (MGH, Ep. sel., Bd. 3), Berlin 1925, 21. – cf. ibid., VIII, 29.

[64] Cf. J. C. Webster, *The Labor of the Months in Antique and Mediaeval Art to the End of the Twelfth Century*, Princeton 1938, passim.

[65] W. R. Dawson, *A Leechbook or Collection of Medical Recipes of the Fifteenth Century*, London 1934, 142. 146.

[66] In only one colophon is it mentioned that the harsh winter had forced the scribe to stop work. – Cf. *Bénédictins de Bouveret, Colophons de manuscrits occidentaux des origins aux XVIe siècle*, Nr. 6330, t. 2, Fribourg 1965, 347.

plaints about weakened eyesight, headaches, stiff back and stiff fingers[67], were complaints about the freezing temperatures [68] and the colds incurred, as a result of which the copyist had to finish his work while suffering from high temperature.[69] This last was mentioned not only by way of complaint but as a self-commendation for the monk's diligence and tenacity in completing his work despite the adverse conditions. The winter cold, in this sense, was a circumstance that added merit to the achievement, as did likewise, for instance, the conscious resolve of the monk to copy the Divine Office with his less wieldy left hand.[70]

## Ascesis

Winter was generally considered an appropriate time for reaffirming a monk's ascetic resolve. Saint Etienne, founder of Obazine Abbey near the town of Brive in what is now the department of Corrèze, would use an ax to break the ice covering the nearby river and immerse himself up to the neck in the water, letting his body be pierced with cold.[71] One winter night, when a snowstorm was blowing outside and the cold was unbearable, Saint Lambert got up before the other friars, as was his wont, but as he was putting on his shoes, one shoe fell to the floor with a loud thud. In repentance for having disturbed the rest of the friars, this holy man went to stand barefoot and lightly dressed in front of the outdoor crucifix and started saying prayers and singing psalms; he remained there until his absence from matins was noticed and he was found by the other friars, freezing and almost covered by the continuously falling snow. This, the chronicler explains, was his gesture of obedience before Heaven, a living sacrifice, but also a proof of his indomitable spirit before physical adversities.[72]

Putting up patiently with the hardships of winter was a manifestation of the basic monastic virtue of humility. But it also reflects the constant effort for mastering the time in which, in this earthly life, we accumulate merit before God. For especially in its cruelest cold, its winds and gloom, winter is the season when a man's worth can best be displayed: his power of endurance, his resolve and piety, his willingness to pursue his mission on earth without wavering. In the clash between the spirit of God-lovingness and the natural elements, the latter must inevitably relent. A holy man finds himself amid snowstorms and blizzards.[73]

---

[67] Ibid., Nr. 7117, t. 2, 444; Nr. 7687, t. 3, 34; Nr. 9897, t. 3, 307; Nr. 12368, t. 4, 32; 12538, t. 4, 52; Nr.13323, t. 4, 156.

[68] Ibid., Nr. 5557, t. 2, 240; Nr. 11480, t. 3, 499; Nr. 16547, t. 5, 226 sq.

[69] Ibid., Nr. 12483, t. 4, 45.

[70] Ibid., Nr. 10902, t. 3, 427.

[71] *Vie de saint Étienne de Obazine*, ed. M. Aubrun, Clermont-Ferrand 1970.

[72] Herigerus et Anselmus, *Gesta episcoporum Tungrensium, Traiectensium et Leodiensium*, II 5 (MGH SS, Bd. 7), Hannover 1846, 193.

[73] *Vitae Sanctorum Hiberniae*, ed. C. Plummer, Oxford 1910, t. 1, 11; t. 2, 87. 218.

This is his victory over the world, the kind of victory that crowns a monk's life. The monk is bidden to strive for this triumph by He who – not accidentally, as St. Bernard of Clairvaux insisted – was born precisely „in winter, in the night".[74]

---

[74] Bernardus Claraevallensis, *Sermones in nativitate Dominis*, III 1. – cf. Anonymus, *Meditationes Vitae Christi*, translated by Nicolas Love (1410), ed. L. F. Powell, Oxford 1908, 48 sq.

# Primary Causality and *ibdā'* *(creare)* in the *Liber de causis*

RICHARD C. TAYLOR (Milwaukee/WI)

The *Liber de causis (LDC)*, a short metaphysical treatise translated into Latin in the Twelfth century in all likelihood by the famous Gerard of Cremona at Toledo, exercised a powerful influence in the thinking of European theologians and philosophers of the High Middle Ages and beyond, something easily evidenced in the large number of extant Latin manuscripts (over 250) and commentaries as well as the many references made to this work.[1] Its early importance to metaphysical thinking on God and creation among the Latins led to its becoming required reading for all who wished to understand the thought of Aristotle to whom the Latin tradition attributed the text until Thomas Aquinas made known its dependence on the *Elements of Theology* of Proclus.[2] While evidence of this work in the Arabic tradition is very modest with only three manuscripts known to be extant and no direct citations of it in what we have of the writings of the most well known philosophers of the Classical tradition – al-Kindi, al-Farabi, Avicenna, Averroes –, it has recently been argued that the *Liber de causis* importantly and decisively influenced metaphysical thinking in the early formation of philosophy in the Islamic milieu from Greek sources in the era of al-Kindi.[3] If this view is able to withstand critical scrutiny, the importance of the *Liber de causis* for the Arabic tradition from the Ninth century and for the Latin Tradition from the Twelfth century would earn that little work very special

---

[1] For a thorough account of the status quaestionis of the texts of this work in Latin and Arabic, of its sources, of secondary literature and more, see Cristina D'Ancona and Richard C. Taylor, „Le *Liber de causis*",in: *Dictionnaire des Philosophes Antiques. Supplément*, ed. Richard Goulet et al. Paris 2003, 599-647.

[2] Ibid., 604-5.

[3] Cristina D'Ancona, „The Origins of Islamic Philosophy", in: *The Cambridge History of Philosophy in Late Antiquity*, ed. Lioyd Gerson, Cambridge 2010, Vol. 2, 869-893, 1170-1178. In particular, see 879 where the author identifies a citation of a certain *kitāb al-'ulal* mentioned in Arabic version of Alexander of Aphrodisias, *Qu.* 2.19, as „nothing else than the pseudo-Aristotelian *Liber de causis* of the Latin Middle Ages." For this the author draws on the work of Silvia Fazzo and Hillary Wiesner in „Alexander of Aphrodisias in the Kindi Circle and in al-Kindi's Cosmology", in: *Arabic Sciences and Philosophy* 3 (1992) 119-153, in particular 152 sqq. where the authors translate the Arabic text from MS Istanbul, Suleymaniye Kütüphanesi, *Carullah* 1279, 63v-64r. On 139 they write, „Such a reference tied to such a Proclan concept encourages the hope that this might be the earliest appearance of the Liber de causis, appearing anomalously by the name under which it travelled to the west. The phrase does not exactly match any in the Liber de causis, although the terminology and the notion are at home in it." The difficulty is that the *LDC* in Arabic is not called *kitāb al-'ulal* in its title or in any citations in the Arabic tradition. Prof. D'Ancona was generous enough to share with me her discussion of this issue in „Nota sulla traduzione latina del *Libro di Aristotele sull'esposizione del bene puro* e sul titolo *Liber de Causis*", forthcoming in a Festschrift for Gianfranco Fioravanti.

prominence as an invaluable key to unpacking metaphysical accounts of creation by philosophers of the Arabic tradition and theologians and philosophers of the Latin tradition. Yet if that is so, then the honor must be shared to some extent with the Neoplatonist Proclus.

The *Liber de causis* consists of quotations, paraphrases, interpretations, and additions to texts extracted from the work of Proclus and also bears clear evidence of the influence of *Plotiniana Arabica (PA)* texts derived from the *Enneads* by the founder of Neoplatonism, Plotinus.[4] The works of those two thinkers are more commonly considered not to promote a doctrine of creation but rather something different, a teaching of a necessary emanation of reality from the One which overflows insofar as it is also the Good. For example, in the *Routledge Encyclopedia of Philosophy*, four characteristics of Neoplatonic emanation in contrast to creation are listed by W. Hasker, the last of which is, „The emanation of a lower level from a higher is eternal and necessary; it follows from the nature of the higher level, and does not involve or depend on a decision of will."[5] In contrast, creation is joined with religious teachings and described by Hasker as, „The doctrine of the creation of the universe by God is common to the monotheistic religions of Judaism, Christianity and Islam; reflection on creation has been most extensively developed within the Christian tradition. Creation is by a single supreme God, not a group of deities, and is an ‚absolute' creation (creation *ex nihilo*, ‚out of nothing') rather than being either a ‚making' out of previously existing material or an ‚emanation' (outflow) from God's own nature. Creation, furthermore, is a free act on God's part; he has no ‚need' to create but has done so out of love and generosity. He not only created the universe ‚in the

---

[4] The *PA* draws on Plotinus, *Enneads* IV-VI but does so within an interpretive framework much influenced by Aristotelian thought itself influenced by the later Neoplatonic tradition. The texts of the *PA* include (i) *The Theology of Aristotle*, ed. 'Abdulrrahman Badawi in *Plotinus apud arabes/Iflūṭīn 'inda 'l-'arab*, Cairo, 1955, and translated into English by Geoffrey Lewis in *Plotini opera* II, Paris/Bruxelles 1959, on the basis of Lewis's unpublished edition and translation his in: *A Re-examination of the so-called ‚Theology of Aristotle'*, D. Phil., Oxford University 1950; (ii) *The Treatise on Divine Knowledge*, ed. Paul Kraus published by Georg C. Anawati, O.P., in: „Le Neoplatonisme dans la pensée musulmane: état actuel des recherché", in: *Acta Accademia Nazionale dei Lincei*, Roma 198 (1974), 339-405; translations available in *Plotini opera* II; Arabic text also published by Badawi in: *Plotinus apud arabes*, 165-183; (iii) *The Sayings of the Greek Wiseman*, in: Lewis, *Re-examination*, for which Oxford Bodleian Marsh MS 539 was used; translations in: *Plotini opera* II; a portion of the Arabic texts are published by Badawi in: *Plotinus apud arabes*, 395-99. For further information on the *PA*, see Peter Adamson, *The Arabic Plotinus. A Philosophical Study of the Theology of Aristotle*, London 2002; and Maroun Aouad, „La Théologie d'Aristote et autres textes du Plotinus arabus", in: *Dictionnaire des philosophes antiques*, ed. Richard Goulet, Paris 1989, Vol. I, 541-90.

[5] William Hasker, „Creation and conservation, religious doctrine of", in: Edward Craig (Ed.), *Routledge Encyclopedia of Philosophy*, London 1998, Retrieved August 19, 2011, from http://0-www.rep.routledge.com.libus.csd.mu.edu/article/K012SECT3

beginning', but he sustains (,conserves') it by his power at each moment of its existence; without God's support it would instantly collapse into nothingness."[6] Let us call this notion creation₁ or Abrahamic creation and stipulate that it involves a single primary cause or First Cause originating all reality other than itself by bringing forth all *ex nihilo* as ontologically after absolute nothingness in an action somehow including freedom, will and choice such that there is neither external nor internal necessity compelling creation₁. In this the primary cause acts with freedom and in no way whatsoever needs to originate things, nor was it required to originate them by its intrinsic nature or formal constitution.

In its Latin translation the *LDC* is clearly understood by the translator and the subsequent Latin tradition as a creationist account of some kind. In chapter 3 the First Cause is said to create the being of soul through the mediation of intelligence *(causa prima creavit esse animae mediante intelligentia)*.[7] In chapter 4, being *(esse)* is described as the first of created things *(prima rerum creatarum)* and to be after *(post causam primam)* but near to the First Cause which is described as pure being and one. Created being is identified with the intelligence in chapter 4 and as the first created thing created by the First Cause *(primum creatum quod creatum est a causa prima)* in 6/ some Latin manuscripts 7.[8] In 15/16 first created being *(ens creatum primum)* is again intelligence and is called created and second being *(ens secundum creatum)* in relation to the First Creating Being *(ens primum creans)*. In 8/9 – which is not dependent on Proclus but rather Plotinus in the *Plotinana Arabica* – the Latin has the First Cause creating all things *(creans omnes res)* but again creating the intelligence without mediation and soul and nature through the mediation of the intelligence *(creans intelligentiam absque medio et creans animam et naturam et reliquas res, mediante intelligentia)*. In 14/15 first created being as intelligence is infinite but First Creating Being is the first pure infinite *(ens autem primum creans est infinitum primum purum)* and even above infinity *(ens primum creans est supra infinitum)*. In 17/18 the First Being is motionless and the cause of causes *(ens primum est quietum et est causa causarum)* giving being to all things *(dat omnibus rebus ens)* through the mode of creation *(per modum creationis)*, while others such as intelligence give to things not through the mode of creation but through the mode of form *(non per modum creationis immo per modum formae)*. In 19/20 the

---

[6] Ibid.

[7] For the Latin text of the *LDC* I and elsewhere in this article follow the edition of Adrian Pattin, „Le *Liber de causis*. Édition établie à l'aide de 90 manuscrits avec introduction et notes", in: *Tijdschrift voor Filosofie* 28 (1966) 90-203, as corrected in Richard C. Taylor, „Remarks on the Latin Text and the Translator of the *Kalam fi mahd al-khair/Liber de causis*", in: *Bulletin de Philosophie Médiévale* 31 (1989), 75-102. This revised text is printed in Albertus Magnus, *De causis et processu universitatis a prima causa*, ed. Winfried Fauser, Cologne 1995 [*Opera omnia* 17, 2].

[8] In some Latin manuscripts the text of 4 is split into 4/5 with the result that the Latin manuscripts of the *LDC* have totals of 31 or 32 chapters or propositions with explication. The extant Arabic versions have just 31.

First Cause governs things without mixing with them *(res creatas omnes praeter quod commisceatur cum eis)* and emanates on them the power of life and goodnesses *(influit super eas virtutem vitae et bonitates)*. In 21/22 what is merely self-sufficient is not able to create another thing *(non potest creare aliquid aliud)*, while the First Cause is above the complete and perfect and creates things and emanates goodnesses *(creans res et influens bonitates)*. In 22/23 God governs *(regens [...] est deus)* as the Creator of the intelligence, the first created *(primum creatum)*, governs all through the governance of the intelligence *(res, quae recipiunt regimen intelligentiae, recipiunt regimen creatoris intelligentiae)*. In 23/24 the First Cause is in things as the First Creating Cause *(causam primam creantem)*. In 28/29 simple self-subsistent substances are said to be created without time *(creata sine tempore)*, while others are created in time *(creata in tempore)* and still others are between these as sempiternal substances with time *(substantiae sempiternae cum tempore)*. And, finally, at the end of the final chapter, 31/32, all unity after the true one is said to be acquired and created *(omnis unitas post unum verum est acquisita, creata)*, while the Pure True One is the Creator of unitities, causing them to be acquired but not itself an acquired unity *(unum verum purum est creans unitates, faciens acquirere, non acquisitum)*. There the Pure Entity *(ens purum)* is also the cause of generated temporal things and of all things eternal. While the first chapter explained the dependence of all on the primary cause, the last chapter establishes the existence of one primary cause through this argument from unity.

The purpose of this brief study is to advance some precisions regarding the nature of divine causality as discussed in the original Arabic text of the *LDC*[9] and to provide some clarifications regarding the meanings of creation in this work. The need for this is prompted by several important considerations of which I now note just two. First, in the account of Hasker quoted above, emanation as necessary and the absence of decision willed and free are listed as characteristics separating emanation from creation₁. Yet in the Arabic *LDC* the language of emanation is present and directly connected with *abda'a (creare)* on the part of *al-mubdi' (the Creator)*. What is more, no discussion of will, choice or decision is found in the Arabic *LDC*. Second, as mentioned earlier, the primary source of most of the reasoning of the *LDC* is derived from selected propositions of the *Elements of Theology* of the Neoplatonist Proclus, while the presence of the thought of Plotinus can be detected directly in chapter 8 (Latin 8/9)

---

[9] My concern here is with the traditional version of the *LDC* known in Arabic as either „The Discourse on the Pure Good" *(Kalām fī maḥḍ al-khair)* or „The Book of Aristotle's Expostion on the Pure Good" *(Kitāb al-īḍāḥ li-Arisṭuṭālīs fī al-khair al-maḥḍ)*. The so-called ‚De causis II' is not considered here. Regarding that text, see Pierre Thillet and Saleh Oudaimah, „Proclus Arabe. In nouveau *Liber de causis*?", in: *Bulletin d'Études Orientales* [Institut français d'Études arabes de Damas] 53-54 (2001-2) 293-368. Also see the recent study of al-'Āmirī by Elvira Wakelnig, *Feder, Tafel, Mensch. Al-'Āmirīs* Kitāb al-Fuṣūl fī l-Ma'ālim al-ilāhīya *und die arabische Proklos-Rezeption*, Leiden/Boston, 2006.

and indirectly elsewhere, albeit as this thought is found in the *PA*. But Neoplatonic philosophical thought is distinctly cited by Hasker as indicative of a rejection of creation₁. In light of these considerations, the vocabulary chosen by the Latin translator, and the extensive use of the *LDC* as a creationist work by thinkers of the subsequent Latin tradition, it is clear there is a need for study of this work and the meaning of its vocabulary and philosophical assertions in its Arabic context for the determination of the larger considerations both of whether, *pace* Hasker, emanationism and creation in this work are in fact compatible under some definition of creation and of whether the author of the *LDC* may have intended to assert that compatibility.

In what follows here I first provide an account of chapter 1 of the Arabic *LDC* and Proclus on primary and secondary causality. Second, I consider the pseudonymous author's account of agency using the Arabic *fi'l* (act, *actus*) and related forms from its triliteral root *f-'-l* together with his account of *abda'a* and various forms of the triliteral root *b-d-'* which were translated into Latin as *creator, creatio, creare, creans, creatum* and related forms. Here I argue that the *LDC* has in fact a notion of creation, but one that is distinct from that of the Abrahamic traditions. Third, I consider a chapter of the *LDC* which seems to indicate that the author of the *LDC* made no such distinction. Finally, I conclude with a summary of what has been accomplished and remarks on the author's apparent conflation of the philosophical notion of *ibdā'* and the religious notion of creation₁ in the context of the project of introducing philosophical principles and reasoning developed from Proclus and Plotinus into the cultural and developing scientific context of Islam in Ninth century Baghdad.


## 1. Primary and Secondary Causality

The *Elements of Theology* of the Fifth century Athenian Neoplatonist Proclus is the source on which the Arabic *LDC* draws for its account of primary and secondary causality prominent in its opening chapter. It is precisely in Propositions 56 and 57 that Proclus argues for the intrinsic causal presence of the transcendent One or Good in all that is below it, even to the point of asserting that privation of form is from the Good.[10] The transcendence of the One and the multiple levels of hierarchical intermediate realities set forth by Proclus would seem necessarily to indicate a distance so great that the involvement of the One becomes less and less at the lower levels of what proceeds from the One to the point of being absent or nearly so at the lowest level. Instead, argues Proclus, in the case of any effect, insofar as the very being of a secondary cause in

---

[10] Proclus, *Elements of Theology*, ed. & tr. E. R. Dodds, Oxford 1963, Prop. 57, 56.15-16. Hereafter, Proclus, *ET* 1963.

the emanative hierarchy is owed to a prior cause, it owes to the prior cause also all that it produces by the power of production that it has arising from its own being or existence.

PROP. 56: „ *All that is produced by secondary beings is in a greater measure produced from those prior and more determinative principles from which the secondary were themselves derived.*

For if the secondary has its whole existence from its prior, thence also it receives its power of further production, since productive powers reside in producers in virtue of their existence and form part of their being. But if it owes to the superior cause its power of production, to that superior it owes its character as a cause in so far as it is a cause, a character meted out to it from thence in proportion to its constitutive capacity. If so, the things which proceed from it are caused in virtue of its prior; for the same principle which makes the one a cause makes the other an effect. If so, the effect owes to the superior cause its character as an effect.

Again, it is evident that the effect is determined by the superior principle in a greater measure. For if the latter has conferred on the secondary being the causality which enabled it to produce, it must itself have possessed this causality primitively (prop. 18), and it is in virtue of this that the secondary being generates, having derived from its prior the capacity of secondary generation. But if the secondary is productive by participation, the primal primitively and by communication, the latter is causative in a greater measure, inasmuch as it has communicated to another the power of generating consequents.“[11]

Here Proclus responds to the concern of the distance of the One from the lowest of effects with the principle that the totality of what any secondary (or tertiary or later) cause is or has must be recognized as due to the primary cause, that is, not only the being of the secondary or later cause but also its very power to be productive of anything else or to carry out any activity must be traced to the primary cause. As a consequence, the primary cause, seemingly more causally distant, in fact is more causally present („the effect owes to the superior cause its character as an effect“) insofar as no secondary or later cause can exist or act of itself without reference to the primary cause which makes it a reality.

Then he completes the account of principles of primary and secondary causality in Proposition 57 stressing the priority of the primary cause as cause of the secondary and necessarily cooperative in the action of the secondary. The primary cause, then, is primary because it had within its very self already the power to bring about the secondary and all that the secondary causes and because it is the causal origin of – or simply cause of – the secondary cause's existence and power to be causally efficacious in reference to some third thing in the hierarchy.

---

[11] Proclus, *ET* 1963, 55.

PROP. 57: „*Every cause both operates prior to its consequent and gives rise to a greater number of posterior terms.*
For if it is a cause, it is more perfect and more powerful than its consequent (prop. 7). And if so, it must cause a greater number of effects: for greater power produces more effects, equal power, equal effects, and lesser power, fewer; and the power which can produce the greater effects upon a like subject can produce also the lesser, whereas a power capable of the lesser will not necessarily be capable of the greater. If, then, the cause is more powerful than its consequent, it is productive of a greater number of effects.
But again, the powers which are in the consequent are present in a greater measure in the cause. For all that is produced by secondary beings is produced in a greater measure by prior and more determinative principles (prop. 56). The cause, then, is cooperative in the production of all that the consequent is capable of producing.
And if it first produces the consequent itself, it is of course plain that it is operative before the latter in the activity which produces it. Thus every cause operates both prior to its consequent and in conjunction with it, and likewise gives rise to further effects posterior to it [...].“[12]

What is involved here in Proclus is a metaphysical hierarchy of productive *per se* causes, not a series of causes such as the production of a child by a parent with those parents caused or produced by their parents, and so forth. In the metaphysical hierarchy discussed here the activity of the lowest requires the actual and continuous presence of the causal activity of all those causes prior in the hierarchy all the way to the first cause in the hierarchy. Note that were the involvement of any one of those causes in the hierarchy to be absent, both the existence and the causal efficacy of everything below that missing link would fail. However, that is not to say that in the sequential production of A, B, and C, were B to be removed, A would not have *the power* to produce C. Proclus reasons that, if A has sufficient *power* to produce in existence B and the power belonging to B enabling it to produce C, then A has sufficient *power* to produce C in the absence of B. That is, in principle the *power* to produce C has to be conceded to be present in A.[13] In that way A is the primary cause in the series ABC in a way

---

[12] Proclus, *ET* 1963, 55-57. I omit the last portion of the text which Dodds rightly indicates to be a corollary applying the principles to Soul and Intelligence. The *LDC* does not draw on the corollary.

[13] This proposition contains the principles of primary causality. However, in practice in the graduated course of the hierarchy the lower is weaker and has more plurality than the higher. Consequently, when this is applied to the hierarchy of beings in the *LDC* the First Cause must first originate or cause only the first effect, the Intellect – which is the first originated being – and only through mediation of Intellect does it originate other things. Hence, in the *LDC* the First Cause is the sole originator of things and sole giver of being to things, but it cannot do so for other things below Intellect without the mediation of Intellect and other higher realities such as Soul and Nature, as mentioned in *LDC* chapter 8 which is discussed below. That is, while A has the power to originate C, it can do so only through B. Hence, while the

that is not open to B or any other number of intermediaries between A and C.
In Proposition 70 Proclus makes it clear that this analysis applies not only to the causation of distinct things but also to the causation of the intrinsic constituents of any thing.

PROP. 70: „ *All those more universal characters which inhere in the originative principles both irradiate their participants before the specific characters and are slower to withdraw from a being which has once shared in them.*
For the higher cause begins its operation upon secondary beings before its consequent, and is present concomitantly with the presence of the latter, and is still present and operative when the consequent has ceased to operate; and this is true not only in respect of the range of objects affected (prop. 57) but in regard to each several contingent participant. Thus, for example, a thing must exist before it has life, and have life before it is human. And again, when the logical faculty has failed it is no longer human, but it is still a living thing, since it breathes and feels; and when life in turn has abandoned it existence remains to it, for even when it ceases to live it still has being. So in every case. The reason is that the higher cause, being more efficacious (prop. 56), operates sooner upon the participant (for where the same thing is affected by two causes it is affected first by the more powerful); and in the activity of the secondary the higher is co-operative, because all the effects of the secondary are concomitantly generated by the more determinative cause; and where the former has withdrawn the latter is still present (for the gift of the more powerful principle is slower to abandon the participant, being more efficacious, and also inasmuch as through the gift of its consequent it has made its own irradiation stronger).“[14]

According to the example in the text of Proclus, this does not mean that human life can be produced without the presence of both being and living, but rather only that the formal characteristic of being is required for the presence of life and that the withdrawal of the formal characteristic of life would not entail the withdrawal of being. However, the withdrawal of being would entail the withdrawal of the posterior formal characteristic of life since being is caused first in the thing by the primary cause. The editor and translator of the *Elements of Theology* by Proclus, E. R. Dodds, indicates this with his parenthetical references to earlier propositions and thereby shows how Proclus intends to draw upon those to establish here that the very condition of existence that makes all other characteristics possible must be traced back to the primary cause alone. The primary cause is the only causal principle that can provide the condition of existence required for the effect (the third) and also the complete constitution of the secondary cause.

---

*LDC* argues that the First Cause is the *sole originator*, it does not argue that it is the *sole cause* of the plurality of entities in the hierarchy and of the plurality of individuals within any species.

[14] Proclus, *ET* 1963, 66-67.

For Proclus the purpose of these propositions was to draw attention to the need to think the causal presence of the One in each and every thing posterior to it. Again, to emphasize the key point in this account of primary and secondary causality, in the analysis of any effect in a hierarchy of three or more, the activity of the second upon the third is based on the being and the power of causal activity belonging to the second. But the second (as well as the third and any subsequent others) is ontologically dependent in every way upon the causal activity of the first. That is, in addition to the existence of the second owed to the first, the very being of the power of activity on the part of the second to bring about the third or anything in it is owed in an ontologically prior way to the first, the primary cause.

The author of the Arabic *LDC* brought together these three propositions from Proclus to form in his own way a basic account of primary and secondary causality in the first chapter of this work which sets the theme of the entire work, though it does so in terms of the principles functioning in the metaphysical doctrine of primary causality and without a single mention in the first chapter of the *LDC* of the vocabulary of *abda'a* (*creare*).


Chapter <1>


„Every primary cause emanates more abundantly on its effect than does the universal second cause. And when the universal second cause removes its power from the thing, the universal first cause does not remove its power from it. For the universal first cause acts on the effect of the second cause before the universal second cause which is immediately adjacent to (the effect) acts on (the effect). So when the second cause which is immediately adjacent to the effect acts, its act is not able to do without the first cause which is above (the second cause). And when the second (cause) separates itself from the effect which is immediately adjacent to it, the first cause which is above (the second cause) does not separate itself from (the effect), because it is cause of (the effect's) cause. The first cause, therefore, is more the cause of the thing than its proximate cause which is immediately adjacent to (the thing).

As examples of that we give being, living and man, for the thing must first be a being, then living, then a man. Thus, living is the proximate cause of the man and being is his remote cause. Being, then, is more a cause of the man than living because (being) is a cause of living which is a cause of the man. Likewise, when you make rationality a cause of the man, being is more a cause of the man than rationality because (being) is a cause of (rationality's) cause. The proof is that, when you remove the rational faculty from the man, it does not continue a man but it does continue living, breathing and sensitive. And when you remove living from it, it does not continue living but it does continue being, because being is not removed from it when living is removed. Because the cause is not removed with the removal of its effect, the man[15] continues being. When the individual is not a man, it is an animal; and when it is not an animal, it is only a being.

So it has become clear and evident that the remote first cause is more encompassing and more a cause of the thing than its proximate cause. On account of that, its act has come to be more strongly adherent to the thing than the act of (the thing's) proximate cause. This came to be so only because the thing is first acted on by the remote power, then secondly it is acted on by the power which is below the first. <Moreover>, the first cause aids the second cause in its act because every act which the second cause effects, the first cause also effects, except that (the first cause) effects it in another, transcendent and more sublime manner. And when the second cause separates itself from its effect, the first cause does not separate itself from it because the act of the first cause is mightier and more strongly adherent to the thing than the act of its proximate cause. Furthermore, the effect of the second cause has been made stable only through the power of the first cause. For, when the second cause effects a thing, the first cause which is above (the second cause) emanates on that thing from its power so that it strongly adheres to that thing and conserves it. Thus, it has become clear and evident that the remote first cause is more a cause of the thing than its proximate cause which is immediately adjacent to (the thing) and that it emanates its power on it and conserves it and does not separate itself from it with the separation of its proximate cause, but rather it remains in it and strongly adheres to it in accordance with what we have made clear and evident."[16]

The opening proposition of the *LDC*, then, consists in a restatement of the accounts of primary and secondary causality found in propositions 56, 57 and 70 of the *Elements of Theology* by Proclus. Applied to caused entities of the world this doctrine asserts simply that in the reality of any caused thing in a hierarchy of per se causes the first cause is present and more causally efficacious with regard to any effect than is any intermediate cause. That doctrine is also applied here with regard to the intrinsic constituents of any caused items as well, since rationality is only possible in what is living and living is only possible in what exists. The very existence that is causally traced solely to the primary cause is a necessary prerequisite in the constitution of living existence and rational

---

[15] Proclus is more precise here by not specifying man as the subject after the removal of rationality than is the author of the *LDC* since the latter speaks of the man from whom rationality and other essential characteristics of what it is to be a man have been removed.

[16] This and other translations of the Arabic *LDC* in this article are substantially revised versions of that found in my edition and study of the Arabic *LDC* in Richard C. Taylor, *The* Liber de causis (Kalām fī maḥḍ al-khair): *A Study of Medieval Neoplatonism*, Doctoral Dissertation, University of Toronto 1981. I also draw on some of the analyses of philosophical vocabulary in that work, though the interpretation presented in this article is distinctively different. I provide the referents of pronouns in parentheses in the translation.

existence. The nature of this causal dependence later in the *LDC* is expressed in terms of emanation, something hardly surprising given its Neoplatonic source. Its expression is also framed with the terminology of agency with the employment of the Arabic root *f-'-l* as act *(fi'l)*, effect *(maf'ūl)*, to act *(fa'ala* intransitive*)*, to act on *(fa'ala fī)*, to effect or bring about *(fa'ala* transitive*)*, and the passive to be acted on by *(infa'ala min)*. What is more, in this context being *(al-annīyah, esse)* is not specified as itself a thing, a form or even an act in its own right; rather, it is only a term used to denominate the consequence of an act caused by the primary cause, an act which is also a necessary condition for anything to exist, namely, that it has been caused by the primary cause in a hierarchy of causes. In this first chapter of the *LDC* the term *annīyah* for ‚being‘ or ‚existence‘ is not a technical term nor is it associated with any distinction of essence and existence because the author's purpose here is only to spell out in detail the nature of the doctrine of primary causality. Since the term is used to indicate dependence on a primary cause, one could as easily have used the term ‚actuality‘ to say that the actuality of any second or later cause, including the actuality of its powers, in a hierarchy of primary causality depends on one first cause.[17] And, again, in this first proposition none of the vocabulary of *abda'a (creare)* is found.

The account in *Liber de causis* chapter 1, then, is purely one of primary and secondary causality with its focus on the explanation of the presence in every effect of the causality of the primary cause in any causal hierarchy that begins with a single productive primary cause. (The proof that there is one primary cause as „the First True One“ is found in the closing chapter of the *LDC* which provides the argumentative validation of the account of primary causality explicated in the opening chapter.) Consequently, it is not surprising that the doctrine of primary causality expressed here is one to which many philosophers ascribe in general import, among them Plotinus, Proclus, the author of the *LDC*, al-Kindi, al-Farabi, Avicenna, and many other philosophical and theological thinkers of the Greek, Arabic and Latin traditions. Nothing in reality escapes the causal presence of the First Cause in this teaching on primary and secondary causality.[18]

---

[17] On the notion of actuality in Plotinus and the *Plotiniana Arabica* with particular reference to *Enneads* 6.8, see Richard C. Taylor, „Aquinas, the *Plotiniana Arabica*, and the Metaphysics of Being and Actuality“, in: *Journal of the History of Ideas* 59 (1998), 217-239, particularly 234-238.

[18] Even the contingent actions on the part of things of the sublunar realm which are not necessitated are nevertheless traced to the First Cause as primary cause regardless of what contingent alternative action comes about. In this sense primary causality need not be understood to undermine free choice and moral responsibility for human beings.

## 2. fa'ala (agere) and abda'a (creare) in the LDC

Throughout the *LDC* forms of *fa'ala* (*to act*: intransitive; *to effect*: transitive), *fa'ala fī* (*to act on*) and *infa'ala* (*to be acted on*: chapter 1 only) are found corresponding to forms of the Greek *poiein, paschein,* and *energein / energeia*.[19] The term *fā'il (agent)* occurs a number of times and is used in chapter 19 to denote the First Cause as a true agent *(fā'ilun ḥaqqun)* because it acts immediately in virtue of its own being *(bi-annīyati-hi),* without there being any intermediary *(waslatun)* or addition *(ziyādatan)* between it and its effect. Proposition 122 of Proclus – on which chapter 19 is based – concerns governance, scil. providence, on the part of divine beings, the gods. The author of the *LDC* transforms it into an account of the governance of the First Cause and writes, „The First Cause governs over all originated things *(al-ashyā'a al-mubtada'ta kulla-hā:* note the form from the root *b-d-')* without mixing with them." He later adds,

„[T]he First Cause is eternally stable and subsistent in its pure unity and governs over all originated things [...] For the First Good emanates goodnesses on all things in a single emanation, except that every one of the things receives of that emanation in accordance with its power and its being *(annīyati-hi).* The First Good emanates goodnesses on all things in a single manner because it is goodness – through its being, its entity and its power *(bi-annīyati-hi wa-huwīyati-hi wa-quwati-hi)* – only inasmuch as it is goodness, and goodness and entity *(al-huwīyah)*[20] are a single thing."[21]

The author draws on Proclus but then goes on to provide his own account of the issue of true action and primary causality in a summary after the lines directly dependent on Proclus.[22] There the author introduces a notion of

---

[19] See Taylor, *The* Liber de causis, 342-3.

[20] In the *LDC* there is no clear distinction between *huwīyah/ens/entity* and *annīyah/esse/being.*

[21] *LDC* 19. Taylor, *The* Liber de causis, Arabic 221-223; English 315 (revised).

[22] In the final half of the chapter, the author follows Proclus only in the first two sentences. „We resume and say, then, that for every agent which acts solely through its being there is no intermediary and no other thing intermediate between it and its effect. What is intermediary between the agent and the effect is only an addition to the being: *I mean that, when the agent acts through an instrument, it does not act through its being and its being is composite. So for that reason the recipient <in that case> receives through a intermediary between it and its agent; and the agent is then distinct from its act and does not govern with authentic and pervasive governance. As for the agent which is such that between it and its act there is no intermediary at all, the agent <here> is a true agent and a true governor which effects things with the utmost of thoroughness beyond which there can be no other thoroughness <of greater degree> and which governs its act with the utmost of governance. For it governs over the thing in the manner in which it acts, and it acts only through its entity, so <through> its entity it also governs it. Due to that it has come to govern and to act with the utmost of precision and governance in which there is no variation and no deviation. And the acts and governance on the part of the first causes are variegated only according to the merit of the recipient."* Emphasis added to indicate what is not from Proclus. Taylor, *The* Liber de causis, Arabic 221-222; English, 315 (revised).

thoroughly pervasive governance to the utmost degree implying that this penetrates through all things. That this governance takes place without instrument and immediately in virtue of the being of the First Cause makes this agent a true agent that by the very act of its being is „a true agent and a true governor which effects (*yaf'alu*, makes, brings about) things with the utmost of thoroughness beyond which there can be no other thoroughness <of greater degree> and which directs its act with the utmost of governance.“ Like primary causality, through its one and only act which is not distinct from its being the First Cause's governing action penetrates to all things, while any governance or providential action involving an instrument is one in which the agent is distinct from its act and unable to exercise authentic (*ṣaḥīḥun*) governance.

This notion of true agency on the part of the First Cause also appears in the *PA* numerous times. For example, in the *Theology of Aristotle* we find, „The intellect [...] is the first act of the One True Agent“.[23] In the *Sayings of the Greek Wiseman* the author writes that the First Agent is also the cause of the entity (*huwīyah*) of soul through the mediation of the intelligence. Furthermore, the First does not act through a form of its own, for in the *PA* and in chapter 8 (8/9) of the *LDC* the First is said to be without form (*ṣurah, ḥilyah*) and to be „only being“, (*annīyah faqaṭ*).[24] Similar to what is found in *LDC* 19, in the *Sayings of the Greek Wiseman* we find that „The First Agent is a complete (*tāmmatun*) cause, for it is the cause of the entity (*huwīyah*) and form (*ṣurah*) of the thing without intermediary.“ Here the intelligence is said to be a cause of things below it but „it is not a complete cause of the thing because it is only the cause of the thing's form, not the cause of entity.“[25] As Peter Adamson notes, in the *Sayings of the Greek Wiseman* the notion of will (*al-irādah*) on the part of the First Cause is rejected because it would not then act in virtue of its own being (*bi-annīyati-hi*), while the first effect, the intellect, acts through knowing which is a condition for willing. Rather, „will does not precede the act of the First Agent

---

[23] *PA Theology of Aristotle*, ed. Badawi, 95.16-17; Lewis tr., 469 n. 27. See Adamson, *The Arabic Plotinus*, 191-192; and Peter Adamson, *Al-Kindi*, Oxford, 2007, 57-62.

[24] *PA Sayings*, ed. Badawi, 185.12-13; Lewis tr., 281, n. 14. This language is also in the *Proclus Arabus* texts edited by Gerhard Endress in *Proclus Arabus. Zwanzig Abschnitte aus der Institutio Theologica in arabischer Ubersetzung*, Wiesbaden 1973, with the First Cause called „only being“ (*annīyah faqaṭ*) and „only entity“ (*huwīyah faqaṭ*) as free of qualities and attributes and is said to produce all things as First Agent. *Proclus Arabus*, 72.4-9. At *Proclus Arabus*, 21.30-38 we find, "If this is as we have mentioned, then it has been proven correct that there things are which are not material but rather only forms, and that there another thing is which has no matter and *no form at all*, but rather is only entity (*huwīyah faqaṭ*). This is the True One above whom there is nothing else and who is the Cause of causes. It has been made plain also by what we mentioned that the things are divided into three divisions. For either the thing is matter with form, so that its being is formal and material; or the thing is a form only, so that its being is formal, not material; or the thing is *being only, so that its being is neither material nor formal*. This <latter> is the First Cause above whom there is no other cause, as we have said and made evident above." Emphasis added. My translation.

[25] *PA Sayings*, Badawi, 185.4-19, Lewis tr., 281, nn. 105-111. My translations here.

because (the First Agent) acts by its being alone *(bi-anni-hi faqaṭ)*."[26] The text in the *Sayings of the Greek Wiseman* then goes on to stress that the First Agent does not wish *(lam yaridu)* the origination of intellect such that it comes about after an act of will *(al-irādah)* because there was no willing *(al-irādah)* preceding its act. Rather, it would be a sign of deficiency for there to be will *(al-irādah)* between it and its product *(baina-hu wa baina mafʿūli-hi)* since it doe not go from one action to another but instead „originates things all at once *(ibtadaʿa-hā dafʿatan wāhidatan)*."[27] It is above substance, intellect and sight, yet in its complete unity „it sees and knows its own essence *(dhata-hu)* which is the essence above all essences" and it is itself „the knowledge above every knowledge because it is the First Knowledge" and not like the knowledge that is in some second that needs knowledge of a first substance before it. A similar description of the First is also found in *LDC* 8 where the First Cause is said to be „above intelligence, soul and nature because it is the Originator of all things." There Divine Knowledge *(al-ʿilm al-ilāhīy)* is attributed to it and is asserted to be unlike that of intellect or soul because it is the Originator of every knowledge.[28] These texts from the *PA* and *LDC* chapter 19 are clearly connected in meaning and vocabulary. The notion that the First acts immediately in virtue of its very being, a key principle of Neoplatonism,[29] is found in each and it is this which distinguishes the First from the intelligence according to both Arabic sources. In the *PA* the author connects these considerations with will *(al-irādah)* and rejects will as an attribute of the First, while in *LDC* 19 will *(al-irādah)* is not mentioned. In fact, will does not occur at all in the entire *LDC*, although a verb from the same root does occur in *LDC* chapter 22. There the author writes paraphrasing and modifying Proclus, *Elements of Theology*, Proposition 122, „the things which the governance of the intelligence does not reach, the governance of the Originator of the intelligence *(mubdiʿi al-ʿaqli*, Latin *creatoris intelligentiae)* already reaches. For nothing whatsoever escapes His[30] governance

---

[26] Adamson, *The Arabic Plotinus*, 132. *PA Sayings*, Badawi 1955, 174.

[27] *PA Sayings*, Badawi 1955, 174.0-175.16;  Lewis tr., 321-323, ## 105-120. My translations here.

[28] Taylor, *The* Liber de causis, Arabic 178-179, English 299 (revised).

[29] Detailed discussion of this profoundly important notion of causality *autō tō einai* is beyond the parameters of this article. For a valuable discussion, see Cristina D'Ancona Costa, „Plotinus and later Platonic philosophers on the causality of the First Principle", in: *The Cambridge Companion to Plotinus,* ed. Lloyd P. Gerson, Cambridge 1996, Cambridge Collections online, 15. September 2011. DOI: 10.1017/CCOL0521470935.016 356-385, esp. 365-367. D'Ancona Costa also discussed this notion in the *LDC* in her article, „La doctrine néoplatonicienne de l'être entre l'antiquité tardive et le moyen âge. Le *Liber de causis* par rapport à ses sources," in her: *Recherches sur le Liber de causis*, Paris 1995, 121-153, especially 146-153, where she argues that the *LDC* is influenced by the writings of the pseudo-Dionysius. If that is the case, it raises the question of Divine freedom in the ps.-Dionysius, an issue beyond the limits of this article. However, it remains that Divine freedom of will and the possibility of a refraining from emanative creative causality is not found in the *LDC*.

[30] The issue of pronoun gender in the *LDC* is peculiar to chapter 22 where the First

because He wishes *(yurīdu,* Latin *vult)* all things to attain His goodness at once *(ma'an)*. For not everything yearns for the intelligence and is eager to attain it, while all things do yearn for the First Good and are avidly eager to attain Him. That no one doubts!"[31]

The middle sentence of this quotation, „For nothing [...] at once", has no corresponding text in the *Elements of the Theology*,whilethe sentence immediately preceding it and that immediately following it do have corresponding texts in Proclus.[32] Hence, this is a remark added by the author. Yet, if the author of the *LDC* wished to state something distinctive about divine will, there are more than enough opportunities for such a thing to be said directly and with the use of *irādah (will)* or other related forms. For these reasons and because it would contradict the teaching on the First as acting by its being alone or through its very being, I decline to see in the case of *yurīdu* – which is from the same triliteral root as *irādah, r-w-d* – a need to translate it as ‚it wills' and instead render it as ‚it wishes' to indicate that the governance of the First Cause and First Originator as the Good is meant at once to extend to all reality by the action of its very being which is not distinct from its essence. Consequently, there is no mention or reference to divine will or divine choice of any sort in the *LDC*. In fact, on the basis of the discussion of the activity of the First Cause as taking place by its very being *(bi-annīyati-hi, bi-anni-hi)*, the common doctrine here is that the existence or positing of the First Cause immediately and necessarily – without intermediate act or temporal pause of any sort – realizes the existence or positing of the first caused thing, the Intellect, sometimes itself called the first being in the sense of first originated after the First. The First is also said in the *PA Sayings of the Greek Wiseman* to be pure cause and above both natural and volitional necessity of which it is the cause with the result that the emanation from it is above the categories of nature or will.[33]

The root *b-d-'* in the fourth form (causative) is found as *mubdi'* in the texts discussed immediately above and I have chosen to render it for the present as „originator". The eighth form (reflective or passive) occurs as well, as a participle for a thing originated in the passive, *mubtada'* or the originator in the active, *mubtadi'*.[34] These forms the Latin translator chose not unreasonably to render with forms of *creare, to create*, as indicated in the beginning of this article by my summary of the use of forms of *creare* in the *LDC*. In the Arabic *LDC*, as in the

---

Cause is identified with *Allāh*, God. This is discussed below in section 3.

[31] *LDC* 22. Taylor, *The* Liber de causis, Arabic 237-38; English 319-20 (substantially revised). Proclus, *ET* 1963, 108-109.

[32] Cf. Taylor, *The* Liber de causis, 1981, 238.

[33] Taylor, *The* Liber de causis, 365: Oxford Marsh 539 f.24v13-25r8. The text, translated by Lewis (see n. 4 above) in *Plotini opera* II, 237, ## 62-63, is discussed in Adamson, *The Arabic Plotinus*, 147 ff. Also see Peter Adamson, „A note on Freedom in the Circle of al-Kindi", in: *'Abbasid Studies: Occasional Papers of the School of 'Abbasid Studies, Cambridge, 6-10 July 2002*, Leuven/Dudley, Mass. 2003, 199-207, especially 202 sqq.

[34] No forms from the root *b-d-'* appear in the *Proclus Arabus* texts edited by Endress.

*PA*, these forms are used to indicate the bringing to existence of something by an act of the First Cause, an act deemed to be described by use of this terminology solely in reference to the primary causality of the First Cause. In the *LDC* at chapter 17 it is said that the First Entity *(al-huwīyah al-ūlā)* which is the Cause of causes alone gives entity *(huwīyah)* to all things by the mode of origination *(ibdā')*.

„We resume and say, then, that the First Entity is quiescent and is the Cause of causes, and if it gives all things entity, it gives it in the manner of origination. The first life gives life to what is below, not in the manner of origination, but in the manner of form *(bi-naw'i ṣūratin)*. And, likewise, the intelligence gives knowledge and the other things to what is below it only in the manner of form, not in the manner of origination *(bi-naw'i ibdā'in)*, because the manner of origination belongs to the First Cause alone."[35]

In light of these texts, the causality of origination in the *PA* and the *LDC* seems to be distinctively different from that of creation$_1$ – if Hasker's account is accepted – for the origination of reality as described here is without will and takes place immediately upon the positing of the First Cause without pause of any sort and without any action additional to the being of the First Cause. Hence, the teaching of the *LDC* can be reasonably be said to be in accord with that of Proclus and also Plotinus in reference to the issue of primary causality. It involves an emanation from higher to lower which must be immediate upon the assertion or existence of the cause. Certainly such causality is beyond both that of nature which involves motion and change and that of form and what is entailed by form as necessity of nature and also beyond that of necessity by some extrinsic compulsion. Let us call extrinsic compulsion necessity$_3$ and what follows on the basis of the nature or form of a thing necessity$_2$. Yet, insofar as it involves the immediate positing of the effect upon the positing of the cause, this too is a kind of necessity albeit surely of another sort, so let us call it necessity$_1$ or transcendent necessity. This latter necessity$_1$ is beyond the nature of will where will might denote deliberation, choice, or weighing of alternatives, characteristics of human will and action. It then does not involve a selection between alternatives with respect to the emanation of goodness since there is no will and no deliberation. Rather, reality under necessity$_1$ involves what cannot be otherwise than the overflowing of reality from the First as the Good.[36] This form of origination or *ibdā' (creatio)* then, does not allow for the possibility of a stopping or denial of the emanation of reality from the First. What is more, since the First Cause has no form it does not act through the necessity of a natu-

---

[35]Taylor, *The* Liber de causis, Arabic 215-216; English 312 (revised).

[36] At the end of *LDC* 8 the author writes, „If someone says that it has to have a form *(ḥilyah)*, then we say that its form *(ḥilyah)* is infinite and its individual nature is the Pure Good emanating all goodnesses upon the intellect and upon the rest of the things through the mediation of the intellect." Taylor, *The* Liber de causis, Arabic 189, English 300 (revised). Since form involves delimitation the notion of an infinite form is oxymoronic and intentionally so.

re or form but only through its very self, its very being, its very goodness which are one. To this extent, then, it does not fit under Hasker's conception of creation₁, which he characterizes as „common to the monotheistic religions of Judaism, Christianity and Islam [...] a free act on God's part; he has no ‚need' to create but has done so out of love and generosity."[37] If we are to allow this notion of *ibdā'* *(creatio)* – up to this point called ‚origination' in this article – to be called creation, let us call it for the present creation₂ as emanative origination and let it be specified that it entails the negation of will, choice, the necessity of nature characteristic of things having nature or form (which is necessity₂), and also external compulsion (which is necessity₃). The act that follows immediately upon the being of the First is the emanation of all reality from it as the Good. This emanative causality founded on the First as the Good is common to Plotinus, Proclus, the *PA*, the *LDC*, al-Farabi, and Avicenna. For each of these it involves the causing by the primary cause of the existence of something after nothing as well as a continuous ontological activity of causing upon which all reality after itself depends.[38]

Philosophical support for the view that creation₂ is suitably considered creation *tout court* can be found in the early writings of a sophisticated reader of the *LDC*, Thomas Aquinas. In his first major work, the *Commentary on the Sentences of Peter Lombard* (1252-56), at Book 2 d. 1, q. 1, a. 2, resp. Aquinas writes that:

---

[37] See note 5 above.

[38] Detailed consideration of al-Farabi and Avicenna on this issue as well as careful consideration of the thought of al-Kindi are beyond the parameters of the present article. I intend to prepare another study of these issues in their thought on another occasion. Regarding al-Farabi, see the first two chapters of his *On the Perfect State*, ed. & tr. Richard Walzer, Oxford 1985; rpt Chicago 1998. For Avicenna, see *The Metaphysics of the Healing*, tr. Michael E. Marmura, Provo, Utah 2005, Book 9, Ch. 6, notably 339, Arabic lines 8-12. Also see the account of Olga Lizzini in her *Fluxus (fayḍ). Indagine sui fondamenti della metafisica e della fisica di Avicenna*, Bari 2011, 300-315, and her discussion of the *Theology of Aristotle* from the *PA*, *LDC*, al-Kindi and al-Farabi as predecessors and sources for Avicenna at 27-69. Although al-Kindi in his treatise on the True Agent sets out a clear account of primary causality in accord with Ch. 1 of the *LDC*, his understanding of Divine creation as willed and as creation in time separates him from the others listed above. See Adamson, *al-Kindi*, 46-105, especially 57-71. But also see Cristina D'Ancona Costa, „Al-Kindi et l'auteur du *Liber de causis*", in: *Recherches sur le Liber de causis*, 155-194. The account of divine causality and ontological dependence in Averroes, another major thinker of the Arabic tradition, is quite different and is something I will address elsewhere. Also see Cristina D'Ancona Costa's „Avicenna and the *Liber de causis*: A contribution to the dossier", in: *Revista Española de Filosofía Medieval* 7 (2000) 95-114. Here I add regarding Avicenna to note that at he seems to be discussing the *PA*, al-Kindi and perhaps the *LDC* at *Metaphysics* 6.2 (Marmura, 203-205) where he provides a definition of *ibdā'* and also at *Metphysics* 9.4 (Marmura, 330-331) where he reasons that *ibdā'* should not be restricted to the creative causality of the First Cause alone but rather suitably characterizes the causality in the emanation of intelligences as each of the higher among these causes the existence of its immediately lower intelligence by metaphysical agent causality (cf. *Metaphysics* 6.1, Marmura, 194-195).

„the notion of creation involves two things. The first is that it presupposes nothing in the thing which is said to be created [...] creation is said to be from nothing because there is nothing which preexists creation as uncreated. The second is that in the thing which is said to be created non-being is prior to being, not by a priority of time or duration [...] but by a priority of nature in such a way that, if the created thing is left to itself, non-being would result. For it has being only from the influence of a superior cause."

These two criteria are precisely those found in the account of primary causality in the *LDC* derived from Proclus and common to the teachings of Plotinus, Proclus, the *PA*, the *LDC*, al-Farabi, and Avicenna. What is more, Aquinas goes on in the same passage to insist that this is creation and has been taught as such by the philosophers. He writes,

„For those two reasons creation is said to be from nothing in two ways. One is such that the negation would negate the order of creation in regard to something preexisting implied by the preposition *from (ex)*, so that (creation) would be said to be from nothing because it is not from something preexisting. That is with respect to the first. The other is such that the order of creation in regard to nothing preexisting would remain affirmed by nature so that creation would be said to be from nothing because the thing created naturally has non-being prior to being. If these two suffice for the notion of creation, then creation can be demonstrated in this way and in this way the philosophers have asserted creation. However, if we take a third <consideration> to be required for the notion of creation so that in duration the thing created has non-being before being so that it is said to be from nothing because it is temporally after nothing, creation cannot be demonstrated in this way nor is this conceded by the philosophers, but is supposed by faith."[39]

Here it is clear that Aquinas in this early work with good reason rejects the understanding much later proposed by Hasker and clearly asserts criteria for the use of the term „creation" that fit precisely what has been found here to be present in the *LDC*, the *PA*, and Proclus and which can also be said to be present in Plotinus, al-Farabi and Avicenna. It appears then that it is quite appropriate to consider creation to be of at least two sorts, creation$_2$ which is based on the notion of primary causality involving necessity$_1$ resulting from the First as the Good and creation$_1$ which is also based on primary causality but adds the Abrahamic understanding that the First creates without any sort of

---

[39] Thomas Aquinas, *In 2 Sent.* d. 1, q. 1, a. 2, resp., *Scriptum super libros Sententiarum Magistri Petri Lombardi*, Pierre Mandonnet, ed., Vol. 2, Paris 1929, 18. My translations here are based on a pre-publication version of the text of Aquinas provided by Dr. Adriano Oliva, O.P, president of the *Commissio Leonina*, Paris. The criterion of temporal creation indicated in the third is shared with al-Kindi, though here Aquinas considers it something known only through Christian faith. Aquinas also holds that creation is free and not necessitated. Detailed discussion of his views in relation to his other writings and in relation to the views set out in this article will have to await another occasion.

necessity, need not have created at all, and acts by will, in some understanding of that term.[40]

### 3. A Possible Objection: *LDC* 22 (Latin 22/23)

In light of the foregoing, it appears that the teachings in the *LDC* are not properly described as those of creation₁ as understood in the religions of the Abrahamic traditions since the freedom not to originate or not to create is not present in the *LDC*. Rather, the doctrine set out in the *LDC* is that of creation₂, namely, of emanation in the context of a clear understanding of the nature of primary causality but without involving will, deliberation or choice on the part of the First Cause in the origination of the world. That is, the doctrine of creation₂ in the *LDC* is not a religious doctrine of creation₁ of the sort described by Hasker.

However, an objection to this view might be formed on the basis of what is found in chapter 22 (Latin 22/23) of the *LDC*. There the author follows Proclus, *Elements of Theology*, proposition 134 closely albeit paraphrasing and simplifying as well as drawing upon phraseology found in the *PA*.[41] The author also draws on earlier reasoning from various chapters of the *LDC*, among them 1 for primary causality, 4 (4/5) for the identification of the first created as the intelligence, and 8 (8/9) but particularly 19 (19/20) for governance, scil. the exercise of providence. Yet *LDC* 22 (22/23) is unique in the work for distinctly identifying the First Cause as *Allāh*, the Deity of the Abrahamic traditions, accompanied by laudatory benedictions. Here is a translation of this chapter:

„Every divine intelligence knows things inasmuch as it is an intelligence and governs them inasmuch as it is divine. For the special characteristic of the intelligence is knowing and its completeness and perfection are that it be a knower. But that which governs is God – *may He be blessed and exalted!* – because He fills things with goodnesses. The intelligence is the first thing originated *(mubtada')* and most similar to God – *may He be exalted!* –, so in virtue of that it came to govern the things which are below it. And just as God –

---

[40] In his late *Commentary on the Peri Hermeneias*, Aquinas writes that God is existing outside the order of beings and that „all things depend on divine will as on a first cause which transcends the order of necessity and contingency *(omnes dependeant a uoluntate diuina sicut a prima causa que transcendit ordinem necessitatis et contingencie)*." *Expositio libri Peryermenias* (Rome: Commissio Leonina; Paris 1989 [Opera omnia,1,1] 78, 452-454. My thanks to Andrea Robiglio for calling my attention to this passage.

[41] The *PA* identifies the First with the one God of the Arabic tradition with terms such as *al-bārī* and *al-khāliq*, each Qur'anic words for Creator. It is worthy of note that each of the two extant Arabic manuscripts of the *LDC* have *Allāh* (God) and *al-ilāh* (the god) in different passages, perhaps a vestige of the original translation from Proclus. Note also that the chapter ends with *lā yashakku fī dhalika shākkun* „that no one doubts", which is nearly identical with *PA Theology*, ed. Badawi 73.7, *lā yashakku fī dhalika ahadun*, Lewis, p.439, n.49.

*may He be blessed and exalted!* – pours forth goodness on things, so too the intelligence pours forth knowledge on the things below it. But, although the intelligence governs the things which are below it, nevertheless God – *may He be blessed and exalted!* – precedes the intelligence in governance and governs the things with a governance more exalted than and superior to the governance of the intelligence, because He is what gives <the power> to govern to the intelligence.

The proof of that is that the things which the governance of the intelligence does not reach, the governance of the Originator *(mubdiʿ, creatoris)* of the intelligence already reaches. For nothing whatsoever escapes His governance because He wishes[42] that all things attain His goodness at once. For not every thing yearns for the intelligence and is eager to attain it, but all things do yearn for the First Good and are avidly eager to attain Him: that no one doubts!"[43]

In the corresponding Proposition 134 of the *Elements of Theology* Proclus reiterates the doctrine of primary causality stating that the Deity *(to theion)*, in this case referring to the One, the Good, extends its influence beyond the reach of intelligence, something clearly expressed in the first sentence of the second paragraph above. Yet that formulaic benedictions characteristic of the Abrahamic traditions occur in this chapter of the *LDC* gives some reason for the belief that for the author God as mentioned here is the Deity of the Abrahamic traditions. Further, God – here called „the Originator"*(mubdiʿ, creatoris)* and also the First Good – is the First Cause of all mentioned throughout the *LDC*. On the basis of the evidence of the *LDC*, the author himself indeed seems to have made precisely this identification and as well to have held that there is no distinction between creation₁ and creation₂. Precisely how the author of the *LDC* would have dealt with the issue of divine will and free creation or even whether it would have been a concern to him has to remain an unknown matter of speculation since, as pointed out earlier, the vocabulary of will *(irādah* and related terms) does not appear in the *LDC*. On the basis of the texts we have it is apparent that the author identified Neoplatonic causality *autō tō einai* or causality *bi-annīyati-hi*, that is, causality in virtue of its very being, as characteristic of the True One, the Originator/Creator, the First Cause, the Good, God, since no activity can be added to its essence without introducing plurality into what is asserted to be pure Unity. Perhaps this should be of no surprise since the same issue is found in the thought of Avicenna for whom the First Cause acts not by necessity of nature or external or internal constraint of the sort found below the First and associated with what has form, nor by choice, deliberation or will, but as the Good,[44] which was also taught by Plotinus.

---

[42] Note that earlier in section 2 I set aside the possibility that *yurīdu* here is used to indicate willing.

[43] Taylor, *The* Liber de causis, Arabic 235-238; English 319-320 (revised).

[44] See the account of Lizzini in her *Fluxus (fayḍ). Indagine sui fondamenti della metafisica e della fisica di Avicenna* cited in note 34.

## 4. Conclusion

In section 1 I considered the opening chapter of the *LDC* with its sources in Proclus providing the translations of Dodds for the latter and providing my own translation of the Arabic of *LDC* chapter 1. My purpose was to establish that chapter 1 of the *LDC* is fully devoted to setting forth an account of primary and secondary causality whereby the causal presence of the First Cause as primary cause is argued to be more causally present to any effect than is any other cause intermediate between those two. For the author of the *LDC* this is the foundation for the argument that the First Cause originates or creates while all other causes act by form and provide form. Hence, the reasoning of primary causality explicates the view that there is but one First Cause or God and that the origination or creation of being is characteristic only of the First.

In section 2 I examined the uses of forms of the terms *fa'ala* (*agere*, to act) and *abda'a* (*creare*, to originate, to create) showing similarities of language and doctrine in the *LDC* and the *PA*. Of particular importance is the presence of the Neoplatonic notion of a thing acting by its very being and not by an act added to its being. The author of the *LDC* adopted this notion from Proclus and in all likelihood from the *PA* to argue that this sort of causality *bi-annīyati-hi* or in virtue of its very being belongs only to the First Cause. In the *PA* this notion is associated with the view of the First as above will, choice and decision and not necessitated in its actions by any internal necessity (necessity$_2$) based on its nature or form or by any external necessity or compulsion (necessity$_3$). However, insofar as it is the One and the Good, its emanative causality of all other realities is not an act additional to its essence but rather follows immediately upon its existence as the Good, the One, the First Cause (necessity$_1$). After arguing that this activity is suitably called creation and distinguishing it as creation$_2$ in contrast to creation$_1$ where this latter is a religious notion involving Divine free will, I cited the early work of Thomas Aquinas in support of determining each of these to be suitably called creation and rejected Hasker's view that emanative origination should not be called creation. The foundation for this is the explanation of primary causality which is in accord with what Aquinas found in Avicenna and also in the *LDC*, a work which in that period Aquinas attributed to Aristotle.

In section 3 I weighed whether the use of *Allāh* and of benedictions in *LDC* 22 constitutes an objection to my explanation of *ibdā'* in the *LDC* as creation$_2$ involving an emanation necessitated by the First as the Good (necessity$_1$) since the use of of *Allāh* and of benedictions may be indicative of the Abrahamic religious observance and a conception of free creation or creation$_1$. I found in the *LDC* no evidence for a conception of free creation as creation$_1$ and concluded that for the author of the *LDC* the emanative origination *bi-annīyati-hi*, that is, in virtue of its very being, is understood as creation *tout court*.

The introduction of Greek philosophical teachings into the Islamic milieu of the Ninth century was both complicated and controversial. It was controversial because it involved a claim to truth about matters relating to the nature and structure of the world and also about the causes of the world, including the First Cause or God, where religious believers already had answers to these matters in holy scriptures. It was complicated because this meant that the value of philosophy had to be argued and its apparent or real contradictions to central religious teachings – such as the free creation of all reality by the one God – at least initially in the early period of the „Circle of al-Kindi"[45] posed possible moments of conflict and correction. *bi-annīyati-hi*, that is, causality in virtue of its very being. In the introduction to his *On First Philosophy* Al-Kindi himself argues that philosophy and in particular metaphysics is just another way to the truth and to the true understanding of God and His creation; hence, when properly understood, philosophy should be accepted along side Islamic re-velation as another way to the same truths found in religion.[46] Al-Kindī's edition of the *PA's Theology of Aristotle* sets out the doctrine of emanative creation *bi-annīyati-hi* and, just as we find in the *LDC,* he himself adopted the doctrine of primary causality in his short treatise on *The True Agent* and presents a proof of divine unity in his *On First Philosophy*. Yet, al-Kindī embraced not an eternal emanative creation₂ but a doctrine of temporal creation₁ by a divine willing[47] in accord with Islamic religious teaching. The teachings of the *LDC* on creation, however, remain clearly within the philosophical tradition of the Neoplatonism.[48]

---

[45] See G. Endress, „The Circle of al-Kindi. Early Arabic Translations from the Greek and the Rise of Islamic Philosophy", in: *The Ancient Tradition in Christian and Islamic Hellenism. Studies on the Transmission of Greek Philosophy and Sciences Dedicated to H. J. Drossaart Lulofs,* ed. Gerhard Endress and Remke Kruk, Leiden 1997, 43-76.

[46] The entire preface is dedicated to the advocacy for philosophy to be accepted in the context of Islam. For the text, see *Oeuvres Philosophiques et Scientifiques d'al-Kindi,* ed. Roshdi Rashed and Jean Jolivet, Vol. 2, Leiden/Boston/Köln 1998, 8-17.

[47] See note 36 above. Also see Adamson, *Al-Kindi,* 57-62 on *The True Agent,* 47-57 on divine unity, and 98-101 on eternity and temporal creation.

[48] I am pleased to express my thanks to Cristina D'Ancona Costa, Jan Opsomer, Luis X. López-Farjeat, Andrea Robligio and Owen Goldin taking the time to read this article and for offering several very valuable suggestions.

# Der Wahrheitsbegriff bei Maximus Confessor

Georgi Kapriev (Sofia)

Der Wahrheitsbegriff ist einer der Prüfsteine für jedes Philosophieren, das Geltung beanspruchen darf.[1] Es gibt in der byzantinischen Tradition – auch wenn dies überraschend sein mag – sehr wenige Abhandlungen über die Wahrheit und insbesondere über die Wahrheit in gnoseologischer Perspektive, obschon dem Wort „Wahrheit" oft genug zu begegnen ist. Eine Erklärung dieses Sachbestands kann die Wahrheitsauffassung des Maximus Confessor (579/80-662) darbieten, die wohl auch in Schriften und an Stellen zu finden ist, wo nicht unmittelbar die Frage „Was ist Wahrheit" erörtert wird.

## 1. Die Wahrheitsproblematik in der *Mystagogie*

Auf eine prägnante Weise behandelt Maximus den Wahrheitsbegriff im berühmten fünften Kapitel seiner *Mystagogie*, das betitelt ist: „Wie und auf welche Weise die heilige Kirche Gottes Bild und Gestalt der an sich gedachten Seele ist"[2].

Seine Überlegung beginnt mit der Behauptung, daß die Seele, in ihrem Logos/Prinzip betrachtet, insgesamt aus zwei Kräften besteht. Er nennt die mentale und die lebenserzeugende Kraft (ἐκ νοερᾶς καὶ ζωτικῆς δυνάμεως καθολικῶς συνίστασθαι), indem er sofort die entscheidende Erklärung formuliert, daß nur die erste sich aus eigener Kraft (ἐξουσιαστικῶς) dem Willen nach bewegt. Die mentale Kraft wird in das Theoretische (τὸ θεωρητικόν) und in das Praktische (τὸ πρακτικόν) unterteilt, indem das Theoretische als Geist (νοῦς) und das Praktische als Vernunft (λόγος) erkannt werden. Auf eine ursprünglich überraschende Weise werden sie zunächst in einer funktionalen Hinsicht bestimmt.

Der Nous wird als Bewegungsprinzip (κινητικόν) der mentalen Kraft und die Vernunft als Vorsehungsprinzip (προνοητικόν) der lebenserzeugenden Kraft erörtert. Der Nous ist und nennt sich Weisheit, setzt Maximus fort, insofern er unerschütterlich alle seine Bewegungen zu Gott bewahrt. Die Vernunft wird auf dieselbe Art (ὡσαύτως) „Denken" (φρόνησις) genannt, insofern sie, durch ihre Energien klug und vorsehungsmäßig die lebenserzeugende Kraft verwaltend, diese Kraft mit dem Nous verbindet und sie als vom Nous nicht verschieden auf-

---

[1] Die Grundlage dieses Textes ist mein Vortrag auf der Tagung „Was ist Wahrheit?" (27.-28. März 2007, Hannover), die von Günther Mensching und mir im Rahmen des Partnerschaftsprogramms zwischen den philosophischen Instituten der Universitäten in Hannover und Sofia organisiert wurde.

[2] Maximus Confessor, *Mystagogia*, in: Patrologia Graeca (im Folgenden: PG) 91, hg. v. Jaques Paul Migne, Paris 1860, 672D-684A.

zeigt.[3] Schon diese Einführungsüberlegungen erwecken die Vermutung, daß die Wahrheit nicht unmittelbar mit der Vernunft und dem diskursiven Denken in Zusammenhang gesetzt wird. Diese Vermutung wird im Folgenden in vollem Maß bestätigt.

Maximus sagt eindeutig, daß der Nous, noch Weisheit (σοφία) genannt, diejenige Kraft ist, die sich aufgrund der theoretischen ἕξις (d.h. des festen inneren Zustandes des Kontemplationsvermögens; ἕξις wird bei Maximus als die dauerhafte Veranlagung, der persönliche Faktor bei dem Innehaben und der Aktivierung der natürlichen Kräfte des Menschen konzipiert) in der unaussprechlichen Stille (κατ' ἀπόρρητον σιγήν) und im Wissen entfaltet und durch das wahre und unaufhörliche Wissen (δι' ἀλήστου τε καὶ ἀκατελήκτου γνώσεως) zur Wahrheit (ἀλήθεια) geführt wird[4]. Die Wahrheit wird definitiv nicht mit der Vernunft, sondern mit dem Nous in Zusammenhang gebracht.

Die Vernunft wird ihrerseits mit dem Denken (φρόνησις) assoziiert und dabei nicht auf die Wahrheit, sondern auf das Gute (ἀγαθόν) bezogen. Die Vernunft entfaltet sich aufgrund der praktischen *Hexis* in der Tugend, und zwar leiblich (σωματικῶς), wodurch sie ihre Vollendung durch den Glauben im Guten erreicht. Maximus fügt hinzu, dass aus diesen beiden die wahre Kenntnis (oder „Wissenschaft" – ἡ ἀληθὴς ἐπιστήμη) über die göttlichen und menschlichen Dinge gebildet wird, welches unfehlbare Wissen die äußerste Grenze der ganzen den Christen zufolge göttlichen Philosophie (πάσης τῆς κατὰ Χριστιανοὺς θειοτάτης φιλοσοφίας πέρας) ist.[5]

Darin besteht die Grundthese des Maximus, aus der sich einige Dimensionen eröffnen. Hinsichtlich unserer Problematik ist die Position entscheidend, daß die Wahrheit auf den *Nous* und nicht auf die Vernunft bezogen wird, wobei sie – Nous und Logos – als die ersten Kräfte der Seele (πρώτας δυνάμεις τῆς ψυχῆς) und (in ihrer Wirkung als Weisheit und Denken) als die ersten Energien (πρώτας ἐνεργείας) der Seele bestimmt werden.[6] Der Nous ist die seelische Kraft, durch die man unmittelbare wahre Kenntnis, inklusive des Göttlichen, erhalten kann, während die Vernunft lediglich eine diskursive und durch das Kontingente vermittelte Erkenntnis zu erlangen imstande ist, die zudem bei Maximus mit dem Bereich des Praktischen und daher auch mit der Askese, d.h. mit der Übung der seelischen und leiblichen Tugenden, verbunden wird.

Dem vernünftigen Teil der Seele (τὸ λογικόν) werden die Vernunft selbst, das Denken, die Praxis, die Tugend und der Glaube zugeschrieben, indem das Telos dieses Teils das Gute ist, während dem noetischen Teil (τὸ νοερόν) der Nous, die Weisheit, die Schau, das Wissen und das wahre Wissen zugeteilt werden.[7] Maximus ist durchaus nicht mit seiner Überzeugung allein, daß man richtig

---

[3] Ebd., 672D-673A.
[4] Ebd., 673B.
[5] Ebd.
[6] Ebd., 673C.
[7] Ebd.

denken kann, ohne doch wahr zu erkennen. Darauf gründet z.B. ebenso die Argumentation Anselms von Canterbury in seinem Proslogion-Beweis.

Damit man die Grundthese des Maximus in ihrem systematischen Zusammenhang einsehen kann, muß man sie jedoch in ihrem komplexen Kontext betrachten. Man sollte wenigstens das Thema der Vereinigung von *Nous* und Vernunft in der Perspektive der Wahrheit verfolgen und den Begriff der christlichen wahren bzw. göttlichen Philosophie entziffern.

Um den Unterschied zwischen *Nous* und Vernunft präziser zu fassen, prägt Maximus eine Äußerung, die selbst in der Tradition des östlichen Christentums ohne weitere Deutung verwirrend klingt. Er erklärt, daß sowohl die Wahrheit als auch das Gute Gott offenbaren. Gott erscheint jedoch als Wahrheit, wenn das Göttliche aus seiner Wesenheit her sich zu erkennen gibt (ὅταν ἐκ τῆς οὐσίας τὸ Θεῖον σημαίνεσθαι δοκῇ), weil die Wahrheit eine Sache ist, die einfach, einzigartig, einzeln, identisch, unteilbar, unveränderlich, leidenschaftslos, unvergeßlich und in einem absoluten Sinn ohne Ausdehnung ist. Demgegenüber offenbart sich Gott als Gutes, wenn er sich aus seiner Energie her (ἐκ τῆς ἐνεργείας) zu erkennen gibt. Diese Behauptung wird durch die Erklärung motiviert, daß das Gute gutwirkend (εὐεργετικόν) ist, indem es vorsehungsmäßig für alles sorgt, das aus ihm erfolgt, und es bewahrt, weil – ergänzt Maximus – es allem Seienden Sein, Beharrlichkeit und Bewegung schenkt.[8]

Diese Äußerung ist deswegen als „verwirrend" zu bezeichnen, weil der östlichen Tradition nach die Wesenheit (jede Wesenheit) an und für sich völlig unerkennbar bleibt. Maximus unterstützt die Position von Basilios dem Großen, daß man Erkenntnis von der Wesenheit aufgrund der in ihr enthaltenen wesenhaften Kräfte erhält[9]. Die Wesenheit erlaubt es, erkannt zu werden; es ist möglich, ihr Sein zu behaupten. Ihre Washeit und ihre Wesenheitseigenschaften können aber lediglich durch die in ihrer Existenz erscheinenden natürlichen Kräfte und die entsprechenden Energien erkannt werden. In dieser Hinsicht bleibt die göttliche Wesenheit absolut unerkennbar und einer Teilhabe unzugänglich. Kein Geschöpf, weder Mensch noch Engel, kann sie an sich sowohl in diesem als auch im seligen Leben erkennen.

Gott wird aber in seinen Energien erkennbar und der Teilhabe zugänglich. Man pflegt von zwei Arten von göttlichen Energien oder vielmehr von zwei Erscheinungsarten der einen göttlichen Energie zu sprechen. Es geht um die natürliche oder wesenhafte Energie Gottes, die gerade seine Wesenheit *ad extra* äußert und die das Leben Gottes selbst ist, ohne aber als πρᾶγμα (oder wirklich) mit der Wesenheit zusammenzufallen, wobei aber diese existentielle Energie nicht als selbständige Substanz oder Wesenheit verweilt. Diese Energie ist ewig. Die andere „Art" göttlicher Energie ist gerade die schöpferische oder kausale Energie, die nicht aus der Wesenheit Gottes, sondern aus seinem Willen hervorgeht, der als

---

[8] Ebd., 673CD.

[9] Vgl. Maximus Confessor, *Ambigua ad Johannem*, 10, in: PG 91, 1133CD.

wesenhafte Kraft und nicht als die Wesenheit Gottes selbst konzipiert wird. Die „kausalen" Energien haben eben Anfang und Ende. Diese Position ist mehrmals im Werk des Maximus selbst zu lesen.

Die „Verwirrung" ist relativ einfach zu beheben. Es genügt die Tatsache bemerkt zu haben, daß Maximus nicht etwa über eine „Offenbarung der Wesenheit an und für sich", sondern über eine „Offenbarung aus der Wesenheit her" spricht. Es geht gerade um die Äußerung der Wesenheit und damit – wie es im Weiteren klarer angedeutet wird – um ihre eigene, d.h. natürliche Energie. Demgegenüber ist hier mit Offenbarung „aus seiner Energie her" nur die oikonomische Aktivität der Gottheit gemeint. Daraus folgen dennoch für unsere Fragestellung entscheidende Konsequenzen.

Der Aufstieg des *Nous* zur Wahrheit beginnt damit, daß er in Bewegung gesetzt wird durch die Weisheit, die als seine Kraft (δύναμις) bestimmt wird. Der *Nous* selbst wird als Weisheit δυνάμει (d.h. der Kraft nach, oder – wenn man will – in Potenz) bestimmt, durch deren Aktualisierung er die Schau erlangt, die ihrerseits als der feste innere Zustand (ἕξις) des *Nous* konzipiert wird. Kraft dieser wird das Wissen (γνῶσις), d.h. die ἐνέργεια des *Nous* aktiviert. Die nächste Stufe des Aufstiegs, die durch diese Aktivität zu erreichen ist, ist das wahre Wissen, das zur Wahrheit führen kann, die als Ziel und Vollendung des *Nous* seine Wesenheit, seine Kraft, seine *Hexis* und seine Energie umschreibt und definiert.[10] Damit ist aber durchaus nicht gesagt, daß die Wahrheit dadurch in den Besitz des *Nous* übergeht, daß sie sein immanentes Eigentum wird.

Maximus sagt ganz eindeutig, daß der Nous die Grenze und die Bestimmung seiner Bewegung um die Wahrheit herum erlangt (περὶ τὴν ἀλήθειν ὁ νοῦς ὅρον τῆς κινήσεως δέχεται)[11], wobei der Ausdruck zeigt, daß es nicht um eine unmittelbare Berührung, sondern um eine Annäherung im weiteren Umkreis geht. Es wird betont, daß das unvergeßliche Wissen (ἄληστος γνῶσις) eine beständige bzw. ewige Bewegung (ἀεικινεσία) der Weisheit, der Schau und des Wissens (d.h. der Kraft, der *Hexis* und der Energie des *Nous*) um das Erkennbare herum ist, das über jedem Wissen steht (περὶ τὸ γνωστὸν τὸ ὑπὲρ πᾶσαν τὴν γνῶσιν). Die Grenze (πέρας) des unvergeßlichen Wissens ist ausgerechnet die Wahrheit als das Erkennbare, dem nichts verborgen bleibt (ἀλάθητον γνωστόν). Das Wesen und das Funktionieren dieser Grenze werden als Antwort auf die Frage „Wieso das Unvergeßliche begrenzt bzw. beschränkt (περιγραφόμενον) genannt wird" erörtert. Und die Antwort lautet, daß es von Gott als Wahrheit begrenzt und bestimmt wird (Θεῷ τῇ ἀλητείᾳ περατούμενον). Gott ist die Wahrheit, um die herum der *Nous* unaufhörlich und ohne in Vergessenheit zu geraten sich bewegt. Diese Bewegung kann nie aufhören, weil dort, wo kein Zwischenraum bzw. keine Unterbrechung (διάστημα) besteht, keine Schranke zu finden ist. Die göttliche Unbeschränktheit (ἀπειρία) ist eben ohne Quantität (ἄποσον),

---

[10] Maximus, *Mystagogia*, 676CD.
[11] Ebd., 676C.

unteilbar, ohne Dimension und Ausdehnung in einem absoluten Sinn (παντελῶς ἀδιάστατον) und ihrer Wesenheit nach vollkommen unerreichbar und keinem Verstehen zugänglich. Es ist ja unmöglich in dasjenige überzugehen, das keine Ausdehnung hat und jenseits jedes Verstehens ist.[12]

Ganz eindeutig insistiert hier Maximus darauf, daß die Wahrheit selbst für den Nous unerreichbar bleibt, aber dennoch – als seine Zielursache, um die herum er in seiner Vollendung unaufhörlich kreist – immerhin sein Sein konstituiert und normiert. Die Wahrheit ist die äußerste Grenze des *Nous*, sein Ziel und sein Prinzip, das ihn überhaupt möglich macht und ihm Wirksamkeit und wahrhafte Existenz verleiht, und er empfindet sie in diesem Horizont. Die Wahrheit ist die seinsmäßige Grenze des *Nous*, die er auf der höchsten Stufe seines Aufstiegs wahrzunehmen imstande ist, ohne sie aber vollständig berühren oder verstehen zu können. Diese wahre Wahrnehmung der Wahrheit schlechthin ist eine Priorität des *Nous* und keiner anderen seelischen Kraft.

Soll aber dieser Umstand besagen, daß die Vernunft gar keine Begegnung mit der Wahrheit haben und zur Wahrheit in keiner Beziehung stehen kann? Das ist nicht der Fall. Geduldig erklärt Maximus, daß das Denken die Kraft und die Praxis die *Hexis* der Vernunft sei, während ihre Energie die Tugend (ἀρετή) sei. Der Glaube ist dabei das innere und unveränderliche Befestigen (πῆξις) der Kraft, der *Hexis* und der Energie, und die letzte Grenze der Vernunft ist das Gute, das Gott ist, der jede Kraft der Vernunft begrenzt. Am Guten endet jegliche Bewegung der Vernunft.[13]

Gott, der die Wahrheit ist, ist dennoch mit Gott identisch, der das Gute ist. Die Seinsaufgabe der Seele ist, ihre Kräfte und Energien in Eins zu sammeln und einförmig (ἑνοειδ») zu werden, indem sie sich mit Gott vereinigt. Erst wenn sie dank der Gnade des heiligen Geistes und infolge ihres eigenen Eifers und Fleißes (φιλοπονία καὶ σπουδή) in den Stand gesetzt wird, alles (d.h. die Vernunft mit dem *Nous*, das Denken mit der Weisheit, die Praxis mit der Schau, die Tugend mit dem Wissen, den Glaube mit dem unvergeßlichen Wissen) zu vereinigen, wobei sie jegliches Übermaß und jegliche Unterschätzung vermeidet, dann kann sie sich mit Gott vereinigen, der der wahre, gute, eine und einzige ist. In diesem Zustand umfaßt sie das Gute und zeigt die Einfachheit und die Unteilbarkeit der göttlichen Energie, die in der Seele unteilbar geteilt verweilt. In diesem Einswerden besteht gerade die Vergöttlichung des Menschen[14].

Die Vergöttlichung setzt voraus, daß die Seele die Ursachen mit dem Verursachten und die Kräfte mit den Energien zusammenbringt und sie alle zusammen Gott darbringt. Die Energie ist auch Erscheinung (φανέρωσις), insistiert Maximus. In der Perspektive der einförmigen Seele ist die Vernunft Erscheinung des *Nous*, das Denken der Weisheit, die Praxis der Schau, die Tugend des Wissens, der Glaube des unvergeßlichen Wissens. Daraus ergibt sich das der Seele in-

---

[12] Ebd., 676D-677A.
[13] Ebd., 677C.
[14] Ebd., 677C-680B; 681B.

terne Verhältnis (ἐνδιάθετος σχέσις) zur Wahrheit und zum Guten. Dieses Verhältnis ist göttliches Wissen (oder „göttliche Wissenschaft" – θεία ἐπιστήμη), unfehlbares Wissen, Liebe und Frieden, darin und dadurch die Vergöttlichung geschieht. Es ist göttliches Wissen, weil es sowohl das Vollenden (συμπλήρωσις) des ganzen Wissens über Gott und das Göttliche ist, das den Menschen zugänglich ist, als auch der vollständige Umfang der Tugenden. Es ist unfehlbares Wissen, weil es bis zur Wahrheit hinaufreicht und uns die ständige Erfahrung im Göttlichen gewährt.[15]

In diesem Zustand der göttlichen Ruhe, der an sich, weil er die Vereinigung der einförmig gewordenen Seele mit Gott ist, sowohl den *Nous* schlechthin als auch die Vernunft übersteigt, endet die Existenz der Vernunft, die ihren Gedanken gemäß (κατ' ἐπίνοιαν αὐτήν) die Seele in viele Teile unterteilt. Die Seele, die in diesem Zustand mit dem einen göttlichen Logos vereinigt ist und ihn zu ihrem Haupt hat, schaut bereits unmittelbar die *Logoi* und die Ursachen der Seienden im göttlichen *Logos*, der nicht mehr außerhalb der Seele, sondern gänzlich in ihr verweilt. Es geht, fügt Maximus hinzu, um die *Logoi* und Ursachen, zu denen sich die Seele durch die trennenden diskursiven Methoden der vernünftigen Erkenntnis zuvor langsam hinbewegt hatte.[16]

## 2. Die Wahrheitsproblematik in den *Ambigua*

Aus dieser Perspektive erhellt die ambivalente Stellung der Vernunft gegenüber der Wahrheit, die definitiv mit dem *Nous* in Zusammenhang gebracht wird. Diese Problematik wird in der Schrift *Ambigua ad Johannem* erörtert, die in ihrer ersten Fassung höchstwahrscheinlich 624/625 (d.h. einige Jahre früher als die *Mystagogie*) entstanden ist.

Auch hier entfaltet Maximus ein mehrdimensionales Bild der Erkenntnisstruktur, wobei er die traditionelle Triade „νοῦς – διάνοια – αἴσθησις" in „νοῦς – λόγος – αἴσθησις" umbildet. Die Heiligen lehren, hebt er hervor, drei allgemeine Bewegungen der Seele, die auf eine einzige Bewegung zurückzuführen sind: Die eine entspricht dem *Nous*, die andere dem *Logos*/der Vernunft, die dritte den Sinnen. Die erste ist einfach und unterliegt keiner Deutung (ἀνερμήνευτον). Sie auf eine unerkennbare Weise (ἀγνώστως) um Gott herum verwirklichend, kann die Seele aufgrund der göttlichen Überlegenheit keinesfalls Gott erkennen, falls sie von einem kontingenten Seienden ausgeht. Die andere Bewegung bestimmt das Unerkennbare als Ursache. Indem die Seele auf eine ihrer Natur entsprechende Weise diese Bewegung anstößt, erhält die Seele kraft der Wirkung der wissenschaftlichen Erkenntnis (ἐπιστήμην) alle dieser Erkenntnis entsprechenden *Logoi*, die letztlich dem eigen sind, den sie nur als Ursache erkannt hatte.

---

[15] Ebd., 680BC.
[16] Ebd., 681AB.

Die dritte Bewegung ist eine komplizierte. Indem die Seele durch diese Bewegung in Kontakt mit demjenigen kommt, was außerhalb ihrer ist, setzt die Seele sich selbst in sich selbst, als ob sie von mannigfaltigen Symbolen der Logoi sichtbarer Dinge ausgehend in sich zurückkehrte.[17]

Die drei Bewegungen sind der Seele zugleich eigen. Sie werden auch als Etappen der Gotteserkenntnis aufgefaßt. Anfänglich soll die Seele lernen, die geistlichen *Logoi*/Prinzipien der Sachen unter der Buntheit der sensitiven Formen zu erkennen, damit sie danach die *Logoi* der Oikonomie in ihrer Mehrheit kraft einer kontinuierlichen Bewegung der Vernunft einzusehen vermag; dieses Wissen erlangt sie aber als *„Tropoi des Sichtbaren"*, die eine nur partielle Aneignung der Gottesweisheit bieten. Zuletzt soll die Seele sich von der Subjekt-Objekt-Teilung lösen, die sowohl dem Bereich des Sinnlichen, als auch dem Bereich des Rationalen eigentümlich ist. Die Seele soll sich über die Materie wie auch über die Form (εἶδος) erheben und in das unmittelbare noetische Erkennen eintreten, indem sie sich als in Gott verweilend erweist, ohne freilich seine Wesenheit zu erkennen; sie erkennt nur das „um Gott herum Stehende", d.h. dasjenige in Gott, das der Schöpfung zugewendet ist. Sie erkennt auf diese Weise jedoch sowohl die *Logoi* der geschaffenen Seienden, als auch den dem menschlichen *Nous* zugänglichen „*Logos*, der sich auf Gott bezieht" (τὸν περὶ αὐτοῦ λόγον), d.h. alles, was Ewigkeit, Unbegrenztheit, Gutheit, Weisheit, Kraft betrifft. Um des Erlangens dieses hohen Wissens willen ist eine persönliche Transformation nötig, durch die der Mensch seine Sinne zur Vernunft und die Vernunft zum *Nous* erhebt, damit er sich in diesem *Nous* völlig konzentriert und ebendiesen Gott als eine Gabe darbringt.[18]

In einem höchst instruktiven Text stellt Maximus auf eine symptomatische Weise die „Etappen" des Erkenntnisaufstiegs durch die praktische, die natürliche und die theologische Philosophie dar. Die Praxis wird von der kontemplativen Seele (ψυχή θεωρητική) geübt (die Seele soll im voraus kontemplativ geneigt sein, sie wird eine solche nicht erst durch die Übung (ἄσκησις) der Praxis; im Gegenteil soll die Praxis von nebensächlichen Umständen motiviert werden), die hierdurch ihre Bewegungen und Vernunfterwägungen lenkt. Es ist dabei wohl zu bemerken, daß die Tugenden nicht bloß der Erkenntnis zugrundeliegen, sondern auch ihre Lenkung verwirklichen. Die „Etappen" des geistlichen Aufstiegs sind nicht aufeinanderfolgende und in einer fortschreitenden Reihenfolge im jeweils höheren Glied aufzuhebende Phasen, sondern sie verweilen in einer ständigen Wechselwirkung. Vor diesem Horizont betont Maximus, daß jeder, der mit der göttlichen Philosophie (θεία φιλοσοφία) befaßt ist, eine Hochzeit mit der „praktischen Seele" (ψυχή πρακτική) feiert. Die Wechselwirkung zwischen dem Wissen (γνῶσις) und der Praxis wird durch die beiden Phasen der Tugendwirkung gedeutet.

---

[17] Maximus, *Ambigua ad Johannem*, 10, 1112D-1113A.
[18] Ebd., 10, 1112D-1113AB; 1161C.

Zunächst werden die Leidenschaften des Fleisches von der Tugend beherrscht. Nach dem Eingang ins Wissen werden sie aber vollkommen vernichtet. Wichtig für die Eigenart des gemeinten Wissens ist die für Maximus maßgebliche Unterscheidung zwischen dem Wissen, das auf das Kontingente schlechthin konzentriert und lediglich auf die Vermögen der verselbständigten Vernunft gegründet ist – wobei es die „Realität" dessen „was der Fall ist" durch die Brille der Leidenschaften betrachtet und die Vernunfterwägungen dieser Äon (τά τοῦ αἰῶνος τούτου νοήματα) in seine Räume (πρός τήν χώραν τῆς γνῶσεως) wegführt – einerseits, und dem noetischen Wissen andererseits. Der *Nous*, der im Geiste weise geworden ist (ἐν Πνεύματι σοφώτατος νοῦς), indem er die göttlichen *Logoi* von ihrer materiellen Hülle befreit und sie in die kontemplativen Formen des Wissens überführt, macht die Bewegungen seiner Seele mit dem Zustand der nicht leiblichen (d.h. der rein noetischen) Wesen gleichförmig. Auf diese Weise umfaßt er in sich die Seele (und nicht umgekehrt) samt allen ihren Vermögen und prägt ihnen eine andere, noetische Form auf, durch die er ihnen ein neues Format verleiht. In diesem Format werden die Phänomene (τά φαινόμενα) nicht ihrem Schein gemäß erkannt. Das Wissen folgt nicht dem Diktat der Erscheinungen und der von ihnen geprägten Logik, sondern es faßt sie in ihrer noetischen Form. Indem der *Nous* sie erkennt, führt er sie selbst in das nichtmaterielle und nicht leibliche Wissen als seine Elemente und nicht bloß als seine „Objekte" ein. Der *Nous* prägt wirkend die Wirklichkeit und ist nicht bloß ihr passiver Empfänger.[19]

Um die Stufen der Vollständigkeit des Offenbarten und seiner Erkenntnis zu kennzeichnen, führt Maximus die *termini technici* „Schatten", „Bild" und „Wahrheit" (σκιά, εἰκών, ἀλήθεια)[20] ein und deutet die betreffende Kompetenz der menschlichen Erkenntnisvermögen an. In diesem Zusammenhang zeigt er, daß alle möglichen Situationen, in denen es um menschliche Erkenntnis geht, verschiedene Dimensionen und Niveaus kennen. Alle Menschen, die zwar die *Logoi* der Dinge und die *Logoi* der Schrift richtig erkennen wollen, aber immer noch sich dem Fleisch und der Materie gewogen zeigen und also davon abhängig sind, erkennen auf eine materielle und irdische Weise. Das Urteil (κρίσις) der natürlichen menschlichen Vernunft steht in einer Relation (σχέσις) zur Materie und zu den veränderlichen Dingen. Aus diesem Grund ist dieses Urteil gemischt, mit der Praxis prinzipiell verbunden und von dieser abhängig.[21] Die auf diese Weise Erkennenden machen von ihren Sinnen und von ihrer Vernunft Gebrauch, indem sie mittels der Phänomene und der Figuren, mittels der Buchstaben und der Silben nach der Wahrheit forschen.

Diese Erkenntnisweise ist mit Notwendigkeit verurteilt, Fehler zu machen und Irrtümern zu erliegen. Dieser Erkenntnisweg ist der Weg der im fachlichen Sinn des Wortes verstandenen Philosophie. Demgegenüber erkennen die Heili-

---

[19] Ebd., 51, 1368C-1369C.
[20] Ebd., 21, 1253C.
[21] Ebd., 10, 1109D-1112A.

gen in ihrer natürlichen Schau und Theologie kraft des reinen und von allen ma-
teriellen Verfinsterungen befreiten *Nous* unmittelbar und unfehlbar sowohl die
*Logoi* als auch Gott und das Göttliche. Diese Erkenntnisweise wird sehr oft
Weisheit genannt und in dieser Hinsicht der Philosophie gegenübergestellt.
Selbstverständlich soll diese Differenz auch für die Praxis, d.h. für die Übung der
Tugenden gültig sein.[22]

Die natürliche Vernunft ist prinzipiell nicht fähig, adäquate Begriffe über
das Unendliche, Ewige, Einmalige und schlechthin Einfache zu fassen. Deswegen sind die aufgrund der das Kontingente betreffenden Logik produzierten Begriffe nicht imstande, die Wahrheit des Unendlichen, des Zeit- und Raumlosen
zu erreichen. Der Hochmut, diese Tatsache nicht zu akzeptieren, führt zu der
Negation dieser Wahrheit, gerade weil sie mit den „Wahrheiten", die kraft der
diskursiven Vernunft erreichbar sind, inkommensurabel ist.[23] Die menschliche
Vernunft muß aber dem göttlichen *Logos* der Wahrheit folgen. Es geht nicht nur
um eine richtige Erkenntnis der Welt und der Sprache, sondern auch um eine
weitgehende Vertiefung in die *Logoi* der Dinge und also in den *Logos* selbst.[24]
Wie ist diese Forderung mit dem Satz zu vereinbaren, daß die Vernunft an sich
nicht die Wahrheit besitzen kann?

Maximus beweist eine weitgehende Nüchternheit in Hinsicht auf das Erlangen der Gotteserkenntnis und der wahren Erkenntnis überhaupt. Die Ungeduld,
Gott zu erkennen, wie er ist, ist den großen orthodoxen Denkern durchaus
fremd. Maximus spricht von einem allmählichen Aufstieg auf den „Berg der Ver-
klärung", während dessen keine Strecke zu überspringen ist. Die Phänomene der
Schöpfung und die Reden der Schrift sind nicht als unbedeutend zu übergehen
oder gar zu verachten. Ganz im Gegenteil sind sie die „Kleider Gottes", die zu
erkennen und zu verehren sind, falls man Gott adäquat erkennen will. Erst nach
deren vollständiger Erkenntnis, in der sie nicht eliminiert, sondern verwandelt
und verklärt werden, wird es möglich, daß die Wirkung der Sinne erlischt und
der *Nous* den „Leib des *Logos*", d.h. die Wahrheit, erkennt, wobei er diese höhere
Art der Gotteserkenntnis auch der Vernunft und den Sinnen, die dadurch verklärt werden, mitteilt.[25]

Die Sache der natürlichen Vernunft ist dabei weder das unmittelbare Erfassen der Wahrheit, das durch Offenbarung und Gnade mitgeteilt wird, noch das
Ergreifen der „leichteren Lösung", das zum großen Teil von paganen Lehren
ausgeht, sondern die Erforschung des Wahren (ζήτησις τοῦ ἀληθοῦς), die durch
intellektuelle Arbeit vollbracht und durch deren fruchtbares Ergebnis belohnt
wird.[26] In jedem Fall ist die Vernunft darauf angelegt, „um die Wahrheit zu
kämpfen" und nie ganz in der Wahrheit zu sein (μετὰ τῆς ἀληθείας δι᾽ ὅλου

---

[22] Ebd., 10, 1160AB.
[23] Ebd., 40, 1304B.
[24] Ebd., 12, 1208B.
[25] Ebd., 10, 1132C-1133A.
[26] Ebd., 7, 1069A.

γενέσθαι). „Ganz in der Wahrheit sein" hieße, aus eigener wirklicher Erfahrung das göttliche Leben, das die Quelle und das Fundament von allem Wahren ist, aus welchem Grund in allem und durch alles Gott erkannt wird, in seiner Fülle zu erkennen – insoweit es dem Menschen zugänglich ist.[27]

Dieser Zustand wird noch als „Sich-Entfernen von Allem" beschrieben.[28] Das bedeutet, alle Einwirkungen des Kontingenten auf sich selbst zu vermeiden, sich davon zu befreien. Das Kontingente kann keineswegs mehr Quelle oder Kriterium der Wahrheit sein. Der Heilige oder der Weise ist „ὑπέρ τήν ὕλην καὶ τό εἶδος κατά τήν ἀρετήν γενόμενος", er ist durch Tugend der Materie und der Form überlegen.[29] Alles Kontingente besteht aus Materie und Form. Die Welt entfaltet sich kraft der ständigen Korrespondenz zwischen Form und Materie und dank dieser entsteht auch ihre Geschichte: Der Stammbaum der entstehenden und vergehenden Dinge. Der Heilige, der in der Welt und in der Zeit durch seine Leibstruktur verweilt, ohne Welt und Zeit zu verneinen oder abzuschaffen, steht dank seines *Nous* und seiner Seele jenseits aller Form und Materie, d.h. jenseits der Welt und der Zeit. Damit verweilt er in der Ewigkeit, wobei er in Gott besteht oder vielmehr von Gott durchdrungen ist und lediglich Gott schaut.

Auf diesem Niveau verlaufen die Erkenntnisprozesse auf eine ganz andere Weise. Man erkennt nicht durch die Betrachtung der einzelnen Dinge, Gedanken und Begriffe, darin sich die Natur und das Wissen äußern, sondern umgekehrt. Weil der *Nous* in dem einen *Logos* verweilt, erkennt er, soweit es den Kräften des Menschen überhaupt möglich ist, συνεκδοχικῶς, d.h. in der Form der Synekdoche oder synthetisch. Der *Nous* schaut den einen *Logos* und erkennt und beurteilt die einzelnen Seienden und Wissenseinheiten aus seiner Perspektive. Er erkennt sie also aus der Perspektive ihrer eigenen Wahrheit und erhält auf diese Weise das höchstmögliche wahre Wissen. Gott ist das einzige Licht der Wahrheit und dieses Licht oder diese Energie Gottes ist nun das Einzige, das dem Heiligen Wissen bringt. Selbstverständlich ist dieses Wissen, das auf keine Weise von der Mangelhaftigkeit des Endlichen beschädigt wird, als unfehlbar zu bestimmen. Es wird in diesem Zusammenhang wieder betont, daß bei dieser Erkenntnisart Gott nicht durch das Geschaffene erkannt wird, sondern daß – umgekehrt – der Heilige das durch Gott Entstandene erst dank dessen erkennt, daß er Gott erkannt hat. Gerade dieses Wissen ist als Wissen schlechthin, unvergeßliches Wissen oder Wissen im eigentlichen Sinn aufzuzeigen.

---

[27] Ebd., 10, 1124B.
[28] Ebd., 10, 1153D-1156A.
[29] Ebd., 10, 1141B.

### 3. Die beiden Philosophien

Vor diesem Horizont werden bei Maximus zwei Arten von Philosophie definiert. Die Philosophie wird generell als Liebe zur Weisheit (φιλοσοφία) und daher als Liebe zu Gott (φιλοθεία) bestimmt.[30] Das Fundament der christlichen Philosophie kann keine andere Weisheit als Gott selbst sein. Aus diesem Grund ist es für die christlichen Philosophen evident, daß die verselbständigte Philosophie von sich aus nie eine vollkommene Erkenntnis erreichen und deswegen nie als „wahre Philosophie" bestimmt werden kann.

Es ist kein Zufall, daß Maximus scharfe Worte gegen den Glauben der „Besserwisser" an das logische Verfahren (ταῖς λογικαῖς πιστεύων) findet.[31] Dieser Abwertung liegt das nüchterne Wissen zugrunde, daß die Basisaxiome des logischen Verfahrens auf einen Glauben gründen, der mit dem Glauben an das Göttliche typologisch vergleichbar ist, wenn auch mit dem entscheidenden Unterschied, daß es im Fall der Logik um einen Glauben an die Wirkungen einer kontingenten Kraft geht, weshalb dieser Glaube vielmehr als Aberglaube zu bestimmen ist. Der göttliche *Logos* und das heißt auch die göttliche Weisheit steht hoch über aller kontingenten Wahrheit, weil ihm keine Lüge oder Nicht-Wahrheit gegenübersteht. Erst diese über-wahre Wahrheit ist imstande, den Horizont der wahren Philosophie schlechthin zu bilden.

Es geht um zwei Arten der Philosophie. Im einen Fall ist die Philosophie (inklusive der christlichen Philosophie) im fachlichen Sinn des Wortes gemeint. Hierbei ist daran zu erinnern, daß Maximus sich in keine ihm bekannte hellenische philosophische Schule einordnet und vielleicht der erste ist, der explizit den Begriff „christliche Philosophie" oder „Philosophie den Christen nach" formuliert und motiviert;[32] ein Begriff, der seine Gültigkeit für die ganze eigentlich byzantinische Tradition behalten hat.

Auch diese Philosophie ist grundsätzlich eine Sache der natürlichen Vernunft. Mag diese Vernunft auch von der Weisheit inspiriert sein, so geht es hier um eine Weisheit, die zwar ihren Grund in der Weisheit Gottes hat, aber nichtsdestoweniger eine dem natürlichen menschlichen *Nous* immanente Weisheit bleibt. Diese Philosophie ist der Bereich der Erforschung der Wahrheit. Ihre Annäherung erfolgt nicht durch unmittelbares Erkennen, sondern durch langsames Fortbewegen mittels einteilender, diairetischer Methoden (διαιρετικοὶ μεθόδοι).[33] Es ist dabei zu bemerken, daß Maximus die Einteilung (διαίρεσις) als ein negatives Analogon der Unterscheidung (διαφορά) betrachtet, die die Dinge sondert und bestimmt, während die Verteilung sie zergliedert, wodurch sie von-

---

[30] Ebd., 37, 1296B.

[31] Ebd., 16, 1228A.

[32] Vgl. Maximus Confessor, *Opuscula theologica et polemica*, 26, in: PG 91, 276AB; ders., *Mystagogia*, 5, 673B.

[33] Maximus, *Ambigua ad Johannem*, 5, 681B.

einander getrennt werden.[34] Die Einteilung wird als die volle Zerteilung (τομή διαμπάξ) der Existenz (ὕπαρξις) jedes Dinges bestimmt, indem diese Teile festgestellt, separiert und an und für sich betrachtet werden, während die Unterscheidung das Wie-Sein (τὸ πῶς εἶναι) der Dinge bewahrt und äußert.[35]

Im Rahmen dieser Philosophie ist mit Fehlern und Irrtümern zu rechnen. Das Philosophieren verläuft gemäß der eigenen Kraft des Denkenden. Aus diesem Grund sind die philosophischen Sätze in der Form der Mutmaßung und nicht des notwendigen Nachweises auszulegen. Der *Nous* des in den Leidenschaften involvierten Philosophen ist nicht imstande, das Denken des theologisch Inspirierten zu erreichen oder zu ersetzen. Es ist durchaus möglich, daß der Philosoph trotz seines Willens unvollkommen und nicht richtig denkt oder sogar gegen die Wahrheit – teilweise und selbst gänzlich – verstößt. Dieses Risiko ist ein immanentes Element der philosophischen Arbeit. Die Wahrheit ist hier lediglich als Schatten oder Bild ihrer selbst zu erreichen.

Im zweiten Fall ist die „göttliche Philosophie" der Heiligen gemeint, die weit mehr als die Philosophie im fachlichen Sinn des Wortes ist. Weil die „Philosophie" der Heiligen auch die Schau und damit die noetische Weisheit samt der Praxis umfaßt, wird durch sie auch die Natur des Leibes und zwar notwendig (ἐξ ἀνάγκης) kraft der Energien des rechten *Nous* und des richtigen *Logos* veredelt. Die vollkommene Philosophie der Heiligen fällt mit ihrer Weisheit zusammen. Ihre Träger, die das Evangelium weiterverbreiten, werden als Repräsentanten des Reiches Gottes selbst betrachtet. Ihre unabänderliche Lebensidentität der Tugend nach ist mit der seligen Bürgerschaft im göttlichen Vaterland und der Glückseligkeit der Engel um Gott herum vergleichbar.[36] Die Wendung „göttliche Philosophie" (κατά Θεόν φιλοσοφία, θεία φιλοσοφία) oder „vollständigste Philosophie" (πληρεστάτη φιλοσοφία) ist nicht einfach als „Askese" zu bestimmen, ausgenommen man wollte durch „Askese" den komplexen Übungsprozeß beschreiben, der das vollkommene Leben in Christus vorbereitet. Damit läßt man jedoch den Begriff verblassen. Sie ist vielmehr eine Bezeichnung des Erlebens des göttlichen Lebens selbst. Diese Art von Erkenntnis ist aller eigenen Kraft und Energie des menschlichen *Nous* überlegen. Sie ist eine Erkenntnis durch die göttlichen natürlichen Energien und in diesen Energien, die für den *Nous* übernatürlich sind.

Diese wahre oder göttliche Philosophie und aus diesem Grund auch die darauf gestützte diskursive christliche Philosophie werden als „Philosophie des Kreuzes" bezeichnet. Sie sind auf die höchste Weisheit, das höchste Wissen, den Ursprung und die Ursache von allem gestützt. Lediglich aus dieser Perspektive ist auch die Homonymie im Denken und Ausdrücken aufzuheben und zu ver-

---

[34] Maximus Confessor, *Epistula*, 12, in: PG 91, 469AB.
[35] Maximus, *Opuscula theologica et polemica*, 14, 152C-153A.
[36] Maximus, *Ambigua ad Johannem*, 50, 1368AB.

meiden, um über das Sein in aller seiner Fülle nachdenken und reden zu können.[37]

## 4. Zusammenfassung

In Rücksicht auf den Wahrheitsbegriff bei Maximus Confessor ist zusammenfassend sonach zu schließen: Die Wahrheit schlechthin ist Gott selbst und aus diesem Grund bleibt sie an und für sich jeglicher menschlichen Erkenntnis transzendent.

Die dem Menschen zugängliche Wahrheit wird definitiv nicht mit der Vernunft, sondern mit dem *Nous* in Zusammenhang gebracht, während die Vernunft als auf das Gute bezogen betrachtet wird, wobei sie – *Nous* und *Logos* – als die ersten Kräfte und (in ihrer Wirkung als Weisheit und Denken) als die ersten Energien der Seele bestimmt werden.

Der *Nous* ist die seelische Kraft, durch die man unmittelbare wahre Kenntnis, inklusive des Göttlichen, erhalten kann, während die Vernunft lediglich eine diskursive und durch das Kontingente vermittelte Erkenntnis zu erlangen imstande ist, die dabei bei Maximus mit dem Bereich des Praktischen verbunden wird. Die Wahrheit selbst bleibt für den *Nous* unerreichbar, aber dennoch konstituiert und normiert sie – als seine Zielursache, um die herum er in seiner Vollendung unaufhörlich kreist – sein Sein.

Die Wahrheit ist die äußerste Grenze des *Nous*, sein Ziel und sein Prinzip, das ihn überhaupt möglich macht, ihm Wirksamkeit und wahrhafte Existenz verleiht, und er empfindet sie in diesem Horizont. Die Wahrheit geht nicht in den Besitz des *Nous* über, sie wird nicht sein immanentes Eigentum. Sie ist die seinsmäßige Grenze des *Nous*, die er auf der höchsten Stufe seines Aufstiegs wahrzunehmen imstande ist, ohne aber sie vollständig berühren oder verstehen zu können. Diese wahre Wahrnehmung der Wahrheit schlechthin ist ein Vorrecht des *Nous* und keiner anderen seelischen Kraft.

Die Vernunft begegnet jedoch immerhin der Wahrheit, berührt sie. Einerseits geht es um eine Begegnung aufgrund der Identität der Wahrheit mit dem Guten, die Gott selbst sind. Das Erreichen der Einförmigkeit der Seele setzt voraus, daß die Seele die Ursachen mit dem Verursachten und die Kräfte mit den Energien zusammenbringt. In der Perspektive der einförmigen Seele ist die Vernunft Erscheinung des *Nous*, das Denken der Weisheit. In diesem Zustand endet die Existenz der Vernunft, die ihren Gedanken gemäß (κατ' ἐπίνοιαν αὐτήν) die Seele in viele Teile unterteilt. Die Vernunft wird eine Funktion des unmittelbar die Wahrheit empfindenden *Nous*, sie wird in ihm „aufgehoben". Die Seele, die in diesem Zustand mit dem einen göttlichen *Logos* vereinigt ist, schaut bereits unmittelbar die *Logoi* und die Ursachen der Seienden im göttlichen *Logos*.

---

[37] Ebd., 32, 1281B-1285B.

Es geht, fügt Maximus hinzu, um die *Logoi* und Ursachen, zu denen die Seele sich durch die trennenden diskursiven Methoden der vernünftigen Erkenntnis
zuvor langsam hinbewegt hat; auf diese Weise zeigt er die andere Perspektive, in
der die natürliche diskursive Vernunft der Wahrheit begegnen kann. Die natürliche Vernunft ist prinzipiell nicht fähig, adäquate Begriffe über das Unendliche,
Ewige und schlechthin Einfache herzustellen. Deswegen sind die aufgrund der
Logik, die das Kontingente betrifft, produzierten Begriffe nicht imstande, die
Wahrheit des Unendlichen, Zeit- und Raumlosen zu erreichen.

Die menschliche Vernunft muß aber dem göttlichen *Logos* der Wahrheit
nachfolgen. Es geht nicht nur um eine richtige Erkenntnis der Welt und der
Sprache, sondern auch um eine weitgehende Vertiefung in die *Logoi* der Dinge
und also in den *Logos* selbst. Die Phänomene der Schöpfung und die Reden der
Schrift sind die „Kleider Gottes", die zu erkennen und zu verehren sind, falls
man Gott adäquat erkennen will. Erst nach deren vollständiger Erkenntnis wird
es möglich, daß der *Nous* den „Leib des *Logos*", d.h. die Wahrheit, erkennt.

Die Sache der natürlichen Vernunft ist also nicht das unmittelbare Erfassen
der Wahrheit, das durch Offenbarung und Gnade mitgeteilt wird, sondern die
Erforschung des Wahren, die durch intellektuelle Arbeit erreicht wird. Die Vernunft ist darauf angelegt, „um die Wahrheit zu kämpfen" und nie ganz in der
Wahrheit zu sein.

„Ganz in der Wahrheit zu sein" hieße, aus eigener wirklicher Erfahrung das
göttliche Leben in seiner Fülle – insoweit es dem Menschen zugänglich ist – zu
erkennen. Dieser Zustand wird noch als „Sich-Entfernen von Allem" beschrieben. Es heißt, alle Einwirkungen des Kontingenten auf sich selbst zu vermeiden
und sich davon zu befreien. Das Kontingente kann auf keine Weise mehr Quelle
oder Kriterium der Wahrheit sein. Auf diesem Niveau erkennt man nicht durch
die Betrachtung der einzelnen Dinge, Gedanken und Begriffe, in denen sich die
Natur und das Wissen äußern, sondern umgekehrt. Der *Nous* schaut den einen
*Logos* und erkennt und beurteilt die einzelnen Seienden und Wissenseinheiten
aus seiner Perspektive. Er erkennt sie also aus der Perspektive ihrer eigenen
Wahrheit und erhält auf diese Weise das höchstmöglich wahre Wissen.

Aus dieser Perspektive werden bei Maximus zwei Arten von Philosophie
definiert. Im einen Fall ist die Philosophie (inklusive der christlichen Philosophie) im fachlichen Sinn des Wortes gemeint. Diese Philosophie ist der Bereich
der Erforschung der Wahrheit, und man muß in diesem Bereich mit Fehlern und
Irrtümern rechnen. Die Wahrheit ist hier lediglich als Schatten oder Bild ihrer
selbst zu erreichen. Im zweiten Fall ist die „göttliche Philosophie" der Heiligen
gemeint. Sie ist eine Bezeichnung des Erlebens des göttlichen Lebens selbst. Diese Art von Erkenntnis ist aller eigenen Kraft und Energie des menschlichen *Nous*
überlegen. Sie ist eine Erkenntnis durch die göttlichen natürlichen Energien und
in diesen Energien, die für den *Nous* übernatürlich sind. Diese wahre oder göttli-

che Philosophie und aus diesem Grund auch die darauf gestützte diskursive christliche Philosophie werden als „Philosophie des Kreuzes" bezeichnet.[38]

---

[38] Für die Sprachkorrektur des Textes bin ich meinem Kollegen Herrn Michael Städtler verpflichtet.

# *Regnum et veritas.* Zu den Konflikten von Thomas Becket und Thomas More mit den englischen Königen – ein Vergleich

DIETER BERG (Hannover)

Bei einer Umfrage des *BBC History Magazine* unter Historikern (2005) nach den „größten englischen Schurken" der letzten tausend Jahre nahm – nach Jack the Ripper – Thomas Becket den zweiten Platz ein (mit 11 % der Stimmen)[1] – ein Ergebnis, das vielleicht Verwunderung auslöst. Offensichtlich wirken bis heute Verdikte gegen den Erzbischof von Canterbury als Verräter an König und Reich nach, wie sie seit Heinrich VIII. vor allem in protestantisch-anglikanischen Kreisen im Inselreich verbreitet wurden. Eine ähnliche Problematik ist für das Bild des Thomas More in der heutigen Öffentlichkeit zu konstatieren: Auch die Beurteilung seiner Person scheint stark von politisch bzw. religiös begründeten Vor-Urteilen belastet zu sein, zumal hier ebenfalls das Tudor-Urteil gegen More als Verräter am König, aber auch das Bild vom fanatischen Verfolger sog. „Ketzer" seit dem 16. Jahrhundert nachzuwirken scheint.[2] So wurde bislang in der Forschung zumeist das jeweilige Martyrium von Becket und More dargestellt, ohne aber eine veränderte Perspektive zu wählen und die beiden Konflikte miteinander in Beziehung zu setzen bzw. miteinander zu vergleichen.[3] Dieser komparatistischen Ansatz soll im Folgenden gewählt werden, indem zuerst Ursache, Anlaß, Verlauf und Ergebnis des jeweiligen Konfliktes untersucht werden sollen. In einem zweiten Schritt sind dann strukturelle Gemeinsamkeiten und Unterschiede im Ablauf der jeweiligen Auseinandersetzungen zu analysieren, um schließlich die Wirkungs- bzw. Rezeptionsgeschichte der beiden Martyrien im jeweiligen Zeitalter, aber auch darüber hinaus zu klären.

---

[1] „Worst' historical Briton named", *BBC History Magazine* vom 27. Dezember 2005.

[2] Beispielhaft sei hier auf die sehr kritischen Darstellungen des Lebens von More von Richard Marius, *Thomas More. A Biography*, New York 1984 und bes. von Jasper Ridley hingewiesen: *Statesman and Saint. Cardinal Wolsey, Sir Thomas More and the Politics of Henry VIII*, New York 1983. Dessen Verdikt, More sei *„a particulary nasty sadomasochistic pervert"* gewesen, wurde aufgegriffen und im Internet verbreitet in: http://en.wikipedia.org./wiki/-Thomas_More, (29.06.2011).

[3] Vgl. etwa das anonyme hagiographische Werk: *Thomas Becket und Thomas More, zwei Blutzeugen der kirchlichen Freiheit*, Berlin 1892 (Katholische Flugschriften zur Wehr und Lehr, 549).

## I.

Der sog. „Becket-Streit" [4] begann bald nach der Wahl von Thomas zum Erzbischof von Canterbury und damit zum Primas der englischen Kirche (23. Mai 1162).[5]

Wahrscheinlich 1117/1119 in London als Sohn eines Kaufmanns geboren,[6] wurde er nach der Erziehung bei Augustinern von Merton ca. 1143 in den Haus-

---

[4] In jeder größeren Gesamtdarstellung der hochmittelalterlichen Geschichte Englands wird der „Becket-Konflikt" behandelt. Hier seien nur erwähnt: Raymonde Foreville, *L´Église et la Royauté en Angleterre sous Henri Plantagenet (1154-1189)*, Paris 1943, 565ff.; Christopher Robert Cheney, *From Becket to Langton. English Church Government 1170-1213*, Manchester 1956, 201f. (Reg.); Beryl Smalley, *The Becket Conflict and the Schools. A Study of Intellectuals in Politics*, Oxford 1973; Austin Lane Poole, *From Domesday Book to Magna Carta, 1087-1216*, 2. Aufl., Oxford 1975 (The Oxford History of England, 3) Kap. 7; Karl-Friedrich Krieger, *Geschichte Englands von den Anfängen bis zum 15. Jahrhundert*, München 1990, 135f.; Richard Mortimer, *Angevin England, 1154-1258*, Oxford 1996, 265 (Reg.); Robert Bartlett, *England under the Norman and Angevin Kings, 1075-1225*, Oxford 2000, 755 (Reg.); Dieter Berg, *Die Anjou-Plantagenets. Die englischen Könige im Europa des Mittelalters*, Stuttgart 2003 (Kohlhammer-Urban Tb., 476) 33ff., 344 (Reg.); David Luscombe/Jonathan Riley-Smith (Hg.), *The New Cambridge Medieval History*, Vol. 4/2, Cambridge 2004, 953 (Reg.); Richard Huscroft, *Ruling England, 1042-1217*, London 2005, XX. – Weitgehend unbefriedigend sind die Literatur-Berichte von James W. Alexander, „The Becket Controversy in Recent Historiography", in: *The Journal of British Studies* 9 (1970) 1-26; Thomas Martin Jones (Hg.), *The Becket Controversy*, New York 1970. Unzureichend S. Jeffrey, *The History of the Thomas Becket Controversy*, o.O. 2011 (weitgehend nach Wikipedia Material) und „Becket controversy", in: http://en.wikipedia.org/wiki/Becket_controversy, (29.06.2011).

[5] Die wichtigsten Quellen für das Leben Beckets und für den Konflikt mit dem König sind die zahlreichen Viten, die im Zusammenhang mit der Kanonisierung von Thomas entstanden, und die umfangreiche Korrespondenz des Primas. Die biographischen Quellen sind zusammengestellt in: James Craigie Robertson/Joseph Brigstocke Sheppard (Hg.), *Materials for the History of Thomas Becket, Archbishop of Canterbury*, 7 Vol., London 1875-1885 (Rolls Series, 67). Eine Textauswahl mit englischer Übersetzung in: *The Lives of Thomas Becket,* hg. u. übers. v. Michael Staunton Manchester/New York 2001. – Thomas von Froidmont, *Die Vita des Heiligen Thomas Becket, Erzbischof von Canterbury*, hg. u. übers. v. Paul Gerhard Schmidt, Stuttgart 1991 (Schriften Wiss. Gesell. Uni. Frankfurt. Geisteswiss. R., 8). – Die Briefe Beckets wurden ediert in: *The Correspondence of Thomas Becket, Archbishop of Canterbury 1162-1170*, hg. u. übers. v. A. J. Duggan, 2 Vol., Oxford 2000.

[6] Aus der kaum mehr überschaubaren Literatur zu Becket seien hier nur genannt: Edwin A. Abbot, *St. Thomas of Canterbury. His Death and Miracles*, 2 Vol., London 1898; David Knowles, *Archbishop Thomas Becket, a Character Study*, London 1949 (Proc. Brit. Acad., 35); Brita Püschel, *Thomas à Becket in der Literatur*, Bochum 1963; Nesta Pain, *The King and Becket*, London 1964; David Knowles, *Thomas Becket*, London 1970; Raymonde Foreville, *Thomas Becket*, Paris 1975; Dies., *Thomas Becket dans la tradition historique et hagiographique*, London 1981; Frank Barlow, *Thomas Becket*, London 1986; Pierre Aubé, *Thomas Becket*, Zürich 1990 (dt.); William Urry, *Thomas Becket. His Last Days*, Phoenix 1999; Stefanie Jansen, *Wo ist Thomas Becket? Der ermordete Heilige zwischen Erinnerung und Erzählung*, Husum 2002 (Hist. Stud., 465); Frank Barlow, „Becket, Thomas (1120?-1170)", in: *Oxford Dictionary of National Biography*, Vol. 4, hg.v. H.C. G. Matthew/B. Harrison (2004) – Online *[ODNB]*; Michael Staunton, *Thomas Becket and His Biographers*, Woodbridge 2006; Bernard Félix, *Pour*

halt des Erzbischofs Theobald von Canterbury aufgenommen, der ihm juristische Studien in Auxerre und Bologna ermöglichte und ihn nach der Diakon-Weihe 1154 zum Archidiakon ernannte. Bei seiner engagierten Tätigkeit für den Primas kam Becket in Kontakt zu Heinrich II.,[7] der ihn 1155 zum Kanzler machte[8] und damit dessen geistliche Karriere vorläufig beendete. Rasch entwickelte sich zwischen beiden ein vertrauensvolles, ja freundschaftliches Verhältnis, zumal sich Becket wie bei seiner Tätigkeit im Erzbistum überaus engagiert zeigte und sich nachdrücklich für die Interessen der Krone einsetzte – selbst gegenüber Mitgliedern des englischen Klerus. Auch als Lordkanzler zeigte Thomas eine Neigung zu prunkvoller Lebensweise und aufwendiger Repräsentation, die ihn mitunter in Gegensatz zum Hohen Klerus und zur alten Nobilität brachte. Die enge persönliche Beziehung, die Heinrich zu Becket entwickelte, wird den König veranlaßt haben, nach dem Tode von Erzbischof Theobald von Canterbury († 18. April 1161) seinen Kanzler als dessen Nachfolger zu benennen. Eher zögerlich akzeptierte dieser seine Wahl, gefolgt von der Priesterweihe (am 2. Juni 1162) und am folgenden Tag der Bischofsweihe.

Eine Ursache für den sich bald entwickelnden Konflikt zwischen dem König und dem Erzbischof wird man vor allem in dem folgenden, mitunter problematischen Verhalten des Primas sehen können, der nach der kurzen geistlichen Karriere große Unsicherheiten im neuen Amt zeigte, für das er sich – nicht zu Unrecht – hinsichtlich seiner theologischen Kenntnisse und der administrativen Erfahrungen als zu wenig qualifiziert betrachtete und entsprechend wenig souverän agierte. Eine weitere Ursache für die folgenden Auseinandersetzungen be-

---

*l´honneur de Dieu. Robert d´ Arbrissel, Bernard de Clairvaux, Thomas Becket, Dominique de Guzman*, Paris 2007.

[7] Aus der umfangreichen Literatur zu Person und Herrschaft Heinrichs II. seien hier nur genannt: Jacques Boussard, *Le gouvernement d'Henry II Plantagenêt*, Paris 1956; Fritz Trautz, *Die Könige von England und das Reich, 1272-1377*, Heidelberg 1961, 446 (Reg.); John T. Appleby, *Heinrich II., König von England*, Stuttgart 1962 (dt.); Richard Barber, *Henry Plantagenet*, London 1973; Poole, *Domesday book*, 524 (Reg.); Wilfred Lewis Warren, *Henry II*, London 1977; Dieter Berg, *England und der Kontinent. Studien zur auswärtigen Politik der anglonormannischen Könige im 11. und 12. Jahrhundert*, Bochum 1987, 635 (Reg.); Krieger, *Geschichte*, 275 (Reg.); Mortimer, *England*, 260 (Reg.); Bartlett, *England*, 728f. (Reg.); Graeme J. White, *Restoration and Reform 1153-1165. Recovery from Civil War in England*, Cambridge 2000; Klaus van Eickels, *Vom inszenierten Konsens zum systematischen Konflikt. Die englischfranzösischen Beziehungen und ihre Wahrnehmung an der Wende vom Hoch- zum Spätmittelalter*, Stuttgart 2002 (Mittelalter-Forschungen, 10) 456 (Reg.); Joseph P. Hufman, *The Social Politics of Medieval Diplomacy. Anglo-German Relations (1066-1307)*, Ann Arbor 2003, 355 (Reg.); Berg, *Anjou-Plantagenets*, 337 (Reg.); Luscombe / Riley-Smith, *Medieval History*, 925 (Reg.); Jean Favier, *Les Plantagenêts*, Paris 2004, 937 (Reg.); Sybille Schröder, *Macht und Gabe. Materielle Kultur am Hof Heinrichs II. von England*, Husum 2004 (Hist. Stud., 481); Huscroft, *England*, XX; Ruth Kennedy (Hg.), *Writers of the Reign of Henry II*, New York 2006; Martin Aurell, *The Plantagenet Empire, 1154-1124*, Harlow 2007, 355 (Reg.); Nicholas Vincent/Christopher Harper-Bill (Hg.), *Henry II. New Interpretations*, Woodbridge 2007.

[8] Frederick Maurice Powicke/Edmund B. Fryde (Hg.), *Handbook of British Chronology*, 2. Aufl., London 1961 (3. Aufl. 1986) (Guides and Handbooks, 2) 82.

stand sicherlich in der Diskrepanz der Erwartungen, die beide Handlungspartner hinsichtlich ihrer weiteren Aktivitäten besaßen und die zu Konflikten führen mußte. So wird der König große Hoffnungen in den neuen Erzbischof gesetzt haben, von dem er auch im neuen Amt ein ähnlich hohes Engagement für die Belange der Krone erhoffte, wie Becket dies als Lordkanzler gezeigt hatte. Der Monarch erwartete von dem Vertrauten, der seine weltliche Karriere ausschließlich der Förderung durch Heinrich zu verdanken hatte, Treue, Dankbarkeit und Loyalität – eine Haltung, die gemäß den zeitgenössischen Vorstellungen von Gefolgschaft und Klientelwesen nicht ungewöhnlich war. Hinzu kam, daß sich der Angevine mit großen innen- wie außenpolitischen Problemen konfrontiert sah: Innenpolitisch mußte sich der Herrscher mit den Folgen der sog. Anarchie (1135-1154) auseinandersetzen, insbesondere mit der Schwächung der königlichen Gewalt durch Adel und Geistlichkeit sowie mit dem Verlust wichtiger Herrschaftsrechte. Diesbezügliche Restaurations- und Rekuperations Bemühungen Heinrichs sollten seine gesamten politischen Aktivitäten und auch das Verhältnis zum englischen Klerus bzw. zu Becket nachhaltig beeinflussen. Das außenpolitische Handeln des Angevinen war sowohl von anhaltenden Auseinandersetzungen mit dem französischen Monarchen als auch von den Konflikten zwischen Kaiser Friedrich I. und Papst Alexander III. geprägt, die den politischen Aktionsraum Heinrichs deutlich erweiterten.[9] Beide Konfliktbereiche sollten entscheidende Bedeutung für die Auseinandersetzungen des englischen Herrschers mit Becket erhalten und dem Konflikt schließlich „internationale Bedeutung" verschaffen.

Der Verlauf des sog. „Becket-Streites", der in *vier Phasen* verlief und bald nach der Weihe von Thomas begann, ist hinreichend bekannt und soll daher hier nur in seinen Grundzügen skizziert werde. Hinsichtlich der Anlässe und der Ursachen für den Ausbruch des Konfliktes ist zu konstatieren, daß temporäre Interessensgegensätze und eine verfehlte Erwartungshaltung des Monarchen rasch zu Konflikten führten. Auslöser dürfte ein für Heinrich überraschend erfolgender Wandel in der Lebensführung Beckets gewesen sein, der – angeblich infolge einer spirituellen *conversio* – ein verändertes Selbstverständnis entwickelte und nun mit derselben Entschlossenheit für die Rechte der Kirche eintrat, wie er dies zuvor für die Krone getan hatte. Die neue, asketische Lebensführung des Primas und der mögliche Verzicht auf das Kanzleramt[10] riefen beim König eine schwere Enttäuschung hervor, der gehofft hatte, wie Barbarossa im Deutschen Reich auf

---

[9] Vgl. ausführlicher Berg, *Anjou-Plantagenets*, 33ff.

[10] Ob bzw. wann Becket auf das Kanzleramt verzichtete, ist unklar. Nur William von Canterbury und Guernes von Pont-Saint-Maxence erwähnten einen derartigen Verzicht. Während faktisch Geoffrey Ridel, Archidiakon von Canterbury, als Kanzler fungierte, wurde zu Lebzeiten Beckets kein neuer *Lord Chancellor* ernannt. Vgl. Powicke / Fryde, *Handbook*, 82; Barlow, *Becket*, 82f.

einen loyalen Erzbischof – hier Rainald von Dassel in Köln[11] – als Kanzler zurückgreifen und hierdurch Einfluß auf die Kirche des Reiches nehmen zu können. Schon bald setzte – in der *ersten Phase* der sog. *„Becket-Controversy"* – eine Serie an rechtlichen Konflikten Beckets mit dem Monarchen und mit zahlreichen englischen Klerikern um weltliche und geistliche Rechte des Erzbistums Canterbury[12] ein. Bei der Realisierung seines Rekuperationsprogramms zeigte sich der Primas oftmals schroff und gegenüber Heinrich aggressiv,[13] so daß dieser seinem Vertrauten, der die neu gewonnene Unabhängigkeit gegenüber seinem früheren Herrn genoß, zunehmend irritiert und verärgert gegenüber stand. Hinzu kamen sowohl umstrittene Strafmaßnahmen Beckets gegen Kronvasallen als auch Auseinandersetzungen um die Bestrafung krimineller Kleriker, von denen seit der Thronbesteigung Heinrichs bis 1163 u.a. einhundert Morde begangen worden waren.[14] Der König strebte eine umfassende Klärung dieser Probleme an und berief zum 1. Oktober 1163 ein *Council* nach Westminster ein.[15] Hier begannen die Auseinandersetzungen um die Strafverfolgung der Kleriker und um die Anerkennung des *privilegium fori*, d.h. die Unterstellung der Geistlichen ausschließlich unter das geistliche Recht, grundsätzliche Bedeutung zu erlangen, woraufhin der König seinerseits die Anerkennung der rechtlichen *consuetudines* des Reiches durch die Geistlichkeit einforderte. Obwohl die Bischöfe noch geschlossen hinter Becket standen und diesen in der Ablehnung der königlichen Forderungen unterstützten, führten schließlich Drohungen Heinrichs und Vermittlungsbemühungen des Papstes zu einer Akzeptanz der Rechtsgewohnheiten durch die Geistlichkeit *salvo ordine suo*, d.h. insofern die *consuetudines* nicht dem Kirchenrecht widersprachen.

Der König zeigte sich mit den Ergebnissen des *Council* von Westminster nicht zufrieden und versuchte unverändert, nach seiner Auffassung mißbräuchliche Aktivitäten geistlicher Gerichte abzuschaffen und – wie Becket – eine abschließende Klärung der genannten Probleme anzustreben. So ging es in der nunmehr beginnenden *zweiten Phase* des „Becket-Konfliktes" primär um Grund-

---

[11] Rainer Maria Herkenrath, *Rainald von Dassel*, Diss. phil. Graz 1962 (grundlegend); Hubertus Zummach, *Ruina mundi! Rainald von Dassel, des Heiligen Römischen Reiches Erz- und Reichskanzler*, Holzminden 2007.

[12] D. Knowles bezeichnete dies als Kampf um die *„forensic rights of the Church and the clerical order"* (*Character Study*, 19). – Zu den folgenden Konflikten, die hier nicht näher behandelt werden können, vgl. ausführlicher Poole, *Domesday book*, 198ff.; Knowles, *Becket*, Kap. 5; Barlow, *Becket*, Kap. 5-6; Mortimer, *England*, 115ff.; Duggan, *Becket*, Kap. 2.

[13] R. Poole behauptete sogar: Becket *„opposed the king at every turn, even on issues of purely temporal concern"* (*Domesday book*, 202).

[14] Diese Angabe machte William von Newburgh, „Historia Rerum Anglicarum", in: *Chronicles and Memorials of the Reigns of Stephen, Henry, and Richard I*, hg.v. R. Howlett, Vol. 2, London 1885 (Rolls Series, 82) c. 16.

[15] Das relevante Quellenmaterial findet sich in: Dorothy Whitelock u.a. (Hg.), *Councils & Synods With Other Documents Relating to the English Church*, Vol. I/2, Oxford 1981, 848ff., nr. 158.

satzprobleme der Gewaltenordnung, die bereits den sog. Investiturstreit bestimmt und auch die Auseinandersetzungen zwischen Anselm von Canterbury und König Heinrich I. geprägt hatten.[16] Ende Januar 1164 berief Heinrich ein neues *Council* nach Clarendon ein,[17] wo er wieder die Anerkennung der *consuetudines* forderte, wie sie angeblich zur Zeit seines Großvaters Heinrich bestanden hatten. Ungeachtet des Londoner Konkordates (August 1107) nahm der englische Primas seinerseits in dieser Frage eine stark „rückwärts" gewandte Haltung ein und griff die altbekannte Forderung der Kirchenreformer seit Gregor VII. nach *libertas ecclesiae* auf.[18] Wie bereits im sog. Investiturstreit ging es hierbei u.a. um die Unabhängigkeit der Kirche von weltlicher Einmischung (besonders bei Wahlen), die Führungsgewalt des Papstes in der Kirche und den Besitz höchster Gewalt in der (römischen) Christenheit für den Nachfolger Petri.[19] Im Zusammenhang mit der Weiterentwicklung des *Ius Canonicum*, besonders in den Rechtsschulen Italiens und Frankreichs, wurde *libertas ecclesiae* später als „Gesamtheit ihrer konkreten Rechtstitel göttl(ichen) wie menschl(ichen) Ursprungs"[20] verstanden. Strittig blieb die konkrete, gegenseitige Abgrenzung der Sphären weltlichen und geistlichen Rechts, woraus sich Konflikte entwickeln konnten. Die Historiographen Beckets sahen in seinem Verhalten einen Kampf um die Freiheit der englischen Kirche als Teil der universalen Kirche,[21] wobei jedoch unklar bleibt, ob dies in der zweiten Konfliktphase wirklich das Handlungsmotiv Beckets war.[22]

Der Primas knüpfte somit sowohl an gregorianische als auch an spätere kanonistische Lehren zum Verhältnis von *regnum* und *sacerdotium* an und verlieh – im Streben nach *veritas* – den aktuellen Auseinandersetzungen mit dem Angevinen den Charakter eines Fundamentalkonfliktes um die rechte Gewaltenordnung.[23] Der König war seinerseits zu einem Grundsatzkonflikt entschlossen, der zusätzliche Schärfe durch die gegenseitige Enttäuschung der früheren Freunde sowie durch deren persönliche Animositäten erhielt. Ihm gelang es sogar, Becket sowie zahlreiche königstreue Bischöfe nach anfänglichem Schwanken

---

[16] Vgl. hierzu ausführlicher Berg, *England*, 633 (Reg.).

[17] Das Quellenmaterial ist zusammengestellt bei Whitelock, *Councils*, 852-893, nr. 159.

[18] Hauptquelle für die Vorstellungen Beckets bezüglich der Gewaltenordnung etc. ist seine Korrespondenz, ediert von Duggan (*Correspondence*, 2 Vol.). – Vgl. die verschiedenen, Clarendon betreffenden Schreiben Beckets ebd. II, 1451 (Reg.).

[19] Grundlegend die Studien von Brigitte Szabó-Bechstein, *Libertas ecclesiae. Ein Schlüsselbegriff des Investiturstreits und seine Vorgeschichte, 4.-11. Jahrhundert*, Roma 1985 (Studi Gregoriani, 12); Dies., „„Libertas ecclesiae' vom 12. bis zur Mitte des 13. Jahrhunderts […]", in: *Die abendländische Freiheit vom 10. zum 14. Jahrhundert*, hg.v. Johannes Fried, Sigmaringen 1991 (Vorträge und Forschungen, 39) 147-176.

[20] Szabó-Bechstein, „Libertas ecclesiae", in: *LMA* 5, 1951.

[21] Vgl. Knowles, *Character Study*, 19.

[22] Vgl. die diesbezügliche Grundsatzkritik von Jansen, *Becket*, Kap. 4.

[23] Die wichtigste Quelle für das Selbstverständnis Beckets in dem folgenden Konflikt stellt das umfangreiche Corpus seiner Briefe dar (Duggan, *Correspondence*).

eine mündliche Zustimmung zu einem Katalog angeblich traditioneller *consuetudines* bezüglich des Verhältnisses von geistlicher und weltlicher Gewalt abzuringen – eine Entscheidung, die Becket bald als eigene Schwäche bereute und um Absolution durch den Papst bat. Mit diesem Erfolg nicht zufrieden, beging der König den entscheidenden Fehler, die Rechtsgewohnheiten schriftlich fixieren, d.h. kodifizieren, zu lassen und Becket zu deren Besiegelung zwingen zu wollen (*Constitutions of Clarendon*). Strittig blieben vor allem die Frage des Gerichtsstandes für geistliche Angeklagte (Kap. 3), das Verbot ungenehmigter Appellationen an den Papst (Kap. 8), das Verbot der Exkommunikation von Kronvasallen u.a. ohne königliche Zustimmung (Kap. 7) und das Verbot für Geistliche, ohne königliche Genehmigung das Reich zu verlassen (Kap. 4).[24] Obwohl die Konstitutionen zumindest partiell die bisherige Rechtspraxis in England darstellten, lehnte Becket eine Besiegelung des Werkes ab – u.a. wegen des forcierten Ausbaus königlicher Gerichtsbarkeit. Ein Bruch mit dem erzürnten Monarchen wurde daher unvermeidlich, der mit seinem anschließenden Versuch scheiterte, durch den Papst eine Bestätigung der Konstitutionen gegen den Willen des Primas zu erlangen. In Anbetracht der Rechtspositionen, die in den Konstitutionen vertreten wurden, sah sich Alexander III. gezwungen, die Stellung des Primas zu stärken und eine Verurteilung der Konstitutionen vorzunehmen.[25]

Diese Niederlage war der Angevine nicht bereit, kampflos hinzunehmen, so daß er später nicht nur eine Verschärfung der Konstitutionen durch Zusatzdekrete vornehmen ließ,[26] sondern im Verhalten gegenüber Becket zunehmend seinem Haß freien Lauf gewährte. So ging es Heinrich nach Clarendon weniger um eine Klärung im Sachkonflikt als um die persönliche Vernichtung seines Gegners. Auf einem *Council* in Northampton im Oktober 1164 eskalierten die Auseinandersetzungen,[27] indem der Primas nicht nur lehnsrechtlicher Vergehen, sondern auch der Veruntreuung von Geldern während der Kanzlerschaft beschuldigt wurde. Becket bestritt die Rechtmäßigkeit des gesamten Verfahrens, das den Charakter eines politischen Prozesses besaß; als die weltlichen Großen den Primas der Felonie für schuldig erklärten, entzog sich dieser dem weiteren Verfahren durch die Flucht auf den Kontinent (2. November 1164).[28]

Hiermit setzte die *dritte Phase* des „Becket-Konfliktes" ein:[29] Diese war nicht nur vom Exil des Primas im französischen *regnum*, sondern auch von einer zunehmenden „Internationalisierung" der Auseinandersetzung geprägt. Nun

---

[24] Textedition bei Whitelock, *Councils*, 877ff., nr. 159.

[25] Vgl. Duggan, *Correspondence*, I, 80ff., nr. 26 und allgemein Zachary Nugent Brooke, *The English Church and the Papacy*, Cambridge u.a. 1989, Kap. 13.

[26] Michael David Knowles u.a., „Henry II´s Supplement to the Constitutions of Clarendon", in: *EHR* 87 (1972) 757-771.

[27] Das Quellenmaterial ist zusammengestellt bei Whitelock, *Councils*, 894-914, nr. 160.

[28] Duggan, *Correspondence*, I, Introduction, XXXVIff.

[29] Zur Ereignisgeschichte des Konfliktes vgl. ebd., I, Introduction, Kap. I.

verbanden sich die Streitigkeiten um den Primas sowohl mit dem Machtkampf zwischen Heinrich II. und Ludwig VII. als auch mit dem seit 1159 bestehenden Papstschisma.[30] Der Angevine war unverändert bemüht, nicht nur verlorene Herrschaftsrechte von weltlichen und geistlichen Großen für die Krone zurückzugewinnen, sondern zudem ein zentralistisches Herrschaftssystem mit einem einheitlichen Rechtsraum zu konstituieren. Dieses Bestreben hatte Auswirkungen auf die rechtliche Eigenständigkeit der Kirche, über die Heinrich Verfügungsgewalt zu erlangen suchte. Eine Schlüsselrolle bei diesen Maßnahmen mußte dem Papst zukommen, der in Konflikten mit dem kaisertreuen Gegenpapst Victor IV. (1159-1164) stand und sich zudem militärischen Pressionen Barbarossas[31] in Italien ausgesetzt sah. So war er nach der Eroberung Mailands im März 1162 gezwungen, zu fliehen und sich – wie Becket – in den Schutz König Ludwigs[32] zu begeben. Obwohl Alexander im Oktober 1160 auf einer Synode von Toulouse u.a. vom englischen Monarchen als rechtmäßiger Papst anerkannt worden war, blieb er in der Folgezeit durch den Angevinen erpreßbar.[33] Dieser setzte – spätestens seit Ausbruch des Becket Konfliktes – die Drohung mit einem Parteiwechsel zugunsten des kaiserlichen Papstes konsequent als Druckmittel gegen Alexander ein, der hierdurch in seinem Handlungsspielraum nachhaltig beeinträchtigt wurde.

Bei den jahrelangen Verhandlungen zur Lösung des „Becket-Problems" (von 1164 bis 1170)[34] konnte der Papst nur überaus vorsichtig agieren und mußte jegliche Maßnahmen vermeiden, die Heinrich reizen und zum Anschluß an das kaiserliche Lager veranlassen konnten. Der Angevine verstärkte seinerseits den Druck auf Alexander, indem er einerseits die Ablösung Beckets als Erzbischof forderte, andererseits engere Beziehungen zu Barbarossa u.a. durch ein doppeltes Ehebündnis (Ostern 1165) bzw. durch die Teilnahme seiner Gesandten am berüchtigten Reichstag von Würzburg (Pfingsten 1165 – Parteinahme für den Gegenpapst Paschal III.) pflegte. Hinzu kamen seit 1167 verstärkt Konfrontationen mit dem „Schutzherrn" Beckets und Alexanders zuerst in der Bretagne

---

[30] Zum Folgenden vgl. ausführlicher Berg, *Anjou-Plantagenets*, 34ff.

[31] Zu den Aktivitäten Friedrichs I. in Italien und zu seinem Kampf gegen Alexander III. von 1159 bis 1183 sei hier nur verwiesen auf Ferdinand Opll, *Das Itinerar Kaiser Friedrich Barbarossas (1152-1190)*, Wien u.a. 1978 (Forschungen zur Kaiser- und Papstgeschichte des Mittelalters, 1) Kap. I/4-I/12; Ders., *Friedrich Barbarossa*, Darmstadt 1990, Kap. I/3-I/7.

[32] Zur Herrschaft Ludwigs vgl. Marcel Pacaut, *Louis VII et son royaume*, Paris 1964; Yves Sassier, *Louis VII*, Paris 1991; Joachim Ehlers, *Die Kapetinger*, Stuttgart 2000 (Kohlhammer-Urban Tb., 471) 299 (Reg.).

[33] Zum Pontifikat Alexanders sei hier nur verwiesen auf Marcel Pacaut, *Alexandre III*, Paris 1956; Marshall Whithed Baldwin, *Alexander III and the Twelfth Century*, Glen Rock 1968; Johannes Laudage, *Alexander III. und Friedrich Barbarossa*, Köln u.a. 1997 (Forschungen zur Kaiser- und Papstgeschichte des Mittelalters, 16).

[34] Zum Verlauf der langwierigen Verhandlungen, die hier nicht näher behandelt werden können, vgl. Poole, *Domesday book*, 210ff.; Knowles, *Becket*, Kap. 7-8; Smalley, *Conflict*, Kap. 7; Barlow, *Becket*, Kap. 7-9; Mortimer, *England*, 117ff.; Duggan, *Becket*, Kap. 6-9.

und der Grafschaft Toulouse, 1168 gefolgt von Unruhen in Aquitanien und in Poitou. Erst im Januar 1169 erfolgte ein Ausgleich Heinrichs mit seinem kapetingischen Oberlehnsherrn in Montmirail, nachdem sich der Angevine allmählich vom kaiserlichen Lager abgewandt hatte. Die Kämpfe des Staufers hielten hingegen noch fast ein Jahrzehnt an und fanden erst mit dem Frieden von Venedig (1177) bzw. Konstanz (1183) ein Ende.

Der exilierte Primas, der sich zumeist in Pontigny und Sens aufhielt, war im Gegensatz zum Nachfolger Petri weder zum Nachgeben noch zu Kompromissen bereit.[35] Becket zeigte sich wie die Gregorianer von der Notwendigkeit überzeugt, das Gesetz Gottes und die *libertas ecclesiae* als Ganzes zu verteidigen,[36] wobei – wie schon bei Gregor VII. – der Vorrang des *sacerdotium* vor dem *regnum* außer Frage stand. Während der Angevine – wie auch Barbarossa – versuchte, die Kirche seiner Herrschaft zu unterwerfen, war für den Primas die Unterordnung der weltlichen Herrscher unter die Geistlichkeit selbstverständlich. Daher waren u.a. die Konstitutionen von Clarendon abzulehnen, da sie zweifellos mit der geforderten „Freiheit der Kirche" nicht vereinbar schienen. Mochten die *consuetudines*, wie Heinrich behauptete, alt sein, so verstießen sie dennoch gegen *ratio* und *veritas*.[37] Zudem sah sich Becket, der von gelehrten Beratern wie Johannes von Salisbury und Johannes von Canterbury unterstützt wurde, in der Tradition sowohl der Gregorianer als auch der zeitgenössischen Kanonisten und ihrer Lehren.[38] Da der Primas den Kampf um die *libertas ecclesiae* als Fundamentalkonflikt betrachtete, kamen für ihn weder ein Abweichen von kanonistischen Grundprinzipien noch ein Kompromiß mit dem König in Frage.[39] 1166 zum päpstlichen Legaten ernannt,[40] verhielt sich Becket entsprechend: Ungeachtet zahlreicher Vermittlungsversuche von Seiten Ludwigs VII. und des Papstes ging er mit großer Härte gegen wirkliche bzw. angebliche Feinde des Erzbistums Canterbury vor, exkommunizierte viele königstreue Bischöfe[41] und Räte und versuchte, den Angevinen unter Androhung kirchenrechtlicher Sanktionen zur Rücknahme der Konstitutionen zu zwingen. Auch persönliche Begegnungen der Hauptkontrahenten vermochten keine Lösung des Konfliktes herbeizuführen, zumal die Auseinandersetzungen zunehmend von Animositäten und persönlicher Feindschaft der Beteiligten geprägt wurden. Versuche Alexanders III., mäßigend auf Becket einzuwirken, schlugen ebenfalls fehl. Nach einer weiteren Es-

---

[35] Vgl. die Klagen Beckets über die päpstliche Politik, in: Duggan, *Correspondence*, I, 695-721, nr. 150-153 u.ö.; II, 1485 (Reg.).

[36] Zum Folgenden vgl. ausführlicher Smalley, *Conflict*, Kap. 5.

[37] So betonte der Chronist Edward Grim hinsichtlich der Handlungsintentionen Beckets dessen Eintreten „*pro justitiae vel veritatis assertione*" (*Materials*, II, 373).

[38] Vgl. Anne J. Duggan, „Becket, Thomas", in: *TRE* 5, 394ff.

[39] Vgl. Barlow, *Becket*, 82ff.

[40] Duggan, *Correspondence*, I, XLf.; 278ff., nr. 71.

[41] Zur Entfremdung zwischen Becket und der Mehrzahl der englischen Bischöfe vgl. ausführlicher David Knowles, *The Episcopal Colleagues of Archbishop Thomas Becket*, Cambridge 1951, bes. Kap. 4.

kalation des Streites u.a. durch die Exkommunikation von Bischof Gilbert Foliot von London, Hauptgegner des Primas[42] und kommissarischer Leiter der Erzdiözese Canterbury, sowie von sieben englischen Großen (April 1169) kam es – nach der Interdiktandrohung durch den Papst – überraschend bei Fréteval zu einem Ausgleich der Kontrahenten (22. Juli 1170).

Obwohl weitere Konflikte absehbar zu sein schienen (u.a. wegen der Mißachtung des Koronationsrechtes von Canterbury bei der Krönung des ältesten Sohnes Heinrichs im Juni 1170),[43] kehrte der Primas am 1. Dezember 1170 nach England zurück. Damit begann die *vierte Phase* des „Becket-Konfliktes", der mit dem Tode des Erzbischofs und seiner bald einsetzenden Verehrung als Märtyrer endete.[44] Auslöser für die erneute Eskalation der Auseinandersetzungen waren Exkommunikationen des Primas, die dieser gegen notorische Gegner wie Foliot, Joceline von Salisbury und Roger von York noch vor der Ankunft in England verkündet hatte;[45] zudem gab es später Streitigkeiten um Besitzrestitutionen des Erzbistums Canterbury. Nachdem der Primas angeblich in Begleitung von Rittern durch das Inselreich gezogen war und Beschwerden über sein Verhalten dem König in der Normandie übermittelt wurden, entstand bei Heinrich der Eindruck einer potentiellen Destabilisierungsgefahr seiner Herrschaft in England. So kam es zu einem Wutanfall des Monarchen bei Hof, wobei dieser angeblich sein Gefolge beschimpfte, wieso niemand von ihnen gegen diesen Priester niederer Herkunft, der den Monarchen seiner Würde zu berauben versuchte, vorgehen wollte. Da vier Ritter des Haushaltes[46] die unbedachte Äußerung des Angevinen als Auftrag zur Tötung des Primas verstanden, begaben sie sich um-

---

[42] Auf die theologischen Auseinandersetzungen zwischen Foliot und Becket kann hier nicht näher eingegangen werden. Vgl. Allgemein: Adrian Morey/Christopher Nugent Lawrence Brooke (Hg.), *Gilbert Foliot and His Letters*, Cambridge 1965 (Cambridge Studies in Medieval Life and Thought, NS 11), (bes. Introduction); Smalley, *Conflict*, 252 (Reg.); Christopher P. Hill, *Gilbert Foliot and the Two Swords: Law and Political Theory in Twelfth-Century England*, Ph.D. Univ. of Texas at Austin 2008.

[43] Zum Krönungsverbot Beckets vgl. Duggan, *Correspondence*, II, 1210-1224, nr. 283-286.

[44] Zur Ereignisgeschichte vgl. Knowles, *Becket*, Kap. 10; Smalley, *Conflict*, Kap. 8; John Butler, *The Quest for Becket´s Bones*, New Haven-London 1995, Kap. 1; Barlow, *Becket*, Kap. 11-12; Jürgen Sarnowski, „Mord im Dom. Thomas Becket 1170", in: *Das Attentat in der Geschichte*, hg.v. A. Demandt, Köln u.a. 1996, 75-89; Urry, *Becket*, (passim); Berg, *Anjou-Plantagenets*, 37ff.; Duggan, *Correspondence*, I, Introduction, LXVff.; Amalie Fößel, „Thomas Becket. Canterbury, 29. Dezember 1170", in: *Politische Morde. Vom Altertum bis zur Gegenwart*, hg.v. M. Sommer, Darmstadt 2005, 109-116.

[45] Zu den zahlreichen Exkommunikationen, die Becket während des Konfliktes verkündete, vgl. die Nachweise bei Duggan, *Correspondence*, II, 1485 (Reg.).

[46] Ausführliche prosopographische Untersuchungen für die Mörder stellte Nicholas Vincent an: „The Murderers of Thomas Becket", in: *Bischofsmord im Mittelalter. Murder of Bishops*, hg.v. Natalie Fryde/Dirk Reitz, Göttingen 2003 (Veröff. Max-Planck-Inst. Gesch., 191) 211-272.

gehend nach Canterbury.[47] Nachdem sie den Erzbischof (am 29. Dezember) vergeblich zur Rücknahme seiner Sanktionen gegen Königstreue aufgefordert hatten und sich dieser einer Festnahme entzog, entschlossen sich die Ritter zur Anwendung von Gewalt. Der Primas erklärte seinerseits, daß er bereit sei, „für Gott sowie für Recht und Freiheit der Kirche Gottes den Tod zu ertragen"[48]. Offensichtlich zum Martyrium entschlossen, ließ sich Becket widerstandslos von den Widersachern vor einem Altar erschlagen.[49] Diese flohen nach Plünderung des erzbischöflichen Palastes zum königlichen Knaresborough Castle (Yorkshire), wo sie sich für etwa ein Jahr versteckt hielten, jedoch unbelästigt blieben.

Der Angevine, der sicherlich keinen Mordauftrag erteilt hatte, zeigte sich von der Nachricht des Todes Beckets zutiefst erschüttert und leistete im Bewußtsein einer Mitschuld tagelang Buße. Dennoch blieb er in der abendländischen Öffentlichkeit, die sich von dem Mord überaus schockiert zeigte, moralisch diskreditiert, während sich der Papst mit sofortigen Sanktionen auffällig zurückhielt. Nachdem Heinrich im Frühjahr 1171 aus machtpolitischen Gründen in der Normandie und Bretagne ungestört interveniert hatte, begannen erst im Sommer päpstliche Legaten mit einer genaueren Untersuchung des Mordfalles. Dem Verfahren entzog sich der König, indem er im Oktober 1171 eine Reise nach Irland antrat, von der er erst im April 1172 zurückkehrte. Danach kam es bald zu einem Ausgleich mit Alexander III. in der „Becket-Angelegenheit" und einer „*restoration of harmony*"[50].

---

[47] Die Kleriker Edward Grim, Johannes von Salisbury sowie William fitz Stephen und die Mönche Benedict von Peterborough und William von Canterbury waren Augenzeugen der folgenden Geschehnisse. Quellennachweise bei Barlow, *Becket*, 238 mit Anm. 20.

[48] „[…] *paratior sum pro Deo et justitia ecclesiaeque Dei libertate ad mortem excipiendam* […]". (Anonymus I – *Materials*, IV, 74).

[49] Morde an Geistlichen bzw. Bischöfen waren im Mittelalter nicht völlig ungewöhnlich; vgl. entsprechende Nachweise in: Fryde/Reitz, *Bischofsmord*, (passim).

[50] Warren, *Henry*, 518.

## II.

Die Karriere des zweiten Opfers königlicher Gewalt, Thomas More,[51] verlief in völlig anderen Bahnen als bei Becket:[52] Wahrscheinlich am 7. Februar 1478 als Sohn eines Richters in London geboren, strebte More nach kurzen humanistischen und gründlichen juristischen Studien in London eine Anwaltslaufbahn an (bis 1502), um nach Anwaltstätigkeit 1504 Parlamentsmitglied zu werden und eine politische Karriere zu beginnen. Zuerst *Under-Sheriff* von London (1510), kam er 1517 an den Hof König Heinrichs VIII.,[53] der Vertrauen zu ihm faßte

---

[51] Aus der umfangreichen Literatur zu Leben und Werk Mores – z.T. mit verherrlichender Tendenz – seien hier nur genannt: Raymond Wilson Chambers, *Thomas More*, München/Kempten 1946 (dt.); Joseph Burney Trapp / Hubertus Schulte Herbrüggen, „*The King's Good Servant". Sir Thomas More, 1477/78-1535*, 2. Aufl., London 1978; Claus-Ekkehard Bärsch, *500 Jahre Thomas Morus*, Bergisch Gladbach 1978 (Bensberger Protokolle, 22); John Guy, *The Public Career of Sir Thomas More*, Brighton 1980; Ridley, *Statesman*; Hans Peter Heinrich, *Thomas Morus mit Selbstzeugnissen und Bilddokumenten dargestellt*, Reinbek 1984 (rororo bildmonographien, 331); Richard Marius, *Thomas More*, New York 1984; Peter Ackroyd, *The Life of Thomas More*, New York 1999; John Guy, *Thomas More*, London 2000; Gerald Munier, *Thomas Morus. Urvater des Kommunismus und katholischer Heiliger*, Hamburg 2008 sowie die Hinweise bei George M. Logan (Hg.), *The Cambridge Companion to Thomas More*, Cambridge 2011.

[52] Zum Folgenden vgl. ausführlicher Dieter Berg, *König Heinrich VIII. von England*, Stuttgart 2012, Kap. 02.03 (in Vorbereitung).

[53] Aus der kaum mehr überschaubaren Literatur zu Leben und Herrschaft Heinrichs VIII. seien hier nur genannt: Albert Frederick Pollard, *Henry VIII*, London 1902; Francis Hackett, *Heinrich der Achte*, Berlin 1936 (dt.), John Duncan Mackie, *The Earlier Tudors, 1485-1558*, Oxford 1952 (The Oxford History of England, 7); John Bowle, *Henry VIII. A Study of Power in Action*, London 1964; John Joseph Scarisbrick, *Henry VIII*, 4. Aufl., London 1970; Lacey Baldwin Smith, *Henry VIII. The Mask of Royalty*, London 1971; Geoffrey R. Elton, *England Under the Tudors*, 2. Aufl., London 1974; Ders., *Reform and Reformation. England 1509-1557*, London 1977; David Starkey, *The Reign of Henry VIII. Personalities and Politics*, London 1985; David Loades, *The Tudor Court*, London 1986; John Guy, *Tudor England*, Oxford 1988; Jasper Ridley, *Heinrich VIII. Eine Biographie*, Zürich 1990 (dt.); David Starkey (Hg.), *Henry VIII. A European Court in England*, London 1991; Uwe Baumann, *Heinrich VIII. mit Selbstzeugnissen und Bilddokumenten*, Reinbek 1991 (6. Aufl. 2009) (rororo monographie, 50446); Uwe Baumann (Hg.), *Henry VIII in History, Historiography and Literature*, Frankfurt u.a. 1992; Diarmaid MacCulloch (Hg.), *The Reign of Henry VIII. Politics, Policy and Piety*, Basingstoke 1995 (2. Aufl. 1997); Steven J. Gunn, *Early Tudor Government, 1485-1558*, Basingstoke 1995; David Loades, *Tudor Government*, Oxford 1997; David Starkey, *The Private Life of Henry VIII*, London 2000; Alison Weir, *Henry VIII. King and Court*, 2001; Michael A. Graves, *Henry VIII. A Study in Kingship*, London 2003; Ders., *Henry VIII. Profiles in Power*, London 2003; Eric Ives, „Henry VIII" in: *ODNB*, Vol. 26 (2004) - Online; Raingard Eßer, *Die Tudors und die Stuarts, 1485-1714*, Stuttgart 2004 (Kohlhammer-Urban Tb., 596); David Starkey, *Henry, Virtuous Prince*, London 2008; Derek Wilson, *A Brief History of Henry VIII. Reformer and Tyrant*, London 2009; David Starkey/Susan Doran, *Henry VIII. Man and Monarch*, London 2009; David Loades, *Henry VIII. Court, Church and Conflict*, Kew 2009; Richard Rex, *Henry VIII*, Stroud 2009. – Weiterführend auch die Enzyklopädien: Ronald H. Fritze (Hg.), *Historical Dictionary of Tudor England, 1485-1603*, New York u.a. 1991; Robert Tittler/Norman Jo-

und ihn bald zum *Personal Servant* und Mitglied des *Privy Council* machte – eines einflußreichen Gremiums, dessen Mitglieder in engem Kontakt zum Monarchen standen. Nach verschiedenen diplomatischen Missionen stieg More neben Thomas Wolsey[54] zu einem wichtigen Berater des Königs auf, der sich im Kampf gegen die reformatorische Bewegung engagierte und More neben anderen Gelehrten zur Abfassung einer eigenen Anti-Luther-Schrift heranzog (1521). Im selben Jahr zum Ritter geschlagen, setzte der Königsberater seine Karriere als *Under-Treasurer* (1521), Sprecher des Unterhauses (1523) und *(High-) Steward* der Universitäten Oxford und Cambridge fort (1524-25). Trotz wachsender politischer Belastungen durch diplomatische Aufträge etc. fand er noch Zeit für eine umfangreiche Korrespondenz mit den wichtigsten Humanisten auf dem Kontinent – wie Erasmus von Rotterdam – und für die Abfassung gelehrter Arbeiten wie der berühmten *Utopia* (1516). Hinzu kamen polemische Schriften gegen Luther und die Protestanten, deren Aktivitäten er als gefährlich sowohl für den katholischen Glauben als auch für den Bestand der Gesellschaft im Inselreich betrachtete.

Neben den Auswirkungen der reformatorischen Bewegung traten seit Mitte der 20er Jahre Probleme der dynastischen Herrschaftssicherung im politischen Leben Englands in den Vordergrund. Hauptsorge des Tudors war – nach 15 Jahren Ehe mit Katharina von Aragón und zahlreichen Fehlgeburten – das Fehlen eines Thronfolgers, da nur eine Tochter (Maria Tudor) das Kindesalter überlebte.[55] Zusätzlich beunruhigte den Monarchen die Angst vor einem Bürgerkrieg, der nach dem Beispiel der Herrschaft von Königin Mathilde (sog. *Anarchy* 1135-1154) bei der Thronbesteigung einer Tudor-Königin auszubrechen drohte. Da Katharina seit 1518 nicht mehr schwanger geworden war und daher als nicht mehr gebärfähig betrachtet wurde, sah sich Heinrich aus dynastischen Gründen veranlaßt, eine neue Eheverbindung einzugehen. Der Wunsch nach Befriedigung ungehemmter sexueller Gelüste etc., die das gängige Bild des Monarchen in der heutigen Öffentlichkeit bestimmen, spielte bei den weiteren Eheplanungen des Tudor keine Rolle. So trat die Frage einer Ehescheidung (*The King's Great Matter*) und die Verbindung Heinrichs mit einer neuen, jungen Partnerin in der Hoffnung, den gewünschten Thronfolger zu erlangen, in den Vordergrund. Infolge der starken Personenbezogenheit königlicher Herrschaft im 16. Jahrhun-

---

nes (Hg.), *A Companion to Tudor Britain*, Oxford 2009; Rosmary O'Day, *The Routledge Companion to the Tudor Age*, London 2010; Arthur F. Kinney u.a. (Hg.), *The Routledge Encyclopedia of Tudor England*, New York/London 2011.

[54] Zum Wirken Wolseys vgl. Albert Frederick Pollard, *Wolsey*, London u.a. (1929), 2. Aufl. 1970; Neville Williams, *The Cardinal and the Secretary. Thomas Wolsey and Thomas Cromwell*, New York 1975; Nancy Lenz Harvey, *Thomas Cardinal Wolsey*, New York 1980; Ridley, *Statesman*; *Cardinal Wolsey. Church, State and Art*, hg.v. Steven J. Gunn/Phillip G. Lindley, Cambridge 1991; John Guy, *Cardinal Wolsey*, Oxford 1998; Peter Gwyn, *The King's Cardinal. The Rise and Fall of Thomas Wolsey*, London u.a. 2002; Stella Fletcher, *Cardinal Wolsey. A Life in Renaissance Europe*, London 2009.

[55] Vgl. zum Folgenden ausführlicher Berg, *Heinrich*, Kap. 02.03 (mit Quellennachweisen).

dert besaßen die Sicherung der Erbfolge und damit auch das Sexualleben des Monarchen hohe politische Bedeutung. Hier setzten bestimmte Gruppierungen oder „Fraktionen" bei Hofe[56] mit ihren Bemühungen an, die Auswahl der künftigen Sexualpartnerin des Monarchen zu beeinflussen und hierdurch später Einfluß auf den Monarchen bzw. seine politischen Entscheidungen zu nehmen. So werden „interessierte Kreise" seit ca. 1525 bemüht gewesen sein, nach Beendigung einer Affäre des Königs mit Maria Boleyn diesen auf deren Schwester Anna aufmerksam zu machen. Der jüngeren Tochter von Thomas Boleyn – 1521-1525 *Treasurer of the Household* und 1530-1536 *Keeper of the Privy Seal* – gelang es, als *maid of honour* der Königin zuerst die Beachtung und bald auch die Liebe des Monarchen zu gewinnen. Spätestens seit 1527 setzten „Fraktionskämpfe" in der *Privy Chamber* ein, um Anna als neue Königin zu lancieren bzw. zu verhindern und den eigenen Einfluß bei Hofe zu stärken.[57] So agierte zum einen die „Boleyn-Fraktion" um George Boleyn, Vizegraf von Rochford, und Francis Bryan, zum anderen die „Wolsey-Fraktion" um Thomas Heneage, Richard Page u.a. Während die Gruppierungen um Boleyn und Wolsey für die Eheannullierung und damit für Anna eintraten, engagierte sich schließlich eine dritte Fraktion, die „Aragonesische", um Nicholas Carew und Henry Courtenay für Königin Katharina. In den folgenden Auseinandersetzungen, die auch für More Bedeutung gewinnen sollten, ging es also nicht nur um das Schicksal Boleyns, sondern zugleich um politische Einflußnahme von Gruppierungen, die Boleyn förderten oder bekämpften.

Seit dem Frühjahr 1527 war der Monarch entschlossen, eine Lösung seiner Eheprobleme herbeizuführen.[58] Im Zentrum der Überlegungen stand die Frage einer päpstlichen Dispens zur Eheannullierung, um deren Erlangung sich Heinrich die folgenden sechs Jahre vergeblich bemühte. Obwohl Wolsey und sicherlich auch More von derartigen Plänen wenig angetan waren, entwickelte der Lordkanzler bald eine kanonistische Lösung des Problems, während der Tudor eine eigene Handlungsstrategie entwarf. Da Katharina vor ihrer Heirat mit Heinrich bereits mit dessen älterem Bruder Arthur verheiratet gewesen war, der bald darauf verstarb, bezweifelte der König die Rechtmäßigkeit dieser zweiten Eheschließung Katharinas. Aufgrund der Annahme, daß die erste Ehe – entgegen den Erklärungen der Königin – doch vollzogen worden sei, rekurrierte Heinrich auf Bibelpassagen (Levitikus 20, 21 und 18, 16), wonach die Ehe zwischen ihm und der Witwe seines Bruders rechtswidrig sei. Da es sich hier um ein Gesetz Gottes handelte, stand die Irregularität der Heirat – ungeachtet einer früher erteilten päpstlichen Dispens – außer Frage. In der Folgezeit verfolgten Wolsey und Heinrich ihre Handlungsstrategien gleichermaßen, indem sie bestrebt wa-

---

[56] Vgl. hierzu Eric Ives, *Faction in Tudor England*, 2. Aufl., London 1986 (Appreciations in History, 6); Starkey, *Reign*, Kap. 3-4; Retha Warnicke, „The Court", in: Tittler/Jones, *Companion*, 71f.; aber auch die Kritik von Graves, *Henry*, Kap. 5, bes. 81ff.

[57] Starkey, *Reign*, Kap. 5-6.

[58] Vgl. zum Folgenden ausführlicher Berg, *Heinrich*, Kap. 02.03 (mit Quellennachweisen).

ren, Papst Clemens VII. unter Druck zu setzen und zur Eheannullierung zu veranlassen. Dieser befand sich nach dem *Sacco di Roma* (Mai 1527), d.h. der Plünderung Roms durch kaiserliche Truppen, in der Hand Karls V., des Onkels von Katharina. Der Habsburger war aber nicht bereit, die Verstoßung der Königin zu akzeptieren, so daß er beharrlich die Aktivitäten Tudors bzw. seines Lordkanzlers konterkarierte. Nach jahrelangen Bemühungen scheiterte Wolsey, eine Annullierung zu erreichen, so daß es einer Gruppierung seiner Feinde im Staatsrat gelang, den Lordkanzler zu stürzen (Oktober-November 1529); dieser entging einer anschließenden Verurteilung wegen Hochverrat nur durch frühzeitigen Tod († 29. November 1530).

Nach dem Sturz Wolseys lag es für den König nahe, einen anderen politischen Vertrauten zum neuen *Lord Chancellor* zu ernennen – Thomas More,[59] der mit den laufenden Geschäften vertraut, aber kein Kleriker war. Diesem mußte klar sein, daß nicht nur die Annullierungsproblematik das politische Handeln Tudors weiter bestimmen, sondern ein Scheitern in dieser Angelegenheit gravierende persönliche Konsequenzen für More haben würde. Dennoch entschied er sich, die Offerte des Monarchen anzunehmen, wobei seine Handlungsmotive unklar bleiben. Möglicherweise sah er sich nicht in der Lage, aufgrund der Abhängigkeit von Heinrich dessen Angebot abzulehnen; zudem könnte persönlicher Ehrgeiz eine Rolle gespielt haben. Vielleicht war More auch bestrebt, in dem neuen Amt den verstärkt antiklerikalen Tendenzen im englischen *regnum* entgegen zu wirken. Mit seiner Ernennung zum Lordkanzler (25./26. Oktober 1529) begann jedoch die *erste von drei Phasen* (1529-1532) der Auseinandersetzungen mit Heinrich, die schließlich zum Tode Mores führen sollten. Angeblich hatte ihm der Tudor bei Amtsantritt versprochen, ihn nicht mit Angelegenheiten der Annullierung zu befassen; zudem sollte er keinerlei Amtshandlungen ausführen müssen, die er nicht mit seinem Gewissen in Einklang zu bringen vermochte.[60] Sollte diese Behauptung Mores wahr sein, so ist dennoch hieraus keine konkrete Parteinahme in der Ehefrage abzuleiten. Vielmehr ist ein Charakteristikum seiner Kanzlerschaft in der Tatsache zu sehen, daß er jegliche öffentliche Stellungnahme in der Annullierungsfrage vermied. Weder vor noch nach seiner Er-

---

[59] Quellengrundlage der folgenden Ausführungen sind die Hauptwerke Mores: *The Yale Edition of the Complete Works of St. Thomas More*, hg.v. Gerard L. Carroll u.a., 15 Vol., New Haven u.a. 1961ff.; ferner die Briefsammlungen: *The Correspondence of Sir Thomas More*, hg.v. Elisabeth F. Rogers, Princeton 1947; *St. Thomas More. Selected Letters*, hg.v. Elisabeth F. Rogers, New Haven u.a. 1976; und die frühen Viten für More: *The Life of Sir Thomas More by William Roper*, hg.v. Richard S. Sylvester/Davis P. Harding, New Haven/London 1962 [1557]; Nicholas Harpsfield, *The Life and Death of Sir Thomas Moore, Knight*, hg.v. Elise V. Hitchcock u.a., London 1932 [1557]; Thomas Stapleton, *The Life and Illustrious Martyrdom of Sir Thomas More*, hg.v. Ernest Edwin Reynolds, London 1966 [1588]; Ro.Ba. (Anonym), Elsie V. Hitchcock u.a. (Hg.), *The Lyfe of Syr Thomas More*, London 1950 [1599]. – Weitere Quellenzeugnisse nachgewiesen bei Heinrich, *Morus*, 145-148.

[60] Dies behauptete More in einem Brief an Cromwell vom 5. März 1534 – Rogers, *Correspondence*, 199; vgl. Heinrich, *Morus*, 99.

nennung zum *Lord Chancellor* sind dezidierte und öffentliche Äußerungen gegen die geplante Annullierung feststellbar. Lediglich William Roper berichtete von einem Hinweis seines Schwiegervaters, daß dieser von Heinrich mit den Bischöfen von Durham und Bath um eine Stellungnahme zu seinen Annullierungsplänen gebeten worden sei, die aber den Wünschen Heinrichs nicht entsprochen hätte.[61] Dennoch hatte diese Haltung Mores, sofern historisch verifizierbar, keinerlei negative Auswirkungen auf sein Verhältnis zum Tudor. Vielmehr war der Kanzler bestrebt, den Wünschen Heinrichs so weit wie möglich zu entsprechen, ohne in Konflikt mit ihm zu geraten. Dies zeigte sich auch im März 1531 bei dem Bericht des Lordkanzlers vor dem Parlament über die Stellungnahmen der Universitäten zur Annullierungsfrage, wobei er erneut eigene Äußerungen in dieser Angelegenheit vermied.[62] Ansonsten beschränkte sich More auf die Erledigung der „Alltagsgeschäfte", wobei er vor allem als Richter und weniger als politischer Berater agierte. Auffällig ist hingegen sein Engagement als Laie bezüglich einer Repression sog. „Ketzer", die er erbarmungslos verfolgte: Ungeachtet seines humanistischen Menschenbildes äußerte er keinerlei Bedenken gegen die Verbrennung von sechs angeblichen „Häretikern".

Im Gegensatz zum Lordkanzler engagierte sich sein Rechtsberater in der Ehefrage, Thomas Cromwell.[63] Der ehemalige Gefolgsmann Wolseys war seit 1523 Mitglied des Parlamentes, in dem er mit Thomas Audley eine Schlüsselrolle spielte und seit 1531 das besondere Vertrauen des Königs genoß. Auch in der *Privy Chamber* erlangte Cromwell eine Führungsrolle – u.a. als Leiter einer „Boleyn-Fraktion" – und begann, im Gegensatz zu More neue Wege zur Lösung der Eheproblematik zu suchen.[64] Anders als der König wird sich Cromwell der Komplexität der Annullierungsfrage bewußt gewesen sein und erkannt haben, daß dieses Problem nicht einvernehmlich mit dem Papst zu lösen war. Dem Parlamentarier und den Reformern in seinem Umfeld wird bald klargeworden sein, welches Erneuerungspotential der Konflikt hinsichtlich einer grundsätzlichen Neuordnung der Beziehungen zwischen englischem Königtum und Papsttum besaß. Diesbezüglich hatten Gelehrte wie der Theologe Thomas Cranmer und der Jurist Christopher St. German schon früher radikale Ideen entwickelt, die die Eheproblematik Heinrichs nur zum Anlaß für einen Bruch mit Rom nah-

---

[61] Roper, *Life*, 214ff.

[62] Ebd. 225f.

[63] Zum Leben Cromwells vgl. Roger Bigelow Merriman, *Life and Letters of Thomas Cromwell*, 2 Vol., Oxford 1902; Peter Wilding, *Thomas Cromwell*, London/Toronto 1935; Arthur Geoffrey Dickens, *Thomas Cromwell and the English Reformation*, 5. Aufl., London 1972; Williams, *Cardinal*; Bernard Winslow Beckingsale, *Thomas Cromwell*, London 1978; Robert Hutchinson, *Thomas Cromwell*, London 2008; J. Patrick Coby, *Thomas Cromwell*, Lanham u.a. 2009; John Schofield, *The Rise and Fall of Thomas Cromwell: Henry VIII´s Most Faithful Servant*, Stroud 2011. – Auf die Diskussionen um die Thesen von G.R. Elton bezüglich der Rolle Cromwells in der sog. „*Tudor Revolution*" (Verwaltungsreformen) und während der englischen Reformation kann hier nicht näher eingegangen werden.

[64] Vgl. zum Folgenden ausführlicher Berg, *Heinrich*, Kap. 04.01 (mit Quellennachweisen).

men.[65] Cromwell und die Reformer waren bemüht, „königlicher Suprematie" und „staatlicher Souveränität" zentrale Bedeutung zu verleihen und hierbei dem Parlament eine Schlüsselrolle zuzuweisen. Während sich der Tudor unverändert um die Erlangung der päpstlichen Annullierungserklärung bemühte, strebte Cromwell eine Klärung des Problems innerhalb der englischen Kirche bzw. mit Hilfe des Parlamentes an; dieses war als sog. *Reformation Parliament* am 3. November 1529 eröffnet worden und sollte mit Unterbrechungen sechs Jahre lang tagen.[66]

Seit 1530 begann der König – mit Unterstützung Cromwells und der *Commons* – mit einer Serie an antiklerikalen Maßnahmen, die das Ziel verfolgten, die englische Kirche für die Annullierung zu gewinnen. Zuerst wurden – nachdem 1529 das *privilegium fori* für englische Geistliche eingeschränkt worden war – Beschuldigungen gegenüber den Kirchenversammlungen (*Convocations*) von Canterbury und York erhoben, gegen das *Praemunire*-Statut verstoßen zu haben, d.h. gegen das Verbot für englische Untertanen, an auswärtige Gerichtshöfe zu appellieren, um die rechtliche Wirksamkeit auswärtiger Mächte (insbesondere des Papsttums) in England zu verhindern.[67] Die Geistlichkeit kaufte sich von den Anklagen nicht nur mit hohen Geldsummen frei, sondern sie mußte auch den König als „Oberstes Haupt" der englischen Kirche anerkennen, „sofern dies das Gesetz Christi erlaubt" (*Pardon of the Clergy*, 1531). Im folgenden Jahr (1532) behandelte das Parlament zuerst die *Supplication Against the Ordinaries* wegen angeblicher kirchlicher Mißbräuche. Dann drohte man dem Papst für den Fall weiterer Verzögerungen bei der Annullierung die Beendigung von Geldzahlungen nach Rom binnen Jahresfrist an (*First Act in Conditional Restraint of Annates*, 1532). Schließlich wurde die „Unterwerfung des Klerus" unter die königliche Gewalt und der Verzicht, kirchliches Recht ohne königliche Genehmigung zu erlassen, verkündet (*Submission of the Clergy*, 15. Mai 1532).[68] Bezeichnend für die vorsichtig-abwartende Haltung Mores ist die Tatsache, daß seit Beginn der antiklerikalen Maßnahmen von König und Parlament (seit 1529) – im Gegensatz zur öffentlichen Kritik einiger englischer Geistlicher – keinerlei Protest des Lordkanzlers feststellbar ist. Erst die „Unterwerfung des Klerus" führte zu einer Reaktion Mores, der wieder nicht öffentlich protestierte, sondern seinen Rücktritt als *Lord Chancellor* mit „Gesundheitsproblemen" begründete (16. Mai 1532). Auch bei seiner Resignation vermied der Vertraute Heinrichs einen offenen Konflikt mit dem Tudor, obwohl es hier um Grundsatzfragen wie der rech-

---

[65] Vereinzelt wurde daher in der Forschung die These vertreten, die Trennung von Rom und die Entstehung einer *ecclesia Anglicana* wäre auch ohne die königlichen Annullierungsprobleme erfolgt; vgl. Keith Randell, *Henry VIII and the Reformation in England*, 2. Aufl., London 2001, 40f.

[66] Stanford E. Lehmberg, *The Reformation Parliament, 1529-1536*, Cambridge 1970; John Patrick Coby, *Henry VIII and the Reformation Parliament*, New York 2006.

[67] Vgl. Robin L. Storey, „Praemunire, Statuten", in: *LMA* 7, 157.

[68] Texte der Parlamentsbeschlüsse von 1531-32: 23 Henry VIII, c. 19; 24 Henry VIII, c. 12.

ten Gewaltenordnung und nur indirekt um Probleme bezüglich der Eheannullierung ging.

Mit dem Rücktritt Mores begann die *zweite Phase* der Auseinandersetzungen mit dem englischen Monarchen (1532-1534), wobei der ehemalige Kanzler
in der Folgezeit wahrscheinlich nur noch als königlicher Rat agierte und gravierende materielle Einbußen durch den Amtsverlust als Kanzler hinnehmen mußte. Obwohl er weiterhin bestrebt war, eine Involvierung in die Annullierungsprobleme zu vermeiden, fand sein Schritt nicht nur in der englischen Öffentlichkeit große Beachtung. Zwar konzentrierte sich der Ex-Kanzler in den Monaten
nach dem Rücktritt auf Auseinandersetzungen mit den sog. „Häretikern"[69] und
stellte wichtige Kontroversschriften fertig.[70] Doch konnte sich auch More auf
Dauer der Annullierungsproblematik nicht entziehen, die politisch dominant
blieb, zumal Heinrich – ungeachtet der laufenden Verhandlungen an der Kurie –
am 25. Januar 1533 heimlich Anna Boleyn geheiratet hatte. Bald darauf erklärte
Thomas Cranmer, der neue Erzbischof von Canterbury, die Ehe Tudors mit Katharina für ungültig (23. Mai) und dessen Heirat mit Boleyn für rechtmäßig (28.
Mai); diese wurde am 1. Juni zur Königin gekrönt. More selbst verstärkte die
Zweifel an seiner Königstreue, indem er trotz Aufforderung nicht an der Krönung teilnahm – angeblich mit der Begründung, nicht in die Eheangelegenheiten
Heinrichs hineingezogen werden zu wollen.[71] Dieser forcierte mit Cromwell die
Trennung von Rom, indem das Parlament die berühmte *Act in Restraint of Ap-
peals* (1533) erließ.[72] Hiernach war England ein *imperium*, das vom König geleitet wurde; da dieser oberste rechtliche Instanz in allen geistlichen und weltlichen
Angelegenheiten war, wurden alle Appellationen an auswärtige Mächte, insbesondere den Papst, unter Strafandrohung untersagt. Dieses und folgende Gesetze zur Trennung der englischen Kirche von Rom riefen bei papsttreuen Katholi-
ken in England und auf dem Kontinent große Beunruhigung hervor, doch weder
der Kaiser noch der französische König waren bereit, gegen Heinrich wegen dessen Rom-Politik Krieg zu führen.

Nachdem Boleyn im September 1533 nicht den gewünschten Thronfolger,
sondern „nur" eine Tochter (die spätere Elisabeth I.) geboren hatte, wuchsen die
Aversionen gegen die neue Königin im Lande, während sich die romtreuen
Gruppierungen und die „Aragonesische Fraktion" im Staatsrat gestärkt sahen.
Hierdurch wuchs auch das Mißtrauen, das dem ehemaligen Kanzler entgegenge-
bracht wurde. Nachdem der Kronrat Ende 1533 eine Propagandaschrift zur Legi-
timierung der neuen Ehe des Tudors (*Book of IX Articles*) veröffentlicht hatte,
wurde More Anfang 1534 beschuldigt, eine Gegendarstellung publiziert zu ha-

---

[69] Vgl. Insbesondere: Thomas M. C. Lawler u.a. (Hg.), *A Dialogue Concerning Heresies*,
New Haven/London 1981 (Yale Edition, 6).
[70] Eine knappe Übersicht bei Heinrich, *Morus*, 109-118.
[71] Roper, *Life*, 229f.
[72] 24 Henry VIII, c. 12.

ben.[73] Zwar konnte sich More rechtfertigen, doch kamen bald neue Zweifel an seiner Königstreue im Zusammenhang mit den Hochverratesvorwürfen gegen Elisabeth Barton („*Holy Maid of Kent*") auf. Eine entsprechende Untersuchungskommission mit Cranmer, Cromwell u.a. nahm keine Anklage Mores vor, doch legte man ihm eine Stellungnahme bezüglich der neuen Ehe des Königs nahe: Thomas solle endlich seinerseits „den Dingen [zustimmen], denen das Parlament, die Bischöfe und die Universitäten schon zugestimmt hatten"[74]. Obwohl der Befragte erneut eine klare Äußerung vermied, verzichteten die Kommissionäre auf ein weiteres Vorgehen gegen ihn; nur knapp entging er einem Prozeß durch Intervention von Lordkanzler Audley u.a. beim König.

Dennoch spitzte sich die Lage Mores weiter zu, da das Parlament 1534 in einer Serie an Gesetzen die Separierung von Rom intensivierte. So schrieb man zum einen die *Submission of the Clergy* von 1532 nunmehr gesetzlich fest, gefolgt von Maßnahmen zur finanziellen Repression gegenüber der Kurie (*Act in Absolute Restraint of Annates, Dispensation Act*).[75] Zum anderen war – nach der Entscheidung des Papstes, daß die Ehe Heinrichs mit Katharina gültig wäre und er zu ihr zurückzukehren habe (3. März 1534) – die Frage der herrscherlichen Sukzession drängend geworden. Daher regelten die Parlamentarier in der *(First) Act of Succession* die englische Thronfolge zugunsten der Kinder Heinrichs mit Boleyn bei impliziter Bastardisierung der Tochter Katharinas, Maria Tudor.[76] Vielleicht auf Betreiben Cromwells stellte man der *Act* eine Präambel voran, in der nicht nur auf die Annullierung der Ehe Heinrichs mit Katharina sowie die Rechtmäßigkeit seiner Heirat mit Boleyn hingewiesen, sondern auch die Suprematie des Königs betont wurde, der Oberhaupt der englischen Kirche sei. Jeder englische Untertan war nach Aufforderung verpflichtet, einen Eid zu leisten, in dem der gesamte Inhalt dieses Gesetzes und besonders die königliche Suprematie anerkannt wurden. Problematisch war hingegen die Tatsache, daß der Wortlaut des Eides bei Veröffentlichung der *Act* nicht festgelegt wurde[77] – eine Gesetzeslücke, die große Bedeutung für das weitere Schicksal Mores besitzen sollte.

Der Monarch selbst befahl die umgehende Ableistung des Eides, womit die *dritte Phase* des More-Konfliktes begann (April 1534).[78] Eine königliche Kommission mit Cranmer, Lordkanzler Audley u.a. begann mit der Durchführung des Verfahrens, indem zuerst nicht nur der Londoner Klerus, sondern auch Bischof Fisher und More in den Lambeth-Palast zu London geladen wurden (13. April). Während die gesamte Geistlichkeit den geforderten Eid leistete, verwei-

---

[73] Es handelte sich um: „*An answer to a poisoned book named The Supper of the Lord*", erschienen Anfang 1534.

[74] Roper, *Life*, 233. – Dt. Übersetzung nach Heinrich, *Morus*, 106.

[75] 25 Henry VIII, c. 19

[76] 25 Henry VIII, c. 22.

[77] Zum Eidestext vgl. die Edition bei http://www.nationalarchives.gov.uk/pathways/citizenship/citizen_subject/docs/oath_allegiance.htm#top (29.06.2011).

[78] Die wichtigste Quelle für die folgenden Ausführungen ist der Briefwechsel Mores, insbesondere mit seiner Tochter Margarete.

gerten dies More, Fisher und der Archidiakon Wilson.[79] Der Ex-Kanzler erklärte nach eigener Aussage, zwar den Eid bezüglich der Sukzession, aber nicht hinsichtlich der königlichen Suprematie leisten zu wollen. Als Begründung gab er an, durch die Eidesleistung seine „Seele der Gefahr ewiger Verdammnis auszusetzen". Bei dieser Haltung blieb More, auch nachdem man ihm Bedenkzeit eingeräumt hatte: Erneut verweigerte er die Eidesleistung, ohne den Kommissionären eine Begründung für sein Verhalten geben zu wollen. Auf Vorhaltungen Cranmers entgegnete der Ex-Kanzler, daß hier ein Fall vorläge, in dem er „[seinem] Gewissen Gehorsam schulde und nicht [seinem] König"[80]. Gleichzeitig hoffte er, durch das Verschweigen der Gründe für die Eidesverweigerung auch in der Sache, zu der er schwieg, nicht rechtlich verfolgt zu werden.[81] Die Verweigerungstaktik half More aber nichts; vielmehr entschieden die Kommissionäre, ihn dem Abt von Westminster zu überstellen, der More am 17. April im Tower zu London einlieferte.

Die Inhaftierung des prominenten Eidverweigerers fand in der englischen Öffentlichkeit große Beachtung. Eine Vielzahl an Freunden sowie zahlreiche Familienmitglieder bedrängten More, seinen Widerstand aufzugeben und den Eid zu leisten – jedoch vergeblich. Der Inhaftierte beharrte in einem langen Briefwechsel vor allem mit der Tochter Margarete darauf, den Eid aus Gewissensgründen zu verweigern. Erneut betonte er, daß er das Recht und die Pflicht habe, einem weltlichen Gesetz „in einem Punkte, den er für unbedingt ungehörig hält, seinen Gehorsam" zu verweigern. Er wiederholte, daß ein Mensch ein Gesetz, welches sich „nicht mit den Satzungen Gottes vereinbaren läßt", nicht akzeptieren und daher auch „nicht darauf schwören [darf], zumal wenn ihn ernste Gewissenszweifel bewegen"[82]. Ausdrücklich stellte er jedem eine entsprechende Entscheidung frei, auch wenn sie nicht mit der eigenen übereinstimmte.[83] Gleichzeitig weigerte sich der Inhaftierte auch gegenüber der Tochter, die Gründe für die Eidverweigerung zu benennen[84] – wahrscheinlich aus der berechtigten Sorge vor einer Zensur durch Cromwell u.a., die hierdurch eine Handhabe gegen den Gefangenen erhalten haben könnten.

Etwa 15 Monate lang beharrte More auf seiner Haltung, wobei er in seinem Handeln unverändert eine Doppelstrategie verfolgte: Zum einen Verweigerung des Eides aus Gewissensgründen, zum anderen konsequentes Schweigen über inhaltliche Fragen und die Gründe für die Weigerung. Zudem verwies der Gefangene auf die fragwürdigen rechtlichen Grundlagen seiner Inhaftierung. Dies

---

[79] Dieser legte nach einigen Monaten Kerkerhaft den geforderten Eid ab.

[80] Zitate nach Roper, *Life*, 237ff.; Rogers, *Correspondence*, 200. – Dt. Übersetzungen nach Heinrich, *Morus*, 108.

[81] Ebd. 108.

[82] Dt. Übersetzung des Briefes an Margarete ebd. 122.

[83] Rogers, *Correspondence*, 200.

[84] Zur engen Beziehung Mores zu seiner Tochter vgl. John Guy, *A Daughter's Love*, London u.a. 2009.

änderte sich jedoch nach der Eröffnung der sechsten Session des sog. *Reformati-*
*on Parliament* (3. November 1534), das eine Serie an Gesetzen erließ, die die
Trennung von Rom festigen sollten.[85] Hierzu gehörte einmal die *First Act of*
*Supremacy*, welche die Suprematie des Königs sichern sollte und ihn uneingeschränkt als „oberstes Haupt der Kirche von England auf Erden"[86] anerkannte.
Zum anderen verabschiedete man die *Treason Act*, die potentielle Widerstände
gegen diese Gesetzgebung mit der Todesstrafe unterdrücken sollte. Hiernach lag
das Delikt des Hochverrates (*High Treason*) vor, wenn jemand den Titel des Königs als Oberhaupt der englischen Kirche oder die Legitimität der (neuen) Ehe
bestreiten bzw. Handlungen gegen den Monarchen begehen oder nur Schriften
gegen diesen veröffentlichen würde. Bereits Reden eines Untertanen mit diesen
verderblichen Intentionen bzw. der Verzicht, derartige hochverräterische Vorgänge anzuzeigen, sollten als Verrat (*Misprision of Treason*) gelten.[87] Schließlich
legte man eine verbindliche Fassung des Sukzessionseides fest.[88] Damit war eine
neue Rechtsgrundlage für das Vorgehen gegen die Eidesverweigerer Fisher und
More gelegt.

Dennoch zeigte die erwähnte Doppelstrategie Mores mit seiner Kommuni-
kationsverweigerung Wirkung. Mit bemerkenswerter Kraft verfaßte der Inhaftierte neben zahlreichen Briefen an Freunde und Familienangehörige wichtige
theologische Schriften (u.a. *A Dialogue of Comfort against Tribulation*, *A Treatise*
*upon the Passion of Christ*, *The Sadness of Christ*). Zugleich widerstand er wach-
senden Pressionen bei zahlreichen Verhören durch Cromwell, der auf Wunsch
König Heinrichs Druck auf den Inhaftierten ausüben sollte. Dieser betrachtete
das Ringen mit den Eidverweigerern zunehmend als Prestige-Angelegenheit, da
ein Nachgeben oder auch nur Konzessionen hinsichtlich der Eidesform als Sieg
der Opponenten über den Monarchen ausgelegt werden konnten. Die Situation
verschärfte sich, als der neue Papst Paul III. in die Angelegenheit eingriff, indem
er den inhaftierten Bischof Fisher am 10. Mai 1535 zum Kardinal ernannte. Der
englische König war daraufhin zum offenen Konflikt entschlossen: Nachdem
Fisher gutgläubig in einem Gespräch mit dem Kronanwalt Richard Rich erklärt
hatte, er könne den Monarchen nicht als Oberhaupt der englischen Kirche anerkennen, wurde dem Inhaftierten am 17. Juni 1535 der Prozeß gemacht. De-
monstrativ wurde der neue Kardinal wegen Hochverrats verurteilt und am 22.
Juni hingerichtet.[89]

---

[85] Die erneuten finanziellen Repressionsmaßnahmen gegenüber dem Papsttum seien hier
nur erwähnt (*Act of First Fruits and Tenths* – 27 Henry VIII, c. 8).

[86] 26 Henry VIII, c. 1.

[87] 26 Henry VIII, c. 13.

[88] 26 Henry VIII, c. 2.

[89] Zum Leiden Fishers, der sehr viel offener als More gegen die Gesetze Heinrichs oppo-
nierte, vgl. Edward Surtz, *The Works and Days of John Fisher*, Boston 1967; Ernest Edwin Reynolds, *Saint John Fisher*, 2. Aufl., Wheathampstead 1972; Brendan Bradshaw/Eamon Duffy
(Hg.), *Humanism, Reform and the Reformation. The Career of Bishop John Fisher*, Cambridge
1989. – Harry Culverwell Porter, „Fisher, John", in: *TRE* 11, 204-206 (Lit.).

Gegen More ging man in ähnlicher Weise vor, indem man ihn am 1. Juli vor Gericht stellte und ihn aufgrund einer – wahrscheinlich meineidigen – Aussage von Kronanwalt Rich wegen Leugnung der Rechtmäßigkeit der *Act of Succession* anklagte. Obwohl More seine Unschuld erklärte,[90] wurde er von der Jury des Hochverrats für schuldig befunden. Erst nach dem Schuldspruch brach der Angeklagte sein Schweigen, indem er die Rechtsgrundlage des Urteils in Frage stellte. Er betonte, daß die „Anklage auf eine Parlamentsakte gegründet ist, die in unmittelbarem Widerspruch zu den Gesetzen Gottes und der heiligen Kirche steht, deren höchste Leitung sich kein weltlicher Fürst auf Grund irgendeines Gesetzes anmaßen darf, da sie von Rechts wegen dem Heiligen Stuhl in Rom als ein geistlicher Vorrang zusteht"[91]. Spätestens nach dieser Äußerung war das Schicksal Mores besiegelt, der am 6. Juli 1535 im Tower enthauptet wurde. Während der Leib des Getöteten in St. Peter ad Vincula im Tower bestattet wurde, stellte man das Haupt des Hingerichteten – wie bei Verrätern üblich – an der London Bridge aufgespießt zur Schau. Binnen einer Woche soll die Tochter Margarete Roper nach Bestechung den Kopf entfernt haben, der später in St. Dunstan in Canterbury beigesetzt wurde.[92] Seine Familie hatte weiterhin unter den Repressionen des Tudors zu leiden, der die Hinrichtungen Mores und Fishers als demonstrative Akte zur Dokumentation seiner Souveränität und Unabhängigkeit vom Papsttum betrachtete.

## III.

Ein Vergleich der beiden Martyrien weist sowohl überraschende strukturelle Ähnlichkeiten als auch beträchtliche Unterschiede auf. Dies beginnt bereits mit der Frage, ob beide Opfer Märtyrer waren, da Becket wie More nicht für ihren christlichen Glauben bzw. für dessen Inhalte, sondern für Prinzipien gelitten hätten.[93] Erst die päpstlichen Kanonisierungen schufen Klarheit – für Becket 1173 und für More 1935, letztere sicherlich als Demonstration gegen die damalige politische Bedrohung der Kirche durch den Faschismus.

---

[90] Erneut verfolgte More seine Schweigestrategie und betonte im Prozeß: „[...] weder Euer Statut noch alle Gesetze der Welt strafen jemanden, falls er nicht etwas gesagt oder getan hat, aber nicht für ein solches Schweigen". Dt. Übers. des Prozeßberichtes, in: *Heinrich VIII. von England in Augenzeugenberichten*, hg.v. Eberhard Jacobs/Eva de Vitray, Düsseldorf 1969, 170.

[91] Harpsfield, *Life*, 193 – Dt. Übersetzung nach Heinrich, *Morus*, 133f.

[92] Marius, *More*, 515ff.; Ackroyd, *Life*, Kap. 33. – Zum Schicksal des More-Hauptes vgl. Hubertus Schulte Herbrüggen, *Das Haupt des Thomas Morus in der St. Dunstan Kirche zu Canterbury*, Opladen 1982 (Forsch.ber. NRW. Fachgr. Geisteswiss., 3083).

[93] Vgl. Barlow, *Becket*, 271ff.

Beachtung verdienen ferner die unterschiedlichen gesellschaftlichen Funktionen, die die beiden Opfer besaßen, und sowie die Motive bzw. Zielsetzungen, die sie mit ihren Handlungen verfolgten. Becket agierte in offizieller Funktion als Erzbischof und Primas der englischen Kirche, der sich im Rechtskonflikt mit dem Monarchen befand. More hingegen war von seinen öffentlichen Ämtern zurückgetreten und agierte weitgehend als – wenn auch berühmter – „Privatmann", der problematische Eidesleistungen gegenüber dem König erbringen sollte. In beiden Konflikten ging es weniger um einen angeblichen Kampf zwischen „Staat und Kirche", sondern um die Wirkungsräume zweier Gewalten, die in ihren Aktivitäten seit dem Frühen Mittelalter eng miteinander verwoben waren und die im Abendland seit dem sog. Investiturstreit um den jeweiligen Vorrang kämpften. Becket verfolgte hierbei früher als More konkrete Ziele, die zuerst Rechte des Erzbistums Canterbury betrafen, später jedoch modifiziert bzw. erweitert wurden. Ob der Primas, wie von seinen Biographen behauptet, von Anbeginn und ständig für das „Recht Gottes" und die *libertas ecclesiae* kämpfte, ist nicht abschließend zu klären. Wahrscheinlich ist, daß die Hagiographen – ausgehend von dem tragischen Ende des Erzbischofs – ihm die genannten Handlungsmotive für seinen gesamten Pontifikat unterstellten, der schließlich im Endkampf zur „Verteidigung der Rechte Gottes gegen Caesar"[94] seine Erfüllung fand.

More hingegen kämpfte nicht für konkrete kirchenpolitische Ziele, obwohl er zweifellos die intendierte Trennung Englands von Rom nicht guthieß. Gleiches gilt für die angebliche Verteidigung des päpstlichen Supremats durch More, der auch während des Prozesses nicht *expressis verbis* die Anerkennung der päpstlichen Leitungsgewalt forderte.[95] Erst ca. zwanzig Jahre nach dessen Tode und in einer späteren Phase des Machtkampfes Tudors mit dem Papsttum verbreiteten Papstanhänger – wie Kardinal Reginald Pole – in England die Behauptung, More sei für die Akzeptanz des päpstlichen Primates gestorben. Diese These wurde in der Folgezeit weiter ausgeschmückt und vor allem während der Herrschaftszeit Maria Tudors propagandistisch verbreitet. Zusätzlich betonte man das Engagement des Ex-Kanzlers zur Verteidigung der alten Ordnung[96] und für den Kampf gegen die reformatorische Lehre bzw. gegen sog. „Häretiker", die er sowohl durch zahlreiche Kontroversschriften als auch durch gnadenlose Verfolgung zu vernichten suchte. Dagegen trat die Kernforderung Mores im Konflikt mit dem König zeitweise in den Hintergrund – nämlich die Wahrung seiner Prinzipien und die Verpflichtung, seinem Gewissen gemäß zu handeln. Wie erwähnt, betonte More seine Pflicht, einem Gesetz den Gehorsam zu verweigern, das mit den Satzungen Gottes unvereinbar erschien. Der Angeklagte sah sein Seelenheil für den Fall gefährdet, daß er einen Eid schwören würde, von dem er

---

[94] Vgl .das dies bezügliche Schreiben Beckets vom 29. November 1164 Duggan, *Correspondence*, I, 144ff., nr. 37). – Knowles, *Character Study*, 19.

[95] Marius, *More*, 517.

[96] Vgl. ausführlicher Jennie D. Latta, „Thomas More on Conscience and the Authority of the Church", in: *Thomas More Studies* 3 (2008) 49ff.

glaubte, daß er nicht wahr wäre.[97] Hierbei betonte er, daß sich diese Gewissens-
problematik allein auf seine Person und nicht auf andere bezog; seine Entscheidung zur Eidesverweigerung war eine individuelle Gewissensentscheidung und
besaß keinerlei Verbindlichkeit für andere.[98] Es ging also um die individuelle
Gewissensfreiheit des Ex-Kanzlers und nicht um allgemeine Gewissensfreiheit.
Entsprechende Thesen vom angeblichen Kampf Mores für allgemeine geistige
Freiheit bzw. Freiheit des individuellen Gewissens erscheinen im Blick auf dessen Repression der sog. „Häretiker", denen jegliche Gewissensfreiheit vom
Kanzler verweigert wurde, als unhaltbar.[99]

Auch hinsichtlich der konkreten Ergebnisse bzw. Wirkungen, die das Opfer
der beiden Heiligen bewirkten, sind überraschende Gemeinsamkeiten zu konstatieren: So wurde Becket zwar vom Papst rasch kanonisiert (21. Februar 1173),
nachdem seine Mörder exkommuniziert und die Kontinentalbesitzungen Heinrichs unter Interdikt gestellt worden waren. Andererseits führten Verhandlungen zwischen dem Angevinen und dem Papst 1172 und 1175/76 zu einer kom-
promisshaften Lösung der (Rechts-) Probleme, die Grundlage des „Becket-
Konfliktes" gewesen waren und die über lange Jahre infolge mangelnder Kom-
promißbereitschaft der Gegner als unlösbar erschienen. So kam es am 21. Mai
1172 in Avranches zu einer Rekonziliation Heinrichs mit der Kirche:[100] Er mußte nicht nur seine Unschuld am Tode des Primas eidlich bekräftigen, sondern
auch wichtige kirchenpolitische Konzessionen gewähren – u.a. neben finanziellen Zusagen Besitzrestitutionen für das Erzbistum Canterbury, die Abschaffung
„schlechter Gebräuche" gegenüber der Kirche, die Exemtion der Geistlichkeit
und die Zulassung von Appellationen an den Papst. Nachdem die Konfliktpar-
teien nicht länger auf konträren Rechtsprinzipien beharrten, kam es 1175/76 zur
„Ausbildung eines *modus vivendi* zwischen weltlicher und geistlicher Gerichtsbarkeit", ohne „*de iure* Herrschaftsrechte zu verankern"[101]. Trotz dieser Konzessionen des Angevinen, der sich im Juli 1174 einer öffentlichen Kirchenbuße am
Grabe seines neuen Schutzpatrons Becket unterzogen hatte, blieb seine Kir-
chenherrschaft in großen Teilen bestehen. Viele Bereiche des kirchlichen Lebens

---

[97] Ridley, *Statesman*, 291.

[98] So hatte More bereits in der *Utopia* sowohl Prinzipientreue als auch Kompromißbereit-
schaft gefordert: „Kannst du verkehrte Meinungen nicht gleich mit der Wurzel ausreißen und
vermagst du herkömmlich eingewurzelte Übel nicht nach deiner innersten Überzeugung zu
heilen, so darfst du deshalb doch nicht gleich den Staat im Stiche lassen und im Sturm das
Schiff nicht deshalb preisgeben, weil du den Winden nicht Einhalt gebieten kannst!" – Thomas
Morus, *Utopia*. Übers. v. Gerhard Ritter, Stuttgart 2009, 50.

[99] Vgl. Marius, *More*, 517.

[100] Das Quellenmaterial zum „Konkordat von Avranches" ist zusammengestellt bei
Whitelock, *Councils*, 942- 956, nr. 166. – Vgl. auch Mary G. Cheney, „The Compromise of
Avranches of 1172 and the Spread of Canon Law in England", in: *EHR* 56 (1941) 177-197;
Warren, *Henry*, 531ff.; Anne Duggan, „Ne in dubium. The Official Record of Henry II´s
Reconciliation at Avranches, 21 May 1172", in: *EHR* 115 (2000) 643-658; Dies., *Becket*, 254ff.

[101] Duggan, *Becket – TRE* 5, 396.

unterlagen weiterhin der Kontrolle des Monarchen, der unverändert nachhaltigen Einfluß auf die Besetzung der englischen Bistümer ausübte und 1174/75 sogar die Erhebung mächtiger innerkirchlicher Gegner des Primas in hohe Kirchenämter durchsetzen konnte. Zudem setzte der König seine reformerischen Zentralisierungsbemühungen im Bereich von Verwaltung und Justiz erfolgreich fort.[102] Insofern waren die konkreten Ergebnisse des Einsatzes Beckets vergleichsweise dürftig,[103] während Heinrich seine Positionen in der Substanz weitgehend wahren und sogar den bald einsetzenden Kult um den Primas für seine Interessen fördern konnte. Zugleich profitierte der Angevine machtpolitisch von dem Ausgleich mit dem Papsttum, dessen Unterstützung er u.a. während der Rebellion seiner Söhne 1173/74 nutzen konnte.

Auch die konkreten Ergebnisse, die der Tod Mores zeitigte, sind eher bescheidener Natur. Zwar löste die Nachricht von der Hinrichtung des Ex-Kanzlers und insbesondere Kardinal John Fishers große Empörung in der englischen Öffentlichkeit und an den europäischen Fürstenhöfen aus; auch der Papst verurteilte das Handeln des englischen Königs. Aber konkrete politische Sanktionen o.ä. blieben aus, da u.a. Karl V. und Franz I. in den dritten Italienischen Krieg verwickelt und am englischen Monarchen als potentiellen Bündnispartner interessiert waren. Auch innenpolitisch änderte sich im Inselreich wenig durch den Tod Mores: Zwar wurde der Tudor auch mit seiner zweiten Frau Anna Boleyn nicht glücklich, die er wegen angeblichen Ehebruchs im Mai 1536 hinrichten ließ. Ansonsten verfolgte Heinrich seinen Separierungskurs von Rom weiter, wobei er in der Kirchenpolitik bezüglich der konkurrierenden religiösen Parteiungen im Lande einen „Mittelweg"[104] zu finden versuchte. Dies hinderte ihn aber nicht, insbesondere aus fiskalischen Gründen zuerst im Februar 1536 die kleineren und bald darauf die großen Klöster des Landes aufzulösen bzw. deren Vermögen einziehen zu lassen. Zugleich ging der Tudor gegen den Kult der katholischen Kirche vor, indem er Kirchen und geistliche Kultgegenstände im Inselreich zerstören ließ und vor allem den Heiligen- und Reliquienkult unterbinden ließ. Bezeichnenderweise war das Hauptopfer des Wütens Heinrichs Thomas Becket, dessen Schrein in Canterbury er – nach einem gespenstischen Hochverratsprozeß gegen den Heiligen – zerstören und Beckets Gebeine vernichten ließ (1538).[105] Da More – im Gegensatz zu Becket – sein Leiden bewußt als Konsequenz eigener individueller Gewissensentscheidung betrachtete und hieraus keine Vorbildfunktion für seine Mitmenschen ableitete, konnten – etwa bezüglich

---

[102] Joseph Biancalana, „The Want of Justice. Legal Reforms of Henry II", in: *Columbia Law Review* 88 (1988) 433-536.

[103] So konstatierte z.B. R. Mortimer zutreffend: *„It appears that Henry recovered brilliantly from the tactical disaster of the archbishop's murder and surrendered little of substance"* (*England*, 119).

[104] George W. Bernard, „The Making of Religious Policy, 1533-1546. Henry VIII and the Search for the Middle Way", in: *The Historical Journal* 41 (1998) 321-349.

[105] Vgl. ausführlicher Butler, *Quest*, Kap. 7.

der Gewissensfreiheit englischer Mitbürger – auch keinerlei konkrete Folgen seines Todes in der englischen Gesellschaft erwartet werden.

## IV.

Auch hinsichtlich der langfristigen Wirkungen der Martyrien von Becket und More sind bemerkenswerte Übereinstimmungen zu konstatieren: Beide wurden Opfer königlicher Gewalt, wobei Becket das Martyrium bewußt gesucht hatte[106] und More dieses nicht vermied. Beide wurden mit einem übermächtigen Königtum konfrontiert, das nach Vernichtung der widerstrebenden Untertanen siegreich zu sein schien. Becket wie More erreichten hinsichtlich ihrer konkreten Konfliktziele sehr wenig, so daß auch hinsichtlich ihrer „Erfolgsbilanz" der Eindruck schwerer Niederlagen entstehen konnte. Beiden Persönlichkeiten ging es in ihren Auseinandersetzungen mit den Monarchen nicht um persönliche Interessen, sondern um die Wahrung von Prinzipien – einerseits um die Sicherung der *libertas ecclesiae*, andererseits um die Realisierung von Gewissensentscheidungen, die als individuell verbindlich betrachtet und selbst gegen Verfügungen von Parlament und König durchgesetzt wurden. Auch die historische Bedeutung der Auseinandersetzungen um Becket und More wird man relativieren müssen, da ihre Konflikte mit den jeweiligen Monarchen nur Teil viel älterer und lange anhaltender Auseinandersetzungen waren. Diese wurden seit dem sog. Investiturstreit zwischen der weltlichen und geistlichen Gewalt geführt und auch nach den Geschehnissen um Becket und More nicht beendet. Vielmehr ging es einerseits um eine „Auseinandersetzung zw[ischen] einer universalkirchl[ichen] Reformströmung und dem herkömml[ichen] engl[ischen] Staatskirchentum"[107], andererseits um einen Prozeß konzeptioneller und organisatorischer Neuordnung der Bereiche von weltlicher und geistlicher Gewalt. Diese Entwicklung dauerte bis weit in die Neuzeit hinein und war geprägt von zahlreichen späteren Tragödien von Opfern herrscherlicher bzw. staatlicher Macht.

Dennoch erhielten die Konflikte um Becket und More schon bald nach deren Beendigung eine völlig neue Bedeutung durch den Heiligenkult, der ihnen in unterschiedlicher Schnelligkeit und Intensität zuteil wurde. So erfuhr der Primas binnen weniger Jahre nach dem Tode eine solch große Verehrung als Märtyrer und als Schutzpatron, wie sie selbst für das Hohe Mittelalter ungewöhnlich war und bis in die Frühe Neuzeit anhielt. Auch das Martyrium Mores wurde bald nach seinem Tode im Inselreich Gegenstand intensiver Verehrung, die aber im

---

[106] Verschiedentlich ist in der Forschung betont worden, daß das Martyrium Beckets nicht unabwendbar gewesen wäre. Zudem kritisierte z.B. F. Barlow, daß der Erzbischof alle *„failings of the typical parvenu"* begangen und durch seine extremen Forderungen bzw. sein kompromissloses Verhalten den Anliegen der Kirche eher geschadet als genutzt habe (*Becket*, 89, 117).

[107] Karl Schnith, „Th. Becket", in: *LMA* 8, 704.

Zusammenhang mit der reformatorischen Bewegung durch die repressiven Maßnahmen des Tudors nachhaltig behindert wurde. Bestimmend für das Vermächt-
nis beider Märtyrer war jedoch die Tatsache, daß ihre Konflikte rasch der historischen Bezüge entkleidet und sie selbst zu Symbolen für menschliche Glaubens-
und Gewissenstärke gemacht wurden. Schon bald nach den Tragödien um Becket und More ging es nicht mehr nur um die historischen Einzelpersönlichkei-
ten und ihr Schicksal, sondern nun um deren Symbolcharakter. Ihr Martyrium
wurde nicht allein in dem erwähnten Heiligenkult verherrlicht, sondern in den
anhaltenden Auseinandersetzungen zwischen geistlicher und weltlicher Gewalt
zunehmend funktionalisiert. So betrachtete man Becket und More je nach Bedarf
als Symbole entweder für Glaubens- und Prinzipienfestigkeit oder für Verrat an
König und Reich. Die Funktionalisierung für kirchen- und gesellschaftspoliti-
sche Zwecke der beiden Märtyrer hielt bis ins 20. Jahrhundert an, indem z.B.
More nicht nur als katholischer Heiliger, sondern – im Zusammenhang mit der
Schrift *Utopia* – auch als „Urvater des Kommunismus"[108] gefeiert wurde. Ungeachtet dieser Entwicklungen, die weiter nachwirken, wird man die Geschehnisse
um Becket und More – unabhängig von ihrer jeweiligen Zeitgebundenheit – als
Fundamentalprobleme menschlicher Existenz im Verhältnis zu Kirche und Staat
betrachten dürfen, deren individuelle Lösung damals wie heute existentiell gefordert ist.[109]

---

[108] Vgl. hierzu ausführlicher Munier, *Morus*, Kap. 10.

[109] In diesem Zusammenhang ist auf das Apostolische Schreiben von Papst Johannes Paul
II. zu verweisen, der bei der „Ausrufung des Heiligen Thomas Morus zum Patron der Regie-
renden und der Politiker" (2000) betonte: „Vom Leben und Martyrium des heiligen Thomas
Morus geht eine Botschaft aus, welche die Jahrhunderte durchzieht und zu den Menschen aller
Zeiten von der unveräußerlichen Würde des Gewissens spricht". – Apostolisches Schreiben als
*„Motu Proprio"* erlassen: „Zur Ausrufung des Heiligen Thomas Morus zum Patron der Regie-
renden und der Politiker, Johannes Paul II. zum immerwährenden Gedenken", vom 31. Oktober 2000, zit. nach: http://www.vatican.va/holy_father/john_paul_ii/motu_proprio/docu-
ments/hf_jp-ii_motu-proprio_20001031_thomas-more_ge.html, (29.06.2011).

# Die Transzendentalität der Wahrheit im Mittelalter
## Probleme und Perspektiven

JAN A. AERTSEN (Köln)

## I. Einführung: „Die dreifache Wahrheit" (triplex veritas) der Philosophie (Bonaventura)

Von jeher bis heute sind Philosophie und Wahrheit eng aufeinander bezogen worden. „Richtig ist es", so bemerkt Aristoteles, „die Philosophie ‚Betrachtung (theoria) der Wahrheit' zu nennen"; Wahrheit ist nach Martin Heidegger „die Sache des Denkens"[1]. Kein Denker hat den Zusammenhang klarer ausgedrückt als Bonaventura im 13. Jahrhundert. Er unterscheidet nicht nur Philosophie von Theologie durch ihre Art von Wahrheitserkenntnis, sondern verbindet auch die dreifache Gliederung der Philosophie mit einem dreifachen Wahrheitsverständnis.[2]

Wenn Bonaventura in seiner Schrift De septem donis Spiritus Sancti über „die Gabe des Wissens" (donum scientiae) handelt, kennzeichnet er das philosophische Wissen (scientia philosophica) als „die gewisse Kenntnis (certa notitia) einer nachprüfbaren (ut scrutabilis) Wahrheit", im Unterschied zum theologischen Wissen, das „die fromme Kenntnis (pia notitia) einer glaubbaren (ut credibilis) Wahrheit"[3] ist. Das philosophische Wissen unterteilt Bonaventura dann gemäß einem antiken Modell in scientia naturalis, welche die Ursache des Seins (causa essendi) betrifft, scientia rationalis, welche der Grund des Verstehens (ratio intelligendi) ist, und scientia moralis, welche die Ordnung des Lebens (ordo vivendi) ist. Der franziskanische Meister bekräftigt diese Dreiteilung durch die Idee einer dreifachen Wahrheit: „die Wahrheit der Dinge" (veritas rerum), „die Wahrheit der Sprache" (veritas sermonum) und „die Wahrheit der Sitten" (veritas morum).[4]

---

[1] Aristoteles, Metaphysica II, übers. v. Hermann Bonitz, hg. v. Horst Seidl, Hamburg 1978, c. 1 993b 30. Martin Heidegger, „Hegel und die Griechen", in: Ders., Wegmarken, Frankfurt am Main 1967, 272.

[2] Vgl. Andreas Speer, Triplex veritas. Wahrheitsverständnis und philosophische Denkform Bonaventuras, Werl (Westf.) 1987.

[3] Bonaventura, De septem donis Spiritus Sancti IV, 5 (in: Opera omnia V, Quaracchi 1891, 474b): „Scientia philosophica nihil aliud est quam veritatis ut scrutabilis notitia certa. Scientia theologica est veritatis ut credibilis notitia pia".

[4] Bonaventura, De septem donis Spiritus Sancti IV, 6 (in: Opera omnia V, 474b): „Ipse enim describit scientiam philosophicam tripliciter, id est secundum triplicem rationem describit eam ut naturalem, ut rationalem et ut moralem, scilicet in quantum est causa essendi, ratio intelligendi et ordo vivendi". IV, 7 : „[...] ipse describit eam tripliciter, scilicet in quantum est veritas rerum, veritas sermonum et veritas morum".

In seinen Schriften arbeitet Bonaventura die *triplex veritas* mehrfach und nicht immer identisch aus. In seinem letzten Werk, den *Collationes in Hexaeme-ron*, bestimmt er die Wahrheit der Dinge als „die Ungeteiltheit (*indivisio*) des Seienden und des Seins", die Wahrheit der Sprache als „die Angleichung (*adaequatio*) von Wort und Verstand" und die Wahrheit der Sitten als „die Rechtheit (*rectitudo*) des Lebens".[5] Die drei Bestimmungen – „Ungeteiltheit", „Angleichung" und „Rechtheit" – erschließen die grundlegenden Dimensionen der Wahrheit – ontologisch, logisch und ethisch – und haben konkrete histori-sche Bezüge, die zugleich die Bedeutung des mittelalterlichen Denkens für die Geschichte des Wahrheitsbegriffs zeigen.[6]

1. Die Bestimmung der Wahrheit als „Rechtheit" geht auf die erste systema-tische Abhandlung über Wahrheit in der abendländischen Philosophiegeschichte zurück, den Dialog *De veritate*, den Anselm von Canterbury ca. 1080/5 verfaßte. Seine Suche nach der Definition der Wahrheit beginnt (c. 2) mit der Wahrheit der Aussage, dem üblichen, aber nicht einzigen Ort der Wahrheit. Er untersucht nacheinander die Wahrheit des Denkens (c. 3), des Willens (c. 4), der Handlung (c. 5), der Sinne (c. 6), der Wesenheit der Dinge (c. 7) und schließlich die „höchste Wahrheit" (c. 10). In diesen Analysen zeigt sich, daß Wahrheit jeweils eine Art von „Rechtheit" (*rectitudo*) ist, dergemäß etwas tut, was es tun soll, oder etwas ist, was es sein soll. „Rechtheit" ist demnach der Schlüsselterminus in Anselms Definition: „Wahrheit ist die mit dem Geist allein erfaßbare Rechtheit"[7]. Bonaventura deutet diese Bestimmung als „die Wahrheit der Sitten", während *rectitudo* bei Anselm selbst vielmehr einen integralen Sinncharakter hat. Es ist aber unverkennbar, daß Wahrheit bei Anselm einen Sollensanspruch hat und in einer ethischen Perspektive steht. Das ergibt sich auch aus der Tatsache, daß Anselm in seiner Schrift *De veritate* den Begriff „Gerechtigkeit" (*iustitia*) als eine andere Spezifizierung der „Rechtheit" diskutiert.

2. Bonaventura schränkt im zitierten Text die Bestimmung der Wahrheit als *adaequatio* auf die logische Wahrheit ein („Angleichung von Wort und Ver-stand"), aber er kennt die Plastizität dieses Ausdrucks. An anderen Stellen wen-det er die *adaequatio*-Formel, verstanden als „die Angleichung von *Ding* und

---

[5] Bonaventura, *Collationes in Hexaemeron* IV, 2 (in: Opera omnia V, 349ab): „*Veritas rerum est indivisio entis et esse, veritas sermonum est adaequatio vocis et intellectus, veritas morum est rectitudo vivendi. Et istae sunt tres partes philosophiae [...]*". Vgl. *De septem donis Spiritus Sancti* IV, 7 (V, 474b-475a); *Itinerarium mentis in Deum* 4 (V, 320b).

[6] Zur Bedeutung der mittelalterlichen Philosophie für die Geschichte des Wahrheitsbegriffs siehe Jan A. Aertsen, „Fröhliche Wissenschaft: Wahrheit im Mittelalter", in: Jan A. Aertsen und Martin Pickavé (Hg.), *Ende und Vollendung. Eschatologische Perspektiven im Mittelalter* (Miscellanea Mediaevalia Bd. 29), Berlin/New York 2002, 48-65.

[7] Anselm von Canterbury, *De veritate* c. 11 (in: Opera omnia I, hg. v. Franciscus S. Schmitt, Edinburgh 1946, 191): „*Possumus igitur, nisi fallor, definire quia veritas est rectitudo mente sola perceptibilis*".

Verstand", auf die Dingwahrheit an.[8] Die erste Abhandlung, in der die Wahrheitsdefinition durch die Bestimmung der *adaequatio* erscheint, ist die Schrift *De
veritate*, ca. 1225 von Robert Grosseteste, dem Kanzler der Universität von Oxford, verfaßt.[9] Bonaventuras Darstellung beweist, daß diese Bestimmung keineswegs die einzig maßgebliche Wahrheitsdefinition im Mittelalter ist, sondern eine
unter mehreren. Es ist vor allem den Ausführungen des Thomas von Aquin in
seiner Quästionensammlung *De veritate* (ca. 1256) zu verdanken, daß die
*adaequatio*-Formel eine Zentralstellung erhielt.

3. Die Bestimmung der Wahrheit als „Ungeteiltheit des Seienden und des
Seins" mutet fremd an und ist erklärungsbedürftig. Bonaventura verwendet eine
Definition, die Philipp der Kanzler in seiner um 1225 verfaßten *Summa de bono*
eingeführt hatte. Die Eigenart dieser Definition ist dadurch bedingt, daß sie zur
ersten Darstellung einer Transzendentalienlehre gehört. Hier findet sich der Ursprung der Idee der Transzendentalität der Wahrheit, und es ist dieser Gedanke,
den wir in diesem Beitrag näher verfolgen wollen.

Bonaventura nimmt diesen Wahrheitsbegriff in „die dreifache Wahrheit" der
Philosophie auf, fragt sich aber nicht, wie sich die drei Bestimmungen zueinander verhalten. Mehr als drei Jahrhunderte später (1597) stellt Francisco Suárez in
seiner *Metaphysischen Disputation* über Wahrheit ebenso fest, daß gewöhnlich
„eine dreifache Wahrheit" unterschieden wird. Allerdings ist diese *triplex veritas*
nicht mit derjenigen Bonaventuras identisch: Die ethische Dimension ist verschwunden; es gibt Wahrheit im Bezeichnen, im Erkennen und im Sein. Anders
als Bonaventura behauptet Suárez eine Ordnung zwischen ihnen; jede reale
Wahrheit ist irgendwie unter der transzendentalen Wahrheit (*sub veritate
transcendentali*) enthalten.[10]

## II. Das Wahre und das Seiende

1. Was heißt Transzendentalität der Wahrheit im Mittelalter? Der mittelalterliche *transcensus* hat einen ontologischen und einen epistemologischen Aspekt. Im
Prolog der *Summa de bono* legt Philipp der Kanzler dar, daß „Wahres", wie „Sei-

---

[8] Vgl. Bonaventura, *De septem donis Spiritus Sancti* IV, 6 (in: Opera omnia V, 475a): „[...]
veritas rerum est ‚adaequatio intellectus et rei".

[9] Robert Grosseteste, *De veritate*, in: *Die philosophischen Werke des Robert Grosseteste, Bi-
schofs von Lincoln*, hg. v. Ludwig Baur, Münster 1912 (=Beiträge zur Geschichte der Philos.
des Mittelalters, Bd. IX), 130-143; 134: *„Et hoc est, quod aliqui dicunt veritatem esse
‚adaequationem sermonis et rei' et ‚adaequationem rei ad intellectum'".*

[10] Francisco Suárez, *Disputationes metaphysicae* VIII (*De veritate seu vero, quod est passio
entis*), in: Opera omnia, vol. XXV, ed. C. Berton, Paris 1861, prol.: *„[...] triplicem solere
distingui veritatem, scilicet in significando, et cognoscendo, et in essendo. [...] omnes hae veritates
inter se habent convenientiam aliquam vel proportionem. [...] omnis alia veritas, si realis sit,
aliquo modo sub veritate transcendentali continetur".*

endes", „Eines" und „Gutes", zu den *communissima* gehören, den gemeinsamsten Prädikaten, die von allen Dingen ausgesagt werden können und mithin miteinander „vertauschbar" (*convertibilis*) sind.[11] Wegen ihrer Gemeinsamkeit übersteigen sie die Kategorien (Substanz, Qualität, usw.), und zwar in die Richtung des Seienden und der Eigenschaften, die jedem Seienden zukommen, welche deshalb *transcendentia* heißen. Philipp bezeichnet diese Termini auch als die *prima* (q. 9), die „Ersten" in kognitiver Hinsicht, die Erstbegriffe des Verstandes, welche nicht auf allgemeinere oder frühere Begriffe zurückgeführt werden können und die Bedingung für jede weitere Verstandeserkenntnis sind. Für die transzendentale Bestimmung „Eines" fanden die mittelalterlichen Autoren wichtige Hinweise bei Aristoteles (*Metaph.* IV, 2) und Avicenna (*De scientia divina* I, 5), für das Gute boten Aristoteles (*Nikom. Ethik* I, 4) und Augustin (*De natura boni*) Vorlagen. Mit Bezug auf die Transzendentalität des Wahren jedoch waren die autoritativen Quellen schweigsam; die Einordnung des *verum* in die Transzendentalienlehre ist eine der ursprünglichen Leistungen Philipps.[12]

In q. 2 seiner *Summa de bono* sucht Philipp eine Wahrheitsdefinition, die dem transzendentalen Charakter des Wahren gerecht wird, und erörtert fünf Bestimmungen; der gesuchte Sinngehalt muß das Wesen der Wahrheit so bestimmen, daß die Koextension mit „Seiendem" bewahrt bleibt. Deshalb verwirft Philipp Bestimmungen, die einen Intellektbezug enthalten, wie Anselms Definition der Wahrheit als *rectitudo*, die *adaequatio*-Formel und eine Hilar von Poitiers zugeschriebene Definition: „das Wahre ist das, was Sein anzeigt oder offenlegt" (*declarativum aut manifestativum esse*); das Wahre muß „ohne eine Beziehung zum Verstand"[13], d.h. rein ontologisch, definiert werden. Augustins Definition in seinen *Soliloquia* (II,5): „Das Wahre ist das, was ist (*id quod est*)", entspricht diesem Kriterium, drückt aber nicht hinreichend die eigene *ratio* des „Wahren" im Unterschied zu derjenigen des „Seienden" aus; die *communissima* sind keine Synonyme. Philipp schließt, daß eine fünfte Bestimmung, die er wahrscheinlich

---

[11] Philippus Cancellarius, *Summa de bono*, prol. (hg. v. Norbert Wicki, Bd. I, Bern 1985, 4): „*De bono autem intendimus principaliter [...]. Communissima autem hec sunt: ens, unum, verum, bonum*".

[12] Vgl. Jan A. Aertsen, *Medieval Philosophy and the Transcendentals. The Case of Thomas Aquinas*, Leiden-New York-Köln 1996, 25-40. Noerbert Wicki, *Die Philosophie Philipps des Kanzlers. Ein philosophierender Theologe des frühen 13. Jahrhunderts*, Fribourg 2005, 29-54.

[13] Philippus Cancellarius, *Summa de bono*, q. 2 (ed. Wicki, 13): „*Illa autem Dionysii* [lege: Hilarii]: *verum est declarativum esse data est secundum proprietatem consequentem; verum enim dicitur sine respectu ad intellectum, declarativum autem sumitur in respectu ad vim cognitivam*". Im Mittelalter (vgl. Thomas von Aquin, *De veritate* 1,1; Heinrich von Gent, *Summa* 34,3) wurde diese Wahrheitsdefinition Hilar von Poitiers zugeschrieben. Alle modernen Herausgeber verweisen auf Hilars Hauptwerk *De trinitate* V,3 (hg. v. P. Smulders, Corpus Christianorum, Series Latina vol. 62, Turnhout 1979, 153), aber die Bestimmung findet sich nicht an dieser Stelle. Nach Henri Pouillon, „Le premier traité des propriétés transcendantales. La ‚Summa de bono' du Chancelier Philippe", in: *Revue néoscolastique de philosophie* 42 (1939), 40-77 (58), war es Philipp, der diese Definition gemäß dem Modell der Dionysius Areopagita zuerkannten Definition des Guten (*„multiplicativum aut diffusivum esse"*) bildete.

selbst gebildet hat, die geeignetste Definition der Wahrheit sei: „die Ungeteiltheit des Seins und des Seienden" (*indivisio esse et quod est*). Der Gedanke der *indivisio* ist Aristoteles' Ausführungen (*Metaph.* IV,2) über die Identität und Differenz zwischen dem Seienden und dem Einen entnommen; nach dem Modell des Einen unterscheidet sich das Wahre nur begrifflich vom Seienden durch die Hinzufügung der Negation der Geteiltheit. Die Spezifizierung dieser *indivisio* als die des Seins (*esse*) und des Seienden (*id quod est*) gründet sich auf eine ontologische Differenz in jedem Ding, gemäß einem Axiom in Boethius' Schrift *De hebdomadibus* (Axiom VIII: „In jedem Zusammengesetzten sind Sein und das, was ist, verschieden").[14]

Diese rein negative Bestimmung der Wahrheit sowie Augustins Definition wurden von Thomas von Aquin in *De veritate* kritisiert. Wesentlich für Wahrheit ist dasjenige, was von Augustin und Philipp dem Kanzler explizit ausgeschlossen wurde, die Beziehung zum Verstand. „Jedes Seiende heißt wahr, insofern es mit dem Intellekt übereinstimmt oder übereinstimmbar (*conformabile*) ist; und deshalb setzen alle, die das Wahre richtig definieren, den Verstand in dessen Definition"[15]. Dies ist wohl der Grund, weshalb Thomas die Definition durch die Bestimmung der *adaequatio* bevorzugt, weil diese Definition dem relationalen Charakter der Wahrheit am meisten gerecht wird. Drei Jahrhunderte später wiederholt Suárez diese Kritik an einer rein negativen Wahrheitsdefinition. Denker des 14. Jahrhunderts, wie Petrus Aureoli, hatten behauptet, die Wahrheit eines Dinges bestehe in der „Unvermischtheit" (*impermixtio*) mit allem Äußeren oder Fremden. Diese „Reinheit" ist in der Redeweise „wahres Gold" gemeint – bis heute, z. B. in Heideggers Traktat *Vom Wesen der Wahrheit*, das Musterbeispiel für die ontologische Wahrheit.[16] Aber nach Suárez schließt der Sinngehalt (*ratio*) oder die Definition der Wahrheit „gemäß der gemeinsamen Wahrheitsauffassung aller"[17] die Beziehung zum Verstand ein. Die Frage bleibt jedoch, wie der relationale Charakter der Wahrheit mit der Transzendentalität zu vereinbaren ist.

2. Die Bestimmung „wahr" war inhaltlich schwerer in die Transzendentalienlehre einzuordnen als die übrigen Bestimmungen. Das Hauptproblem lag darin, was man die „Heterogenität" des Wahren und des Seienden nennen könnte: sie scheinen zu verschiedenen Regionen zu gehören. Das Wahre ist im eigent-

---

[14] Vgl. Philippus Cancellarius, *Summa de bono*, q. 2 (ed. Wicki, 11-13).

[15] Thomas von Aquin, *De veritate* q. 21, a. 1 (ed. Leonina, vol.XXII/3, Rom 1976, 593): „*Unumquodque ens in tantum dicitur verum in quantum est conformatum vel conformabile intellectui; et ideo omnes recte diffinientes verum ponunt in eius definitione intellectum*". Vgl. Rudi te Velde, „Die Differenz in der Beziehung zwischen Wahrheit und Sein. Thomas' Kritik am augustinischen Wahrheitsverständnis", in: Martin Pickavé (Hg.), *Die Logik des Transzendentalen* (Miscellanea Mediaevalia Bd. 30), Berlin/New York 2003, 179-197.

[16] Petrus Aureoli, *In I Sent.*, d. 19, a. 2 (ed. Roma 1596, 492b D). Vgl. Martin Heidegger, „Vom Wesen der Wahrheit", in: Ders., *Wegmarken*, Frankfurt am Main 1967, 73-97 (75).

[17] Suárez, *Disputationes metaphysicae* VIII, sect. 7, n. 18: „*Ratio et definitio veritatis juxta communem modum concipiendi omnium qui de veritate loquuntur, includit vel connotat aliquo modo habitudinem ad intellectum*".

lichen Sinne (*proprie*) im Verstand, ist primär intramental, während das Seiende eigentlich in den Dingen ist. Deshalb kann *verum* nicht eine mit Seiendem konvertible, transzendentale Eigenschaft sein.[18] Aristoteles' Wahrheitskonzeption belegt diese Heterogenität. Im VI. Buch der *Metaphysik* stellt der Philosoph fest, daß im Gegensatz zum Guten und Schlechten „das Falsche und das Wahre nicht in den Dingen liegen, [...] sondern im Denken". Da der eigentliche Ort des Wahren der Verstand ist, schließt er, daß „das Seiende als wahr"[19] oder das veritative Seiende außerhalb der Betrachtung der Seinswissenschaft oder Metaphysik liegt.

Thomas von Aquin ist der Denker, der das Problem der Heterogenität und die aristotelische Wahrheitskonzeption ernst genommen hat. Das wird bereits im Aufbau der ersten drei Artikel in Q. 1 von *De veritate* erkennbar. Nachdem er in Art. 1 die Frage „Was ist Wahrheit?" behandelt hat, legt er in Art. 2 dar, daß Wahrheit sich ursprünglich im Verstand findet und nicht in den Dingen. Sein Argument ist eigentlich eine philosophische Rechtfertigung der zitierten Aussage des Aristoteles über den Ort der Wahrheit. Der Mensch verhält sich auf zwei verschiedene Weisen zur Wirklichkeit; er wendet sich den Dingen erkennend und strebend zu. Zwischen beiden Prozessen gibt es einen grundlegenden Unterschied, der sich in ihren jeweiligen Endtermini, dem „Wahren" und dem „Guten", zeigt. Erkennen ist ein Prozeß der „Assimilation", der vollendet ist, wenn das Bild des Erkannten im Erkennenden ist. Das „Wahre" bezeichnet das Ende dieses Vorganges, die Vollkommenheit des Verstandes. Streben dagegen ist eine *inclinatio*, eine Hinneigung zum Ding in sich selbst; das „Gute" bezeichnet eine Vollkommenheit in den Dingen.[20] Aus seiner Darlegung zieht Thomas den Schluß, daß Wahrheit ursprünglich im Verstand ist, weil die Beziehung der Übereinstimmung im Verstand vollendet wird.

Thomas gibt eine weitere Präzisierung der intramentalen Natur der Wahrheit im 3. Art. von *De veritate* q. 1. Dort erläutert er, daß der primäre Ort der Wahrheit der Verstand ist, der „zusammensetzt oder trennt", ein Akt, dessen sprachlicher Ausdruck die Aussage (*propositio*) ist. Die Stellungnahme des Thomas zeigt die Falschheit der Vorstellung, im Spätmittelalter, insbesondere bei Wilhelm von Ockham, habe eine Wende von einem ontologischen hin zum „propositionalen" Wahrheitsbegriff stattgefunden.[21]

---

[18] Dies ist der Einwand des Thomas von Aquin, *De veritate* q. 1, a. 2, obj. 1; *Summa theologiae* I, q. 16, a. 3, obj. 1.

[19] Aristoteles, *Metaphysik* VI, c. 4 1027b 17-1028a 3.

[20] Thomas Aquinas, *De veritate* q. 1, a. 2. „*Motus autem cognitivae virtutis terminatur ad animam [...] sed motus appetitivae terminatur ad res [...] et quia bonum [...] dicit ordinem entis ad appetitum, verum autem dicit ordinem ad intellectum, inde est quod Philosophus dicit in VI Metaph. quod bonum et malum sunt in rebus, verum autem et falsum sunt in mente*". Vgl. Ders., *In VI Metaph.*, lect. 4, 1234.

[21] Vgl. Dominik Perler, *Der propositionale Wahrheitsbegriff im 14. Jahrhundert*, Berlin/New York 1992. Vgl. auch die *retractatio* in Dominik Perler, „Eine sprachphilosophische

Wenn auch der eigentliche Ort der Wahrheit der Verstand ist, so vertritt Thomas im 1. Art. von *De veritate* dennoch den transzendentalen Status des Wahren als „eine allgemeine Weise (*modus*) des Seins". Es gibt auch Wahrheit in den Dingen, insofern „ein Ding geeignet ist, je nach seiner Seiendheit (*entitas*) dem Verstand angeglichen zu werden (*adaequari*)".[22] Das Wahre gehört zu den relationalen Transzendentalien; es fügt dem Seienden begrifflich „die Übereinstimmung" (*convenientia*) mit dem Verstand hinzu. Das transzendentale Wahre bezeichnet die Intelligibilität eines Dinges, welche die Bedingung und Grundlage für Wahrheit im formalen Sinne ist, die Angleichung des Dinges und des Verstandes.

Ein ursprünglicher Aspekt der thomasischen Lehre von der Transzendentalität der Wahrheit ist die anthropologische Grundlegung. Das Wahre setzt eine Korrelation zwischen dem Seienden (*ens*) und der menschliche Seele (*anima*) voraus. Beide Relata haben eine universale Extension, auch die Seele; sie ist „gewissermaßen alles" (*quodammodo omnia*), nicht seinsmäßig, sondern intentional durch ihre geistigen Vermögen.[23] Im Wahrheitsverständnis des Thomas kommt die Sonderstellung des Menschen zum Ausdruck, weil in der Bestimmung „wahr" das Verhältnis zu einem Wesen mitgedacht wird, das durch sein Geistsein eine transzendentale Offenheit besitzt.[24]

3. In seinem *Metaphysik*-Kommentar erhebt Duns Scotus die durch den Aristoteles-Text veranlaßte Frage: „Muß das Seiende als wahr (*ens verum*) von der Betrachtung des Metaphysikers ausgeschlossen werden?"[25] In seiner Antwort hebt Scotus die Mehrdeutigkeit des Terminus ‚wahr' hervor; es gibt Wahrheit in den Dingen und Wahrheit im Verstand. Aber auch Wahrheit in den Dingen wird auf mehrere Weisen gesagt, denn diese Wahrheit schließt eine Beziehung zum Verstand ein, die zweifach sein kann. Dinge heißen „wahr" im Verhältnis zu einem hervorbringenden Verstand (*producens*) oder im Verhältnis zu einem bloß erkennenden Verstand (*cognoscens*).[26] Beide Verhältnisse können wieder in drei

---

Wende im Spätmittelalter? Zu den Wahrheitsdiskussionen bei Thomas von Aquin und Wilhelm von Ockham", in: *Recherches de Théol. et Philos. Médiévales* 71 (2004), 280-304.

[22] Thomas von Aquin, *De veritate* q. 1, a. 1 ad 5 (ed. Leonina, vol. XXII/1, Rom 1970, 7).

[23] Thomas von Aquin, *De veritate* q. 1, a. 1 (ed. Leonina, 5): „*Si autem modus entis accipiatur secundo modo, scilicet secundum ordinem unius ad alterum, hoc potest esse dupliciter. Uno modo secundum divisionem unius ab altero [...]. Alio modo secundum convenientiam unius entis ad aliud, et hoc quidem non potest esse nisi accipiatur aliquid quod natum sit convenire cum omni ente; hoc autem est anima, quae ‚quodam modo est omnia', ut dicitur in III De anima. In anima autem est vis cognitiva et appetitiva; [...] convenientiam vero entis ad intellectum exprimit hoc nomen verum*".

[24] Vgl. Josef Pieper, *Die Wahrheit der Dinge. Eine Untersuchung zur Anthropologie des Hochmittelalters*, München 1966 (4. Aufl.). Jan A. Aertsen, *Medieval Philosophy and the Transcendentals*, 258-261.

[25] Duns Scotus, *Quaestiones super Metaph.* VI, q. 3 (Opera Philos. IV, ed. St. Bonaventure 1997, 57-88): „*Utrum ens verum debet excludi a consideratione metaphysici*".

[26] Vgl. Duns Scotus, *Quaestiones super Metaph.* VI, q. 3, n. 23 (ed. St. Bonaventure, 65): „*Et primo distinguendum est de ‚vero'. Est enim veritas in rebus et veritas in intellectu. In rebus*

Weisen eingeteilt werden, so daß sich insgesamt sechs verschiedene Bedeutungen von „Dingwahrheit" ergeben, die implizit auf verschiedene Wahrheitskonzeptionen verweisen.

Wahrheit im Verhältnis zum hervorbringenden Verstand drückt (i) eine Gleichförmigkeit (*conformitas*) im allgemeinen aus, die spezifiziert werden kann (ii) als eine Gleichförmigkeit gemäß der Angleichung (*secundum adaequationem*) oder (iii) als eine Gleichförmigkeit gemäß der Nachahmung (*secundum imitationem*). Die „Gleichförmigkeit der Angleichung" findet sich im Sohn Gottes, der die Wahrheit ist, da er, wie Augustin ausführt (*De vera religione*, c. 43), die höchste Ähnlichkeit mit seinem Prinzip, Gott dem Vater, ist. Dieser Sinn der Wahrheit stellt die typisch franziskanische „Zueignung" der Wahrheit zur zweiten Person der göttlichen Trinität, dem Wort (Logos), dar; die trinitarische Anwendung des Terminus *adaequatio* geht auf die Schrift *De veritate* des Robert Grosseteste zurück.[27] Die „Gleichförmigkeit der Nachahmung" dagegen findet sich im Geschöpf, das dem göttlichen Urbild nachgestaltet ist. Dieser Sinn der Wahrheit drückt die von mehreren mittelalterlichen Autoren dargestellte theologische Grundlegung des transzendentalen Wahren durch die göttliche Schöpfungskausalität aus. Nach Albert dem Großen bezeichnet das transzendentale *verum* die Beziehung zur exemplarischen Ursache, durch welche Seiendes den Sinngehalt der Offenlegung (*manifestatio*) besitzt.[28] Aber dies ist nicht Scotus' Auffassung der transzendentalen Wahrheit.

Ein Ding ist im Verhältnis zum erkennenden Verstand wieder auf drei Weisen wahr: (i) weil es von sich aus geeignet ist, sich jedem dazu befähigten Verstand kundzutun (*sui manifestativa*), oder (ii) weil es geeignet ist, einen Verstand an sich zu assimilieren (*assimilativa*), oder (iii) weil es im Verstand ist wie Erkanntes im Erkennenden.[29] Die erste Weise der Wahrheit bezeichnet die Intelligibilität des Seienden; die zweite schließt eine Beziehung zu einem geschaffenen Intellekt ein, da nur dieser eine für die Assimilation erforderliche Po-

---

*duplex in genere, videlicet per comparationem ad producentem et per comparationem ad cognoscentem sive intelligentem".*

[27] Duns Scotus, *Quaestiones super Metaph.* VI, q. 3, n. 24-25 (ed. St. Bonaventure, 65-66): *„Secundus modus invenitur in Filio Dei, qui est veritas, quia, secundum Augustinum, summa similitudo principii; haec enim est conformitas cum adaequatione".* Vgl. Robert Grosseteste, *De veritate* (ed. Ludwig Bauer, 134): *„Sapientia autem et verbum, sive ‚Sermo Patris' maxime adaequatur hoc modo adaequationis rei, quam dicit et loquitur [...]. Ipse igitur Sermo Patris secundum hanc definitionem veritatis maxime veritas est".*

[28] Vgl. Duns Scotus, *Quaestiones super Metaph.* VI, q. 3, n. 25 (ed. St. Bonaventure, 66): *„Tertius modus invenitur in creatura quae imitatur exemplar cui aliquo modo assimilatur; defective tamen, alias non diceretur imitari".* Albertus Magnus, *In I Sent.* d. 46, a. 13 (ed. Borgnet, Paris 1893, vol. 26, 448b).

[29] Vgl. Duns Scotus, *Quaestiones super Metaph.* VI, q. 3, n. 26 (ed. St. Bonaventure, 66): *„Secundo modo, scilicet per comparationem ad intellectum, dicitur res vera tripliciter. Primo, quia sui manifestativa – quantum est de se – cuicumque intellectui potenti manifestationem cognoscere. Secundo, quia est assimilativa intellectus assimilabilis, qui non est nisi intellectus creatus. Tertio, quia facta manifestatione vel assimilatione, res est in intellectu sicut cognitum in cognoscente".*

tentialität besitzt; und die dritte Weise ist, wie Scotus bemerkt, ein „logisches Seiende" (*ens logicum*).

Die Unterschiede zwischen den sechs aufgelisteten Weisen des *verum reale* sind solcherart, daß Scotus auf die Äquivozität des Ausdrucks „Wahrheit in einem Ding"[30] schließt. Er fragt sich, welche dieser Weisen eigentlich zur Betrachtung des Metaphysikers gehören. In jedem Fall gehören alle drei Weisen der Dingwahrheit im Verhältnis zu einem hervorbringenden Verstand zum Gegenstand dieser Wissenschaft, weil sie das Seiende nicht auf das Quantitative oder Bewegliche einschränken. Von den drei Weisen der Dingwahrheit im Verhältnis zu einem bloß erkennenden Verstand gehört nur die erste zur Metaphysik. Allein dieser Modus des „Wahren" im Sinne der „Selbst-Manifestation" ist mit „Seiendem"[31] vertauschbar. Scotus betont, daß diese Offenheit für einen Verstand nicht von einer Tätigkeit des Verstandes abhängig ist, sondern eine innere Eignung des Dinges ist. Selbst wenn es keinen Verstand gäbe, würde jedes Ding geignet sein, sich je nach dem Grad seiner Seiendheit kundzutun (*manifestare*).[32]

Scotus' Analyse der Weisen der Wahrheit in den Dingen zeigt, daß „ontologische Wahrheit" im Mittelalter nicht einfach mit „transzendentaler" Wahrheit identisch ist. Seine Schlußfolgerung mit Bezug auf den Sinngehalt des mit „Seiendem" konvertiblen „Wahren" ist für die mittelalterliche Metaphysik des Wahren repräsentativ. Das transzendentale Wahre wird als die Offenheit oder „Manifestation des Seienden" für den Verstand begriffen. Die Hilar von Poitiers zugeschriebene Definition „Das Wahre ist das, was Sein anzeigt oder offenlegt", die Philipp der Kanzler in der ersten Darstellung der Transzendentalienlehre eingeführt (und abgelehnt) hatte, erweist sich als die adäquateste *ratio* in dieser Hinsicht.

## III. „Das Wahre und das Gemachte (‚factum') sind konvertibel" (Vico)

Wahrheit betrifft die Relation zwischen Erkennen und Sein und schließt eine Auffassung über die Weise, wie der Mensch sich zur Wirklichkeit verhält, ein. Gerade in Betrachtungen zur „Wahrheit" wird der komplexe Transformationsprozeß der mittelalterlichen Transzendentalienlehre zur neuzeitlichen Transzendentalphilosophie sichtbar. Ein interessantes Bindeglied in dieser historischen

---

[30] Duns Scotus, *Quaestiones super Metaph.* VI, q. 3, n. 27 (ed. St. Bonaventure, 66): „*Pro istis sex conceptibus exprimendis potest accipi aequivoce ‚veritas in re'*".

[31] Duns Scotus, *Quaestiones super Metaph.* VI, q. 3, n. 71 (ed. St. Bonaventure, 83): „*Secundum autem, scilicet sumptum per comparationem ad cognoscentem, primum membrum pertinet, quatenus convertitur cum ente*".

[32] Vgl. Duns Scotus, *Quaestiones super Metaph.* VI, q. 3, n. 28 (ed. St. Bonaventure, 66): „*Quia si nullus esset intellectus, adhuc quaelibet res secundum gradum suae entitatis esset nata se manifestare*".

Entwicklung ist der Grundsatz „Das Wahre und das Gemachte sind konvertibel"
eines Denkers aus dem 18. Jahrhundert, Giambattista Vico (1668-1744).[33]

Sein *Liber metaphysicus*, der 1710 erschien, beginnt mit dieser These: „Für
die Lateiner sind *verum* und *factum* reziprok oder, wie man gemeinhin in der
Sprache der Schulen sagt, konvertibel"[34]. Der Terminus „konvertibel" suggeriert
Kontinuität mit der mittelalterlichen Transzendentalienlehre, und dieser Eindruck wird durch Vicos Verweis auf die „scholastische" Terminologie verstärkt.
In Wirklichkeit aber drückt sein Grundsatz Distanz zur transzendental-
ontologischen Tradition aus, weil für die Scholastiker *„Seiendes"* und „Wahres"
konvertibel sind. Der erklärungsbedürftige Terminus ist *factum*; er bedeutet sicher nicht „Fakt" – mit seiner These meint Vico nicht eine naive Korrespon-
denztheorie. Das *factum* der These muß wirklich als das Partizip Perfekt des
Verbs *facere* („machen") verstanden werden. Das zeigt sich an weiteren Formulierungen des Grundsatzes in seiner Schrift. So bezeichnet Vico, wie wir sehen
werden, das „Gemachthaben" (*fecisse*) als das Kriterium des Wahren (*veri
criterium*). Und in der Konklusion seiner *Metaphysik* formuliert er die Grundthese als die Identität der Verben *verare* und *facere*.[35]

Im zweiten Kapitel wendet Vico seinen Satz auf die Wahrheit der Wissenschaften an. Die Konvertibilität des „Wahren" und des „Gemachten" fungiert
gleichsam als ein transzendentaler Maßstab für die Möglichkeiten und Grenzen
der menschlichen Wahrheitserkenntnis. Der Mensch kann die Wahrheit in seiner
Naturforschung nicht erreichen, weil er die Elemente, aus denen die Naturdinge
zusammengesetzt sind, nicht in sich besitzt. Allein Gott erkennt die Naturwelt,
da er sie aus dem Nichts erschafft. Nur in den mathematischen Wissenschaften
ist Wahrheit dem Menschen zugänglich, denn er findet die Elemente der mathematischen Dinge nicht außerhalb seiner, sondern konstruiert sie selbst. Die ge-
wissesten Wissenschaften sind diejenigen, die in ihrer Tätigkeit dem göttlichen
Wissen in dem Sinne ähnlich werden, daß in ihnen das Wahre und das Gemachte
konvertibel sind. Zusammenfassend schließt Vico, daß „das Kriterium und die
Regel des Wahren das Gemachthaben ist"[36].

---

[33] Vgl. Vinzenz Rüfner, „Ens et verum convertuntur, Factum et verum convertuntur. Zur
Problematik mittelalterlicher und neuzeitlicher Ontologie", in: *Philosophisches Jahrbuch* 60
(1950), 406-437. Karl Löwith, *Vico's Grundsatz: verum et factum convertuntur. Seine theologische Prämisse und deren säkulare Konsequenzen*, Heidelberg 1968.

[34] Giambattista Vico, *Liber metaphysicus* I, c. 1 (hg. und übers. v. Stephan Otto und Helmut Viechtbauer, München 1979, 34): *„Latinis ‚verum' et ‚factum' reciprocantur, seu, ut
Scholarum vulgus loquitur, convertuntur"*.

[35] Ebd., Conclusio (ed. Otto/Viechtbauer, 148): *„Etenim habes verare et facere idem esse"*.

[36] Vico, *Liber metaphysicus* I, 2 (ed. Otto/Viechtbauer, 44): *„Cum igitur scientia humana
nata sit ex mentis nostrae vicio, nempe summa eius brevitate, qua extra res omnes est, et qua quae
noscere affectat non continet, et quia non continet, vera quae studet non operatur; eae certissimae
sunt, quae originis vicium luunt, et operatione scientiae divinae similes evadunt, utpote in quibus
verum et factum convertantur. Atque ex his, quae sunt hactenus dissertata, omnino colligere licet,
veri criterium ac regulam ipsum esse fecisse"*. Vgl. Stephan Otto, „Die transzendentalphilosophi-

In seiner Analyse der sechs verschiedenen Weisen der „Wahrheit in den Dingen" hatte Duns Scotus zwischen Wahrheit im Verhältnis zu einem hervorbringenden Verstand und Wahrheit im Verhältnis zu einem bloß erkennenden Verstand unterschieden. Das mit dem Seienden konvertible Wahre bezieht sich auf einen der Modi des letzten Verhältnisses und bezeichnet die Offenheit der Dinge für den Intellekt, die *manifestatio* oder Intelligibilität des Seienden. Vicos Grundsatz ist der Ausdruck eines anderen Wahrheitsmodells: Der Schwerpunkt hat sich verlagert zur Wahrheit im Verhältnis zum *hervorbringenden* Verstand; außerdem ist die Rolle der praktischen Vernunft des Menschen neu bewertet. Der *menschliche* hervorbringende Verstand ist das Kriterium des Wahren. Die Würde eines geistigen Wesens besteht nicht mehr in seiner transzendentalen Offenheit, sondern in seiner konstruktiven Tätigkeit.

Im *Liber metaphysicus* beweist Vico seinen Grundsatz der Konvertibilität des Wahren und des Gemachten in Bezug auf die Mathematik; die Anwendung auf die mathematische Welt ist nicht eine ursprüngliche Idee, sondern bereits bei Nikolaus von Kues (*De coniecturis* I,1 n. 5) zu finden. In einer späteren Schrift, der „Neuen Wissenschaft" (*Scienza nuova*), dehnt Vico seine These auf das Erkennen der menschlichen Kulturwelt aus: „Die Wahrheit, die auf keine Weise in Zweifel gezogen werden kann", ist, „daß diese zivile Welt sicherlich durch den Menschen gemacht worden ist, weshalb man ihre Prinzipien finden kann [...] in den Modifikationen unseres eigenen menschlichen Geistes"[37]. Man könnte sagen, daß in Kants Transzendentalphilosophie Vicos Grundsatz auch auf die theoretische Erkenntnis der Natur ausgedehnt wird.[38] In der Vorrede seiner *Kritik der reinen Vernunft* (B XIII) schreibt er, daß Galilei und andere Naturforscher begriffen, „daß die Vernunft nur das einsieht, was sie selbst nach ihrem Entwurf hervorbringt". Das menschliche Subjekt konstituiert durch seine *apriori*-Formen die Gegenstände der Erfahrung. In Kants Konzeption konstituiert die Beziehung der apriorischen Erkenntnis zum Gegenstand auch die „transzendentale Wahrheit", welche die Möglichkeitsbedingung jeder empirischen Wahrheit ist.[39]

---

sche Relevanz des Axioms ‚verum et factum convertuntur'. Überlegungen zu Giambattista Vico's ‚Liber metaphysicus'", in: Ders., *Materialien zur Theorie der Geistesgeschichte*, München 1979, 174-196.

[37] Giambattista Vico, *Scienza nuova*, § 331, in: Giambattista Vico: Opere, hg. v. Fausto Nicolini, Milano/Napoli 1953. (Deutsche Übers. von Karl Löwith, *Vico's Grundsatz: verum et factum convertuntur*, 5).

[38] Vgl. Löwith, *Vico's Grundsatz: verum et factum convertuntur*, 26.

[39] Vgl. Immanuel Kant, *Kritik der reinen Vernunft*, Hamburg 1990, B 185: „In dem Ganzen aller möglichen Erfahrung liegen aber alle unsere Erkenntnisse, und in der allgemeinen Beziehung auf dieselbe besteht die transzendentale Wahrheit, die vor aller empirischen vorhergeht, und sie möglich macht".

## IV. Priorität des Wahren?

Die mittelalterliche Transzendentalienlehre setzt eine gewisse Priorität des „Seienden" im Verhältnis zu den anderen transzendentalen Bestimmungen „Eines", „Wahres" und „Gutes" voraus. Diese Begriffe sind zwar koextensiv und miteinander konvertibel, aber zwischen ihnen besteht eine begriffliche Ordnung, in der „Seiendes" das Erste ist und die anderen Transzendentalien dem „Seienden" etwas hinzufügen. Diese Vorrangstellung ist jedoch gelegentlich in Frage gestellt. So ist die Priorität des „Wahren" behauptet worden, die ja eine Konsequenz der Transzendentalität der Wahrheit zu sein scheint. Das Wahre, so lautet das Argument, bezeichnet die Erkennbarkeit oder Intelligibilität des Seienden. Da Intelligibilität die notwendige Vorbedingung jeder menschlichen Erkenntnis ist, kann nichts ohne das Wahre erfaßt werden und ist das „Wahre" das Ersterkannte, nicht „Seiendes".[40] Die Behauptung der Erstheit des Wahren suggeriert eine gewisse gedankliche Kontinuität mit der neuzeitlichen Transzendentalphilosophie, in der Sein immer erkanntes Sein ist.

Thomas von Aquin war der erste, der das Argument für die Priorität des Wahren vorbringt, aber er lehnt den Gedanken ab. Der Satz „das Seiende kann nicht ohne das Wahre verstanden werden" ist insofern richtig, als das Wahre nicht vom Seienden getrennt werden kann. Aber dieser Satz ist falsch, wenn er in dem Sinne genommen wird, daß ein Seiendes nicht erfaßt werden kann, ohne daß der Sinngehalt des Wahren erfaßt wird. Thomas verdeutlicht diese Stellungnahme durch einen Vergleich. Nur weil Seiendes intelligibel ist, kann es verstanden werden, aber das heißt nicht, daß Seiendes nur verstanden werden kann, wenn der Sinngehalt der Intelligibilität zuerst erfaßt ist. Es ist ja auch nicht notwendig, daß jeder, der „Seiendes" versteht, den tätigen Verstand versteht, obwohl ohne den tätigen Verstand nichts verstanden werden kann.[41] „Seiendes" ist das Ersterkannte, nicht das „Wahre". Wäre die Erkenntnis des Sinngehalts des „Wahren" eine notwendige Vorbedingung der Seinserfassung, so löste sich der Gegenstand des Erkennens in seine Beziehung zum Intellekt auf.

Die Antwort des Thomas wurde offenbar nicht als befriedigend erfahren. Das zeigt sich bei Heinrich von Gent, dem wichtigsten Denker im letzten Viertel des 13. Jahrhunderts, in seiner Darstellung der Transzendentalien. Seine Ausführungen

---

[40] Vgl. Thomas von Aquin, *Summa theologiae* I, 16, 3, obj. 3: „*Quae se habent secundum prius et posterius, non videntur converti. Sed verum videtur prius esse quam ens: nam non intelligitur, nisi sub ratione veri. Ergo videtur, quod non sunt convertibilia*".

[41] Vgl. Thomas von Aquin, S. th. I, q. 16, a. 3 ad 3: „*Cum dicitur quod ens non potest apprehendi sine ratione veri, hoc habet intelligi dupliciter. Uno modo, ita quod non apprehendatur ens nisi ratio veri consequatur apprehensionem entis. Et sic locutio habet veritatem. Alio modo posset sic intelligi, quod ens non posset apprehendi, nisi apprehenderetur ratio veri. Et hoc falsum est. [...] Et est simile sicut si comparemus intelligibile ad ens. Non enim potest intelligi ens, quin ens sit intelligibile: sed tamen potest intelligi ens, ita quod non intelligatur intelligibilitas ejus: et similiter ens intellectum est verum: non tamen intelligendo ens, intelligitur verum*". Vgl. *De veritate* q. 1, a. 1 ad 3; *In I Sent.*, d. 19, q. 5, a. 1 ad 2.

sind stark von Thomas von Aquin beeinflußt und folgen eng dessen Darstellung in *De veritate* q. 1, a. 1. Aber in einem wesentlichen Punkt weicht Heinrichs Gedankengang von Thomas ab; er gesteht dem „Wahren" eine Erstheit zu, die mit der Rolle des Verstandes in der Bildung der transzendentalen Begriffe zusammenhängt.[42]

Nach Heinrich ist, wie nach Thomas, „Seiendes" das erste Konzept des Verstandes. Die weiteren Transzendentalien explizieren den Sinngehalt des „Seienden", weil sie *rationes* hinzufügen, die durch des Wort „Seiendes" selbst nicht ausgedrückt werden. Nicht aber die Natur des extramentalen Dinges unterscheidet solche *rationes*, sondern nur der Verstand. Dieser kann jedoch etwas nur unterscheiden, wenn es unter sein Fassungsvermögen fällt. Damit Seiendes intelligibel ist, muß es deshalb im Seienden einen Sinngehalt geben, durch den es eine Beziehung zum Verstand hat und geeignet ist, den Intellekt an sich zu assimilieren. Der Name ‚Wahrheit' bezeichnet diese Assimilation, die eine gewisse „Angleichung"[43] ist.

Aus dieser Analyse zieht Heinrich den Schluß, daß sowohl „Seiendes" wie „Wahres" eine Erstheit besitzen, allerdings auf verschiedene Weisen. Er unterscheidet zwischen einem „objektiv" und einem „dispositiv" ersten Konzept, aber erläutert diese Terminologie kaum. Mit der Unterscheidung scheint Heinrich verschiedene Ebenen der menschlichen Erkenntnis anzudeuten. Der Ausdruck *obiective* bezieht sich auf das, was erfaßt wird; *dispositive* (wörtlich: „im Sinne einer Vorbereitung oder Anlage") betrifft vielmehr die notwendige Bedingung jedes Erfassens. „Seiendes" ist *obiective* das erste Konzept des Verstandes, „Wahres" ist *dispositive* das Erste; es ist die erste *ratio* des Erfassens, gemäß welcher dasjenige erfaßt wird, was „objektiv" erfaßt wird. In diesem Sinne durchkreuzt (*circuit*) der Sinngehalt des Wahren (*ratio veri*) das ganze Seiende, weil alles nur unter diesem Sinngehalt verstanden wird.[44]

---

[42] Vgl. Jan A. Aertsen, „Heinrich von Gent und Thomas von Aquin über die Transzendentalien. Ein Textvergleich", in: Guy Guldentops and Carlos Steel (Hg.), *Henry of Ghent and the Transformation of Scholastic Thought. Studies in Memory of Jos Decorte*, Leuven 2003, 101-125.

[43] Heinrich von Gent, *Summa quaestionum ordinariarum* a. 34, q. 3 (in: Opera omnia, Bd. 27, hg. v. Raymond Macken, Leuven 1991, 189-191).

[44] Vgl. ebd., 191-192: „*Et sic ratio entis non includit ex suo nomine rationem veri intelligibilis vel declarativi sui apud animam, sed e converso ratio veri includit rationem entis, quia, licet primus conceptus intellectus obiective sit ratio entis, non tamen concipitur nisi sub ratione veri, et licet ratio veri sit prima ratio concipiendi, non tamen est ratio quae primo concipitur. Obiective enim et ut concipitur, id quod est ens, in quantum est ens, primus conceptus est, et deinde verum, ut tamen ens in se includit. Dispositive autem et ut ratio secundum quam concipitur id quod obiective concipitur, verum est prima ratio concipiendi, et sola, ut dictum est supra, ita quod circuit totum ens, et se ipsum et omnes rationes entis, quia nihil concipitur nisi sub ratione veri*".

Heinrichs These der Sonderstellung des Wahren hat weitergewirkt. Das zeigt sich in den Auseinandersetzungen um das „erste adäquate Objekt" des Verstandes im 14. Jahrhundert. Duns Scotus hat den Begriff *obiectum adaequatum* in die mittelalterliche Debatte über das Ersterkannte eingeführt. Er unterscheidet zwischen einem ersten Objekt in den Ordnungen des Ursprungs, der Vollkommenheit und der Adäquation. Das erste Objekt in der letzten Ordnung ist der Gegenstand, der einem Vermögen in dem Sinne „angemessen" ist, daß er zu allen möglichen Objekten dieses Vermögens proportional ist.[45] Das erste adäquate Objekt des Sehvermögens z. B. ist „das, was Farbe hat", weil dieses allen Gegenständen des Gesichtssinnes gemeinsam ist. Die Frage nach dem ersten adäquaten Objekt des Verstandes ist also die Frage nach der Reichweite der Vernunft.

Scotus fragt sich, ob das transzendentale Wahre (*verum transcendens*) dieses Objekt ist. Die für die Priorität des Wahren angeführten Argumente sind teilweise Heinrich von Gent entnommen. Scotus verwirft jedoch die Ansicht, das Wahre sei unter dem Aspekt des Wahren das erste adäquate Objekt des Verstandes. Eines seiner Gegenargumente behauptet, daß der Verstand in der Lage ist, das „Gute" gemäß seinem eigenen Sinngehalt des „Guten" im Unterschied zum „Wahren" zu erkennen. Aber alles, was erkannt wird, wird unter dem formalen Sinngehalt des Verstandesobjekts erkannt. Ergo ist das Wahre nicht das erste adäquate Objekt.[46]

Der Skotist Petrus Thomae (gest. 1340) kritisiert diese Ablehnung. Der *Doctor subtilis* hat nicht hinreichend zwischen dem *obiectum quod* und dem *obiectum quo* eines Vermögens unterschieden, das heißt, zwischen dem Objekt, *das* ein Vermögen erfaßt, und dem Aspekt, *unter dem* das Vermögen sein Objekt erreicht. Die Unterscheidung ist Heinrich von Gents Distinktion zwischen dem *obiective* Ersten und dem *dispositive* Ersten ähnlich. „Seiendes" ist das erste *obiectum quod* des Verstandes, aber „Wahrheit" ist die formale *ratio*, durch welche dieses Objekt erkannt wird.[47] Thomaes Ausführungen sind ein weiterer Beleg für die Sonderstellung des „Wahren" innerhalb der Transzendentalienlehre.

---

[45] Vgl. Duns Scotus, *Ordinatio* I, d. 3, p. 1, q. 1-2, nn. 69-70 (in: Opera omnia, ed. Vaticana III, Rom 1954, 48-49).

[46] Vgl. Duns Scotus, *Ordinatio* I, d. 3, p. 1, q. 3, nn. 167-169 (in: Opera omnia, ed. Vaticana III, 104-105).

[47] Vgl. Petrus Thomae, *Quodlibet* q. 3, a. 3 (hg. v. M. Rachel Hooper und Eligius M. Buytaert, Louvain/Paderborn 1957, 57-59).

# „*Nihil omnino in nihilum redigetur*".
## Thomas von Aquin und der Nihilismus

Albert Zimmermann (Köln)

### 1.

Thomas von Aquin erläutert in der *Quaestio* 104 des ersten Teils seines Hauptwerks, der *Summa theologiae*, was unter der Herrschaft des Schöpfers über seine
Schöpfung genauer zu verstehen ist. Er legt also dar, wie ein gläubiger Christ die
Welt begreift. Zu diesem Zweck stellt er die folgenden Fragen: 1: *Utrum
creaturae indigeant ut conserventur in esse a Deo?* (Bedürfen die Geschöpfe, daß
sie von Gott im Sein erhalten werden?) 2: *Utrum Deus immediate omnem
creaturam conservet?* (Erhält Gott unmittelbar jedes Geschöpf?). 3: *Utrum Deus
possit aliquid redigere in nihilum?* (Kann Gott etwas ins Nichts zurücksinken lassen?). 4: *Utrum aliquid in nihilum redigatur?* (Sinkt irgend etwas ins Nichts zurück?).

Weshalb verdienen diese Artikel aus der *Summa theologiae*, verfaßt im 13.
Jahrhundert von dem Theologen Thomas von Aquin, die Aufmerksamkeit eines
Lehrers der Philosophie?

Die Gedanken, die sich viele unserer Zeitgenossen über die Zukunft des
Menschen, über einen ‚Humanismus der Zukunft' machen, sind stark beeinflußt
von den Ideen des deutschen Philosophen und Dichters Friedrich Nietzsche
(1844 - 1900). Er gilt als ein großer Prophet des Geschehens kommender Jahrhunderte.[1] Beträchtlich ist die Zahl derer, die Nietzsche zustimmen – so scheint
mir –, weil er mit großer Entschiedenheit, ja nicht selten voller Abscheu, das
Christentum bekämpft. Vor einiger Zeit war in einer deutschen Wochenzeitung
ein Aufsatz zu lesen unter der Überschrift: *Der Fluch des Christentums*, die wörtlich Nietzsches Abhandlung *Der Antichrist* entnommen ist. Der Schluß des Aufsatzes lautete: „Erst in seinem Verlöschen könnte sich der Fluch des Christentums noch in Segen verwandeln".[2] Ein in Weimar, seit langem Ort des *Nietz-
sche-Archivs*, gegründetes *Nietzsche-Kolleg* soll eine ‚Fabrik für freie Geister'
werden.

Nietzsche lehnte das Christentum ab, weil er meinte, das christliche Ideal
sei ein Mensch, der sich klein macht und erniedrigt, der sein Leben nach einer
‚Sklavenmoral' ausrichtet. Das wiederum entspreche der Art und Weise, wie dem
Christen die Welt erscheint: Das Christentum nämlich ‚verarmt, verblaßt,

---

[1] Ausführliche Darstellung und Literaturangaben in: Steven E. Aschheim, *Nietzsche und
die Deutschen. Karriere eines Kults*, aus dem Englischen v. Klaus Laermann, Stuttgart/Weimar
2000.
[2] Die Zeit Nr. 20, 11.5. 2000, 42.

verhäßlicht den Wert der Dinge', es ,verneint die Welt'[3] Sogar das Wort ,Welt'
sei durch den Einfluß des Christentums nach und nach zu einem Schimpfwort
geworden. Dieses ,Nein' zur Welt tritt nun nach Nietzsches Ansicht endlich offen zutage. Es beginnt ein ,Nihilismus' zu dominieren. Die Begegnung des Menschen mit der Welt und der Wirklichkeit ganz allgemein droht unausweichlich
von einem Ja zur Nichtigkeit und Sinnlosigkeit geprägt zu werden. „Ein Nihilist
urteilt, die Welt, wie sie ist, sollte nicht sein, und die Welt, wie sie sein sollte,
existiert nicht"[4].

Wie könnten – so Nietzsches Frage – die Menschen vor dieser Bedrohung
durch den Nihilismus gerettet werden? Den Ausweg aus der nihilistischen Weltsicht läßt er seinen Zarathustra zeigen. Dieser verkündet die ,ewige Wiederkehr
des Gleichen'. Er öffnet so den Menschen die Augen dafür, daß der Nihilismus
grundfalsch ist. Der Welt wird kein ,Nein' gerecht. Sie ist nämlich der Vernichtung zutiefst entzogen. Sie hat für immer Bestand. Nietzsche beschreibt ,die
neue Weltkonzeption': „Die Welt besteht; sie ist nichts, was wird, nichts, was
vergeht. Oder vielmehr: sie wird, sie vergeht, aber sie hat nie angefangen zu werden und nie aufgehört zu vergehen, – sie erhält sich in Beidem"[5]. Seine Versuche, diese Lehre, die er sogar für das Resultat wissenschaftlicher Erforschung
hält, überzeugend zu begründen, sie zu beweisen, scheitern jedoch.[6] Den Menschen bleibt also nur übrig, die Botschaft Zarathustras glaubend anzunehmen.
Demjenigen, der sie hört, erscheint sie ,göttlich', ja ,göttlicher' als alles sonst
Gehörte. Deshalb sagt er dem Verkünder dieser Weltsicht: „Du bist ein Gott,
und nie hörte ich Göttlicheres"[7]. Nietzsche selbst nennt diesen ,nachchristli-
chen' Glauben „die Religion der freiesten, heitersten und erhabensten Seelen"[8].

Diese Äußerungen Nietzsches über ,die neue Religion' und über deren
Wahrnehmung der Welt rufen nun in Erinnerung die erwähnten Texte, in denen
Thomas von Aquin herausstellt, wie dem Christen die Welt, in der er existiert
und die er zu begreifen sucht, begegnet. Thomas spricht dabei als Theologe, als
ein Denker, der an die Botschaft der Bibel glaubt, gemäß der die Welt von Gott
geschaffen ist und als Schöpfung verstanden wird. Seine Gedanken mit denen
Nietzsches zu vergleichen, heißt jedoch nicht, das von der biblischen Botschaft
geleitete Verständnis der Wirklichkeit einer Weltsicht gegenüberzustellen, die

---

[3] „Das Christentum war der Versuch, die Welt [...] zu verneinen". Friedrich Nietzsche,
*Der Wille zur Macht*, 3. Buch, Nr. 845, in: Sämtliche Werke in 12 Bänden, Bd. 9, Stuttgart 1964,
567.

[4] Ebd., 403.

[5] Friedrich Nietzsche, *Nachgelassene Fragmente 14* (188) , in: Kritische Studienausgabe in
15 Bänden (KSA), hg. v. Giorgio Colli u. Mazzino Montinari, München 1999, Bd. 13 , 374.

[6] Dazu u.a. Gianni Vattimo, *Friedrich Nietzsche, Eine Einführung*, Stuttgart 1992, 73. Wilhelm Weischedel , *Der Gott der Philosophen. Grundlegung einer pilosophischen Theologie im
Zeitalter des Nihilismus*, Bd. 1, Darmstadt 1971, 4. Kap., 429-457.

[7] Friedrich Nietzsche, *Die fröhliche Wissenschaft*, Nr.341 , in: KSA 3, 570.

[8] Friedrich Nietzsche, *Die Unschuld des Werdens: der Nachlass (Teil 2)*, in: Sämtliche
Werke, Stuttgart 1965, Bd. 11 , 479.

mit dem Anspruch auftritt, nur durch die Vernunft bestimmt und somit ‚philosophisch' zu sein. Der christliche Denker – besser noch: der nachdenkliche Christ – Thomas, der für sein Verständnis der Welt Argumente beibringt, begegnet vielmehr einem neuzeitlichen ‚gläubigen' Bekämpfer des Christentums, der sich wie ein Prophet aufführt und gläubige Anhänger gewinnen möchte.

Die Erinnerung an die genannte *Quaestio* 104 der *Summa theologiae* hat einen weiteren Grund: Nietzsche wollte, wie gesagt, den drohenden Nihilismus überwinden. Diese Überwindung will er erreichen in einem gedanklichen Prozeß, den er selbst einmal eine „Experimentalphilosophie" nennt und beschreibt: „Eine solche Experimentalphilosophie, wie ich sie lebe, nimmt versuchsweise selbst die Möglichkeiten des grundsätzlichen Nihilismus vorweg, ohne daß damit gesagt wäre, daß sie beim [...] Nein [...] stehenbliebe. Sie will vielmehr [...] bis zu einem dionysischen Jasagen zur Welt, wie sie ist [...]".[9] Am Ende des skizzierten Gedankenganges steht also der Glaube an die ewige Wiederkehr, der Gipfel, den das Ja zur Welt überhaupt erreichen kann.

Thomas von Aquin schlägt in der *Quaestio* 104 einen Weg des Nachdenkens ein, der Nietzsches ‚Experimentalphilosophie' ähnlich ist. Der Christ, der begreifen will, was die von ihm geglaubte göttliche Weltregierung bedeutet, muß zunächst überlegen, ob die Welt von ihrem Schöpfer im Dasein erhalten werden muß. Das ist Thema der beiden ersten Artikel: „Bedürfen die Geschöpfe, daß sie von Gott im Sein erhalten werden?" und „Erhält Gott unmittelbar jedes Geschöpf?". Wenn nun eingesehen ist, daß das Sein der Geschöpfe vom Schöpfer radikal abhängt, kann die Frage, ob der Schöpfergott etwas ins Nichts versinken lassen könnte, nicht umgangen werden. Die Überlegung führt zu der Erkenntnis, daß der Bestand der Schöpfung nicht selbstverständlich ist. Das Nichtsein eines geschaffenen Seienden kann widerspruchsfrei gedacht werden und erweist sich insofern als möglich. Die Erkenntnis, daß Nichtsein von Geschaffenem möglich ist, ist jedoch nicht das Ende des Suchens. Der nachdenkliche Christ will wissen, ob es ein Zurückfallen ins Nichts tatsächlich geben wird: „Sinkt irgend etwas ins Nichts zurück?". Beendet ist der Weg der Suche schließlich mit der Erkenntnis: „Schlechthin zu sagen ist, daß nichts vollständig ins Nichts zurücksinken wird"[10].

---

[9] Friedrich Nietzsche, *Der Wille zur Macht*, 4. Buch: *Zucht und Züchtung*, in: Sämtliche Werke, Bd. 9, 679. Vgl. u.a. Karl Löwith, „Nietzsches Versuch zur Wiedergewinnung der Welt", in: Alfredo Guzzoni (Hg.), *100 Jahre Nietzsche-Rezeption*, Frankfurt am Main 1991.

[10] Thomas von Aquin, *Summa Theologiae (S.th.)*, I, 104, 3, c.: „*Simpliciter dicendum est quod nihil omnino in nihilum redigetur*". In: Marietti-Ausgabe, hg. v. Petrus Curamello, Turin/Rom 1952-1956, 495, [alle Übers. aus dem Lateinischen: A.Z.]

2.

Von dieser Gedankenfolge der *Quaestio* seien nun die beiden letzten Artikel näher erörtert. Dargelegt wurde bereits, daß die Erschaffung, an die der Christ glaubt, nicht zureichend verstanden ist, wenn sie begriffen wird wie ein einmaliges Ereignis, das einmal eingetreten ist und mit dem hinreichend erklärt ist, was das Sein der erschaffenen Dinge ausmacht. Erschaffenes bedarf vielmehr des ständigen schöpferischen Einflusses, es muß im Dasein ‚erhalten‘ werden.[11] Was Sein des geschaffenen Seienden bedeutet, kann sich dem Denken erst erschließen, wenn gewahrt ist, daß die Verbindung des geschaffenen Seienden mit der Quelle des Seins nie, zu keinem Zeitpunkt, unterbrochen ist. Thomas macht das mit einem oft gebrauchten Vergleich deutlich: Das Geschaffene verhält sich zum Schöpfer so, wie sich ein Licht aufnehmendes und dadurch leuchtendes Medium zur Sonne verhält. Das Medium leuchtet, weil es teilhat am Licht, das aus dessen Quelle, der Sonne, fließt. Es wird aber nie Teil der Sonne. Jedes Geschöpf hat teil am Sein, das vom Schöpfer ausgeht. Es wird aber nicht Teil der Quelle des Seins.[12]

Ist damit aber nicht auch gesagt, daß dem Schöpfer die Macht eignet, etwas von ihm Geschaffenes ins Nichts versinken zu lassen, indem er seinen schöpferischen Einfluß abbrechen läßt? Der Gedanke, ein Zurücksinken ins Nichts, eine so verstandene ‚Vernichtung‘ geschaffener Dinge sei möglich, läßt sich schwerlich vermeiden.

Einige Philosophen bestreiten allerdings, daß eine solche Möglichkeit besteht. Sie verstehen nämlich die Erschaffung nach dem Vorbild des Entstehens in der Natur. Demnach wirkt der Schöpfer wie die Natur, wenn sie Dinge hervorbringt. Für dieses Bewirken ist kennzeichnend, daß es mit Notwendigkeit abläuft. Wenn nun die Dinge ihr Dasein einer Tätigkeit verdanken, über die der Schöpfer nicht in Freiheit herrscht, sondern der er sich gar nicht enthalten kann, die er vielmehr notwendigerweise vollzieht, kann kein Geschöpf ins Nichtsein zurücksinken; denn das hieße ja, der Schöpfer wäre seinem Wesen untreu.[13]

Die Erschaffung so zu verstehen, ist nach Meinung des Thomas jedoch nicht nur falsch, sondern auch nicht im Einklang mit dem, was der biblische

---

[11] Ebd., 104, 1, c. : „*dicendum quod necesse est dicere, et secundum fidem et secundum rationem, quod creaturae conservantur in esse a Deo [...] Dependet enim esse cuiuslibet creaturae a Deo, ita quod nec ad momentum subsistere possent, sed in nihilum redigerentur, nisi operatione divinae virtutis conservarentur in esse [...]*“. (Marietti: 492)

[12] Ebd. : „*Sic autem se habet omnis creatura ad Deum, sicut aer ad solem illuminantem. Sicut enim sol est lucens per suam naturam, aer autem fit luminosus participando lumen a sole, non tamen participando naturam solis, ita solus Deus est ens per essentiam suam, quia eius essentia est suum esse; omnis autem creatura est ens participative, non quod sua essentia sit eius esse*“. (Marietti: 493)

[13] Ebd., 3, c.: „*quidam posuerunt quod Deus res in esse produxit agendo de necessitate naturae. Quod si esset verum, Deus non posset rem aliquam in nihilum redigere, sicut non potest a sua natura mutari*“. (Marietti: 494)

Glaube lehrt. Die Erschaffung der Dinge ist kein Akt oder Vorgang, der einem ‚Naturprozeß' gleicht. Sie ist kein notwendiger, sondern ein freier Akt des Schöpfers. Alles Seiende ist vom Schöpfer frei gewollt. Folglich hängt auch der Bestand der Dinge vom Willen des Schöpfers ab. Er bewirkt, daß es sie gibt, und er erhält sie, und dies in Freiheit.[14]

Damit drängt sich allerdings unausweichlich die Frage auf, ob es denn nicht in der Macht des freien Schöpfers, der „Allmacht" also, liegt, etwas Geschaffenes ins Nichts zurücksinken zu lassen. Das zu bestreiten, heißt doch offensichtlich, die Macht des Schöpfers als begrenzt zu denken. Thomas, der diese Frage des öfteren erwägt, erläutert, daß man über eine Grenze der Allmacht sinnvoll nur sprechen kann, indem man über Objekte spricht, die man sich als Gegenstände dieser Macht ausdenkt und vorstellt. Eine Beschränkung der Wirkmacht wird dadurch aufgezeigt, daß etwas als Gegenstand der Wirkung beschrieben wird, das es gar nicht geben kann, also ein Scheingegenstand. Die Beschreibung muß also in sich einen Widerspruch enthalten; denn wovon eingesehen ist, daß es etwas in sich Widersprüchliches ist, was sich – anders gesagt – nicht einmal denken läßt, kann es überhaupt nicht geben. Es gilt also: Nicht möglich ist, etwas zu bewirken, das sich nur mittels eines Widerspruchs beschreiben läßt. Es ist demnach schlicht und einfach unsinnig, der Allmacht eine Wirkung zuzuschreiben, die es gar nicht geben kann. Dementsprechend stellt Thomas einmal fest: „Die Wirkmacht Gottes, an und für sich genommen, erstreckt sich auf alle Objekte, die keinen Widerspruch einschließen […] Was jedoch widerspruchsvoll ist, kann Gott nicht bewirken, es ist an sich unmöglich".[15] Er macht an Beispielen klar, wie sich durch sprachlich korrekte Konstruktion von Scheingegenständen über vermeintliche Grenzen der göttlichen Wirkmacht sprechen läßt.[16] Er betont aber auch, das damit Gemeinte sollte genauer formuliert werden: „Es ist angemessener zu sagen, solches könne nicht geschehen, als zu sagen, Gott könne solches nicht bewirken"[17].

Was ist nun über den Sachverhalt, daß etwas Geschaffenes ins Nichts zurücksinkt, zu sagen? Kann das gedacht werden oder ist es in sich widersprüchlich? Thomas antwortet darauf: Der Gedanke, etwas Geschaffenes versinke zurück ins Nichts, enthält keinen Widerspruch. Das Prädikat der Aussage: „Ein Geschöpf ist schlechthin nicht" ist mit deren Subjekt nicht unverträglich. Daß es

---

[14] Ebd., *„Hoc igitur quod Deus creaturae esse communicat, ex Dei voluntate dependet".*

[15] Thomas von Aquin, *Quaestiones disputatae (Quest.disput.)*, *De Potentia* I,7, c : *„potentia Dei, quantum est de se, ad omnia illa obiecta se extendit, quae contradictionem non implicant [...] Ea vero quae contradictionem implicant, Deus non potest; quae quidem sunt impossibilia secundum se".* In: Marietti-Ausgabe, Vol. II, hg. v. Raimondo Spiazzi, Turin 1965, 23.

[16] Siehe: Thomas von Aquin, *Summa contra gentiles* II , c. 25. (Marietti: 136-138)

[17] Thomas, *S.th.* I , 25, 3, c: *„Unde convenientius dicitur quod non possunt fieri quam quod Deus non potest ea facere ".* (Marietti: 141)

Geschöpfe nicht gibt, ist also denkbar, und es kann somit nicht unmöglich genannt werden.[18]

Auch daß der Schöpfer aufgrund seiner Gutheit Ursache der Erschaffung ist, schränkt nicht seine Macht ein, etwas Geschaffenes ins Nichts versinken zu lassen. Es mag zunächst so scheinen, als widerspreche dies der Vollkommenheit des Schöpfers. Das ist aber eine Täuschung; denn Gutheit oder Vollkommenheit des Schöpfers hängen nicht von den Geschöpfen ab.[19]

Zum Wirklichkeitsverständnis des Christen gehört also auch die Erkenntnis, daß radikales Nichtsein der Dinge möglich ist. Strenges und konsequentes Denken läßt nach Ansicht des Thomas den Christen einsehen, daß ein Geschöpf ins Nichts versinken könnte. An diesem Blick in den Abgrund des Nichts kommt der Gläubige nicht vorbei.

Verständlicherweise neigen Philosophen dazu, in einer Einsicht, die auf diese Weise gewonnen ist, ein Ziel ihrer Bemühungen zu sehen. Sie ist ja so klar und deutlich, wie das Kontradiktionsprinzip zuläßt, und sie zu verneinen heißt, gegen dieses Prinzip zu verstoßen. Dieser Aufweis der göttlichen Allmacht läßt einen vernünftigen Zweifel nicht zu.

Thomas gibt sich damit jedoch nicht zufrieden. Er will nicht nur ergründen, was denkbar ist. Er strebt nach einem Wissen darüber, was wirklich der Fall ist. Deshalb stellt er schließlich die Frage: „Wird irgend etwas ins Nichts versinken?".

Das zu fragen und darauf eine Antwort zu suchen, mag fast vermessen erscheinen. Wie soll man denn etwas herausfinden über die Weise, wie der Schöpfer seine Freiheit gebraucht, ohne daß man in der Offenbarung, die sich in der Bibel findet, verbindliche Auskunft erhält?

Wie bereits dargetan, führt Nachdenken über die Macht des Schöpfers und deren Reichweite nicht zu einem Ergebnis. Für das Suchen nach einer Antwort bleibt somit nur ein Weg: Der Blick muß auf die geschaffenen Dinge, auf die Welt gerichtet werden. Vielleicht belehren sie darüber, wie der Schöpfer mit ihnen verfährt und verfahren wird.

Das erste, was dieser Blick auf die uns zugängliche Wirklichkeit zeigt, ist das Verhalten, das den Dingen aus sich heraus eigen ist, „der natürliche Lauf der Dinge (,*naturalis cursus rerum*') genannt. Neben diesem unbestreitbar regelhaften und geordneten Verhalten gibt es – zweitens – auch Vorgänge, welche die natürliche Ordnung durchbrechen. Gläubige sehen darin gnadenhaft bewirkte Wunder und verstehen sie als Ereignisse, durch die der Schöpfer zu erkennen

---

[18] Thomas, *De potentia* 5, 3, c: „*creaturas autem simpliciter non esse, non est in se impossibile quasi contradictionem implicans [...] Et hoc ideo est, quia non sunt suum esse, ut si cum dicitur ,Creatura non est omnino' oppositum praedicati includatur in definitione subiecti*". (Marietti: 136)

[19] Thomas, *S.th.* I, 104, 3, ad 2: „*bonitas Dei est causa rerum, non quasi ex necessitate naturae, quia divina bonitas non dependet ex rebus creatis; sed per liberam voluntatem*". (Marietti: 494) u. vgl. ders. *De Pot.* 5, 3, c. (Marietti: 19)

gibt, daß seine Macht und seine Gutheit auf Bewahrung und Erhaltung des Seins der Dinge zielen.

Aber auch die natürliche Ordnung der Dinge sagt etwas Wesentliches darüber aus, wie der Schöpfer mit den Dingen umgehen wird. Das natürliche Verhalten der Dinge ergibt sich aus den ihnen eigenen Beschaffenheiten und zeigt an, was sie jeweils wesenhaft sind. Das sich so zeigende Wesen der Dinge läßt nun erkennen, daß nichts Erschaffenes vollständig ins Nichts versinken wird.[20]

Leicht erkennbar ist das bei dem immateriellen Seienden; denn ein immaterielles Seiendes ist in keiner Weise dazu disponiert, aus sich heraus einer Auflösung anheimzufallen, ihm wohnt keinerlei Tendenz inne, sein Dasein zu verlieren. Immaterielles ist seiner Natur nach unzerstörbar. So ist es vom Schöpfer gewollt, und deshalb wird es sein Dasein auch nicht verlieren.

Über die materiellen Dinge läßt sich Ähnliches sagen, wenn das auch nicht so direkt erfaßt werden kann. Materielle Dinge unterliegen den Prozessen des Werdens und Vergehens. Werden und Vergehen in der Natur spielen sich aber ab auf einer Grundlage, nämlich der Materie. Zwar vermögen wir diese als solche nicht wahrzunehmen. Sie wird aber sicher erkannt als notwendiges potentielles Prinzip des Werdens und Vergehens. Wir entdecken also auch im Bereich des materiellen Seienden eine Unzerstörbarkeit, insofern die Materie dem natürlichen Werden und Vergehen entzogen ist und insbesondere von jeder Zerstörung unberührt bleibt. Sie verharrt in allen Veränderungen als deren substantiellem Träger, in den die vielfältigen Formen und Gestalten versinken und aus dem immer wieder neue Formen auftauchen. Die Natur erweist sich auch hier als beständig.[21]

Aufgrund dieser Überlegungen gibt Thomas schließlich die Antwort: „Deshalb muß schlechthin gesagt werden, daß nichts vollständig ins Nichts zurücksinken wird". Mit diesem Urteil endet das Nachdenken über die Welt und über ihre wesentliche Eigenart als Schöpfung. Wird die geschaffene Welt in ihrer ganzen Wirklichkeit begriffen, erweist sich ihr Nichtsein, das am Horizont des Denkens als möglich auftauchte, als ein bloßes Gedankengebilde.

Zum Abschluß dieser Erinnerung an einige Texte des Thomas von Aquin sei hervorgehoben:

1) Thomas legt dar, wie ein Christ die Welt als Schöpfung Gottes zu denken und zu begreifen sucht. Gewiß ist das keine rein philosophische und somit allgemeine Zustimmung erheischende Deutung der Wirklichkeit. Aber auch moderne ‚philosophisch' genannte und angeblich nur auf die Vernunft gestützte Weltdeutungen geben in Wahrheit immer Überzeugungen wieder, die irgendei-

---

[20] Ebd., 4, c.: „*creaturarum autem naturae hoc demonstrant, ut nulla earum in nihilum redigatur* ". (Marietti: 495); ders. *De pot.* I, 5, 4, c.: „*Dicendum quod universitas creaturarum nunquam in nihilum redigetur*". (Marietti: 138)

[21] Ebd. „*quia vel sunt immateriales, et sic in eis non est potentia ad non esse; vel sunt materiales, et sic saltem remanent semper secundum materiam, quae incorruptibilis est, utpote subiectum existens generationis et corruptionis* ". Und vgl. ders. *De Pot.* 5, 4.

ner Art ‚Glauben' entspringen. Nietzsche, ehrlichem Denken zutiefst verpflichtet, verhehlte das nicht und sagte es auch klar und deutlich.

2) Thomas zeigt in dieser *Quaestio* auf, daß der Christ, der über die Beziehung der Welt zu ihrem Schöpfer nachdenkt und dabei am Widerspruchsprinzip als Maßstab des Denkens festhält, einsehen muß, daß etwas Geschaffenes als nichtseiend gedacht werden kann. Folglich muß er einräumen, daß der Schöpfer die Macht hat, etwas Geschaffenes ins Nichtsein zurücksinken zu lassen.

Auch zeitgenössischen Philosophen ist die These, das Nichtsein der Dinge sei denkbar, keineswegs fremd. Schließlich erfahre jeder Mensch die Zufälligkeit des eigenen Daseins. So stellt der Philosoph Hans Jonas einmal mit Nachdruck fest: „Es gibt keine Notwendigkeit, daß überhaupt eine Welt sei. Warum Etwas ist anstatt Nichts – diese unbeantwortbare Frage der Metaphysik sollte davor schützen, Dasein schlechthin als Axiom zu unterstellen [...] Vielmehr ist die Tatsache von Dasein überhaupt das Mysterium aller Mysterien"[22]. Oft zitiert wird auch der Satz 6.44 aus Ludwig Wittgensteins *Tractatus logico-philosophicus*: „Nicht wie die Welt ist, ist das Mystische, sondern daß sie ist".

Thomas von Aquin hält jedoch die Erkenntnis, daß ein Sachverhalt denkbar und also möglich ist, nicht für ausreichend. Der fragende Mensch soll sich belehren lassen von der Wirklichkeit, von der Welt, in der wir leben und deren Teil wir sind. Ihm ist aufgegeben, zu verstehen, was die Welt vernehmbar macht.

3)  Bei seinen Überlegungen ist Thomas von Aquin geleitet von einem Weltbild, das viele zeitgebundene Züge hat. Er spricht von ‚immateriellen Substanzen', er hat die Theorie von den Bewegern der unentwegt kreisenden Gestirnsphären im Auge, und er stützt sich auf die traditionelle Lehre von der Materie als einem notwendigem Prinzip des Werdens und Vergehens in der Natur.

Sicherlich sind Art und Weise, wie er auf die Unzerstörbarkeit der Welt aufmerksam macht, dem Menschen von heute zunächst sehr fremd. Das sollte jedoch nicht verdunkeln, worauf es ankommt. Zwar vermeidet man heutzutage gern den Begriff ‚immaterielle Substanz'. Die moderne Anthropologie und Psychologie sehen aber im ‚Geist' ein wesentliches Prinzip des Menschseins. Viele Fachleute lehren zudem, dieses Prinzip könne nicht sinnvoll auf Materie reduziert werden.

Auch im Bereich der unaufhörlich sich ändernden materiellen Natur sind – wie jedermann weiß – Beständigkeit und Unzerstörbarkeit keine fremden Vorstellungen. Sie begegnen in den neuzeitlichen Wissenschaften von der Welt in Gestalt der „Erhaltungssätze". Es gibt keine Wissenschaft von der Natur ohne Bejahung des Grundsatzes, daß die Energie, in welcher Form auch immer sie sich zeigt, erhalten bleibt.[23] Anerkannt wird also, daß der Welt eine grundlegende

---

[22] Hans Jonas , *Zwischen Nichts und Ewigkeit. Zur Lehre vom Menschen*, 2. Aufl ., Göttingen 1987, 30.

[23] Überschwenglich gab seiner Überzeugung auch ein Ideologe des dialektischen Materialismus, Friedrich Engels, Ausdruck: „Wir haben die Gewißheit, daß die Materie in allen ihren Wandlungen ewig dieselbe bleibt, daß keines ihrer Attribute je verlorengehen kann und daß sie

Dauerhaftigkeit eigentümlich ist, daß etwas jeden Prozeß überdauert, daß ‚nichts vollständig ins Nichts versinkt'.

Der Christ, der über die Welt nachdenkt, macht sich, der Vernunft folgend, diese Erkenntnis zu eigen. Es kann ihm nicht verwehrt sein, in ihr eine Auskunft darüber zu sehen, wie der Schöpfer mit der Schöpfung verfährt und verfahren wird.

Er wird - vielleicht verwundert über die Redeweise – Nietzsches Worten zustimmen: „Die Welt besteht, sie ist nichts, was wird, nichts, was vergeht [...] sie erhält sich in Beidem". Er wird aber hinzufügen, dabei die Worte Alberts des Großen, des Kölner Lehrers des Thomas von Aquin gebrauchend: *„Totus mundus homini theologia est"*: „Die ganze Welt ist dem Menschen Rede von Gott".

---

daher auch mit derselben eisernen Notwendigkeit, womit sie auf der Erde ihre höchste Blüte, den denkenden Geist, wieder ausrotten wird, ihn anderswo und in anderer Zeit wieder erzeugen muß". Friedrich Engels, *Die Dialektik der Natur* , Berlin 1955, 28.

# „magis deberet poni subiectum primum terminus ‚res' vel terminus ‚aliquid'" – Der Sinn des Seins in Buridans Verständnis des Transzendentalen

GERHARD KRIEGER (Trier)

Das Verständnis der Metaphysik im Mittelalter zählt zu denjenigen Themen, die sowohl für das Selbstverständnis der Philosophie im Mittelalter selbst als auch im betreffenden Vergleich zur antiken Auffassung einerseits und zur neuzeitlichen Betrachtung andererseits von zentraler Bedeutung sind. In diesem Zusammenhang hat der Verweis auf die „transzendentale" Gestalt der Metaphysik im Mittelalter einen besonderen Stellenwert, da sich mit dieser Gestalt eine Besonderheit metaphysischen Denkens im Mittelalter gegenüber der Antike verknüpft, die zugleich eine Verbindung zwischen mittelalterlicher und neuzeitlicher Philosophie darstellt.

Die vorliegenden Überlegungen wollen die Transformation vorstellen, zu der die Metaphysik des Johannes Buridan im Verständnis dieses „transzendentalen" Ansatzes führt. Dies geschieht vor dem Hintergrund der Auffassung des Johannes Duns Scotus, insofern und soweit dieser eine besondere Bedeutung für die Entwicklung des genannten Metaphysikverständnisses zugeschrieben wird. Dabei kann sich die Erläuterung der Scotischen Auffassung im vorliegenden Zusammenhang auf den Hinweis beschränken, wie diese die im Aristotelischen Konzept der Metaphysik begründeten Schwierigkeit löst, daß letztgenannte als „allumfassende Wissenschaft des Seienden als Seienden"[1] zu denken ist. Die Scotische Antwort besagt, daß das Seiende „in einem einheitlichen Begriff gedacht [wird], der die Mannigfaltigkeit der Gattungen übersteigt"[2]. Die Erläuterung der Auffassung des Scotus kann auf diesen Hinweis beschränkt bleiben, weil Buridan seinerseits die Metaphysik zwar als „allumfassende Wissenschaft" konzipiert, diese aber nicht auf das bezieht, was als „seiend" ansprechbar ist. Vielmehr hat diese, soweit sie Ontologie ist, Gegenständliches zur Aufgabe. Dieser Zusammenhang zwischen historischem Bezug und sachlicher Differenz läßt sich insoweit auf die im Titel dieses Beitrages zitierte Stellungnahme beziehen, als Buridan, indem er den Ausdrücken *res* oder *aliquid* in der Bezeichnung des Gegenstandes der Metaphysik einen Vorrang vor *ens* zuspricht, ausdrücklich macht, in seiner Kennzeichnung des Gegenstandes der Metaphysik auf den Verweis auf das „Sein" zu verzichten. Die Transformation der ontologischen

---

[1] Olivier Boulnois, „Johannes Duns Scotus. Transzendentale Metaphysik und normative Ethik", in: *Philosophen des Mittelalters*, hg.v. Th. Kobusch, Darmstadt 2000, 219–235, hier: 222.
[2] Ebd., 224.

Hinsicht im Verständnis der „Transzendentalität" in Buridans Metaphysikkonzeption ist also die, daß an die Stelle der Betrachtung des Begriffs des Seienden die des Begriffs des Gegenständlichen tritt.

Im Hintergrund der weiteren Darlegungen steht meine Untersuchung zur Metaphysik Buridans.[3] Die folgenden Ausführungen ergänzen diesen Beitrag insoweit, als sie zwei *Quaestionen* des Metaphysikkommentars[4] Buridans zum Gegenstand haben, die in der genannten Untersuchung selbst nicht in Betracht gezogen werden. Diese betreffen das „Subjekt" der Metaphysik und die begrifflichen Voraussetzungen der Unterscheidung von Substanz und Akzidens.[5] Der Sache nach lassen sich die Überlegungen in zwei Hinsichten gliedern: der erste Punkt betrifft den Verzicht auf die Hinsicht des Seins und deren Ersetzung durch die gegenständliche Betrachtung, im zweiten Punkt wird Buridans Kennzeichnung des Gegenständlichen dem Modus seiner Realität nach näher untersucht. Darüber hinaus soll im abschließenden dritten Schritt eine Stellungnahme zur Einschätzung der dargestellten Transformation der transzendentalen Betrachtung durch Buridan im Sinne der übergreifenden Themenstellung des vorliegenden Bandes erfolgen.

## I.
### Gegenstand statt Seiendes –
### Der Verzicht auf die Hinsicht des Seins

Buridan nimmt zur Frage, ob das Seiende der Gegenstand der Metaphysik sei, im Ausgang von zwei „Feststellungen" (*conclusiones*) Stellung. Deren erste besagt, daß das Seiende für jedes bestimmte Wissen den eigentümlich und angemessenen Gegenstand darstellt. Denn jegliche Wissenschaft betreffe entweder Seiendes oder Nicht-Seiendes. Niemand aber behaupte das letztgenannte.[6] Die zweite Feststellung lautet: Der Ausdruck „seiend" ist der eigentümliche Gegenstand der Metaphysik. Denn in jeder Wissenschaft muß die allgemeinste Gattung als der eigentümliche Gegenstand angesehen werden, und zwar die allgemeinste unter denjenigen, die nicht über das hinaus gehen, was im Sinne dieses Gegenstandes

---

[3] Gerhard Krieger, *Subjekt und Metaphysik. Die Metaphysik des Johannes Buridan* (Beiträge zur Geschichte der Philosophie und Theologie des Mittelalters Neue Folge Bd. 65), Münster 2003.

[4] Johannes Buridanus, *Kommentar zur Aristotelischen Metaphysik* (*In Metaphysicen Aristotelis quaestiones*), Parisiis 1588 (Nachdruck Frankfurt am Main 1964).

[5] Ebd., L. IV, q. 5: „*Utrum metaphysicae proprium subiectum sit ens*", f. 15 vb – 16 va, q. 6: „*Utrum hoc nomen ‚ens' significet substantias et accidentia secundum unam rationem sive secundum unum conceptum*", f. 16 va – 17 vb.

[6] Ebd., f. 16 ra: „*Respondendum est satis faciliter ponendo duas conclusiones. Prima est: cuiuslibet scientiae subiectum proprium et adaequatum est ens, quia est ens vel non ens, et nullus dicit, quod non ens, igitur.*"

in bezug auf die ersten und grundlegenden Eigenschaften in dieser Wissenschaft untersucht wird. Genau in diesem Sinne verhält sich die Gattung des Seienden in der Metaphysik.[7]

Der entscheidende Punkt in dieser Feststellung liegt darin, daß Buridan – ganz im Sinne des Aristotelischen Wissenschaftsverständnisses – die Metaphysik in gegenständlicher Hinsicht auf eine (bestimmte) Gattung bezieht (*genus communissimum inter omnia, quae non transcendunt metasscientiae consideratarum per modum subiecti respectu primarum et principalium passionum*). Im Sinne dieses Schrittes gibt Buridan im weiteren das Verständnis der Metaphysik als Wissenschaft vom Seienden als Seienden auf und reduziert den Begriff des Seienden auf den des Vorkommnisses oder Gegebenseins.

Im Einzelnen erfolgt dies in drei Schritten: Zunächst stellt Buridan fest, daß die Metaphysik nicht, wie Aristoteles es tue, als Wissenschaft vom Seienden als Seienden bezeichnet werden könne. Denn diese Redeweise müsse im spezifischen Sinne gemeint sein. Insoweit machte sie erforderlich, die begriffliche Hinsicht anzugeben, unter der das Seiende Gegenstand der Metaphysik wäre.[8] Diese begriffliche Hinsicht aber, so macht Buridan weiter deutlich, ist die des bloßen Vorkommnisses oder Gegebenseins, und insoweit ist sie nicht spezifischer Natur. Um dies zu tun, schließt er im zweiten der angesprochenen drei Schritte aus, daß der Begriff des Seienden apriorischer Natur ist (*istius termini ‚ens‘ non essent partes integrales apud mentem*), so daß er sich auf diesem Wege erschließen ließe. Die nähere Bestimmung dessen, was ist, ergibt sich allein auf objektivem Weg, d.h. über die Kategorien (*sunt eius partes subiective, scilicet decem praedicamenta*).[9] Insofern bleibt die Hinsicht auf das Sein bloß generisch. Im Blick auf die objektive Begründung der Kategorien sei bemerkt, daß diese die in der folgenden Erörterung thematisierte Faktizität des Gegenständlichen als Bedingung kategorialer Bestimmung nicht infrage stellt, weil die Kategorien im Verständnis

---

[7] Ebd.: „*Alia conclusio. Iste terminus ‚ens‘ est subiectum proprium ipsius metaphysicae, quia, sicut in alia quaestione dicebatur, in qualibet scientia subiectum proprium debet assignari genus communissimum inter omnia, quae non transcendunt metas scientiae consideratarum per modum subiecti respectu primarum et principalium passionum in illa scientia consideratarum. Modo sic se habet illud genus ens in metaphysica.*"

[8] Ebd., f. 16 ra – vb: „*sed ibi possunt fieri aliquae quaestiones. Prima est, utrum debeamus dicere: ens inquantum ens est subiectum in ista scientia. Videtur quod sic per Aristotelem. Ad primam quaestionem potest dici quod non est propria locutio, saltem vera, dicere quod ens inquantum ens sit subiectum proprium in metaphysica* [...] *tamen illa locutio sustineretur ad talem sensum, quod ens – id est terminus ‚ens‘, ita quod esset suppositio materialis – secundum quod ens – id est secundum illam rationem, a qua sumitur hoc nomen ‚ens‘ – est subiectum proprium in metaphysica, ita quod illa dictio ‚inquantum‘ non teneretur reduplicative sed specificative vel determinative ita quod poneretur ad specificandum sive ad exprimendum rationem, secundum quam iste terminus ‚ens‘ ponitur subiectum proprium huius scientiae.*"

[9] Ebd.: „*Secundo potest quaeri, cum subiectum debeat habere partes et passiones, quae sunt illae partes et passiones.* [...] *Ad aliam quaestionem respondetur, quod licet istius termini ‚ens‘ non essent partes integrales apud mentem, tamen sunt eius partes subiective, scilicet decem praedicamenta.*"

Buridans ihrerseits nur faktischer und nicht notwendiger Natur sind und insoweit in ihrem realen Modus dem des Gegenständlichen als solchem entsprechen.

Im letzten der drei angesprochenen Schritte nimmt Buridan den Ansatzpunkt bei der Frage der Konvertibilität der Ausdrücke *unum, res* und *aliquid* mit *ens*. Er bestreitet dies, soweit es die partizipative Verwendung des letztgenannten Ausdrucks betrifft. Dieser konnotiere nämlich mit temporaler Präsenz (*connotat praesens tempus*). Vielmehr haben die Ausdrücke *res* und *aliquid* Vorrang und bezeichnen insoweit den eigentümlichen Gegenstand der Metaphysik (*deberet poni subiectum primum iste terminus ,res' vel iste terminus ,aliquid'*). Insofern die Verwendung von „seiend" sich von daher verstehe, könne dieser Ausdruck synonym gebraucht werden und „ens" ebenso den Gegenstand der Metaphysik bezeichnen. Davon nimmt Buridan *unum* aus. In diesem Falle handle es sich vielmehr um eine Eigenschaft, die mit sich selbst konvertibel sei (*nomen ,unum' non debet poni tamquam subiectum primum, immo tamquam passio secum convertibilis*).[10]

Indem Buridan die partizipative Verwendung von „seiend" der Bedeutung nach als temporales Präsens kennzeichnet, begrenzt er den Sinn von Sein auf das Gegebensein oder das Vorkommnis. Die Vorrangstellung der Ausdrücke *res* und *aliquid* kennzeichnet die Metaphysik in den Hinsichten, die an die Stelle der Hinsicht des Seins treten. Die Metaphysik richtet den Blick, soweit dieser das betrifft, was (im Buridan vorausliegenden Verständnis des Transzendentalen) mit der Hinsicht des Seins angezielt wurde, auf das, was sachhaltiger oder gegenständlicher Natur ist. Insofern versteht sich Buridans zuvor betrachtete zweite Feststellung, daß der Begriff des Seienden eigentümlicher Gegenstand der Metaphysik sei, von dieser Erklärung des Verhältnisses zwischen den Begriffen der Sachhaltigkeit, Gegenständlichkeit und des Seienden her. Mit diesen Begriffen ist schließlich die mit *unum* angesprochene Einheit nicht mehr konvertibel, weil diese letztlich nicht eine Bestimmtheit ist, die dem Begriff des Gegenständlichen oder Sachhaltigen einfach gleichzusetzen wäre, sondern eine Bestimmtheit, die hinzutritt, sofern Gegenständliches in die Einheit eines Gegenstandes gefaßt wird.

Im Ergebnis läßt sich somit festhalten: Buridan setzt in seiner Kennzeichnung des „Subjektes" der Metaphysik die Hinsicht der Gegenständlichkeit oder Sachhaltigkeit an die Stelle der Hinsicht des Seins. Er folgt dabei methodisch der Aristotelischen Auffassung von der Gattungsbezogenheit einer Wissenschaft. Insofern begrenzt Buridan den Blick der Metaphysik, und das Motiv dafür ist der

---

[10] Ebd.: *„Tertio potest quaeri, utrum aeque bene posse unus dicere de istis terminis ,unus', ,res', ,aliquid', quod essent subiectum in ista scientia. […] Ad tertiam quaestionem potest dici, quod si iste terminus ,ens' acciperetur, prout est participatum, non bene poneretur hic subiectum primum propter hoc, quod connotat praesens tempus, immo magis hic deberet poni subiectum primum iste terminus ,res' vel iste terminus ,aliquid'. Sed si ille terminus ,ens' accipiatur nominaliter, tunc est nomen synonymum cum isto termino ,res' vel cum isto termino ,aliquid' et sic est ponendum subiectum in ista scientia. Sed illud nomen ,unum', quia est connotativum, non debet poni tamquam subiectum primum, immo tamquam passio secum convertibilis."*

Aspekt der Bestimmtheit des metaphysischen Wissens.[11] Wie sich diese Begrenzung mit dem Verständnis der Metaphysik als allumfassender Wissenschaft verträgt, ergibt sich im Zusammenhang der jetzt folgenden Erörterung des Realitätsmodus des Gegenständlichen.

II.

Faktische Existenz als Realitätsmodus des Gegenständlichen

Buridans hier in den Blick genommene Untersuchung stellt sich die Aufgabe, wie die durch ihren Gegenstand bestimmte Hinsicht der Metaphysik die begriffliche Voraussetzung für die Unterscheidung von Substanz und Akzidens bildet.[12] Wenn Buridan dabei den Gegenstand der Metaphysik als „seiend" anspricht, darf aufgrund der zuvor deutlich gewordenen Ersetzung der Hinsicht des Seins durch die der Gegenständlichkeit und der in diesem Sinne erfolgenden Verwendung des Ausdrucks *ens* davon ausgegangen werden, daß diese Aufgabenstellung in der Sache darauf abzielt, zu verdeutlichen, wie sich die Unterscheidung von Substanz und Akzidens vor dem Hintergrund der gegenständlichen Hinsicht versteht: Sind Substanz und Akzidens für die Metaphysik, insofern diese Gegenständliches betrachtet, gleichermaßen und unterschiedslos Gegenstand?

Buridan geht bei seiner Antwort von einer Differenz zwischen Aristoteles und der christlichen Auffassung in den betreffenden Stellungnahmen aus: Für Aristoteles sind Substanz und Akzidens nicht nach ein- und derselben Hinsicht gegenständlicher Natur, insofern das Akzidens nicht im schlechthinnigen Sinne ein Gegenstand ist, sondern nur insoweit, als etwas vorkommt, an dem die jeweilige akzidentelle Bestimmung vorkommt. Substanz und Akzidens werden also bei Aristoteles nicht nach ein- und derselben begrifflichen Hinsicht als Gegenstand betrachtet bzw. ausgesagt. In uneingeschränktem Sinne wird bei Aristoteles die Gegenständlichkeit lediglich von Substanzen ausgesagt. Dementsprechend gilt von den verschiedenen Kategorien mit Ausnahme der Substanz, daß sie nur insoweit gegenständlicher Natur sind, als sie in Verbindung mit einer Substanz vorkommen oder sind. Akzidentien werden also bei Aristoteles insgesamt nur eingeschränkt als „seiend" im Sinne eines Gegenstandes betrachtet

---

[11] Diese absolute Vorrangigkeit der Perspektive des Wissens verweist auf den Primat der praktischen Vernunft und die darin grundgelegte Normativität des Wissens, vgl. dazu im Einzelnen Krieger, *Subjekt und Metaphysik*, §§ 6 und 7.

[12] Buridanus, *Kommentar zur Aristotelischen Metaphysik*, l. IV, q. 6: „*Utrum hoc nomen ‚ens' significet substantias et accidentia secundum unam rationem sive secundum unum conceptum*", f. 16 va – 17 vb.

*(accidentia non dicuntur simpliciter entia, immo entia secundum quid, scilicet secundum additione et cum attributione ad substantiam).*[13]

Darüber hinaus hebt Buridan im Blick auf Aristoteles hervor, daß dieser die gegenständliche Hinsicht als erste Kategorie und allgemeinste Gattung (*primum praedicamentum et genus generalissimum*) über die Substanz hinaus betrachtet habe.[14]

Im Unterschied zu Aristoteles kann laut Buridan nach christlicher Auffassung ein Akzidens unabhängig von einer Substanz vorkommen. Demzufolge kann ein Akzidens ebenso wie die Substanz als Gegenstand vorkommen und in uneingeschränkter Weise als ein solcher angesprochen werden (*hoc nomen ,aliquid' aeque simpliciter et secundum conceptum aeque simplicem dicitur de albedine sicut dicetur de lapide vel de asino*). Daraus ergibt sich weiter, daß etwa im Falle der Weiße diese nicht identisch ist damit, daß es Weißes gibt. Denn sofern die Weiße für sich separiert ist, kann zwar gesagt werden, daß dieses die Weiße ist. Trotzdem ist dieses nicht ein Vorkommnis eines Weißen. Denn dazu ist erforderlich, daß etwas weiß ist (*non est nisi album nisi aliquid sit album*), ohne daß allerdings etwas weiß wäre durch jene separierte Weiße.[15]

---

[13] Ebd., f. 16 vb – 17 ra: „*Aristoteles aliter valde opinatus est de accidentibus quam fides nostra ponit:* [...] *Et ultra Aristoteles credidit quod esse album simpliciter loquendo non esset aliquid, sed esse aliquid secundum quid, scilicet cum additione, quia esse album est aliquid esse album. Ideo ultra sequitur, quod albedo non esset simpliciter loquendo aliquid, sed cum additione albedo est aliquid esse album. Et tunc possumus respondere ad opinionem Aristotelis de substantiis et accidentibus et de conceptu entis: accipiendo enim ,ens' nominaliter ita quod ista sunt nomina synonyma ,ens' et ,aliquid' et tunc diceret Aristoteles quod hoc nomen ,ens' et hoc nomen ,aliquid' non diceretur secundum una et eadem rationem de terminis substantialibus et de terminis accidentialibus, quia secundum rationem simpliciter sine connotatione aliena dicitur de terminis substantialibus. Et terminis diversorum praedicamentorum dicitur secundum diversas rationes et connotationes.* [...] *Ideo patet quod accidentia non dicuntur simpliciter entia, immo entia secundum quid, scilicet secundum additione et cum attributione ad substantiam, quid conceptus accidentis explicatur per conceptum substantiae cum additione. Conceptus enim, a quo sumitur hoc nomen ,aliquid', est conceptus substantialis.*"

[14] Ebd., f. 17 ra: „*Unde ultimo quantum ad praesens debemus notare quod certe Aristoteles credidit hoc nomen ,aliquid' vel ,quid' esse priumum praedicamentum et genus generalissimum magis quam hoc nomen ,substantia'.*"

[15] Ebd., f. 17 ra – rb: „*Dico ergo quod nos tenemus ex fide, quod per potentiam dei accidentia possunt separari a substantiis et separatim conservari sine substantia sic subiecta.* [...] *Si igitur ponamus quod albedo sic per se subsistit absque hoc, quod alicui subiecto inhaereat, tunc manifestum est quod illa albedo manifeste est ens et vere est aliquid, et etiam ex hoc manifestum est ita simplex sine aliqua connotatione. Si de illo termino ,albedo' praedicaretur hoc nomen ,ens' vel hoc nomen ,aliquid', non oportet quod de eo praedicaretur secundum aliquam attributionem ad substantiam subiectam vel ad aliquem terminum substantialem, quia sine substantia subiecta ipsa est ens et aliquid et non minus ipsa est ens vel aliquid, quando inhaeret, quam si subiectum esset ablatum. Ideo hoc nomen ,ens' vel hoc nomen ,aliquid' aeque simpliciter et secundum conceptum aeque simplicem dicitur de albedine sicut dicetur de lapide vel de asino. Postea etiam sequitur quod albedo non est idem quod esse album, quia in casu posito quod albedo sit separata, verum est dicere quod hoc est albedo, et tamen hoc non est esse album, quia non est nisi album nisi aliquid sit album, et tamen ista albedine nihil est album.*"

Die christliche Auffassung dient Buridan offensichtlich dazu, die über Aristoteles hinausgehende gegenständliche Betrachtung eines Akzidens unabhängig vom Zusammenhang seiner Zuordnung zu einer Substanz im Sinne einer Hypothese anzusprechen. Denn zum einen kennzeichnet Buridan diese Annahme, soweit sie im christlichen Verständnis mit der der Separierbarkeit eines Akzidens verknüpft ist, als irreal: Zunächst verfährt er in dieser Weise, als er die gegenständliche Kennzeichnung des Akzidens unabhängig von der Voraussetzung des christlichen Glaubens festhält, und zwar sowohl im Blick darauf, daß dieses in Verbindung mit einer Substanz vorkommt, als auch in bezug darauf, daß letztgenanntes nicht der Fall ist (*non oportet quod de eo [scl. de illo termino ,albedo']*
*praedicaretur secundum aliquam attributionem ad substantiam subiectam vel ad*
*aliquem terminum substantialem, quia sine substantia subiecta ipsa est ens et aliquid*
*et non minus ipsa est ens vel aliquid, quando inhaeret, quam si subiectum esset*
*ablatum*). Zum anderen tut Buridan dies, als er feststellt, daß die separierte Weiße (*in casu posito quod albedo sit separata*) keinerlei Bedeutung für das Vorkommnis eines Weißen besitzt (*ista albedine nihil est album*).[16] Der hypothetische Charakter zeigt sich weiter darin, daß Buridan im Anschluß an die Erläuterung der christlichen Auffassung diese angesprochene Hypothese ihrem Gehalt nach diskutiert, indem er dazu Stellung nimmt, was ist, daß bzw. insofern es Weißes gibt (*quid est esse album*):[17] Wenn ein Akzidens unabhängig von seinem Zusammenhang mit einer Substanz als Gegenstand vorkommt bzw. ein solcher ist, wie ist diese Existenz näherhin zu kennzeichnen? Allgemein gefragt: Was macht einen Gegenstand seiner Realität nach aus?

Die Gegenüberstellung von Aristotelischer und christlicher Auffassung durch Buridan hat also ein zweifaches Ergebnis: Erstens soll die gegenständliche Betrachtung im Sinne Buridans die allumfassende Perspektive der Metaphysik auch unter der Voraussetzung des Verzichts auf die Hinsicht des Seins gewährleisten. Denn diese Betrachtung soll über alle kategoriale Betrachtung hinausreichen. Damit dies der Fall sein kann, ist zweitens Gegenständlichkeit ihrer Realität nach zu bestimmen.

Buridan setzt dazu zunächst mit der Kritik einer Lösung an, die die objektive Gültigkeit akzidenteller Bestimmung an deren prädikative Verwendung knüpft. Demgegenüber macht er geltend, daß die betreffenden sprachlichen Ausdrücke auf etwas der Realität nach eigenes verweisen (*pro rebus vel*
*dispositionibus rerum extra existentibus*). In diesem Sinne verweist er auf Ausdrücke für Vorgänge wie schneiden und leben einerseits und folgen und verbrennen andererseits, die, insofern sie für die Verhältnisse von Aktivität auf der einen Seite und Passivität auf der anderen Seite stehen, insoweit der angesprochenen Kennzeichnung prädikativer Verwendung vergleichbar betrachtet werden kön-

---

[16] Vgl. zu der in diesem Zusammenhang relevanten, in der vorangegangenen Anm. angesprochenen Haltung Buridans zur Annahme göttlichen Könnens: Krieger, *Subjekt und Metaphysik*, § 15.

[17] Ebd., f. 17 rb: „*Tunc restat difficultas, quid est esse album.*"

nen, also als etwas, das für etwas Anderes steht. Darüber hinaus bleibt aber, mit einem Beispiel gesagt, den Vorgang des Schneidens in seiner eigenen Bestimmtheit und insoweit in seiner eigenen Realität anzusprechen: Schneiden ist mit dem identisch, was schneidend ist oder vorkommt (*secare est idem quod esse secans*). Insofern ist das Vorkommnis des Schneidens nicht mit dem Schneiden als solchem identisch. Deswegen steht aber ‚schneiden‘ nicht nur für eine Aktivität, das, was schneidend existiert, ist zugleich etwas, was im aktiven Modus existiert (*esse secans est esse agens*).[18] Was die historische Seite dieser Kritik angeht, legt sich die Vermutung nahe, daß Buridans Kritik Ockhams Auffassung gilt. In der Sache zielt Buridans Überlegung jedenfalls darauf ab, deutlich zu machen, daß die gegenständliche Hinsicht sowohl die Differenz von Substanz und Akzidens übersteigt als auch Relationen ansprechen läßt. Insofern hat sich bestätigt, daß die gegenständliche Hinsicht die allgemeinste Hinsicht und Gattung darstellt.[19]

Die fragliche Bestimmung der Gegenständlichkeit ihrem Realitätsmodus nach erzielt Buridan weiter durch die Erläuterung des Verhältnisses der kategorialen Betrachtung zur gegenständlichen Hinsicht. Dabei betont Buridan zunächst die tatsächliche Geltung der gegebenen kategorialen Einteilung: *„dico quod adhuc ponenda sunt decem praedicamenta sive decem generalissima.“*[20] Im Blick auf die weiter folgende Begründung dieser Feststellung durch Buridan seien hier zwei Gesichtspunkte hervorgehoben: zum einen, daß Buridan die quantitative und die qualitative Hinsicht ebenfalls als allgemeinste Gattungen kennzeichnet, die keine Gattung über sich haben (*haec nomina ‚quantum‘ et ‚quale‘ non habent genus supra se, sed sunt generalissima*).[21] Weiter betont Buridan, daß die Kategorien nach den verschiedenen Prädikationsweisen in bezug auf die ersten Substanzen bzw. die singulären Termini unter der gegenständlichen Hinsicht zu unterscheiden sind. Allerdings kann es durchaus der Fall sein, daß andere kategoriale Unterscheidungen in bezug auf die ersten Substanzen möglich erscheinen. In

---

[18] Ebd.: *„Tunc restat difficultas, quid est esse album, de qua difficultate aliqui volentes se faciliter expedire dicunt quod esse album vel hominem esse album non est nisi una oratio, ita quod illa oratio ‚hominem esse album‘ non supponit nisi pro illa propositione ‚homo est albus‘. Sed hoc non est bene dictum, quamvis secundum suppositionem materialem esset illa, sicut illi dicunt, tamen secundum suppositionem significativam sive personalem illae orationes ‚esse album‘ vel ‚hominem esse album‘ non supponunt pro aliqua propositione, immo pro rebus vel dispositionibus rerum extra existentibus, quod sic appareret, quia Aristoteles dicit et verum est dicere quod secare est agere vel etiam vivere est agere naturaliter et sequari vel uri est pati, et tamen cum hoc dicit septimo huius ‚manifestum est etiam quod secare est idem quod esse secans et vadere idem est quod est vadens‘, et sic de aliis. Igitur esse secans est esse agens.“*

[19] Ebd., f. 17 rb – va: *„Ex istis visis videtur quod oportet concedere quod hoc nomen ‚ens‘ vel hoc nomen ‚aliquid‘ dicitur univoce secundum conceptum communem simpliciter absolutum a connotatione de terminis significantibus substantias et de terminis significantibus accidentia talia nec prohibit inhaerentia vel dependentia nec prioritas nec posterioritas in essendo. Et ita etiam oportet concedere quod hoc nomen ‚substantia‘ non esset genus generalissimum, sed hoc nomen ‚quid‘ vel ‚aliquid‘.“*

[20] Ebd. f. 17 ra.

[21] Ebd.

diesem Zusammenhang gehört für Buridan schließlich auch, daß Aristoteles seinerseits die Anzahl der Kategorien durchaus nicht einheitlich bestimmt.[22]

Die angesprochenen Begründungen zeigen, daß Buridan die kategoriale Einteilung nur im faktischen Sinne als begründet ansieht und deswegen ihre tatsächliche Geltung betont. Sie entspricht der tatsächlich geübten prädikativen Praxis, und in dem Maße, wie diese eine andere Einteilung zeigt bzw. ermöglicht, ist letztgenannte begründet. Die Gleichrangigkeit der quantitativen und der qualitativen mit der gegenständlichen Hinsicht bringt zum Ausdruck, dass Gegenständliches insoweit erfasst wird bzw. erfassbar ist, als es erscheint. Dies geschieht in quantitativer und qualitativer Weise, weil die Quantität ihrem Träger eine qualitätsartige Bestimmtheit verleiht, die die Einzeldinge im graduellen Sinne unterschieden sein lässt. Dem entspricht, dass sich der Vorrang der ersten Substanz ebenfalls faktisch versteht. Dieser Vorrang der ersten Substanz und damit deren Begriff versteht sich funktional, er ist beschränkt auf das Moment des Zugrundeliegens.[23]

### III.
#### Gegenstand und faktische Existenz –
#### Der Sinn des Seins in Buridans Verständnis des Transzendentalen

Im Blick auf die hier analysierten Stellungnahmen Buridans zum Verständnis des Transzendentalen kann zunächst festgehalten werden, daß dieser die Metaphysik als eine allumfassende Wissenschaft begreift, insofern sie in ihrer besonderen Hinsicht die kategoriale Einteilung transzendiert. Buridan folgt dabei strikt der Aristotelischen Perspektive der Gattungsbezogenheit der Wissenschaft. Weiter ist die Besonderheit der metaphysischen Hinsicht die gegenständlicher Hinsicht, „Subjekt" der Metaphysik ist nicht das Seiende in der Hinsicht des Seins, sondern etwas, insofern es Gegenstand ist. Das Verständnis des Seins ist damit auf das des Gegebenseins oder des Vorkommnisses begrenzt, während die Realität der Gegenstände als solche bzw. solcher die faktischer Existenz ist. Gegenstand zu sein und als solcher zu existieren besagt, ein tatsächliches Vorkommnis zu sein und als solches bestimmt und bestimmbar zu sein. Letztgenanntes geschieht auf der Basis der Kategorien, die freilich, insofern sie sich ihrerseits vom faktisch Existierenden her verstehen, nur insoweit mit Bestimmtheit urteilen lassen, als sie tatsächlich zur Anwendung gebracht werden können. Deswegen reicht die kategoriale Bestimmbarkeit eines Gegenstandes nur soweit, wie dieser als solcher

---

[22] Ebd.: „*Et debemus scire secundum intentionem Aristotelis et rei veritatem, quod praedicamenta debent distingui secundum diversos modos praedicandi de primis substantiis sive de terminis singularibus contentis sub hoc genere quid vel aliquid. [...] Vos potestis aliter distinguere praedicamenta. Tamen certe Aristoteles [...] valde multiplicat genera generalissima.*"

[23] Vgl. zu diesem Komplex kategorialer Erkenntnis insgesamt Krieger, *Subjekt und Metaphysik*, § 21.

erscheint. Insofern dringt die Bestimmung eines Gegenstandes in seiner faktischen Existenz nur bis hin zu seiner quantitativen und qualitativen Bestimmtheit, dessen Wesen und damit das ihm von sich zukommende Sein sind nicht zu bestimmen.

Wie versteht sich diese Veränderung im Verständnis des Transzendentalen im Lichte der übergeordneten Themenstellung des vorliegenden Bandes? Steht diese Veränderung eher für einen Bruch in der Tradition des metaphysischen Denkens, oder überwiegt doch das Interesse an deren bzw. dessen Fortführung im Sinne ihres durch Aristoteles grundgelegten Verständnisses? Im Blick auf die Veränderung, die Buridan im Verständnis des Transzendentalen und im Zusammenhang damit im Verständnis der Metaphysik überhaupt realisiert, wird hier unterstellt, daß sie, insofern sie den Verzicht auf die Hinsicht des Seins zur Folge hat, in der Sache durchaus tiefgreifend ist und diese Auffassung in grundsätzlicher Hinsicht mit der Auffassung Kants vergleichbar sein läßt.[24] Insoweit wird im Blick auf diese Veränderung in historischer Hinsicht weiter unterstellt, daß sie im Sinne der üblichen Epochenunterscheidung über die mittelalterliche Philosophie hinausweist. Schließlich wird Buridan durchaus als Vertreter mittelalterlichen Denkens angesehen.[25]

Auf der einen Seite hat sich gezeigt, daß Buridan den allumfassenden Anspruch der Metaphysik im Sinne der Aristotelischen Auffassung von der Gattungsbezogenheit der Wissenschaft zu gewährleisten versucht und von daher die Hinsicht auf das Sein zugunsten der gegenständlichen Hinsicht aufgibt.[26] Ebenso sieht er sich in der Vorrangstellung der gegenständlichen Hinsicht gegenüber der kategorialen Betrachtung in Übereinstimmung mit Aristoteles.[27] Auf der anderen Seite betont Buridan ausdrücklich, daß Aristoteles die Auffassung vertreten habe, das Seiende sei als solches Gegenstand der Metaphysik, daß diese aber falsch sei.[28] Darin sieht Buridan zugleich den Grund dafür, daß seine Kennzeich-

---

[24] Vgl. dazu näher ebd., § 28.

[25] Vgl. dazu näher meinen Beitrag: „Die Rückkehr des Sokrates. Oder: Wo liegen die Grenzen der Vernunft?", in: *Grenze und Grenzüberschreitungen im Mittelalter* (11. Symposion des Mediaevistenverbandes Frankfurt/O.), hg.v. U. Knefelkamp/K. Bosselmann-Cyran, Berlin 2007, 439–452.

[26] Vgl. oben Anm. 6: „*Iste terminus ‚ens‘ est subiectum proprium ipsius metaphysicae, quia, sicut in alia quaestione dicebatur, in qualibet scientia subiectum proprium debet assignari genus communissimum inter omnia, quae non transcendunt metas scientiae consideratarum per modum subiecti respectu primarum et principalium passionum in illa scientia consideratarum. Modo sic se habet illud genus ens in metaphysica.*"

[27] Vgl. oben Anm. 14: „*debemus notare quod certe Aristoteles credidit hoc nomen ‚aliquid‘ vel ‚quid‘ esse priumum praedicamentum et genus generalissimum magis quam hoc nomen ‚substantia‘.*"

[28] Vgl. oben Anm. 8: „*utrum debeamus dicere: ens inquantum ens est subiectum in ista scientia. Videtur, quod sic per Aristotelem [...] potest dici quod non est propria locutio, saltem vera, dicere quod ens inquantum ens sit subiectum proprium in metaphysica.*"

nung des Realitätsmodus des Gegenständlichen der Aristotelischen Auffassung vom Vorrang der Substanz gegenüber dem Akzidens widerspricht.[29]

Insoweit versteht Buridan seine Auffassung selbst im Sinne einer Veränderung, die letztlich nicht einen Bruch darstellt, sondern eine Auseinandersetzung um die Sache. Buridans Motiv in seiner Veränderung im Verständnis des Transzendentalen ist also Wahrheit.

---

[29] Buridanus, *Kommentar zur Aristotelischen Metaphysik*, f. 17 rb – va: *„quae nunc dicta sunt, fundantur super id, quod est contra opinionem Aristotelis, sicut arguebatur.“*

# III.

Historische Perspektiven: Aufklärung und Moderne

# „Geoffenbarte Wahrheiten" und „Vernunftswahrheiten" im historischen Prozeß
## Gotthold Ephraim Lessings *Erziehung des Menschengeschlechts*

HUBERTUS FISCHER (Hannover)

## I.

*Die Erziehung des Menschengeschlechts* gehört zu Lessings philosophisch-theologischen Spätschriften und harrt bis heute einer schlüssigen Deutung.[1] Es geht darin, wenigstens auf den ersten Blick, um die philosophische Auslegung der „Akkomodation", der Anpassung der göttlichen Offenbarung an die Fassungskraft des Menschen. Freilich geht sie darin nicht auf, denn am Ende greift sie über die beiden Testamente hinaus in ein *neue[s] ewige[s] Evangelium*[2] mit Anklängen an die Drei-Zeitalter-Lehre Joachim von Fiores und steigert noch einmal den Gedanken der menschlichen Selbstvervollkommnung durch die Aufnahme der Idee der Seelenwanderung.[3] Aber auch schon der Anfang, der *Vorbericht des Herausgebers* von 1780, mutet für einen philosophischen Text zunächst seltsam unphilosophisch an. Er entwirft nämlich ein Bild, das eher ahnen als wissen läßt, und dies offenbar mit Vorbedacht, damit durch das Unbestimmte etwas heraufziehen kann, was zu diesem Zeitpunkt vielleicht ersehnt, aber noch nicht benannt werden kann.

So nüchtern der erste Absatz, so jäh und überraschend folgt der Wechsel ins stehende Bild: „Ich habe die erste Hälfte dieses Aufsatzes in meinen *Beiträgen* bekannt gemacht. Itzt bin ich im Stande, das Übrige folgen zu lassen. / Der Verfasser hat sich darin auf einen Hügel gestellt, von welchem er etwas mehr, als den vorgeschriebenen Weg seines heutigen Tages zu übersehen glaubt."[4] Der „Herausgeber" betrachtet sich darin wie in einem Rollenspiel in der dritten Person, als „Verfasser", der indes von einem bloß Sehenden als ein verzückt Schauender un-

---

[1] Zitiert wird nach der Ausgabe: G.E. Lessing, *Die Erziehung des Menschengeschlechts*, in: *Werke 1778-1781*, hg.v. A. Schilson u. A. Schmitt (Werke u. Briefe in zwölf Bänden, Bd. 10), Frankfurt am Main 2001, 73-99; Textgrundlage u. Textüberlieferung, 794-816, Rezeption u. Wirkung, 816-840, Struktur u. Gehalt, 840-864, Stellenkommentar, 865-879; zum Stand der Forschung und den Interpretationsproblemen: Monika Fick, *Lessing-Handbuch. Leben – Werk – Wirkung*, 3., neu bearb. u. erw. Aufl., Stuttgart/Weimar 2010, 468-487, bes. 471-479.

[2] Lessing, *Erziehung*, 96 (§ 86) [Hervorh. im Orig., H.F.].

[3] Ebd., 98-99 (§§ 93-100).

[4] Ebd., 74 [Hervorh. im Orig., H.F.]; gemeint ist die Veröffentlichung der §§ 1-53 in: *Zur Geschichte und Litteratur. Vierter Beitrag*, 1777, innerhalb der „Gegensätze des Herausgebers", hier zum „Vierten Fragment", in: Lessing, *Werke 1774-1778*, hg.v. A. Schilson (Werke u. Briefe in zwölf Bänden, Bd. 8), Frankfurt am Main 1989, 333-346; zur Bildlichkeit vgl. Helmut Göbel, *Bild und Sprache bei Lessing*, München 1971, 54.

terschieden ist: „Aber er ruft keinen eilfertigen Wanderer, der nur das Nachtlager bald zu erreichen wünscht, von seinem Pfade. Er verlangt nicht, daß die Aussicht, die ihn entzücket, auch jedes andere Auge entzücken müsse. / Und so, dächte ich, könnte man ja ihn wohl stehen und staunen lassen, wo er steht und staunt!"[5] Aber es soll etwas mitgeteilt werden, und so tritt das Ich, das sich von diesem Schauen offensichtlich etwas erhofft, alsbald in einen Dialog mit dem Leser.

Womöglich ist dieser Anfang so „unphilosophisch", wie es zunächst erschien, nicht, denn eigentlich kehrt Lessing im poetischen Bild – „Aussicht, die ihn entzückt" – zum Anfang aller Philosophie zurück: „... steht und staunt!" Jedenfalls wird das *thaumazein* von Platon und Aristoteles gleichermaßen an diesen Anfang gerückt. „In unserer Umgebung auf und über der Erde, die der gewöhnliche Mensch als bestehend einfach hinnimmt, sieht der philosophisch Veranlagte Auffallendes, der Erklärung Bedürftiges und stellt Probleme."[6] Lessing begnügt sich damit nicht, er gibt vielmehr in der Person des üblicherweise zur Nüchternheit veranlaßten Herausgebers der Empathie und milden Emphase Raum: „Wenn er aus der unermeßlichen Ferne, die ein sanftes Abendrot seinem Blicke weder ganz verhüllt noch ganz entdeckt, nun gar einen Fingerzeig mitbrächte, um den ich oft verlegen gewesen!"[7] Weist der „Fingerzeig" auf ein Hier und Jetzt („Ich meine diesen"[8]) und geht es im erneuten Wechsel des Tons dann diskursiv weiter, besteht jedoch der Überschuß jener „unermeßlichen Ferne" fort, bis er sich am Ende spekulativ auflöst in dem genannten *„neuen ewigen Evangelium"*.

Man könnte dies den Rahmen der *Erziehung des Menschengeschlechts* nennen, sprengte dieser ‚Rahmen' nicht den üblichen Rahmen einer Abhandlung. Er nimmt freilich dem Text nichts von seiner philosophischen Substanz, bedient sich vielmehr der bildhaften Redeweise und der narrativen Mittel, um, wie Lessing es selbst einmal formulierte, „durch die Phantasie mit, auf den Verstand meiner Leser zu wirken. Ich halte es nicht allein für nützlich, sondern auch für nothwendig, Gründe in Bilder zu kleiden; und alle die Nebenbegriffe, welche die einen oder die andern erwecken, durch Anspielungen zu bezeichnen"[9]. Und er schließt kategorisch: „Wer hiervon nichts weiß und verstehet, müßte schlechter-

---

[5] Lessing, *Erziehung*, 74.

[6] *Friedrich Ueberwegs Grundriß der Geschichte der Philosophie*, 1. T.: Die Philosophie des Altertums, 12. Aufl., hg.v. K. Praechter, Berlin 1926, 33, mit Bezug auf Platons *Theaitetos* 155 d und Aristoteles' *Metaphysik* A 2, 982 b12; vgl. nur *Platons sämtliche Werke in zwei Bänden*. Deutsch v. F. Schleiermacher, 1. Bd., Wien 1925, 235.

[7] Lessing, *Erziehung*, 74; zum „Fingerzeig" siehe auch § 46, ebd., 87; man fühlt sich unwillkürlich an die in sanftes Abendlicht getauchten poetischen Landschaften Claude Lorrains erinnert.

[8] Ebd., 74.

[9] Gotthold Ephraim Lessing, *Anti-Goeze. Achter*, Braunschweig 1778, in: G.E. Lessings sämtliche Schriften, hg.v. K. Lachmann, 3. Aufl., besorgt v. F. Muncker, 13. Bd., Leipzig 1897; unveränd. photomech. Nachdruck, Berlin 1968, 188-189.

dings kein Schriftsteller werden wollen; denn alle gute Schriftsteller sind es nur auf diesem Wege geworden."[10] Lessing will demnach als Schriftsteller philoso-phieren beziehungsweise als Philosoph Schriftsteller sein und bleiben, und er bleibt es auch in der *Erziehung des Menschengeschlechts*.

II.

Den vom Schauenden empfangenen „Fingerzeig" verwandelt das „Ich" in eine Frage, die den Leser von vornherein mit auf den Weg des „Verstandes" nimmt. Sie liest sich wie der Auftakt oder richtiger die Einladung zu einer versuchswei-sen Erkundung, ob die Sache der Religionen nicht auch einmal anders als mit Hohn und Spott, nämlich mit Wohlwollen anzugehen sei: „Warum wollen wir in allen positiven Religionen nicht lieber weiter nichts, als den Gang erblicken, nach welchem sich der menschliche Verstand jedes Orts einzig und allein entwickeln können, und noch ferner entwickeln soll; als über eine derselben entweder lä-cheln, oder zürnen? Diesen unsern Hohn, diesen unsern Unwillen, verdiente in der besten Welt nichts: und nur die Religionen sollten ihn verdienen? Gott hätte seine Hand bei allem im Spiele: nur bei unsern Irrtümern nicht?"[11] Man wird die wie beiläufig eingeflochtene Leibniz-Anspielung[12] ebensowenig übersehen wie die Wendung gegen die schnellfertigen Verächter der Religionen, die dabei mög-licherweise auch wieder nur ihren „Irrtümern" erliegen. Beides ist kein Zufall. Mit der „besten Welt" ist ein Grundton angeschlagen: „Der heitere Optimismus, das Vertrauen auf eine wohlwollende Vorsehung, die visionäre Vorstellung von immer höheren Ebenen rationalen Bewußtseins und der perspektivische Relati-vismus – alle diese zentralen Themen der *Erziehung des Menschengeschlechts* erin-nern deutlich genug an Leibniz."[13] Der Hinweis auf die möglichen „Irrtümer" weist aber nicht nur auf die prinzipielle Begrenztheit menschlicher Erkenntnis hin, sondern warnt auch davor, etwas mit leichter Hand abzutun, dessen rationa-ler Wahrheitsgehalt vielleicht noch gar nicht erkannt worden ist. Das schließt die Mysterien des Christentums ein, worauf noch einmal zurückzukommen ist.

Insoweit schafft der *Vorbericht* eine doppelte Disposition des Lesers: Dieser weiß sich sogleich in seiner „Phantasie" angesprochen, die ihn gewissermaßen vorbedeutend auf etwas nicht näher Bezeichnetes, in jedem Fall Anziehendes, Entfernteres, hinführt, und er weiß sich in seinem „Verstand" angesprochen, der ihn vorbereitend zu einer kritischen Einstellung einlädt – auch und vor allem ge-

---

[10] Ebd., 189.

[11] Lessing, *Erziehung*, 74; die positiven Religionen sind die auf göttliche Offenbarung gründenden Religionen.

[12] Vgl. Gottfried Wilhelm Leibniz, *Essais de Théodicée sur la bonté de Dieu, la liberté de l'homme et l'origine du mal*, Amsterdam 1710 u.ö. (III § 416).

[13] Hugh Barr Nisbet, *Lessing. Eine Biographie*, aus dem Engl. übers. v. K.S. Guthke, Mün-chen 2008, 757 [Hervorh. im Orig., H.F.].

genüber dem eilfertigen Urteilen über die „positiven Religionen". Um so überraschender fällt der erneute Wechsel im diskursiven Modus aus: Von „§. 1." bis „§. 100." gliedert sich der Haupttext, der sich damit als eine systematische und geschlossene Abhandlung gibt. Bereits die spätmittelalterliche Reformschrift des sogenannten „Oberrheinischen Revolutionärs" machte sich im *Buch der hundert Kapitel* die suggestive Wirkung der runden Zahl zunutze.[14] Nicht anders verfuhr der schwäbische Kirchenmann Johann Valentin Andreae mit seiner protestantischen Utopie *Christianopolis* von 1619, der seine Christenstadt ebenfalls in hundert Kapiteln beschrieb.[15] Lessing hat Andreaes Schriften gekannt,[16] Herder in ihm sogar „einen frühen Wahlverwandten erkannt"[17]. Und was die Evokation philosophischer Systematik durch fortlaufend numerierte Abschnitte betrifft, ist nur an Leibniz' *Monadologie* mit ihren neunzig Paragraphen zu erinnern.[18]

Bestärkt wird der Leser in dieser Annahme durch die beiden ersten Paragraphen, insofern sie Definitionen der „Erziehung" und „Offenbarung" in ihren Wechselbeziehungen sowohl wie in ihrer Beziehung zum einzelnen Menschen und zum Menschengeschlecht als ganzem enthalten. Aber schon im dritten Paragraphen meldet sich wieder das „Ich" zu Wort, das zwar danach ein wenig zurücktritt, aber dann durchgehend direkt oder indirekt anwesend ist, um mit dem Leser im Gespräch zu bleiben – erzählend, berichtend, fragend, definierend, demonstrierend, korrigierend und ironisierend. Es sind dies Mittel, die Tätigkeit des Verstandes beim Leser anzuregen, ihn zu leiten, um ihn zur Einsicht und Erkenntnis zu führen und manchmal in komplexe Gedankenexperimente zu verstricken, bei denen er selbst den Ausgang finden muß. Überreden ist die Sache Lessings nicht. Insofern verfährt er nicht ganz anders, als das Alte Testament es tut, jedenfalls aus Lessings Sicht: „§. 49. / 2. den Stil – bald plan und einfältig, bald poetisch, durchaus voll Tavtologien, aber solchen, die den Scharfsinn üben, indem sie bald etwas anders zu sagen scheinen, und doch das nemliche sagen, bald das nemliche zu sagen scheinen, und im Grunde etwas anders bedeuten oder bedeuten könnten: – / §. 50. / Und ihr habt alle gute Eigenschaften eines Elementarbuchs sowohl für Kinder, als für ein kindisches Volk."[19]

---

[14] *Das Buch der hundert Kapitel und der vierzig Statuten des sogenannten Oberrheinischen Revolutionärs*, hg. v. Annelore Franke, Berlin 1967 (Leipziger Übersetzungen u. Abhandlungen zum Mittelalter, Reihe A, Bd. 4).
[15] Johann Valentin Andreae, *Reipublicae Christianopolitanae Descriptio*, Straßburg 1619; übers. v. Wolfgang Biesterfeld, Stuttgart 1975.
[16] *Lessing an J.G. Herder, Wolfenbüttel, 26.1.1781*, in: G.E. Lessing, Gesammelte Werke, hg.v. P. Rilla, Bd. 9, Berlin, Weimar 1968, 887.
[17] Martin Brecht, *Johann Valentin Andreae 1586-1654. Eine Biographie*, Göttingen 2008, 315 (Essay v. C. Brecht, *Johann Valentin Andreae. Zum literarischen Profil eines deutschen Schriftstellers im frühen 17. Jahrhundert*).
[18] Vgl. Nisbet, *Lessing*, 755.
[19] Lessing, *Erziehung*, 88.

## III.

Mit § 50, der Hälfte der Paragraphen, endet der Teil, der – mit einigen vorbereitenden Definitionen und Klärungen – das *Alte Testament* umfaßt. Daran schließt sich (mit Übergängen) der Teil des *Neuen Testaments* bis § 75 an, während ab § 76 – mit überleitenden Paragraphen – der spekulative Teil in Anlehnung an das ‚Dritte Weltzeitalter' und die Vorstellung der Seelenwanderung beginnt. Man sieht daran, daß trotz der beweglichen literarischen Form ein fester Plan der Gesamtanlage zugrunde liegt. Aus der Spannung zwischen Beweglichkeit und Ordnung, freiem Stil und Paragraphengliederung bezieht die *Erziehung des Menschengeschlechts* nicht zuletzt ihren Reiz und ihre unverwechselbare literarische Gestalt. Das ist das stärkste Argument für Lessings Autorschaft, die längere Zeit in Zweifel stand.[20] Außerdem stimmen zentrale Passagen mit früheren Äußerungen Lessings überein. Auch hatten Freunde und Leser nie den geringsten Zweifel daran, daß es sich um eine Schrift Lessings handelte, obwohl er selbst sich dazu nie bekannt hat.

Lessing hat sie vor der großen Lebenskrise 1778, dem Verlust von Frau und Kind, wohl in der zweiten Jahreshälfte 1776 geschrieben und im Januar 1777 den ersten Teil in den *Fragmenten eines Ungenannten* veröffentlicht, und zwar im Zusammenhang mit dem vierten *Reinmarus-Fragment*.[21] Darin folgt er zwar Reinmarus' Auffassung, daß das *Alte Testament* von der Lehre der Unsterblichkeit nichts wisse, wendet sich aber gegen den Schluß, daß deshalb dessen Religion keine Gültigkeit besäße. Das Gegenteil sei vielmehr der Fall, wenn man die Stufe der menschlichen Entwicklung betrachte. Entsprechend dem in § 1 aufgestellten Grundsatz: „Was die Erziehung bei dem einzeln Menschen ist, ist die Offenbarung bei dem ganzen Menschengeschlechte"[22], heißt es vom „israelitische[n] Volk" in § 16: „Ein Volk, das so roh, so ungeschickt zu abgezogenen [abstrakten, H. F.] Gedanken war, noch so völlig in seiner Kindheit war, was war es für einer *moralischen* Erziehung fähig? Keiner andern, als die dem Alter der Kindheit entspricht. Der Erziehung durch unmittelbare sinnliche Strafen und Belohnungen."[23] Und so verhält es sich denn auch mit der göttlichen Offenbarung in Rücksicht auf das Menschengeschlecht, das auf dieser Stufe durch das auserwählte (vor allem aus Erziehungsgründen auserwählte[24]) Volk repräsentiert wird (§ 17): „Auch hier also treffen Erziehung und Offenbarung zusammen. Noch konnte Gott seinem Volke keine andere Religion, kein anders Gesetz geben, als eines, durch dessen Beobachtung oder Nichtbeobachtung es hier auf Erden glücklich oder unglücklich zu werden hoffte oder fürchtete. Denn weiter als auf dieses Leben gingen noch seine Blicke nicht. Es wußte von keiner Unsterb-

---

[20] Vgl. Nisbet, *Lessing*, 746-747; Lessing, *Werke 1778-1781*, 798-800.

[21] Wie Anm. 4.

[22] Lessing, *Erziehung*, 75.

[23] Ebd., 78 [Hervorh. im Orig., H.F.].

[24] Vgl. ebd., § 18, 78.

lichkeit der Seele; es sehnte sich nach keinem künftigen Leben. Ihm aber nun schon diese Dinge zu offenbaren, welchen seine Vernunft noch so wenig gewachsen war: was würde es bei Gott anders gewesen sein, als der Fehler des eiteln Pädagogen, der sein Kind lieber übereilen und mit ihm prahlen, als gründlich unterrichten will."[25]

Dies ist in der Nachfolge Spinozas gedacht, der das israelitische Volk der Frühe mit Kindern verglich und in seiner Akkomodationslehre davon ausging, daß die göttlichen Offenbarungen in ihrer Folge sich der jeweiligen geistigen Fassungskraft der Menschen anpaßten.[26] Derselbe Gedanke klingt bereits in allgemeiner Form in § 5 der *Erziehung des Menschengeschlechts* an: „Und so wie es der Erziehung nicht gleichgültig ist, in welcher Ordnung sie die Kräfte des Menschen entwickelt; wie sie dem Menschen nicht alles auf einmal beibringen kann: so eben hat auch Gott bei seiner Offenbarung eine gewisse Ordnung, ein gewisses Maß halten müssen."[27] Man kann sogar sagen – wie eingangs angedeutet –, daß die Akkomodation wesentliches Thema der *Erziehung des Menschengeschlechts* ist. Aber Lessing wäre nicht Lessing, wenn er dergleichen nicht relativieren oder sogar revolutionieren würde, d.h. ‚umkehren' im ursprünglichen Sinne des Wortes.

Das Prius der Offenbarung wird nämlich von Anfang an dadurch in Frage gestellt, daß § 1 die „Erziehung" voranstellt und § 2 „Erziehung" und „Offenbarung" auf eine Stufe stellt. Nur in der Zeitlichkeit sieht das anders aus. Dort kann die Offenbarung, die dem Menschen nichts anderes als die Vernunft selbst gibt, die Dinge früher geben, und nur in dieser Verzeitlichung erobert sie zeitweilig das Prius zurück. Und zunächst scheint es so, als sei gerade der Theologie (im Unterschied zur Pädagogik) damit geholfen: „Aber in der Theologie kann es gewiß sehr großen Nutzen haben, und viele Schwierigkeiten heben, wenn man sich die Offenbarung als eine Erziehung des Menschengeschlechts vorstellet."[28] Doch schon im nächsten Paragraphen wird der Geltungsanspruch der Theologie relativiert, indem sich die Gleichsetzung von Offenbarung und Erziehung als subtile Depotenzierung eben dieser Geltung erweist. Erziehung und Offenbarung sind nämlich nur zeitliche, begrenzte Mittel für etwas, was der Mensch auch aus sich selbst heraus, durch eigenes Vernunftvermögen, erreichen kann. Sie wirken lediglich als Beschleunigung und ‚didaktische' Beförderung in der Zeit: „Erziehung giebt dem Menschen nichts, was er nicht auch aus sich selbst haben könnte: sie gibt ihm das, was er aus sich selber haben könnte, nur ge-

---

[25] Ebd., 78.

[26] Vgl. Nisbet, *Lessing*, 757; differenzierend bezüglich der bei Spinoza und Lessing höchst unterschiedlichen Auffassung von Offenbarung und Vernunft: Fick, *Lessing-Handbuch*, 479-482; Baruch de Spinoza, *Theologisch-Politischer Traktat*, auf der Grundlage der Übers. v. Carl Gebhardt, neu bearb., eingel. u. hg. v. Günter Gawlick, Hamburg 1984.

[27] Lessing, *Erziehung*, 75-76.

[28] Ebd., 75; der erste Satz § 3 lautet leicht ironisch (schließlich geht es um ‚Erziehung'): „Ob die Erziehung aus diesem Gesichtspunkte zu betrachten, in der Pädagogik Nutzen haben kann, will ich hier nicht untersuchen."

schwinder und leichter. Also giebt auch die Offenbarung dem Menschenge-schlechte nichts, worauf die menschliche Vernunft, sich selbst überlassen, nicht auch kommen würde: sondern sie gab und giebt ihm die wichtigsten dieser Din-ge nur früher."[29]

IV.

Im Rückblick festigt das Ich das Vermittelte, indem es dessen Inhalt als ein vom Leser bereits Erkanntes ausspricht. Der dialogische Charakter tritt erneut her-vor. Dabei wird deutlich, daß sowohl die Lehre von der Einheit Gottes (*Altes Testament*) wie die Lehre von der Unsterblichkeit der Seele (*Neues Testament*) im Sinne der natürlichen Religion als „Vernunftswahrheiten" aufzufassen sind. Zum Argument der Zeitlichkeit und Beschleunigung tritt das der festeren Grün-dung dieser „Vernunftswahrheiten" durch Offenbarungen hinzu, und zwar be-zogen auf die jeweilige Stufe der erreichten Verstandeskraft und Sittlichkeit. „Du hast in der Kindheit des Menschengeschlechts an der Lehre von der Einheit Got-tes gesehen, daß Gott auch bloße Vernunftswahrheiten unmittelbar offenbaret; oder verstattet und einleitet, daß bloße Vernunftswahrheiten als unmittelbar ge-offenbarte Wahrheiten eine Zeit lang gelehret werden: um sie geschwinder zu verbreiten, und sie fester zu gründen."[30] Schaut man den zweiten Teilsatz genau-er an, dann wird durch die Kopula „oder" die Offenbarung noch einmal relati-viert, indem sie zur zeitlich begrenzten Form der Lehre erklärt wird, um sie ra-scher zirkulieren zu lassen und besser etablieren zu können.

In dem folgenden Paragraphen 71 wird für das „Knabenalter", die Zeit des *Neuen Testaments*, in ähnlicher Weise das unmittelbar Vorangehende repetiert: „Du erfährst, in dem Knabenalter des Menschengeschlechts, an der Lehre von der Unsterblichkeit der Seele, das Nemliche."[31] Indes tritt eine leichte Verschie-bung ein: „Sie wird in dem zweiten bessern Elementarbuche als Offenbarung *geprediget*, nicht als Resultat menschlicher Schlüsse *gelehret*."[32] Die Predigt hält zwar immer noch an, doch es sind bereits Schritte getan, die Unsterblichkeit der Seele aus Vernunftschlüssen herzuleiten, sie folglich als Erkenntnisgegenstand zu behandeln. Eben diesen Aspekt des bloß Transitorischen nimmt § 72 auf, um ihn auf weitere potentielle „Wahrheiten" auszudehnen, die sich gegenwärtig noch als „Offenbarungen" darstellen – oder sollte man sagen: verrätseln? Dabei tritt wieder das eingangs benannte Staunen als Anfang, als das Noch-Nicht der Vernunft hervor: „So wie wir zur Lehre von der Einheit Gottes nunmehr des Al-ten Testaments entbehren können; so wie wir allmählig, zur Lehre von der Un-

---

[29] Ebd., 75.
[30] Ebd., 92 (§ 70).
[31] Ebd., 92 (§ 71).
[32] Ebd., 92 (§ 71) [Hervorh. im Orig., H.F.].

sterblichkeit der Seele, auch des Neuen Testaments entbehren zu können anfangen: könnten in diesem nicht noch mehr dergleichen Wahrheiten vorgespiegelt werden, die wir als Offenbarungen so lange anstaunen sollen, bis sie die Vernunft aus ihren andern ausgemachten Wahrheiten herleiten und mit ihnen verbinden lernen?"[33]

Gestützt auf diesen Vernunftoptimismus, welcher der „vorgespiegelt[en]" „Wahrheiten" nicht mehr bedarf, ist das Tor weit aufgestoßen, um den Geheimnissen der Religion *qua* menschlichem Verstand auf die Spur zu kommen: der Lehre von der Dreieinigkeit, von der Erbsünde und von der Genugtuung des Sohnes.[34] Es würde entschieden zu weit führen, den hier durchgespielten Fragen und Möglichkeiten im einzelnen nachzugehen, schon die kombinierten Gedankenfolgen und ihre Bilder harren noch der Aufschließung.[35] Sie sprengen aber, soviel ist gewiß, den Rahmen jeglicher Akkomodation. Auf sie kommt Lessing wieder in § 76 zurück, um eine weitere Differenzierung beziehungsweise Relativierung einzuführen. „Man wende nicht ein, daß dergleichen Vernünfteleien über die Geheimnisse der Religion untersagt sind. – Das Wort Geheimnis bedeutete, in den ersten Zeiten des Christentums, ganz etwas anders, als wir itzt darunter verstehn; und die Ausbildung geoffenbarter Wahrheiten in Vernunftswahrheiten ist schlechterdings notwendig, wenn dem menschlichen Geschlechte damit geholfen sein soll. Als sie geoffenbaret wurden, waren sie freilich noch keine Vernunftswahrheiten; aber sie wurden geoffenbaret, um es zu werden."[36] Mit Rücksicht auf die Lehren der Trinität, der Erbsünde und der Genugtuung heißt das, daß auch sie geoffenbart wurden, um einmal Vernunftwahrheiten zu werden. Das ist ihr immanenter Zweck, ihre gleichsam innere Notwendigkeit, weil anders dem Menschen daraus nichts für seine geistig-sittliche Erziehung erwächst. Es ist nämlich nichts zu lernen, außer man lernt den eigenen Verstand zu gebrauchen, ihn zu schärfen, zu vervollkommnen, aus ihm ein intellektuelles Werkzeug zu bilden, das den Menschen in die Lage versetzt, irgendwann selbständig den Weg der Erkenntnis zu gehen. Lessing macht das am Beispiel einer Rechenaufgabe klar, bei der das Ergebnis zwar vom Rechenmeister vorgegeben ist, nun aber der Weg dahin zu finden ist. Insofern ist die Geschichte der Religionen für das Menschengeschlecht ein Lernprozeß fortschreitender Ausbildung seiner geistigen Kräfte und Vermögen durch die Entschlüsselung der darauf an-

---

[33] Ebd., 92-93 (§ 72).

[34] Diese ,Rettung' erfolgt gegen die Aufklärungstheologie, die die Erbsünde ebenso heftig ablehnte wie die Genugtuung des Sohnes, d.h. die christliche Erlösungslehre.

[35] Vgl. nur H.B. Nisbet, „The Rationalisation of the Holy Trinity from Lessing to Hegel", in: *Lessing Yearbook* 31 (1999), 65-89; ob die Bild- und Spiegelmetaphorik, derer sich Lessing auch im *Christentum der Vernunft* und in dem Fragment *Über die Wirklichkeit der Dinge außer Gott* zur Erschließung der Zweiheit Gottes bedient, platonischen Ursprungs ist, wäre zu untersuchen.

[36] Lessing, *Erziehung*, 94 (§ 76); aus dem Studium der Patristik war Lessing die andere Bedeutung von *mystérion* bestens vertraut.

gelegten Offenbarungen oder Geheimnisse, ja durch die vernunftgemäße Entbergung ihres rationalen und sittlichen Gehalts.

## V.

Wenn von Religion und zuvor sogar von „revolutionieren" die Rede war, dann ist spätestens jetzt der Punkt der Um- oder Rückkehr zur Religion gekommen, aber nicht aus theologischen, sondern aus philosophischen Gründen. Denn möglicherweise verhilft eine Religion zu angemesseneren und besseren Begriffen, als es die menschliche Vernunft von sich aus vermag. Danach wohnt der Religion vielleicht etwas inne, was den Verstand nicht nur nicht hindert, sondern umgekehrt zu einem besseren Begreifen bringt, und zwar unabhängig von der Frage, wie es um ihre historische Wahrheit bestellt ist. „Und warum sollten wir nicht auch durch eine Religion, mit deren historischen Wahrheit, wenn man will, es so mißlich aussieht, gleichwohl auf nähere und bessere Begriffe vom göttlichen Wesen, von unsrer Natur, von unsern Verhältnissen zu Gott, geleitet werden können, auf welche die menschliche Vernunft von selbst nimmermehr gekommen wäre?"[37] In Rücksicht auf metaphysische Begriffe kann demzufolge eine Religion möglicherweise Genaueres und Angemesseneres im Prozeß des Verstehens bewirken, als es die menschliche Vernunft von sich aus vermag.

Dies, als Möglichkeit vorgestellt, steht nur scheinbar im Widerspruch[38] zu der früheren Aussage, daß nämlich die „Offenbarung dem Menschengeschlechte nichts, worauf die menschliche Vernunft, sich selbst überlassen, nicht auch kommen würde"[39], denn jetzt geht es nicht mehr um Offenbarung und Vernunft als „wechselseitige[r] Dienst"[40], sondern um die Religion als Vorgabe und Inzitament der Spekulation – und um die Legitimität einer solchen Spekulation im Sinne eines theoretisch orientierten Denkens, das sich dann auf einen Gegenstand oder solche Begriffe von einem Gegenstand bezieht, zu welchem man in keiner Erfahrung gelangen kann: „Es ist nicht wahr, daß Speculationen über diese Dinge jemals Unheil gestiftet, und der bürgerlichen Gesellschaft nachteilig geworden. – Nicht den Speculationen: dem Unsinne, der Tyrannei, diesen Speculationen zu steuern; Menschen, die ihre eigenen hatten, nicht ihre eigenen zu gönnen, ist dieser Vorwurf zu machen."[41] Die Prokatalepsis markiert den Punkt der Zensur – wie Lessing selbst sie schon bald, im Juli 1778, erfuhr – und perhorresziert zugleich diesen ‚tyrannischen' Eingriff in den selbständigen spe-

---

[37] Lessing, *Erziehung*, 95 (§ 77).

[38] Dazu: Fick, *Lessing-Handbuch*, 473-475 mit Wiedergabe der verschiedenen Positionen; vgl. Ingrid Strohschneider-Kohrs, *Historische Wahrheit und Religion. Hinweise zu Lessings Erziehungsschrift*, Göttingen 2009.

[39] Lessing, *Erziehung*, 75 (§ 4).

[40] Ebd., 84 (§ 37).

[41] Ebd., 95 (§ 78).

kulativen Gedanken als das eigentliche „Unheil", den wahren Schaden für die „bürgerlichen Gesellschaft", die Lessing immer auch als eine politisch verfaßte verstand.

Spekulationen in dem gedachten Sinne sind nicht nur „unstreitig die *schicklichsten* Übungen des menschlichen Verstandes überhaupt"[42], sie sind es auch im emphatischen Sinne der Tugendliebe des menschlichen Herzens mit ihren fortdauernden glückseligen Folgen. Man spürt bereits die Klimax, die sich dann fortschreitend ins Ekstatische und Visionäre steigert und mit ihr die Ausdrucksformen wechselt. Heißt es in § 80: „Er [der Verstand, H. F.] will schlechterdings an geistigen Gegenständen geübt sein, wenn er zu einer völligen Aufklärung gelangen, und diejenige Reinigkeit des Herzens hervorbringen soll, die uns, die Tugend um ihrer selbst willen zu lieben, fähig macht"[43], so schlägt im nächsten Paragraphen der ruhige Ton um in eine rhetorische Frage mit Epanalepse, die ihrerseits im folgenden Paragraphen wieder aufgenommen wird und sich schließlich zur klassischen Apostrophe, der Anrufung des göttlichen Beistands, steigert: „Oder soll das menschliche Geschlecht auf diese höchste Stufen der Aufklärung und Reinigkeit nie kommen? Nie? / §. 82. / Nie? – Laß mich diese Lästerung nicht denken, Allgütiger! –"[44] Was in den Augen der Orthodoxie mit Sicherheit eine Lästerung darstellt, nämlich die Spekulation über die ‚letzten Geheimnisse', wird seinerseits als Lästerung gebrandmarkt, weil es das menschliche Geschlecht nicht zu seiner Bestimmung kommen läßt.

An solchen Stellen ist vielleicht am besten zu erkennen, was gemeint war, als von „Spannung zwischen Beweglichkeit und Ordnung, freiem Stil und Paragraphengliederung" als konstitutivem Textmerkmal die Rede war. Die Einfügung in die „Erziehung des Menschengeschlechts" geschieht über den Gedanken der „völligen Aufklärung"[45] beziehungsweise der „höchste[n] Stufen der Aufklärung und Reinigkeit"[46], die zu erstreben – und letztlich auch zu erreichen sind, insofern Erziehung immer auf ein Ziel gerichtet und das Ziel der „Erziehung des Menschengeschlechts" eben ihre „Vollendung" ist. Der Ton steigert sich noch einmal ins Visionäre, wird zum Ton der Verkündigung (immer unter Paragraphen!). Nachdem die Verneinung der „Vollendung" zuvor mit dem doppelten Ausruf „Lästerung! Lästerung!" als Zeichen heftiger Gemütserregung bedacht worden war (zugleich eine Inversion ihrer religiösen Bedeutung), hebt § 85 mit dieser prophetischen Rede an: „Nein; sie wird kommen, sie wird gewiß kommen, die Zeit der Vollendung, da der Mensch, je überzeugter sein Verstand einer immer bessern Zukunft sich fühlet, von dieser Zukunft gleichwohl Bewegungsgründe zu seinen Handlungen zu erborgen, nicht nötig haben wird; da er das Gute tun wird, weil es das Gute ist, nicht weil willkürliche Belohnungen darauf

---

[42] Ebd., 95 (§ 79) [Hervorh. im Orig., H.F.].
[43] Ebd., 95 (§ 80).
[44] Ebd., 96 (§§ 81-82).
[45] Ebd., 95 (§ 80).
[46] Ebd., 96 (§ 81).

gesetzt sind, die seinen flatterhaften Blick ehedem bloß heften und stärken sollten, die innern bessern Belohnungen desselben zu erkennen."[47] Weder ein zeitliches noch ein ewiges – kein irgendwie geartetes *externes* Sanktions- oder Gratifi-
kationssystem reguliert dann noch den moralischen Haushalt des Einzelnen und
regiert seine Handlungen, sondern das internalisierte Gute selbst, das um eben
dieses Guten willen getan wird. Man beginnt zu begreifen, warum im *Vorbericht*
die „unermeßliche Ferne" mit milder Emphase angerufen worden ist.

## VI.

Der Übergang in eine nachtestamentliche Zeit, in eine Zeit nach den geoffenbar-
ten Wahrheiten des *Alten* und *Neuen Testaments*, des Alten und Neuen Bundes,
war schon verschiedentlich in früheren Paragraphen angedeutet worden (§ 72, §
76); jetzt geht es um die Ankunft der neuen Zeit, der „Zeit eines *neuen ewigen
Evangeliums*", wie sie „uns selbst in den Elementarbüchern des Neuen Bundes"[48], nämlich in der *Offenbarung Johannis* (14, 6), verheißen worden ist. Doch
Lessing beläßt es nicht dabei; er greift Joachim von Fiores Lehre von den drei
Zeitaltern (*status*) auf, der Zeit des Vaters und der Zeit des Sohnes, die – nach
Joachims Vorstellung – in nächster Zukunft durch den dritten *status*, das Zeitalter des Heiligen Geistes, abgelöst werden sollte. In ihm wird nicht nur die Ausdehnung des christlichen Glaubens über die Welt und ein allgemeiner Frieden
erwartet, sondern auch eine neue, enthierarchisierte Kirche, die *ecclesia
spiritualis*. Der für Lessings Rückgriff entscheidende Gedanke scheint indes zu
sein, daß Joachim daran glaubte, daß in dieser kommenden Idealgemeinschaft
den künftigen *viri spirituales* eine unmittelbare, nicht mehr an den Buchstaben
gebundene, vollkommene Erkenntnis der göttlichen Wahrheit gewährt werden
würde.[49] Dies ist eine Auffassung, die mit Blick auf die nachtestamentliche Vollkommenheit der Erkenntnis in engere Nachbarschaft zu Lessings Vorstellung
von der „völligen Aufklärung"[50] rückt.

Der Joachimismus war die wirkkräftigste Prophetie des späten Mittelalters,
die Marjorie Reeves in ihrer grundlegenden Studie *The Influence of Prophecy in
the Later Middle Ages. A Study in Joachimism* einmal so resümiert hat: „*The unity,
not just of Christendom, but of the whole world is the passionate desideratum of the
later Joachites, and this at a time when the limits of the known world had been asto-
nishingly expanded. But while geography was widening the vision, politics was nar-
rowing it. The ecumenical dream in Church and State, of unity in one faith and*

---

[47] Ebd., 96.

[48] Ebd., 96 (§ 86).

[49] Michael Winter, *Compendium Utopiarum. Typologie und Bibliographie literarischer
Utopien*, Stuttgart 1978, 14-15.

[50] Auch der Begriff *Evangelium aeternum* („ewiges Evangelium") ist augenscheinlich von
Joachim entlehnt.

*peace under one rule, is found widely disseminated precisely in the period when all the political realities were working in the opposite direction. It is pathetic but true that in the very age when religious and national divisions were hardening irrevocably, men so often turned back to the apparently irrelevant ideal of the ‚unum ovile'. This must be recorded, since men's dreams are as much a part of history as their deeds.*"[51]

Der letzte Satz ist Jahrhunderte später noch einmal für Lessing in Anspruch zu nehmen, nur in einem weiteren und zugleich relativierenden Sinn, wenn er sagt: „Vielleicht, daß selbst gewisse Schwärmer des dreizehnten und vierzehnten Jahrhunderts einen Strahl dieses neuen ewigen Evangeliums aufgefangen hatten; und nur darin irrten, daß sie den Ausbruch desselben so nahe verkündigten."[52] Daß Lessing damit tatsächlich auf Joachim und die Joachimiten zurückgreift, um seine Hypothese zu stützen – mit „Vielleicht" hob dieser Paragraph an, mit „Vielleicht" beginnt der nächste –, macht der nähere Inhalt klar: „Vielleicht war ihr *dreifaches Alter der Welt* keine so leere Grille; und gewiß hatten sie keine schlimme Absichten, wenn sie lehrten, daß der Neue Bund eben so wohl *antiquieret* werden müsse, als es der Alte geworden. Es blieb auch bei ihnen immer die nemliche Ökonomie des nemlichen Gottes. Immer – sie meine Sprache sprechen zu lassen – der nemliche Plan der allgemeinen Erziehung des Menschengeschlechts."[53] (Wenn Johann Georg Rosenmüller in zeitlicher Nähe, 1767, über eine gestufte Folge der göttlichen Offenbarung unter dem Titel *Abhandlung von den weisen Absichten Gottes bei den verschiedenen Haushaltungen seiner Kirche auf Erden*[54] spricht, wird deutlich, was unter der „Ökonomie des nemlichen Gottes" zu verstehen ist: die planvolle Einrichtung der Welt- und Heilsgeschichte.)

Lessings Relativierung besteht lediglich im zeitlichen Argument; sie hätten sich übereilt, ihre Zeitgenossen ohne Aufklärung und Vorbereitung gelassen und geglaubt, sie unmittelbar in jene Verfassung bringen zu können, die dem Dritten Zeitalter angemessen und würdig gewesen wäre. Nur diese Übereilung hätte sie zu „Schwärmern" gemacht, denn tatsächlich würde der „Schwärmer [...] oft sehr richtige Blicke in die Zukunft"[55] tun. Es gibt im Prozeß der „Erziehung des Menschengeschlechts" also auch vorrationale Formen der Erkenntnis, die nicht der Fähigkeit zu abstrakter Deduktion geschuldet sind. In einem anderen Zu-

---

[51] Marjorie Reeves, *The Influence of Prophecy in the Later Middle Ages. A Study in Joachimism*, Oxford 1969, 503-504; dies., *Joachim of Fiore and the Prophetic Future*, London 1976; Henri de Lubac, *La posterité spirituelle de Joachim de Flore*, Paris 1979.

[52] Lessing, *Erziehung*, 97 (§ 87); nach Joachim selbst sollte das Zeitalter des Hl. Geistes mit dem Anfang des dreizehnten Jahrhunderts beginnen. Außer auf die Amalricaner übten die Werke Joachims vor allem großen Einfluß in den Reihen des Franziskanerordens aus, bei den Spiritualen und Fraticellen. Zu nennen wären Gerard von Borgo San Donnino, Johann von Parma, Petrus Johannes Olivi und Ubertin von Casale.

[53] Lessing, *Erziehung*, 97 (§ 88) [Hervorh. im Orig., H.F.].

[54] Lessing, *Werke 1778-1781*, 807.

[55] Lessing, *Erziehung*, 97 (§ 90).

sammenhang hat Lessing einmal von „privilegirten Seelen" gesprochen, „die aus eignen Kräften über die Sphäre ihrer Zeitverwandten hinausdachten, dem größern Lichte entgegen eilten [...]"[56]. Zweierlei wird daran deutlich: Die im *Vorbericht* aufgerufene verzückte Schau des „Verfassers" in die „unermeßliche Ferne, die ein sanftes Abendrot seinem Blicke weder ganz verhüllt noch ganz entdeckt", schließt sich jetzt mit diesen „sehr richtige[n] Blicke[n] in die Zukunft" zusammen, und sie weist darauf hin, daß es vorgreifende Einsichten, natürliche Offenbarungen gibt, die ihre Quelle in den Empfindungen besonders empfänglicher Menschen haben. Inwieweit dies mit „Leibniz' Erkenntnistheorie in den *Nouveaux essais*, wo dunkle Wahrnehmungen (,perceptions insensibles') und undeutliche Gefühle die Vorläufer rationaler Erkenntnis sind"[57], zusammengeht, wäre zu prüfen.

## VII.

Sicher scheint hingegen zu sein, daß die dreifache Apostrophe in § 91 („Geh deinen unmerklichen Schritt, ewige Vorsehung! Nur laß mich dieser Unmerklichkeit wegen an dir nicht verzweifeln. – Laß mich an dir nicht verzweifeln, wenn selbst deine Schritte mir scheinen sollten, zurück zu gehen!"[58]) – daß sie einerseits die Voraus-Schau des *Vorbericht[s]* aufnimmt und metonymisch zur *persona*[59] verdichtet, desgleichen aber auch entschleunigend auf die Übereilung antwortet, welche die „Schwärmer" kennzeichnete: „Wozu sich die Natur Jahrtausende Zeit nimmt, soll in dem Augenblicke seines Daseins reifen."[60] Aber auch die Wegmetaphorik des *Vorbericht[s]* kehrt, vorbereitet durch die „unmerklichen Schritte" und das „gehen", an dieser Stelle zurück, und zwar in dem – vordergründigen – Paradox: „Es ist nicht wahr, daß die kürzeste Linie immer die gerade ist."[61]

---

[56] Gotthold Ephraim Lessing, *Zur Geschichte und Litteratur. Vierter Beytrag. Gegensätze des Herausgebers. IV*, in: G.E. Lessings sämtliche Schriften, hg.v. K. Lachmann, 12. Bd., Leipzig 1897, Nachdruck, Berlin 1968, 445.

[57] Nisbet, *Lessing*, 752 [Hervorh. im Orig., H.F.].

[58] Lessing, *Erziehung*, 97-98 (§ 91).

[59] Im doppelten Sinne von Person und Rolle (Maske), denn in gewisser Weise übernimmt die Vorsehung eine Rolle, die einmal durch Gott besetzt war; typisch für die Zeit war die Darstellung des „Auges der Vorsehung" im Dreieck, wie in einer Radierung von Daniel Chodowiecki aus dem Jahr 1787.

[60] Lessing, *Erziehung*, 97 (§ 90).

[61] Ebd., 98 (§ 91); Nisbet, *Lessing*, 751 hält dies offensichtlich für ein echtes Paradox, das nicht auflösbar ist, wobei es genau besehen ein Denkanstoß ist, ebenso wie in § 22, wo es heißt, daß die „Lehre von der Einheit Gottes [...] in den Büchern des Alten Testaments sich findet, und sich nicht findet".

War eingangs vom „vorgeschriebenen Weg" und vom „eilfertigen Wanderer, der nur das Nachtlager bald zu erreichen wünscht", die Rede, wird man dies jetzt auf den geraden Weg und die „kürzeste Linie" beziehen. Davon setzte sich schon der „Verfasser" als ein in die „unermeßliche Ferne" Schauender ab. Es hängt folglich vom Ziel ab, ob die „kürzeste Linie" die „gerade" ist. *Geradewegs* auf die „Vollkommenheit" zusteuern, sie „eilfertig" zu erreichen suchen, kann sich am Ende als die längere Linie erweisen. Wer hingegen die Vorstellung der Linearität, eines linearen ‚Fort-Schritts', aufgibt und an ihre Stelle die „Unmerklichkeit" und Umständlichkeit setzt, erkennt, daß das Paradox kein Paradox ist: Tatsächlich ist für die „Vorsehung" die unmerkliche, scheinbar rückschrittliche Bewegung die ihr eigentümliche Art der Fortbewegung; tatsächlich kann deshalb ihre zu beiden Seiten abweichende, krumme, sich sogar vielfach krümmende Linie die kürzere Linie (zum Ziel) sein. Kurz, es handelt sich um den Krebsgang des ‚Fort-Schritts', und nur dieser Krebsgang ist der Weg zur „Vollkommenheit".

Lessing führt das in § 92 als Apostrophe wegmetaphorisch fort: „Du [Vorsehung, H. F.] hast auf deinem ewigen Wege so viel mitzunehmen! so viel Seitenschritte zu tun!", um dann zum Bild des Räderwerks zu greifen, bei dem auch das kleine und schnellere Rädchen an der Bewegung des Ganzen beteiligt ist: „Und wie? wenn es nun gar so gut als ausgemacht wäre, daß das große langsame Rad, welches das Geschlecht seiner Vollkommenheit näher bringt, nur durch kleinere schnellere Räder in Bewegung gesetzt würde, deren jedes sein Einzelnes eben dahin liefert?"[62] Was eingangs nur in Analogie gedacht war, die Erziehung des Einzelnen und die Erziehung des Menschengeschlechts, schließt sich jetzt in der Weise zusammen, daß erst in der Erziehung aller Einzelnen auch die Erziehung des Ganzen und somit das „Geschlecht" insgesamt vorankommt. „Nicht anders! Eben die Bahn, auf welcher das Geschlecht zu seiner Vollkommenheit gelangt, muß jeder einzelne Mensch (der früher, der später) erst durchlaufen haben."[63]

Nur im und durch den Einzelnen, und zwar *jeden* Einzelnen, vollzieht sich die allmähliche, nahezu unmerkliche Vervollkommnung der Gattung. Muß also jeder Einzelne die Stufen vom ‚Judentum' zum ‚Christentum' und über diese beiden (schon historisch gewordenen) Stufen hinaus zurücklegen, wie vorher das Menschengeschlecht als ganzes, um „zu seiner völligen Aufklärung [zu] gelangen"[64]? Lessing greift an dieser Stelle zum Mittel des Dialogs, um dem Leser nahe zu sein, ihm gleichsam die Frage von den Lippen abzulesen: „In einem und eben demselben Leben durchlaufen haben? Kann er in eben demselben ein sinnlicher Jude und ein geistiger Christ gewesen sein? Kann er in eben demselben Leben beide überholet haben?"[65] Erst durch das rhetorische Zwischenglied des Dialogs gelingt der fast unmerkliche Übergang zur Palingenese als Hypothese in

---

[62] Lessing, *Erziehung*, 98 (§ 92).
[63] Ebd., 98 (§ 93).
[64] Ebd., 95 (§ 80).
[65] Ebd., 98 (§ 93).

§ 94: „Das nun wohl nicht! – Aber warum könnte jeder einzelne Mensch auch nicht mehr als einmal auf dieser Welt vorhanden gewesen sein?"[66]

Palingenese (Metempsychose) war zu dieser Zeit kein ungewöhnliches oder gar esoterisches Thema, wie man zunächst mit Blick auf ihre modernen Erscheinungformen in Anthroposophie, Spiritismus, Theosophie und Teilen der New-Age-Bewegung vermuten könnte.[67] Auch wußte Lessing davon, daß die Vorstellung im Platonismus und Phythagoreismus ebenso verbreitet war wie in alten Religionen Asiens. „Ist diese Hypothese darum so lächerlich", fragt er, „weil sie die älteste ist? weil der menschliche Verstand, ehe ihn die Sophisterei der Schule zerstreut und geschwächt hatte, sogleich darauf verfiel?"[68] So greift er oder richtiger das Ich, das hier spricht, jenseits von Judentum und Christentum auf frühe Vorstellungen zurück, die es sogleich auf sich selbst anwendet, wie denn überhaupt der Schlußteil der „Erziehung des Menschengeschlechts" (§ 96-100) ein fortgesetzter Monolog (in Paragraphen!) mit einem nachgerade bühnenreifen Schluß in § 100 ist: „Oder, weil so zu viel Zeit für mich verloren gehen würde? – Verloren? – Und was habe ich denn zu versäumen? Ist nicht die ganze Ewigkeit mein?"[69]

## VIII.

Dahin gelangt das Ich in einer Klimax rhetorischer Fragen, die als eine sich steigernde Selbstbefragung in Erscheinung tritt. Es bezieht sich dabei auf ein früheres Leben, in dem es vielleicht schon einmal in Rücksicht auf zeitliche Strafen und Lohn die mögliche Vervollkommnung erreicht hätte, und es bezieht sich dann auf ein anderes Leben, in dem es vielleicht schon einmal die mögliche Vervollkommnung in der Aussicht auf ewigen Lohn erreicht hätte. Hier wird das Stufenmodell der Erziehung (*Altes Testament*: „unmittelbar sinnliche Strafen und Belohnungen" / *Neues Testament*: „ewige Belohnungen") in Gestalt der Palingenese reformuliert – und sogleich wieder dynamisiert, indem die Wiedergeburt selbst als ein sich fortlaufend wiederholender Vorgang gedacht wird, der die gleicherweise fortlaufende Ausbildung neuer kognitiver und operativer Vermögen zum Ziel hat: „Warum sollte ich nicht so oft wiederkommen, als ich neue Kenntnisse, neue Fertigkeiten zu erlangen geschickt bin? Bringe ich auf Einmal

---

[66] Ebd., 98 (§ 94).

[67] Nisbet, *Lessing*, 757-761; erschöpfend: Daniel Cyranka, *Lessing im Reinkarnationsdiskurs. Eine Untersuchung zu Kontext und Wirkung von G.E. Lessings Texten zur Seelenwanderung*, Göttingen 2005, bes. 355-400; ders., „„Gehet hin und leset euren Lessing, den wir Spiritisten stolz den unseren nennen.' Lessings Wirkung in der modernen Esoterik", in: *Lessing Yearbook* 37 (2006/2007), 125-138.

[68] Lessing, *Erziehung*, 98 (§ 95).

[69] Ebd., 99 (§ 100).

so viel weg, daß es der Mühe wieder zu kommen etwa nicht lohnet?"[70] Darauf möchte man erwidern, natürlich nicht, wenn es um die Vervollkommnung und „Vollendung" geht. Aber so einfach macht es Lessing dem Leser wiederum nicht.

Alles, was sich bis dahin auf die Wiedergeburt bezog, war in die Form von Fragen, Erwägungen und Selbstbefragungen gekleidet: Denkmöglichkeiten wurden durchgespielt, keine Feststellungen getroffen. Diese zögert das Ich noch einmal hinaus, um dann mit einer rhetorischen Volte dem Oblivionismus das Wort zu reden. Auf die erwähnte Frage: „Bringe ich auf Einmal so viel weg, daß es der Mühe wieder zu kommen etwa nicht lohnet?", antwortet das Ich in § 99 mit der Alternativfrage: „Darum nicht? – Oder, weil ich es vergesse, daß ich schon da gewesen?", um die Feststellung treffen zu können: „Wohl mir, daß ich das vergesse. Die Erinnerung meiner vorigen Zustände würde mir nur einen schlechten Gebrauch des gegenwärtigen zu machen erlauben."[71] Die Palingenese findet also *für mich* gar nicht statt, weil ich vergesse, daß ich schon einmal gelebt habe, und es ist gut, diese „vorigen Zustände" zu vergessen, weil sie mich hindern würden, aus dem jetzigen Zustand das beste zu machen.

Ob es eine Palingenese gibt, bleibt in der Schwebe; dem *empirischen* Ich ist sie verschlossen, weil sie ihm weder zur Erfahrungstatsache noch zum Erinnerungsinhalt wird. Als Denkmöglichkeit folgt sie hingegen nicht dieser Empirie, sondern der Teleologie der „höchste[n] Stufen der Aufklärung und Reinigkeit"[72], auf welche die „Erziehung des Menschengeschlechts" hinzielt. Erst in diesem Zusammenhang entfaltet die Palingenese ihre Schlüssigkeit, und zwar für den sich in jedem Einzelnen und durch jeden Einzelnen vollziehenden Prozeß der Vervollkommnung des Menschengeschlechts. Die Palingenese wird als *Konzept* durchgespielt, ja regelrecht durchprobiert, und nicht etwa als Glaubenssache propagiert.[73] Die Rechtfertigung der „Speculation" erfolgte aus wohlerwogenem Grund.

Mit dem Vergessen tritt aber noch kein Ruhepunkt ein, vielmehr wird das Vergessen wiederum relativiert, indem es buchstäblich ‚in Frage gestellt wird': „Und was ich auf itzt vergessen *muß*, habe ich denn das auf ewig vergessen?"[74] Diese Frage bleibt als Frage bestehen, weil sie ihrer Implikation nach („ewig") unbeantwortbar ist; sie relativiert jedoch den Oblivionismus, den die Sätze zuvor eingeführt hatten, und öffnet erneut den Möglichkeitshorizont: so wie das Stichwort „ewig", das seit § 86 mit der Einführung des *neuen ewigen Evangeliums*" über § 91 („ewige Vorsehung") und § 92 („ewigen Wege") fast zu einem Leitwort geworden ist. Und da die letztgenannte Frage unbeantwortbar ist, ist die Lizenz gewonnen, im letzten und hundertsten Paragraphen wiederum Fragen

---

[70] Ebd., 99 (§ 98).

[71] Ebd., 99 (§ 99).

[72] Ebd., 96 (§ 81).

[73] Vgl. Charles Bonnet, *Palingénésie philosophique, ou Idées sur l'état futur des êtres vivans*, 2 Bde., Genève 1769.

[74] Ebd., 99 (§ 99) [Hervorh. im Orig., H.F.].

zu stellen, Fragen, die aufgipfelnd zur „Ewigkeit" führen. Sie knüpfen alternativ an vorangehende Fragen zur Palingenese an und sollen hier noch einmal wiedergegeben werden: „Oder, weil so zu viel Zeit für mich verloren gehen würde?"[75] Gemeint ist: Weil infolge der sich stets wiederholenden Wiederkunft ein zu großer Zeitverlust „für mich" eintreten würde, lohnte sich also die Mühe der Palingenese nicht? Die Epanalepse ist bereits die halbe Antwort, die ganze geben die finalen rhetorischen Fragen der „Erziehung des Menschengeschlechts": „ – Verloren? – Und was habe ich denn zu versäumen? Ist nicht die ganze Ewigkeit mein?"

## IX.

Am Ende steht der Überschwang oder genauer der Übergang zur emphatischen Sprache des dramatischen Ich und die Emanzipation dieses Ich aus allen Bindungen der Zeitlichkeit. Es läßt Religionen und Offenbarungen hinter sich, erörtert nicht mehr Erziehung und Vernunft, weiß sich im Zustand der Gelassenheit, weil unbegrenzte Dauer ihm gewiß scheint. Am Ende obsiegt der Schriftsteller über den Philosophen, die mit Definitionen begonnene Abhandlung treibt über ihre Grenzen hinaus. Was als relativ breit angelegte philosophische Auslegung der Akkomodation begann, stößt zunächst allmählich und dann wie von Satz zu Satz vorangetrieben in immer weitere Bereiche des spekulativen Denkens vor, die am Ende nur noch mit den Mitteln dramatischer Sprache ausdrucksgerecht zu erfassen sind. Der zugrundeliegende Gedankengang ist zusammengefaßt dieser: Da das Fortschreiten der Gattung der Individualisierung des Fortschritts in jedem Einzelnen unterliegt, kann die Vollendung der Menschheit nur als Vervollkommnung[76] des Individuums gedacht werden. Dieser Prozeß wird mittels der Idee der Palingenese konzeptualisiert, so daß Perfektibilität in einem auf unbegrenzte Dauer angelegten Diesseits denkbar wird.[77] Entsprechend löst sich das Attribut des ‚Ewigen' Schritt um Schritt vom neuen Evangelium (§ 86), der Vorsehung (§§ 91-92), den Belohnungen (§ 97), geht über auf das Ich (§ 99) und schließt sich endlich ganz mit ihm zusammen (§ 100).[78]

Über das hinaus ist die „Erziehung des Menschengeschlechts" eine Kritik jeder Vereinseitigung, sei es der Theologie und Philosophie im allgemeinen, sei es der Orthodoxie und Neologie im besonderen; selbst die Vernunft hat gegenüber der Religion oder vorrationalen Formen der Erkenntnis keinen absoluten

---

[75] Ebd.

[76] Zu den Nuancen des Vervollkommnungsgedankens vgl. Roland Victor Sampson, *Progress in the Age of Reason*, London 1956.

[77] Der Glaube an die Vervollkommnung des Menschen im Diesseits findet sich gleichermaßen bei Herder, Condorcet und dem schottischen Philosophen Adam Ferguson: Roy Porter, *Kleine Geschichte der Aufklärung*, Berlin 1991, 29.

[78] Vgl. Fick, *Lessing-Handbuch*, 483.

Geltungsanspruch. Die „Erziehung" ist selbst eine Erziehung, eine Erziehung nämlich zum selbständigen, vorurteilslosen und freien Denken, das seinerseits mit Kritik an den Formen der Unfreiheit nicht spart (§ 10: Sklaverei; § 78: Zensur). Und wenn Wissenschaft mit dem Mut zu tun hat, für eine visionäre These einzutreten, dann kann man sich Lessings Erziehungsschrift auch heute noch zum Vorbild nehmen. Wünschbar wäre allerdings, daß ihren subtilen semantischen Modifikationen und ihrer Blick-Bild-Spiegel-Licht-und-Schatten-Metaphorik künftig mehr Aufmerksamkeit zuteil würde, um ihren sprachlich-literarischen Verfahrensweisen besser auf die Spur zu kommen.[79] Und ebenso wünschbar wäre eine umfassende Kontextualisierung mit Bezug auf die einschlägigen Diskurse zu Religion und Vernunft seit Locke, um den Ort der Erziehungsschrift in der Spätaufklärung differenzierter bestimmen zu können.[80]

Schließlich ließe ich fragen, ob nicht die Appellstruktur des Textes einer gezielten Verschiebung vom „Wirklichkeitssinn" hin zum „Möglichkeitssinn" unterliegt, so wie sie Robert Musil in seinem Roman *Der Mann ohne Eigenschaften* festgehalten hat: „Wenn es aber Wirklichkeitssinn gibt, und niemand wird bezweifeln, daß er seine Daseinsberechtigung hat, dann muß es auch etwas geben, das man Möglichkeitssinn nennen kann. Wer ihn besitzt, sagt beispielsweise nicht: Hier ist dies oder das geschehen, wird geschehen; sondern er erfindet: Hier könnte, sollte oder müßte geschehn; und wenn man ihm von irgend etwas erklärt, daß es so sei, wie es sei, dann denkt er: Nun, es könnte wahrscheinlich auch anders sein. So ließe sich der Möglichkeitssinn geradezu als die Fähigkeit definieren, alles, was ebensogut sein könnte, zu denken und das, was ist, nicht wichtiger zu nehmen als das, was nicht ist. Man sieht, daß die Folgen solcher schöpferischen Anlage bemerkenswert sein können. [...] Solche Möglichkeitsmenschen leben, wie man sagt, in einem feineren Gespinst, einem Gespinst von Dunst, Einbildung, Träumerei und Konjunktiven."[81]

So gesehen ist es nur folgerichtig, daß sich im guten letzten Viertel der *Erziehung des Menschengeschlechts* die Konjunktive häufen. Das „feinere Gespinst", das sich bereits mit dem „sanfte[n] Abendrot" über den Text zu legen begann und nach der „Schwärmerei" in der „ganze[n] Ewigkeit" endet, läßt die scheinbar festen Konturen von Vernunft und Fortschritt in einem wechselhaften Licht erscheinen, einem Licht, das vieles relativiert, manches vorschnell Abgetane rehabilitiert und wieder anderes potentialisiert. Man hat es mit einer in sich reflektierten Aufklärung zu tun, die sich kritisch gegen sich selbst verhält, wenn etwas droht dogmatisch oder trivial zu werden, und die, wenn sie der „vollen Aufklärung" das Wort redet, dazu den vollen „Möglichkeitssinn" ausschöpft. Vielleicht

---

[79] Dazu sollten auch Ikonographie und Zeichensysteme der Aufklärung herangezogen werden; vgl. Klaus Herding, *Im Zeichen der Aufklärung. Studien zur Moderne*, Frankfurt am Main 1989.

[80] Vgl. Nisbet, *Lessing*, 748–763.

[81] Robert Musil, *Der Mann ohne Eigenschaften*. Gesammelte Werke I, Reinbek bei Hamburg 1978, 16.

ist das das Beste an der *Erziehung des Menschengeschlechts*, daß sie trotz allem Optimismus der Vereindeutigung entgeht.

# Le Mercier de la Rivière et le despotisme légal

FRANCINE MARKOVITS (Paris)

„On entend par loi physique constitutive du gouvernement, *la marche réglée de tout événement physique de l'ordre naturel évidemment le plus avantageux au genre humain*. On entend par une loi morale constitutive du gouvernement, *la marche réglée de toute action morale de l'ordre naturel évidemment le plus avantageux au genre humain*. Ces lois forment ensemble ce qu'on appelle la loi naturelle [...] Ces lois fondamentales, qui ne sont point d'institution humaine, et auxquelles toute puissance humaine doit être assujettie, constituent le droit naturel des hommes, dictent les lois de la justice distributive, établissent la force qui doit assurer la défense de la société contre les entreprises injustes des puissances intérieures et extérieures, dont elle doit se garantir, et fondent un revenu public, pour satisfaire à toutes les dépenses nécessaires à la sûreté, au bon ordre et à la prospérité de l'Etat".[1]

A l'heure où les recherches académiques se sont décloisonnées, économistes, historiens, philosophes ont croisé leurs démarches et les études sur les physiocrates se sont développées.[2] Ceux qu'on appela les Economistes ont cherché une justification théorique et morale dans les systèmes métaphysiques classiques et la philosophie libérale a cherché de son côté des ancêtres et des justifications chez les penseurs des avances et du capital. Sans avoir donc à entrer dans les détails de la pensée physiocratique, désormais bien connue, nous proposons ici une brève analyse: comment l'apologie de l'ordre naturel s'est opposée à une philosophie du droit, comment les principes de la propriété de la terre et de l'autorité tutélaire ont justifié un gouvernement économique qui a pu faire penser que la politique était affaire d'administration.

---

[1] Alfred Sauvy et al. (ed.), *François Quesnay et la physiocratie*, Paris, 1958. Il s'agit du *Despotisme de la Chine*, 1767, dont cette édition reproduit le dernier chapitre, t.II, 917-934.

[2] Avec les travaux de Georges Weulersse, les rééditions de l'INED ont été décisives. Voir aussi François Quesnay. *Physiocratie. Droit naturel, Tableau économique et autres textes*, éd. établie par Jean Cartelier, Paris 1991. Voir aussi le dossier et la bibliographie de *Corpus, revue de philosophie* 40 (2002).

*L'ordre naturel et essentiel des sociétés politiques*[3] est un ouvrage très construit. La première partie expose la théorie de l'ordre dit „naturel et essentiel", expression appliquée au politique, les deux autres parties en explicitent la pratique, d'abord par la critique des différents systèmes politiques (despotisme arbitraire, aristocratie, démocratie), puis par une théorie de la production économique et de l'imputation de l'impôt, enfin par une théorie des échanges au niveau national et dans les relations entre nations. Un récapitulatif reprend les thèses majeures pour articuler la théorie de la propriété foncière, de l'inégalité des conditions et du despotisme légal, c'est-à-dire de l'unité du pouvoir législatif et du pouvoir exécutif. Eugène Daire, Gustav Schelle discutent pour savoir si le terme de despotisme légal appartient en premier ressort à l'auteur du *Despotisme de la Chine*. Mais que Quesnay en soit ou non l'auteur, nos deux physiocrates ont travaillé de concert à produire tous les concepts majeurs du *Système* dont la notion de despotisme légal forme le centre.

Mais peut-on faire rimer modernité et despotisme? Il y a à l'époque des Lumières un grand débat sur les modèles de l'homme moderne et sur l'éducation, qui succède au débat des anciens et des modernes sur le modèle de l'homme chrétien. Après Montesquieu qui écrit *l'Essai sur les causes qui peuvent modifier les esprits et les caractères*, Turgot critique la formation des juristes, des parlementaires, des grands administrateurs de l'Etat, par les collèges de Jésuites; cette formation thomiste obligatoire depuis le Concile de Trente est responsable en particulier de la condamnation des pratiques du crédit, lié par ignorance aux philosophies d'Aristote et Saint Thomas, quoique pour des raisons bien différentes. Au siècle précédent, les Petites Ecoles des jansénistes avaient déjà proposé un autre modèle pour l'homme moderne: les mathématiques, les sciences et les langues vivantes à la place du latin et de la logique. Tous s'accordent cependant sur la nécessité de former un moule des esprits. A ce débat sur l'éducation s'ajoute un débat sur l'opinion publique et sur sa formation, un débat qui concerne la librairie et les problèmes de censure : dans quelles limites faut-il inscrire la liberté d'imprimer et de débattre sur les affaires publiques ? La question soulevée par Morellet de „laboratoires d'idées",[4] de mise en expérience des grandes options administratives fait partie du débat sur la liberté autant que du débat sur la formation de l'opinion publique, on sort d'un modèle volontariste pour proposer un modèle expérimental de discussion. Les

---

[3] *L'ordre naturel et essentiel des sociétés politiques* paraît sans nom d'auteur à Londres, en 1767, et à Paris chez Desaint, en deux éditions, l'une en un volume in 4°, l'autre en deux volumes in 12° d'après Edgard Depitre, *Coll. des économistes et des réformateurs sociaux de la France*, Paris 1910. Nous donnons les références de *L'ordre naturel et essentiel des sociétés politiques* dans l'édition du Corpus des œuvres de philosophie en langue française, Paris 2001, en donnant directement les références des pages entre parenthèses.

[4] André Morellet, *Réflexions sur les avantages de la liberté d'écrire et d'imprimer sur les matières de l'administration*, écrites en 1764, à l'occasion de la déclaration du Roi du 28 mars de la même année, qui fait défenses d'imprimer, débiter aucuns écrits, ouvrages ou projets concernant la réforme ou l'administration des finances, etc. Par l'A. M., 1775.

physiocrates, dans leur ensemble, participent à ce débat : ils préconisent une instruction élémentaire du peuple des campagnes, ils défendent la liberté d'expression des grands entrepreneurs, les assemblées provinciales qui sont comme des Chambres. Ce qu'ils présentent comme souci humanitaire est vite démasqué par leurs adversaires, par Mably et Galiani[5] en particulier. Leur désir de changer la politique de place est vite réduit à la défense d'un despotisme des propriétaires fonciers. Ce qu'il faut par conséquent cerner est la manière dont ils utilisent et détournent les éléments d'un débat où ils rencontrent deux types d'adversaires.

En effet, les débats sur le fondement du droit politique s'organisent à ce moment dans une triangulation entre les défenseurs de la monarchie absolue de droit divin, les contractualistes qui s'appuient sur le recours à un droit naturel, et les critiques du droit naturel qui, comme Montesquieu, s'appliquent à établir des systèmes de variations réglées entre les lois positives des différents Etats.[6] Dans ces débats, les rapports du physique et du moral sont naturellement en question. Les physiocrates interviennent en adoptant le vocabulaire supposé des „matérialistes", la réduction du moral au physique, la prise en compte d'une *physique sociale*, mais en récusant l'anthropologie des dits matérialistes et en défendant l'idée d'un équilibre naturel de la société et de l'économie. Ils semblent récuser tout volontarisme, tout interventionnisme de l'Etat, ce qui est en même temps contredit par leur théorie du despotisme légal (I,6). En même temps, la liberté des agents économiques est restreinte à la liberté des entrepreneurs d'industrie et à la libre circulation des marchandises. Sans doute y aura-t-il diverses interprétations du *Laissez-faire-laissez passer* de Vincent de Gournay, mais il s'agit surtout de repenser le mécanisme fiscal des taxes indirectes pour libérer le commerce.

Le contexte est à une réévaluation des questions morales. Des études récentes ont montré le lien de Boisguillebert avec la pensée morale des jansénistes et de Pierre Nicole.[7] L'effet de l'étude des passions et des caractères, du phénomène de la passion dominante, (à laquelle la production dramaturgique a beaucoup contribué) a donné lieu à la question de savoir comment on peut combattre les passions par les passions, comment la raison elle-même, loin d'être l'instance souveraine, n'est que la procédure de justification de telle ou telle passion. Cette critique des prétentions de la raison à tout réglementer, critique d'une intervention volontariste, est attentive à des mécanismes de régulation. Les passions ne sont pas des sujets qu'un monarque comme la raison doive dominer,

---

[5] En réponse à Galiani et à ses Dialogues sur le commerce des bleds (1770), LMR publie: L'Intérêt général de l'État, ou la Liberté du commerce des blés démontrée conforme au droit naturel, au droit public de la France, aux lois fondamentales du royaume, à l'intérêt commun du souverain et de ses sujets dans tous les temps, avec la réfutation d'un nouveau système publié en forme de dialogues sur le commerce des blés. [Par Le Mercier de La Rivière.]

[6] Cf. Francine Markovits, *Montesquieu, droit et histoire*, Paris 2008.

[7] Gilbert Faccarello, *Pierre de Boisguilbert*, Paris 1987.

dompter et protéger d'eux-mêmes. Cet effet constaté au niveau des subjectivités individuelles dans l'inefficacité des sermons de morale se généralise à l'échelle de l'Etat. Dans le domaine moral comme dans le domaine politique, une causalité de la domination et du contrôle absolu va faire place à des critiques de l'interventionnisme de l'Etat, à des théories de l'auto-régulation de la société et des processus économiques. En lieu et place de cette domination, et dans l'analogie de l'individu et de l'Etat, critiquée dans la figure de Colbert comme interventionnisme de l'Etat, se fait jour une philosophie de la liberté, c'est-à-dire de la liberté des entrepreneurs d'agriculture, considérés comme les agents économiques dans une structure d'ordre très hiérarchisée. Cette régulation „naturelle" a pour nom liberté sous la plume des économistes.

Les recherches sur la littérature clandestine et sur les sceptiques manifestent l'importance d'une réévaluation et d'une réhabilitation des problématiques de l'amour propre, de l'amour de soi, de l'utile et de l'intérêt; les études récentes sur Bernard Mandeville, sur Adam Smith, sur Hume ont conduit à reconsidérer les pratiques sociales, les habitudes, les passions, les sentiments comme les axes de la vie morale au détriment des impératifs de la raison et de la volonté.[8] On assiste à la traduction, sous la plume d'Adam Smith, de la Providence en *main invisible*, concept alliant l'intervention divine et l'autorégulation inconsciente et immanente de la société. Mandeville enseigne la disjonction et la conversion des vertus privées en vices publics. Toutes ces études ont permis d'apprécier le caractère polémique du concept de sentiment moral, pour des raisons qui tenaient sans doute à la différence des Eglises et à la différence du cursus des études dans les divers pays européens de cette période. On voit se construire l'idée d'une „science morale" qui exprime le changement des rapports entre l'économie politique et la théologie.

Une philosophie morale peut être l'expression d'un ordre naturel et essentiel, dans lequel une autorégulation des phénomènes économiques se produit spontanément, sans intervention du souverain; cette autorégulation dépend de la connaissance des vraies lois de la société, les conflits sociaux représentent alors un désordre, un écart à la norme, une pathologie de la société.[9] Pourtant, il y a d'autres philosophies morales qui sont l'expression d'une anthropologie historique comme celles de Montesquieu, de Rousseau, de Mably. Dans cette seconde perspective, qui doit sans doute beaucoup à Machiavel et à ses *Histoires florentines*, les conflits font partie de l'ordre naturel des sociétés et traduisent même la santé de la république et l'amour de la liberté. On reproche à l'ordre naturel des économistes d'être l'essentialisation d'un moment historique. Cette méconnaissance de l'histoire fera dire à Linguet qu'en faisant l'apologie de la Chine, les physiocrates ont confondu l'essentiel et l'archaïque.

---

[8] Albert O. Hirschman, *Les passions et les intérêts*, trad. Pierre Andler, Paris 1980.
[9] Mably parle des maladies politiques, Montesquieu des maladies de la religion.

L'affirmation redoublée de la nécessité physique de la société rencontre les formulations des encyclopédistes et autres compagnons du baron d'Holbach. LMR ne partage pas les conclusions des sensualistes ni des encyclopédistes.[10] On sait que Diderot appuya la mission de LMR en Russie auprès de l'impératrice.[11] Même si LMR jugea qu'elle voulait plutôt justifier son despotisme personnel qu'instituer le despotisme légal de la doctrine physiocratique, et si ce fut la cause de son retour de Russie, il n'en reste pas moins vrai que Diderot fit à cette occasion l'éloge de LMR. Une lettre de lui à l'impératrice? Qu'en conclure? Diderot aurait-il été insensible à l'apologie de l'inégalité? à l'idéologie de l'évidence? Pouvait-il être à la fois l'apologiste de l'abbé Galiani, et l'apologiste de LMR? Que défendait-il au juste? S'était-il rendu à la raison d'Etat? Etait-ce encore le double discours?

La réduction de l'histoire au naturel, c'est-à-dire, moins au physique de la nature humaine qu'à l'essentialité morale et sociale, a donc de quoi surprendre au siècle où se multiplient les essais anthropologiques sur les variétés des types d'organisation sociale, des sociétés nomades des chasseurs et des bergers aux sociétés civiles reposant sur la différence de la ville et de la campagne.[12]

## L'apologie de l'ordre

A la différence des écrivains spéculatifs, Lemercier de la Rivière est un administrateur, il est gouverneur des Iles du Vent (Martinique, Guadeloupe et dépendances),[13] ce qui implique des responsabilités étendues, il met en application la doctrine de l'Ecole, avec toutes les adaptations, altérations, que suppose le passage qu'il marque lui-même de la théorie à la pratique. La mise à l'épreuve de la doctrine sur le site des Antilles passe ainsi par une réflexion sur le prix de la main d'œuvre, donc sur le travail esclave,[14] sur les revendications politiques des

---

[10] Nous ne suivons pas ici les appréciations de Ph. Le May qui, dans ses remarquables études historiques, parle d'un „matérialisme de LMR".

[11] Cf. la correspondance avec Falconet au cours de l'hiver 1767, in: Diderot, Œuvres complètes, ed. Roger Lewinter, t. 7, Paris 1973.

[12] Cf. Francine Markovits, l'ordre des échanges, Philosophie de l'économie et économie du discours, Paris 1986, 57-95.

[13] Cf. Florence Gauthier, *L'aristocratie de l'épiderme, le combat de la Société des Citoyens de couleur 1789-1791*, préface de Pierre Philippy, Paris 2007. Sur l'histoire de l'esclavage, cf. Olivier Petré-Grenouilleau, *Les traites négrières*, Paris 2004. Cf. aussi: *Yves Benot. Les Lumières, l'esclavage, la colonisation*, textes réunis et présentés par Roland Desné et Marcel Dorigny, éd. Paris 2005.

[14] L'opposition à l'esclavage se manifeste dans des textes de morale; mais, parce que la morale ne convainc pas les planteurs et les administrateurs, il faut lutter sur un autre front: ce sera celui d'une théorie des services et de leur évaluation en termes non seulement de profit pour l'entrepreneur, mais de production d'un revenu pour l'Etat; intervient alors la notion

colons planteurs par rapport aux assemblées anglaises; par la doctrine économique des conditions de la production, des échanges, des droits et des taxes dans le commerce entre nations, de la fiscalité (problème de l'impôt et du crédit pour faire valoir le capital terre): tous ces éléments suggèrent à notre auteur une présentation philosophique et systématique: cette revendication (ou cette prétention) à la scientificité est une apologie de l'ordre, l'affirmation d'une évidence de cet ordre, de sa naturalité, et de sa normalité optimale. Le discours de l'économiste, dans la force de son évidence, sera même exposé comme une des conditions de l'optimisation de la production.

L'explication du concept d'*ordre naturel* occupe toute la première partie de l'ouvrage. Les historiens de l'économie politique ont bien remarqué que cette „science politique"[15] est décalée par rapport à la réalité: mais ce n'est pas notre propos, nous voudrions, en revanche, interroger la place de LMR sur l'échiquier des positions ; quel est le sens de cette apologie et de cette revendication que Linguet, Galiani, Mably ont été parmi les premiers à mettre en doute?[16] La réduction de l'ordre politique à un ordre essentiel est un effort décisif pour récuser tout ce qui s'est écrit au milieu du dix-huitième siècle sur la variation historique des institutions et sur les facteurs de leur invention, un effort décisif contre l'histoire du droit de Montesquieu qui apparaît pourtant, à cette époque, comme le maître à penser dans le registre de la philosophie politique.[17] On peut donc s'interroger sur la *réduction de l'ordre politique à une essentialité*, et *sur la réduction du droit à l'ordre*. Cette double réduction repose sur la référence constante à l'évidence. Ce vocabulaire de *l'essence*, de *l'évidence*, de *l'ordre*, est un vocabulaire de l'école cartésienne et il est aussi un signe d'allégeance. Il faut donc interpréter la valeur de toutes ces références.

Car il ne faut pas méconnaître la fonction des références: elles servent comme de passeport à une doctrine qui s'autorise ainsi d'une référence à un grand système: ainsi en va-t-il de Quesnay par rapport à Locke, ou de Charles Bonnet de Genève par rapport à Leibniz. Les références à Spinoza, pour être

---

d'une dépense publique qui dépend des revenus de toutes les classes. Cette nouvelle théorie de la richesse de l'Etat veut faire l'économie de la division des classes et de l'inégalité.

[15] Cf. l'ouvrage de Philippe Steiner, *La „science nouvelle" de l'économie politique*, Paris 1998.

[16] „Les deux premières parties de cet ouvrage n'ont point produit sur mon esprit le même effet que la troisième. Je vois qu'on y parle beaucoup d'évidence et il me semble que rien n'y est évident" 256. „Si j'ai cru ne trouver que des erreurs et une doctrine sophistiquée et dangereuse dans les deux premières parties de l'ordre naturel et essentiel des sociétés, je vous dirai avec la même sincérité, que la troisième partie de cet ouvrage présente un grand nombre de vérités importantes sur l'impôt, l'agriculture et le commerce". Gabriel Bonnot de Mably, *Doutes proposés aux philosophes économistes sur l'ordre naturel et essentiel des sociétés politiques*, in: Œuvres complètes, édition Desbrière, an III de la République, (1794 à 1795), tome XI. L'ouvrage fut publié en 1768.

[17] Francine Markovits, „Droit et politique dans l'Encyclopédie", in: *Filosofos, filosofia y filosofias en la* Encyclopédie *de Diderot et D'Alembert*, dir. M.A. Granada, R. Ruis, P. Schiavo, universitat de Barcelona 2009.

cachées en raison de l'imputation d'athéisme, n'en fonctionnent pas moins: aux lecteurs de se reconnaître dans ce système de partis et d'alliances. Nous avons eu l'occasion de poser ces questions en 1986 dans *L'ordre des échanges. Philosophie de l'économie et économie du discours*. La référence explicite à l'évidence cartésienne, à l'ordre de Malebranche traduit une demande de philosophie, ou une demande du moins de reconnaissance par les philosophes.

Pourquoi chercher chez Descartes une caution pour un système de l'évidence, chez Malebranche une caution pour un système de l'ordre, chez Leibniz une caution de l'optimisation? L'occasionnalisme de Malebranche distingue l'ordre des corps et l'ordre des esprits: la notion d'ordre est ici à la fois un domaine, un registre et une hiérarchie. Il y a des lois générales par lesquelles Dieu gouverne ces ordres. La méthode cartésienne de l'ordre et de la mesure est sollicitée comme le concept d'évidence, auquel Quesnay consacre un article dans l'*Encyclopédie*. Le „meilleur ordre possible" est un emprunt au vocabulaire leibnizien, sans s'embarrasser de la contradiction entre le discours de l'optimisation et le discours de la nécessité. Mably dit „cette expression du plus grand bien possible ne sert à notre auteur qu'à faire des sophismes".[18] Jon Elster[19] avait montré que le vocabulaire leibnizien de l'optimisation et le providentialisme de l'harmonie préétablie étaient liés chez Leibniz à une philosophie du profit que le philosophe mettait en oeuvre dans son emploi de conseiller pour les mines du Harz. S'agit-il aussi chez LMR d'une logique du profit? N'opère t-elle pas en même temps pour rendre l'ordre social incontestable, l'ordre public inviolable, invariable? LMR déclare bien ne pas vouloir prendre d'exemples et parler en général. (143, 180)

Si, comme on le dit, le bonheur est une idée neuve en Europe, c'est qu'elle contredit la notion d'ordre: on ne pense plus qu'il soit dans l'ordre que les uns travaillent tandis que les autres jouissent. Or, l'ordre naturel et essentiel (I, 4, p. 37 et 54), est un ordre social conforme aux lois de la création. Dès lors, les conflits de la société ne peuvent être que désordre issu de l'ignorance de l'ordre: „l'opinion est terrible dans ses écarts" (p. 67). Cette crainte de l'opinion traduit la crainte du peuple si souvent évoquée par les théoriciens de la raison d'Etat. C'est pourquoi l'opinion est définie comme le contraire de l'évidence, comme l'ignorance; d'où la nécessité d'une classe forte, qui sait, pour dominer une classe ignorante (p. 65).[20]

Cette réflexion sur l'instruction du peuple fait du droit naturel, article de Quesnay souvent commenté, l'objet d'un savoir et non une structure innée. On a souligné le rapport aux thèses de Locke. Il faudrait rappeler que nous sommes ici dans une triangulation: Puffendorf et Cumberland soutiennent les thèses de Lo-

---

[18] Mably, op.cit., 208.

[19] Jon Elster, Leibniz et la formation de l'esprit capitaliste, (trad.), Paris 1992.

[20] LMR, De l'instruction publique; ou Considérations morales et politiques sur la nécessité, la nature et la source de cette instruction, Ouvrage demandé pour le roi de Suède, Stockholm/Paris 1775.

cke contre celles de Hobbes et de Spinoza sur le droit naturel:[21] pour schématiser, et faire apparaître l'enjeu, c'est une normativité universelle opposée à une mécanique des passions. En troisième position, il y a des textes sur l'histoire du droit et des dispositifs juridiques et le fait que le droit naturel se réduit au droit positif. Ce sera donc une théorie de la production du droit dans une histoire comparatiste. *L'Esprit des Lois* en est la démonstration. Avec LMR, on a au contraire une substitution de l'ordre au droit.

Ce concept d'ordre, à la fois de nécessité physique et de structure providentielle, suscite une interrogation sur les rapports du physique et du moral et sur le système des forces et contre-forces en politique. C'est le fond des objections de Mably. Plus tard, Marx dénoncera la rhétorique de l'essentialisation et la détermination physicaliste de l'ordre social comme stratégie de domination. Les physiques sociales n'ont pas manqué à l'époque, certaines dans le sens d'une réduction du moral au physique, d'autres dans le sens d'une réévaluation des déterminations du physique et du moral, liées à une épistémologie nouvelle née de la querelle des forces vives et de la critique du mécanisme statique par la nouvelle dynamique. Or LMR raisonne en termes cartésiens de disjonction de la direction et de la quantité de mouvement lorsqu'il parle de forces: „On n'a pas vu que dans le physique, la direction donnée ne dépend point de l'opinion des choses qui font contre-force et que dans le moral au contraire ceux qui font contre-force peuvent eux mêmes changer leur direction au gré de leur opinion" (p. 168-169). Le discours physicaliste sur la politique est en ce sens un archaïsme épistémologique. Et d'autre part, LMR vise naturellement Montesquieu sans le dire. Mably objecte à LMR de faire fonctionner l'évidence comme une force, avec cette équivoque, qu'en revanche, il ne pense pas les rapports de force dans les rapports entre les pouvoirs. Ce qui est une inconséquence.

Mably cite longuement LMR pour montrer que tout n'est pas physique dans l'homme, qu'il se contredit sur les affections sociales (*Doutes*, p. 21 et 23). il insiste sur la méconnaissance de LMR à l'égard des passions[22] qui lui fait prendre

---

[21] Nous avons développé cette opposition dans „Le paradoxe de l'amour des lois", in: *L'amour des lois*, dir. J. Boulad-Ayoub, Bjarne Melkevic et Pierre Robert, Montréal/Paris 1996, 79-102. Sur la critique du droit naturel, cf. Markovits, *Montesquieu*, Paris 2008, 138-150.

[22] Voici la manière dont Mably s'adresse à LMR dans les *Doutes sur l'ordre nature des sociétés politiques, et des droits et des devoirs du Citoyen*: pourquoi pas un seul chapitre sur la nature, la force, les ruses et l'activité des passions? (45); les passions ont leur manière particulière de raisonner, elles ne chicanent point sur ce qui leur plait, elles n'ont pas besoin de l'évidence, (49); Il y a un petit malheur, ce sont les passions qui gouvernent le monde (149); les hommes ont un double mobile :les passions et l'amour du bien, (165); il fallait distraire les lecteurs et les empêcher de penser à la force des passions, (174) ; les passions parlent à notre cœur qui est ce qui les fait agir (218); il ne fallait pas partir de la supposition fausse que les passions obéissent à l'évidence, (220); pourquoi notre auteur feint-il toujours d'oublier les passions, l'artifice de la raison et du législateur étant de jouer passion contre passion, (232-235) pour diriger les passions vers le bien public (224). [je paraphrase]

l'évidence pour une force et l'empêche de comprendre le mécanisme des contre-forces qui est la théorie des pouvoirs intermédiaires, donc la théorie de la compensation entre les pouvoirs des différentes magistratures.

Mably montre que l'objection de LMR sur l'équilibre des pouvoirs repose sur la confusion entre forces physiques et forces morales (*Doutes*, p. 239-241): l'équilibre statique est impossible dans les choses morales: en paraissant accroître ses forces, on en communique à sa rivale, la contrainte fait grandir la résistance. Tout ce qui est dit de l'évidence comme force repose sur un sophisme: on parle de la force de l'évidence mais l'évidence est une connaissance, non une force (*Doutes*, p. 252); le prétendu bon ordre de la chaîne n'est que le fruit d'une oppression graduelle. Et supposer que seule une classe pourra être éclairée par cette évidence pour conduire les affaires, c'est supposer le peuple aveugle sur ses propres conditions de vie (*Doutes*, p. 223). Les seuls qui aient réussi à rendre la société florissante, ce sont ceux qui ont imaginé de faire en quelque sorte un mélange des divers gouvernements et d'établir par de sages tempéraments une administration modérée qui prévient les abus et les excès du pouvoir et de la liberté (*Doutes*, p. 224): les Romains et plusieurs peuples modernes [les Anglais ?] vous diront qu'il faut que les pouvoirs se balancent réciproquement. Cette notion de balance, implique une surveillance des magistratures les unes par les autres (*Doutes*, p. 225), chaque ordre est le censeur des autres.

Le chapitre VI qui martèle l'universalité de l'ordre physique opère bien à contre courant d' „un“ matérialisme, car les „matérialistes“ ne sont pas un parti unifié mais il y a des tensions. Ainsi, chez certains, on trouve bien une „réduction“ des déterminations morales, mentales, sociales aux mécanismes physiques, mais chez les autres, on trouve une complexification des mécanismes physiques.[23] Le matérialisme de d'Holbach, par exemple, a joué le rôle d'une sorte de contre-catéchisme; à celui d'Helvétius, Diderot reprochait un concept trop pauvre de physique et de sensation. Tout le travail de Condillac, de Diderot, de Rousseau avait été au contraire, bien loin de „réduire“ le moral au physique, comme le prétendaient les accusateurs, d'enrichir le concept de sensation (*sentir, c'est juger*), de complexifier le physique en le rendant inséparable du moral.

---

[23] J'ai eu l'occasion de montrer, à propos de La Mettrie et de Diderot, la différence des modèles physiques (cartésien, leibnizien, newtonien) sur lesquels pouvait s'appuyer la réduction et la différence des „machines“ qui servent de référence. Moulins à vent ou à eau, navires, carrosses, ou encore métiers à bas nous donnent l'exemple d'une complexité; comme dans le cas des instruments de musique, il n'est pas facile de séparer l'opérateur de l'opération ni du dispositif. On serait tenté de dire que Montesquieu a démonté des machines institutionnelles et que ce sont ces institutions sociales qui ont joué le rôle de modèle, plus que les mécaniques n'ont servi de modèle au politique. L'introduction du *Léviathan* a été relue et réinterprétée. Que la réduction, tant dénoncée par les archevêques de Beaumont, fonctionne dans un sens ou dans l'autre, et tout est changé. Ce n'est pas tant, comme on l'a cru, la critique du dualisme que la critique du statut singulier de l'homme et de la pensée.

Plus généralement l'attention au seul physique de la société, à la question des subsistances, traduit la confusion que fait LMR entre objets secondaires de l'administration et principes fondamentaux de la société. Mably s'écrie „Que diraient tous les grands hommes de l'Antiquité [...] s'ils nous entendaient parler politique sur ce ton de financier ou de commerçant ?"[24]

A l'argument de LMR selon lequel la subsistance est le fondement de la culture sociale, Mably oppose les sauvages d'Amérique et d'Afrique, les Scythes anciens, les Tartares aujourd'hui. La société n'a besoin de cultiver les terres pour multiplier les subsistances qu'autant qu'elle se police. Ce sont ainsi les établissements moraux qui contribuent à la propagation des hommes. Et Mably reprend une thèse qui est chère: *c'est la loi, et non le pain, qui est l'objet essentiel de l'homme.* La justice, la jurisprudence, le courage, etc nous sont aussi nécessaires que les fruits de la terre. C'est donc l'histoire et la critique des institutions qui doivent guider l'économiste et le réformateur. Le recours à l'essentialité, au physique de l'existence humaine est au mépris des passions (*Doutes*, p.149, 165): il y a un petit malheur, ce sont les passions qui gouvernent le monde. L'art du législateur est de conduire les hommes en ménageant, en canalisant les passions. Rien de plus arbitraire que la séparation du physique et du moral. Par elle s'opère la substitution de l'ordre au droit.

Mably écrit: „La politique de nos philosophes économistes ne portera jamais la conviction dans l'esprit du lecteur, parce que jamais ils ne considèrent à la fois l'homme par les différentes qualités qui lui sont essentielles. Tantôt ils ne le voient que comme un animal qu'il faut repaître, et qui n'est occupé que de sa nourriture;[25] et alors toute leur politique se réduit au produit net des terres, au revenu disponible, source du droit naturel, du droit public et du droit politique des nations. Nos philosophes ont-ils besoin de considérer l'homme comme un être doué d'intelligence? ce n'est plus alors un animal vorace qu'on nous présente, c'est un ange qui a le bonheur de ne pouvoir résister à la force de l'évidence".[26] Il répond à ce dualisme en montrant les contradictions de LMR qui est bien obligé d'admettre des „affections morales". Mably, en montrant comment les établissements moraux des différents peuples contribuent à la propagation des hommes, refuse de considérer la population comme une donnée physique. „j'ai beau étudier l'homme, je vois partout le mélange du physique et du moral." C'est Montesquieu qui détermine l'esprit d'un peuple par le mélange des facteurs physiques et moraux.[27] Ce sont les mœurs, donc les passions, qui

---

[24] Mably, *Doutes*, 29, 117 et 227.

[25] C'est aussi une réduction du peuple à l'avilissement : abrutissement où l'ont plongé les institutions; ailleurs il dit: „un ton de commerçant en politique".

[26] Mably, *Doutes*, 44.

[27] J'ai commenté ce mélange en montrant qu'il ne s'agit ni d'un empirisme, ni d'un désordre mais de l'usage épistémique du sixième mode des sceptiques. Cf. Francine Markovits, *Le Décalogue sceptique*, Paris 2011.

ont la première place dans la formation de l'humain.[28] En dénonçant „l'engouement rural", Mably ironise sur la substitution de l'agriculture aux mœurs comme principe fondamental de la société:[29] Quesnay et Turgot imputent à la terre et non aux hommes la production de la valeur et de ce qu'on appellera la plus-value.

Mably critique l'analogie stricte entre le physique et le moral. On ne peut calculer avec précision les forces morales.[30] Plus l'une augmente, plus la résistance à cette force augmente. Ce qui permettra de dénoncer l'amalgame de LMR qui ne raisonne qu'en termes de statique et de compensation pour récuser le système qu'il nomme des contre-forces. Il s'agit en réalité des dispositifs institutionnels ménagés par le législateur pour tenir en échec les ambitions particulières des magistratures et obliger les pouvoirs à se ménager mutuellement.

Comme LMR réduit l'ordre social à une nécessité physique essentielle, il remplace l'évolution (ou le progrès, en tout cas, la relation à l'histoire et au temps) par l'optimisation. La contingence et l'arbitraire du temps sont évacués, et à leur place, on a le meilleur ordre possible.

Il nous semble que cette référence à l'ordre, cette injonction à s'intégrer à un ordre, pourrait être opposée à la référence au droit et à la loi. Il y aurait des penseurs de l'ordre[31] et des penseurs du droit. *L'ordre naturel et essentiel des sociétés politiques*, à la différence de l'*esprit des lois*, opère une dénégation de l'histoire et de l'histoire des lois.

## La référence à l'évidence

On aurait pu s'attendre à ce que, dans la recherche d'une rationalité de l'économie, Quesnay s'intéressât au premier chef à la physique cartésienne. Et pourtant, en écrivant l'article EVIDENCE, pour l'*Encyclopédie*, c'est une métaphysique de l'ego, une théorie de la représentation et de l'idée adéquate qu'il expose, avant d'emprunter à Locke les éléments d'une critique des idées innées et du processus de constitution des idées. Après avoir posé l'organisation de l'homme en général à partir de l'attrait du plaisir et de la fuite de la douleur, on en déduit la détermination absolue du juste et de l'injuste et l'équilibre des droits et des devoirs. Le sensualisme lockien sert de point d'appui à une justification politique. Liberté de jouir et droit de jouir seront liés aux diverses formes de propriété (I, 4, p. 39 et 41).

---

[28] Mably, *Doutes*, 24 à 28.
[29] Op.cit. 226.
[30] Op.cit. 242.
[31] Il ne faut pas oublier la postérité positiviste des notions d'ordre et de progrès.

Par ses enjeux, l'article suggère les conditions politiques du calcul arithmétique de l'économie et met en place une défense de la souveraineté de l'ego, que le sujet soit celui de la connaissance ou celui de l'exercice du pouvoir politique, disons plus précisément, du pouvoir administratif.

Le *Discours préliminaire* de *L'ordre naturel et essentiel* [...] définit une méthode et une systématicité. Non pas celle des grands systèmes métaphysiques qui cherche une explication par le pourquoi,[32] mais celle des phénomènes qui s'expriment par des lois, selon la méthode de Newton. La revendication de systématicité et de scientificité a un sens très important pour l'homme politique, le grand administrateur, l'homme d'action qu'est LMR. L'évidence est la déclaration d'une nouvelle politique dont la publicité s'oppose aux secrets de la raison d'Etat.

A l'écart des théories de la décision [33] et de la raison d'Etat, comme à l'écart de l'histoire du droit et des constitutions, il s'agit de fonder une politique moderne, d'inscrire le politique dans un ordre global. Cette apologie de l'ordre établi est la reprise, dans un vocabulaire moderne subverti, de thèses sur la monarchie absolue de droit divin. Il y a sans doute une politique nouvelle en matière d'économie, mais le secret de la „science nouvelle" que Dupont de Nemours célèbre dans LMR,[34] est en réalité un retour à l'archaïque en matière de gouvernement.

L'évidence de l'ordre économique renvoie à un ordre des choses posé comme invariant, à une distribution intemporelle des conditions. Il y a une nécessité de l'inégalité (p. 29, 130).[35] On ira jusqu'à la nécessité de l'esclavage.[36] La question mise au concours de Dijon en 1754 avait suscité des apologies d'une inégalité providentielle, qui identifie la différence des conditions, des talents, des statuts sociaux. L'inégalité devient la caution de la division du travail et de l'ordre social.

Dans une démarche faussement démonstrative, LMR fait usage de termes empruntés aux mathématiques et à la logique. C'est comme un mime des thèses

---

[32] Bien avant Auguste Comte, Condillac dans son *Traité des systèmes* (1749) et Turgot, dans son *Discours sur l'histoire universelle* (1751) ont récusé la première voie.

[33] On peut considérer que les théories de la raison d'Etat relèvent d'une philosophie de la décision. Par exemple chez Naudé, la théorie des coups d'Etat (introduction de Louis Marin).

[34] Cf. l'ouvrage de Ph. Steiner.

[35] Voir la question mise au concours de l'Académie de Dijon, l'année où Rousseau remporta le prix. Les discours des concurrents de Rousseau ont té réédités par les soins de Tisserand, et plus récemment dans la collection Corpus, éd. B. de Negroni, Académie de Dijon, *Discours sur l'origine de l'inégalité*, Paris 2000.

[36] Le May est discret sur cette question: *Le Mercier de la Rivière (1719-1801). Aux origines de la science économique*, Paris 1975. Voir les articles de l'*Encyclopédie*: Boucher d'Argis écrit des articles d'histoire et de jurisprudence (ESCLAVE, FAMILLE D'ESCLAVES CHEZ LES ANCIENS ROMAINS); Jaucourt écrit TRAITE DES NÈGRES et après avoir dénoncé l'horreur du système de la traite, montre par des raisons économiques que l'abandon de la servitude serait bénéfique pour le commerce et la population.

adverses. Dans cette première partie, on trouvera un axiome qui explicite le sens physique de l'ordre: point de devoirs sans droits et point de droits sans devoirs (p. 26). „Il y a longtemps que nous avons adopté l'axiome du droit romain, *Jus constituit necessitas* et que, sans connaître la force et la justice de cette façon de parler, nous disons que la nécessité fait la loi. Cet axiome cependant renferme une grande vérité; il nous apprend que ce qui est d'une nécessité absolue est aussi d'une justice absolue; [...]". (p. 25) Les moyens de pourvoir à sa propre conservation impliquent que chaque homme ait la propriété  exclusive de sa personne, la propriété exclusive des choses acquises par ses recherches et ses travaux; on passe alors à l'examen des droits et des devoirs réciproques: ce qui nous conduit à la notion de juste absolu: et il est dit au passage, mais ce sera réaffirmé, que chaque homme acquiert ainsi selon la mesure de ses capacités (lesquelles pourtant ne sont déterminées ni par les institutions ni par les conditions historiques et sociales) si bien que l'inégalité découle tout naturellement de cette essentialisation ou pour mieux dire, de cette abstraction de l'ordre. Mably ne manque pas de dénoncer cette pseudo-démonstration.

LMR dit bien que l'évidence est législatrice (p.51) mais la notion de loi n'est pas univoque. Selon les romanistes,[37] et à la différence des scolastiques, le droit n'est pas une obligation subjective, mais le *registre des statuts* des choses, des actions, des personnes, le *code* d'une société. Ainsi la nécessité du droit ne signifie t-elle pas la contrainte des normes, et bien au contraire, les normes ne sont-elles définies que comme les connotations des conduites: Hans Kelsen ne dit-il pas qu'une norme est la signification d'un acte par lequel une conduite est ou prescrite, ou permise et en particulier habilitée? L'ambiguïté sur les termes d'obligation et de nécessité est une ambiguïté qui porte en fait sur le statut de la loi. Et LMR s'inscrit  dans un clivage où l'on a d'un côté des juristes comme Montesquieu, qui pensent les normes comme des faits, et donc s'interrogent sur leur production et leurs effets, de l'autre des auteurs qui pensent les lois comme des obligations, comme les commandements d'une autorité. Or LMR dit: les lois ne sont que l'exposition des droits et des devoirs (Seconde partie).

Après toutes les théories de l'efficace des mœurs, LMR reprend la thèse de la persuasion des peuples, de la nécessité d'une croyance (ici, la croyance en l'évidence) pour produire l'obéissance. C'est en ce sens qu'il veut développer (ch. VIII) l'instruction publique, donc des livres qui publient la doctrine. Il met, en lieu et place de la doctrine chrétienne, l'économie; en lieu et place des lois, l'autorité tutélaire et le pouvoir personnel. *Prédication* dit-il lui-même: „La publicité que doit avoir la connaissance évidente de l'ordre, nous conduit à la nécessité de l'instruction publique. Quoique la foi soit un don de Dieu, une grâce particulière et qu'elle ne puisse être l'ouvrage des hommes seuls, on n'en a pas moins regardé la prédication évangélique, comme nécessaire à la propagation de la foi: pourquoi donc n'aurait-on pas la même idée de la publication de l'ordre,

---

[37] Montesquieu les cite et en particulier Gravina, et mentionne Vico.

puisque cette publication n'a pas besoin d'être aidée par des grâces et des lumières surnaturelles ?" (p. 66). En étudiant les moyens d'établir l'ordre et de le conserver, LMR montre le rapport entre évidence et publicité, prédication évangélique et publication de l'ordre, établissements nécessaires à l'instruction et livres doctrinaux (I, 8 p. 66-67). Le concept d'évidence joue ici comme la force de la croyance. Ce qui établit l'évidence par opposition à l'opinion, ou à l'ignorance mais ce qui ménage aussi des lieux de discussion qui sont comme les laboratoires de la science (ch. IX). Morellet en a fait la théorie.

## La propriété de la terre

La formation des sociétés particulières se déduit de la propriété foncière; car l'optimisation des conditions de vie en société est inséparable de l'essentialité de l'ordre qui repose sur la propriété de la terre; la liberté sociale n'est elle-même qu'une branche du droit de propriété.

„Que je crains, s'écrie Mably, que votre ordre naturel ne soit contre nature!": et il ajoute: „c'est de cette convention du partage des terres qu'est née l'inégalité des fortunes et des rangs". La critique de l'inégalité des conditions et de la propriété privée de la terre seront ses principaux arguments [38] pour montrer que l'ordre naturel et essentiel est un ordre arbitraire, voire un désordre. Il dira même que l'évidence est une „baguette magique", un „dieu dans la machine".[39] „Au lieu de l'ordre essentiel de la nature, je crains bien qu'on ne nous donne ici que l'ordre naturel de l'avarice, de la cupidité et de la sottise".[40]

Le *Discours préliminaire* a commencé par énumérer les classes de la société auxquelles il s'adresse et par justifier la démarche de l'écrivain par rapport à chacune de ces classes. Car pour quel public, LMR écrit-il? pour les Rois, pour les propriétaires de terre, pour la classe qui vend ses travaux aux autres hommes, pour les Ministres des autels, pour les commerçants. Il faut montrer l'optimisation des moyens pour amener la plus grande richesse ou les plus grands revenus possibles; il faut montrer en même temps que cette recherche du profit fait converger tous les intérêts, que la concurrence n'est pas source de conflit

---

[38] Mably, op.cit. 10 et 17. La fin du Discours de Rousseau sur la fameuse question mise au concours de l'Académie de Dijon en 1754, analyse en termes de contrat de dupes et de rapports de forces un problème que Locke avait tranché dans le *Second Traité du gouvernement civil* par une justification du travail salarié et de l'invention de la monnaie, justification qui fut analysée par Crowford B. Macpherson, *La Théorie politique de l'individualisme possessif,* trad. M. Fuchs, Paris 1971. Parmi les concurrents de Rousseau, on pourra opposer les distinctions opérées par d'Argenson entre inégalité des choses et inégalité des personnes et la justification providentielle de l'inégalité à la fois des talents, des forces, et des conditions par l'abbé Talbert.

[39] Mably, *Doutes*, 45.

[40] Ibid., 33.

mais d'harmonie; et en même temps, l'ordre de l'énumération répond à une hiérarchie dont le principe exprime une évidence et une nécessité naturelles.

Il s'agit de justifier la propriété des terres comme le premier principe du rassemblement des hommes en société. Le bonheur du corps entier de la société en dépend. Mais la recherche du bonheur traduit ici la problématique des subsistances opposée au besoin de lois. Mably critique cet „engouement rural" [41] qui définit les hommes par le besoin et non par les lois. C'est une manière de dire le rôle constituant des lois, donc d'affirmer que la législation est „l'occupation" humaine par excellence. Montesquieu avait montré que la propriété des terres était chez les anciens Romains, une question de droit public et non de droit privé.[42]

Suspectant la solidarité entre les différents concepts de propriété, propriété de la personne, propriété des moyens de travail, propriété des terres, Mably cite les Iroquois, les Hurons, les Spartiates pour évoquer des sociétés où la propriété de la terre est collective. „Il n'y a pas jusqu'aux jésuites [du Paraguay], Monsieur, qui ne vous fassent des objections". Il insiste également sur le renversement de l'évaluation des autres peuples: „Nos philosophes ont une sorte de mépris pour les peuples qu'on est le plus accoutumé à respecter; ils marquent une prédilection pour le gouvernement de la Chine".[43] Et pour remettre en question les causes morales de la marche d'une société, Mably poursuit: „Pourquoi l'amour des distinctions, de la gloire et de la considération ne produirait-il pas de plus grands effets que la propriété même? "

De cette critique de la propriété de la terre, découle la critique de l'inégalité des conditions. „C'est un sophisme de persuader à un manouvrier qu'il est dans le meilleur état possible".[44] Linguet[45] et Galiani[46] avaient fait cette critique: „combien de morts dans les mines et les manufactures de Chine pour qu'une servante hollandaise boive du café dans une tasse de porcelaine?". Propos directement opposés à la perspective d'un progrès social lié à l'évolution des techniques. Rousseau dit bien que le progrès est ici celui des conditions d'asservissement.

Le discours de LMR s'inscrit donc dans un contexte très polémique et très politique. Dans sa troisième lettre, Mably voit dans les propos de LMR une stratégie: „Notre auteur s'est aperçu que les propriétés foncières ont fait un cha-os de la société [...] C'est le risque pour le despotisme légal de dégénérer en despotisme arbitraire mais la solution est dans le partage des citoyens en deux classes, ceux qui ont l'évidence, les magistrats, deviennent des lois vivantes; mais pour que le désordre ne naisse pas de l'ignorance des autres, on leur donne, au

---

[41] Ibid. 28.

[42] Montesquieu, *Esprit des lois*, livre XXVII.

[43] Mably, Doutes, 3. Quesnay, Le despotisme de la Chine, INED.

[44] Mably, *Doutes,* 38.

[45] Nicolas.S. Linguet, *Théorie des lois civiles*, 1767, Paris 1984.

[46] Ferdinando Galiani, *Dialogues sur le commerce des bleds*, 1770, Paris 1984.

lieu d'évidence, une certaine foi [...] [Mais Mably dénonce:] le peuple n'est igno-
rant que parce que son avilissement l'a abruti".[47] Phrase directement opposée aux
axiomes de la raison d'Etat mais sortie du *Traité politique* de Spinoza: c'est
l'éloignement des affaires où les puissants tiennent le peuple qui fait son
ignorance de la chose publique.

Le partage du produit des terres a été nécessaire entre les propriétaires
fonciers et l'administrateur du revenu public: utilité commune, sûreté des
propriétés et liberté d'en jouir. Avant ce partage, le droit de propriété n'était
point, dans le fait, un droit solide et constant, la possession des terres ne pouvait
être garantie (précarité de la culture), et les terres ne pouvaient avoir aucune
valeur constante dans le commerce (p. 219). Le partage a rendu le défrichage
possible, les terres ont acquis une valeur vénale, non en raison de la totalité de
leur produit net mais de la portion de ce produit que le partage laissait à la disposition du propriétaire foncier, cette portion seule est devenue inaliénable, l'autre
devant appartenir incommutablement au souverain. Ainsi, une terre est un
contrat passé au nom de toute la nation entre l'acquéreur et l'autorité tutélaire
(p. 222); l'acquéreur forme une société avec le souverain même. Pourquoi les
premiers possesseurs de terre ont-ils consenti à ce sacrifice? LMR introduit une
théorie du contrat social qui repose sur la fondation de l'impôt et qui est entre
les propriétaires et le souverain. Car c'est la terre qui fournit le moyen de payer
l'impôt: cette charge se trouve acquittée sans qu'il soit rien pris sur le produit net
du nouvel acquéreur.

Quesnay et LMR sont hostiles aux taxes directes et aux taxes indirectes. „C'est à regret que je donne au revenu public le nom d'impôt". Le revenu
de l'Etat ne vient pas de l'impôt mais de la bonne administration des terres. Le
produit net devient un patrimoine commun (p. 221).[48] Il faut pour cela savoir à
qui appartient le revenu public, sans que la formation de ce revenu soit jamais
préjudiciable au droit de propriété, et comment répartir l'imputation de
propriété; l'impôt aura une proportion fixe et invariable avec chaque revenu
particulier car l'impôt ne doit pas devenir destructif de la reproduction (ch.
XXVII).

Les terres ne produisent qu'en proportion des avances qu'elles reçoivent;
leur évaluation est moins fonction de leur mesure et de leur qualité que de leur
produit.[49] LMR détermine ainsi le flux des productions et des échanges au sein de
la société. Les physiocrates, on le sait, ont distingué trois classes, celle des
propriétaires, celle des fermiers, celle de la classe stérile entre lesquelles un „zig
zag" figure la circulation entre les avances, la rente foncière, l'entretien des
différentes classes: car LMR „pose la productivité exclusive de l'agriculture (et la

[47] Mably, *Doutes*, 58 et 170.
[48] Cf. Alfred Sauvy et al. (ed.), *François Quesnay et la physiocratie*, ouvrage cité plus haut.
*Despotisme de la Chine*, 923 et 930 sur l'impôt.
[49] Nous renvoyons le lecteur aux analyses et à la bibliographie de Jean Cartelier, *François Quesnay*. Paris 1991.

stérilité de l'industrie et du commerce) connue sous le nom de théorie du produit net".[50] Jean Cartelier insiste sur la productivité des avances, dépenses qui ne sont pas un coût et produisent un flux continu. Cette conception de l'économie ne prend pas le modèle statique de la balance, dépenses et recettes, pour penser l'équilibre mais emprunte à l'hydraulique et à la querelle des forces vives pour penser des „flux" et des circulations. En ce sens, on a pu l'opposer aussi à une théorie mercantiliste de la formation de la richesse par l'accumulation des espèces,[51] modèle critiqué par Montesquieu.[52]

### L'autorité tutélaire est le premier lien du corps politique[53]

„Nous devons regarder la société comme étant l'ouvrage de Dieu même; et les lois constitutives de l'ordre social comme faisant partie des lois générales et immuables de la création" (p. 11). Dans le *Discours préliminaire*, les lois de la société sont celles de la création (ch. XV), Dieu est le premier auteur des lois; le législateur ne fait qu'appliquer les lois naturelles; retour à une sorte de thomisme académique; banni le mythe du bon législateur, modèle antique de vertu, bannie l'intervention humaine, l'invention juridique; une pensée de l'ordre est une pensée de l'impersonnel et de la structure: or comment concilier cela avec le thème de l'appropriation, du pouvoir personnel? C'est pourtant ce qui s'opère dans le concept du despotisme légal.

On a dit que l'autorité tutélaire se formait par la réunion des esprits et des volontés (167). L'énoncé de la „destination naturelle" des hommes à vivre en société pourrait paraître repris à l'aristotélisme ancien, aux théories contractualistes, voire aux théories critiques de la Providence. Or, sous les mêmes énoncés, LMR procède, en sens inverse, à une réhabilitation des thèses providentialistes sur la société et conclut en disant: „L'institution de la société est d'une nécessité physique et fait partie du plan général de la création". Autre énoncé solidaire du premier: le contrat entre le souverain et les propriétaires de terres. Ce contrat entre parties inégales va engager aussi l'identification du pouvoir législatif au pouvoir exécutif, c'est-à-dire la théorie d'une monarchie absolue.

---

[50] Cartelier, op.cit. , 21.

[51] Cf. *L'ordre des échanges*, la formation de la valeur sur le modèle de la dynamique, 161 à 227.

[52] Montesquieu, Considérations sur les richesses de l'Espagne, (1728).

[53] Quesnay pense la défense de la société et la sécurité des biens (op.cit. 927), LMR, pense l'autorité tutélaire comme une justice suprême, ce qui est en conformité avec la détermination médiévale de l'autorité, 36.

Rousseau n'avait-il pas écrit: l'homme est libre et partout il est dans les fers? LMR s'oppose à la philosophie politique de Rousseau et déclare que la nation ne peut être un corps, que les hommes ne peuvent être leurs propres législateurs.[54] LMR va tout faire pour construire l'image d'un monarque qui soit à la place de son peuple. C'est pourquoi son ton est celui de la prédication et c'est d'ailleurs le terme qu'il répète.

L'autorité tutélaire consiste dans l'administration de la force publique dont le premier principe doit être dans la force intuitive et déterminante de l'évidence; il dit à la fois que c'est l'évidence qui gouverne et que c'est la volonté du souverain (ch. XIV), il utilise l'expression „l'évidence législatrice" (p. 51); le souverain est déterminé comme propriétaire, monarque héréditaire : il est comme l'incarnation de cet ordre naturel et évident qui, pour évacuer l'arbitraire, met en place la société des propriétaires fonciers. Il faudra donc au chapitre XVII réaffirmer la fonction providentielle de l'autorité tutélaire. Là où Montesquieu divisait les pouvoirs pour les contrebalancer (ce que montre Charles Eisenmann)[55], LMR les déclare indivisibles. Les inconvénients de cette division seront énumérés pour préparer la critique de l'aristocratie et celle de la démocratie (ch. XVII et XVIII), le corps des administrateurs (ici il accepte un effet de corps) ne peut être en même temps celui des magistrats

L'autorité tutélaire, parce qu'elle réunit le législatif et l'exécutif, suppose que le pouvoir est domination et protection, et qu'il s'exerce personnellement. En revanche, il y a séparation du pouvoir législatif et de la puissance exécutrice; les magistrats ne peuvent avoir d'autres volontés que celles des lois car les volontés ne doivent pas être personnelles; la magistrature est le lien commun de la société, les magistrats sont des lois vivantes, la voix des lois (p. 99-102) ; mais s'ils sont dépositaires et gardiens des lois, chargés par état de leur défense, le souverain et la nation sont aussi dépositaires des lois. Il faut noter que les magistrats représentent ici le pouvoir judiciaire (p. 103), plus que l'administration. LMR ne raisonne pas en juriste mais en administrateur. Il pense à des règlements, à des prohibitions. Mais c'est au fond lié à ce que nous avons montré être la détermination subjective des lois.

Le pouvoir législatif est indivisible: il ne peut être exercé ni par la nation en corps, ni par plusieurs choisis dans la nation; il est inséparable de la puissance exécutrice; le chef unique qui l'exerce, n'est que l'organe de l'évidence; il ne fait que manifester par des signes sensibles, et armer d'une force coercitive les lois d'un ordre essentiel dont Dieu est l'instituteur. (Seconde partie, XVI, p. 78). Ici tout le travail de Rousseau pour récuser la volonté personnelle au bénéfice de la volonté du peuple, est nié sans être cité. Rousseau produit dans le concept de

---

[54] Il anticipe les objections, les réfutations que plus tard les monarchistes comme Joseph de Maistre ou Bonald feront à Rousseau qui aurait à la fois divisé l'Etat et donné au peuple la souveraineté.

[55] Cf. Charles Eisenmann, „L'esprit des lois et la séparation des pouvoirs", in: *Mélanges Carré de Malberg*, Paris 1933, repris dans *Cahiers de philosophie politique*, Ousia, Bruxelles 1985.

volonté générale le concept d'une structure agissante: car comment concevoir une volonté qui ne serait la volonté d'aucune faction, d'aucun parti, d'aucune personne?

Contre tous les efforts du siècle pour critiquer le pouvoir personnel et lui substituer l'efficace des lois et des structures, LMR réhabilite le pouvoir personnel du monarque, sur lequel est fondée l'idée d'un despotisme légal. Le chapitre VI montre que l'ordre rend personnelles au souverain toutes les forces de la nation. Le chapitre XIX définit le souverain de manière personnelle et doublement: par sa propriété, il est copropriétaire du produit net des terres, il est héréditaire. Cette conception de la monarchie repose sur l'idée que le gouvernement est domination. C'est cette définition qu'ont récusée les théories modernes du pouvoir, consistant désormais en un ensemble de rapports. Cette conversion accompagne la volonté de penser le politique comme la nature. On voit par là combien le concept de lois de LMR s'écarte de celui de ses contemporains. En tout cas, on peut dire que c'est la volonté de sauver la monarchie ou au minimum, un acte d'allégeance, une proclamation pour faire accepter une nouvelle politique économique. Il est nécessaire pour cela qu'il y ait une croyance publique commune. On rencontre ici l'analogue des thèses sur lesquelles s'est appuyée l'Eglise romaine: il faut une croyance commune, il faut que le pouvoir souverain contrôle la croyance commune pour qu'il y ait une cohésion de la société.

Cette défense de la monarchie absolue demande des éclaircissements sur l'éloge du despotisme légal. Comme le montre Cartelier, „la description économique de l'ordre naturel figuré par le *Tableau* apparaît comme l'aboutissement d'une réflexion politique visant à réformer la monarchie et l'ensemble de la société française tout en maintenant l'ordre ancien".

Il s'agit pour LMR de montrer qu'on a confondu deux formes de despotisme: tous deux personnels, mais l'un arbitraire et l'autre légal (ch. XXII). Il y a une longue tradition depuis Platon de la critique du despotisme comme corruption du politique lui-même. La critique du despotisme chez Montesquieu était la critique d'une monarchie absolue, la corruption de l'Etat par l'absence de corps intermédiaires, la religion étant réduite à jouer le rôle de dépôt des lois, le vizir (ou le Premier Ministre) jouant le rôle du Souverain en lieu et place du despote. Par un curieux renversement, LMR en fait le paradigme du politique. Il n'a pas trouvé d'autre modèle pour s'opposer à l'aristocratie et à la démocratie (p. 140 et 149, 150).

Le despotisme arbitraire est la dissolution de la nation, la volonté du despote arbitraire se croyant au dessus des lois. Or „une nation est un corps politique dont tous les membres sont liés les uns aux autres par une chaîne de droits et de devoirs réciproques, qui tiennent l'Etat gouvernant et l'Etat gouverné inséparablement unis pour leur intérêt commun" (p. 182). Le despotisme légal se définit par le fait que l'autorité despotique des lois et celle du souverain ne sont qu'une seule et même autorité. Concevoir l'ordre comme l'obligation de commander et l'obligation d'obéir, c'est la conception subjectiviste de la loi (p. 183). Le despotisme légal n'est pas une forme de régime politique, mais il caractérise toute forme politique et comme tel, il est le même dans toutes les branches de gouvernement.

LMR pense en termes d'autorité, de source du pouvoir, et en termes de compétence, de science de l'ordre naturel. Les physiocrates considèrent qu'il y a une science de l'administration, l'objet du politique est moins de gouverner que d'administrer;[56] la compétence en ces domaines est locale: témoins les assemblées provinciales,[57] témoins aussi les considérations propres aux situations coloniales. Une des conséquences est la séparation de l'administration et du politique, Il y a comme une alliance entre deux problématiques: le despotisme légal et l'aristocratie des propriétaires de terre.

Telle est cette „science nouvelle"[58] chantée par Dupont de Nemours et qui absorbe le politique dans l'économie. L'administration proprement dite appartient à l'économie politique: domaine réservé où il faut assurer l'obéissance au souverain, l'ordre physique évident, la liberté d'entreprendre des individus (des propriétaires), le non interventionnisme de l'Etat en matière économique, la caution de cette indépendance dans le fait que le souverain est co-propriétaire et que son intérêt est de ménager cette communauté. Intérêt commun et réciproque qui unit inséparablement la nation et la souveraineté (p. 210).

Or, la thèse de l'intérêt commun est la question de la mise en œuvre du discours qui rallie les misérables. C'est ce que Rousseau a dénoncé dans „le contrat de dupes" à la fin de son second discours. Il y a bien eu entre Mirabeau et lui une correspondance, mais il eut hâte de l'interrompre.[59] Il y a là une opposition fondamentale entre deux pensées du pouvoir.

---

[56] On connait le mot de Quesnay au Dauphin : „et que devrai-je faire ? demande ce dernier – Rien, Sire".

[57] C'est Vincent de Gournay qui a mis l'accent sur cette structure.

[58] Cf. Philippe Steiner, La „science nouvelle" de l'économie politique, Paris 1998.

[59] Jean-Jacques Rousseau au marquis de Mirabeau, 26 juillet 1767: „Je n'ai jamais pu bien entendre ce que c'était que cette évidence qui sert de base au despotisme légal, et rien ne m'a paru moins évident que le chapitre qui traite de toutes ces évidences".

## Conclusion. Eclectisme et équivoque

Les termes d'axiome[60] et de calcul[61] reviennent à plusieurs reprises sous la plume de notre auteur comme une revendication de scientificité. LMR mime la démarche de ses adversaires pour les récuser.[62] Ces adversaires ne sont jamais frontalement réfutés et ils ne sont nommés que par leurs thèses ou du moins par le résumé qu'en donne notre auteur. Pourtant l'analyse des arguments sur les forces et les contre forces désigne clairement Montesquieu et les dispositifs de distribution et de compensation des pouvoirs.[63] La critique de la souveraineté du corps de la nation désigne clairement Rousseau. On sait aussi quelles condamnations ont frappé le *Contrat social* et *Emile*.

On voit ainsi que le discours de la nécessité est un discours purement déclaratif qui n'a pas de valeur opératoire (p. 50 ; 58-59).

llons plus loin. LMR n'emprunte aux sensualistes que des formules pour les retourner contre leurs thèses. Car la référence à l'appétit des plaisirs, à l'aversion de la douleur, n'entraîne chez lui aucune proclamation épicurienne, aucun calcul utilitariste. Loin de là (p. 73). Pourtant, ni Diderot, ni Condillac, ni Rousseau ne „réduisaient" la pensée aux sensations: la réalité physique n'était pas pour eux pure de toute histoire, de toute socialité. Simplement, et à l'opposé du dualisme, leur thèse, reprenant celles de Buffon, affirme un pluriel de mécanismes, des causalités locales et singulières. Ce pluriel, par où les mécanismes sociaux se voient eux aussi, assignés à du local et à du singulier, récuse la grande division que reprend l'augustinisme moderne entre les lois de la nature et les lois de la liberté. Le paradoxe de LMR est de reprendre cette dualité.

Quel est donc l'enjeu de cette démarche paradoxale? On peut supposer que l'ouvrage veut convaincre le monarque d'une certaine politique économique et en même temps  lui donner les arguments pour justifier le despotisme qui promeut cette économie. L'essentialisation de l'économie et la réduction du politique à l'administration produisent ainsi une apologie de l'ordre établi et manifestent l'alliance objective entre les économistes et les pouvoirs politiques chrétiens institués. Tandis que Montesquieu et les Encyclopédistes travaillent sur l'histoire des mécanismes juridiques, LMR réduit le discours physicaliste à une rhétorique dont il habille le discours économique.  L'opposition de l'ordre et du droit reste une objection majeure au *Système* chez les contemporains comme Linguet,

---

[60] Il y a même une référence à Euclide pour souligner l'analogie avec l'universalité de l'ordre et de l'évidence mathématique (194).

[61] Le calcul n'a pas ici un rôle vraiment opératoire et ne s'inscrit pas dans une visée utilitariste (122).

[62] C'est  à propos de la consommation qui est la mesure proportionnelle de la reproduction (276). Il faut remarquer que ce terme d'axiome avait été beaucoup sollicité par les sceptiques, qui ont voulu appliquer la méthode mathématique aux matières de la société cf. La Mothe le Vayer, *Dialogues faicts à l'imitation des anciens, De la divinité*, éd. A. Pessel, Paris 1986.

[63] Montesquieu, *Esprit des lois*, XI, 6.

Galiani, Mably qui font valoir à la place d'un ordre naturel, l'engagement des citoyens dans l'élaboration des institutions qui commandent l'économie et son
histoire.

# „Zum ewigen Frieden". Kants kosmopolitisches Vermächtnis[1]

HERMANN SCHWEPPENHÄUSER (Lüneburg)

Eingedenk langjähriger philosophischer Zusammenarbeit, der gemeinsamen Intentionen in Erforschung und Bewährung aufgeklärten Denkens im Sinne namentlich der Tradition kritischer dialektischer Theorie der Sozial- und Kulturwissenschaft widme ich den – im Sinne jener gemeinsamen Intentionen unverjährten – Nachdruck meines seinerzeitigen Beitrags zur Würdigung des Kantischen kosmopolitischen Vermächtnisses dem Autor des Standardwerkes *Totalität und Autonomie* und bedeutender Untersuchungen zur Ursprungs- und transzendentalen Konstitutionsgeschichte und zur Naturgeschichte des neuzeitlichen Vernunft- und wissenschaftlichen Denkens in Werken wie *Das Allgemeine und das Besondere. Der Ursprung des modernen Denkens im Mittelalter* und wichtiger Monographien und Aufsätze über richtungweisende Denker wie *Thomas von Aquin, Roger Bacon* u.a.

> „Weh, wenn im deutschen Wahn die Welt verschlief
> Das letzte deutsche Wunder, das sie rief!
>
> Bis an die Sterne reichte einst ein Zwerg.
> Sein irdisch Reich war nur ein Königsberg.
> [...]
> Und seines Herzens heiliger Morgenröte
> Blutschande weicht: daß Mensch den Menschen töte.
>
> Im Weltbrand bleibt das Wort ihr eingebrannt:
> Zum ewigen Frieden von Immanuel Kant!"[2]

## 1.

Vor genau 200 Jahren, gegen Ende eines von zahlreichen Kriegen erfüllten Jahrhunderts, das zugleich, gerade auch deswegen, das Jahrhundert der so notwendigen Aufklärung war, veröffentlichte einer ihrer großen philosophischen Repräsentanten, Kant, in einem der machtlüsternsten und kriegerischsten der damaligen europäischen Staaten eine Art politisch-moralischen Manifestes gegen den Krieg, den Traktat *Zum ewigen Frieden*. Das war 1795, im Jahr des Baseler Frie-

---

[1] Erstveröffentlichung in: *Hommage à Kant. Kants Schrift „Zum ewigen Frieden"*, hg. v. W. Beutin, Hamburg 1996, 9-23.

[2] Karl Kraus, *Worte in Versen*, in: Werke von Karl Kraus, Bd. 7, München 1959, 235.

dens, eines Teilfriedens Preußens mit der siegreichen Armee der jungen französischen Republik, die sich der koalierten Aggression europäischer Dynastien erwehren mußte. Nicht zuletzt die Ereignisse des ersten Koalitionskrieges veranlaßten Kant zu seinem *philosophischen Versuch*,[3] einer prinzipiellen Untersuchung und öffentlich-kritischen Erörterung der Frage, ob Krieg rechtmäßig sei, ob der Friede immer nur vorbehaltlich, bloßer Waffenstillstand sein müsse, ob er nicht definitiv, und zwar auf Dauer, *ewig* sein könne, ja werden müsse – aus menschen- und freiheitsrechtlichen, aus völker- und weltbürgerlichen Gründen. Das müsse er in der Tat, wofern nämlich die Menschen *Menschen* – freie Rechtspersonen, *Selbstzwecke* sein und nicht im Stand von Tieren und Barbaren bleiben sollen, von Wesen, die dem bloßen nackten Gewaltrecht, dem Kampfprinzip gehorchen, um stets gefährdet, stets gefährlich sich im natürlichen Daseinskrieg zu behaupten.

Eben dieses *agonale Prinzip* sei auch das Geschichtsprinzip, der Kampf das ewige Gesetz, dem nicht nur Natur, sondern auch die Zivilisation unterworfen sei. Dieser antiirenischen Position zu gedenken gibt eine andere, die Jüngersche Centenarfeier am heutigen Tage Gelegenheit.[4] Jüngers Position ist eine der kantisch-menschheitlichen entgegengesetzte: eine teutonisch-nationelle, finster neumythologische.[5] Hier wurde „der neue Mensch, der Sturmpionier" der Arbeitersoldat propagiert – „eine ganz neue Rasse" nämlich die Kämpfer-„Auslese Mitteleuropas"[6], die aber diesem Kriegs-Ideologen in den siegreichen Faschisten der 30er und 40er Jahre – entgegen seinen Hoffnungen in den 20ern – längst noch nicht optimal repräsentiert war. Wer den hundertjährigen Repräsentanten des Kriegsmythos des 20. Jahrhunderts heute feiert (und die Reverenz gilt nicht bloß einem, der hundert Jahre alt ward), hat offen oder insgeheim, durch die Jubelfeier gedeckt, gegen das vorbehaltlos irenische Prinzip optiert: das von Kant mutig und mit scharfem Verstand verteidigte Ideal des dauerhaft befriedeten Globus und der Menschheit als Internationale, als Kosmopoliteia.

---

[3] Immanuel Kant, *Zum ewigen Frieden*, in: Kants gesammelte Schriften, hg. v. der Königl. Preuß. Akademie der Wissenschaften (AA), Bd. 8, Berlin u. Leipzig 1923, 341.

[4] „Ernst Jünger ahnte schon als Soldat des Ersten Weltkriegs, daß hinter der tödlichen Mechanik des Materialkrieges [...] der élan vital des Lebensgrundes selbst am Werk war. Für ihn ist der Kampf Ausdruck eines agonalen Prinzips, das die Welt durchwaltet und dynamisch in Bewegung hält." Heimo Schwilk, in: *Magie der Heiterkeit. Ernst Jünger zum Hundertsten*, Stuttgart 1995, zit. nach *Frankfurter Rundschau*, 21.3.1995 (Nr. 68, B 8).

[5] Eine, der „der Krieg – der ‚ewige' Krieg [...] der höchste Ausdruck der deutschen Nation" ist (W. Benjamin, *Theorien des deutschen Faschismus. Zu der Sammelschrift ‚Krieg und Krieger'. Herausgegeben von Ernst Jünger*, In: Ders., Gesammelte Schriften, Bd. 3, Frankfurt a.M. 1972, 241.) und der die Emanzipation vor allem in der Form der „germanischen Emanzipation vom Judaeo-Christianismus" geläufig war (vgl. *Magie der Heiterkeit*, ebd., zit. nach *Frankfurter Rundschau*, ebd.).

[6] Ernst Jünger, *In Stahlgewittern*, zit. nach *Der Spiegel*, 20.3.1995 (Nr. 12, 207).

Es ist den Veranstaltern dieses Symposions zu danken, daß sie diese Gedenk-Alternative heute eröffnet haben. Sie haben es mir nicht schwer gemacht, mich für die Teilnahme an der Veranstaltung zu Ehren des großen Aufklärers zu entscheiden und gegen eine zu Ehren des Kriegsmythologen, des Ästheten der Stahlgewitter, der blitzend geharnischten Käferwelt und der schönen toten Kristalle.

2.

Es sind die letzten beiden Jahrzehnte im achtzigjährigen Gelehrtenleben des Königsberger Philosophen, die Jahre zwischen 1786 und 1800, denen der Friedenstraktat entstammt. Friedrich II., der aufgeklärte Despot, war gestorben, sein Neffe Friedrich Wilhelm II. der neue König geworden. Der war ein, wenn man so sagen darf, obskurantistischer Despot, zitternd um den Bestand von Thron und Altar – namentlich um diesen – in den Jahren des Umsturzes in Frankreich, von Ministern umgeben, die ihn im Kampf für das Königtum von Gottesgnaden wider das verfassungsmäßige und den Republikanismus, im Kampf für die Landesreligion wider die Freigeisterei tatkräftig unterstützten. Namentlich Bischoffswerder riet ihm dringend zum militärisch-aktiven Beitritt Preußens zur Racheallianz gegen den neuen konstitutionellen französischen Staat und die rasch folgende Republik; der Minister Hertzberg, der ebenso dringend davon abgeraten hatte, war 1791 entlassen worden. Wöllner, der den geistig hochstehenden Zedlitz ablöste, der Kant förderte und verehrte; Wöllner – ein „betrügerischer und intriganter Pfaffe" [7], wie Friedrich II., der ihn zu nobilieren sich geweigert hatte, ihn nannte –tritt, kaum im Amt, 1788 mit dem berüchtigten Religionsedikt, das faktisch das friederizianische Toleranzedikt aufhebt, hervor. Es ist verbunden mit dem Erlaß scharfer Zensurbestimmungen für Druckschriften, die öffentliche Lehre und den Unterricht. Noch bleibt Kant verschont. Er läßt sich aber auch im unbeirrten Verfolg und der Publikation seiner kritischen und aufgeklärten Untersuchungen zu den bewegendsten Zeitfragen – historisch-praktischen und vor allem juridischen – nicht abschrecken. Mit deutlichem Blick auf die Wöllnerschen Verpflichtungsreglements, nach denen die Theologiekandidaten auf die religiöse Orthodoxie eingeschworen wurden, rügt er eine jegliche obrigkeitliche Anwendung des „Erpressungsmittels der Wahrhaftigkeit", verurteilt die „tortura spiritualis" in Dingen, die „auf dem Wege des Wissens (theoretischer Einsicht) gar nicht erreichbar sind" [8], und also auch den Druck, unter den die Kandidaten in Preußen mit der Vereidigung auf die Landesreligion als einzig

---

[7] Ernst Cassirer, *Kants Leben und Lehre,* in: Immanuel Kants Werke, hg. v. Ernst Cassirer, Bd. 11 (Ergänzungsband), Berlin 1918, 401.

[8] Immanuel Kant, *Über das Mißlingen aller philosophischen Versuche in der Theodicee,* AA, Bd. 8, 268 u. 269 (Anm.).

wahre Glaubenslehre sich mußten setzen lassen, wenn sie das Lehr- und Predigeramt erlangen wollten. „Wie bald", schreibt Kant, „solche blinde und äußere Bekenntnisse (welche sehr leicht mit einem eben so unwahren innern vereinbart werden), wenn sie Erwerbsmittel abgeben, allmählich eine gewisse Falschheit in die Denkungsart selbst des gemeinen Wesens bringen können, ist leicht abzusehen."[9]

Das war 1791. 1793, nachdem eine religionsphilosophische Abhandlung Kants der Berliner Zensur verfallen war, veröffentlichte Kant sie zusammen mit drei anderen – unter jenaischem Imprimatur[10] in Gestalt eines der bedeutendsten religionsphilosophischen Texte der Aufklärung: der *Religion innerhalb der Grenzen der bloßen Vernunft*. 1794, ein Jahr später, erging ein königliches Handschreiben an Kant, in dem ihm vorgeworfen wurde, daß er seine „Philosophie zu Entstellung und Herabwürdigung mancher Haupt- und Grundlehren der heiligen Schrift und des Christentums mißbraucht" habe. Nachdrücklich wird er angewiesen, sich „künftighin nichts dergleichen [...] zu Schulden kommen zu lassen [...] widrigenfalls" er sich „bei fortgesetzter Renitenz unfehlbar unangenehmer Verfügungen zu gewärtigen"[11] habe. Das dem Manne, der die gesamte Philosophie bearbeitet und neubegründet hatte und dessen europäischer Ruhm längst zu wachsen begann! Kant weist den Vorwurf zurück, in Vorlesungen die Bibel herabgewürdigt zu haben. Seine religionstheoretischen Schriften, die ebensowenig das Christentum herabwürdigen, sondern, umgekehrt, seine Vereinbarkeit mit den obersten Morallehren dartäten; seine Schriften stellten nur „eine Verhandlung mit Facultätsgelehrten vor", weit entfernt, mit dem Katechismus konkurrierende Unterrichts-, gar unterweisende „Volksschriften" zu sein. Um aber „dem mindesten Verdachte [...] vorzubeugen", erkläre er, „als Ew. Königl. Maj. getreuester Untertan feierlichst" sich „aller öffentlichen Vorträge die Religion betreffend [...] sowohl in Vorlesungen als in Schriften gänzlich zu enthalten"[12].

Von Widerruf kann hier keine Rede sein. Man überhöre doch nur nicht den Tenor der Reserviertheit in diesen „untertänigsten" Worten – der Reserviertheit gegenüber geistig sehr beschränkten Leuten, die unglücklicherweise auch noch hoch über den Gemaßregelten gesetzt sind, zuallerhöchst, als Minister und König. Der „getreueste, in tiefer Devotion ersterbende Unterthan" sagt vier Jahre später, als die Königliche Majestät unterdessen mit Tode abgegangen war, ganz offen von dem Vorbehalt, den er hinter der Maske ironisch-verächtlicher Devotion machte: „Auch diesen Ausdruck wählte ich vorsichtig, damit ich nicht der Freiheit meines Urtheils in diesem Religionsproceß auf immer, sondern nur so lange Se. Maj. am Leben wäre, entsagte."[13] –„Wenn die Starken in der Welt im

[9] Ebd., 269.
[10] Vgl. Cassirer, *Kants Leben und Lehre*, 406 f.
[11] Immanuel Kant, *Der Streit der Facultäten*, AA, Bd. 7, 6 (Vorrede).
[12] Ebd., 8, 9 u. 10.
[13] Ebd., 10 (Anm.)

Zustande eines Rausches sind", so hatte er einmal an Spener geschrieben und an den Rausch gedacht, in welchen der geistig-geistliche und auch der Machtwahn versetzen, „so ist einem Pygmäen, dem seine Haut lieb ist, zu raten, daß er sich ja nicht in ihren Streit mische"[14]. Er halte solange sich heraus, bis der Rausch verflog. – Kant hielt auf das genaueste Wort: Über Religion schrieb er erst wieder, als der Nachfolger Friedrich Wilhelms II. sich auf die königliche Toleranzpflicht zurückbesann. Dagegen über Recht – vorab über Staats- und Völkerrecht – schrieb und las er weiter, auch noch zu Lebzeiten des alten Königs; über Politik, Aufklärung und Moral, den Sinn der Geschichte öffentlich und kritisch nicht nachzudenken, hatte er ja der Majestät nicht versprechen müssen. Freilich war er stets in der Furcht, die Arbeit werde durch weitere Zensur vereitelt (er fürchtete weit mehr um seine denkerische Arbeit als um seine Person). Und manchmal dachte er, der über Siebzigjährige, daran, das „kurze Leben", das er noch hat, in einem „Winkel der Erde", der sich „doch wohl wird auffinden lassen, sorgenfrei zu Ende zu bringen"[15]. Bei seiner moralischen Sympathie mit der Französischen Revolution, die ihm noch 1798 als „Geschichtszeichen" galt, das die „moralische Tendenz des Menschengeschlechts beweiset; [...] einen moralischen Charakter desselben wenigstens in der Anlage beweiset, der das Fortschreiten zum Besseren nicht allein hoffen läßt, sondern selbst schon ein solches ist"[16] – „bei solcher Teilnehmung dem Wunsche nach, die nahe an Enthusiasm grenzt, und deren Äußerung selbst mit Gefahr verbunden war"[17] mag er bei dem freien Weltwinkel auch an ein Asyl in Frankreich gedacht haben, so wie Schlabrendorff, wie Forster und andere republikanisch gesonnene Deutsche an Paris, wohin sie vor deutscher und anderer Despotie ausgewichen waren.

3.

Zu den Schriften; die Kant während des Interdikts veröffentlichte, gehört der politisch hochbrisante philosophische Versuch *Zum ewigen Frieden*, erschienen mitten im Koalitionskrieg gegen Frankreich, dem ersten, in dem die junge Republik um ihr Überleben kämpfte. Er ist etwas wie ein näher ausgeführtes Kapitel zur Völkerrechtslehre, publiziert noch ehe die gesamte Rechtslehre in ihren metaphysischen Anfangsgründen (nämlich erst 1796/97, doch gleichfalls noch vor dem Tode Friedrich Wilhelms II.) veröffentlicht wurde. Die kleine Schrift ist eine jener großen vernunftrechtlichen politischen Utopien, von denen zwar die politischen Pragmatiker verächtlich denken und von denen Kant selber – gegen

---

[14] Immanuel Kant, *Briefe von und an Kant*, in: Immanuel Kants Werke, hg. v. Ernst Cassirer, Bd. 10, Berlin 1921, 198 (Kant an K. Spener, 22.3.1793).

[15] Ebd., 240 u. 241 (Kant an E.J. Biester, 18.5.1794).

[16] Kant, *Der Streit der Facultäten*, 84 u. 85.

[17] Ebd., 85.

diese arroganten Verächter gewendet – sagt, daß sie alles andere als „untunlich" und verstiegen[18] sind, daß sie vielmehr die unverzichtbaren Maßstäbe, die Ideen ausdrücken, nach denen verantwortliche Politiker sich richten; ja nach denen nach Schaffung eines „Staatsproducts", das „mit dem moralischen Gesetze zusammen bestehen kann", sich zu richten, sogar „Pflicht [...] des Staatsoberhaupts"[19] ist. „Eine Verfassung von der größten menschlichen Freiheit nach Gesetzen, welche machen, daß jedes Freiheit mit der anderen ihrer zusammen bestehen kann", ist „eine notwendige Idee, die man nicht bloß im ersten Entwurfe einer Staatsverfassung, sondern auch bei allen Gesetzen zum Grunde legen muß." Und nichts ist schädlicher „als die pöbelhafte Berufung auf vorgeblich widerstreitende Erfahrung, die doch gar nicht existieren würde, wenn jene Anstalten zu rechter Zeit nach den Ideen getroffen würden" Sie sind die unaufgebbaren Urbilder, aufgestellt, um nach ihnen die „Verfassung der Menschen der möglich größten Vollkommenheit immer näher zu bringen"[20].

Man kann sagen, daß Kants Friedenstraktat in genau dem Sinn eine Utopie ist, wie die des Morus es war: eine Art Anleitung, den ausstehenden besseren Zustand dadurch herzustellen, daß man wegräumt, was den bestehenden schlechten Zustand bedingt. So zeigt Morus mit seiner Insel Utopia, die ein Gemeinbesitz ihrer Einwohner ist, und auf der es keinen Raub, keinen Diebstahl, keinen Mord und keine Armut gibt, daß, wenn alle genug haben, keiner rauben, stehlen und morden oder sich schinden muß, um sich zu verschaffen, wessen er ermangelt, und was die Besitzenden, die Reichen und Einflußreichen im Überfluß haben. Also beschränkt die riesigen Besitzungen, verhindert die Akkumulation der Privateigentümer, ja ihre Bildung (denn sie sind der Raub an der *communis possessio*); verteilt alles gerecht an alle: die Arbeit, den Ertrag, die Güter der Erde, und keiner muß mehr rauben oder sich erschinden, was ihm vorenthalten ist! Die Armut wird zusammen mit dem Verbrechen verschwinden, und die entsetzliche Strafjustiz, das schlechteste Mittel, die schlimmen Zustände zu verbessern,

---

[18] „Die Platonische Republik ist als ein vermeintlich auffallendes Beispiel von erträumter Vollkommenheit [...] zum Sprichwort geworden", des Philosophen Gedanke „niemals würde ein Fürst wohl regieren, wenn er nicht der Ideen teilhaftig wäre", lächerlich gemacht. „Allein man würde besser tun, diesem Gedanken mehr nachzugehen [...], als ihn unter dem sehr elenden und schädlichen Vorwande der Untunlichkeit als unnütz bei Seite zu setzen." Immanuel Kant, *Kritik der reinen Vernunft* (1787), AA, Bd. 3, 247.

[19] Kant, *Der Streit der Facultäten*, 92.

[20] Kant, *Kritik der reinen Vernunft*, 247 u. 248. – Die heutige ‚westliche Welt' scheint sie aufgegeben zu haben: „Die Krise ist der Normalfall" geworden. „Angesichts einer solchen Situation, charakteristisch für hochkomplexe Gesellschaften, sind *Ideen nicht nur unmöglich*, sondern man muß sogar sagen, sie sind *dysfunktional*. Sie können nur den Betrieb stören." Norbert Bolz, zit. nach *Frankfurter Rundschau*, 25.2. 1995 (Nr. 48, B2). Treffen diese Sätze zu, dann sagen sie aus, daß es in der heutigen Welt gar nicht mehr um ein „Maximum" (Kant, *Kritik der reinen Vernunft*, 248) vollkommener menschlicher Verhältnisse zu tun ist, sondern um das Maximum eines bestfunktionierenden gesellschaftlichen Betriebs, bei dem im Zweifelsfalle nicht mehr nur die humanitären Ideen, sondern die Menschen selbst sich als die größte Betriebsstörung erweisen.

wird gegenstandslos. – In eben diesem vorbeugenden Sinn gibt Kant die Bedingungen an, die gelten müssen, soll der schlimme Zustand gar nicht erst eintreten. Er nennt die gesellschaftlichen Übel, die weggeschafft werden müssen, soll der Friede dauerhaft sein; bezeichnet die Anstalten, die zu treffen wären, damit Kriege gar nicht erst entstehen. So wie Morus die literarische Form des Reiseromans zur Darstellung seiner Staatskritik und seiner philosophisch-politischen Maximen wählte, so wählte Kant die Form eines Friedensvertrages, um in dessen „Präliminarartikeln" die Hindernisse eines ersten vorläufigen – oder eines noch bestehenden und zu erhaltenden – (Verhandlungs-) Friedens zu bezeichnen und auszuräumen, und dann in den „Definitivartikeln" und in einem zusätzlichen „Geheimartikel"[21] die Grundbedingungen festzuschreiben, die anerkannt sein müssen, soll ein endgültiger Frieden erreicht werden; einer, von dem es ein „Pleonasmus"[22] wäre zu sagen, er sei ein ewiger. Es ist sozusagen ein Mustervertrag, den Kant ausarbeitet, und der, würde er wirklich geschlossen und eingehalten, den großen Aufklärungskampf der Zivilisation gegen die ganze voraufklärerische barbarische Kriegsepoche, mit deren Überwindung in einem immerwährenden Menschheitsfrieden beendete.


4.


Was sind die nächstliegenden Hindernisse eines vorläufigen, unter gegebenen Bedingungen erreichbaren Friedens? Gehen wir – wie in der späteren Rechtslehre – systematisch vor, je nach der Konstellation, in welcher Völker und Staaten, zum gegebenen Zeitpunkt, im Verhältnis zueinander stehen: entweder sie bekriegen sich; oder sie fangen damit an, sich zu vertragen und endlich ihre Koexistenz zu regeln; oder sie befinden sich im friedlichen Nebeneinander noch ohne kriegerische Konflikte.

(1) Im Kriegsfall müssen sie sich so verhalten, daß das wechselweise rechtliche und moralische Vertrauen in den Kriegführenden nicht verloren geht: daß er also jederzeit akzeptabler Kontrahent beim erwünschten Vertragsschluß sein kann. Der geführte Krieg muß ein gerechter sein (ein Verteidigungskrieg z.B.). Keiner darf ehrlose, heimtückische, bestialische Mittel anwenden – vor allem auch nicht die Nichtkombattanten in die Kriegshandlungen hineinziehen – kurz: „Es soll sich" (wie es im sechsten Präliminarartikel heißt) „kein Staat im Kriege mit einem andern solche Feindseligkeiten erlauben, welche das wechselseitige Zutrauen im künftigen Frieden unmöglich machen müssen: als da sind Anstellung der Meuchelmörder, Giftmischer, Brechung der Kapitulation, Anstiftung des Verrats in dem bekriegten Staat etc."[23]

---

[21] Kant, *Zum ewigen Frieden*, 343, 348, 368.
[22] Ebd., 343.
[23] Ebd., 346.

(2) Im Fall, daß die Staaten sich vertragen und wenigstens erst einmal Waffenstillstand halten wollen, sollen die Unterhandlungen ehrlich erfolgen und die Tractamente ohne hinterlistige Vorbehalte sein. Das bedeutet vor allem, daß die Bedingungen nicht einen geheimen Grund und Vorwand zu einem neuen Krieg enthalten; der Kontrahent soll nicht getäuscht werden. „Es soll", formuliert Kant im ersten Artikel, „kein Friedensschluß für einen solchen gelten, der mit dem geheimen Vorbehalt des Stoffs zu einem künftigen Kriege gemacht worden."[24]

(3) Im bestehenden friedlichen Zustand der Staaten soll nichts geschehen, was die Völker gegeneinander aufbringt; nichts was ihre politische Unabhängigkeit verletzt; nichts was sie zur präventiven Abwehr nötigt, und, am schlimmsten, nichts was in ihre inneren Angelegenheiten eingreift. So darf es nicht sein, daß ihr politisch-rechtlicher Status durch privatrechtliche Verträge der Regenten außer Kraft gesetzt wird: Völker sind politisch frei, sie sind Personen und dürfen als solche niemals zu Gegenständen des Besitzes, des Erwerbs, der Vererbung erniedrigt werden. Das ist aber der Fall, wo sie Eigentum des Landesherren sind und durch dessen Heirat mit der Herrin eines anderen Landes zum Heiratsgut werden, das mit dem anderen Heiratsgut vereinigt wird: ein Staat hat einen anderen Staat geheiratet, das heißt die beiden Völker sind gegen ihren Willen zur Sache vereinigt – in der unselbständigen Form eines summierten Fürsten-Eigentums und -erbes. – Hier liegt eines der schlimmsten Übel, die die Völker zu Kriegen reizen müssen, in denen sie ihren gegenständlichen Charakter abstreifen und ihren moralisch-juridisch persönlichen wiedererlangen wollen. Hierher gehören auch die schändlichen, entehrenden Menschen-Verleihungen oder Menschen-Verkäufe, mit denen skrupellose Regenten ihre wehrpflichtigen Landeskinder zu Gold in der Staatskasse machen, zu rentablen Kriegswerkzeugen sie herabwürdigen, mit denen andere Landesherren, die Erwerber oder Entleiher, ihre räuberischen Kriegszwecke verfolgen. Sie müssen zumeist gegen ihresgleichen und für Interessen kämpfen, die nicht die ihren sind, und denen sie kalt aufgeopfert werden. Daher formuliert Kant im zweiten Präliminarartikel: „Es soll kein für sich bestehender Staat (klein oder groß, das gilt hier gleichviel) von einem andern Staate durch Erbung, Tausch, Kauf oder Schenkung erworben werden können."[25] – Auf keinen Fall darf ein Staat bei einem anderen intervenieren – unter dem elenden Vorwand etwa, er gebe ein böses Beispiel: wie die französische Republik, die die absolute Monarchie abschaffte, und die man deshalb selbst abschaffen müsse, damit sie nicht Schule mache. Der Interventionsvorwand des „bösen Beispiels" ist eine schlichte Rechtsverdrehung: Niemand werde außerhalb der Grenzen des Staates, der das „böse Beispiel" gibt, lädiert, so daß er sich auch nicht gegen einen Rechtsverletzer in Notwehr wehren müßte. Nicht selten steht hinter solchen Vorwänden nackte Unterwerfungs- und Eroberungssucht. – So fordert der fünfte Präliminarartikel: „Kein Staat soll sich in die Ver-

---

[24] Ebd., 343.
[25] Ebd., 344.

fassung und Regierung eines anderen Staats gewalttätig einmischen."[26] – Schließlich ist auf zwei weitere, stark zum Kriege treibende Mißstände hinzuweisen – Mißstände, die als Staatseinrichtungen gelten, auf die man stolz ist, die aber für andere Nationen (und schließlich die eigene) empfindliche Kriegs- und Schadensbedrohungen darstellen; zum einen die stehenden Heere und der ständig verbesserte Rüstungsstand, zum anderen das Kreditsystem mit seiner Möglichkeit unbegrenzter Schuldenmacherei, die in den Staatsbankrott führt – wenn sie nicht vorher zum Krieg treibt: um Armeen und Waffen lohnend zu machen und nicht rosten zu lassen. Aber das Kriegführen, das die Gewinne bringen soll, mit denen die Kriegsschuld getilgt wird, macht nur zu bald die Aufnahme neuer nötig und diese wiederum Kriegseroberungen usf., und alles das zum anwachsenden Ruin der Völker. Es ist also präliminarisches Postulat – das dritte und vierte, das Kant ausspricht –: „Stehende Heere sollen mit der Zeit ganz aufhören"[27], und: „Es sollen keine Staatsschulden in Beziehung auf äußere Staatshändel gemacht werden."[28] Der fünfte und sechste sind strikte Verbotsgesetze (*leges strictae*) und wären sofort zu erfüllen. Der zweite, dritte und vierte Artikel sind gleichfalls Verbotsgesetze (leges prohibitivae), jedoch solche, die Spielraum gewähren (*leges latae*), solange, bis die Wiedererstattungen erfolgt und die Besitzstände geklärt sind. – Auch ,Abwicklungen' nach ,kalten Kriegen' müssen gesetzlich: nach Menschen- und Vernunftrecht durchgeführt werden, wenn sie nicht neue Kriegsgründe werden sollen.

## 5.

Bleiben die *Definitivartikel*, also die Postulate, die grundsätzlich erfüllt sein müssen, soll aus dem provisorischen Frieden, dem Waffenstillstand – der ja nur der ruhende Krieg selber, „Aufschub der Feindseligkeiten"[29], ist – , der endliche, definitive, der *ewige* werden.

Völker müssen Staaten bilden, das ist die erste Bedingung. Aber nicht jede Staatsform ist geeignet, ständigen Frieden mit anderen Staaten oder mit solchen Völkern zu gewährleisten, die im Naturzustand der wilden Freiheit[30] verblieben und in den der gesetzlichen Freiheit noch nicht eintraten. Diese kann nur der *Staat* ermöglichen, also der Zustand, der die Freiheit des Einzelnen nach Gesetzen, d.h. durch die Beschränkung der einzelnen Freiheit sichert, die nötig ist, um die der anderen zu gewährleisten. Wenn nun der Staat so geführt ist, daß die Freiheit und das Urrecht aller einzelnen ganz an den Regenten zediert wird, weil

---

[26] Ebd., 346
[27] Ebd., 345.
[28] Ebd.
[29] Ebd., 343.
[30] Vgl. ebd., 354.

er, ohne die bei ihm summierte Willkür und ursprüngliche naturrechtliche Gewalt aller, diese nicht sicher regieren könnte, dann läuft das darauf hinaus, daß der allgemeine Wille mit dem Einzel- oder Privatwillen des Regenten identisch wird. Der Staat wird autokratisch regiert: Das ist die despotische Regierungsart,[31] in der die Regierungsgewalt ungeteilt beim Regenten liegt (der auch eine mehr- oder vielköpfige Person, z.B. der Demos selber sein kann). Diese Regierungsart bietet keine Gewähr gegen den äußeren Krieg, birgt viele Gründe auch für den inneren, den Bürgerkrieg. – Das sieht aber anders aus, wenn die Regierungsgewalt geteilt wird: in die gesetzgebende und die exekutive Gewalt. Die entscheidende Gewalt ist die Legislative: der allgemeine Volkswille der eigentliche souveräne. Die Exekutive führt diesen souveränen Willen aus, sie manifestiert, repräsentiert ihn. Daher ist die beste Regierungsform die mit der zahlenmäßig größten Legislative und der numerisch geringsten Exekutive:[32] also die Constituante, die Nationalversammlung, das Parlament auf einer Seite, der Monarch auf der anderen. Es ist die Staatsform der repräsentativen oder konstitutionellen Monarchie, die Kant „die Republik"[33] nennt, und die die der despotischen entgegengesetzte Regierungsart gewährleistet. Entscheidend ist die Gewaltenteilung, und dies, daß niemals gegen den Souverän, das Volk regiert werden kann. Dieser Staat ist kriegsverhindernd und friedensfördernd, denn das Volk kennt seine Interessen am besten und weiß, wie Kriege diesen seinen Interessen, ja seinem Dasein zuwiderlaufen:[34] Es wird den Krieg höchstens zur Verteidigung der Republik aus Notwehr beschließen.

Eine solche Verteidigung oder Abwehr ist aber gar nicht nötig, wenn alle umgebenden Staaten auch Republiken sind: Statt sich zu entzweien, bilden sie einen Bund: einen Völker- oder Friedensbund, der mehr ist als eine Allianz oder bloßer Friedensvertrag zwischen ihnen (Verträge laufen aus, oder werden gekündigt oder aus Staatsräson gebrochen). Während „durch den Friedensvertrag zwar wohl dem diesmaligen Kriege, aber nicht dem Kriegszustande (immer zu einem neuen Vorwand zu finden) ein Ende gemacht wird"[35], macht ein Bund „alle Kriege auf immer"[36] unwahrscheinlich, wenn nicht unmöglich, d.h. er stellt den Frieden als dauernden Zustand her. Denn der Bund ist nichts anderes als das politisch ausgedrückte gemeinsame Lebens- und Freiheits-Interesse aller Republiken und aller freien Republikaner in ihnen. Die höchste Form dieses Bundes wäre die „Weltrepublik"[37], aber dieser stehen – fürs erste – unüberwindliche Hindernisse entgegen: vorab die ethnische Pluralität, die riesigen oder noch unüberbrückten Gebiete, die es zur Formation eines einzigen Welt-Souveräns

---

[31] Vgl. ebd., 352.
[32] Vgl. ebd., 353.
[33] Ebd., 352, 349f.
[34] Vgl. ebd., 353.
[35] Ebd., 355.
[36] Ebd., 356.
[37] Ebd., 357.

gar nicht kommen ließen, einer Weltregierung, die hinreichenden Schutz, völlige Sicherheit und Freiheit allen Volks- und Einzelindividuen gewährleisten könnte. So bleibt nur „das negative Surrogat"[38] einer Weltrepublik: ein permanenter Staaten-Kongreß mit einem internationalen Schiedsgericht, das in den ungelösten Konflikten der Völker, völkerrechtlich bindend und kriegsverhindernd, also gütlich schlichtend entscheidet.

Daher lauten die beiden ersten Definitivartikel: „Die bürgerliche Verfassung in jedem Staate soll republikanisch sein"[39], und: „Das Völkerrecht soll auf einen Föderalism freier Staaten gegründet sein."[40]

Wie aber ist, neben „dem Staatsbürgerrecht der Menschen in einem Volke" und dem „Völkerrecht der Staaten im Verhältnis gegeneinander", das eigentliche „Weltbürgerrecht"[41] beschaffen? Zu dieser dritten Voraussetzung eines ewigen Friedens postuliert Kant im letzten Definitivartikel: „Das Weltbürgerrecht soll auf Bedingungen der allgemeinen Hospitalität eingeschränkt sein."[42] Das bedeutet, daß jeder Bürger freier Staaten in jedem anderen den Status des Gastfreundes genießt. Er ist dort nicht mehr der Fremde, dem man ablehnend oder gar feindselig begegnet. Der Weltbürger hat in jedem Land, das zur Völkerföderation gehört, Besuchsrecht – kein Staatsrecht: das hat er bereits im eigenen. Eine Pluralität von *civitas*, der Staatsbürgerschaft als Rechtsattribut, gibt es logischerweise nicht. Weltbürgerrecht ist Aufhebung des *status naturalis* des Feind- und Fremdseins gemäß dem ursprünglichen Gewaltrecht der Subjekte. Hospitalität bricht rechtlich Hostilität: daher allgemeine Hospitalität die letzte Bedingung eines nicht mehr unterbrochenen, verletzten Friedens – des ewigen, der einer *auf* der Erde und nicht *unter* ihr wäre. Der „Kirchhofsfriede"[43] als der ewige im Tod: Das ist das grandiose barock-allegorische Gegenbild, das Kant gleich am Anfang des Traktats aufscheinen läßt,[44] und gegen das er das utopische pazifische setzt: die Rechtskonstruktion eines Friedens auf Erden. Denn dieser soll eine *Rechtsfolge*, nicht Desiderat bloßer Philanthropie und Friedensschwärmerei sein. Die Menschenliebe wird sich schon einstellen, werden die Menschen nur erst im Genuß ihres Menschenrechts und ihrer empirischen Freiheit leben können – ähnlich, wie die Glückseligkeit nicht ausbleiben wird, sind die Menschen erst einmal in den Stand gesetzt, nach moralischen altruistischen, statt

---

[38] Ebd.

[39] Ebd., 349.

[40] Ebd., 354.

[41] Ebd., 349 (Anm.).

[42] Ebd., 357.

[43] Ebd., 343.

[44] In seiner Beziehung auf die „satirische Überschrift *Zum ewigen Frieden* auf dem Schilde eines holländischen Gastwirts, worauf ein *Kirchhof* gemalt war" (Ebd.) – eine Satire, die ebenso auf „die Menschen überhaupt" gemünzt sein könnte, sofern sie Frieden erst *im Tod* finden, wie auf die „Staatsoberhäupter, die des Krieges nie satt werden" und nicht *Gräber* genug den darin Aufgeopferten bereiten können, wie auch auf die philosophischen Träumer *eines ewigen Friedens am Un-Ort*, Nicht-Ort – der *buchstäblichen* Utopie des Kirchhofs.

nach rein selbstkonservatorischen egoistischen Motiven und Maximen handeln zu können.[45]

6.

Neben alledem unabdingbare weitere Voraussetzung der Friedenssicherung ist die allgemeine Aufklärung über die Grundrechte des Menschen; ist die Kenntnis seiner Anlagen und die wirkliche Beschaffenheit sowie die unverdeckte Einsicht in die bestehenden Verhältnisse. Das bedeutet Herstellung und Durchsetzung kritischer Öffentlichkeit, die nichtgeheime Erörterung aller das gemeine Wohl und Wehe betreffenden Angelegenheiten und die Verbreitung der Erkenntnisse über alles das, was Frieden und Kultur befördert, was Krieg und Barbarei verhindert. Es ist vor allem die „von der Vernunft selbst gebotene" Aufgabe der Philosophen. Die Politiker werden ihnen diese Aufgabe nicht stellen: Wer dürfte von ihnen, die Verantwortung und politische Vernunft für sich pachteten, verlangen, daß sie auf die Denkenden und Kritiker hören? Gerade deshalb sollte man sie öffentlich reden und streiten lassen – „unaufgefordert", und nur, weil es mit der allgemeinsten Vernunft nicht unverträglich und von dieser denn auch geboten ist, daß man auf sie höre, statt daß man, durch ihre Ignorierung, als das Vernunftwesen, das man doch sein will, sich desavouiere. – So werden die „öffentlich ungebetenen", doch „im Stillen angehörten" Philosophen zu den „wirklichen geheimen Räten", die denn auch in einer „Geheimklausel" zum Friedenstraktat, wie Kant mit Witz es nennt, als unerläßliche Bedingung des ewigen Friedens vorkommen müssen. Dieser „Geheimartikel" lautet: „Die Maximen der Philosophen über die Bedingungen der Möglichkeit des öffentlichen Friedens sollen von den zum Krieg gerüsteten Staaten zu Rate gezogen werden."[46] Sie können ihn

---

[45] In scharfer Abwehr der Verächtlichmachung des Kantischen – moralischen und juridischen – Formalismus als wirklichkeitsfremd und abstrakt verweist ein Denker *dieses* Jahrhunderts – dessen gleichfalls in dieses Jahr fallender 100. Geburtstag ein würdigeres, wenngleich stilleres Angedenken fand (am 15.2.1995 in Frankfurt am Main, dem Ort seines langjährigen, durch politische Verfolgung unterbrochenen doch nicht gebrochenen Wirkens), als der laut und schrill gefeierte des (freilich noch lebenden) Kriegsmythologen Jünger – gerade auf die humane und soziale Konkretheit des Kantischen Formalismus. Er „ist konkreter als die Philosophie, die heute sich konkret dünkt". Der „moralische Wille", wie ihn Kants praktische Philosophie bestimmt, „besteht in der Anstrengung zu einer Verfassung der Welt, die jedem Vernunftwesen so viel Freiheit gewährt, wie sie mit der Freiheit der übrigen gerade noch verträglich ist, das Maximum an Freiheit." Es „soll der empirischen Freiheit eines jeden der größte Spielraum werden. Staat und Gesellschaft", deren Verhältnisse und Institutionen „die Eigenschaften der Individuen prägen, sind um der Individuen willen da, nicht umgekehrt". „Heute, nicht weniger als damals, als man gegen ihn das Verbot erließ, gehört" Kants Lehre „zur Avantgarde". *„Kants Formalismus ist so inhaltlich,* daß aus ihm die Achtung jedes einzelnen, das gleiche Recht für alle, die Republik und der richtige Zustand der Menschheit folgt." Max Horkheimer, „Kants Philosophie und die Aufklärung", in: *Zur Kritik der instrumentellen Vernunft,* Frankfurt am Main 1967, 211, 213.

[46] Kant, *Zum ewigen Frieden,* 368.

nämlich verhindern helfen: aus reiner aufgeklärter Vernunft und nicht aus Macht, die ihre Einsichten nur trüben würde; weshalb Kant in den Philosophen – entgegen Platon – viel lieber die einsichtsvollen Ratgeber als die Philosophenkönige erblickt.[47]

Aber bietet denn ihr theoretisch-kritischer Rat (außer der bloßen Hoffnung, daß man zu Vernunft und Moral schließlich doch Zutrauen faßt; aus Vernunftglauben an der Herstellung des Weltfriedens tätig wird), bieten Vernunft und Einsicht überhaupt eine *Garantie*, eine Gewißheit, daß der ewige Friede eintreten werde? – Allerdings, antwortet Kant. Diese Gewißheit ist am Verlauf der Naturgeschichte des Menschen deutlich genug abzulesen, man muß nur genau genug hinsehen. Dann zeigt sich, daß „die Natur" selber anscheinend alle Mittel einsetzt, um das menschliche Dasein zu einer zivilen, internationalen, schließlich kosmopolitischen Rechtsform förmlich hinzutreiben; um „durch die Zwietracht der Menschen Eintracht selbst wider ihren Willen emporkommen zu lassen"[48]. Aus ganz natürlichen Gründen zwingt die Selbstbehauptung die Menschen, die sie egoistisch und aggressiv macht, dazu, sich zu vertragen, weil es sinnlos wird, sich selbst erhalten zu wollen, wenn die Erhaltung des Selbst nur durch seine Preisgabe im Kampf um es zu erlangen ist. Selbstbehauptung führt zum Selbstverlust. So arrangiert sich das Subjekt notgedrungen, ‚vernünftigerweise' mit den anderen Subjekten, die sich in derselben Zwangslage befinden. Ich respektiere das Streben des anderen nach Dasein und Wohlsein bis zu dem Punkt, von dem an der andere das meine respektiert. Das läuft schließlich auf den Vertrag, das Verhalten *des sich Vertragens* (nach Maximen wechselseitiger Anerkennung und Verpflichtung) hinaus, das das eigentliche Friedensfundament abgibt. Kampf, agonales Streben, Selbstdurchsetzung sind also das sicherste – prekäre – Mittel zum – dauernden – Friedenszweck.[49]

Kampf und Befriedung in der Naturgeschichte der Menschwerdung stehen in einem *Verhältnis* zueinander: einem dialektisch-teleologischen. Sie sind nicht absolute, einander verdrängende oder ausschließende Wesensmächte, Schicksalsgewalten wie das Jüngersche agonale Gesetz. Wer wie er den Kampf zum Lebensprinzip erhebt, hat einen bloßen Naturmechanismus, ein prekäres Mittel zum Zweck selber gemacht. Nackte Natur aber, das Barbarische als Ziel und Zweck ist die mit Gewalt zurückgebogene „eigene Tendenz der Natur"[50], die zur Kultur strebt. Lehrt uns Kant, der Tendenz zu Kultur und Weltfrieden zu folgen und sie zu verstärken, dann lehren uns neue Obskurantisten wie Jünger, zurückzugehen in finstere Archaik – den Weg in Kampf, Nacht und Tod. Und das ist der Weg in den ewigen Frieden *unter* der Erde, der Weg auf den „Kirchhof der Freiheit"[51].

---

47 Vgl. ebd., 369.
48 Ebd., 360.
49 Vgl. ebd., 364.
50 Ebd., 360f.
51 Ebd., 367.

# Die Objektivität der Natur

CHRISTINE ZUNKE (Oldenburg)

Was die Transzendentalphilosophie auszeichnet, ist, daß sie weder den Bezug zur Empirie je verliert und in den Idealismus fällt, noch den naiven Realismus der heutigen empirischen Wissenschaften teilt, sondern die Bestimmbarkeit der Erscheinungen durch das Denken sowie deren An-Sich-Bestimmtheit als gleichermaßen konstitutiv für den Erkenntnisprozeß begreift. Dieser Ansatz bringt dasjenige in den Blick, was der Naturwissenschaft immer schon vorausgesetzt ist: die Objektivität der Natur, deren systematischer Zusammenhang nach allgemeinen Gesetzen nicht bloß Resultat, sondern zugleich immer auch Bedingung für die Möglichkeit von Naturwissenschaft ist. Diese Objektivität der Natur liegt in ihrer Einheit, welche sich in der Reflexion als mit der transzendentalen Einheit der Apperzeption in einem wechselseitigen Bedingungsverhältnis stehend erweist. Mit Bezug auf Immanuel Kant, der zeigte, daß die Bedingungen der Erkenntnis *a priori* des Subjekts konstitutiv für die Objektivität des erkannten Gegenstandes sind, wird im Folgenden ein avancierter Objektbegriff entfaltet.

## 1. Voraussetzungen des Objekts

„Daß alle unsere Erkenntnis mit der Erfahrung anfange, daran ist gar kein Zweifel [...]. Wenngleich aber alle unsere Erkenntnis mit der Erfahrung anhebt, so entspringt sie darum doch nicht eben alle aus der Erfahrung."[1] Erkenntnis ist kein bloßes Abbilden der Welt, sondern ein Begreifen ihrer spezifischen gesetzmäßigen Zusammenhänge und geht darum in Erfahrung nicht auf, wenngleich sie notwendig auf Erfahrung bezogen ist; nur die Erfahrung gibt uns den sinnlichen Gegenstand unserer Erkenntnis und nur das Denken kann ihn begreifen. Im erkannten Gegenstand ist also beides enthalten: seine spezifische Bestimmtheit, die ihn von anderen Dingen unterscheidet, und das spontane Vermögen des tätigen erkennenden Subjekts, die Erscheinung mit einem für sie passenden Begriff zu belegen, der mehr enthält, als uns die bloße Erfahrung an die Hand geben kann. Um diese Momente, die sich im erkannten Objekt vereinen, in der Reflexion voneinander trennen zu können, ist es nötig, die ermöglichenden Bedingungen jeder besonderen Erkenntnis, die ihr als allgemeine Formen zugrunde liegen, isoliert zu betrachten.

---

[1] Immanuel Kant, *Kritik der reinen Vernunft*, Frankfurt am Main 1997, B 1.

Erfahrung hat apriorische Bedingungen. Dies sind auf der Seite der Sinnlichkeit die reinen Formen der Anschauung (Raum und Zeit) und auf der Seite des Denkens die reinen Verstandesbegriffe *a priori* (Kategorien). Diese werden von Kant in der transzendentalen Ästhetik und der transzendentalen Logik herausgearbeitet, indem einmal die Sinnlichkeit und einmal der Verstand isoliert und der Teil an der Erkenntnis herausgehoben wird, der seinen Ursprung nur in diesem Vermögen haben kann und sich somit als *a priori* gegebene Bedingung jeder besonderen Erkenntnis erweist. Dies führt zur reinen Erkenntnis der Formen unseres Erkenntnisvermögens, womit noch kein Objekt erkannt ist, sondern nur dasjenige, was jeder objektiven Erkenntnis zugrunde liegt.[2]

Im Weiteren ist zu zeigen, wie sich die vorauszusetzenden Formen unserer Erkenntnis mit den durch die Erfahrung gegebenen Besonderheiten der Gegenstände vermitteln, um objektive Erkenntnis, d.i. wahre Erkenntnis über ein Objekt, zu ermöglichen.

## 1.1. Raum und Zeit – die reinen Formen der Anschauung

Sinnlichkeit ist das Vermögen, von Gegenständen affiziert zu werden. Durch die Sinnlichkeit werden uns Gegenstände in der Erfahrung gegeben, als Anschauungen. Die Erscheinung hat zwei Momente, die erkenntnistheoretisch zu trennen sind: Die Materie der Erscheinung als das Moment, das der Empfindung korrespondiert (das an-sich bestimmte) und die Form der Erscheinung, durch welche die Erscheinung „in gewissen Verhältnissen geordnet werden kann"[3]. Die Materie der Erscheinungen kann uns nur *a posteriori* durch Erfahrung gegeben werden, „die Form derselben aber muß zu ihnen insgesamt *a priori* im Gemüte bereit liegen, und dahero abgesondert von aller Empfindung können betrachtet werden."[4] Als diese apriorische Form der Erscheinungen erkennt Kant Raum und Zeit. Alles, was uns erscheint, ist notwendig räumlich und zeitlich bestimmt; wenn es nicht irgendwo und irgendwann wäre, wäre es nicht. Raum und Zeit sind die reinen Formen unserer Anschauung, denn alle Erscheinung ist durch sie geordnet als nebeneinander und nacheinander bzw. zugleich seiend. Hierbei ist der Raum die Form des äußeren Sinnes, die Zeit die Form des inneren. Gedanken, Wahrnehmungen, alles was ins Bewußtsein fällt, ist in der Form des Nacheinander geordnet. Das empirische Bewußtsein schaut sich selbst innerlich an und wird sich hierüber als Erscheinung gegeben. Die bestimmte Dauer der Existenz eines Gegenstandes ist – anders als seine räumliche Größe – nicht unmittelbar in der Erscheinung gegeben (diese setzt nur voraus, daß sie eine Dauer habe,

---

[2] Vgl. ebd., B 87.
[3] Ebd., B 34.
[4] Ebd., B 34.

sonst wäre sie nicht), sondern bestimmt sich im Verhältnis zu anderen Erscheinungen als Veränderung.

Als Formen der Anschauung erscheinen Raum und Zeit selber nicht, sind also keine möglichen Objekte der Naturforschung, sondern lediglich Gegenstände der erkenntnistheoretischen Reflexion. Raum und Zeit gehören als reine Formen der Anschauung *a priori* also nicht als Eigenschaften dem Gegenstand an, sondern der Sinnlichkeit des erkennenden Subjekts. Weil die Vorstellung, die nur durch einen einzigen Gegenstand gegeben werden kann, Anschauung ist, sind Raum und Zeit keine empirischen Begriffe, die viele gleichartige Erscheinungen unter sich subsumieren. Sie sind nicht nur keine empirischen Begriffe, sondern als ursprüngliche Vorstellungen Anschauung *a priori*. Raum und Zeit sind also nicht Begriffe, weil sie nicht dem Verstand angehören, sondern ganz der Sinnlichkeit, deren Formen sie sind; Raum und Zeit in der Reflexion sind die korrespondierenden Begriffe der ursprünglichen Vorstellung. Als ursprüngliche Vorstellungen sind Raum und Zeit jeweils einig; verschiedene Zeiten oder Räume sind nur Teile eben derselben Einheit.

Raum und Zeit sind uns also gegeben, aber nicht durch die Erfahrung als Gegenstände der Sinnlichkeit, sondern in der Verfaßtheit unserer Sinnlichkeit als ihre ermöglichenden Bedingungen. Sie erweisen sich so als tranzendentale Bestimmungen (je)des Objektes. „Weil wir die besonderen Bedingungen der Sinnlichkeit nicht zu Bedingungen der Möglichkeit der Sachen, sondern nur ihrer Erscheinung machen können"[5], sind Raum und Zeit keine Formen der Dinge an sich, sondern die Art, in der uns Erscheinungen allein gegeben werden können. Sie haben damit objektive Gültigkeit für jeden möglichen Gegenstand der Erscheinung; sie haben Realität, weil sie die ermöglichende Bedingung alles Realen sind. In ihnen „allein ist alle Wirklichkeit der Erscheinung möglich"[6].

Wenn wir von unserer Art der Sinnlichkeit abstrahieren und uns die Gegenstände so denken, wie sie an sich selbst sein mögen (was wir nicht können), so sind Raum und Zeit nichts.[7] Doch in Ansehung aller uns möglichen Erfahrung sind sie notwendiger Weise objektiv, weil sie die wirklichen Formen unserer Anschauung sind. So läßt sich *a priori* über jedes Objekt sagen, daß es in Raum und Zeit ist.

Objektiv sind die Formen unserer Sinnlichkeit, in denen uns Erscheinungen gegeben werden. Dies ist nach Kant die eine Grundquelle unserer Erkenntnis, die andere ist „das Vermögen, durch diese Vorstellungen einen Gegenstand zu

---

[5] Ebd., B 43.

[6] Ebd.,B 46.

[7] Vgl. ebd., B 51. Das Ding an sich, das als die Ursache der Bestimmtheit der Erscheinungen gedacht wird und also ein Reflexionsbegriff ist, der gedacht werden muß als eine Entität, die den Erscheinungen diejenige Bestimmtheit gibt, die nicht aus der Sinnlichkeit oder dem Verstand *a priori* gegeben ist, steht dagegen nicht notwendig unter Verhältnissen des Raumes und der Zeit und kann uns darum auch niemals erscheinen, ist also kein möglicher Gegenstand der Naturwissenschaft und darum weder Objekt, noch lassen sich hierüber objektive positive Aussagen machen.

erkennen (Spontaneität der Begriffe); durch die erstere wird uns ein Gegenstand g e g e b e n , durch die zweite wird dieser im Verhältnis auf jene Vorstellung (als bloße Bestimmung des Gemüts) g e d a c h t ."[8] Begriff und Anschauung können nur zusammen eine Erkenntnis abgeben, ohne einander sind sie leer respektive blind – eine Anschauung, die nicht gedacht wird oder ein Begriff, der nichts bezeichnet, ist keine Erkenntnis. So wie Raum und Zeit die reinen Formen der Anschauung sind, die nicht aus bestimmter Erfahrung gewonnen wurden, sondern jede Erfahrung erst ermöglichen, so ist der reine Begriff „die Form des Denkens eines Gegenstandes überhaupt"[9]. Analog zu den reinen Formen der Anschauung bestimmen so auch die reinen Begriffe (je)den Gegenstand *a priori* und objektiv.

## 1.2. Kategorien – die reinen Formen des Denkens

Begriffe wie beispielsweise die Kausalität bestimmen die Formen der Verknüpfung von Gegenständen, die nicht Teil der sinnlichen Erscheinung sind, also nicht aus Erfahrung gewonnen werden können. Jede Naturwissenschaft, jedes Urteil, bedient sich solcher Begriffe der Form der Verknüpfung, ohne jedoch angeben zu können, „worauf sich denn ihre objektive Gültigkeit gründe"[10]. Diese Begründung zu liefern, ist Aufgabe der transzendentalphilophischen Erkenntnistheorie – oder, wie Kant es nannte, einer kritischen Metaphysik.

Der Verstand ist das Vermögen zu Urteilen. Darum muß die Form des Urteilens *a priori* dem Verstand entstammen. So können die reinen Verstandesbegriffe *a priori* (Kategorien) transzendental aus den Urteilsformen deduziert werden, denn den Urteilsformen werden reine Verstandesbegriffe *a priori* als deren transzendentale Bedingung korrespondieren. „Die Funktionen des Verstandes können also insgesamt gefunden werden, wenn man die Funktionen der Einheit in den Urteilen vollständig darstellen kann."[11] Im Rückgriff auf die klassische Logik, die schon von dem Inhalt des bestimmten Urteils abstrahierte, um die Form des Urteilens in den Blick zu bekommen, schloß Kant auf die diese Urteilsformen ermöglichenden reinen Verstandesbegriffe *a priori*.[12] Die reinen Verstandesbegriffe sind so aus dem Prinzip des Verstandes, zu urteilen, gewonnen. Diese reinen Begriffe der Quantität, Qualität, Relation und Modalität stiften dasjenige, worüber Urteile möglich sind und was Gegenstand einer Erkenntnis sein kann. Jedes mögliche Objekt ist notwendig gemäß diesen Begriffen verfaßt. Diese Bestimmungen allein können uns zwar kein Objekt geben, aber ohne sie kann uns auch kein Objekt gegeben werden.

---

[8] Ebd., B 74.

[9] Ebd., B 75.

[10] Immanuel Kant, *Prolegomena zu einer jeden künftigen Metaphysik, die als Wissenschaft wird auftreten können*, Frankfurt am Main 1993, A 14.

[11] Kant, *KrV*, B 94.

[12] Vgl. ebd., B 106.

Objektive Erkenntnis bestimmt sich aus dem Verhältnis von erkennendem Subjekt und zu erkennendem Gegenstand zueinander. Dieses Verhältnis ist mit den ermöglichenden Bedingungen der Erkenntnis, welche die ermöglichenden Bedingungen der Gegenstände der Erkenntnis sind, im Subjekt immer schon gegeben; das Objekt selbst ist das Verhältnis des Subjekts zum erkannten Gegenstand, oder das Verhältnis des Denkens zum Gegenstand des Denkens.

## 2. Objekt und Bewußtsein

Im § 7 der transzendentalen Ästhetik findet sich der erste wichtige Hinweis für den Kantschen Objektbegriff und seine Verbindung mit dem Selbstbewußtsein: „Sie [die Zeit; C.Z.] ist also wirklich nicht als Objekt, sondern als die Vorstellungsart meiner selbst als Objekt anzusehen."[13] Hierin ist sowohl das Bewußtsein als aktiver Prozeß, als Handlung des Synthetisierens, um etwas als Objekt anzusehen, als auch das Moment der Passivität, Objekt meiner Selbstbetrachtung zu sein, enthalten. Die Zeit ist hierfür transzendentale Bedingung, die zugleich dasjenige als Objekt gibt, was Subjekt der Erkenntnis aller Objekte ist. In dieser Verknüpfung von Selbstbewußtsein und Objekt ist die Antwort auf die Frage zu finden, wie Objekte bestimmt und beschaffen sein müssen, um beispielsweise als kausal verknüpft erkannt werden zu können; dies ist zugleich die Frage danach, wie Naturwissenschaften wahre Urteile über Gegenstände der Erfahrung mit Notwendigkeit und Allgemeinheit fällen können oder anders gewendet die Frage nach der Vermittlung von Denken und Welt.

In § 1 der *Kritik der reinen Vernunft* heißt es: „Der unbestimmte Gegenstand einer empirischen Anschauung heißt Erscheinung."[14] Gut zweihundert Seiten später schreibt Kant im *Grundsatz der Zeitfolge nach dem Gesetze der Kausalität*: „Dasjenige an der Erscheinung, was die Bedingung dieser notwendigen Regel der Apprehension [in notwendigem und bestimmtem kausalen Zusammenhang zu stehen; C.Z.] enthält, ist das Objekt."[15] Zwischen diesen beiden Zitaten wird die gleichzeitige Notwendigkeit der an sich Bestimmtheit der Gegenstände und ihrer Bestimmbarkeit durch das Denken entwickelt, der Reflexionsbegriff des Dinges an sich als unbekannte Ursache der Erscheinungen und die Kategorien als reine Formen des Denkens, in denen allein ein Gegenstand erkannt werden kann und denen er folglich unterliegt, sowie die Wendung der Kategorien auf die Anschauung im Schematismus.

Als bloße *Erscheinung* ist der Gegenstand zwar den Formen der Sinnlichkeit gemäß, weil Erscheinungen nur in Raum und Zeit sind, aber seinem besonderen Inhalt nach noch gedanklich unbestimmt, also nicht unter (s)eine Regel gefaßt,

---

[13] Ebd., B54.
[14] Ebd., B 34.
[15] Ebd., B 236.

nicht verknüpft, nicht begriffen. Als *Objekt* ist der Gegenstand nach Gesetzen[16] bestimmt gedacht, die nicht allein aus dem Denken stammen. Das Begreifen eines *Gegenstandes überhaupt* nach den Regeln des reinen Verstandes ist das *transzendentale Objekt*. Das Begreifen seiner ihm eigentümlichen Regel macht das *bestimmte Objekt*. Dasjenige an der Erscheinung, was die Bedingung der notwendigen Regel der Kausalverknüpfung bei der Erfassung eines Gegenstandes durch die Sinne enthält, kann nur die Form der Anschauung sein. Diese Form muß *a priori* sein, da sie nicht Materie der Anschauung ist. Als Gesetz ist sie der Anschauung vorausgesetzt, da sie die Form bestimmt, in welcher die Materie der Anschauung uns erscheint und allein erscheinen kann. Darum kann die Form der Anschauung nicht *a posteriori* durch die Anschauung gegeben werden. Die notwendige Bedingung dafür, in bestimmten kausalen Verhältnissen stehen zu können, ist die Zeitlichkeit der Erscheinung: das Nacheinander oder Zugleichsein. Die hinreichende Bedingung dieser notwendigen Regel der Apprehension ist die geleistete kausale Verknüpfung, die *a priori* als notwendig erkannt, aber nur *a posteriori*, nämlich an der Materie der Anschauung – der bestimmten Erscheinung – hergestellt werden kann. Dies führt bei Kant in einen Widerspruch des Objektbegriffs: Dasjenige an der Erscheinung, was als Objekt die Bedingung der Regel enthält, ist zum einen Form – also allgemeine Bestimmung des transzendentalen Objekts –, muß zugleich jedoch eine notwendige Regel der bestimmten, individuellen Erscheinung sein, die als Erscheinung eines bestimmten Gegenstandes nur *a posteriori* durch diesen gegeben werden kann. Sonst gäbe es nicht verschiedene Objekte, wenn sie sich nicht aus sich selbst heraus durch eine ihnen eigene Regelhaftigkeit unterschieden, nach der sie bestimmt werden könnten. In der Bestimmung nach seiner eigenen bestimmten Regelhaftigkeit durch das Subjekt der Erkenntnis gemäß den reinen Verstandesbegriffen *a priori* (also den Regeln des denkenden Subjekts) wird der Gegenstand der Erscheinung zum bestimmten Gegenstand – zum Objekt.

Objektiv ist etwas dann, wenn es nach seiner ihm eigenen bestimmten Regelhaftigkeit gemäß der allgemeinen Regeln der reinen Vernunftbegriffe als notwendig begriffen wird. Dies macht die Differenz zwischen bloß komparativer Allgemeinheit und dem Naturgesetz aus. Daß schwere Körper zu Boden fallen, ist solange nicht als objektiver Sachverhalt begriffen, solange es bloß für je einzelne Körper empirisch festgestellt, aber nicht auf die dieser Beobachtung zugrundeliegende eigene notwendige Regel – Gravitation – bezogen und so begriffen wurde. Die komparative Allgemeinheit der Regel wird zur Objektivität, wenn sie als Gesetz verstanden und zirkulär angewendet wird: ‚Alle schweren Körper fallen zu Boden' heißt als Gesetz, daß ein Körper, der aufsteigt, entweder nicht schwer ist oder von einer stärkeren Kraft hochgetrieben wird. Objektivität

---

[16] Eine durch das Denken als notwendig vorausgesetze oder erkannte Regel hat Allgemeinheit und ist ein Gesetz, entweder allgemeines Naturgesetz (z.B. Kausalität), welches das Denken der Natur vorschreibt, oder empirisches Naturgesetz (z.B. Magnetismus), welches als allgemeine und notwendige Eigenschaft eines spezifischen Materials erkannt wurden.

im strengen Sinne ist keine Tatsache der Wahrnehmung – denn diese ist immer bloß subjektiv –, sondern eine begriffene Regel, die den erscheinenden Gegenstand bestimmt. So wird er bestimmter Gegenstand: ein Objekt, was nicht bloß Erscheinendes ist, nicht bloße Vorstellung, sondern Begriffenes, gedanklich Erfaßtes.

„Nur dadurch [daß ich die Regelhaftigkeit der Erscheinung in das Objekt lege; C.Z.] kann ich von der Erscheinung selbst, und nicht bloß von meiner Apprehension, berechtigt sein zu sagen: daß in jener [der Erscheinung; C.Z.] eine Folge anzutreffen sei, welches so viel bedeutet, als daß ich die Apprehension nicht anders anstellen könne, als gerade in dieser Folge."[17]

## 3. Die Logik der Wahrheit

Die „Regeln des reinen Denkens eines Gegenstandes"[18] sind ein apriorischer Gegenstandsbezug des Denkens, der die Differenz zwischen formaler und transzendentaler Logik markiert. „Formale wie transzendentale Logik sind nicht-empirisch im Sinne einer (negativen) Reinheit von Empirisch-*a posteriori*schem. Während aber der reine qua nicht-empirische Charakter im Fall der formalen Logik zusammenbesteht mit einer Allgemeinheit qua Abstraktion von den Gegenständen und ihrem Unterschied, stellt die – als Idee konzipierte – transzendentale Logik den Fall einer reinen, dabei aber spezifisch gegenstandsbezogenen Logik dar."[19] Indem die transzendentale Logik mit den Kategorien die ermöglichenden Bedingungen von Gegenständen überhaupt aufzeigt, ist sie *a priori* auf Gegenstände der Erfahrung bezogen. Durch diese Wendung aufs Objekt ist sie, im Gegensatz zur bloß formalen, eine „Logik der Wahrheit"[20]. Das, was die transzendentale Analytik im Gegensatz zur formalen Logik auszeichnet, ist also das notwendige Bedingungsverhältnis ihrer Prinzipien zum Inhalt der Erkenntnis, nicht bloß zur Form.[21] Aus diesem Grund kann der transzendentalen Analytik keine Erkenntnis widersprechen, ohne unwahr zu werden, denn sie würde allen Inhalt und damit alle Beziehung auf irgend ein Objekt verlieren.[22]

Während die bloß formale Logik von allem Inhalt abstrahiert, ist die transzendentale Logik auf reine Erkenntnisse *a priori* bezogen; dies ist zugleich eine Beschränkung. Die transzendentale Logik hat weder die bestimmte empirische Erkenntnis eines Gegenstandes zum möglichen Inhalt, noch, wie die formale

---

[17] Ebd., B 238.

[18] Ebd., B 80.

[19] Günter Zöller, *Theoretische Gegenstandsbeziehung bei Kant*, Berlin/New York 1984, 85.

[20] Kant, *KrV*, B 87.

[21] „Wahrheit der Erkenntnis im Sinne ihrer Übereinstimmung mit dem Gegenstand setzt ja die Erwägung gerade jener Dimension des Objektiven voraus, von der die formale Logik prinzipiell abstrahiert." Zöller, *Theoretische Gegenstandsbeziehung bei Kant*, 91.

[22] Vgl. Kant, *KrV*, B 87.

Logik, die bloße Form von Schlüssen und Urteilen über Gegenstände, sondern die die Erkenntnis von Gegenständen als Objekten ermöglichenden reinen Verstandesbegriffe *a priori*. Damit gibt die transzendentale Logik im Gegensatz zur bloß formalen eine Regel der Subsumtion unter Regeln an die Hand. Die formale Logik kann niemals lehren, ob ein Urteil *über einen empirischen Gegenstand* richtig oder falsch ist; die transzendentale Logik gibt der Urteilskraft, d.i. dem Vermögen, unter Regeln zu subsumieren, einen Leitfaden, der – wenngleich nur negativ – falsche Verknüpfungen unter Regeln verhüten kann. Denn die transzendentale Logik handelt von Begriffen, die *a priori* auf Gegenstände bezogen sind, indem sie ihre bestimmte Verknüpfung nach Regeln und damit ihre erkenntnisermöglichenden Bedingungen sind; hierin liegt ihre objektive Gültigkeit begründet, welche so zugleich die Bedingung der objektiven, d. i. wahren Erkenntnis über einen Gegenstand ist. Ohne diese apriorische Wendung auf Gegenstände, d. i. auf einen *Inhalt* des Denkens, wären die reinen Verstandesbegriffe ihrerseits bloße logische Formen, die in Ansehung jedes bestimmten Urteils über die Welt schweigen müßten und nicht erklären könnten, warum Erkenntnis möglich sei. Diese Wendung der Kategorien auf Gegenstände der Anschauung hat sinnliche Bedingungen, die von Kant im *Schematismus der reinen Verstandesbegriffe* behandelt werden. Nur unter diesen sinnlichen Bedingungen der Schemate *a priori* sind durch reine Verstandesbegriffe synthetische Urteile möglich.[23]

Der Schematismus ist Kants Antwort auf die Frage, wie sich in der Anschauung gegebene Erscheinungen unter die reinen Verstandesbegriffe subsumieren lassen, wenn doch reine Verstandesbegriffe nicht angeschaut werden können. Kausalität kann nicht erscheinen, aber Erscheinungen lassen sich unter die Kausalität subsumieren, indem etwas als die Ursache von etwas anderem erkannt wird. Es muß hierfür ein Drittes geben, das „einerseits mit der Kategorie, andererseits mit der Erscheinung in Gleichartigkeit stehen muß"[24]. Dieses vermittelnde Dritte ist das transzendentale Schema. Die transzendentale Zeitbestimmung subsumiert als Schema der reinen Verstandesbegriffe diese unter sich und ermöglicht so die Anwendung der Kategorien auf die Erscheinungen, indem die Zeit als Form der inneren Anschauung *a priori* enthalten ist. Die Gleichartigkeit besteht darin, allgemein auf einer Regel *a priori* zu beruhen; zugleich ist die Zeit in jeder möglichen Anschauung *a priori* als reine Form der Sinnlichkeit enthalten.

Das Schema ist ein Produkt der Einbildungskraft, aber auch dort, wo es *empirischen Begriffen* ein anschauliches Korrelat in der Vorstellung verschafft, ist es nicht mit einem Bild in der Vorstellung zu verwechseln, weil es nicht auf eine einzelne Anschauung geht, sondern allein auf die Einheit in der Bestimmung der Sinnlichkeit. Es liefert also die Vorstellung „von einem allgemeinen Verfahren der Einbildungskraft, einem Begriff sein Bild zu verschaffen"[25], nicht die Vorstel-

---

[23] Vgl. ebd., *Analytik der Grundsätze*.
[24] Ebd., B 177.
[25] Ebd., B 179f.

lung eines Bildes eines Gegenstandes zu einem Begriff. Indem hier die produktive Einbildungskraft nicht das Bild eines sinnlichen Gegenstandes möglicher Anschauung hervorbringt, sondern einem Begriff, der als empirischer eine Klasse von Gegenständen umfaßt, sein Bild verschafft, sind Schemate ermöglichende Bedingung dafür, einen empirischen Begriff pictographisch (und damit sinnlich) auf die durch ihn bezeichneten Gegenständen zu beziehen. Diese Pictogramme sind Bilder, aber keine Abbilder, und sie kongruieren weder mit dem Gegenstand, noch mit seinem Begriff; sie sind nur vermittels des Schemas mit beiden verknüpft. Anders als bei empirischen Begriffen kann das transzendentale Schema reiner Verstandesbegriffe *a priori* nicht pictographisch sein, muß aber dennoch dieselbe Funktion der sinnlichen Vermittlung erfüllen. „Dagegen ist das Schema eines reinen Verstandesbegriffs etwas, was in gar kein Bild gebracht werden kann"[26]; aber dennoch hat es ein sinnliches Moment. Das transzendentale Schema ist die Wendung der Kategorien auf die Anschauung vermittels der Zeit als der Form der inneren Anschauung, der Form aller Vorstellungen.

Die transzendentale Reflexion verlangt nun absteigend durch die Kategorien immer mehr nach einem Inhalt, der dem Denken als sein Gegenstand gegeben werden muß. Von der Quantität, welche sich über das Schema der Zahl mit der Sinnlichkeit vermittelt, über die Qualität, welche durch das Sein bzw. Nichtsein in der Zeit seinem Grad nach schematisch jeden Gegenstand bestimmt, über die Relation, welche im Schema als Beharrlichkeit, als Folge nach einer Regel oder als Gleichzeitigkeit *a priori* sinnlich ist, bis hin zur Modalität, welche als Realität zu irgendeiner, einer bestimmten oder zu jeder Zeit sich über das Schema auf Gegenstände der Erfahrung bezieht, läßt sich jede Kategorie *a priori* über das transzendentale Schema auf Gegenstände beziehen, wobei sich hier eine zunehmende Wendung auf das Objekt abzeichnet, die sich in den Grundsätzen wiederholt: Während die Axiome der Anschauung als unmittelbarer Bezug auf den Gegenstand, also nicht gedanklicher oder begrifflicher Bezug, am weitesten von der Erkenntnis des Gegenstandes entfernt sind, findet über die Antizipationen der Wahrnehmung, welche die Anschauung mit Bewußtsein begleiten, über die Analogien der Erfahrung, in denen Wissen spezifisch auf einen Gegenstand bezogen wird, der im Denken ist, bis hin zu den Postulaten des empirischen Denkens überhaupt, welche die Reflexion auf das Denken von etwas, das in der Anschauung gegeben war, darstellen und hierüber den Begriff des Denkens überhaupt und eines Weltganzen, in dem das denkende Subjekt seinen Ort hat, bestimmen, eine Bewegung statt, in der die Bestimmungen, den Kategorien folgend, sich auch in den Grundsätzen zunehmend auf den Gegenstand als begriffenen wenden; die unmittelbare Anschauung ist also weniger auf den Gegenstand als Objekt bezogen als die doppelte Reflexion in den Postulaten.

Das transzendentale Schema ist rein und *a priori*, es ist zu denken (Kategorien) und zugleich zu erfahren (Sinnlichkeit), weil es die Wendung der Katego-

---

[26] Ebd., B 182.

rien auf die Zeit (die Form der Wahrnehmung des inneren Sinns) ist. Kant fragt in der *Kritik der reinen Vernunft* nach den Bedingungen des Wissens von der Welt, nicht nach den Bedingungen der Welt. Er versucht nicht, die Welt aus den reinen Begriffen zu erklären, sondern über das Wissen von der Welt auf die reinen Begriffe zu schließen, die dieses Wissen ermöglichen. Entsprechend erhalten die reinen Verstandesbegriffe ihre Bedeutung erst durch ihre Vermittlung mit der Anschauung gegebener Gegenstände, zu der der Schematismus den Schlüssel darstellt. Die Schemate realisieren und restringieren die Kategorien, indem sie sie auf Bedingungen der Sinnlichkeit wenden und einschränken. Abgesondert von diesen Bedingungen hätten die Kategorien bloß logische Bedeutung (zur Einheit der Vorstellungen), aber keine Bedeutung in Beziehung auf Objekte. „Also sind die Schemate der reinen Verstandesbegriffe die wahren und einzigen Bedingungen, diesen eine Beziehung auf Objekte, mithin Bedeutung zu verschaffen, und die Kategorien sind daher am Ende von keinem andern, als einem möglichen empirischen Gebrauche, indem sie bloß dazu dienen, durch Gründe einer *a priori* notwendigen Einheit (wegen der notwendigen Vereinigung alles Bewußtseins in einer ursprünglichen Apperzeption) Erscheinungen allgemeinen Regeln der Synthesis zu unterwerfen, und sie dadurch zur durchgängigen Verknüpfung in einer Erfahrung schicklich zu machen."[27] Hierin liegt die transzendentale Wahrheit der reinen Verstandesbegriffe, sie sind die ermöglichende Bedingung objektiver Erkenntnisse über empirisch gegebene Gegenstände. Diese aufzeigen zu können unterscheidet die transzendentale Logik fundamental von jeder bloß formalen. Die Kategorien sind jedoch „vor sich selbst nichts als logische Funktionen [..., die; C.Z.] als solche aber nicht den mindesten Begriff von einem Objekte an sich selbst ausmachen, sondern es bedürfen, daß sinnliche Anschauung zum Grunde liege, und alsdenn nur dazu dienen, empirische Urteile, die sonst in Ansehung aller Funktionen zu urteilen unbestimmt und gleichgültig sind, in Ansehung derselben zu bestimmen, ihnen dadurch Allgemeingültigkeit zu verschaffen, und vermittelst ihrer E r f a h r u n g s u r t e i l e überhaupt möglich zu machen. Von einer solchen Einsicht in die Natur der Kategorien, die sie zugleich auf den bloßen Erfahrungsgebrauch einschränkte, ließ sich weder ihr erster Urheber, noch irgend einer nach ihm etwas einfallen; aber ohne diese Einsicht [...] sind sie gänzlich unnütz und ein elendes Namenregister"[28]. Jedes mögliche Objekt ist gemäß den Kategorien bestimmt. Diese Bestimmungen allein können uns jedoch kein Objekt geben – und ohne sie kann uns kein Objekt gegeben werden. Die reinen Formen des Denkens *a priori* sind also die bloß negative Bedingung der Wahrheit. Ihre positive Bedingung liegt im zu erkennenden Gegenstand selbst. Eine objektive und damit wahre Erkenntnis darf weder den Formen der Anschauung und des Verstandes noch dem Gegenstand widersprechen.

---

[27] Ebd., B 185.
[28] Kant, *Prolegomena*, A 120f.

### 4. Ding(e) an sich und Realität

Die Kategorien erweisen sich in der Erfahrung, die sie ermöglichen und die ihnen zugleich mit dem erkannten Objekt objektive Realität gibt. Es gibt kein Ding an sich, keinen reinen Gegenstand, kein transzendentales Objekt, außer in der Reflexion auf die Notwendigkeit, daß die Erfahrung uns *bestimmte* Gegenstände geben muß, die uns immer Erscheinungen sind.[29] Doch diese sind nicht bloßer Schein, sondern als Ganzes die Realität.[30] Die übliche Zusammenfassung der Kantschen Erkenntnistheorie, wir könnten nur Erscheinungen erkennen und die Dinge an sich blieben uns auf ewig unerkennbar, ist zwar zunächst richtig, aber oft irreführend; denn dies suggeriert, es gäbe eine objektive Welt der Dinge, von der wir nichts wüßten, und unsere Erkenntnis ginge nur auf Hirngespinste, nicht auf die reale Welt selbst. So fragt sich z.B. Habermas: „Wie kann Kant von einer schlechthin unzugänglichen Realität behaupten, daß sie die Sinne ‚affiziere‘, wenn doch der Begriff der Kausalität – wie alle Begriffe für die Interaktion zwischen Spontaneität und Rezeptivität – nur auf eine der kooperierenden Seiten, nämlich auf die des kategorisierenden Verstandes gehört?"[31] Aus solcherlei Lesart Kants wird gefolgert, daß uns objektive Erkenntnis nach der Kantschen Theorie unmöglich wäre. Das Gegenteil ist jedoch der Fall. Wenn man Kants Argumentation tatsächlich folgt und sich hierbei von einem naiven Realitätsverständnis trennt, dann zeigt sich, daß es gar keine ‚schlechthin unzugängliche Realität‘ geben kann, weil die Realität gerade in ihrer Zugänglichkeit besteht. Entsprechend gibt es in der Realität auch keine getrennt existierenden ‚kooperierenden Seiten‘, sondern nur die geleistete Vermittlung; in ihr besteht nach Kant die Objektivität. D.h. Objektivität kann es weder allein auf der ‚Seite‘ des Denkens noch allein auf der des Dings an sich geben. Das Ding an sich ist nämlich kein Ding, kein Gegenstand, sondern ein Reflexionsbegriff – etwas bloß Gedachtes, das zugleich als Entität gedacht werden muß, um die Bestimmtheit der Erscheinungen, die nicht aus dem Denken kommen kann, als an sich bestimmte zu erklären. Diese Bestimmtheit ist es jedoch, die den Kategorien ihre objektive Realität erst erweist und der in der objektiven Erkenntnis der Gegenstände als bestimmte, dem Gegenstand gemäße Erkenntnis, entsprochen wird. Die Totalität der Erscheinungen ist somit die ganze Realität und gerade nicht bloßer Schein.

Wäre Kausalität nur im Denken und nicht zur Erkenntnis der Verknüpfungsart von Erscheinungen tauglich, würden sich also Erscheinungen nicht kausal verhalten, so wäre Kausalität auch im Denken nichts. Darum kann Kausalität nicht bloß ein reiner Verstandesbegriff sein, sondern muß, um objektive Realität

---

[29] „[W]as Dinge an sich sein mögen, weiß ich nicht und brauche es auch nicht zu wissen, weil mir doch niemals ein Ding anders, als in der Erscheinung vorkommen kann." Kant, *KrV*, B 332f.

[30] „Es ist aber nicht nur Schein, sondern Erscheinung, ein *Ganzes* des Scheins." G. W. F.Hegel, *Phänomenologie des Geistes*, Frankfurt am Main, 1997, 88.

[31] Jürgen Habermas, *Wahrheit und Rechtfertigung*, Frankfurt am Main 1999, 194.

zu haben, erfahrbar sein – nicht als Kategorie, denn diese sind niemals Erscheinung, sondern als gelungene kausale Verknüpfung von Gegenständen, die sich unter diese Regel bringen lassen. Das sinnliche Nacheinander in der Zeit ist hierbei eine notwendige, aber nicht die hinreichende Bedingung, um Ursache und Wirkung als solche zu erkennen. Wiewohl die Differenz zwischen Kausalität und Korrelation nicht erscheint, erweist die Kategorie der Kausalität sich als objektiv, da die Gegenstände sich auch kausal verknüpfen lassen und diese Verknüpfungsart es leisten kann, Veränderungen in der Welt allgemein und notwendig zu erklären. D.h. obwohl Kausalität nicht als Resultat aus der Erfahrung gewonnen werden kann, kann nur in der Erfahrung ihre objektive Realität erwiesen werden.

Bis heute hält sich (oft mit explizitem Bezug auf Kant) die skeptizistische Sorge, daß wir die Welt nie so erkennen könnten, wie sie wirklich sei, weil wir nur das in der Vorstellung haben können, wie Erscheinungen uns gegeben werden – als räumlich und zeitlich – und wie wir sie denkend ordnen – also subjektiv, gemäß den Regeln unseres Verstandes; d.i. weil uns die positive Erkenntnis der Dinge an sich selbst versagt bliebe. Dabei ist es umgekehrt: Wirklich ist der Mops, der auf den Teppich kotzt; den Hund an sich dagegen gibt es nicht. Das Ding an sich ist ein Reflexionsbegriff, gewonnen im Innewerden dessen, was Erkenntnis ist. Wir können die Welt nicht evident schauen (das wäre kein Erkennen), wir müssen die Welt erfahren und unsere Erfahrung in Begriffe fassen. Nur so können wir die Welt erkennen. Die Differenz zwischen erfahrenem Gegenstand und seinem adäquaten Begriff bleibt hierbei bestehen. Die Differenz zwischen Selbstbewußtsein und Welt ist dabei kein Mangel, sondern notwendige, ermöglichende Bedingung der Erkenntnis. Gäbe es diese Differenz nicht, wären wir die Welt, unser Bewußtsein mit der Welt dem Inhalt nach identisch und Erkenntnis unmöglich. Die Unerkennbarkeit des Dings an sich selbst bezeichnet also keinen Mangel unserer Erkenntnisfähigkeit, sondern wie (und damit daß) uns objektive Erkenntnis der Welt möglich ist. Die Welt ist Erscheinung – daß uns etwas erscheint ist ein erster Hinweis auf seine reale Existenz[32] – nicht aber bloßer Schein.

## 5. Einheit als oberster Grundsatz der Erkenntnis

Aus der notwendigen Differenz zwischen Denken und Gedachtem folgt bei Kant kein statischer Dualismus, sondern indem objektive Realität in der Verknüpfung der Erscheinungen zur Einheit besteht, diese Einheit der Welt aber in der transzendentalen Einheit des Selbstbewußtseins gründet, stellt diese synthetische Einheit den obersten Grundsatz der Erkenntnis dar.

In allen Vorstellungen ist die sinnliche Bestimmtheit durch das Objekt gegeben; das einzige, was durch das Objekt nicht gegeben werden kann, ist die

---

[32] Dies ist die einzig wesentliche Differenz zwischen Schnabeltier und Wolpertinger.

Verbindung dieser Vorstellungen zu einem Objekt, d.i. zu einer Einheit, sowie die Verbindung der Objekte zum Ganzen der Natur. Diese Verbindung zum Objekt ist ein Actus der Selbsttätigkeit des Subjekts.[33] Erst durch die Synthesis als Handlung des Verstandes ist es möglich, das mannigfaltig Gegebene als Einheit zu denken. Diese Verbindung schafft Einheit – nicht die Kategorie der Einheit, sondern Einheit des Mannigfaltigen überhaupt, die in der Einheit der transzendentalen Apperzeption begründet ist. „Das: I c h   d e n k e "[34], das alle meine Vorstellungen begleiten können muß, ist die geleistete Synthese aller Vorstellungen zur Einheit des Subjekts. Einheit des Selbstbewußtseins und Einheit der Natur als Inbegriff aller Erscheinungen in einem System bedingen sich wechselseitig. Die Kategorien sind so nicht bloß subjektive Bedingungen, nach denen wir Objekte erkennen, sondern zugleich objektive Bedingungen der Subjektivität. Die durch die Einheit des Selbstbewußtseins gegebene und für sie vorausgesetzte Einheit der Natur ist darum der oberste Grundsatz der Erkenntnis. „Denn das Gesetz der Vernunft, sie [die systematische Einheit der Natur nach Gesetzen; C.Z.] zu suchen, ist notwendig, weil wir ohne dasselbe gar keine Vernunft, ohne diese aber keinen zusammenhängenden Verstandesgebrauch, und in dessen Ermangelung kein zureichendes Merkmal empirischer Wahrheit haben würden, und wir also in Ansehung des letzteren die systematische Einheit der Natur durchaus als objektivgültig und notwendig voraussetzen müssen."[35] Die durchgängig kausalgesetzmäßige Einheit der Natur ist also kein Ergebnis, sondern notwendige Voraussetzung aller Naturforschung.

Ein Urteil „ist die Art, gegebene Erkenntnisse zur o b j e k t i v e n  Einheit der Apperzeption zu bringen"[36]. Ein Urteil bezeichnet das bestimmte Verhältnis der Relata zueinander und bestimmt so die objektive Einheit gegebener Vorstellungen, die in ihrer Beziehung auf die ursprüngliche Einheit der Apperzeption gründet. Die Verknüpfung der Relata ist dann objektiv gültig (und damit eine Erkenntnis des Objektes), wenn sie gemäß den Prinzipien der objektiven Bestimmung aller Vorstellungen verbunden werden. Dies unterscheidet ein Urteil von einer bloß assoziativen Verknüpfung, weil bei letzterer Vorstellungen nach veränderlichen Zuständen des empirischen Subjekts zusammengefaßt werden, während bei dem erstgenannten die Vorstellungen im Objekt selbst verbunden sind, nach der Art und Weise, die ein Objekt allererst ermöglicht. Das Urteil verknüpft also Vorstellungen nach der Regel, die das Objekt erst als Objekt konstituiert. Dabei ist das Objekt als Einheit immer auf die objektive Einheit des Selbstbewußtseins bezogen, als Form der Einheit, Bedingung der Möglichkeit sowohl des empirischen Selbstbewußtseins als auch des Objekts. Nur die bestimmte Form der Verbindung von Vorstellungen zu Objekten und der Objekte

---

[33] Vgl. Kant, *KrV*, B 130.
[34] Ebd., B 131.
[35] Ebd., B 679.
[36] Ebd., B 141.

untereinander gemäß der Formen zu Urteilen des Verstandes, also den Kategorien, gibt uns die Einheit unserer Erfahrung, die sie als Bedingung voraussetzte.

Es geht hierbei nicht um die Frage, ob das Denken die Welt bestimmt oder die Welt das Denken – denn wenn Welt und Denken als gegeneinander absolut selbständige Entitäten angenommen werden, muß die Möglichkeit ihrer Vermittlung in der Tat zweifelhaft bleiben oder als uns gegebenes Wunder angesehen werden. Welt und Denken sind nur in ihrer Vermittlung; ohne einander wäre das Denken nichts und die Welt nichts für uns und darum auch kein an sich. Als sich durch einander Konstituierende stehen beide unter demselben Grundsatz: der Einheit, durch welche die Vorstellungen insgesamt als Denken und die Erscheinungen insgesamt als Welt zusammenhängen. Diese Einheit ist vorausgenommenes Resultat des Prozesses der Synthese zur Einheit, das als unbedingter Vernunftbegriff Voraussetzung des infiniten Synthetisierens des Verstandes ist. Unter Voraussetzung dieser Einheit sind das erkennende Subjekt und der zu erkennende Gegenstand derart zueinander ins Verhältnis gestellt, daß ich vom Gegenstand sagen kann: er ist objektiv so und so beschaffen, er hat real die und die Eigenschaften, oder: Er ist wahr. Der Gegenstand muß erfahrbar sein, d.i. er muß sich gemäß den Kategorien unter Regeln des Denkens bringen lassen; hierbei müssen seine Regeln, nach denen er verfaßt ist, zugleich und ebenso notwendig seine eigenen sein, die sich in ihrer spezifischen Bestimmtheit dadurch erkennen lassen, daß ich sie gemäß den Kategorien in ihrer inhaltlichen Bestimmtheit erkennen und begreifen kann. Das Objekt ist hierbei sowohl das Andere zum Denken als auch den Regeln des Denkens gemäß und damit selbst Gedachtes. Es ist die eigenständige und gegen das Erkennen in gewissem Grade widerständige und zugleich die zugängliche Regelhaftigkeit der Erscheinung. Seine spezifische Regelhaftigkeit ist einerseits dasjenige, was es erkennbar macht, andererseits dasjenige, was ihm seine Sperrigkeit gegen das Erkanntwerden verleiht. Dies „setzt aber voraus: daß die Erscheinungen selbst wirklich einer solchen Regel unterworfen seien, [...] denn ohne das würde die Einbildungskraft niemals etwas ihrem Vermögen Gemäßes zu tun bekommen, also, wie ein totes und uns selbst unbekanntes Vermögen im Inneren des Gemüts verborgen bleiben. Würde der Zinnober bald rot, bald schwarz, bald leicht, bald schwer sein, ein Mensch bald in diese, bald in jene tierische Gestalt verändert werden, [...] ohne daß hierin eine gewisse Regel, der die Erscheinungen schon von selbst unterworfen sind, herrschete, so könnte keine empirische Synthesis der Reproduktion stattfinden"[37]. Es gäbe also keinen Zinnober, wenn er keine bestimmten Eigenschaften hätte, die sich nur gemäß bestimmter Regeln wandeln können. Im Begriff des Objektes fallen die An-sich-Bestimmtheit des Gegenstandes und die Art, wie ein Gegenstand denkend durch uns bestimmt wird, in eine Einheit. Ohne Reflexion auf die Art, wie uns Gegenstände gegeben werden, fällt die Erscheinung mit ihrer Ursache, dem Ding an sich, zusammen und das Subjekt der Erkenntnis

---

[37] Ebd., A 100f.

scheint dem Objekt äußerlich zu bleiben. Erst mit dem Verständnis des Moments der Einheit von Subjekt und Erscheinung wird ein avancierter Objektbegriff möglich, der die Reflexion darauf enthält, daß die Bedingungen der Erkenntnis *a priori* konstitutiv für die Objektivität des erkannten Gegenstandes sind.

Wenn man den hier entwickelten Begriff von der Objektivität der Natur ernst nimmt, „so schreibt man dadurch weder der Natur ein Gesetz vor, noch lernt man eines von ihr durch Beobachtung"[38]. Das Denken schreibt vor, daß Gegenstände hinsichtlich ihrer Größe, Qualität, Modalität und Relation bestimmte Gegenstände sein müssen; es schreibt vor, daß Veränderungen in der Natur nach Gesetzen eingesehen und erkannt werden können müssen. Es schreibt jedoch nicht das bestimmte empirische Naturgesetz als solches vor, etwa den Magnetismus, sondern der Verstand enthält die Bedingung der Möglichkeit zur Erkenntnis des Magnetismus als Form der Gesetzmäßigkeit überhaupt.[39] Das Erkennen der Natur ist so kein bloß passives Abbilden des Gegebenen, sondern aktive Tätigkeit des Verstandes. Die subjektiven Projektionen, durch die ich mir als empirischem Subjekt regelhafte Zusammenhänge in der Natur erzeuge, um sie zur systematischen Einheit zu bringen, sind frei und ermöglichen darum nicht bloß Erkenntnis, sondern auch ein historisch gehöriges Maß an Fehlern; sie gewinnen Objektivität in dem Maße, in dem sich empirisches Material mit ihnen widerspruchsfrei in einen gesetzmäßigen Zusammenhang stellen läßt. Erkannt ist nicht das, was man sieht, sondern nur das, dem man denkend einen Ort im regelhaften Zusammenhang der Natur verschaffen kann.

Unsere Erkenntnis richtet sich also nicht primär nach den Gegenständen, sondern die Gegenstände richten sich nach unserem Erkenntnisvermögen; nicht hinsichtlich ihrer spezifischen Bestimmtheit, welche die einzelnen Objekte der Erkenntnis voneinander unterscheidet, sondern hinsichtlich ihrer Bestimmtheit als Gegenstand überhaupt sind sie immer schon gemäß den Formen unseres Erkenntnisvermögens *a priori* gegeben, weil sie uns nur durch diese als Gegenstände gegeben werden können. Dies heißt nicht, daß wir uns die Gegenstände unserer Erkenntnis ausdächten, sondern nur, daß sie als Gegenstände für uns zeitlich, räumlich und in sich und untereinander gesetzmäßig verbunden sind und sein müssen. Die Naturgesetze selbst werden uns nicht in der Anschauung gegeben, sondern sind das gedachte Verhältnis der Gegenstände zueinander, das sich erst dann, wenn es gedacht wird, auch durch Erfahrung bestätigen kann. Darum

---

[38] Immanuel Kant, *Kritik der Urteilskraft*, Hamburg 1990, Einleitung XXXVII.

[39] Z.B. Kausalität als das allgemeinste Naturgesetz. Dieses muß selbst nicht empirisch überprüft werden – was ganz unmöglich wäre. Im Experiment wird der bestimmte kausale Zusammenhang erkannt, dessen Bedingung der Begriff der Kausalität überhaupt als reiner Verstandesbegriff ist. Resultat eines Experimentes kann also nicht sein, daß der untersuchte Gegenstand in keinerlei Kausalverhältnissen steht, sondern höchstens, daß der kausale Zusammenhang bislang nicht hinreichend erkannt werden konnte, weil die spezifische Regelhaftigkeit der Verknüpfung nicht in den untersuchten oder bis dato experimentell zugänglichen Bedingungen liegt.

schreibt Kant, „daß die Vernunft nur das einsieht, was sie selbst nach ihrem Entwurfe hervorbringt"[40]. Diese Erkenntnis macht das naturwissenschaftliche Experiment nicht unnötig und Naturzusammenhänge zu bloßen Gedankendingen, wie Kritiker der Transzendentalphilosophie es zuweilen behaupten, sondern ermöglicht im Gegenteil erst einen Experimentalaufbau, der geeignet ist, bestimmte Antworten auf bestimmte Fragen vermittels angenommener Hypothesen zu erhalten. Es ist also das Vorgehen der Naturwissenschaft, „demjenigen, was die Vernunft selbst in die Natur hineinlegt, gemäß, dasjenige in ihr zu suchen (nicht ihr anzudichten), was sie von dieser lernen muß, und wovon sie für sich selbst nichts wissen würde"[41].

Daraus ergibt sich der transzendentalphilosophische Begriff von Natur als dem Dasein der Dinge, sofern es nach allgemeinen Gesetzen bestimmt ist.[42] Dieser Begriff der Natur grenzt sich explizit negativ gegen einen naiven Realitätsbegriff ab, der mit Natur bezeichnen will, wie die Dinge an sich selbst unabhängig vom erkennenden Subjekt seien. Nach allgemeinen Gesetzen ist Natur nur als erkannte bestimmt; der hier vorgestellte Naturbegriff beinhaltet also *a priori* die Erkennbarkeit aller Erscheinungen als Objekte in gesetzmäßigem Zusammenhang, der durch uns historisch herzustellen ist. Diese Objektivität der Natur als Bedingung aller Naturwissenschaft zu beweisen, ist Aufgabe der Naturphilosophie, sie empirisch herzustellen tendenziell endlose Aufgabe der Naturwissenschaft.

---

[40] Kant, *KrV*, B XIII.
[41] Ebd., B XIV.
[42] Vgl. Kant, *Prolegomena*, § 14, A 72.

# Widerstand ist zwecklos. Oder:
## Vom Subjekt der Selbstbestimmung bei Hegel

Maxi Berger (Oldenburg)

### 1. Die Selbstbestimmung des Begriffs in der *Wissenschaft der Logik*

„Das Ding ist selbst eine Einheit verschiedener Momente, deren Unterschied ebenso wie die Übereinstimmung in das denkende und prädizierende Subjekt fallen. Das Ding ist somit nicht allein durch die statischen Wesenheiten des *genus* oder der *species*, sondern auch durch die Relation konstituiert, ebenso wie durch die Beziehung der übrigen Merkmale. Fallen diese Relationen, durch welche die Wesenheiten überhaupt erst bestimmt sind, in das erkennende Subjekt, so wird es schwer, das Ansichsein der Dinge noch zu denken. Die Metaphysik als Lehre von den Dingen außerhalb des Denkens wird zu einer Wissenschaft vom Unbekannten, von der sich die Dialektik als diejenige Disziplin ablöst, in der der Intellekt die Gewißheit seiner selbst erlangt."[1]

Hegel reagiert mit dem Begriff der Selbstbestimmung auf ein grundlegendes Problem nicht nur des Idealismus, sondern der neueren Philosophie überhaupt: die Frage, wie die selbstbestimmte Beziehung der denkenden und handelnden Subjekte auf die Welt zu bestimmen sei. Daß diese Relation bestimmbar ist, zeigen die geschichtlichen und einzelwissenschaftlichen Erfahrungen: So werden z.B. in den Naturwissenschaften notwendig und allgemein gültige Urteile über physikalische oder chemische Sachverhalte gefällt und in der technischen Umsetzung der Naturgesetze erweist sich darüber hinaus auch, daß das naturwissenschaftliche Wissen praktisch zu werden vermag. Die Vermittlung von Denken

---

[1] Günther Mensching, *Das Allgemeine und das Besondere. Der Ursprung des modernen Denkens im Mittelalter,* Stuttgart 1992, 160. – Dieser Aufsatz stellt einige Ergebnisse meiner Promotionsschrift dar, die in enger inhaltlicher Anbindung an das Forschungskolloquium von Günther Mensching entstanden ist. Ich möchte mich an dieser Stelle für die gründliche Lektüre meiner Texte, für konstruktive Kritik und aufschlussreiche Diskussionen bedanken, die mir sehr geholfen haben, mich nicht zu sehr in der Immanenz des Hegelschen Denkens zu verlieren. Dabei habe ich mir den Leitgedanken Menschings zu eigen gemacht, stets die Differenz von Wahrheit und Geschichte gegen die Tendenz ihrer Vereinnahmung herauszuarbeiten, gegen die philosophische Hypostasierung metaphysischer Begriffe die Bedingtheit menschlicher Selbstbestimmung aufzuzeigen. Dieser Leitgedanke hat mir in vielen Hinsichten das Programm einer kritischen Theorie verdeutlicht, die ihren Namen verdient.

und Natur ist also wirklich und es wird spätestens seit Kant gefragt, wie diese Vermittlung erkenntnistheoretisch möglich ist.

Die Überlegungen Hegels zur Lösung dieses Problems haben eine grundsätzliche Voraussetzung. Hegel stellt die Frage, in welches Subjekt das Bewußtsein des Unterschieds wie das der Identität von Denken und Natur fällt. Dieses Bewußtsein der Differenz gehört als Bewußtsein dem Denken an, und indem mit dieser Frage zugleich die Relata Denken und Natur gedacht werden, sind diese nicht mehr substantiell vom Denken unterschieden, sondern als dessen Momente bestimmt. Als gedachte sind die Gegenstände wie ihre Differenz zum Denken schon mit dem Denken identisch: Sie sind als Momente des Denkens im Denken unterschieden. Die grundsätzliche Affinität von Denken und Gegenstand wird von Hegel damit vorausgesetzt; seine philosophischen Ausführungen dienen dazu, diese Voraussetzung begründet einzuholen. Weitere Voraussetzungen sind die philosophie- und kulturgeschichtlichen Probleme, auf die Hegel reflektiert, wie auch die zu vermittelnden Relate, das denkende Subjekt und die Natur als Gegenstand intellektueller und praktischer Erfahrungen. Das Programm der Begründung der Affinität dieser Voraussetzungen des Denkens mit dem Denken hat zunächst Konsequenzen für die philosophie- und kulturgeschichtliche Reflexion: Sie wird mit der *Phänomenologie des Geistes* so bearbeitet und interpretiert, daß mit dem letzten Begriff der *Phänomenologie*, dem absoluten Wissen, die reflektierte Geistesgeschichte tatsächlich durchdacht worden ist, und damit in einer Hinsicht die vorausgesetzte Affinität erwiesen sein soll. Das absolute Wissen stellt damit den Anfang der Begründung des Verhältnisses von Denken und Gegenstand rein aus dem Denken in der *Wissenschaft der Logik* dar. Tatsächlich gelten logische Bestimmungen, die einmal erkannt worden sind, unabhängig von den Bedingungen in Raum und Zeit. Sie beanspruchen notwendig allgemeine Geltung. Inwieweit aber die subjektive Erfahrung und das Subjekt der Erfahrung für das Denken unterstellt bleiben, oder ob sie von diesem aufgehoben werden können, so daß das Denken als Ursprüngliches und Absolutes erscheint, ist die Frage. Hegel betrachtet das Denken als Ursprung allen Wissens, in dem nichts vorausgesetzt werden und das keinen Grund außerhalb seiner haben darf. Weil aber die Betrachtung des Anfangs als absoluten Anfangs zugleich dessen Begründung durch die *Phänomenologie* zur Voraussetzung hat, weil also der Anfang dennoch Voraussetzungen hat, legt Hegel zugleich offen, daß „[n]ur der Entschluß, den man auch für eine Willkühr ansehen kann, nemlich daß man das Denken als solches betrachten wolle"[2] vorhanden ist. Diese Entscheidung ist eine Arbeitshypothese, deren Rechtfertigung sich erst im Resultat der *Wissenschaft der Logik* erweise. Das Denken wird nicht hinsichtlich seiner individuellen und subjektiven Bedingungen betrachtet, sondern als logisch bestimmtes, das in seinen kategorialen Gehalten allen Individuen gemein ist.

---

[2] G.W.F. Hegel, *Wissenschaft der Logik. Die Lehre vom Sein (1832)*, in: Hauptwerke, Bd. 3, Darmstadt 1999, 56.

Die Vermittlung von Denken und Welt ist offensichtlich zweckmäßig, zumindest dann, wenn Handlungen auch kalkulierbar sein sollen. Das Denken bestimmt seine Relation zur Natur aus sich heraus gemäß seinen Kategorien und Prinzipien. Es ist damit zugleich Subjekt und Mittel der Bestimmung seines Verhältnisses zur Welt – Subjekt, weil es das bestimmende Prinzip ist, Mittel, weil es die Kategorien und Prinzipien mitbringt, durch die die Relation bestimmt wird. Das Denken vermag aber seine Relation zur Welt nicht ausschließlich aus sich zu begründen, denn dann wäre es leer und unbestimmt. Über Unbestimmtes aber läßt sich nicht viel sagen, außer, daß es bestimmt werden soll, und diese Bestimmung erhält das Denken in der Auseinandersetzung mit Anderem; es ist auf die Welt, oder abstrakt formuliert, auf einen zu erkennenden Gegenstand, zu dem es sich in Relation setzen will, logisch verwiesen. Innerhalb der Zweckrelation nimmt dieser Gegenstand die Funktion der Materie ein, in der das Denken sich verwirklichen will. Weil dieser Gegenstand vom Denken zu unterscheiden sein muß, ist die Differenz von Denken und Gegenstand für das Denken konstitutiv. Zugleich fällt aber die Einsicht in die Notwendigkeit, einen vom Denken unterschiedenen Gegenstand zu bestimmen, in das Denken selbst. Auf diese Weise ist der Gegenstand vom Denken auch ununterschieden. Sofern der Gegenstand ins Denken fällt, wird es sich darin selbst zum Objekt; sofern der Gegenstand vom Denken unterschieden ist, reflektiert es auf Anderes. Das Verhältnis des Denkens zum Gegenstand des Denkens stellt sich zunächst als ein Widerspruch dar, indem der Gegenstand einmal als vom Denken Unabhängiges bestimmt ist, während er als gedachter Gegenstand abhängig vom Denken ist.

Zu den ersten Prinzipien des Denkens gehört der Satz vom zu vermeidenden Widerspruch, daß dasselbe demselben nicht in derselben Hinsicht zugleich zukommen und nicht zukommen kann. Dieses Prinzip muß notwendig angenommen werden, weil noch die Behauptung, daß der Widerspruch nicht zu vermeiden sei, ein logisch wahrer und damit widerspruchsfreier Satz sein soll. Die Relation von Denken und Gegenstand soll deshalb wahr sein und die Vermittlung des Widerspruchs im Begriff des Gegenstandes, der gegen das Denken zugleich selbständig und unselbständig ist, ist in dieser Hinsicht zweckmäßig. Wenn aber die Bestimmung des Denkens nur in Abgrenzung gegen Anderes, gegen den Gegenstand des Denkens gelingen kann, dann ist der Widerspruch für die Bestimmung der Relation von Denken und Gegenstand zugleich konstitutiv, und weil dieser Widerspruch seinerseits gegen den Satz vom zu vermeidenden Widerspruch verstößt, verlange er nach seiner Lösung. Der Widerspruch wird so zum subjektlosen *movens* des Bestimmungsprozesses und die vermittelnde Relation erhält die Form der Negation der Negation: Denken ist nicht der Gegenstand, aber sofern der Gegenstand als gedachter mit dem Denken vermittelt werden soll, ist er auch nichts Anderes als Denken. Das Denken bezieht sich also auf einen Gegenstand und ist darin irreflexiv, weil aber der Zweck dieser ersten Überlegung nicht darin liegt, den Gegenstand, sondern das Denken vermittelt über die Bestimmung des Anderen zu bestimmen, wird die Relation durch Negation der Irreflexivität der Relation reflexiv. Das Denken bestimmt sich: Es ist nicht der Gegenstand.

Mit dieser grundsätzlichen Überlegung zum Verhältnis von Denken und Gegenstand ist das logische Wesen selbstbestimmter und damit auch zweckgerichteter Tätigkeit bei Hegel bezeichnet. Das Subjekt dieser zweckgerichteten Tätigkeit ist das Denken, sein Mittel ist der Gegenstand, gegen den es sich abgrenzt, und indem diese Abgrenzung oder Negation nicht die Bestimmung des Gegenstandes bezweckt, sondern über die Bestimmung des Gegenstandes das Denken bestimmt werden soll, ist der Gegenstand als Mittel des Zweckes zugleich auch der ausgeführte Zweck. Der Prozeß der Selbstbestimmung ist Negation der Negation. Den Nachweis dieser logischen Vermittlung erbringt Hegel in der *Wissenschaft der Logik*. Der logische Begriff der Zweckmäßigkeit ist die Teleologie, ein später Begriff der *Logik* aus der *Lehre vom Begriff*. Das logische Verhältnis von Denken und Gegenstand wird hier systematisch an den konkreten Denkbestimmungen, den Kategorien entwickelt. Die Teleologie hat dabei die Funktion, Subjektivität und Objektivität so zu vermitteln, daß daraus die Idee, der Begriff absoluter Reflexivität, als *terminus ad quem* der *Logik* hervorgehen kann. Dabei werden Subjektivität und Objektivität von Hegel nicht materiell oder im ontologischen Sinne substantiell bestimmt, sondern als Reflexionsbegriffe, deren Gehalt zum einen aus den vorgängigen Bestimmungen der *Logik* selbst stammt, in denen Hegel aber zugleich die klassischen Probleme der Logik, Metaphysik und Erkenntnistheorie kommentiert und damit indirekt den Gehalt seiner Reflexionsbegriffe auch aus der Philosophiegeschichte bezieht. Im Zusammenhang mit der Teleologie verweist Hegel insbesondere auf Aristoteles und Kant. In der *Lehre vom Sein* hatte Hegel die kategoriale Verfassung des Seins bestimmt, in der *Lehre vom Wesen* verhandelt er das Problem der Bestimmung des Einzelobjekts mit dem Begriff der Erscheinung, in den die Momente Ding an sich, Form und Materie ebenso eingehen wie die Bestimmung der Freiheit des Begriffs. Der Freiheitsbegriff Kants wird durch die Negation aller heteronomen Bestimmungsgründe des Willens bestimmt: Autonome Willensbestimmung hat keinen anderen Inhalt als sich selbst und ist damit so gut wie inhaltslos. Die Freiheit des hegelschen Begriffs ist dagegen nicht wie die Freiheit Kants abstrakte Negation, sondern verwirklicht sich dadurch, daß sie in den Bedingungen ihrer Realisierung mit sich zusammengeht. In der *Lehre vom Begriff* tritt an die Stelle der Konstellation von Erscheinung und Ding an sich die Konstellation von Einzelobjekt und Totalität der Objektivität im *Mechanismus* und *Chemismus*. Der so begründete Objektbegriff ist nicht nur Entität, Substanz oder Ding von vielen Eigenschaften, noch ist er „nur" Natur, Kosmos, Welt; er ist vielmehr die Einheit all dieser Momente und damit der Begriff, in dem die systematischen Probleme der Bestimmung von Objektivität überhaupt reflektiert werden. Als Reflexionsbestimmung erhält der Begriff Objektivität seine Substanz einzig durch die vollständige Vermittlung seiner Momente Form, Materie, Erscheinung, Ding an sich, Einzelobjekt und Totalität mit dem Begriff. Wenn nun der

Gegenstand des Denkens am Ende der *Wissenschaft der Logik* als Reflexionsbegriff bestimmt wird, dessen Gehalte rekursiv auf seine Begründung durch die *Logik* und die darin verhandelten philosophiegeschichtlichen Probleme reflektieren, dann ist er tatsächlich zugleich Mittel und ausgeführter Zweck. Ausgeführter Zweck ist er, sofern er seine eigene vorgängige Begründung voraussetzt, deren Produkt er also ist. Mittel ist der Gegenstand, weil er nicht seiner eigenen Bestimmung dient, sondern der Begründung der progressiv noch folgenden absoluten Idee. „Damit ist der unendliche Progreß der Vermittlung gesetzt."[3] Damit wird in der stets auf höherer Stufe fortschreitenden Bestimmung des Denkens durch sein Anderes in der *Logik* eingeholt, was zugleich die Voraussetzung für die Durchführung der *Logik* war: daß das Bewußtsein der Differenz von Denken und Gegenstand ins Denken fällt.

Selbstbestimmung in der *Wissenschaft der Logik* ist der Begriff absoluter Reflexivität, nicht in dem Sinne, bedingungslos zu sein, aber in dem Sinne, diese Bedingungen aus sich reproduzieren zu können. Die Idee als der letzte Begriff der *Logik* ist dann der Begriff einer Potenz, die noch ihre eigenen logischen Voraussetzungen im Begriff des Lebens und des wahren Erkennens und guten Wollens zu reproduzieren vermag und sich mit diesem Anspruch daran macht, sich in der Natur und den Gestalten des subjektiven, objektiven und absoluten Geistes eine Existenz zu geben. Diese absolute Reflexivität enthält dann als Geist die Bestimmungen, die die Gattung vernunftbegabter Sinnenwesen auszeichnet: Der Geist ist die Realisierung als lebendiges Individuum und Gattung, und er ist die Realisierung des wahren Erkennens der Natur und seiner selbst, und er ist das gute Wollen in der Sittlichkeit. Die Begründung dieser Reflexivität beruht auf der Überlegung, daß jeder Gegenstand ein Begriff ist, der der Selbstbestimmung des Denkens dient. Jeder Gegenstand ist Mittel der Selbstbestimmung des Denkens. In diesem Sinne wird in der *Wissenschaft der Logik* auch mit dem Begriff des Individuums verfahren: Der Begriff des Lebens ist die erste Stufe der Idee und bestimmt den Gattungsbegriff als das Wesen der individuellen Lebensprozesse. Wenn Hegel die Gattung als das bleibende Allgemeine im Entstehen und Vergehen der endlichen Individuen bestimmt, dann liegt darin auch die Konsequenz, daß die Individuen zwar ein notwendiges Bestimmungsmoment der Gattung oder allgemeiner gesagt, der Idee des Wahren und Guten sind, daß sie aber eben nicht Zweck an sich selbst sind, sondern Mittel zur Selbstbestimmung der Idee. Die Individuen werden nicht absolut negiert, aber relativ zum Begriff der absoluten Idee. Kant hatte sich gegen jede Funktionalisierung der Einzelnen, die nicht auch deren eigener Zweck sein könnte, aus moralischer Sicht gewehrt: „Nun sage ich: der Mensch überhaupt und jedes vernünftige Wesen existiert als Zweck an sich selbst, nicht bloß als Mittel zum beliebigen Gebrauche für diesen oder jenen Willen, sondern muß in allen seinen sowohl auf sich selbst als auch

---

[3] G.W.F. Hegel, *Wissenschaft der Logik, Lehre vom Begriff*, in: Hauptwerke, Bd. 4, Darmstadt 1999, 168.

auf andere vernünftige Wesen gerichteten Handlungen jederzeit zugleich als Zweck betrachtet werden."[4] Im Gegensatz zur Bestimmung der Idee begründet Kant den Wert des Menschen nicht nur aus der Autonomie der Willensbestimmung, sondern darüber hinaus auch ontologisch: Der Mensch (als vernunftbegabtes Sinnenwesen) *existiert* als Zweck an sich selbst. Dieses Existenz ist vom Begriff nicht abzutrennen.

Im Begriff der Idee resultiert die Stellung von Individualität aus der logischen Priorität der absoluten Reflexivität vor den endlichen Individuen. Wenn aber das Resultat der Idee zugleich nur unter der Voraussetzung der Hypothese am Anfang der *Logik* erwiesen werden kann, daß die Differenz von Gegenstand und Denken in Eins fällt, ist die Frage zu stellen, wo diese Hypothese ihren Ort hat, wenn der Begriff absoluter Reflexivität erst am Ende der *Wissenschaft der Logik* bewiesen worden ist. Dieser Ort ist nicht der Begriff, wie Hegel angenommen hatte, sondern das empirische Subjekt, das der logischen Bewegung in jedem Moment der Entwicklung als der Bewegung Äußerliches unterstellt bleibt. *Wir* sind es, die die Bewegung nachdenken und rekonstruieren. *Wir* ergänzen sie um das *telos* der Bewegung als den objektiven Grund der Selbstbestimmung und um den Willen, der sich gemäß bestimmter Prinzipien des Denkens und Handelns zum (intellektuellen) Handeln bestimmt. Daß das empirische Subjekt die logische Bewegung um seine Initiative ergänzen muß, wird daran deutlich, daß aus dem kontradiktorischen Widerspruch, dem Hegel die Funktion des *movens* zugewiesen hatte, nicht automatisch etwas Bestimmtes, sondern Beliebiges folgt. Bestimmtes folgt aus dem Widerspruch nur dann, wenn aus ihm etwas folgen *soll*. Die *Phänomenologie des Geistes* als Wissenschaft vom Selbstbewußtsein und seinen Erfahrungen erscheint dann nicht als die willkürlich abgetrennte Begründung des Anfangs der *Wissenschaft der Logik*, sondern verdient, im Resultat der Kritik an dem Absolutheitsanspruch der Hegelschen Idee auch als Auseinandersetzung mit den konstitutiven Bedingungen des Selbstbewußtseins betrachtet zu werden. Wenn aber das willensbegabte Subjekt und die Vorgeschichte der *Wissenschaft der Logik* ihrem Begründungsprozeß transzendent bleiben, dann mit ihnen auch die praktische Erfahrung. Dann hat die Kategorie Teleologie ihren Gehalt nicht nur am Modell handwerklicher Tätigkeit bei Aristoteles und an der Urteilskraft Kants, sondern auch an den praktischen Arbeitserfahrungen der Individuen. Hegel bestimmt diese unter anderem in den *Grundlinien der Philosophie des Rechts* als Reproduktionsarbeit im Zusammenhang der bürgerlichen Gesellschaft.

Der Begriff der Selbstbestimmung als absoluter Reflexivität entspringt dem Systemprogramm Hegels, also dem Anspruch, aus der ursprünglichen Einheit von Denken und Gegenständen des Denkens deren Vermittlung zu konstruieren. Dieses Systemprogramm wird von Hegel begründet und ist für alle Teile des Systems bestimmend. Auch in der Rechtslehre, die in der Gestalt von 1820 ein

---

[4] Immanuel Kant, *Grundlegung zur Metaphysik der Sitten*, Hamburg 1994, 50.

Handbuch zur Vorlesung und nicht ein Systembestandteil ist, wird das System-programm tendenziell zum ordnenden Prinzip der Darstellung. Deshalb kann gefragt werden, ob auch die *Grundlinien* dem Begriff absoluter Selbstbestim-mung gemäß konstruiert sind oder nicht. Indem der systematisch strenge Begriff der absoluten Idee an den Arbeitsbegriff in den *Grundlinien* angelegt wird, kön-nen für die Frage nach der Vermittlung von Denken und Gegenstand Schlüsse gezogen werden.[5] Wenn die Idee das logische Prinzip der Gestaltung der Wirk-lichkeit (also des Begriffs der empirischen Realität) ist, wenn also die unreflek-tierte empirische Realität dem Prinzip der Idee absoluter Reflexivität nachgear-beitet werden soll, dann muß auch die Reproduktionsarbeit Ausdruck der Selbstbestimmung sein, auch durch die Heteronomie von Arbeitsbedingungen hindurch. Nur sofern sie Ausdruck von Selbstbestimmung ist, gehen die Idee in der Realität als Wirklichkeit, die vernünftig ist, und die Vernunft, die wirklich ist, zusammen. Oder der Begriff der logischen Selbstbestimmung kann am Be-griff der Reproduktion nicht aufgezeigt werden; dann wäre der Begriff von Selbstbestimmung zu relativieren. Dort, wo sich das Systemprogramm als un-durchführbar erweisen läßt, erscheint das Objekt als etwas, das nicht nur Funk-tion ist, sondern gegen das Denken auch selbständig, während das Subjekt an den Bruchkanten des Systems nicht als Mittel, sondern als Zweck an sich selbst erscheint. Frei ist es dort, wo es unnütz ist.

## 2. Die Selbstbestimmung des objektiven Geistes in der Sphäre des Rechts

> „Was er [der Einzelne, M.B.] ist, bestimmt sich zwar zunehmend
> durch seine Arbeit, aber diese ist als konkrete, qualitativ bestimmte
> verstanden."[6]

Die Sphäre des Rechts gehört dem objektiven Geist an. Zwar wird die Stellung der gesellschaftlichen Bestimmungen in den *Grundlinien* selbst nicht thematisch. Sie kann aber aus der *Enzyklopädie der philosophischen Wissenschaften* erschlossen werden und auch in der *Phänomenologie des Geistes* ordnet Hegel die Bestim-mungen der sittlichen Gesellschaft dem objektiven Geist zu. Im Begriff des

---

[5] Im Vorwort der *Grundlinien* formuliert Hegel den systematischen Anspruch an die Rechtslehre, auch wenn deren Durchführung weit weniger stringent ist, als in anderen Schrif-ten. Er ordnet die Philosophie des Rechts der *Enzyklopädie der philosophischen Wissenschaften* (1817) zu: „Dieses Lehrbuch ist eine weitere, insbesondere mehr systematische Ausführung derselben Grundbegriffe, welche über diesen Teil der Philosophie in der von mir sonst für mei-ne Vorlesungen bestimmten *Enzyklopädie der philosophischen Wissenschaften* (Heidelberg 1817) bereits enthalten." G.W.F. Hegel, *Grundlinien der Philosophie des Rechts oder Naturrecht und Staatswissenschaft im Grundrisse*, in: Werke, Bd. 7, Frankfurt am Main 1986, 11.

[6] Mensching, *Das Allgemeine und das Besondere*, 133.

Geistes wird nicht nur der logische Begriff mit der Natur konfrontiert, sondern er betrifft ebenso die Vermittlung der Individuen untereinander, so daß aus der Vermittlung und Anerkennung der Einzelnen der Geist hervorgeht. Während der logische Begriff des Individuums als Mittel zur Selbstbestimmung des Begriffs bestimmt worden war, ist die Bestimmung des Verhältnisses von Individuum und Geist symmetrisch, weil es das Anerkennungsverhältnis von gleichberechtigten, selbstbewußten Individuen bestimmt. „Es ist ein Selbstbewußtsein für ein Selbstbewußtsein. Erst hierdurch ist es in der Tat; denn erst hierin wird für es die Einheit seiner selbst in seinem Anderssein; Ich, das der Gegenstand seines Begriffs ist, ist in der Tat nicht Gegenstand; der Gegenstand der Begierde aber ist nur selbständig, denn er ist die allgemeine unvertilgbare Substanz, das flüssige sichselbstgleiche Wesen. Indem ein Selbstbewußtsein der Gegenstand ist, ist er ebensowohl Ich wie Gegenstand. – Hiermit ist schon der Begriff des Geistes für uns vorhanden. Was für das Bewußtsein weiter wird, ist die Erfahrung, was der Geist ist, diese absolute Substanz, welche in der vollkommenen Freiheit und Selbständigkeit ihres Gegensatzes, nämlich verschiedener für sich seiender Selbstbewußtsein[e], die Einheit derselben ist; Ich, das Wir, und Wir, das Ich ist."[7] Die symmetrische Bestimmung beruht auf dem Gegenstandsbereich, der mit dem Geist thematisch wird, und der sich vom Gegenstandsbereich der *Wissenschaft der Logik* unterscheidet: War in der *Logik* der Begriff des Verhältnisses von Denken und Gegenständen im Denken thematisch, wird im Geist die Vermittlung der Selbstbewußtseine untereinander, mit ihren Lebensbedingungen unter Maßgabe des logischen Begriffs thematisch. In der Sphäre der *Logik* werden die Relate im Denken vermittelt, so daß deren Bestimmungen zwar nicht unabhängig davon sind, daß sie gedacht werden, aber unabhängig von den Bedingungen in Raum und Zeit *gelten*. Die praktische Vermittlung im Geist behandelt dagegen die objektive und praktische Vermittlung von Denken und Gegenstand, so z.B. im Recht oder in der Reproduktionsarbeit. Wenn es aber um die Bearbeitung von Natur und die kulturelle und zivilisatorische Einrichtung von Lebensbedingungen geht, dann werden die Individuen zum ausführenden Organ dessen, was Geist als Ganzes ist. Wenn aber der Geist auch die praktische, d.h. historische und gesellschaftliche, Vermittlung dem logischen Begriff gemäß vollzieht, dann ist zu fragen, welche Stellung das Individuum gegenüber der Allgemeinheit einnimmt.

Die Grundvoraussetzung für eine vernünftig organisierte Gesellschaft ist erstens, daß jeder über die Mittel verfügt, die er zu seiner Reproduktion braucht, und zweitens, daß die Individuen vor dem willkürlichen Zugriff anderer Individuen geschützt sind. Diese Bedingungen soll das abstrakte Recht als Privatrecht garantieren. Dieser Rechtsbegriff sei nicht technisch-praktisch oder positiv zu verstehen, sondern Hegel beansprucht einen vernünftig begründeten Rechtsbegriff darzustellen, an dem die historisch vorzufindenden positiven Rechtsgestal-

---

[7] G.W.F. Hegel, *Phänomenologie des Geistes*, in: Hauptwerke, Bd. 2, Darmstadt 1999, 108.

ten sich messen lassen müssen. Entsprechend begründet Hegel dieses Recht nicht historisch, sondern aus dem Begriff des Willens selbst. Das abstrakte Recht wird mit den moralischen Zwecken der Individuen derart vermittelt, daß die bürgerliche Gesellschaft einerseits innerhalb des Begriffs der Sittlichkeit entwickelt wird – sie steht zwischen der Familie als der Gestalt unmittelbarer Sittlichkeit und dem Staat als der Gestalt der vermittelten Sittlichkeit. Die bürgerliche Gesellschaft wird aber als Sphäre der Konkurrenz praktischer Interessen als nur äußerliche, nicht ideale Sittlichkeit bestimmt: Die bürgerliche Gesellschaft ist der „Not- und Verstandesstaat"[8]. Dieser Not- und Verstandesstaat ist als Sphäre der Ökonomie dennoch konstitutiv für die Bestimmung des sittlichen Staates und muß daher so in den Staat aufgehoben werden, daß dieser nicht *ad absurdum* geführt wird. Es muß sich deshalb zumindest die Affinität der bürgerlichen Gesellschaft für die Sittlichkeit nachweisen lassen.

Zweck der bürgerlichen Gesellschaft ist Hegel zufolge die ökonomische Versorgung ihrer Mitglieder, der Rechtspersonen und ihrer Familien, die sie innerhalb der ökonomischen Sphäre vertreten. Die *bourgeois* sind Privateigentümer ihrer Arbeitsprodukte oder ihres Arbeitsvermögens und bilden eine gesamtgesellschaftliche Arbeitsteilung, indem sie ihr Teilprodukt als Beitrag zur gesamtgesellschaftlichen Reproduktion leisten. Weil die *bourgeois* als Produzenten zwar ihr eigenes Produkt im Überfluß besitzen, aber sich alle Produkte, die sie sonst brauchen, im Privateigentum der anderen *bourgeois* befinden, sich also alle vom Gebrauch der jeweiligen Arbeitsprodukte wechselseitig ausschließen, müssen sie die von ihnen produzierten Arbeitsprodukte tauschen. Weil so jeder *bourgeois* seinen Beitrag zur gesamtgesellschaftlichen Reproduktion leistet, habe er nach Hegel zugleich die Ehre, für diesen Beitrag als Mitglied dieser Gesellschaft anerkannt zu werden. „Die sittliche Gesinnung in diesem Systeme ist daher die Rechtschaffenheit und die Standesehre, sich, und zwar aus eigener Bestimmung, durch seine Tätigkeit, Fleiß und Geschicklichkeit zum Gliede eines der Momente der bürgerlichen Gesellschaft zu machen und als solches zu erhalten und nur durch diese Vermittlung mit dem Allgemeinen für sich zu sorgen sowie dadurch in seiner Vorstellung und der Vorstellung anderer anerkannt zu sein."[9] Die Möglichkeit, an diesem System der Bedürfnisse teilzunehmen, sei aber durch „eine unmittelbar eigene Grundlage (Kapital), teils durch die Geschicklichkeit, welche ihrerseits wieder selbst durch jenes, dann aber durch die zufälligen Umstände bedingt"[10]. Auch gehe mit der „Anhäufung der Reichtümer" in der bürgerlichen Gesellschaft eine größer werdende „Abhängigkeit und Not der an diese Arbeit gebundenen Klasse"[11] einher. Diejenigen, die keine Arbeit haben, sind nach Formulierung Hegels der Pöbel, der also weder über Lebensmittel verfügt, noch über die Mittel, diese zu erwerben. Weil Hegel die gesellschaftliche Anerken-

---

[8] G.W.F. Hegel, *Grundlinien der Philosophie des Rechts*, 340, § 183.
[9] Ebd. 359, § 207.
[10] Ebd. 353, § 200.
[11] Ebd. 389, § 389.

nung an die zu erbringende Arbeitsleistung bindet, verliert der Pöbel darüber hinaus auch noch seine Ehre. „Es kommt hierin zum Vorschein, daß bei dem Übermaße des Reichtums die bürgerliche Gesellschaft nicht reich genug ist, d. h. an dem ihr eigentümlichen Vermögen nicht genug besitzt, dem Übermaße der Armut und der Erzeugung des Pöbels zu steuern."[12] Oder anders gesagt, obgleich die bürgerliche Gesellschaft in den *Grundlinien* den Zweck hat, die Mitglieder dieser Gesellschaft ökonomisch zu versorgen, produziert sie mit Notwendigkeit zugleich Armut. Diese Armen kommen nicht nur nicht in den Genuß der Befriedigung ihrer Bedürfnisse, sondern sie fallen auch aus dem System der gesellschaftlichen Anerkennung als Mitglieder der bürgerlichen Gesellschaft heraus. Hegel schlägt zur Lösung des ökonomischen Mangels vor, daß der Staat Kolonien gründen und neue Märkte erschließen müsse, um so der Bevölkerung mehr Mittel zur Selbstversorgung zur Verfügung stellen zu können. Aber der Mangel ist in der bürgerlichen Gesellschaft kein absoluter Mangel, sondern ein relativer, so daß der Reichtum durch die Erschließung neuer Märkte zwar vermehrt wird, aber die Armut nicht abgeschafft wird. Die Lösung des sittlichen Problems der mangelnden Anerkennung sieht Hegel hingegen in den Korporationen. In den Korporationen sollen alle Mitglieder – die Arbeitenden und die Arbeitslosen – so organisiert werden, daß die sozialen Unterschiede ausgeglichen und die Ehre der Armen dadurch wiederhergestellt werden kann. Damit sind die Korporationen Institutionen privater Armutsverwaltung, aber schaffen die Armut ebensowenig ab.

Selbstbestimmung und Reproduktionsarbeit werden in der bürgerlichen Gesellschaft über den Markt, bei Hegel System der Bedürfnisse genannt, vermittelt, indem die Reproduktion der Einzelnen zur Reproduktion im Ganzen der Gesellschaft beiträgt. Daß es eine Klasse von Menschen gibt, die keine Arbeit haben und daher weder aus eigener Kraft an ihre Lebensmittel kommen, noch die Anerkennung erfahren, einen ökonomischen Beitrag zur Gesellschaft zu leisten, steht im Widerspruch dazu, daß die Gesellschaft als Ganze Reichtum im Überfluß produziert. Hegel dokumentiert mit diesem Widerspruch die ökonomischen Antagonismen der Moderne, ohne sie eigentlich erklären zu können, denn dieses Phänomen widerspricht der Ausgangsbestimmung der *Grundlinien*, dem abstrakten Recht, welches das Privateigentum als diejenige Institution eingeführt hatte, unter der auch die materielle Versorgung der Mitglieder der Gesellschaft garantiert sein sollte. Erst Marx war es gelungen, das Phänomen der gleichzeitigen Produktion von Armut und Reichtum aufzuklären. Die Garantie der Verfügung über das Eigentum als der Verfügung über die Reproduktionsmittel reicht nicht hin, solange nicht gefragt wird, welche Art von Reproduktionsmitteln durch den Eigentumstitel geschützt werden. Es ist ein Unterschied, ob jemand über Produktionsmittel und Arbeitskraft, oder ob er nur über seine Arbeitskraft verfügt. Die Reproduktion derjenigen, die nur über ihre Arbeitskraft verfügen

---

[12] Ebd. 389, § 244.

können, hängt dann davon ab, daß diese Arbeitskraft von den Produktionsmit-teleignern unter Vertrag genommen und für die Arbeit, die innerhalb des Ver-tragsverhältnisses geleistet wird, auch entlohnt wird. Bleibt das aus, findet je-mand keine Arbeit oder wird für seine Arbeit nicht bezahlt, dann kann er sich auch nicht aus eigener Kraft ernähren. Die Eigentümer der Produktionsmittel produzieren statt dessen den Reichtum, denn mit der Arbeitskraft kaufen sie ei-nen Gebrauchswert, dessen spezifische Eigenschaft darin liegt, Mehrwert produ-zieren zu können. Hegel verweist auf die Vorgeschichte der bürgerlichen Gesell-schaft als Herrschaftsgeschichte in der *Phänomenologie*, mit der Begründung, daß sie für die Herausbildung eines Selbstbewußtseins notwendig sei, das sich mit der Französischen Revolution als Rechtsgrund vernünftiger Verhältnisse setze. Aus der durch Gewalt und Herrschaft bestimmten Vorgeschichte der bür-gerlichen Gesellschaft gingen die hinreichenden Bedingungen für die Verwirkli-chung der Vernunft hervor. Marx hatte hingegen auf die ursprüngliche Akkumu-lation verwiesen als Geschichte von Herrschaft, Vertreibung und Institutionali-sierung von Privateigentum, aus der dann nicht die Vernunft als Rechtsgrund hervorgeht, sondern das Kapitalverhältnis als unpersönliches Herrschaftsver-hältnis. Das hat Hegel – historisch bedingt – nicht gesehen. Das Privateigentum setzt zwar die Persönlichkeitsrechte voraus – denn die Individuen müssen Ar-beitsverträge eingehen können. Es garantiert aber ebenso die Ungleichverteilung von materiellem Besitz.

Für die Begriffe der Selbstbestimmung und des Individuums können aus der dargestellten Differenzierung zwischen der Wahrheit des Begriffs der Selbstbe-stimmung und den geschichtlichen Fakten Schlüsse gezogen werden: Zunächst ist der Begriff einer vernünftigen Wirklichkeit nicht ohne Anleihe an Histori-sches zu bestimmten. Wenn der Rechtsbegriff nicht ohne Anleihe an Histori-sches zu bestimmen ist, dann kann die Einheit der Vernunft mit ihren Realisie-rungsbedingungen nur gerettet werden, wenn diese Bedingungen selbst vernünf-tig sind. Die sittliche Gesellschaft mit den Momenten des abstrakten Rechts, der bürgerlichen Gesellschaft und des sittlichen Staates ist geschichtlich vorausset-zungsvoll, weil sie die Entwicklung des Selbstbewußtseins ebenso voraussetzt wie die Etablierung des Privateigentums an Produktionsmitteln. Hegel begreift die Französische Revolution als dasjenige geschichtliche Ereignis, durch das sich das Selbstbewußtsein als Rechtsgrund setze. Wenn die sittliche Gesellschaft aber geschichtlich voraussetzungsvoll ist, dann werden im Begriff der Wirklichkeit notwendig auch geschichtliche Bestimmungen zitiert und verarbeitet. Die Alter-nativen wären, entweder einen Begriff von Gesellschaft zu denken, der utopisch ist, oder einen, der unvernünftig ist. Hegel legt es aber gerade auf die Vermitt-lung von Vernunft und Geschichte an. Wenn aber – wie gezeigt – die Geschichte nicht umstandslos vernünftig ist, dann werden mit den historischen Bestim-mungsmomenten der Gesellschaft auch Momente einer von Hegels Begriff der Wirklichkeit unterschiedenen Realität zitiert, so z.B. mit dem Eigentum, das seinem historischen Gehalt nach keinen sozialontologischen Charakter hat, wie von Hegel intendiert, sondern technisch-praktischen. Eigentum als Recht garantiert die historisch begründete materielle Ungleichverteilung und gießt Herrschaft damit in eine geschichtlich moderne Form. Arbeit und Selbstbestimmung sind im objektiven Geist nicht reflexiv, sondern genügen der Logik der ökonomischen Sachzwänge.

Die Anerkennung der Individuen als Individuen hat materielle und geschichtliche Bedingungen, die mit dem Privateigentum nicht garantiert werden. Das führt auch in dem Versuch Hegels, auf der Grundlage des vorgefundenen geschichtlichen Materials einen vernünftigen Gesellschaftsbegriff in den *Grundlinien* zu begründen, zu Widersprüchen. Die Begriffe von empirischer Realität und vernünftiger Wirklichkeit vermischen sich unreflektiert, und die Selbstbestimmung des Individuums hängt damit von Bedingungen ab, die gesellschaftlich nicht garantiert sind. Der Pöbel ist damit eine Klasse von Menschen, die weder mit den Kategorien der *Logik* noch mit denen der *Grundlinien* erfaßt werden können. Der Pöbel existiert als geschichtliches Phänomen, die Klasse ist geschichtlich.

Das sprengt den Begriff der absoluten Reflexivität des Geistes, der aus sich heraus das Phänomen des Pöbels nicht hervorgebracht haben kann. Die Existenz des Pöbels kann nur unter Berücksichtigung von geschichtlichen Tendenzen erklärt werden, die den Begriff einer vernünftigen Wirklichkeit weder erfüllen, noch als hinreichende Bedingungen derselben betrachtet werden können. Sie sind nicht einmal mit ihm vereinbar. Wenn aber das Recht der Armen auf Anerkennung dennoch begründbar bleiben soll, diese Begründung aber zugleich aus dem Gegenstandsbereich des Geistes herausfällt, dann bleibt der kategorische Imperativ Kants, der besagt, daß Menschen als Zwecke an sich selbst *existieren*, für die Kritik an den realen Verhältnissen konstitutiv, weil diese Verhältnisse ihrer Existenz als Selbstzwecke entgegenstehen. Oder umgekehrt gesagt: Gegen die historisch bereits verwirklichte Vernunft zu opponieren, wäre unvernünftig. Widerstand wäre unter solchen Bedingungen zwecklos.

Auch wenn der Begriff absoluter Selbstbestimmung bei Hegel zu kritisieren ist, so ist er damit nicht hinfällig, sondern bleibt der Kritik als deren Gegenstand auch unterstellt. Die Kritik an Hegel erübrigt weder seinen systematischen Anspruch, noch das Programm der Vermittlung von Denken und Welt. Es bleibt unerreichbares Programm, das ergänzt um die Gesellschaftskritik Marx' mit und gegen Hegel zum Maßstab der Kritik des Bestehenden werden kann. Diese Kritik zu leisten, bleibt der individuellen und zugleich allgemein geistigen wie physischen Arbeit eines jeden anheimgestellt.

# Das „geheimnisvolle Reich des Wahren, Schönen, Guten".
## Überlegungen zum Platonismus Carl Stumpfs

THEO KOBUSCH (Bonn)

### 1. Die Wirklichkeit der Ideen

In seiner aus dem Jahr 1924 stammenden *Selbstdarstellung* berichtet C. Stumpf, wie ihm der „greise Hocheder", Lehrer am Gymnasium in Aschaffenburg, durch die Lektüre des platonischen Dialogs *Phaidon* die Liebe zur Philosophie überhaupt, besonders aber zu der des „göttlichen Platon" geweckt hat. Die erste Frucht dieser Anregung war die Dissertation *Verhältnis des Platonischen Gottes zur Idee des Guten*, mit der C. Stumpf 1868 bei Lotze in Göttingen promoviert wurde. Über 50 Jahre später erkennt C. Stumpf den Platonismus noch immer als die Grundlage seines Denkens an: „Im Grunde bin ich auch zeitlebens Platoniker geblieben"[1].

Es war nicht die Hauptthese seiner Platonarbeit, die für Stumpfs weitere Entwicklung als tragendes Fundament sich herausstellen sollte. Denn die Identität der Idee des Guten mit Gott – das war gewissermaßen schon immer gewußt, auch wenn es in Stumpfs Studienzeit gerade umstritten war. Vielmehr erwiesen sich zwei andere Einsichten im Erstlingswerk Stumpfs als durchaus fruchtbar. Die eine ist die Frage nach der Wirkursächlichkeit all dessen, was ist, und somit nach der Wirklichkeit im eigentlichen Sinne. Stumpf hat als das Spezifikum der platonischen Ideenlehre herausgearbeitet, daß es für jedes Werden in der Welt eine Wirkursache geben muß, die, da die Ideen nur den Charakter paradigmatischer Ursachen, nicht aber von Wirkursachen haben, allein in der Welt der Seelen, also des geistigen Seins, liegen kann. Zuletzt freilich muß auch eine wirkende Ursache für die Welt der Seelen selbst gedacht werden, die nur die Idee des Guten sein kann.[2]

Rund 50 Jahre später hat C. Stumpf gerade diesen Gedanken wieder aufgenommen. In einer Maiausgabe der Berliner *Vossischen Zeitung* aus dem Jahr 1921 vermerkt C. Stumpf in einer Notiz über *Zahl und Maß im Geistigen*, daß die Sinneserscheinungen, die der Geistestätigkeit zugrunde liegen, wie Raumstrecken, Intervalle, Entfernungen, Töne usw. selbstverständlich wie auch die Wirksamkeit der mitspielenden psychischen Faktoren wie der Aufmerksamkeit oder des Gedächtnisses vielversprechende Gegenstände der psychologischen Untersuchungen sein können. Doch C. Stumpf vergißt nicht hinzuzufügen, daß das Geistige

---

[1] Carl Stumpf, „Selbstdarstellung", in: *Die Philosophie der Gegenwart in Selbstdarstellungen*, hg.v. Raymond Schmidt, Leipzig 1924, 207.
[2] Vgl. Carl Stumpf, *Verhältnis des Platonischen Gottes zur Idee des Guten*, Halle 1869, 32. 42. 83. 94 u.ö.

im eigentlichen Sinne, das „geheimnisvolle Reich des Wahren, Schönen, Guten"
durch solche Untersuchungen niemals auch nur berührt werden könne. „Diese
ewigen Rätsel sind nicht durch Zählung und Messung zu lösen." Was das Wahre
ist im Unterschied zum Falschen, was das Schöne vom Unschönen unterscheidet, was Gutes und Schlechtes voneinander trennt, das wird nie auf diese Weise
herauszufinden sein. „Und doch ist diese platonische Ideenwelt", so fährt C.
Stumpf fort, „irgendwie das Allerwirklichste, wenn anders Wirklichsein Wirken
heißt; und sie ist nur darum unmeßbar, weil ihre Kraft unendlich ist, weil alle
Bomben und Kanonen der Welt nicht Falsches zu Wahrem, Unrecht zu Recht
oder Unschuld zu Schuld machen können. Das ist und bleibt doch unser fester
Hoffnungsanker"[3].

Obwohl C. Stumpf sich auf diese Weise immer wieder positiv auf die platonische Ideenlehre bezieht, hat er doch immer Platons Hypostasierung der Ideen
abgelehnt. In seiner späten *Erkenntnislehre* hat Stumpf gegen die platonische
Ideenlehre ausgeführt, daß Begriffe, Inbegriffe, Wahrheiten und Werte nicht unabhängig von allem Bewußtsein wirklich sein können, und hat insofern der aristotelischen Kritik stattgegeben.[4] Doch die ontologische Frage ist in diesem Zusammenhang von eher untergeordneter Bedeutung. Gäbe es nur die zwei Wege,
nämlich den Weg der platonischen Ideenlehre oder den Weg des Protagoras, d.h.
den Weg des Relativismus und Subjektivismus, so würden „wir", sagt Stumpf,
„ohne Zögern für Platon optieren"[5].

## 2. Funktion und Gebilde

Die zweite Einsicht aus der Dissertation betrifft die Verbindung der Ideen
selbst. Die platonische Dialektik ist nichts anderes als die Wissenschaft von der
Möglichkeit der Ideenverbindung. Die sich darauf beziehende These der Dissertation besagt, daß es eine Korrelation gibt zwischen der objektiven Verbindung
der Ideen und ihrer subjektiven Verknüpfung in den Urteilen. „Es ist also nur
möglich, daß es die Verbindung, welche sie in dem Seyn des Einzelnen eingehen,
ist, welche das Maß der Verbindung in dem erkennenden Verstande bildet. Und
dies ist in der That Plato's ausgesprochene Meinung"[6].

Es sind diese Lehren Platons von der Ideenverbindung, soweit sie unser
Denken und Sprechen ermöglicht, wie auch von der Verknüpfungs- und
Zusammenfassungsfähigkeit der menschlichen Vernunft, die C. Stumpf in sei-
nem philosophischen Denken nachhaltig bestimmt haben. Platon hat sie in sei-

---

[3] Vgl. Carl Stumpf, „Zahl und Maß im Geistigen", in: *Carl Stumpf – Schriften zur Psychologie*, hg.v. H. Sprung, Frankfurt am Main 1997, 224-226, Zitat: 226.

[4] Vgl. Carl Stumpf, *Erkenntnislehre*, Bd. 1, Leipzig 1939, 163 u. Bd. 2, Leipzig 1940, 424.
428.

[5] Ebd., 428.

[6] Stumpf, *Verhältnis des Platonischen Gottes zur Idee des Guten*, 48.

nen späteren Dialogen entwickelt, vor allem im *Sophistes* und *Philebus*. Stumpf bemerkt noch in seinem letzten Werk, daß der „göttliche Platon" sich gerade in diesen Dialogen in die Grundfragen der menschlichen Vernunfterkenntnis „verbissen"[7] habe.

Die Auswirkungen der Lehren des späten Platon sind in der Erkenntnislehre Stumpfs deutlich zu beobachten. Der platonische Begriff der „Zusammenfassung" wird von Stumpf zum Ausgangspunkt aller erkenntnistheoretischen Überlegungen gewählt. Das Zusammenfassen ist eine „Grundfunktion unseres intellektuellen Lebens"[8]. Es meint jene Art der Verknüpfung, ohne die wir sowohl im ästhetischen wie im sittlichen wie auch im kognitiven Bereich keine Ganzheit verstehen können. So kann etwa eine Anzahl unterschiedener Einzelinhalte, seien es Tasteindrücke, Striche oder Töne, zu einem Ganzen, einer Figur, einem Rhythmus einer Melodie verknüpft werden. Eine Zusammenfassung ähnlicher Art ist nun auch die Bildung der Allgemeinbegriffe. Zusammenfassung bedeutet hier nicht, daß wir es mit einer Summe oder einem Durchschnitt von Einzelvorstellungen zu tun hätten. Vielmehr tritt mit dem Begriff zu den Erscheinungen ein Neues hinzu, ein Neues oder – wie Stumpf auch sagt – ein „Plus", das nicht selbst auch von der Art der Erscheinungen ist. Durch die Entstehung des Begriffs wird das gegebene Material der Erkenntnis nicht vermehrt. Die Frage ist, ob notwendig die Entstehung des Begriffs mit der Veränderung des Materials oder dem Hinzukommen oder Wegfallen von Vorstellungen verbunden sein muß.[9] Fest steht allerdings, daß die Entstehung des Begriffs auf eine besondere Bewußtseinsbetätigung zurückzuführen ist, die nicht schon mit dem konkret-anschaulichen Vorstellen gegeben ist. Doch obwohl das Zustandekommen des Begriffs kausal mit der Bewußtseinstätigkeit zusammenhängt, bezeichnet der Begriff nicht diese selbst, sondern vielmehr das Resultat dieser Tätigkeit, „was dabei herauskommt"[10]: den Begriffsinhalt oder den Gedanken. Es ist somit generell zu unterscheiden – und die Begriffslehre veranschaulicht nur, was für das Bewußtsein insgesamt gilt – zwischen der Funktion als der Bewußtseinstätigkeit oder dem Bewußtseinsakt und dem entsprechenden Korrelat, das C. Stumpf auch das „Gebilde"[11] nennt. Die Funktionen sind als das dem Bewußtsein bewußt Gegebene die unmittelbar erkannten Tatsachen, die Gebilde dagegen sind nur mittelbar erkannte Tatsachen, insofern sie nur als Inhalte der Funktionen zu Bewußtsein kommen. Das Gebilde ist in einem ganz weiten Sinne zu verstehen. Es bezeichnet das Korrelat eines jeden Bewußtseinsaktes, des kognitiven wie

---

[7] Stumpf, *Erkenntnislehre*, Bd. 1, 129.

[8] Carl Stumpf, *Erscheinungen und psychische Funktionen*, Abh. der Preußischen Akademie der Wissenschaften, Berlin 1906, 23.

[9] Vgl. ebd., 25.

[10] Stumpf, *Erkenntnislehre*, Bd. 1, 161.

[11] In Stumpf, *Erscheinungen und psychische Funktionen*, 28, wo diese Unterscheidung erstmals erläutert wird, weist Stumpf selbst darauf hin, daß er den Begriff des Gebildes schon 1902 eingeführt hat.

auch des volitiven, insofern er eine neue Art der Bewußtseinsbetätigung dar-
stellt. So entspricht der Inbegriff als inhaltliches Korrelat der Funktion des
Zusammenfassens von anschaulichen oder begrifflichen Elementen zu einem
Ganzen. Bei den emotionellen oder volitiven Funktionen ist das Entsprechende
zu beobachten. „Was wir Werte oder Güter nennen, mit allen ihren Klassen und
Gegensätzen (Erfreuliches, Erwünschtes, Fürchterliches, Wohlgefälliges und
Mißfälliges, Mittel und Zweck, Vorzuziehendes und Verwerfliches usw.), fällt
unter den Begriff des Gebildes."[12] Wie der Inhalt des Denkens vom Denkakt zu
unterscheiden ist, so auch der Inhalt des Wollens vom Willensakt. Funktion und
Gebilde sind also im Hinblick auf das Bewußtsein überhaupt, auf seine theoretische wie seine praktische Seite hin zu unterscheiden. Sie gehören als zu unter-
scheidende zur Struktur des Bewußtseins.

Gleichwohl haben sich die einzelnen Funktionen des Bewußtseins entwickelt. C. Stumpf hat dem Gedanken, daß sich parallel zur graduellen und quantitativen Entwicklung auf physischem Gebiet eine unstete und qualitative auf psy-
chischem Gebiet vollzieht, eine Rede gewidmet. Da heißt es: „Weitergehende
Zergliederung des geistigen Lebens lehrt auf Schritt und Tritt neue Funktionen
oder Gebilde kennen, die sich nicht restlos in Sinnesempfindungen oder sinnliche Gefühle auflösen lassen, wie das Zeitbewußtsein, das Gedächtnis, die Unterscheidung und Zusammenfassung, die Abstraktion, das Urteilen, die Gemütsbe-
wegungen aller Art, das Begehren, Streben, Wollen."[13] Entwicklung aber wird
hier nicht als eine Veränderung in beliebiger Richtung verstanden, sondern als
eine Art von Vervollkommnung, die als Begriff den des Wertes in sich schließt.
„Werte aber im eigentlichen Sinne existieren doch nur für ein psychisches Wesen, das sie als Werte empfindet"[14]. Somit liegt allem psychischen Leben die
Wertempfindung zugrunde.

Es kann keinen Zweifel darüber geben, daß Stumpf seine Lehre von den
Gebilden insgesamt an Platos Ideenlehre ausrichtete. In seiner Abhandlung über
die Einteilung der Wissenschaften hat er dieser Lehre von den sachlichen Korre-
laten psychischer Funktionen einen eigenen Namen verliehen: den der „Eidolo-
gie". „Der Name mag und soll an die platonische Ideenlehre erinnern". Die Untersuchungen decken sich mit den Intentionen Platos, „wenngleich nicht mit
seinen metaphysischen Folgerungen"[15]. Stumpf hat diesen letzteren Vorbehalt
gegenüber der platonischen Lehre öfter angedeutet. Es gilt ihn aufzuklären.

---

[12] Ebd., 30.

[13] Carl Stumpf, „Der Entwicklungsgedanke in der gegenwärtigen Philosophie", in: *Leib
und Seele. Der Entwicklungsgedanke in der gegenwärtigen Philosophie. Zwei Reden*, 2. Aufl.,
Leipzig 1903, 58.

[14] Ebd. 69.

[15] Carl Stumpf, *Zur Einteilung der Wissenschaften*, Abh. der Preußischen Akademie der
Wissenschaften, Berlin 1906, 33.

Was aus dieser Zuordnung von Funktion und Gebilde nämlich auch entnommen werden kann, ist eine ontologische Einsicht, die im Zusammenhang des platonischen Einflusses bei C. Stumpf von höchster Wichtigkeit ist. Begriffe, Inbegriffe, Werte, Wahrheiten sind entgegen der platonischen Ansicht keine subsistierenden Formen. Sie können nicht unabhängig von allem Bewußtsein w i r k l i c h sein. Stumpf hat der späteren Interpretation der platonischen Ideenlehre einen „milderen, plausibleren Sinn" abgewonnen. Die Kirchenväter und Scholastiker haben nämlich nach dem Vorbild des Mittelplatonismus die Ideen zu Gedanken Gottes umgedeutet, die Denker des deutschen Idealismus haben sie als „immanente Wesenheiten oder Gesetzlichkeiten der natürlichen Dinge" verstanden. Sie haben auf diese Weise zu verstehen gegeben, daß sie die platonische Lehre in ihrer ursprünglichen Form für absurd hielten[16]. Den Grundgedanken der Umdeutung im Platonismus hat C. Stumpf offenbar akzeptiert. Denn er sagt ganz in seinem Geiste: „Begriffe, Inbegriffe, Wahrheiten, Werte existieren nur im Geiste, als spezifische Inhalte geistiger Tätigkeiten."[17] Hier zeigt sich zugleich der Einfluß der Philosophie H. Lotzes. Denn das, was Stumpf mit dem Sammelbegriff des Gebildes bezeichnet, umfaßt die irreduzierbaren Reiche der Wahrheiten, der Sachverhalte und der Werte. Stumpf hat gerade dies als einen der Hauptgedanken Lotzes herausgestellt: „Vor allem blieben ihm die drei allgemeinsten Gebiete, das der Wahrheiten, das Reich der Tatsachen und das der Werte, obgleich sie notwendig im Weltgrunde zusammenhängen müssen, gegenseitig durchaus unableitbar."[18]

### 3. Der Sachverhalt

Eine besondere Bewandtnis hat es mit dem, was C. Stumpf erstmals terminologisch, aber mit Rückverweis auf den schon 1888 von Lotze für die Hörer lithographierten *Leitfaden der Logik*, den „Sachverhalt"[19] nennt. Der Sachverhalt ist jenes Gebilde, das das Korrelat der Funktion des Urteils ist. Er ist der eigentliche Inhalt des Urteils als eines Urteils, der vom Inhalt der bloßen Vorstellung (der Materie) zu unterscheiden ist. Urteilen aber heißt Istsagen oder etwas in einem Satz aussagen. Deswegen ist der Sachverhalt das durch den Satz als Satz Ausgedrückte. Was in einem Urteil oder Aussagesatz inhaltlich ausgesagt wird, kann im Deutschen allein durch einen „Daß-Satz" oder im Lateinischen durch einen A.c.I. zusammengefaßt werden. Deswegen sprechen die mittelalterlichen Autoren (Adam Wodeham, Gregor von Rimini u.a.), die als die eigentlichen Entdek-

---

[16] Stumpf, *Erkenntnislehre*, Bd. 1, 163.

[17] Ebd.

[18] Carl Stumpf, „Zum Gedächtnis Lotzes", in: *Kant-Studien* 22 (1918), 20f.

[19] Stumpf, *Erscheinungen und psychische Funktionen*, 30. Dazu den sehr guten Art. von Barry Smith: „Sachverhalt", in: *Historisches Wörterbuch der Philosophie*, Bd. 8, Basel 1992, 1104f.

ker des Sachverhalts angesehen werden müssen, von den „*complexe significabilia*" als einer eigenen Welt neben der Welt der Dinge.

Der Sachverhalt bildet den Inhalt eines jeden Urteils. Auch negative Urteile wie z.B. „Es gibt keine Zyklopen" haben ein solches Korrelat, in diesem Falle eben den Sachverhalt, „daß es keine Zyklopen gibt". Interessant ist, daß wir diesen Inhalt begrifflich denken können, ohne eine aktuelle Behauptung oder ein aktuelles Urteil mitdenken zu müssen. Die Bedeutung des Daß-Satzes „daß es keine Zyklopen gibt" können wir verstehen, ohne daß wir diesen Sachverhalt als Inhalt einer aktuellen Behauptung begreifen müßten. Stumpf sagt daher: Der Sachverhalt ist der Inhalt einer möglichen wahren oder falschen Behauptung. Aber er könnte niemals unmittelbar gegeben, d.h. unabhängig von jeder Art von psychischer Funktion, real werden.[20]

Der Sachverhalt erhält dadurch, daß wir ihn „begrifflich denken", den Charakter der Objektivität. Denn „alles begriffliche Denken ist ein objektives Denken. Auch Urteilsinhalte (Sachverhalte), selbst Negativa, wie die Nichtexistenz eines kreisförmigen Vierecks, sind in diesem Sinne objektiv". Objektivität meint hier nicht ein außerbewußtes Dasein, sondern nur dies, daß von dem aktuellen Denkvollzug, d.h. von dem aktuellen Urteilsvollzug abgesehen wird. Analoges gilt auch für die anderen Gebilde: „Wertvolles wird begehrt ohne jede Beziehung zum augenblicklichen Akte des Begehrens selbst. Den Werten kommt im gleichen Sinne wie den Sachverhalten Objektivität zu"[21]. Gebilde sind also die Korrelate psychischer Funktionen, aber nicht in ihren aktuellen Vollzügen, sondern Korrelate von Funktionen überhaupt. Sie sind als solche auf Funktionen des Geistes bezogen.

Es kann keinen Zweifel darüber geben, daß C. Stumpf diese Theorie vom im Satz ausgedrückten Sachverhalt von seinem Lehrer H. Lotze übernommen hat. Bei Stumpf wie bei Lotze wird die Materie des Urteils von seinem Inhalt und dem im Urteil ausgedrückten Sachverhalt unterschieden. Der Satz „Gott ist" hat zur Materie Gott, zum Inhalt das Sein Gottes. „Es gibt keinen Gott" hat dieselbe Materie, aber den Inhalt „Nichtsein Gottes"[22]. Diese Satzlehre gehört in einen berühmten Zusammenhang, den Lotze in seiner *Logik* von 1843 im Kapitel über „die Ideenwelt" entfaltet hat. Hier deutet Lotze den von Herbart stammenden allgemeinsten Begriff der Bejahtheit oder Position im Sinne der „Wirklichkeit". Denn wirklich heißt ein Ding, das ist, im Unterschied zu einem anderen, das nicht ist, wirklich heißt auch ein Ereignis, das geschieht im Unterschied zu einem, das nicht geschieht, wirklich ist auch ein bestehendes Verhältnis im Unter-

---

[20] Stumpf, *Erscheinungen und psychische Funktionen*, 32.

[21] Stumpf, *Zur Einteilung der Wissenschaften*, 9.

[22] Carl Stumpf, *Logik*, Sommer 1888, Husserl-Archiv zu Löwen, Sign. Q 13, 4. Smith bemerkt dazu: „[…] von dieser Lithographie ist einzig das Exemplar bekannt, das Stumpf damals Husserl geschenkt hat (Husserl-Archiv zu Löwen, Sign. Q 13); bemerkenswert ist, daß Husserl, der Stumpfs Logikkolleg vom Jahr vorher gehört hat, zu diesem Passus am Rand notiert, er sei ‚in den Diktaten 1887 nicht enthalten'." In: „Sachverhalt", 1112.

schied zum nichtbestehenden und schließlich ist wirklich auch ein Satz, der gilt, im Unterschied zu einem, „dessen Geltung noch fraglich ist". Ein Satz ist also nicht, wie ein Ding ist, auch geschieht er nicht wie die Ereignisse, seine Wirklichkeit besteht allein darin, daß er gilt, d.h. daß seine Wahrheit gilt. „Gelten" ist einer jener Grundbegriffe, die nicht woanders her ableitbar sind. Und genau dies hat Platon nach Lotze mit seiner Ideenlehre sagen wollen: „Nichts sonst wollte Platon lehren, als was wir oben durchgingen: die Geltung von Wahrheiten, abgesehen davon, ob sie an irgendeinem Gegenstande der Außenwelt, als dessen Art zu sein, sich bestätigen"[23]. Bei Lotze ist zudem ein theologischer Zusammenhang unübersehbar: Im letzten Kapitel des *Mikrokosmos* begründet Lotze sorgfältig, warum das Reich der ewigen Wahrheiten weder als äußerer Gegenstand göttlicher Anerkennung noch als ein Geschöpf Gottes (wie Descartes meinte), sondern nur als mit seinem Sein identisch gedacht werden kann.

Gerade hier scheint sich nun ein Unterschied zur Deutung Stumpfs aufzutun, denn während nach Stumpf das Gebilde und speziell der durch den Satz ausgedrückte Sachverhalt immer nur als Korrelat einer psychischen Funktion, nämlich eines Urteils, wenngleich nicht unbedingt eines aktuellen, gedacht werden kann, meint der Lotzesche Begriff der Geltung der Wahrheit von Sätzen im Sinn der platonischen Ideenlehre nicht nur die Unabhängigkeit von den Dingen dieser Welt, sondern auch von jeder Art des Gedachtwerdens. „Auch als wir ihn [scil. den Inhalt einer Wahrheit] nicht dachten, *galt* er und wird gelten, abgetrennt von allem Seienden, von den Dingen sowohl als von uns, und gleichviel, ob er je in der Wirklichkeit des Seins eine erscheinende Anwendung findet oder in der Wirklichkeit des Gedachtwerdens zum Gegenstand einer Erkenntnis wird."[24] Das ist nach Lotze die große philosophische Tat Platons, jenen „Abgrund von Wunderbarkeit" entdeckt zu haben, den die allgemeinen Wahrheiten darstellen, die selbst nicht wie die Dinge sind und doch das Verhalten der Dinge beherrschen[25]. In vergleichbarer Weise knüpft H. Lotzes Lehre vom dynamischen Charakter der Werte an Platons Theorie vom Guten an. Werte sind, wie die Wahrheiten, einzigartige Ausdrucksgestalten des Absoluten – dies vermag die endliche Vernunft nicht zu beweisen, aber es ist eine Forderung des „philosophischen Glaubens"[26].

---

[23] Hermann Lotze, *Logik. Drei Bücher vom Denken, vom Untersuchen und vom Erkennen*, hg.v. G. Misch, Leipzig 1912, 505-523, hier: 511. 513.

[24] Ebd., 515.

[25] Ebd., 520. Auch im späten *Mikrokosmos* trifft Lotze die Unterscheidung zwischen „Wahrheiten, welche gelten, und Dingen, welche sind", die die griechische Philosophie „stets sehr ungenügend" herausgearbeitet habe. Gleichwohl war „die Ideenlehre Platons der erste großartige, vergebliche und dennoch lange nachwirkende Versuch, in den Allgemeinbegriffen unseres Denkens die Natur der Sache zu erfassen". Vgl. Hermann Lotze, *Mikrokosmos*, 6. Aufl., Leipzig 1923, 206. 208, 57.

[26] Vgl. dazu den ausgezeichneten Aufsatz von Georg N. Pierson, „Lotze's concept of value", in: *Journal of Value Inquiry* 22 (1988), 120.

So ist verständlich, inwiefern Stumpfs Theorie von den Gebilden einerseits von Lotzes platonistischer Geltungslehre beeinflußt ist, andererseits aber zugleich auch eine deutliche Differenz zu ihr aufweist. Nicht viel anders steht es mit den anderen verwandten Ontologien, auf die sich Stumpf bezieht. Da ist zunächst Bolzanos Lehre von den „Sätzen an sich"[27]. Der Satz an sich, der als Bestandteile bestimmte Vorstellungen, d.h. objektive Vorstellungen oder Vorstellungen an sich enthält, ist der reine Sachgehalt eines Satzes. „Was man sich unter einem Satze denkt, wenn man noch fragen kann, ob ihn auch Jemand ausgesprochen oder nicht ausgesprochen, gedacht oder nicht gedacht habe, ist eben das, was ich einen Satz an sich nenne."[28] Bolzano nennt ihn auch den „objektiven Satz", dem keine Existenz raumzeitlicher Art, also keine dingliche Existenz zukommt. Der Satz an sich ist durch kein denkendes Bewußtsein konstituiert, sondern jeglichem Denken als Möglichkeitsbedingung vorgegeben. „Objektiv" kann er genannt werden, weil er, genau wie die „objektive Vorstellung", auch wenn er von keinem denkenden Wesen erfaßt wird, ein An-sich-Sein hat. Das An-sich-Sein dieser Wahrheiten ist nach Bolzano auch hinsichtlich der göttlichen Erkenntnis gewahrt, weil sie nicht als solche durch das göttliche Erkennen „gesetzt" werden. „Es ist nicht etwas wahr, weil es Gott so erkenet; sondern im Gegentheile, Gott erkenet es so, weil es so ist"[29].

C. Stumpf weist auch auf Meinongs Theorie vom sog. „Objektiv" als eine Parallele hin. Meinong versteht unter dem Objektiv das, was wir einen Sachverhalt nennen, also das in einem Daß-Satz Ausgedrückte, welches selbst als Urteilsgegenstand aufgefaßt werden muß. Es ist vom Objekt des Erkennens zu unterscheiden: Wenn jemand erkennt oder ausspricht: „Es gibt Schnee draußen", so ist „Schnee" der Vorstellungsgegenstand, d.h. das Objekt des Erkennens, die Tatsache aber, „daß es Schnee gibt", sein Objektiv[30]. Nach Meinong verrät schon die sprachliche Einkleidung der Objektive in Daß-Sätze, daß sie nichts Wirkliches oder der Verwirklichung Fähiges (*aptitudo existendi*), sondern ideale Gegenstände sind[31]. Die diesen idealen Gegenständen eigene Seinsweise bezeichnet der Begriff des „Bestands". „Diesen realen Objekten, wie Tisch, Sessel, aber auch Vorstellen oder Begehren, stehen ideale Gegenstände gegenüber, deren Sein, falls ihnen überhaupt eines zukommt, kein anderes als Bestand sein kann: hierher gehören Zahlen, Gestalten, die Relationen von Grund und Folge und vieles andere, darunter sämtliche Objektive"[32]. Der eigentliche Unterschied zwischen den Beständen und den Existenzen besteht aber darin, daß erstere an keine Zeitbe-

---

[27] Stumpf, *Erscheinungen und psychische Funktionen*, 29.

[28] Bernard Bolzano, *Wissenschaftslehre*, in: Bernard Bolzano Gesamtausgabe, hg.v. Jan Berg, Reihe 1, Bd. 11, Stuttgart-Bad Cannstatt 1985, § 19, 77, S. 104.

[29] Bolzano, *Wissenschaftslehre*, § 25, 115, S. 139.

[30] Alexius Meinong, *Über Annahmen*, in: Gesamtausgabe, Bd. 4, hg.v. R. Haller u.a., Graz 1977, 45.

[31] Alexius Meinong, *Über Möglichkeit und Wahrscheinlichkeit*, in: Gesamtausgabe, Bd. 6, hg.v. R. Haller u.a., Graz 1972, 26.

[32] Meinong, *Über Annahmen*, 74.

stimmung gebunden und „in diesem Sinne ewig oder besser zeitlos sind". Bei-spielsweise ist der vor mir stehende Schreibtisch als ein zu bestimmter Zeit exis-tierendes Ding anzusehen – daß er aber jetzt existiert, „das besteht jetzt wie in alle Zukunft und Vergangenheit, obgleich es dem Wissen der vergangenen Zeiten unzugänglich war und der künftigen entschwunden sein wird"[33].

Während Meinong mit dem Objektiv streng nur den Sachverhalt meint, be-zieht sich Stumpf auf diesen Begriff als Synonymon für das Gebilde überhaupt. Doch dies darf nicht darüber hinwegtäuschen, daß das Gebilde eine andere Seinsweise hat als das Objektiv, obwohl sich beide Autoren, Stumpf wie auch Meinong, auf die platonische Ideenlehre beziehen.

Noch eine andere Art von Platonismus begegnet uns in der Lehre vom sog. „Dritten Reich", die G. Simmel erstmals entwickelt und G. Frege und später K. Popper auf eigene Weise gestaltet haben.[34] Kennzeichen dieses Platonismus ist es, daß die Gebilde, wie z.B. die Gesetze des Rechts, die moralischen Vorschrif-ten, die Sprache, die Erzeugnisse der Kunst und Wissenschaft, die Religion, durch subjektive psychologische Erfindung und Arbeit geschaffen vorgestellt werden, die dann aber ein eigentümliches selbständiges, objektives geistiges Da-sein jenseits der einzelnen Geister gewinnen.[35] Die Entdeckung dieses dritten Reiches ist, wie Simmel sagt, „die große metaphysische Tat Platos, die in seiner Ideenlehre eine der weltgeschichtlichen Lösungen des Subjekt-Objekt-Problems gezeitigt hat", auch wenn er letztlich aus dem dritten Reich, das „jenseits von Subjekt und Objekt besteht", doch wieder ein bloß gesteigertes, bloß verabsolu-tiertes Reich von Objekten gemacht hat.[36]

Was den Begriff des „dritten Reiches" bei G. Frege betrifft, so sind mit ihm sehr unterschiedliche Gehalte zusammengefaßt, neben dem Wahrsein von Ge-danken, d.h. ihrem Gelten, auch die Gedanken selbst, Wahrheitswerte, Zahlen u.a., denen ein erkenntnisunabhängiges Sein zugesprochen wird. Wenn Frege dann jedoch hinzufügt, daß die Objektivität dieser Gehalte die Unabhängigkeit von unserem Empfinden, Vorstellen usw. meine, nicht aber die Unabhängigkeit von der Vernunft überhaupt, dann erinnert das an die oben zitierten theologi-schen Überlegungen Bolzanos über die Beziehung der Wahrheiten an sich zur göttlichen Vernunft.[37]

---

[33] Ebd., 64.

[34] Zu diesen Zusammenhängen vgl. Theo Kobusch, *Sein und Sprache. Historische Grund-legung einer Ontologie der Sprache*, Leiden 1987, 357-361 und Gottfried Gabriel, „Reich, Drit-tes", in: *Historisches Wörterbuch der Philosophie*, Bd. 8, Basel 1992.

[35] So beschrieben von Georg Simmel, *Hauptprobleme der Philosophie*, in: Gesamtausgabe, Bd. 14, hg.v. R. Kramme u.a., Frankfurt am Main 1996, 67.

[36] Ebd., 96. 100.

[37] Vgl. Gottlob Frege, *Grundlagen der Arithmetik*, Darmstadt 1961, 36. Dazu die erhellen-den Darlegungen über den „Platonismus" Freges von Gottfried Gabriel; „Frege als Neukantia-ner", in: *Kant-Studien* 77 (1986), 98f.

Die Diskussion um den Status dessen, was Stumpf das Gebilde nennt, wurde aufgefrischt durch die vielseitige Kritik A. Martys, der sie in seinen *Untersuchungen* nach allen Seiten austeilte. A. Marty ist einer der ganz wenigen Brentanoschüler, die die Kehre des Meisters im Jahre 1904 mit vollzogen haben. Diese Kehre besteht in der Abwendung von der bis dahin vertretenen Lehre von der mentalen Inexistenz der Objekte und der damit verbundenen Hinwendung zum radikalen Nominalismus, dessen Aufgabe es ist, die traditionellen *entia rationis*, das, was die Brentanoschüler den Bereich des Nichtrealen nennen, als bloße Verführungen und Täuschungen der Sprache, als *entia linguae* oder *locutionis* oder Fiktionen, aufzuzeigen.[38] Vor diesem Hintergrund hat Marty nicht nur Husserls ideale Existenz, sondern jegliche Lehre von einer zeitlosen Existenz als „falschen Realismus Platos"[39] kritisiert. Auch Stumpfs Lehre vom Sachverhalt als Urteilsinhalt, der von Marty als immanenter Inhalt der psychischen Funktion gedeutet wird, fällt dem nominalistischen Rasiermesser Martys anheim. Als immanenter Inhalt gehört für Marty der Sachverhalt zu jenem Bereich des mentalen Inseins, dessen fiktiver Charakter seine *Untersuchungen* durchweg aufzuzeigen suchen. Wie im Mittelalter im Zusammenhang der Philosophie Ockhams bei der Ablösung der sog. Fictio-Theorie durch die Intellectio-Theorie aus der intramentalen Objektivität die extramentale wird, so deutet nach Marty die Objektivität des Inhalts gerade auf seine vom Bewußtsein unabhängige Existenz.[40]

## 4. Platonismus in der Tonlehre

C. Stumpf scheint auch in seiner Tonlehre Anstöße durch die platonische Philosophie erhalten zu haben. Nicht so sehr deswegen ist das anzunehmen, weil er im Zusammenhang der Koehlerschen Lehre davon spricht, daß die empirischen Vokale mit ihrer komplizierten Zusammensetzung aus Teiltönen sich zu den reinen Urvokalen verhielten wie nach Platon die Dinge der Erscheinungswelt zu den an sich einfachen Ideen. Denn Stumpf relativiert selbst wieder diese Sicht der Dinge, weil nicht ganz klar ist, ob die einfachen Töne oder idealen Urvokale, deren Vokalität Stumpf ausdrücklich mit Koehler anerkennt, nicht ihrerseits blasse Erinnerungsbilder von allein ursprünglichen empirischen Vokalen sind oder wie diese Erinnerungen sonst erklärbar sein mögen.[41]

Nicht also diese Formulierungen sind es, weswegen man auch in seiner Tonlehre von einem Platonismus sprechen kann. Vielmehr führt Stumpf auch seine Lehre von der Verschmelzung der Töne, bzw. der Konsonanz auf Plato zu-

---

[38] Vgl. Kobusch, *Sein und Sprache*, 271-282.

[39] Anton Marty, *Untersuchungen zur Grundlegung der allgemeinen Grammatik und Sprachphilosophie*, Halle 1908, 338.

[40] Ebd., 389-406, hier: 404.

[41] Carl Stumpf, *Die Sprachlaute. Experimentell-Phonetische Untersuchungen*, Berlin 1926, 322. 328f.

rück. „Rückblickend finden wir bei Plato die Merkmale des Zusammenpassens, der einheitlichen Verschmelzung, des mathematischen Zahlenverhältnisses und bestimmter Bewegungsverhältnisse". Platon war es auch, der die „bis heute noch nicht ausgetragene Streitfrage" erwähnt, ob das Harmoniegefühl intellektueller oder ethischer Natur ist. Obgleich beide Theorien psychologisch zutreffen können, hat Platon freilich in der ethischen Wirkung das eigentliche Ziel der Musik gesehen.[42] Stumpf hat das Phänomen der Tonverschmelzung auch im erkenntnistheoretischen Zusammenhang diskutiert. Er sagt ausdrücklich: Mit der Trennung der Verhältnisse, die zum Material des Denkens gehören und in Stumpfs Wissenschaftslehre eine eigene Gruppe von Gegenständen neben den physischen und psychischen ausmachen, von den Wahrnehmungen von Verhältnissen hängt auch die richtige Auffassung meiner Lehre von der Tonverschmelzung und Konsonanz aufs engste zusammen. Die Verschmelzung ist nämlich ein Verhältnis, das unabhängig von allen intellektuellen Funktionen den Tonerscheinungen selbst immanent ist.[43] Von der Konsonanz ist die Konkordanz zu unterscheiden, welche, wie Stumpf in seiner späten Selbstdarstellung sagt, „keine rein sinnliche Eigenschaft der Töne ist, sondern aus der Einführung konsonantischer Dreiklänge als der Bauelemente unseres Musiksystems beruht"[44]. Stumpf berichtet dort auch davon, daß seine Ansichten über Verschmelzung und Konsonanz sich inzwischen verändert hätten. Verschmelzung und Konsonanz gleichzeitiger Töne sind jetzt nicht mehr Ursache, sondern Folge einer primären Verwandtschaft, die es schon bei aufeinanderfolgenden Tönen anzuerkennen gilt.

Auch in der Schrift *Konsonanz und Konkordanz* (1910) beruft sich Stumpf für die Theorie von der Verschmelzung gleichzeitiger Töne, die keine Ununterscheidbarkeit meint, auf „viele altgriechische und spätere Theoretiker". Hier wird der Unterschied zwischen Konsonanz und Konkordanz festgelegt. Die Konsonanz, die im eigentlichen und ursprünglichen Sinne nur zwischen zwei Tönen stattfindet, ist eine Sache der direkten sinnlichen Wahrnehmung. Die Konkordanz dagegen, die eine Eigenschaft von Drei- und Mehrklängen ist, ist eine Sache der Auffassung und des beziehenden Denkens.[45] Damit ist auch der Zusammenhang mit der ontologischen Problematik des Sachverhalts erkennbar.

---

[42] Carl Stumpf, *Geschichte des Consonanzbegriffes*, Erster Teil, München 1897, 22. 18.

[43] Stumpf, *Erscheinungen und psychische Funktionen*, 22f.; vgl. auch Stumpf, *Zur Einteilung der Wissenschaften*, 37f.

[44] Stumpf, „Selbstdarstellung", 246.

[45] Carl Stumpf, „Konsonanz und Konkordanz", in: *Festschrift zum 90. Geburtstag von Rochus Freiherr von Liliencorn*, Leipzig 1910, 329. 340f.

# Experience, *Experimentum*, and Science in Roger Bacon and Martin Heidegger: From Medieval to Modern Science

Jeremiah M. Hackett (Columbia/SC)

In the 19$^{th}$ and early 20$^{th}$ century it was common practice for some historians of science to claim that modern science originated in the Middle Ages with Roger Bacon.[1] Modern research since 1950 has shown much reserve towards this claim. Indeed, due to the modern research of Historians of Science, a much more nuanced and careful understanding of the transition from Medieval/Renaissance to Modern Science is being achieved. Alas!, however, this research has not penetrated to the popular histories and to the textbooks, and is even ignored in some formal histories of science. As a result, older extreme and quite dogmatic views of one kind or another tend to inform the public perception of ancient and medieval science as something utterly alien to modern science.

The present essay is limited in scope. It aims to present a brief account of the treatment of experience/*experimentum* in the later Heidegger, and it does so with reference to the remarks by Heidegger on the nature of medieval science, specifically in reference to the science of Roger Bacon.[2] Heidegger's approach to the nature of science was essentially a function of his post-metaphysical and metaphysical questioning. It was not intended to be a technical intra-scientific discussion.[3] As is evident from the „Age of World-View", *(Die Zeit des Weltbil-*

---

[1] See Robert Adamson, *Roger Bacon: The Philosophy of Science in the Middle Ages*, Manchester 1876. Unfortunately, this approach has once again returned. See Brian Clegg, *The First Scientist: A Life of Roger Bacon*, New York 2003. For the other extreme view that there was no science in the Middle Ages, see Roger French and Andrew Cunningham, *Before Science: The Invention of the Friar's Natural Philosophy*, Aldershot 1996. For a review of modern interpretations of experience and demonstration in Roger Bacon, see Jeremiah Hackett, „Experience and Demonstration in Roger Bacon: A Critical Review of some Modern Interpretations", in: Alexander Fidora & Matthias Lutz-Bachmann (eds.), *Experience and Demonstration/Erfahrung und Beweis: The Sciences of Nature in the 13$^{th}$ and 14$^{th}$Centuries*, Berlin 2006, 41-58.

[2] The author is working on a more formal and developed interpretation of the themes of science, experience, history and being in the works of Heidegger.

[3] See Michael Friedman, *A Parting of the Ways: Carnap, Cassirer, Heidegger*, Open Court 2000 for the crucial role of the different interpretations of Kant in the discussion of early 20$^{th}$ century philosophy and science. One cannot but help think that Heidegger is being treated in a cursory manner as a foil for seeing Cassirer as overcoming the extremes of Carnap and Heidegger. For a forthcoming study of the issues discussed in Michael Friedman's book, see Alfred Nordmann (Technische Universität Darmstadt/University of South Carolina), „Another parting of the ways: Intersubjectivity and the objectivity of science", in: *Studies in History and Philosophy of Science* (Elsevier/ forthcoming 2011). Nordmann discusses Karl Popper, Thomas Kuhn and Michael Friedman in relation to Jurgen Habermas's concept of communicative and

*des)*, for example, it was more in the nature of thoughtful reflection on the example of science as the common form of rational knowledge in our modern times. It was, in other words, a meditation on the nature of the characteristics of modernity.[4] In that sense, the Middle Ages and Ancient Times act as a foil for the presentation of the characteristics of modernity.

In his work, „What is a Thing?" *(Die Frage nach dem Ding: Zu Kants Lehre von den transzendentalen Grundsätzen, 1935/36),* he situates ancient and medieval discussions of the thing in the context of Kant's new manner of asking about the thing. Heidegger in a very careful comparison takes up the differences and similarities between Aristotle and modern science. What is new in this account is the introduction of Newton with Galileo and Descartes as examples of how scientific laws operate in modern physics.[5] Above all, Heidegger is concerned with the mathematical projection of nature in the new physics.[6] The project of a discussion of the ‚essence' of modern science is both *a priori* and does not contextualize either Galileo or Descartes. Indeed, Heidegger also seeks out „the metaphysical meaning of the mathematical." He puts it as follows: „The

---

instrumental reason. He then uses the references to science as technology in Heidegger to indicate the distinctive contribution of „techno-science" as a unique mode of the production of modern science. In particular, he questions the attempt of both Cassirer and Friedman to construct a theory of „infinite" trans-finite reason. In this, he draws on the criticism of Cassirer by Heidegger at the Davos Debate in 1929. Nordmann makes a very helpful comparison between Heidegger's views on science in the 1930's and the recent philosophy of science in Rom Harré. (For an introductory study of techno-science, see Alfred Nordmann, *Technikphilosophie zur Einführung,* Hamburg 2008.) For earlier view on Science in Heidegger, see Joseph J. Kocklemans, *Heidegger and Science,* Washington, D.C. 1985; Carl Friedrich Von Weizsäcker, „Heidegger and Natural Science", in: Werner Marx (ed.), *Heidegger Memorial Lectures,* Pittsburg 1977, 75-100. (This is a translation by Steven W. Davis of *Heidegger: Freiburger Universitätsvorträge zu seinem Denken).* For a more recent study of Heidegger on ancient and modern technology, see Richard Rojcewicz, *The Gods and Technology: A Reading of Heidegger,* Albany/NY 2006

[4] The other four characteristics were: Machine Technology, Art becoming Aesthetics as mere subjective experience, Human Action becomes culture and the politics of culture, The Loss of the Gods, namely, a situation of indecision about God and Gods.

[5] Newton had not been referenced with Galileo and Descartes in the early works on time and history.

[6] See Günther Seubold, *Heideggers Analyse der neuzeitlichen Technik,* Freiburg/München 1986, 212-218. see 215: „Das Mathematische der neuzeitlichen Naturwissenschaft ist demnach ein apriorischer, zwar nicht willkürlicher, aber auch nicht erfahrungsmäßig gewonnener Entwurf über die Dingheit der Dinge, über das Sein des Seienden. Aller Empirie vorweg gilt nun als unumstößlicher *Grundsatz* ein niemals durch Empirie Ausmachbares etc." Seubold (214 n.8) recognizes that Heidegger rejects the kind of position presented by A.C. Crombie in his studies on medieval science, and cites A. Koyré's critical review of Crombie's Grosseteste Book from the German version in *Diogenes* 4 (1957), 421-448. See the English version, see Alexander Koyré, „The Origins of Modern Science: A New Interpretation", *Diogenes* (1956), 1-22. For an analysis of Heidegger on experiment as given in *What is a Thing? (Die Frage nach dem Ding)* see Trish Glazebrook, „Heidegger on The Experiment", in: *Philosophy Today* 42, N.3/4 (Fall 1998), 250-261.

mathematical is, as *mente* concipere, a project (*Entwurf*) of thingness (Dingheit) which, as it were, skips over the things. The project first opens a domain (Spielraum) where things – i.e. facts – show themselves. 2. In this projection there is posited that which things are taken as, what and how they are to be evaluated (wuerdigt) beforehand."[7] This mathematical science is axiomatic and anticipatory of the essence of things. The very ground-plan sets out a measure for all things thus transforming nature from the Aristotelian inner capacity of a thing to that of „the uniform space-time context of motion." Hence, Heidegger grasps the mathematical as the key to modern metaphysics and seeks to make this explicit. In the end, Heidegger is concerned above all with the meaning of the synthetic a priori in Kant, and hence, much of the text opens into an account of this central topic in Kant's *Critique of Pure Reason*.

It is clear, then, that the issue of „What is an Experiment?" is very closely related by Heidegger to the nature of the *apriori* as set out in Kant's first Critique. And so, the question is not just an issue for history of science, rather, it is also a question that raises fundamental issues in regard to the foundations of philosophy. In particular, it raises issues in regard to the relationship of Mathematics to the various forms of experience.

### Heidegger's *Beiträge zur Philosophie*
### (Contributions to Philosophy, written ca. 1940)[8]

The discussion of science, experience and experiment is found in part two, „Echo". It is unusual that no discussion of this section is provided in the recent *Companion to Heidegger's Contributions to Philosophy* and other recent English language works on the *Beiträge*.[9] And yet, this second section, „Echo", sets the

---

[7] Heidegger, *What is a Thing?* Trs. W.B. Barton, Jr. & Vera Deutsch, Chicago 1967, 92. For German text, see Heidegger, *Die Frage nach dem Ding: Zu Kant's Lehre von den transzendentalen Grundsätzen* (1935/36), in: Gesamtausgabe 41, Frankfurt am Main 1984, 92 (GA 41).

[8] Martin Heidegger, *Beiträge zur Philosophie: (Vom Ereignis)*, in: Gesamtausgabe 65, Frankfurt am Main 1989; English Translation: Martin Heidegger, *Contributions to Philosophy (From Enowning)*, Trs. Parvis Emad & Kenneth Maly, Bloomington/Indianapolis 1999 (Studies in Continental Thought).

[9] Charles E. Scott, Susan Schoenbohm, Daniella Vallega-Nau, Alejandro Vallega (ed.), *Companion to Heidegger's Contributions to Philosophy*, Bloomington/Inidianapolis 2001. This important section on Science is given just one paragraph. See p. 63. Daniela Vallega-Neu, *Heidegger's Contributions to Philosophy: An Introduction*, Bloomington/London 2003, only refers to the theme of science in a cursory manner. Richard Polt, *The Emergency of Being: On Heidegger's Contributions to Philosophy*, Ithaca/London 2006 does not discuss the issue in detail. In Parvis Emad, *Heidegger's Contributions to Philosophy*, Madison/WI 2007, there is an important discussion of Machination but no explicit discussion of experience and science. The issue of modern science is addressed in regard to some topics, especially Art, in: Friedrich-Wilhelm von

context for what follows in the *Beiträge*. According to Otto Pöggler, the *Contributions to Philosophy* is the *magnum opus* of Heidegger. This is not the place to give a complete account of the full context *Beiträge*, sections 72 to 78. Indeed, the main account of medieval science presents material similar to that found in the „*The Age of World-Picture*" and „*What is a Thing?*". Hence, I will only quote briefly from the former work even though it has explicit reference to Roger Bacon.[10] The treatment, however, does not differ from the account in the *Beiträge zur Philosophie*.

Heidegger believes that even the anti-Metaphysics of modern times continues to use the language of traditional philosophy, that is, of metaphysics. This, in his view, makes a revolutionary re-assessment of the „future" of science, impossible. Heidegger aims at a retrieval of the origins of Western Philosophy by means of a meditation on the future nature of modern science. Heidegger's twenty four notes on the nature of science do not tell us very much that is not now commonly available in contemporary science studies –that modern science differs from ancient science, that research involves specialization, that research provides the conditions for explanation. [11] And so, both the natural sciences as in

---

Herrmann, *Wege ins Ereignis: Zu Heideggers „Beiträgen zur Philosophie"*, Frankfurt am Main 1994.

[10] Martin Heidegger, „Die Zeit des Weltbildes", in: *Holzwege*, Frankfurt am Main 1063, 69-104. See pp. 73-76. English Translation: William Lovitt, „The Age of World-Picture", in: *Martin Heidegger and The Question Concerning Technology*, New York 1977, 115-154. „Hence, the much-cited medieval Schoolman Roger Bacon can never be the forerunner of the modern experimental research scientist; rather, he remains the successor of Aristotle.  For in the meantime, the real locus of truth has been transferred by Christendom to faith – to the infallibility of the written word and to the doctrine of the church. The highest knowledge and teaching is theology as the interpretation of the divine word of revelation, which is set down in Scripture and proclaimed by the Church. Here, to know is not to search out; rather, it is to understand rightly the authoritative Word and the authorities proclaiming it. Therefore, the discussion of words and doctrinal opinions of the various authorities takes precedence in the acquiring of knowledge in the Middle Ages. The *componere scripta et sermons*, the *argumentum ex verbo*, is decisive and at the same time is the reason why the accepted Platonic and Aristotelian philosophy that had been taken over had to be transformed into scholastic dialectic. If, now, Roger Bacon demands the *experimentum* – and he does demand it – he does not mean the *experiment of science as research* [my italics!]; rather, he wants the *argumentum ex re* instead of the *argumentum ex verbo*, the careful observing of things themselves, i.e. Aristotelian *empeiria*, instead of the discussion of doctrines".

[11] It should be noted here that in terms of his own times in the 1930's and 1940's, Heidegger addresses issues that only very later came to be matters of concern in post-analytic science studies.  To that extent, he was much more concerned with the ‚essence of modern science' than were his later epigone's, namely, the ‚existential phenomenologists'. There were of course some major exceptions such as Jean Ladrier at Louvain and Patrick Heelan in the USA. Both of them in their interpretations of phenomenology placed the matter of ‚modern science' in focus and they did so from out of the practice of modern science. In the case of the latter is was his work in experimental physics and in Quantum Theory (See Patrick Heelan, *Space-Perception and The Philosophy of Science*, Berkeley/Los Angeles/London 1983 and Heelan on Heidegger as a Philosopher of Science, „Heidegger's Longest Day: Twenty-five

physics and the human sciences as in history, end up with the „objectivization" of experience. Both deal with ‚results' and with the verification of their necessity. They advance by means of the priority of procedure over subject-matter and accuracy of judgment over the truth of beings. This enables Science to be „the Same" everywhere: everything depends on planning and political education.[12] In all of this, according to Heidegger, the asking of fundamental questions is avoided. He talks again about the differences between the *exact* and *inexact* sciences. The account of experience and experiment is found in sections 77-79 and is written in the form of notes. But in the preceding section 76, notes 15-17, he makes the following remarks on experience/experiment:

„15. As positive and individual in its rigor, every science is dependent upon cognizance of its field of subject-matter, dependent upon inquiry into the same, dependent upon *empeiria* and *experimentum* in the broadest sense. Even mathematics needs *experientia*, the simple cognizance of its simple objects and their determinations in axioms.

16. Every science is investigative inquiry, *but not every science can be ‚experimental' in the sense of the modern concept of experiment.* [My Italics!]

17. Measuring (exact) science, by contrast, *must be experimental.* Experiment' is a necessary, essential consequence of exactness, and a science is in no way exact simply because it experiments [...]".[13]

Section 18 revisits the nature of knowledge in history, and again discusses the process of objectification in history done by means of source criticism. Heidegger qualifies this scientific view of history *[historische]* with the idea of a lived, experienced history *[Geschichtliches]*, much as he did in his early essay on the concept of time in history.[14]

The discussion of the meaning of the term *empeiria/experientia/experimentum, experience/experiment* are made explicit in Sections 77-79. In section 77, he presents the account of experience (*empeiria*/experientia) in order to present a foil for the account of the „modern" scientific experiment. He begins by giving an etymological account of the word: experience: to come upon, having to take in what one encounters etc.; going up to something, circumspection; going up to something in terms of how it looks and how it

---

Years Later", in: *From Phenomenology to Thought, Errancy, and Desire: Essays in Honor of William J. Richardson*, (Ed.) Babette E. Babich, Dordrecht 1995, 579-588.)

[12] Heidegger, *Contributions to Philosophy*, 113, (*Beiträge zur Philosophie*, 162-165): It is sheer nonsense to say that experimental research is Nordic-Germanic and that rational [research] on the other hand comes from foreigners [*fremdartig*]. We would have then already to make up our mind to count Newton and Leibniz among the „Jews". It is precisely the projecting-open of nature in the *mathematical sense* that is the presupposition for the necessity and possibility of „experiment" as measuring [experiment] (163). The discussion of Heidegger's concept of history [Historie] as a science is not explicitly discussed in this paper. It will be a topic of another study.

[13] Ibid., 104, (GA 65, 149-151).

[14] Ibid., 104-105, (GA 65, 149-155).

exists: this knowledge is sought by means of certain instruments. This is an observation which *pursues* what is encountered and indeed under the changing conditions of encountering and coming forth. This is a form of testing how something looks and exists. This form of encountering nature can even be done by using instruments. Indeed, these conditions allow us to recognize regularities in nature, and these regularities in turn can be altered by *intervention in nature*. „In the latter case we provide ourselves certain experiences by certain interventions and with the application of certain conditions of more exact seeing and determining. Magnifying glass, microscope: sharpening the seeing and changing the conditions of observability. The instruments and tools are themselves often prepared materials of the same kind, essentially, as what is being observed. One can here already speak of an *experimentum* without revealing any trace of ‚experiment‘ and its conditions.“[15] But here one can have two different cases: one is a haphazard gathering of observations or two, a „gathering with the intention towards an order, whose ‚principle‘ is not derived at all from the observed things.“ And in the case of experimental science, what matters is the looking ahead to what has the character of a rule.

Experience can also mean thrusting ahead: what thrusts itself on one, affection, and sense-perception, receptivity and sensibility and sense organs. Exploring, measuring off, testing, asking questions: when-then, how-if. Here the 'sought-after' is always more or less something-definite. In the first case, one is affected; in the second, one intervenes. Heidegger depends here on the classical text from Aristotle's *Metaphysics Alpha,* Ch.1. Testing nature. By contrast, Heidegger now turns to modern scientific method in order to outline the specific difference between it and the traditional *empeiria/experiential/experience*. In contrast to this latter way, one has the METHOD of finding a RULE. He outlines this as follows:

„5. Going-up-to and testing, aiming at rules in such a way that generally the rule *[Regelhafte]* and *only* this rule determines in advance what is *objective* in its domain and that the domain is not graspable in any other way than by working out the *rules*, and this only by demonstrating regularity (testing possibilities of regularity, probing ‚nature‘ itself) – and in such a way that the rule is the rule for the *regulation* of measure *[Maßordnung]* and for possible measurability (space, time). What does that say in principle for the tool as something material, something of nature? Only now [is manifest] the possibility as well as the *necessity* of modern exact experiment. Only where there is a grasping ahead to an essential and quantitatively and regulationally determined domain of the object is experiment possible; and grasping ahead determines it thus in its essence.“[16]

---

[15] Heidegger, *Contributions to Philosophy*, 111, (*Beiträge zur Philosophie*, 160-161). For a discussion on experiment in this work, see Trish Glazebrook, „The Role of the Beitrage in Heidegger's Critique of Science“, in: *Philosophy ToDay* 45 N.1/4 (Spring 2001), 24-32.

[16] Heidegger, *Contributions to Philosophy*, 112, section 78, note 5, (*Beiträge zur Philosophie*, 162).

At this point, I summarize how Heidegger rehearses some of the differences between Medieval and
Modern Science:

1.  Modern Science stands over against *componere scripta de aliqua re*: collecting opinions and authorities and discussing these purely logically to reach the most insightful ones, above all, those that agree with religious doctrine, or at least do not contradict it.
2.  Medieval Science takes *essentia/natura* as a point of departure; modern science takes the single instance.
3.  *Experiri:* deals with what is not authoritatively proclaimed and what is not demonstrable, and cannot be brought to light. Heidegger then comments:

„Already before the Middle Ages this *experiri* [is] *empeiria* – [of] the doctors, [as in] Aristotle! When-Then! *Empeiria, texne* [as] already a *upolapsis* of the when-then (rule). But now an essential significance because of opposition, and especially when the transformation of humans [happens as] the certainty of salvation and certainty of the I. But with that only the *general* presupposition for the possibility of ‚experiment‘ [is] initially [given]. The experiment itself is thereby not yet given as something that becomes a *necessary* and prime *component* of knowledge. For that a fundamentally new step has to be taken.
The specific and unique presupposition *for that* is – as remarkable as it sounds – that science become rational-mathematical, i.e. *not* experimental in the highest sense. Setting up nature as such. Because modern "science" (physics) is mathematical (not empirical), therefore it is necessarily *experimental* in the sense of a *measuring experiment.*“ [17]
In one of the passages that follow, Heidegger addresses once again the case of Roger Bacon:
„*Now* experiment [is] *not only against* mere talk and dialectic *(sermones et scripta, argumentum ex verbo),* but also against random and merely curious exploration of *vaguely represented domain (experiri).*
*Now* experiment [is a] *necessary* component of exact science – a science that is grounded in the quantitative projecting-open of nature that enlarges this projecting-open.
*Now* experiment [is] no longer only against mere *argumentum ex verbo* and against ‚speculation‘ but also against all mere *experiri (experience).*
Thus [it is] *a fundamental error* and a confusion of essential ideas to say (cf. Gerlach) [Walter Gerlach, *Theorie und Experiment in der exakten Wissenschaft,* Berlin, 1937] [18] that modern science begins already in the Middle Ages, because, for

---

[17] Ibid., 112-113, (*Beiträge zur Philosophie,* 162-164).
[18] This work by Walter Gerlach is published in M. Hartmann & W. Gerlach, *Naturwissenschaftliche Erkenntnis und ihre Methoden,* Berlin 1937.

example, Roger Bacon deals with *experiri* and *experimentum,* and thereby also talks of *quantities.*
If so, then back to the source of this medieval ‚modernity‘: Aristotle, *empeiria. Now experiment over against experiri.*
In the setting up of nature, as the interconnection of the ‚existence‘ of things according to laws, what co-determining but increasingly retreating role is played by the *harmonia mundi* and ideas of *ordo, kosmos.*
Basic conditions for the possibility of modern science [are]:

1. The mathematical projecting-open of nature: objectness, re-presentedness;
2. Transformation of the essence of actuality from essentiality to individuality. Only with this presupposition can an *individual result* claim the force of justification and confirmation.“[19]

Sections 79 and 80 simply repeat earlier material about Medieval method and experiment.
What is the historical context for these remarks by Heidegger?
Heidegger can be seen to be discussing a topic that is central to the work of both Edmund Husserl and Alexander Koyré in the period from 1934-1939. That, in turn, raises the important question: What assumptions did Heidegger share with both Husserl and Koyré in regard to change and revolution in the science?
From the above, it is clear that Heidegger shares the same position as Alexander Koyré and Edmund Husserl in regard to the priority of the mathematical and the mathematically-empirical to that of ordinary perceptual experience in the modern era. In other words, the claim is that the modern sense of the mathematical is *radically different* from the ancient and medieval concepts of the mathematical. Hence, modern science, unlike ‚ancient-medieval science‘ prescribes to Nature the laws that it must obey. It does not divine them by means of a broad empirical study of the ‚appearances‘. A not so explicit assumption is that the late medieval philosophers were only interested in metaphysical essences and not at all in developing a mathematics that would be adequate for discrete experiences in the effort to understand nature.
More importantly, for our purposes in this paper, it is clear that Heidegger provides us with the actual source for his understanding of modern experimental method. He refers to the work of Walter Gerlach. Indeed, his arguments against the possibility of Roger Bacon's ideas about *experientia-experimentum* being a source for the modern understanding of science is based on his reference to Walter Gerlach.

---

[19] Ibid., 113-114, (*Beiträge zur Philosophie,* 163-164).

The latter in many of his works on the history of science is quite firm: modern science begins with Johannes Kepler.[20] Anything before Kepler does not deserve the name of science. Hence, Heidegger's reference to Gerlach's work is mysterious. *There is no explicit reference to Roger Bacon in Gerlach's text.*[21] This raises all kinds of issues. However, the 2009 publication of Heidegger's *Leitgedanken zur Entstehung der Metaphysik, der neuzeitlichen Wissenschaft und der mo-*

---

[20] Walter Gerlach & Martha List, *Johannes Kepler, Der Begründer der modernen Astronomie*, München 1987; Idem, *Johannes Kepler: Leben und Werk*, München 1966. This kind of interpretation is quite recognizable as a kind of ‚Nation-State' interpretation of the nature of science. The ‚first' modern scientist and only *he* is a Copernicus, Galileo, Descartes, Francis Bacon or Newton, depending on one's political preference. We now know that the emergence of modern European Science was much more complex and cooperative than a simple one great man theory of ‚nation-state' history will allow. A Europe of regions offers a better perspective.

[21] See Trish Glazebrook, *Heideger's Philosophy of Science*, (Perspektives in Continental Philosophy, No. 12), New York 2000, 90: In the *Beiträge*, Heidegger comes back to the question of the separation of experience and the empirical in the experiment. He notes that experimentation is a return in some sense to Aristotle's *empeiria*. If the origin of modernity is to be traced back to the Middle Ages, it must be further traced back to Aristotle's interest in the empirical. On this basis he criticizes Walther Gerlach's argument—albeit cryptically, in: „Theorie und Experiment in den exacten Wissenschaften" – that modern science had already begun in the Middle Ages: „If already [begun], then back to the origin of this medieval ‚modernity': Aristotle's *empeiria*." I interpret him to mean that modern science has more in common with Aristotle than with medieval *doctrina*. Heidegger's view, like that of Kuhn in *The Structure of Scientific Revolutions*, is that the history of science moves forward with radical breaks. Yet, like Lakatos, Heidegger believes that a thoughtful analysis can make rational sense of such radical breaks. Indeed, for Heidegger the logic at work in the progress of science is dialectical more than anything else. Epochal transformations are *Aufhebungen*, in which something is cast off and something maintained, something abolished and something raised up. Therefore no epoch is for Heidegger free of its history. Something of Aristotle's *empeiria* remains in modernity in the experiment. Medieval *doctrina* is radically different from both ancient and modern science. A trace of Aristotle's *empeiria* remains in what distinguishes modern science radically from medieval *doctrina*: the experimental method.
[My comment: Heidegger's discussion of the issue of Medieval *doctrina* in this discussion has the effect of obscuring that an actual experimental method existed in the Middle Ages, one quite distinct from the theological *doctrina*. The crucial issue is not *doctrina*. It is the issue of *scientia* and specifically the nature of a *scientia experimentalis* as outlined by Medieval Scientists. This tradition was influenced by Islamic Science, in particular by Ibn al-Haytham in Optics. It is a tradition which took up and transcended Aristotle's *empeiria*, and as we will see below had a continuous development from Roger Bacon to Kepler, Galileo and Descartes in regard to the effort to link up exact mathematical analysis and the careful description of artificially organized descriptions of experience. My reading of the *reference to Walter Gerlach* in the *Beiträge* is that he is being cited as an example of a modern *exact scientist* who argues like Heidegger for the *a priori* status of mathematics and for the priority of the mathematical projection to the experimental outcome and confirmation. There is simply no reference to Roger Bacon or medieval science in this text of Walter Gerlach. Heidegger is, I believe, asking the reader to compare Roger Bacon with a modern research scientist like Gerlach, and to note the difference in methodology. I should note in passing that Glazebrook tends to confuse Roger Bacon with Francis Bacon.]

*dernen Technik* provides some new material on Roger Bacon and this reference to Walter Gerlach.[22] Heidegger again distinguishes between Bacon's Aristotelian science and modern science and has two pages of notes on Gerlach's account of modern science. These notes discuss the passage from ancient to modern concepts of nature and once again address the issue of *experientia and experimentum* in Roger Bacon. He sees Roger Bacon as a medieval realist who prepares the ground for the emergence of nominalism. As he puts it, „experientia und experimenta bei Roger Bacon meint nicht ‚Experiment', nicht einmal 300 Jahre spatter bei Descartes bedeutet es dies, – gemeint die aristotelische ἐμπειρία – das unmittelbare sinnliche Anschauen des Mannigfaltigen als solchen, so die Vorbereitung des Nominalismus – des Umschlages des realitas als essentia zur realitas als singulare, der erste ausdrückliche Schritt in der haecceitas des Duns Scotus, aber erst Ockham. Damit aber gerade bewiesen, daß die Metaphysik und ihr Wandel die Voraussetzung für die mathematische Naturwissenschaft ist und ihre Mathesis."[23] These notes on Gerlach's a-historical understanding of metaphysics and science see the latter as one who dismisses Philosophy as such. Plato and Aristotle are seen as a rather primitive stage in the development of modern science. These should be seen as critical notes in Heidegger's response to Gerlach's concept of a modern science and of philosophy. Heidegger does, however, raise the question about Kepler in stating the following: „In the setting up of nature, as the interconnection of the ‚existence' of things according to laws, what co-determining but increasingly retreating role is played by the *harmonia mundi* and ideas of *ordo, kosmos.*"[24] In this way, Kepler is seen as a liminal figure between the post Cartesian science of modernity and the world of Roger Bacon. But to cite Walter Gerlach as though he is speaking about Roger Bacon, when there is no such reference is odd to say the least. Heidegger seems to be saying that if one examines the work of Gerlach, one sees in practice just how different Medieval science in Roger Bacon is from Modern Science.

All of this raises an interesting question: To what extent were Husserl, Koyré and Heidegger responding to the „continuity" thesis of Pierre Duhem? They are clearly staking out a very strong „discontinuity" thesis.

Whatever one may think of Pierre Duhem's arguments for the beginnings of modern science with the Parisian Condemnations of 1277, one cannot ignore the complex attention to mathematics initiated by Roger Bacon and his contemporaries, and continued in the later Middle Ages. The researches of many great scholars including Anneliese Meyer, James Weisheipl, John Murdoch, David C. Lindberg and Edward Grant have made this crystal clear. This intense interest in mathematics developed into the work of Thomas Bradwardine, the

---

[22] Heidegger, *Leitgedanken Zur Entstehung der Metaphysik, der neuzeitlichen Wissenschaft und der modernen Technik*, in: Gesamtausgabe 76, Frankfurt am Main 2009, 187-189.

[23] Ibid., 188-9.

[24] Heidegger, *Contributions to Philosophy,*113, (*Beiträge zur Philosophie*, 164) .

Mertonians, Nicholas Oresme, John Buridan and many others in the 14th c.[25] Nor can one ignore the works of those Italian thinkers and artists before Galileo. My difficulty with Heidegger's account of modern science is that while it rightly identifies Galileo, Descartes and Newton as exemplary for „modern" science, and specifically focuses on the new meaning of „the mathematical", it does not examine the changes in the nature of the mathematical *and* „the experiential/empirical" as they developed in the period from 1400-1649. [26] In Heidegger's account, all the weight falls on the nature of the mathematical as such as expressed in Galileo and Descartes. There is a singular absence of important German work on medieval optics, meteorology and medicine from the pre-World War I period. Indeed, contemporary scholarship has shown that the connection between Galileo and Descartes with their medieval predecessors is quite complex, and that there is continuity as well as discontinuity.[27] Moreover, broader studies of early modern science have widened the focus to include the inter-relation of mathematics, medicine, art and experience. A case in point is Karsten Harries study of *renaissance perspective*.[28]

What is the common perception of the issue to-day? Thankfully, a comprehensive and useful survey of what I will call the „standard-view" since the 1930's already exists, and I will merely summarize it here.[29] Despite Pierre Duhem's arguments for continuity between Medieval and Modern Science, the position of Alexander Koyré as developed in Herbert Butterfield and as codified by Thomas Kuhn tends to be the accepted position. That is, the „standard view" holds that while there may be some methodological continuity of the kind

---

[25] See Edith Sylla, „The Oxford Calculators", in: Norman Kretzmann, Anthony Kenny, Jan Pinborg (eds.), *The Cambridge History of Later Medieval Philosophy*, Cambridge 1982, 540-563; see also Edward Grant, *The Foundations of Modern Science in the Middle Ages: Their Religious, Institutional and Intellectual Contexts*, Cambridge 1996 (reprinted 1998): This work makes explicit the need for a much more complex history and philosophy of medieval science than existed in the early decades of the twentieth century.

[26] For a study of this development, see Alistair C. Crombie, *Styles of Scientific Thinking in the European Traditon: The history of argument and explanation especially in the mathematical and biomedical sciences and arts*, 3 vols., London: Duckworth, 1994. See especially vol. 1.

[27] See for example William A. Wallace, *Galileo and His Sources: The Heritage of the Collegio Romano in Galileo's Science*, Princeton University Press, 1984, and many related studies by the same author.

[28] Karsten Harries, *Infinity of Perspective*, Cambridge 2001.

[29] David C. Lindberg, „Conceptions of the Scientific Revolution from Bacon to Butterfield", in: David C. Lindberg and Robert S. Westman (eds.), *Reappraisals of the Scientific Revolution*, Cambridge 1990, 1-26. A very considerable objection against „the standard view" and in particular against the dominant position of Alexander Koyré in regard to the difference in kind between Ancient and Modern Science can be found in G.E. R Lloyd, *The Revolution of Wisdom: Studies in the Claims and Practice of Ancient Greek Science*, Berkeley/Los Angeles/London 1987. Lloyd offers strong argument for a modification of the absoluteness of Koyré's position of an absolute difference between Ancient and Modern Science. These objections could also be made against the positions of Husserl and Heidegger.

suggested by A. C. Crombie, the essence of modern science is radically different and other than ancient and medieval science. And this is so regardless of all the fine studies, some mentioned above, that demand a new and more comprehensive account of the passage from Medieval to Modern Science. Some modern interpreters of science simply ignore anything before Newton in their account of the nature of science.[30] Even if in the end, one does recognize a significant revolutionary break in the seventeenth century, it is imperative that science studies give intense treatment of the detailed history of the transition from medieval/renaissance science to modern science. Moreover, attention also needs to be given to the Philosophical presuppositions of the many forms of the emerging modern science, whether Platonic, Stoic, Aristoteian, Sceptic or Epicurean.

In conclusion, I wish to argue that Martin Heidegger, despite his significant philosophical differences with Edmund Husserl and Alexander Koyré, shared with them a thoroughly modern broadly Kantian interpretation of the essence of Modern Science. He is of course correct to emphasize that the Science of Roger Bacon is broadly speaking a development of the *scientia of Aristotle*. But he neglects to note that notwithstanding the neo-platonic understanding of the nature of mathematics in Roger Bacon, the latter placed the issue of the nature of mathematics and the nature of universal law front and center. Bacon was very alert to the fact that modern science would involve the integration of singular experiences and mathematics. His placing of astronomy and *perspective* at the center of science would mean that future commentary on *perspective* especially that of Kepler and Descartes, would remain quite medieval in their assumptions even as they re-conceived the nature of mathematics in science. Smith has demonstrated it with reference to Descartes' Optics.[31] Hence, I believe that it is very legitimate for William Wallace, Rom Harré and Edward Grant to treat Theodoric of Freiberg's Treatise on the Rainbow as a significant development in the progress of scientific explanation. It is a marked improvement on Aristotle's account. To leave Bacon, Peckham, Witelo and Theodoric out of the story of the development of modern science is nonsense. So too for that matter is to leave out the story of Islamic Optics, that is, Ibn al-Haytham. German writers on the history of science prior to World War I did not make the mistake of passing over late Antiquity, the Middle Ages and the Renaissance. For this reason and for

---

[30] See Peter Dear, *The Intelligibility of Nature: How Science Makes Sense of the World*, Chicago 2006. For a broader perspective, see Rom Harré, *Great Scientific Experiments*, Oxford/New York 1983. Harré includes Theodoric of Freiberg's treatise on the Rainbow (*De iride*) as one of the many experiments discussed in the book. Since Theodoric worked out the basic structure of the rainbow and improved greatly on Aristotle, this will cause one to have a certain reserve towards Heidegger's back to Aristotle bias in the *Beiträge zur Philosophie* and later works. There was genuine scientific progress in the works of Medieval Scientists and no *ex cathedra* philosophizing can ignore this and remain believable.

[31] A. Mark Smith, „Descartes's Theory of Light and Refraction: A Discourse on Method", in: *Transactions of the American Philosophical Society* 77/3 (1987).

others, I believe that Philosophy and Science studies will reach a better understanding of the manifold nature of the transition of medieval/renaissance to modern science if the broad vision of the nature of science as expressed by Alistair C. Crombie is taken into account and made part of the method of the History of Philosophy and of Science.[32] It is not sufficient any longer to do History of Science on the basis of *a priori philosophizing. Philosophy and the History of Science must work together.* It is not enough to dwell on the „great man" theory of historical change. We need comprehensive and detailed understanding of the variety of the sciences in the transition from medieval/renaissance to modern.

In a word, we need a worked out research program on the variety of Philosophical and Scientific Styles of Thinking in the period from 1266 to 1700 and beyond.

---

[32] Alistair C. Crombie, *Styles of Scientific Thinking in the European Tradition. The History of Argument and Explanation especially in the Biomedical Sciences and Arts*, 3 volumes, London 1984.

# Assoziationen zu Kritik und Ambivalenz in der Negativen Dialektik von Theodor W. Adorno

Gerhard Stamer (Hannover)

Es ließe sich Beachtliches über Theorie und Erfahrung ausführen, wenn die Zeitspanne von 1964 bis 2011 in einen Blick – Rückblick – genommen würde. 1964 waren Günther Mensching und der Autor dieses Artikels als Studenten nach Frankfurt am Main gekommen. Ging es damals darum, eine Dissertation zu verfassen, so heute um eine Festschrift. Der, dem diese Festschrift zugedacht ist, und der Autor dieses Artikels trafen sich nach vollkommen getrennten Wegen in Hannover wieder. 1964 waren beide in den Sog des Denkens von Adorno geraten. So viel geistige Präsenz hatte ich bis dahin nicht erlebt; Präsenz in doppelter Hinsicht: was die gedankliche Konzentration und was die Verarbeitung der Gegenwart betraf. Philosophie war eben nicht nur Philosophiegeschichte, sondern der sensibelste Impuls auf der höchsten Reflexionsstufe, wie sie in den Theorien von Kant, Hegel erreicht war, Ausdruck gebend der Verzweiflung nach Weltkrieg, Holocaust und Wohlstandskapitalismus der fünfziger Jahre.

Hatte sich was nach 1945 verändert? Aber die Welt hatte sich doch verändert. Es war alles zerbrochen, wenn man unter „alles" die Kultur und die menschliche Zivilisation versteht: Ein Einschnitt in der Geschichte, daß nun im Grunde alles aufhören müßte. Moralisch war keine Fortsetzung mehr gerechtfertigt. Aber die Gräben wachsen zu und es geht weiter. Es ging weiter. Keine Verzweiflung hält den Übergang von der Gegenwart in die Zukunft auf, auch wenn die Lust an der Zukunft vergangen ist. Das mag so gehen und auch ein Abschied von Adornos Stunde eingetreten sein, aber die Präsenz von Adorno, seine Vergegenwärtigung der Gegenwart hat einen Pflock in der Geschichte so tief eingeschlagen, daß er wie ein Bleibendes im Wandel seine Gültigkeit nicht verliert. Kein Abschied von Adorno kann daran etwas ändern.

In der Einleitung zur *Negativen Dialektik*, die Adorno 1966 geschrieben hat, lassen sich die zentralen Motive des Denkens von Adorno finden. Sie sind dort argumentativ gebündelt und erlauben eine ebenso gebündelte Behandlung. Ich stelle sie unter den Titel *Kritik und Ambivalenz*.

„Philosophie, die einmal überholt schien, erhält sich am Leben, weil der Augenblick ihrer Verwirklichung versäumt ward. Das summarische Urteil, sie habe die Welt bloß interpretiert, sei durch Resignation vor der Realität verkrüppelt auch in sich, wird zum Defaitismus der Vernunft, nachdem die Veränderung der Welt mißlang."[1] So beginnt Adorno. Der Bezugspunkt seiner historischen Verortung ist Karl Marx. Von dort her wäre wohl eine Verwirklichung der Philoso-

---

[1] Theodor W. Adorno, *Negative Dialektik*, Frankfurt am Main 1966, 13.

phie denkbar gewesen, die in ihrer früheren praxisfernen, metaphysischen Einstellung „überholt schien". Aber der „Augenblick ihrer Verwirklichung" wurde versäumt, „die Veränderung der Welt mißlang".

Die Melancholie ist unüberhörbar. Waren es bei Hölderlin die griechischen Götter, die entschwunden waren, so ist es bei Adorno eine Zeit des Mißlingens, des Versäumnisses diesseitiger, menschlicher Möglichkeiten, die nun passé sind. Aber der historische Einschnitt besteht: Die Verwirklichung der Philosophie ist als Anspruch und politische Forderung nicht mehr abzuweisen. Was sich dieser Aufgabe nicht stellt, ist von gestern. Gestrig ist daher der Charakter von Philosophie und Politik, an der diese Forderung vorbeigegangen ist. Gestrig ist alle Macht, die diese Aufgabe in den Schatten stellt. Adorno spricht bereits auf der ersten Seite seiner Einleitung das „Mißverhältnis zwischen Macht und jeglichem Geist" an, das bereits zum Topos herabgesunken sei.

Es ist vorbei! Dieser Klang der ersten Seite bleibt in den Ohren durch das ganze Buch. Der Aufruf, nun die Kräfte zu einem erneuten Sturmlauf zu sammeln erfolgt nicht. Im Gegenteil! Adorno erklärt: „Praxis, auf unabsehbare Zeit vertagt, [...]"[2].

Diese komplette Negation der Praxis, verstärkt in weiteren Ausführungen, auch in öffentlichen Veranstaltungen, bei fundamentaler Negation der bestehenden gesellschaftlichen Verhältnisse wirkte wie ein Riß in der Theorie von Adorno, wie ein schreiender Widerspruch, ohne die Hoffnung auf eine dialektische Auflösung, wie eine klaffende Wunde: eine Philosophie, die alles wußte und doch weder ein noch aus. Die Unerträglichkeit des Schmerzes ohne Abhilfe – wie sollte sich die begrifflich fixieren lassen? Welcher Stolz hat die Philosophie da erfrieren lassen? Läßt sich die Weisheit nur noch auf dem schmalsten Grad der Verweigerung halten? Eine Reflexion, die den Lebenswillen hinter sich gelassen hat, schwebend, reines atonales Denken, reine Schau, wie am Anfang die große Philosophie.

Die begriffliche Entfaltung in der Zeit der Entdeckung des Geistes hatte anderen Charakter als die Negation der Praxis durch Adorno. Die begriffliche Kontemplation war eine Affirmation des Seins. Die Transzendenz ragte für ihre Exponenten in die Immanenz hinein. Sie öffneten die Augen für sie. Sie hatten ein Bild, eine Vorstellung vom kosmisch Ganzen, nach dem sogar die Gesellschaft gegliedert werden sollte. Platons *Politeia* einigt Kosmos und Seele. Die Formel der substanziellen Sittlichkeit bei Hegel ist Ausdruck eines Lebens, in dem Transzendenz und Immanenz, das Recht und der Eros die Gemeinschaft der Polis bilden: Ausdruck eines Lebenszusammenhangs. Über allem leuchtet das Gute und weist dem Einzelnen seinen Platz zu, gibt ihm seinen zugesprochenen Sinn. Die Schau erleuchtet das Leben. Der Blick Adornos hat nichts von dieser Faszination an sich. Jedes Weichwerden in diese Richtung wird von ihm verachtet. Das Denken knickt für Adorno gewissermaßen ein, wenn es diesen

---

[2] Ebd.

Verrat an seinem kritischen Bewußtsein übt, wenn es nicht Stand hält dem, was es erfahren hat, wenn es aus der häßlichen Gegenwart in die vermeintlich schöne Vergangenheit flieht.

Und doch: Woher der Schmerz? Woher der Gestus der radikalen Absage an das Gegenwärtige? Doch nur, weil ein unausgesprochenes Wissen eines Anderen im Hintergrund vorhanden ist: stark und unverletzt. Hat die schwarze Milch alles überzogen, alles, und wird dies durch das Konstatieren ihres unversöhnlichsten Kritikers überhaupt erst zu dem geschlossenen Zuchthaus, wofür er es hält: im Untergrund, subversiv, aber doch eine neue Metaphysik begründend, eine Metaphysik der Intuition von Künstlern und Kindern, eine Metaphysik, die doch mit unangekränkelter Gewißheit ihr Verdikt über die Gegenwart spricht: von hier bezieht die Kritik des kritischen Bewußtseins ihre nachhaltige Kraft. Es handelt sich um eine Metaphysik, die sich keinen metaphysischen Spekulationen hingibt, sie verbleibt im Status der Ahnung eines Anderen, empirisch fast ein Nichts, aber ein Nichts, das ein Ganzes – das Bestehende – negiert.

*„Nicht absolut geschlossen ist der Weltlauf, auch nicht die absolute Verzweiflung; diese ist vielmehr seine Geschlossenheit. So hinfällig in ihm alle Spuren des Anderen sind; so sehr alles Glück durch seine Widerruflichkeit entstellt ist: das Seiende wird doch in den Brüchen, welche die Identität Lügen strafen, durchsetzt von den stets wieder gebrochenen Versprechungen jenes Anderen.“*[3]

In der Negation Stand zu halten, die das Denken unversöhnlich proklamiert: ein Heroismus, der nicht zu überbieten ist, aber zumeist versteckt bleibt. Die Aura der kritischen Negation ist dem Heroismus so fern, daß er unbemerkt bleibt. Aber in ihm findet jede Sehnsucht nach einer besseren Welt ihre Nahrung, oft mehr als in den Gebilden der Hoffnung, die das Negative nicht wahren. Wie heißt es bei Hegel: Die „kraftlose Schönheit“ haßt den Verstand, weil er ihr die Abstraktion, das Tote, zu denken zumutet. Adornos Abstraktion bewahrt in der Form des Numinosen. Es ist diese metaphysische Position, deretwegen Adorno sich in die große Philosophie des systematischen Denkens eines Ganzen in unnachahmlicher Konsequenz einreiht; im Gegensatz zu den rationalistischen politischen Philosophen, die im Rahmen des Bestehenden Schritte der Veränderung vorzeichnen. So sehr Adorno auch das Fragmentarische lobt, er selbst übersteigt es in der *Negativen Dialektik* mit Pathos.

*„Kein Licht ist auf den Menschen und Dingen, in dem nicht Transzendenz widerschiene. Untilgbar am Widerstand gegen die fungible Welt des Tauschs ist der des Auges, das nicht will, daß die Farben der Welt zunichte werden. Im Schein verspricht sich das Scheinlose.“*[4]

Das Festhalten an dem Uneingelösten, vielleicht Uneinlösbaren, wird sich nie in Politik umsetzen lassen, aber auch nicht auflösen lassen. Es geht nicht unter in irgendeine bestehende Gegenwart, es erhält aufrecht, woran jede Gegen-

---

[3] Ebd., 394.
[4] Ebd., 394f.

wart untergehen muß: Es ist der Einbruch der fernsten Zukunft in die Gegenwart, der Kontrast des Unendlichen zum Endlichen. Die Sehnsucht, die Adorno im Gewande des Negativen erzeugt, ist daher konservativ, bewahrend wie alles, was über die je bestehenden Momente der Geschichte hinausgeht.

Adorno hat dafür einen hohen Preis zahlen müssen. Er negiert die *vita activa*, aber auch die *vita contemplativa*. Das kritische Bewußtsein rührt sich nicht in der arroganten Höhe seines Adlerhorstes, alles überblickend. Weder die Praxis der Revolution noch die Erlösung im Nirwana bietet er als Ausweg an. Das kritische Bewußtsein bestellt keine Felder. Es baut nicht an. Lebt es? Das ist die Frage. Die Praxis zu negieren, bedeutet nicht nur, den Ausweg für unmöglich zu halten, sondern zum Leben in Distanz zu treten. Die Verweigerung, mitzumachen, die Adorno anmahnt, ist auch die Verweigerung des Lebens. Natürlich kann man nach Auschwitz noch Gedichte schreiben. Natürlich werden auch noch welche geschrieben. Natürlich gibt es ein wahres Leben im falschen. Ja, es kommt sogar darauf an. Leben entwickelte sich zu allen Zeiten im Widerstand. Es gelingt Adorno nicht, die Armut der eigenen Position der Armut der Gesellschaft zuzuschreiben. Die eigene Reflexion, wenn sie Reflexion ist, ist stets mehr als ein Reflex. So ist es wie ein schlecht getarntes Eingeständnis zu lesen:

„Die Verarmung der Erfahrung durch Dialektik [es ist die negative Dialektik gemeint, G.S.] jedoch, über welche die gesunden Ansichten sich entrüsten, erweist sich in der verwalteten Welt als deren abstraktem Einerlei angemessen. […] Ihr muß Erkenntnis sich fügen, will sie nicht Konkretion nochmals zu der Ideologie entwürdigen, die sie real zu werden beginnt."[5]

Adorno entwirft keine konkrete Analyse der konkreten gesellschaftlichen Situation, etwa der Entwicklung der Länder der sogenannten Dritten Welt, keine Aussage zur Friedenspolitik, keine zur Ökologie; es ist das Ganze der verwalteten Welt, es ist der Markt, dem „keine Theorie mehr […] entgeht"[6]. Es ist das Grauen angesichts des Grau in Grau, des Einerlei, das er in seiner Methode vollkommener Ideologievermeidung nur noch wahrnehmen kann. Aber es ist mehr als Methode: Es ist der Schmerz, der durch das Rationale durchbricht – wieder ein Inkonsequentes, das Adornos Konsequenz ausmacht. Die ausgelassene Stelle, in dem soeben angeführten Zitat sagt es deutlich: „Ihr Schmerzhaftes ist der Schmerz über jene, zum Begriff erhoben." Es ist der Schmerz über die verwaltete Welt, der die Dialektik zum Stillstand bringt. Der Schmerz ist das Authentische der Gegenwart. Er läßt kein darüber Hinweggehen zu. Hier pflanzt er sein Nein auf! Die Affirmation des Schmerzes durchzieht das Werk Adornos. Die Verletzung hat eine Wunde erzeugt, für die Heilung nicht nur nicht für möglich gehalten wird, für die Heilung nur als falsche medizinische Behandlung anzusehen ist, für die Heilung eine Verleumdung der Wahrheit wäre, die die Krankheit ist. Das können die „gesunden Ansichten" nicht verstehen, die sich darüber „entrüsten".

---

[5] Ebd., 16.
[6] Ebd., 14.

Leben, natürlich nicht zu trennen von dem Wunsch nach Gesundheit, ist unter dieser Prämisse nur ein Dasein im Stadium der Uneigentlichkeit, um es in der Sprache des von Adorno abgelehnten Heidegger zu sagen. Die Negation der Praxis ist die Negation des Lebens.

Es mag die generelle Tragik der Moral sein, daß die Geschichte immer weiter geht – nach allen Katastrophen und jedem Elend, die Menschen sich zugefügt haben. Aber das Ablehnen des Lebens hat nie eine Chance. In ihm liegt auch die immerwährende Chance zur Moral, wenn auch das Wort Schmerz die Moral verbirgt, deren Schmerz es im Grunde ist.

Die Dialektik, bei Hegel und Marx, längst bei Platon, war die Methode der Verbindung, der Verbindung zwischen dem Einzelnen und dem Allgemeinen und Ganzen. In den erkenntnistheoretischen Dialogen von Platon begründete sie schon die physikalisch nicht faßbare Verbindung zwischen dem Subjekt und dem Objekt der Erkenntnis. Keine Seite separat für sich genommen konnte Erkenntnis, diese eigenartige Verbindung mit der Welt erklären. In Hegels Phänomenologie führt der Aufstieg vom Einzelnen über die vielen Stufen der Erfahrung des Bewußtseins zum absoluten Wissen. Im *Kapital* von Marx entfaltet sich der Widerspruch, der in der Keimzelle der Gesellschaft – der Ware – angelegt ist, zu dem Ganzen der kapitalistischen Ökonomie: durch Produktion, Distribution und Konsumtion hindurch. Dialektik, die Methode der Verbindung und des Prozesses, erfährt bei Adorno eine generelle Umdeutung, die in der Souveränität, mit der er sie entworfen hat, fasziniert und mit einem Schlage, ausgelöst durch die desaströsen Erfahrungen der Gegenwart, die vom Allgemeinen – sei es in Gestalt der Technik oder der Nation – produziert wurden, unmittelbar überzeugen konnte.

„Philosophie hat, nach dem geschichtlichen Stande, ihr wahres Interesse dort, wo Hegel, einig mit der Tradition, sein Desinteressement bekundete: beim Begriffslosen, Einzelnen und Besonderen; bei dem, was seit Platon als vergänglich und unerheblich abgefertigt wurde und worauf Hegel das Etikett der faulen Existenz klebte."[7]

Negative Dialektik macht sich zum Anwalt des Begriffslosen, Einzelnen und Besonderen. Sie widmet sich dem, was dem geschichtlichen Stand nach – so die Einschätzung – das wahre Interesse der Philosophie sei. Philosophie beendet unter diesem Aspekt mit Adorno radikal ihre monumentale Geschichte. Die Linkshegelianer waren darin schon vorangegangen. Max Stirner war bereits mit *Der Einzige und sein Eigentum* aus Hegels Perspektive des Absoluten herausgetreten. In Feuerbachs Sensualismus tritt die Tendenz zum Einzelnen hervor. Nicht minder in Kierkegaards Religiosität. In allen Theorien des Existenzialismus ist sie zu finden. Aber eine konträre erkenntnistheoretische Methode, die sich dem Einzelnen und Begriffslosen systematisch zuwendet, gewinnt erst in Adornos *Negativer Dialektik* als Gegenwurf gegen die gesamte große Tradition

---

[7] Ebd., 17f.

der Philosophie Gestalt. Man kann es auch anders sagen: Bis zu Adorno hat niemand gewagt, in methodischer Argumentation – gewissermaßen Auge in Auge mit Hegel – gegen das Denken zu denken. Nietzsche mag in metaphorischer und assoziativer Hinsicht vieles vorweggenommen haben. Adorno aber hat die politischen Katastrophen der ersten Hälfte des 20. Jahrhunderts vor Augen. Es sind Katastrophen, die ihren Ausgang nicht in der Natur hatten, sondern in der Totalität der modernen Gesellschaft. Gegen diese Hegemonie des Allgemeinen zu denken wird zum Engagement der *Negativen Dialektik*. Adorno erkennt einen Zusammenhang, der über alles Politische, Gesellschaftliche und Psychologische hinausgeht und der Zivilisation zum Verhängnis wird. Es ist das Prinzip der Identifikation, das dem Denken immanent ist. Menschliche Kultur, von der Wissenschaft bis zu den Spekulationen der Metaphysik, die Rationalität in jedweder Form, der Ökonomie und Verwaltung, wird von diesem Prinzip beherrscht. „Beherrscht" ist ein zu starker Ausdruck, denn es vollzieht sich auch lautlos, unmerklich, auch unaggressiv in der Art und Weise jeder Erkenntnis. Der innerste Punkt aber ist der, „daß die Gegenstände in ihrem Begriff nicht aufgehen, daß diese in Widerspruch geraten mit der hergebrachten Norm der *adaequatio*. Der Widerspruch ist nicht, wozu Hegels absoluter Idealismus unvermeidlich ihn verklären mußte: kein heraklitisch Wesenhaftes. Er ist Index der Unwahrheit von Identität, des Aufgehens des Begriffenen im Begriff."[8]

Der Zusammenhang, in den Adornos Argumentation die Kritik an dem Prinzip der Identifikation stellt, kann nicht historisch untergebracht werden in den Gegensatz von Begriffsrealismus und Nominalismus. Das Milieu, in dem sich Adornos Argumentation aufhält, ist dann doch nicht im engeren Sinn erkenntnistheoretisch, sondern bezieht sich erkenntnistheoretisch auf das Leben, das physische wie das gesellschaftliche. Was das Denken für das Leben bedeutet: Es ist Existenzbedingung der Gattung Mensch und zugleich verhängnisvoll die Gebundenheit der Gattung an Identifikation, an Identifikationen, die sie selbst ununterbrochen produziert und worin ihre Macht und Bemächtigung besteht: Existenz bedeute insofern immer zugleich Naturbeherrschung, die sich in der modernen Gesellschaft auch als Herrschaft des Menschen über den Menschen enthülle. Identifikation ist darum nicht ein falsches Denken; es ist ein richtiges Denken, wenn man so will: aber es macht sich schuldig. Auch wenn man es metaphorisch nehmen möchte: Es hat seine eigene Tragweite, daß Adorno das Denken in einen Schuldzusammenhang stellt.

„Dialektik ist das konsequente Bewußtsein von Nichtidentität. Sie bezieht nicht vorweg einen Standpunkt. Zu ihr treibt den Gedanken seine unvermeidliche Insuffizienz, seine Schuld an dem, was er denkt."[9]

---

[8] Ebd., 15.
[9] Ebd.

Sechs Zeilen später ist noch einmal von Schuld die Rede. Es muß die Frage erlaubt sein: Führt das Identifikationsprinzip notwendig zum Holocaust? Ist das Denken so mit Schuld belastet? Oder zu belasten? Welcher Assoziationszusammenhang des Grauens durchschlägt hier den Boden?

„Dem Bewußtsein der Scheinhaftigkeit der begrifflichen Totalität ist nichts offen, als den Schein totaler Identität immanent zu durchbrechen"[10]. Aber welcher Durchbruch, wenn die Praxis negiert ist – und das Denken, gefangen in der Identifikation – auch? Adornos *Negative Dialektik* ist die Negation der Dialektik. Wozu auch immer er geradezu beschwörend auffordert: die „Richtung der Begrifflichkeit zu ändern, sie dem Nichtidentischen zuzukehren"[11], das „Vermitteltsein durchs Nichtbegriffliche"[12] bewußt zu machen, „die Anstrengung, über den Begriff durch den Begriff hinauszugelangen"[13]: Es bleibt solcher Art verzweifelter Appell. Denn das Denken entwindet sich nicht seiner selbst. Unter den Eindrücken des Totalitären verkennt es, daß Identifikation nicht nur Identifikation im Sinne des Totalitären ist, sondern auch im Sinne des Einzelnen und Begriffslosen. Deutlicher: Auch das Einzelne wird identifiziert. Und es kann sogar identifiziert werden, um es gegen das Allgemeine zu schützen. Auch dies vermag das Denken. Die Sphäre des Denkens ist nicht nur theoretisch, sondern auch fundamental praktisch. Der Unterschied zwischen dem Begriff eines Hammers, der in der Dimension des Allgemeinen bleibt und dem einzelnen Hammer, den ich praktisch gebrauche, der eben ein einzelner ist und bleibt (denn nur mit einem einzelnen kann eine Arbeit vollbracht werden, nicht aber mit einem allgemeinen), ist eine Fähigkeit des Denkens, die dem erkennenden Weltverhältnis zugrunde liegt. Auch die Vielfalt der Natur eröffnet sich durch die Fähigkeit zur Identifikation. Identifikation liegt nicht nur in dem systematischen Trieb der menschlichen Vernunft, ein kosmisches, gesellschaftliches oder wissenschaftliches Ganzes zu erdenken.

Daß aber Adornos *Negative Dialektik* die Negation der Dialektik ist, hat seinen tieferen Grund darin, daß die Richtung auf das Nichtidentische, d.h. der Versuch, das Einzelne und Begriffslose zu denken, mit der Intention verbunden ist, es vom Allgemeinen, vom Zusammenhang des Ganzen abzuspalten. Mit wieviel Windungen sich auch das an Hegel geübte Reflektieren mit Raffinesse von schlichten Ausführungen abhebt, es bleibt eine untrügliche Wahrheit, daß das Einzelne mit dem Allgemeinen verknüpft ist und auch das Begrifflose mit dem Begrifflichen, was Adorno denn auch ausführt, ohne die Konsequenz zu ziehen. Die Konsequenz bestünde darin, die konkrete Vermittlung des Nichtidentischen mit dem Totalitären, diesen Kampf, diesen Widerspruch in seiner realen Entwicklung und seinem realen Ausmaß aufzuzeigen. Das wäre gewissermaßen eine neue Phänomenologie des Geistes, nicht aber die Konstatierung der Welt als

---

[10] Ebd.
[11] Ebd., 22.
[12] Ebd.
[13] Ebd., 25.

Zuchthaus unter dem Prinzip der Identifikation und einer neuen Metaphysik, eines Jenseits der Nichtidentität, die Adorno gegen Ende seines Buchs entwirft. Adorno reißt die Dialektik auseinander. Aus einem immanenten Widerspruch wird dann der abstrakte zwischen der trostlosen Immanenz und der Transzendenz des Anderen, auch eine Form der Kapitulation des Denkens. Ja oder anders: Der Augenblick, in dem alles Verweilen, d.h. die Anwesenheit im Sein – wie wenn der Schleier der Maya fällt – sich als unendliches, dumpfes Leiden enthüllt. Adornos bestechende Intelligenz, seine Reflexionskonzentration, die auch nicht den geringsten Schimmer eines romantischen Gedankenabschwungs oder auch -aufschwungs zuläßt, täuscht über den düsteren Sinn hinweg, über die manichäische Verurteilung des Diesseitigen. Adorno bannt die Geschichte in diesen einen Moment des Schreckens.

So ist Wahrheit nicht Sache der Erkenntnis des Seins, sie ist eine Frucht des Leidens: „Das Bedürfnis, Leiden beredt werden zu lassen, ist Bedingung aller Wahrheit. Denn Leiden ist Objektivität, die auf dem Subjekt lastet; was es als sein Subjektivstes erfährt, sein Ausdruck, ist objektiv vermittelt."[14] Und Freiheit ist nicht Freiheit, sondern das Medium, ihren Gegensatz zum Ausdruck zu bringen. „Die Freiheit der Philosophie ist nichts anderes als das Vermögen, ihrer Unfreiheit zum Laut zu verhelfen."[15]

Keine größere Qual ließe sich denken als die der Freiheit, die nur ein Bewußtsein von ihrem Gegensatz hätte: nie sich selbst zu erreichen, immer die eigene Abwesenheit zu erleiden.

Die Utopie der Erkenntnis bleibt in der Absurdität gefangen. „Die Utopie der Erkenntnis wäre, das Begriffslose mit Begriffen aufzutun, ohne es ihnen gleichzumachen."[16]

Auch hier bleibt die Dialektik stehen. Sie kommt nicht dazu, die über Hegel und den Idealismus hinausgehende Frage aufzuwerfen, wie denn das Begriffslose, das nicht nur die Negation des Begriffs ist, sondern ein Eigenes in Farben, Tönen, Formen, in unendlicher Vielfalt: wie denn dies Seiende – ohne Identität mit dem Begrifflichen – eine Kompatibilität mit dem Geist besitzt; wie das ganz andere sich doch mit dem Geistigen vermittelt. Hier wäre Geist zu denken ohne Reduktion aufs Geistige. Und es ist geistige Erfahrung, daß Farben, Töne, Formen, Diversitäten im Größten und Kleinsten nicht von der Art des Begriffs sind. Das Denken kann sie von sich unterscheiden – und tut es unentwegt in unserer Erfahrung. Alles, sofern es ein Räumliches und Zeitliches ist, also ein Ausgedehntes, ist kein Begriff, wie Kant in der *Transzendentalen Ästhetik* beweist. Alles Ausgedehnte in Raum und Zeit, im Nebeneinander und im Nacheinander, ist von anderer Art als der Begriff. Diesem kommt die Struktur der Subsumtion des Einzelnen unter das Allgemeine zu, etwas, das weder im Raum noch in der Zeit möglich ist. Aber unser Leben vollzieht sich in Raum und Zeit, im Neben- und

---

[14] Ebd., 27.
[15] Ebd.
[16] Ebd., 19.

Nacheinander, wir verfügen über Ausdehnung; daß wir ebenfalls unentwegt Sub-sumtionen vornehmen, bleibt im Alltagsleben meist unbemerkt. Es ist durch Philosophie anzueignen. Wenn dies durch Philosophie aber angeeignet ist, dann ist der Unterschied zwischen der Sphäre des Ausgedehnten und der des nicht Ausgedehnten in der Erkenntnis festzuhalten, auch wenn sie in der Erfahrung zusammenfließen und unser einheitliches Erleben ausmachen. Hier könnte die Antizipation ansetzen, von der Adorno redet: „die außer Kraft gesetzte Identi-tätsthese"[17]. Sie wird aber auch zugleich eingefangen: „Ein solcher Begriff von Dialektik weckt Zweifel an seiner Möglichkeit."[18] Der Versuch wird nicht unter-nommen, der Zweifel ist stärker. Das kritische Denken bleibt selbst von dem ge-bannt, was es durchschaut. Es endet in der Beschwörung.

„Womit negative Dialektik ihre verhärteten Gegenstände durchdringt, ist die Möglichkeit, um die ihre Wirklichkeit betrogen hat und die doch aus einem jeden blickt. Doch selbst bei äußerster Anstrengung, solche in den Sachen ge-ronnene Geschichte sprachlich auszudrücken, bleiben die verwendeten Worte Begriffe. Ihre Präzision surrogiert die Selbstheit der Sache, ohne daß sie ganz ge-genwärtig würde; ein Hohlraum klafft zwischen ihnen und dem, was sie be-schwören."[19]

Unentwegt ist in der *Negativen Dialektik* vom Nichtidentischen die Rede: Kein einziges Nichtidentisches wird inhaltlich entfaltet. Adorno sieht nicht die Möglichkeit eines ganz anderen Typus' des Denkens, eines Denkens, das narrativ durch die Vielfalt, durch Differenzierungen, durch die Vergrößerung der Optik auf einen Gegenstand, durch begriffliches Schraffieren, dem Einzelnen zum ein-zigartigen Ausdruck verhilft. Adorno bleibt fern der Natur mit ihrer Diversität, er bleibt fern den Menschen in ihrer Einzigartigkeit. Seine Einstellung bleibt unverändert: Zu zeigen wie das Einzelne vom System geprägt ist. Eigentlich will er nicht Nichtidentität aufzeigen, sondern nur die Vergewaltigung der Nicht-identität durch Identität. Er liebt nicht, was er verteidigt; er haßt, was die Liebe zunichte gemacht hat.

Diese Ambivalenz wird programmatisch bereits in der Vorrede erklärt: Die *Negative Dialektik* könnte Antisystem heißen. „Mit konsequenzlogischen Mit-teln trachtet sie, anstelle des Einheitsprinzips und der Allherrschaft des überge-ordneten Begriffs die Idee dessen zu rücken, was außerhalb des Banns solcher Einheit wäre."[20]

In vielen Varianten wiederholen sich die das System abwehrenden Äuße-rungen, wie die folgende: „Der unreglementierte Gedanke ist wahlverwandt der Dialektik, die als Kritik am System an das erinnert, was außerhalb des Systems

---

[17] Ebd.
[18] Ebd.
[19] Ebd., 60.
[20] Ebd., 8.

wäre; und die Kraft, welche die dialektische Bewegung in der Erkenntnis entbindet, ist die, welche gegen das System aufbegehrt."[21]

Die Kraft, welche gegen das System aufbegehrte: Von wem könnte sie ausgeübt werden? Von den Einzelnen, für die Adorno Partei ergreift? So wie Adorno zur Kritik nicht die Praxis hinzufügt, ebenso wenig ergänzt er die Kritik am System durch eine Theorie konstitutiver Subjektivität. Im Gegenteil: die Kritik am System wird begleitet von einer Kritik an den Möglichkeiten konstitutiver Subjektivität, wie sie Husserl und die Existenzialisten, aber eigentlich schon Kant und Fichte entwickelt hatten. Bereits in der Vorrede heißt es: „Seitdem der Autor den eigenen geistigen Impulsen vertraute, empfand er es als seine Aufgabe, mit der Kraft des Subjekts den Trug konstitutiver Subjektivität zu durchbrechen".[22]

Adornos *Negative Dialektik* bleibt in einem unvermittelten Widerspruch stecken. Es vollzieht sich in seiner Theorie eine Dialektik der Kritik. Seine Kritik, so sehr sie auch das Totale, das Allgemeine negiert, bleibt doch insofern daran gebunden, als sie die bestehende gesellschaftliche Wirklichkeit methodisch als totale erklärt. Sie gibt, was sie an Hegel kritisiert, die Herrschaft des Allgemeinen, in einer widersinnigen Weise nicht auf. Während Hegel die Vermittlung des Einzelnen mit dem Allgemeinen Schritt für Schritt in seinen Darstellungen aufzeigt und durchführt, trennt Adorno in seiner Intention, das Nichtidentische zu retten, dieses logisch aus dem Kontext des Allgemeinen heraus, um es als ein Freies zu denken, hält aber an Hegels absoluter Hegemonie des Allgemeinen fest, so daß es ihm nicht verstattet ist, ein Nichtidentisches zu denken, das sich im Bereich des Immanenten, der eben unter der Herrschaft des Allgemeinen steht, entfalten könnte. Das Nichtidentische ist daher denkbar nur als das „Andere" in der Transzendenz. Adorno sprengt nicht den Ring des Allgemeinen. Er kann ein immanentes Nichtidentisches in der menschlichen Lebenswelt nicht denken und nicht akzeptieren. Daher auch seine Ablehnung konstitutiver Subjektivität. Konnte Hegel die Identifikation des Einzelnen mit dem Allgemeinen als Erhebung darstellen, so durchschaut Adorno darin gerade die Vernichtung des Einzelnen – und enthüllt Hegels Erhebung als Ideologie ärgster Sorte. Niemals geht das Einzelne – der einzelne Mensch – in ein Allgemeines vollkommen auf. Eine Differenz bleibt bestehen. Das ist die Wahrheit, die trotz aller Ambivalenz einer negativen Dialektik positiv bestehen bleibt.

---

[21] Ebd., 40.
[22] Ebd., 8.

# IV.

Modelle I: Gegenwart und ihre Kritik

# Islam und Aufklärung

Peter Antes (Hannover)

Für viele ist in der deutschen Diskussion die Hauptproblematik für den Islam in der Gegenwart, daß der Islam die Phase der Aufklärung noch nicht durchlaufen hat und von daher im Vergleich zu Europa rückständig geblieben ist.[1] Dieses zunächst recht einleuchtend klingende Argument ist beim näheren Hinsehen jedoch weit weniger klar, weil verschiedene Aspekte miteinander vermengt werden, die besser deutlich voneinander getrennt werden sollten, denn für die einen ist damit gemeint, daß der Islam schon immer theologisch und nicht philosophisch bestimmt gewesen ist, für andere ist damit ein Verzicht auf die eigene Vernunft gemeint und wieder andere leiten aus der Aufklärung eine Art Allheilmittel zur Lösung aller anstehenden Probleme des heutigen Islam ab. Deshalb soll im Folgenden zunächst das Verhältnis von Philosophie und Offenbarung im Islam angesprochen, dann auf die Vielgestaltigkeit der europäischen Aufklärung hingewiesen und schließlich die Beziehung zwischen Aufklärung und Menschenrechten kurz beleuchtet werden, um in einem knappen Fazit die Frage zu beantworten, ob der Islam eine Aufklärung braucht oder nicht. All diese Überlegungen sollen Günther Mensching ehren, der sich intensiv mit der Philosophie – einschließlich der islamischen Philosophie – des Mittelalters sowie mit der europäischen Aufklärung beschäftigt hat und dem diese Ausführungen in freundschaftlicher Verbundenheit gewidmet sind.

## 1. Philosophie und Offenbarung im Islam

Für die Muslime ist bis heute der Koran das Buch gewordene Wort Gottes (Inlibration), das dem christlichen Bekenntnis zu Christus als dem Fleisch gewordenen Wort Gottes (Inkarnation) gegenübergestellt werden kann.[2] Daraus folgt, daß die christlich-islamische Vergleichsebene korrekt nicht Bibel und Koran, sondern Christus und Koran lautet. Eine historisch-kritische Erforschung des Koran entspräche daher im Christentum einer historisch-kritischen Aufarbeitung der Dogmengeschichte und nicht nur der Anwendung dieser Methode bei der Bearbeitung der Bibel. Nach islamischem Verständnis hat nämlich der Koran Gott als einzigen Autor im Sinne einer uneingeschränkten Verbalinspira-

---

[1] Vgl. „Der Islam und die Aufklärung", in: http://www.linkezeitung.de/cms/index.php?-option=com_content&task=view&id=7970&Itemid=39, gesichtet am 10.6.2011 und „Der Islam und die Aufklärung. Symposion in Bonn", in: http://www.dradio.de/dkultur/-sendungen/fazit/461275/, gesichtet am 10.6.2011.

[2] Vgl. Annemarie Schimmel, *Die Zeichen Gottes. Die religiöse Welt des Islam*, 2. unveränderte Aufl., München 1995, 156.

tion, ohne jegliches Zutun eines Menschen. In diesem Sinne ist der Prophet, der den Text des Koran vorträgt, lediglich „Schreibrohr Gottes" (arab.: *kalam Allāh*, vgl. die mittelalterliche lateinische Entsprechung: *calamus Dei*), mit dessen Hilfe Gott den Menschen Seinen Willen kundtut. Auch wenn manche Interpreten heute diesen Text nicht losgelöst vom Fassungsvermögen seiner Adressaten sehen,[3] bleibt dennoch als Tatsache bestehen, daß hier die Wahrheit von Gott selbst her grundgelegt ist und deshalb über jegliche menschliche Spekulation erhaben ist. Dies hat bereits in der Frühzeit des Islam dort zu Problemen geführt, wo logische Widersprüche zwischen Koranaussagen auftraten. Unterschiedliche Antworten wurden diesbezüglich gegeben. Die radikalste war, daß man nicht weiterfragen sollte im Vertrauen darauf, daß alles seine Ordnung habe. Die Antwort, die sich jedoch durchgesetzt hat, war die Einbeziehung der griechischen Philosophie und damit das Vertrauen auf die menschliche Vernunft als Lösung für die Probleme.[4]

Die Einbeziehung der griechischen Philosophie war so stark und erfolgreich, daß Frieder Otto Wolf in einem Beitrag provokativ die These wagen konnte: „Ohne die islamische Philosophie hätte es weder Scholastik noch Aufklärung geben können!"[5] Gerade in der gegenwärtigen deutschen Diskussion einer starken Abgrenzung des jüdisch-christlichen Erbes vom Islam ist auf diese dritte, vergessene Säule der europäischen Kultur[6] mit Nachdruck hinzuweisen. Niemand weiß dies besser als Günther Mensching. Er wird ohne Einschränkung Frieder Otto Wolf zustimmen, wenn er sagt: „Der Islam ist nichts der europäischen intellektuellen Tradition Äußerliches, sondern er gehört selbst wesentlich zu unserem westeuropäischen Kulturerbe – [...] als eine der Religionen aus der ‚abrahamitischen Tradition', Judentum, Christentum, Islam, die sich alle – obwohl sie es jeweils mehr oder minder heftig bestreiten – in den letzten 1000 Jahren in Auseinandersetzung und Abgrenzung miteinander entwickelt haben, also historisch konkret jeweils ohne die beiden anderen nicht das wären, was sie heute geworden sind. Deswegen bietet die Besinnung auf den darin liegenden gemeinsamen Vorrat an Redeweisen, Metaphern, Narrationen heute einen viel zu wenig genutzten Schatz für die Dialogfähigkeit zwischen den zwar laizisierten, aber immer noch in dieser Tradition aufgewachsenen nichtmuslimischen Westeuropäerinnen und europäischen MuslimInnen."

---

[3] Vgl. z.B. Ömer Özsoy, „Die Geschichtlichkeit der koranischen Rede und das Problem der ursprünglichen Bedeutung von geschichtlicher Rede", in: *Alter Text – neuer Kontext. Koranhermeneutik in der Türkei heute*, Buchreihe der Georges-Anawati-Stiftung, Bd. 1, eingeleitet, übersetzt u. kommentiert v. Felix Körner, Freiburg/Br. u.a. 2006, 78-98.

[4] Vgl. Louis Gardet u. M.A. Anawati, *Introduction à la théologie musulmane. Essai de théologie comparée*, Paris 1948, 39ff.

[5] Vgl. Frieder Otto Wolf, „Ohne die islamische Philosophie hätte es weder Scholastik noch Aufklärung geben können! Philosophiehistorische Anhaltspunkte für eine europäische Haltung zum Islam", in: http://sammelpunkt.philo.at:8080/739/1/wolf_islam.pdf, gesichtet am 27.5.2011.

[6] Vgl. Roger Garaudy, *Promesses de l'Islam*, Paris 1981, 19.

Es ist hier nicht der Ort, den Beitrag der arabischen Philosophie zur europä-
ischen Geistesgeschichte nachzuzeichnen. Zu betonen bleibt nur, daß das grie-
chische Erbe über die Araber – Muslime, Juden und Christen – Europa nachhal-
tig in seiner geistesgeschichtlichen Entwicklung beeinflußt hat, auch wenn dieser
Beitrag nachher zu einer Einbahnstraße geworden ist, so daß in der islamischen
Welt nicht mehr angekommen ist, was an Weiterentwicklungen im europäischen
Kontext stattgefunden hat. Bezeichnend ist, daß, als im 19. Jahrhundert dieses
Versäumnis in der islamischen Welt bemerkt wurde, muslimische Reformer wie
Muhammad Abduh (1865-1905) und Dschamaladdin al-Afghani (1838-1897)
davon überzeugt waren, selbst wieder uneingeschränkt mit einsteigen und direkt
daran anknüpfen zu können. Damit ging zugleich eine Abkehr von der Jahrhunderte lang vorherrschenden ash'aritischen Schule und eine Wiederbelebung der
mu'tazilitischen Richtung innerhalb des sunnitischen Islam einher, jener Richtung also, die europäische Orientalisten als erste Vorläufer der Aufklärung sehen.

Johann Christoph Bürgel glaubt, daß die im Islam eingetretene Stagnation
mit einem Grundproblem der islamischen Theologie im Verhältnis zu den Wissenschaften zusammenhängt, nämlich „daß im Islam die Entwicklungen in Kultur, Politik und Gesellschaft immer aufs neue im Zeichen der Losung ‚Keine
Macht und keine Gewalt außer bei Gott!' stehen. Von diesem Zentrum aus
strebt diese Kultur danach, die irdischen Mächtigkeiten der Kontrolle der Allmacht zu unterwerfen. Das führt im politischen Bereich zu Theokratie und
Ausübung sakraler Gewalt, einem religiös legitimierten Expansionismus und riesigen islamischen Kolonialreichen, im sozialen Bereich zu einer kulturell und ri-
tuell formierten Gesellschaft, in der nur Muslime vollgültige Mitglieder sein
können, und einer zähen Bändigung der Mächtigkeit der Frau durch einen ihr
auferlegten sozialen Status, den schon ein früh belegtes Hadith als ‚Gefangen-
schaft' bezeichnet. Im Bereich der Wissenschaften und Künste ist das angestrebte Ziel, das freilich erst nach Jahrhunderten erreicht wurde, ebenfalls eine religiöse Durchdringung und damit Umwandlung des paganen Charakters und der aus
ihm resultierenden Herausforderung zur Teilhabe mittels Unterwerfung. Auch
schloß der Primat der Allmacht die Durchsetzung des koranischen Weltbildes
ein, das ein numinos-magisches war. Der Konflikt von Allmacht und Mächtigkeit erzeugte zunächst eine – oft durchaus fruchtbare – Spannung und ließ stre-
ckenweise einen erheblichen Spielraum frei, was beides zusammen die große islamische Wissenschaftsblüte ermöglichte. Nach Erreichung der erstrebten Synthese, der Tilgung jedes der Herausforderung verdächtigen Elements durch Unterwerfung trat Stillstand ein, die islamische Osmose."[7]

Damit wird zugleich die nachweisbare schöpferische Freiheit des Geistes
und die fatale Unterdrückung jeglicher Kreativität erklärbar. Sobald nämlich die

---

[7] Johann Christoph Bürgel, *Allmacht und Mächtigkeit. Religion und Welt im Islam*, München 1991, 361f.

Allmacht die Oberhand gewinnt, gibt es keinen Spielraum mehr für das Denken, die selbstverschuldete Unmündigkeit des Menschen ist geradezu vorprogrammiert.


## 2. Die Vielgestaltigkeit der europäischen Aufklärung

„Aufklärung ist der Ausgang des Menschen aus seiner selbstverschuldeten Unmündigkeit. Unmündigkeit ist das Unvermögen, sich seines Verstandes ohne Leitung eines anderen zu bedienen. Selbstverschuldet ist diese Unmündigkeit, wenn die Ursache derselben nicht am Mangel des Verstandes, sondern der Entschließung und des Muthes liegt, sich seiner ohne Leitung eines andern zu bedienen. *Sapere aude!* Habe Muth dich deines eigenen Verstandes zu bedienen! ist also der Wahlspruch der Aufklärung."[8]

Mit dieser berühmten Definition hat Immanuel Kant 1783 in einem kleinen Aufsatz den Kern dessen bestimmt, was in der deutschen Tradition heute weitgehend unter Aufklärung verstanden wird. Er weiß darum, daß Menschen dazu neigen, sich eher ohne eigenes Räsonnieren anderen zu unterwerfen, weil es bequemer ist. „Daß die Menschen, wie die Sachen jetzt stehen, im Ganzen genommen, schon im Stande wären, oder darin auch nur gesetzt werden könnten, in Religionsdingen sich ihrer eigenen Vernunft ohne Leitung eines Andern sicher und gut zu bedienen, daran fehlt noch sehr viel."[9] Europa hat in der Tat daran gearbeitet und inzwischen viel diesbezüglich erreicht.

Aus Sicht der Nichteuropäer ist die europäische Aufklärung[10] jedoch erheblich vielgestaltiger. Muslime werden mit Interesse feststellen, daß die englische Aufklärung die Religion von allen übernatürlichen Elementen befreien und auf wenige rational erwerbbare Wahrheiten beschränken will, nämlich „erstens die Existenz eines Gottes, der als das höchste, allwissende u. unendlich gute Wesen begriffen wird, u. zweitens die Pflicht aller Menschen, sich gegenseitig zu lieben u. zu achten. Alle anderen rel. Sätze werden als Aberglaube, Betrug u. als Zusätze abgelehnt, die v. den polit. Interessen der Kirche diktiert sind."[11]

Die französische Aufklärung geht zwar von der empiristischen Grundhaltung der englischen Aufklärung aus, äußert sich aber politisch radikaler, indem

---

[8] Immanuel Kant, „Beantwortung der Frage: Was ist Aufklärung", in: *Was ist Aufklärung? Beiträge aus der Berliner Monatsschrift*, in Zusammenarbeit mit M. Albrecht ausgewählt, eingel. u. m. Anm. vers. v. N. Hinske, Darmstadt 1973, 452-465, hier 452.

[9] Kant, „Beantwortung der Frage: Was ist Aufklärung", 462.

[10] Vgl. allgemein Angela Borgstedt, *Das Zeitalter der Aufklärung*, Kontroversen und Geschichte, Darmstadt 2004, Esther-Beate Körber, *Die Zeit der Aufklärung. Eine Geschichte des 18. Jahrhunderts*, Darmstadt 2006, und Barbara Stollberg-Rilinger, *Europa im Jahrhundert der Aufklärung*, Stuttgart 2000.

[11] Art. „Aufklärung", in: *Lexikon für Theologie und Kirche*, hg.v. W. Kasper u.a., 3. neu bearb. Aufl., Bd. 1, Freiburg i. Br. u.a. 1993, col. 1207-1216, hier col. 1207.

sie zum einen gegen Vorurteile, insbesondere gegen religiöse Vorurteile kämpft und zum anderen stark atheistisch ausgerichtet ist und allein das Dasein der Materie gelten läßt.[12]

Die deutsche Aufklärung dagegen bekämpft nicht – im Unterschied zur französischen - die Religion und beschränkt sich auch nicht nur – im Gegensatz zur englischen – auf die natürliche Religion, sondern sie setzt auf Menschenbildung, wie es programmatisch Moses Mendelssohn in seiner Abhandlung: *Über die Frage: Was heißt aufklären?* 1784 zum Ausdruck gebracht hat: „Ich setze allezeit die Bestimmung des Menschen als Maaß und Ziel aller unserer Bestrebungen und Bemühungen, als einen Punkt, worauf wir unsere Augen richten müssen, wenn wir uns nicht verlieren wollen."[13] Im Bemühen um die Menschenbildung und in der Forderung nach Freiheit des Gewissens findet die deutsche Aufklärung die Unterstützung vieler intellektueller Juden wie der Pietisten, so daß das Zeitalter der Aufklärung ein breites Spektrum an Richtungen bietet, wozu auf Seiten des Pietismus auch Elemente gehören wie die Bibellektüre, die Aufhebung jeglicher Rangordnung unter den Gläubigen und die Forderung, das Evangelium zu leben. Der Unterschied zwischen dem Pietismus und der Aufklärung besteht jedoch darin, „daß der Pietismus eine rel. Bildung empfiehlt, die sich auf den unerforschl. Willen Gottes gründet u. blinden Gehorsam verlangt, während die A.[ufklärung] mit der Ausarbeitung eines gesellschaftl. Reformprogramms, das sich in weltbürgerl. Sinne ausrichtet, befaßt ist"[14].

Wer sich dieses breitgefächerte Spektrum vor Augen hält, wird rasch begreifen, daß sich Muslime – sogar konservativ eingestellte – durchaus wichtige Aussagen der englischen Aufklärung wie Anliegen der pietistisch geprägten Menschenbildung, möglicherweise auch die „Ausarbeitung eines gesellschaftl. Reformprogramms, das sich in weltbürgerl. Sinne ausrichtet" zu eigen machen können. Die atheistische Tendenz der französischen Aufklärung wird von ihnen dagegen von vornherein abgelehnt. Bezeichnend ist in diesem Zusammenhang auch, daß das Kant'sche Verständnis in der Zeit der deutschen Aufklärung bei weitem noch kein Allgemeingut gewesen ist.

Die Forderung, der Islam müsse erst einmal eine Aufklärung durchleben, bevor er Anschluß an die heutige Zeit finden kann, ist somit also weit weniger eindeutig als vielfach vermutet. Die Vielgestaltigkeit der europäischen Aufklärung eignet sich kaum, um präzise zu sagen, worin eine solche Forderung an die Muslime konkret bestehen soll. Günther Menschings Forschungen zur Aufklärung können das Gesagte leicht um weitere Facetten ergänzen und damit die Einlösung der Forderung an die Muslime zusätzlich verkomplizieren.

Andererseits kann der Islam sicher die für die Aufklärungszeit typische radikale Wendung der Weltanschauung und des Menschenbildes mitmachen und

---

[12] Vgl. Art. „Aufklärung", col. 1207.

[13] Moses Mendelssohn, „Über die Frage: Was heißt aufklären?", in: *Was ist Aufklärung?*, 444-451, hier 445f.

[14] Art. „Aufklärung", col. 1209.

hat sie zum Teil auch mitgemacht. Sie „begreift das Philosophieren wie Sokrates als eine Erziehungstätigkeit, deren Zweck es ist, den Menschen an seine Verantwortung zu erinnern, ihn sich seiner selbst, seines Wesens u. seiner Bestimmung bewußt werden zu lassen"[15]. Edgard Weber, Professor für Arabisch an der Universität Straßburg, hat bei einer Tagung im Institut für Islamische Studien und Interkulturelle Zusammenarbeit in Mannheim am 4. Juni 2011 unter Verweis auf Arbeiten von Éric Anduze darauf hingewiesen, daß vor allem die Freimaurer diese Erziehungstätigkeit übernommen haben. Unter ihnen waren nicht nur Christen, sondern auch Juden und Muslime, und zwar nördlich wie südlich des Mittelmeeres. Viele intellektuelle Muslime sind nämlich Freimaurer gewesen. Ihnen ist das reformerische Gedankengut ebenso vertraut gewesen wie der Einsatz für ein erneuertes Denken, während die abrahamitischen Religionen diese neuen Gedanken und Erziehungsziele bekämpft und sie erst langsam akzeptiert haben. Die Arbeiten von Anduze[16] eröffnen diesbezüglich völlig neue Perspektiven und zeigen das Engagement der Freimaurer für die Durchsetzung aufklärerischen Denkens im Orient wie im Okzident. Danach waren viele führende Kulturschaffende wie leitende Militärs auf beiden Seiten Mitglieder freimaurerischer Logen und haben sich gemeinsam für Toleranz und den Schutz von Minderheiten in ihren jeweiligen Ländern eingesetzt. In diesem Zusammenhang ist es vielleicht kein Zufall, daß die erste Loge in Hannover *Friedrich zum weißen Pferde* im Januar 1746 „von Georg Ludwig Mehmet von Königstreu, der 1744 in der Loge Absalom in Hamburg aufgenommen wurde, gegründet [wurde]. Mehmet von Königstreu stammt übrigens aus einer türkischen Familie, er diente als Kapitän beim Garde Grenadier Corps zu Pferde und fiel als 32 jähriger im Jahre 1752 im Krieg. Sein Vater war Kammerdiener am Hofe König Georg dem I. [sic!] und Mehmet wurde wegen seiner Königstreue am Hofe geadelt."[17]

Für die Aufklärung wie für die Freimaurer gilt: „Das anthropolog. Problem, insbes. die Frage nach der ‚Bestimmung des Menschen' (begriffen als die Lehre v. Endzweck des menschl. Lebens), nach den Menschenrechten u. nach der Würde der menschl. Natur, bildet den Kristallisationspunkt der versch. Motive in den Überlegungen der dt.[deutschen] A[ufklärung]."[18] Damit ist der Bezug zwischen Aufklärung und Menschenrechten hergestellt.

---

[15] Ebd., col. 1208.

[16] Éric Anduze, *La Franc-Maçonnerie au Moyen-Orient et au Maghreb, fin XIXe – début Xxe siècle*, Paris 2005, ders., *La Franc-Maçonnerie de la Turquie ottomane 1908-1924*, Paris 2005, sowie „Egypte – Les Francs-Maçons Célèbres", in : http://www.wikio.fr/article/egypte-francs-macons-celebres-244801970, gesichtet am 10.6.2011. Eine ganz andere Frage ist, ob die Freimaurerei selbst nicht ihrerseits durch islamischen Einfluß entstanden ist, vgl. dazu im Deutschen Freimaurer Museum in Bayreuth den lesenswerten Beitrag von Muhammad S. Abdullah, „Freimaurerische Spuren im Islam", in: *Quatuor-Coronati-Jahrbuch* 17 (1980), 117-135.

[17] Vgl. Jürgen Deuker, „Die Geschichte der Freimaurerei und ihre bekannten Persönlichkeiten", in: http://www.fzwp.org/vortraege/18.html, gesichtet am 10.6.2011.

[18] Art. „Aufklärung", col. 1208.

### 3. Aufklärung und Menschenrechte

Die Erklärung der Menschenrechte gehört zweifellos zu den großen Errungenschaften der Französischen Revolution von 1789 und damit in das Zeitalter der Aufklärung. Doch wäre es ein Irrtum, bei beiden, d.h. der Aufklärung und den Menschenrechten, ein unverändertes Fortbestehen von damals bis heute anzunehmen. Die Gedanken der Aufklärung haben bekanntlich in Europa das Aufkommen und die Etablierung menschenverachtender Regime nicht verhindert. „Die Sowjetunion war ein Versuch, das aufklärerische Ideal von einer Welt ohne Macht und Konflikt umzusetzen. Im Namen dieses Ideals wurden dort zig Millionen Menschen getötet oder versklavt. Nazideutschland beging den schlimmsten Genozid in der Geschichte. Und zwar mit dem Ziel, eine neue Art Mensch zu züchten. Kein früheres Zeitalter hat solche Projekte hervorgebracht."[19] Die Gulags und die Gaskammern sind abschreckende Beispiele für eine Vernunft, die ideologisch instrumentalisiert wurde und sich dadurch frei glaubte von jeglicher Bindung an Moral und Menschenrechte. Die Freimaurer dagegen blieben der Forderung nach Einhaltung der Menschenrechte treu und setzten sich für Toleranz, Aussöhnung unter den Religionen und Kulturen sowie für den Schutz von Minderheiten ein.

Die Berufung auf die Menschenrechte beinhaltet die Bejahung eines konzeptionellen Fortschritts in ihrem Verständnis seit der Französischen Revolution. Dort war die *„Déclaration des droits de l'homme et du citoyen"* eine Erklärung, die sich auf die Rechte der Männer und Bürger, nicht jedoch der Frauen und Bürgerinnen bezog. Daß das Verständnis von *„homme"* auf Mensch ausgeweitet wurde und nicht auf das vom Mann beschränkt blieb, ist eine beträchtliche Weiterentwicklung, die bis in die Formulierung hinein die rechtliche Gleichstellung von Mann und Frau vorantrieb und dadurch in Widerspruch zum traditionell patriarchalischen Denken in den großen Weltreligionen geriet. Die Umsetzung der *Universalen Erklärung der Menschenrechte*, wie sie 1948 zur *Charta der Vereinten Nationen* wurde und als Eintrittsbedingung für deren Mitgliedstaaten gilt, ist daher eine stete Ermahnung sowie eine inhaltliche Herausforderung an alle Mitgliedsstaaten, diesen Inhalten zu entsprechen.

Einwände gegen eine solche Umsetzung werden von manchen konservativen Muslimen in dreierlei Hinsicht vorgebracht: kulturgeschichtlich, sicherheitspolitisch und mit Betonung des Gemeinschaftscharakters.

Kulturgeschichtlich wird darauf hingewiesen, daß die Entstehungsgeschichte der Menschrechtserklärungen diese im europäischen Kontext ansiedele und dadurch deutlich werde, daß es sich hierbei um ein kulturelles Erbe Europas, nicht aber um universale Werte handele. Deshalb sei es legitim, den europäischen Menschenrechtserklärungen  beispielsweise islamische Menschenrechtserklärungen entgegenzusetzen, die in einigen religionsgeschichtlich begründeten Punkten wie der Religionsfreiheit von den europäischen Vorbildern abweichen. Das

---

[19] John Gray, *Die Geburt al-Qaidas aus dem Geist der Moderne*, München 2004, 12.

klassische islamische Recht kennt nämlich Religionsfreiheit nur insofern, als es Nicht-Muslimen innerhalb des islamischen Reiches immer gestattet gewesen ist, zum Islam überzutreten. Muslime dagegen dürfen weder zu einer anderen Religion konvertieren noch einfach aus dem Islam austreten. Auf einem solchen „Glaubensabfall" stand im Islam – wie im Zarenreich auf dem Austritt aus der Orthodoxie – die Todesstrafe. Deshalb trugen bei den Verhandlungen im Vorfeld der Verabschiedung der Allgemeinen Menschenrechtserklärung die UNO-Mitgliedsstaaten Saudi-Arabien und die UdSSR Vorbehalte gegen den Artikel auf Religionsfreiheit vor, weil er das Recht auf Religionswechsel einschloß. Ganz anders dagegen argumentierte der pakistanische Delegierte bei diesen Verhandlungen. Er verteidigte den Artikel und berief sich dabei ausdrücklich auf den Koran.[20] Eindeutig für Religionsfreiheit spricht sich heute die *Islamische Charta*, die *Grundsatzerklärung des Zentralrats der Muslime in Deutschland (ZMD) zur Beziehung der Muslime zum Staat und zur Gesellschaft* aus. Dort heißt es:

„Ob deutsche Staatsbürger oder nicht, bejahen die im Zentralrat vertretenen Muslime daher die vom Grundgesetz garantierte gewaltenteilige, rechtsstaatliche und demokratische Grundordnung der Bundesrepublik Deutschland, einschließlich des Parteienpluralismus, des aktiven und passiven Wahlrechts der Frau sowie der Religionsfreiheit. Daher akzeptieren sie auch das Recht, die Religion zu wechseln, eine andere oder gar keine Religion zu haben. Der Koran untersagt jede Gewaltausübung und jeden Zwang in Angelegenheiten des Glaubens."[21] Geradezu programmatisch wird dort zudem behauptet: „Zwischen den im Koran verankerten, von Gott gewährten Individualrechten und dem Kernbestand der westlichen Menschenrechtserklärung besteht kein Widerspruch."[22]

Das zuletzt angeführte Beispiel zeigt, daß sich auch innerhalb des Islam Veränderungen vollziehen, die wert sind, zur Kenntnis genommen zu werden. So sehr vielleicht Einzelne auf den kulturellen Unterschieden beim Verständnis der Menschenrechte beharren, ist es eine Tatsache, daß, wenn jemand im Gefängnis sitzt und gefoltert wird, er oder sie sich auf die Menschenrechte als universale Rechte gegen das Foltern beruft. Sobald dann die Gefahr wieder vorbei ist, kön-

---

[20] Vgl. Eva Kalny, „Der ‚Westen' und die Menschenrechte. Abschied vom Ursprungsmythos einer Idee", in: *Peripherie* 109/110 (28. Jahrg. 2008), 196-223 und Susan Waltz, „Universal Human Rights: The Contribution of Muslim States", in: *Human Rights Quaterly* 26 (2004), 799-844. Bezüglich der hier angesprochenen Thematik heißt es bei Kalny wörtlich: „Der pakistanische Delegierte Muhammad Zafrullah Khan argumentierte in der Generalversammlung unter Bezugnahme auf den Koran *für* die Religionsfreiheit (Waltz 2004: 816). Saudi Arabien protestierte unter Verweis auf Machtmißbrauch durch christliche Missionare und verweigerte seine Zustimmung (Waltz 2004: 817).", in: „Der ‚Westen' und die Menschenrechte", 208. Bei dieser Auseinandersetzung spielte wohl keine Rolle, daß der pakistanische Delegierte der Ahmadiyyah-Richtung des Islam angehörte, die heute in Saudi-Arabien und Pakistan nicht mehr als muslimisch anerkannt ist, ja streng abgelehnt bzw. verfolgt wird, vgl. Waltz, „Universal Human Rights: The Contribution of Muslim States", 811.

[21] Art. Nr.11, in: http://zentralrat.de/3035.php, gesichtet am 02.06.2011.

[22] Art. Nr.13, in: http://zentralrat.de/3035.php, gesichtet am 02.06.2011.

nen leicht erneut Argumente wie die von der kulturellen Bedingtheit dieser Menschenrechte die Diskussion bestimmen.

Sicherheitspolitisch wurde die Einhaltung der Menschenrechte immer wieder eingeschränkt. Dies geschah in der Welt mit islamischer Bevölkerungsmehrheit vor allem durch dem Westen nahestehende bzw. von ihm unterstützte Regierungen wie beispielsweise in Ägypten unter Präsident Husni Mubarak. Daß gerade die Sicherheitsdienste der USA Regimen, die von den Vereinigten Staaten unterstützt wurden, das Foltern beibrachten und auf Guantanamo Häftlinge selbst foltern ließen, läßt Zweifel am westlichen Wertesystem aufkommen und macht das westliche Eintreten für die Menschenrechte unglaubwürdig.

Mit Betonung des Gemeinschaftscharakters ist hier der Konflikt zwischen den Wünschen des Einzelnen und den Forderungen der größeren Gemeinschaft gemeint – sei es die Familie, die Sippe oder die religiöse Gemeinde. Ein Beispiel soll das Gemeinte verdeutlichen. So berichtete ein Lehrer bei einer Lehrerfortbildung, daß eine seiner besten Schülerinnen im Philosophiekurs eine ausgezeichnete Arbeit über die Freiheit des Individuums bei Kant abgeliefert habe und nachher zu ihm gekommen sei, um sich zu verabschieden, weil sie dem Wunsch ihrer Familie entsprechend in die türkische Heimat ihrer Eltern gehen und einen ihr noch nicht bekannten, von den Eltern ausgesuchten Mann heiraten sollte. Der betreffende Lehrer sah in diesem Verhalten seiner Schülerin ein Scheitern seines Unterrichts über die Anliegen der deutschen Aufklärung, weil die junge Dame offensichtlich nicht gelernt hatte, ihre eigenen Wünsche und ihre persönliche Freiheit gegen die Forderungen ihrer Familie durchzusetzen. Daß ein solches auf Eigeninteressen ausgerichtetes Verhalten dem Ideal der Gemeinschaft widerspricht, das im Islam wie in vielen anderen Gesellschaften lautet: „weil wir sind, bin ich"[23], übersieht dieser Lehrer und setzt daher seine Schüler/innen einem Druck von Seiten der jeweiligen Gruppe aus, dem kaum ein Individuum emotional wie gruppensoziologisch gewachsen ist. Deshalb ist es notwendig, auch diesen Konflikt mitzubedenken und nicht vorschnell vom Scheitern der Lehre zu sprechen, denn gerade wer diesem Druck ausgesetzt ist, weiß sehr wohl abzuwägen, was letztlich in der konkreten Situation das Bessere ist: das Pochen auf eigene Wünsche, wohl einkalkulierend, was dies als Bruch mit der Familie oder Gemeinschaft für das Individuum bedeuten kann und wird, oder ein Sich-Beugen gegenüber den Forderungen der Gemeinschaft, das den weiteren Verbleib im vertrauten Milieu sichert und eine uneingeschränkte Unterstützung durch die jeweilige Gruppe garantiert.

---

[23] Vgl. John S. Mbiti, *Afrikanische Religion und Weltanschauung*, Berlin-New York 1974, 136, sowie zur Problematik insgesamt: Peter Antes, „Individuum und Gesellschaft. Unterschiedliche Prioritäten in Europa und in der Welt des Islams", in: *Religiöse Bildung im Dialog zwischen Christen und Muslimen*, hg.v. P. Graf u. B. Ucar , Interreligiöser Dialog in gesellschaftlicher Verantwortung, Bd. 1, Stuttgart 2011, 48-54.

Die Bejahung und Einhaltung der Menschenrechte gewährt dem einzelnen Menschen jenen Handlungsfreiraum, der durch die Aufklärung erkämpft wurde und den aufrechtzuerhalten es sich in jedem Falle lohnt. Er ist auch durch die Verführung der Vernunft nicht zu schmälern, solange das Gespür wach bleibt, Einschränkungen zu erkennen und dagegen dort vorzugehen, wo die Freiheit des Einzelnen bedroht ist.

## 4. Fazit

Die voraufgehenden Ausführungen gingen von der aktuell immer wieder erhobenen Forderung aus, der Islam müsse erst einmal die Phase einer Aufklärung durchlaufen, um voll Anschluß an die moderne Zeit zu finden. Um das Argument zu prüfen, wurde festgestellt, daß im Spannungsfeld von Philosophie und Offenbarung im Islam dann eine Stagnation eingetreten ist, wenn die Allmacht der Offenbarung jeden Gestaltungsspielraum erdrückt hat, daß es dazu aber über weite Strecken nicht gekommen ist, weil diese Vormachtstellung der religiösen Autoritäten nicht gegeben war und innerhalb des sunnitischen Islam der Rekurs auf die mu'tazilitische Richtung Spielräume für das freie Denken geschaffen hat, die die religiöse Vorherrschaft verhindert haben.

Ein Verweis auf die europäische Aufklärung – so wurde weiter festgestellt – bietet sich nicht als Allheilmittel an, weil die Aufklärung zu viele Facetten aufweist, als daß klar wäre, was konkret den Muslimen empfohlen wird, wenn man Aufklärung als europäisches Phänomen – also sowohl die englische als auch die französische und die deutsche Aufklärung – in den Blick nimmt. Selbst mit Bezug auf die deutsche Aufklärung ist ein Verständnis im Sinne von Kants Aufklärung als „Ausgang des Menschen aus seiner selbstverschuldeten Unmündigkeit" keineswegs das Anliegen aller sich für Aufklärung einsetzenden Vertreter, ganz abgesehen von den Fehlentwicklungen, die durch die Aufklärung nicht verhindert wurden, sieht man von den Freimaurern im Orient und Okzident einmal ab.

Als Lösung für den gegenwärtigen Islam scheint daher weniger der Rekurs auf die Aufklärung als vielmehr das Bekenntnis zu den Menschenrechten der richtige Weg zu sein, wenn es gelingt, jede kulturgeschichtliche, sicherheitspolitische und gemeinschaftsorientierte Verwässerung als Beeinträchtigung ihrer Einhaltung zu entlarven und damit zu ihrer vollen Verwirklichung ohne Einschränkungen beizutragen. Der Bezug auf die deutsche Aufklärung als Menschenbildung kann helfen, diese Aufgabe mehr als erzieherischen Auftrag und philosophische Anstrengung denn als Handlungsanweisung von Seiten einer an der Offenbarung orientierten islamischen Theologie zu begreifen. Günther Menschings Studien zur Philosophie des Mittelalters und der Aufklärung können dazu beitragen, die Verbindungen zwischen dem christlichen Abendland und dem islamischen Orient wieder herzustellen, die in der Neuzeit abgebrochen sind, nach denen aber die Reformtheologen gesucht haben und von denen sie gehofft haben, daß sich daran neu anknüpfen ließe. Schließlich sind sich, wie Frieder Otto Wolf gezeigt hat, Europäer und Muslime kulturgeschichtlich weit näher als beiden Seiten bewußt ist.

# Einige Überlegungen zur akustisch-auditiven Religionsphänomenologie

UDO TWORUSCHKA (Jena)

## 1. Einleitung

Der evangelische Theologe Rudolf Otto (1869-1937)[1] war von der Sabbatliturgie in der Synagoge von Mogador (heute Essaouria) in Marokko tief beeindruckt. Eine kurze Passage wurde für ihn zu einer Offenbarung des ,Heiligen' und ,Numinosen'. Am 14. Mai 1911 teilte er den Lesern der liberalen Halbmonatsschrift *Christliche Welt* mit:

„Ein kleiner, halbdunkler Saal. Nicht zehn Meter lang. Kaum fünf breit. Gedämpftes Licht von oben. Braunes Getäfel an den Wänden, vom Qualm der dreißig hängenden Öllampen angeräuchert. An den Wänden ringsum Bänke mit abgeteilten Sitzen, wie Chorgestühl von Bettelmönchen. Ein hoher Schrein in der Schmalwand, und in der Mitte ein kleiner Altar mit breitem Pult. Durch labyrinthische Gänge des Ghetto, über zwei enge finstere Treppen hat Chajim el Malek mich hierher geführt. Eine Synagoge nach der alten Art vom Westen noch unberührt. Vierzig solcher sind etwa hier, die meisten von ihnen Stiftungen Privater und in Privathäusern, wie Hauskapellen gehalten, durch Rabbinen und Vertreter alten Schlages bedient, Gebetsstätte und Talmudschule zugleich. Es ist Sabbat, und schon im dunkeln, unbegreiflich schmutzigen Hausflur hören wir das ,Bemschen'[2] der Gebete und Schriftverlesungen, jenes halbsingende halbsprechende nasale Cantillieren,[3] das die Synagoge an die Kirche wie an die Moschee vererbt hat. Der Klang ist wohllautend und bald unterscheidet man bestimmte regelmäßige Modulationen und Tonfälle, die wie Leitmotive sich abwechseln und folgen. Die Worte zu trennen und zu fassen bemüht sich das Ohr zunächst vergeblich und will die Mühe schon aufgeben, da plötzlich löst sich die Stimmenverwirrung und – ein

---

[1] Siehe neuerdings Udo Tworuschka, *Religionswissenschaft. Wegbereiter und Klassiker*, Köln/Weimar/Wien 2011, 111-130.

[2] Benschen ist nicht hebräischen/aramäischen Ursprungs. Auskunft von Prof. Klaus Koenen/Köln (11.07.2011), dem ich auch folgenden Hinweis verdanke: *„A Judæo-German word meaning either to say a blessing or to bless a person. It is derived from the Latin ,benedicere'; German ,benedeien'; old Spanish ,beneicer'; Portuguese ,benzer'; Provençal ,benesir', ,beneir'; French ,bénir'. [...] ,Benschen' is used for the blessing of God."* (Art. „Benschen", in: *Jewish Encyclopedia*: http://www.jewishencyclopedia.com/view.jsp?artid=774&letter=B (Zugriff: 07.07.2011).

[3] Sprechgesang, freirhythmische melodische Rezitation, „gesungenes Lesen", aber kein eigentlicher Gesang. Siehe Günter Bader, *Psalterspiel*, Hermeneutische Untersuchungen zur Theologie 54, Tübingen 2009, 259. Luther trat für den Sprechgesang in seiner „Deutschen Messe" ein. Der Gottesdienst wurde vollständig gesungen, wobei u.a. der Sprechgesang hervorragt.

feierlicher Schreck fährt durch die Glieder – einheitlich, klar und unmißverständlich hebt es an: Kadosch Kadosch Kadosch Elohim Adonai Zebaoth
Male'u haschamajim wahaarez kebodo!
Ich habe das Sanctus, Sanctus, Sanctus von den Kardinälen in Sankt Peter, und das Swiat, Swiat, Swiat in der Kathedrale des Kreml und das Hagios, Hagios, Hagios vom Patriarchen in Jerusalem gehört. In welcher Sprache immer sie erklingen, diese erhabensten Worte, die je von Menschenlippen gekommen sind, immer greifen sie in die tiefsten Gründe der Seele, aufregend und rührend mit mächtigem Schauer das Geheimnis des Überweltlichen, das dort unten schläft."[4]

## 2. Definitionen

Der Komparatist und Kulturwissenschaftler Holger Schulze, der u.a. das Projekt *Aural City. Die hörsame Stadt*[5] leitet, trifft folgende begriffliche Unterscheidungen,[6] an denen ich mich zum Teil orientiere:

- Klang/klanglich: jede physikalisch meßbare klangliche Äußerung
(Geräusch, Lärm, Ton, Musik, Rauschen)
- auditiv: auf das Hören generell bezogen
(nicht auf den physikalisch beschreibbaren Klang)
- sonisch: auf eine kulturell bestimmte und geprägte Form von physischen Klängen bezogen
- sound: auf ein stark körperliches Hören im Alltagsleben bezogen
(nicht begrenzt auf die Künste)
- aural: auf das Hören mit dem Ohr bezogen (nicht mit dem gesamten Körper)

Unter „Hörsamkeit"[7] versteht man die Wirkungen der akustischen Eigenschaften eines Raums für Schalldarbietungen, etwa Musik oder Sprache, am Ort des Hörenden.

---

[4] Rudolf Otto, „Vom Wege", in: *Christliche Welt* 15 (1911), 708f. Es gibt einen zweiten, evtl. sogar wichtigeren Anlass, der zu Ottos Abhandlung *Das Heilige* führte: „Meine Untersuchung über DAS HEILIGE entsprang mir einst aus dem Bedürfnisse, mir selber und meinen Schülern die Frage zu beantworten, was Sünde, Schuld und Urschuld sei, und was im Zusammenhange damit ‚Sühne' und ‚Entsühnung' im Christentums bedeute." In: *Aufsätze das Numinose betreffend*, Heft 11, 4. Aufl., Gotha 1929, Vorwort.
[5] In: http://auralcity.de/ (Zugriff: 06.06.2011).
[6] Email von Wolfgang Schulze an den Verfasser vom 06.06.2011.
[7] Anke Eckardt, *Zur Theorie des vertikalen Hörens. Eine Untersuchung am Beispiel des Reichstages (heutigen Parlamentsgebäudes)*, Masterthesis Universität der Künste Berlin. Zentralinstitut für Weiterbildung. Sound Studies – Akustische Kommunikation – Klanganthropologie, Berlin 2010, in: http://www.ankeeckardt.com/index.php?medium=108.

## 3. Räume

### 3.1 Raumtypologie

Das Rudolf Otto beeindruckende Klang- und Hörereignis spielte sich in einem noch näher zu beschreibenden geschlossenen Raum ab. Wir nehmen Räume nicht nur visuell wahr, sondern auch durch unsere Bewegungen (kinästhetisch) – und auditiv. Klangphänomene und ihre auditive Wahrnehmung geschehen generell in Räumen. Je nach ihrer Beschaffenheit, die von der Größe und Form des Raumes, der Lage der Schallquellen, der verwendeten Baumaterialien mit unterschiedlicher Schallreflektion bzw. -absorption abhängig ist, beeinflussen sie die Raumakustik und die auditiv-wahrnehmende Seite der Hörenden.

Idealtypisch lassen sich städtische und ländliche Räume bzw. Orte unterscheiden, wo sich die sog. Daseinsgrundfunktionen abspielen: wohnen, arbeiten, sich versorgen (Nahrung, Kleidung etc.), sich bilden, sich erholen, in Gemeinschaft leben, entsorgen. Städtische Geräusche unterscheiden sich von ländlichen, wobei außerdem noch zwei verschiedene Land-Kategorien voneinander abgrenzbar sind: „das Land in der Nähe einer Großstadt und das großstadtfern gelegene Land", vom ZEIT-Autor Ulrich Stock als „Stadt-Land" bzw. „Land-Land"[8] bezeichnet. Raumtypologisch heben sich *Plätze* als öffentliche Alltagsräume und – symbolisch – als demonstrative Orte von (religiöser) Macht hervor. Höfe (Innen-, Vor- und Hinterhöfe) sind in der Regel unüberdachte Bereiche eines Gebäudes, umgeben von Gebäudeflügeln bzw. Mauern. In Klöstern umgeben Kreuzgänge die Innenhöfe. Auch Moscheen bzw. hinduistische Tempelanlagen haben Innenhöfe. *Wege* und *Straßen* verbinden Räume untereinander.[9] Des Weiteren sind *Gebäude* samt ihren *Innenräumen* zu nennen, wobei sich die Religionswissenschaft insbesondere für so genannte „heilige Gebäude" interessiert, wie unterschiedlich (oder vielleicht gar nicht so) „heilig" sie auch jeweils sind: u.a. Tempel/Synagogen, Kirchen, Kapellen, Moscheen, Pagoden, Viharas, „Häuser der Andacht".

### 3.2 „Heilige Räume" in der klassischen Religionsphänomenologie

Die klassische Religionsphänomenologie verwendet die Kategorie des ‚heiligen Ortes oder Raumes'. Für Gerardus van der Leeuw ist der „heilige Raum" eine „Stätte", die aus der „großen Ausgedehntheit der Welt [...] herausgenommen" ist. Die Stätte offenbart Macht oder Mächte, sie ist oft geheimnisvoll gelegen und ihr „schaudervoller Charakter"[10] wird aus der Umgebung hervorgehoben. Gustav Mensching weiß um den Wunsch des religiösen Menschen, „in einer vom

---

[8] Ulrich Stock, „Landlust, Landfrust", in: *Die ZEIT*, Nr. 23 vom 01.Juni 2011, 69-71, hier 71.

[9] Institut für Städtebau, TU-Graz: Raumorganisation und Planen. 02. Raumtypologien, in: http://lamp.tugraz.at/~f145stdb/Raumorganisation%20und%20Planen/Vorlesung/ROP_02.pdf (Zugriff: 01.06.2011).

[10] Gerardus van der Leeuw, *Phänomenologie der Religion*, 4. Aufl., Tübingen 1977, 445-463, hier 445f.

Heiligen erfüllten Atmosphäre zu leben"[11]. Seltsamerweise sind Religions-phänomenologen[12] höchstens am Rande auf den nahe liegenden Gedanken ge-kommen, die von ihnen als schauer- und geheimnisvoll qualifizierten Räume (auch) von deren *auraler* Atmosphäre her zu betrachten. Stattdessen heben sie das Visuelle, Architektonische und Bauliche hervor. Dabei hatte bereits Rudolf Otto in einem kleinen Beitrag auf *Das Leere in der Baukunst des Islam* hingewie-sen und dabei auf den umbauten Raum aufmerksam gemacht.[13] Es gibt Mo-scheen, „in denen die Leere redet, und mit einem Eindrucke, der einem den Hals zuschnüren und den Atem nehmen kann"[14]. Die Hagia Sophia ist für Otto „von allen Bauwerken der Welt das numinoseste [...]. Und wunderbar gut paßt in sie dieser islamische Kult des stillen Neigens und Niederfallens, des scheuen Flüs-terns und Schweigens vor der leeren Nische und unter dem Fluten und Sich-Verteilen des Halblichtes aus der weitspannenden Leere ihrer ganz unvergleichli-chen Kuppel."[15]

### 3.3 Aura, Atmosphäre, Stimmungsraum

Ich habe das klassische Heiligkeitserlebnis Rudolf Ottos gewählt, um mich dem Beziehungsdreieck Klang-, Hörereignis und Raum zu nähern. Die Religions-wissenschaft hat schon länger das Visuelle entdeckt (*visual, iconic turn*), aber das Klang- und Hörgeschehen weitgehend ausgeklammert. Zwar entstanden erst kürzlich umfangreiche Spezialarbeiten,[16] doch von einer fundierten breiteren Theoriebildung kann nicht die Rede sein. Einschlägige Arbeiten finden sich in der Volkskunde"[17] sowie seit einigen Jahren in der (US-amerikanischen) Ge-schichtswissenschaft.[18]

---

[11] Gustav Mensching, *Die Religion. Erscheinungsformen, Strukturtypen und Lebensgesetze*, Stuttgart 1959, 276.

[12] Das gilt auch für Friedrich Heiler: Erscheinungsformen und Wesen der Religion, Stutt-gart 1961, 128-150.

[13] Vgl. Rudolf Otto, „Aufsätze das Numinose betreffend", Gotha 1923, 108-113.

[14] Ebd., 108.

[15] Ebd., 109.

[16] Annette Wilke/Oliver Moebus, *Sound and Communication: An Aesthetic Cultural History of Sanskrit Hinduism*, Berlin 2011 und Isabel Laack, *Religion und Musik in Glastonbury. Eine Fallstudie zu gegenwärtigen Formen religiöser Identitätsdiskurse*, Göttingen 2011 sowie Lidia Guzy (Hg.), *Religion and Music. Proceedings of the Interdisciplinary Workshop at the Insti-tute for Scientific Studies of Religions, Freie Universität Berlin, May 2006*, Religionen in Kultur und Gesellschaft, hg. von Lidia Guzy, Bd. 1, Berlin 2008.

[17] Regina Bendix, „The Pleasures of the Ear: Toward an Ethnography of Listening", *Cul-tural Analysis* 1 (2002). In: http://socrates.berkeley.edu/~caforum/volume1/vol1_article3.html und dies., „Was über das Auge hinausgeht. Zur Rolle der Sinne in der ethnographischen For-schung", in: *Schweizerisches Archiv für Volkskunde* 102 (2006), 71-84, sowie dies., Art. „Stim-me", in: *Enzyklopädie des Märchens* 12 (2007), 1313-1319.

[18] Grundlegend: Mark M. Smith (Hg.), *Hearing History. A Reader*, Athens/GA. 2004, und Richard Cullen Rath, *How Early America Sounded*, Ithaca/London 2003 sowie David Garrioch, „Sounds of the city. The soundscape of the early modern European towns", in: *Urban History*

Klänge und Hörereignisse ereignen sich in *Räumen.* Hierunter sollen nicht nur „begrenzte Lebenswelten"[19] verstanden werden, sondern auch von Menschen unbewohnte Areale und Räumlichkeiten. Denn auch sie haben ihre charakteristischen Klänge (Geo-, Biophonien, s. u.), doch so lange Menschen diese nicht wahrnehmen, sind solche Klangphänomene hier zu vernachlässigen. Im Folgenden geht es ausschließlich um von Menschen bewohnte Räume.

„*Every space has an aural character,*"[20] so lautet die Grundthese eines interdisziplinären Sammelwerkes über „*aural architecture*". „*The composite of numerous surfaces, objects, and geometries in a complicated environment creates an aural architecture. As we hear how sounds from multiple sources interact with the various spatial elements, we assign an identifiable personality to the aural architecture*"[21].

Unsere Lebenserfahrungen werden nicht nur durch *landscapes*, sondern auch von *soundscapes* beeinflußt. Die von verschiedenen Räumen/Orten ausgehenden Stimmungen, ihre Atmosphäre, sind von zwei Seiten her bestimmbar: Rezeptionsästhetisch handelt es sich bei der Raumerfahrung um eine subjektiv wahrgenommene Stimmung. Objektiv, also vom Raum her betrachtet, ist diese Stimmung durch charakteristische Merkmale und Eigenschaften dieses spezifischen Raumes geprägt.

In der Kunsttheorie Walter Benjamins nimmt der *Aura*-Begriff eine einflußreiche Rolle ein.[22] Benjamin charakterisiert die Aura natürlicher Gegenstände (sein Beispiel: Sommernachmittag und ein Gebirgszug am Horizont: „das heißt die Aura dieser Berge") als „einmalige Erscheinung einer Ferne, so nah sie sein mag". Die Wirkung aurabehafteter Objekte auf unsere Wahrnehmung wird *auratisch* genannt.

Der Philosoph Gernot Böhme hat stattdessen den Begriff des *Atmosphärischen* – im Anschluß an Rudolf Otto, Ludwig Binswanger, die neue Phänomenologie (Hermann Schmitz) u.a. – in die Diskussion eingeführt („Ästhetik der Atmosphären") und stellt in seiner Theorie der sinnlichen Wahrnehmung „Beziehungen zwischen Umgebungsqualitäten und den Befindlichkeiten"[23] in den Mittelpunkt. „Die Leute, die sich um das Musikalische der Musik kümmern, sind häufig zu sehr auf die Musik als Gegenstand fixiert. Das hat dazu geführt, daß von Seiten der Musiktheorie die Musik fast durchweg als Zeitkunst verstanden

---

30 (2003), 5-25 sowie Daniel Morat, „Sound Studies – Sound Histories. Zur Frage nach dem Klang in der Geschichtswissenschaft und der Geschichte in der Klangwissenschaft", in: *kunsttexte.de*, 4/2010-1: http://edoc.hu-berlin.de/kunsttexte/2010-4/morat-daniel-3/PDF/morat.-pdf.

[19] Manfred Josuttis, „Vom Umgang mit heiligen Räumen", in: *Der Religion Raum geben*, hg.v. Th. Klie, 2. Aufl., Münster 2000, 34-43, hier 39.

[20] Barry Blesser/Linda-Ruth Salter, *Spaces speak, are you listening? Experiencing aural architecture*, Massachusetts 2007, 2. Aural bedeutet soviel wie „hörsam" (vgl. Hörsamkeit).

[21] Ebd.

[22] Walter Benjamin, *Das Kunstwerk im Zeitalter seiner technischen Reproduzierbarkeit* , in: Gesammelte Schriften, Bd.1, Frankfurt a. M. 1972, 471-50.

[23] Gernot Böhme, *Für eine ökologische Naturästhetik*, Frankfurt am Main 1989, 30.

wird, während sie von Seiten der Theorie der Atmosphäre wesentlich Raumkunst ist [...] Von der Theorie der Atmosphären her hat die emotionale Wirkung der Musik auf den Menschen sehr viel damit zu tun, daß sie seine leibliche Anwesenheit modifiziert."[24] Elisabeth Ströker spricht in Weiterführung der Ansätze Dürckheims, Binswangers, Bollnows vom „gestimmten Raum"[25], in dem der Leib die Ausdrucksgehalte des Raumes erfährt.

Bernhard Waldenfels'[26] leiblich verankerte Phänomenologie (unter Einfluß von Husserl, Schütz und der modernen französischen Philosophie) unterscheidet „Stimmungs- und Anschauungsraum". Stimmungsräume haben ungleiche Atmosphären, beeinflussen das jeweilige Raumerleben und die eigene Befindlichkeit. ‚Heilige' Räume wie Kirchen, Moscheen, Synagogen, aber auch profane Gebäude wie Museen, Sportstadien, die freie Natur u.a. besitzen voneinander abweichende, das jeweilige Raum- und akustisch-auditorische Erleben und die beeinflussende Atmosphären: Heiliges, Schönheit, Spannung, Erhabenes. Die Räume bergen in sich Gefühls- und Erlebnisqualitäten. Die subjektive Weise des Raumerlebens nennt Waldenfels „Anschauungsraum". Stimmungs- und Anschauungsraum zusammen bilden den Hintergrund für den „Handlungsraum". Für Waldenfels ist Raum mehr als die bloß natürlich-sachlich-dinglich bestimmte „Umwelt": eine nicht hintergehbare, anthropologische Dimension der menschlichen Existenz.

Rein empirisch ausgerichtete Religionswissenschaftler werden bemängeln, daß das theoretische Konstrukt „auratischer Raum" sich nicht operationalisieren läßt. So fehlt zum Beispiel das wichtige Kriterium `intersubjektive Überprüfbarkeit`, da es keine festen Kriterien für das gibt, was „auratisch" sein soll. Muß ein Raum dunkel, halbdunkel oder besonders hell, klein oder groß usw. sein, um als „auratisch" zu gelten? Weckt er bei jedem die gleichen Gefühle?

Für eine sich als Wahrnehmungswissenschaft verstehende empirische Religionswissenschaft, die in der Praktischen Religionswissenschaft[27] auch Handlungsorientierungen entwickelt, ist die religionsphänomenologische Perspektive unverzichtbar, um Klang- und Hörphänomene nicht nur aus naturwissenschaftlich-psychologischer Perspektive zu erforschen.[28]

---

[24] „Die Musik modifiziert mein Gefühl, im Raum zu sein. Ein Gespräch mit Gernot Böhme", in: *Musiktherapeutische Umschau* 26,3 (2005), 88-93.

[25] Elisabeth Ströker, *Philosophische Untersuchungen zum Raum,* 2. Aufl., Frankfurt am Main 1977, zitiert nach Heinz Paetzold, *Ästhetik der neueren Moderne. Sinnlichkeit und Reflexion in der konzeptionellen Kunst der Gegenwart*, Stuttgart 1990, 29.

[26] Vgl. Bernhard Waldenfels, *In den Netzen der Lebenswelt*, Frankfurt am Main 1985, 179ff.

[27] Vgl. Michael Klöcker/Udo Tworuschka (Hg.), *Praktische Religionswissenschaft. Ein Handbuch für Studium und Beruf*, Köln u.a. 2008.

[28] Ich definiere „Religionswissenschaft als Wahrnehmungswissenschaft (gelebter) Religion/en".

## 3.4 Akustische Erinnerungsorte

Klangforschung hat eine historische und geographische Dimension: Neben Theorien über Klänge, Musik und Töne zu verschiedenen Zeiten geht es konkret um die Erforschung dessen, was Menschen früherer Zeiten gehört haben mögen, auch wenn wir keine Tonaufzeichnungen davon besitzen. Die erste Tonaufnahme geht auf den *Phonautografen* des französischen Forschers Edouard-Leon Scott de Martinville (1817-1879) zurück, der 1860 das von einer Frau gesungene Lied *Au Claire de la Lune* aufgenommen hat – noch vor Edison.[29] Vertreter auraler Geschichte sind trotzdem zuversichtlich, aus anderen Quellen Informationen zur Klang- und Hör-Geschichte zu erhalten. So gibt es gibt u.a. Untersuchungen über mittelalterliche Soundcapes, über Klang und Hören zur Renaissancezeit in England, über Lärm und Klang der Industrialisierung sowie über die Klänge bzw. den Lärm diverser moderner Großstädte, zum Teil im Internet abruf- und abhörbar. Ein Beispiel der historischen Erforschung eines Segmentes religiöser oraler/auraler Kultur zur Zeit der Aufklärung bietet Leigh Eric Schmidt vom *Religion Department* der *Princeton University* mit seiner Analyse evangelikaler Christen (*Sound Christians*). Ihre lautstarke religiöse Praxis (*„religion of the ear"*) besteht aus dröhnenden, wortgewaltigen, leidenschaftlichen Predigten. Der evangelikale Devotionalismus ist darüber hinaus durch das Phänomen des gellenden „heilige Lachens" sowie weitere ekstatische Geräusche gekennzeichnet.[30] Klänge und Geräuschkulissen wirken sich auf die Gesellschaft aus, wie der französische Historiker Alain Corbin[31] anhand der Nutzung von Glocken und deren Bedeutung im Alltag der französischen Gesellschaft dargestellt hat.

Die durch das Konzept der *„lieux de mémoire"* des französischen Historikers Pierre Nora in Gang gekommene lebhafte Diskussion um „Erinnerungsorte" sollte auch von einer an akustischen und auditiven Phänomenen interessierten Religionswissenschaft rezipiert werden. Orte sind nicht nur topographische Stätten, vielmehr auch Personen, Rituale, Lieder, Institutionen: „langlebige, Generationen überdauernde Kristallisationspunkte kollektiver Erinnerung und Identität, die in gesellschaftliche, kulturelle und politische Üblichkeiten eingebunden sind und die sich in dem Maße verändern, in dem sich die Weise ihrer Wahrnehmung, Aneignung, Anwendung und Übertragung verändert"[32]. Solche Orte können von lokaler oder regionaler, auch nationaler und internationaler Bedeutung sein. Für lutherische Christen ist das Lutherlied *Ein feste Burg ist unser Gott*, ohne das ein Reformationsgottesdienst nicht endet, ein solcher akustischer Erinnerungsort. Auch die Echternacher Springprozession, die als erste

---

[29] Vgl. Meldung im Hamburger Abendblatt vom 28.03.2008.

[30] Vgl. Leigh Eric Schmidt, *Supernatural Sounds and Enlightenment Silence. Hearing Things. Religion, Illusion, and the American Enlightenment*, Cambridge/MA 2000.

[31] Vgl. Alain Corbin, *Die Sprache der Glocken. Ländliche Gefühlskultur und symbolische Ordnung in Frankreich des 19. Jahrhunderts*, Frankfurt a. M. 1995.

[32] Etienne François/Hagen Schulze (Hg.), *Deutsche Erinnerungsorte*, Bd. 1, München 2001, 18.

Prozession in die UNESCO-Liste des immateriellen Welterbes aufgenommen wurde, ist ein akustischer Erinnerungsort. Heutzutage springt man etwa eine Stunde lang mit seitlichen Schritten vorwärts, abwechselnd nach links und nach rechts. Dabei verweilt man bei jedem Schritt kurz auf dem jeweiligen Fuß, um dann mit dem anderen Fuß zum nächsten Schritt anzusetzen – immer im Takt der von allen Kappen gespielten Prozessionspolka. Die Adventszeit mit ihren Weihnachtsmärkten, Düften, kulinarischen Genüssen – aber auch Klängen und Geräuschen läßt sich ebenfalls als akustischer Erinnerungsort interpretieren. „Hier kommt etwas zum Ausdruck, was als Sehnsucht zu bestimmen ist, nicht unbedingt allerdings eine inhaltlich präzise zu bestimmende Sehnsucht nach Gott, sondern eher der mehr oder weniger diffuse Wunsch nach einem hellere, friedlicheren Leben." [33]

## 4. Hören und Zuhören

Klänge sind physikalischen Gesetzen gehorchende akustische Signale, die sich als Schall im Raum ausbreiten. Aus den mechanischen Schwingungen kristallisiert das Gehirn Geräusche, gesprochene Sprache, Musik. Klang- und Hörereignisse sowie Raum sind aufeinander bezogen. Klänge ereignen sich in Räumen, wo sie von Menschen entweder *gehört* werden bzw. wo man ihnen bewußt *zuhört*.
Zuhören (Lauschen) ist eine konzentrative Leistung: die „intentionale Selektion, Organisation und Integration (S-O-I-Modell) verbaler und nonverbaler Aspekte akustisch vermittelter Information" [34]. Davor setzt die Psychologin Margarete Imhof die „Zuhörabsicht", also die Frage, warum man eigentlich zuhören will. Eine Weiterentwicklung des S-O-I-Modells stellt das „Integrierte Modell des Text- und Bildverstehens" [35] von Schnotz dar.

---

[33] Corinna Dahlgrün, *Christliche Spiritualität. Formen und Traditionen der Suche nach Gott*, Berlin/New York 2009, 427.

[34] Margarete Imhof, „ Zuhören lernen und lehren. Psychologische Grundlagen zur Beschreibung und Förderung von Zuhörkompetenzen in Schule und Unterricht", in: *Zuhörkompetenz in Unterricht und Schule. Beiträge aus Wissenschaft und Praxis*, hg. v. Margarete Imhof u.a., Edition Zuhören, Bd. 8, Göttingen 2010, 15-30 und dies., „Zuhören. Psychologische Aspekte auditiver Informationsverarbeitung", Edition Zuhören, Bd. 4, Göttingen 2003 sowie *Zuhören und Instruktion*, Münster 2004, 6ff.

[35] Dargestellt in: Helmut M. Niegemann, u.a., *Kompendium multimediales Lernen*, Berlin 2008, 54-63. – Die verbalen/non-verbalen Klänge gelangen nach dem sog. „Drei-Speicher-Modell" über das Sensorische Register, in diesem Fall das *auditive* Register (Gedächtnis), in das „auditive Arbeitsgedächtnis". Dort wird eine Repräsentation der Oberflächenmerkmale des gehörten Textes erstellt. Ein auditiver Filter selektiert jene Informationen, die in eine propositionale Repräsentation umstrukturiert und verdichtet werden sollen", Ebd., 59.

Zuhören als „zentrale Dimension der Sprachfertigkeit" wird ontologisch „vor allen anderen sprachlichen Teilfertigkeiten erworben"[36]. Margarete Imhof unterscheidet Zuhörsituationen nach Merkmalen der „Sprecher-Zuhörer-Interaktion" bzw. den „Zuhörzielen" (therapeutisches Zuhören, kritisches Zuhören, „Zuhören zur Befriedigung ästhetischer Bedürfnisse"[37]). Sie differenziert vier „theoretische und empirische Grundlagen zur Psychologie des Zuhörens": „Die personale Regulation des Zuhörers – Wahrnehmung des verbalen Inputs – Wahrnehmung des Sprechers – Wahrnehmung der Situation."[38]

Die Aufmerksamkeitsforschung[39] als Teilbereich der kognitiven Psychologie unterscheidet zwischen *„vigilance"* (dauernde Wachsamkeit) einerseits sowie *„focused attention"* und *„divided attention"* andererseits. Innerhalb der zweiten Kategorie wird entsprechend der Sinnesmodalitäten u.a. zwischen *„auditory"* und *„visual attention"* differenziert. Unter Bezug auf Ulric Neisser[40] unterscheidet der amerikanische Psychologe Robert L. Solso einen „ikonischen Speicher" für Seh- und einen „Echospeicher" bzw. ein „Echogedächtnis" für Höreindrücke.

Kommunikationsmodelle unterscheiden zwischen Sender, Botschaft und Empfänger. Damit die Botschaft verstanden wird, müssen Sender und Empfänger nach Roman Jacobson über einen zumindest teilweise bekannten Code (Schlüssel) verfügen. Bei sprachlichen Botschaften ist dies ein linguistisches Zeichensystem. „Um verstanden zu werden, benötigt die Botschaft außerdem noch eine *Referenz* (einen Bezugspunkt), die den ‚situationellen Kontext' bildet. Wenn der Sender einen Satz formuliert, geht er bereits davon aus, daß der Empfänger die Welt kennt, von der er gerade spricht. Wenn der Empfänger ein Element nicht versteht, auf das sich der Sender bezieht oder die Situation, in der der Sender seine Aussage formulierte, nicht kennt, ist er auch nicht in der Lage, die Botschaft angemessen zu verstehen. Damit schließlich die Kommunikation stattfinden kann, braucht sie einen *Kontakt*, der es als – physischer oder psychologischer – Verbindungskanal ermöglicht, die Kommunikation herzustellen und/oder aufrechtzuerhalten."[41]

Imhof weist außerdem darauf hin, „daß eine Äußerung erst verstanden werden kann, wenn der Zuhörer (oder Leser) weitere, in der Situation verankerte Informationsquellen hinzuzieht, um eine Botschaft zu interpretieren. Diese kategorisiert Habermann (in Anlehnung an Dietrich u. Graumann 1989) als situationsgebundenen Kontext, der sowohl interpersonale und soziale Aspekte (Zahl der Gesprächsteilnehmer, Geschlecht, Alter, ethnischer Hintergrund der Ge-

---

[36] Imhof, „Zuhören", 9.

[37] Ebd., 41.

[38] Ebd., 57.

[39] Aufmerksamkeit wird von Robert L. Solso definiert als „Konzentration der mentalen Anstrengung auf sensorische oder mentale Ereignisse". In: Robert L. Solso, *Kognitive Psychologie*, Heidelberg 2005, 79.

[40] Ulric Neisser, *Cognitive Psychology*, New York 1967.

[41] Massimo Grilli, „Sprache und Kommunikation", in: http://www.evangeliumetcultura.org/DE/ Sprache%20und%20Kommunikation.php.

sprächsteilnehmer, soziale Rollen, persönliche Bekanntschaft, Vertrautheit, Übereinkunft über das Ziel des Austauschs, Aufgaben oder Vorgaben für die Gesprächssituation) als auch die sachlichen Bedingungen der Situation (Raumgröße, Lärm, Temperatur) beinhaltet. Zum Interpretationskontext gehören zusätzliche stabile oder temporäre Merkmale des Rezipienten, wie sein Wissen von der Welt (verfügbare Schemata, Meinungen, Werthaltungen), die aktuelle Motivationslage (persönliche Ziele, volitive Prozesse) und die emotionale Befindlichkeit (Stimmung, Ängstlichkeit, aktualisierte Motive)"[42].


## 5. Religiös geprägte Klänge

Dieser lange Anmarschweg durch die heute zunehmend unter dem Oberbegriff „Sound Studies"[43] zusammengefaßten verschiedenen wissenschaftlichen Ansätze war nötig, um einige Grundbegriffe zu klären, die für eine religionswissenschaftliche Untersuchung von Klang- und Hörphänomenen nötig sind. Jean-Francois Augoyard und Henry Torgue vom *Centre for Research on Sonic Space and the Urban Environment* (CRESSON)[44] in Grenoble/Frankreich setzen voraus, daß „kein Klangereignis, sei es musikalisch oder geräuschhaft, von seinen räumlichen und zeitlichen Bedingungen der Klangausbreitung isoliert werden kann. Klang wird immer subjektiv geformt, abhängig vom auditiven Wahrnehmungsvermögen, der Haltung gegenüber der Klangumgebung, der Psychologie und Kultur des Hörers. Es gibt kein universell gültiges Hören: jedes Individuum, jede Gruppe, jede Kultur hört auf ihre eigene Weise"[45] – eine auch religionswissenschaftlich wichtige Erkenntnis. Die akustisch-auditiven Phänomene der religiösen *Schall-* und *Hör*ereignisse können entsprechend nur interdisziplinär erforscht werden: sowohl von naturwissenschaftlicher (u.a. Psychoakustik, auditive Psychophysik) als auch kulturwissenschaftlicher (Phänomenologische Psychopathologie) und religionswissenschaftlicher Seite. Religionswissenschaft wird hier nicht, wie heute oft üblich, kurzerhand unter die Kulturwissenschaften subsumiert, da sie über deren Ziele hinaus eigene verfolgt.[46]

---

[42] Imhof, „Zuhören", 194, zitiert nach Eckardt, *Zur Theorie des vertikalen Hörens*, Anm. 29, 43.

[43] „Die akustischen und auditiven Aspekte von Situationen zu untersuchen ist das grundsätzliche Anliegen der Sound Studies. Das Hyperonym für die diversen darin zusammentreffenden Forschungsrichtungen ist Sound Studies ein sich mehr und mehr durchsetzender Begriff" (analog zu *Cultural Studies*), so Eckardt, Ebd., 15.

[44] Dieses Institut befaßt sich mit Architektur, Soziologie und Klang. 2009 standen Themen wie *„ambiance and environment", „ambiance and project", „ambiance and society"* im Mittelpunkt ihres Interesses.

[45] Jean-Francois Augoyard/Henry Torgue, *Sonic experience. A Guide to everyday sounds*, Montreal 2006, Zitiert bei Andreas Bick: http://www.andreasbick.de/de/writings/sound_reading/?article=61.

[46] Vgl. Klöcker/ Tworuschka (Hg.), *Praktische Religionswissenschaft*.

Es gibt keine ‚religiösen Klänge' und auch kein ‚religiöses Hören', sondern religiös geprägte, normierte, überformte natürliche/erzeugte Klänge und Höreindrücke. Mitglieder ein und derselben religiösen Gemeinschaft verfügen idealerweise über einen Code, der es ermöglicht, sich untereinander zu verständigen. Angesichts religiösen Traditionsabbruchs und einer um sich greifenden „religiösen Analphabetisierung" in säkularisierten Gesellschaften sind manche Religionsgemeinschaften von diesem Ideal zum Teil erheblich entfernt. Ohne auf die verzweigte Diskussion über die ‚religiöse Sprache' näher einzugehen (vor allem analytische Sprachphilosophie) soll auf ihr wohl wichtigstes Merkmal der *symbolischen* Natur hingewiesen werden, das sich in vielen religiösen Textsorten findet: Sprichwörtern, Gleichnissen, Wundergeschichten, Mythen. „Religiöse Rede gibt es [...] nicht ohne religiöse Situation; Situationen sind immer dann religiös, wenn sie religiös strukturiert sind; religiöse Strukturen weisen sie auf, wenn sie als Realisationssituationen der Muster einer Religion beschrieben werden können."[47] Für einige Sprach- und Religionsforscher gibt es keine religiöse Sprache, sondern „religiös gebrauchte" Sprache. Für die religiöse Kommunikation ist die Kenntnis der Symbolwelt einer Religion unerläßlich.

Klangliches religiöses Handeln ist ein symbolhaftes Geschehen: Ob Menschen beten, Bekenntnisse sprechen, Lieder singen, kultisch oder ethisch handeln – immer läßt sich solches Tun im Sinne Gustav Menschings als „antwortendes Handeln" auf eine „Begegnung mit heiliger Wirklichkeit" begreifen, ist „Aneignung des Heiligen und des Heils durch den Menschen als raum-zeitliches Ereignis"[48]. Grundsätzlich kann *alles* zum Symbol werden. „Jedes Symbol besteht stets aus zwei Elementen: aus dem vordergründigen Gegenstand und dem Gemeinten. Das Verhältnis dieser beiden Schichten des Symbols zueinander nennen wir Repräsentation, weil das Gemeinte durch den Gegenstand repräsentiert wird, und zwar für ein Subjekt. Damit ist ausgesprochen, daß Symbole stets ein Subjekt voraussetzen, in dem sich jene Beziehung der Repräsentation vollziehen kann. Symbole an sich gibt es im strengen Sinne nicht. Damit ist zugleich gesagt, daß die Gültigkeit von Symbolen innerhalb der Subjektwelt auf die jeweils zum Symbolvollzug befähigten Subjekte beschränkt ist. [...] Der Symbolcharakter eines sakralen Symbols wird dann aufgehoben, wenn der Symbolgegenstand mit der gemeinten Wirklichkeit in eins gesetzt wird."[49]

Religiös-klangliches Handeln, ob verbal oder non-verbal, greift durchweg auf die üblichen Klänge zurück, bedient sich der üblicherweise zur Verfügung stehenden Klangerzeuger, um daraus *religiös geprägte* Symbole zu formen.

---

[47] Ingolf Dalferth, *Sprachlogik des Glaubens. Texte analytischer Religionsphilosophie und Theologie zur religiösen Sprache*, München 1974, 359.

[48] Kurt Goldammer, *Die Formenwelt des Religiösen*, Stuttgart 1960, 328.

[49] Mensching, *Die Religion*, 244f.

## 6. Religionsphänomenologie des Klanges und (Zu-)Hörens

An dieser Stelle setzt die Aufgabe einer sich auf Erklingen und (Zu-)Hören spezialisierenden Religionsphänomenologie ein. Sinnvollerweise kann sie nur als ‚kontextuelle Religionsphänomenologie‘ betrieben werden. Denn religiös geprägte Phänomene sind keine a-historischen Gebilde im Reich der Ideen, sondern empirische Erscheinungsformen, die in Kontexten stehen, welche in der klassischen Religionsphänomenologie von der Theorie her keine Bedeutung hatten: geschichtlichen, kulturellen, ökonomischen, sozialen. Eine Religionsphänomenologie des Klanges und (Zu-)Hörens sammelt, sichtet, systematisiert *akustisch-auditorische Manifestationen von Religion(en)*.

Die Aufgabe einer Religionsphänomenologie des Klanges und Hörens ist zweifach: Die bisher dargestellten akustisch-auditiven Manifestationen[50] geschehen in der Realität, der Wirklichkeit. Auf einer zweiten Ebene jedoch, im Bereich des Gedachten, der Vorstellungen, Wünsche und Gefühle des Menschen, insbesondere der religiösen Gedanken- und Vorstellungswelt (auch sie eine Wirklichkeit), spielen akustisch-auditorische Phänomene ebenfalls eine große Rolle. Kommunikationstheoretisch gesehen sind akustisch-auditive religiöse Manifestationen verschlüsselte Botschaften, Kodierungen durch Text und Ton. Die Hörenden sind in der Lage, diese Botschaften aufgrund ihres religiösen Hintergrundwissens zu entschlüsseln. Wer den Code nicht kennt, nimmt zwar die Klänge ebenfalls wahr und verarbeitet sie im Prozeß des Zuhörens. Im Unterschied zu den Angehörigen der jeweiligen religiösen Symbolwelt fehlt ihm jedoch der Zugang zur Symbolik. Ein Beispiel: Wenn in zen-buddhistischen Tempeln die Dharma-Trommel (Hokku) erklingt, so symbolisiert ihr Klang den Eingeweihten geistige Wahrheit, die Stimme Buddhas, das Echo der Buddha-Lehre. Der Holzfisch (Mokugyo), entweder eine wie ein Fisch oder eine Kugel geformte Trommel, steht für die Wachsamkeit, der sich die Mönche in ihren Übungen hingeben sollen, um inneres Erwachen zu erreichen. Der wolkenförmige Gong (Unpan) symbolisiert die Luftwesen. Sein Klang soll zu ihrer Befreiung führen. Der Klang der Brahma-Glocke schließlich versinnbildlicht die heilsame Kraft, welche die Wesen vom Leid befreit.

Auf der akustischen Seite geht es nicht nur um verbale/non-verbale Klänge, sondern auch um den *nicht „humanly organised sound"*[51]. Zu denken ist an die

---

[50] Vgl. Goldammer, *Formenwelt*, 266-276 („Heiliger Klang") erwähnt diesen Bereich nur am Anfang, um dann zu den „empirischen" Phänomenen überzugehen („Gesungenes Wort", „Gesang und Instrument").

[51] Musik ist für den Ethnomusikologen Blacking ein *„product of the behaviour of human groups, whether formal or informal: it is humanly organised sound"*, in: John Blacking, *How Musical is Man?* Seattle/London 1973, 3-31, hier 17 und Suzel A. Reily, *The Musical Human. Rethinking John Blacking's Ethnomusicology in the Twenty-First Century*, Ashgate 2006.

Schaferschen *Soundscapes*,[52]   akustische Landschaftsbilder, gewonnen durch *Soundwalks* (Übungen im Horchen und Aufnehmen von Sounds während eines Spaziergangs). *Soundmarks* (akustische Wahrzeichen, analog: landmark), *Keytones* (kontinuierliche Hintergrundtöne in einer spezifischen Umwelt) und *Community sounds* (z.B. Glocken, Muezzin-Ruf, Gesänge, Trommeln) spielen dabei eine wichtige Rolle. Hilfreich zum Verständnis religiöser Räume ist die Unterscheidung[53] zwischen Geophonien (Geräusche der natürlichen Umwelt), Biophonien (Tier- und Pflanzenwelt) und Anthropophonien (von Menschen gemachte Geräusche/Töne). Die *„auditory archaeology"* versucht, *„to give sound and its significance in the past a greater presence in archaeological thinking and practice. Sound is a dynamic source of information: a means by which people, animals and places express themselves; it informs us about physical processes and the relationships that living things experience, develop, maintain, and contest in their surroundings. An auditory archaeology proposes that, in their daily activities, people generate sounds that are integral to creating, maintaining and contesting social relations."*[54] Die meist vernachlässigten flüchtigen, doch immer wiederkehrenden Hintergrundgeräusche (z.B. Meeresrauschen), die *„belles noiseuses"*, sind nach dem französischen Philosophen Michel Serres *„fundamental, not simply to our experiences of place, they are fundamental to our every being"*[55].

## 7. Interferenzen: Klangräume

Mit dem Begriff Klangraum sind hier nicht die bei Studio-Tonaufnahmen erzeugten räumlichen Klangeindruck (engl.: *ambience*), auch „Raumklang" (*surround sound*, Kunstkopf-Stereophonie)[56] gemeint. Es geht auch nicht um die in esoterischen Musiktherapien als „Klangräume" bezeichneten Gebilde. Stattdessen steht das Phänomen der *„sonic sacralization"* ganzer geographischer Räume im Mittelpunkt,[57] die durch verschiedene Schallquellen erzeugten Klanginterferenzen. Sonische Überlagerungen ereignen sich in dichter besiedelten Räumen, Ballungszentren. Wenn es sich dabei um religiöse Klänge aus derselben Religi-

---

[52] Murray Schafer, *Klang und Krach. Eine Kulturgeschichte des Hörens*, Frankfurt a.M. 1988 und *The Journal of Acoustic Ecology*, 1,1(2000), auch veröffentlicht unter: interact.-uoregon.edu/medialit/wfae/journal/wrightson.pdf.

[53] Vgl. Steve Mills, *The significance of sound in fifth millennium cal. BC southern Romania. Auditory archaeology in the Teleorman River Valley*, Unpublished PhD dissertation, University of Wales, Cardiff 2001.

[54] Christopher Whitmore, „Auditory archaeology or the ‚belles noiseuses'", in: http://traumwerk.stanford.edu:3455/multiplefields/1067 (Zugriff: 03.06.2011).

[55] Michel Serres, *Genesis*, übers. v. G. James u. J. Nielson, Ann Arbor 1995, 15.

[56] Vgl. Rolf Seidelmann, *Surround im Musikstudio*, Bremen 2008.

[57] Vorbildlich untersucht am Beispiel der ghanaischen Hauptstadt Accra: Marleen de Witte, „Accra's Sounds and Sacred Spaces", in: *International Journal of Urban and Regional Research* 32, 2 (2008), 690-709.

onstradition handelt, entstehen die von manchen als harmonisch empfundenen, sich über den Raum breitenden Klangteppiche. Stammen die diversen religiösen Klänge dagegen aus unterschiedlichen Religionsgemeinschaften (Kirchenglocken, Muezzinrufe usw.), dann empfinden wir diese die Grenzen überschreitenden Klänge oft als störend, nehmen sie oft als Lärm[58] wahr. Bei diesen Klängen handelt es sich um „eine Form von Macht, die weiter keine Waffen braucht: einfach durch die Besetzung des akustischen Raums. Man kann sich das ganz militärisch vorstellen. Jemand, der ein bestimmtes Territorium mit seinem Schall besetzt, hat dort die Macht – nämlich über die Ohren der Anderen. Man kann sich dem Schall eines Anderen nicht entziehen: Er ist durch die Schallwellen überall in unserem Ohr, und wir können nichts dagegen tun, daß wir das hören müssen. In diesem Sinn gilt im akustischen Raum das Recht des Lauteren."[59]

## 8. Vertikales Hören

Anke Eckhardt hat in ihrer Masterthesis[60] das Phänomen des „vertikalen Hörens" analysiert. Ihre Untersuchung kann dazu beitragen, auch unterschiedliche religiöse Klang- und Hörphänomene zu charakterisieren. Vertikales Hören widmet sich „von oben kommenden Schallereignissen".[61] Der nicht zum normalen Lebensraum gehörende vertikale Raum eignet sich besonders zum „Imaginationsraum, dem eine starke Symbolik zugesprochen wird. Fliegen und Fallen imaginieren wir vertikal soziale und religiöse Hierarchien, die Schauplätze der Macht, ebenso."[62] Eckardt verweist u.a. auf das vertikale mittelalterliche Weltbild (Himmel-Erde-Unterwelt), auf die an erhöhten Orten angebrachten Kanzeln und Orgeln, auf nach oben führende Balkontreppen. „Nicht nur der Papst spricht von Balkonen zu versammelten Menschenmengen, auch der Religion ferne Politiker nutzten und nutzen diese Bühne"[63].

Nach traditioneller christlicher Vorstellung kommt Gottes Wort von oben, und die Gläubigen stellen sich entsprechend *unter* das Wort Gottes". Eher we-

---

[58] „Das Wort ‚Lärm' kommt von ‚Alarm', und ‚Alarm' leitet sich wiederum vom italienischen Schlachtruf *all'arme* ab, ‚zu den Waffen'. Die kürzeste Definition wäre also: Lärm ist ein Geräusch, das uns zur Waffe greifen läßt, wenn wir wollen, daß es aufhört. Das kann jede Art von Geräusch sein. Es ist nicht so sehr das Geräusch selbst, sondern es ist vom Kontext abhängig, in dem wir es erleben." Interview mit Sieglinde Geisel, in: „Gottes Lärmlizenz": http://www.kultiversum.de/Literatur-Themen-Personen/Laerm-Sieglinde-Geisel-Nur-im-Weltall-ist-es-wirklich-still-Die-Laermlizenz-von-Gottes-Glocken.html (Zugriff 13.07.2011). Vgl. dies. *Nur im Weltall ist es wirklich still. Vom Lärm und der Sehnsucht nach Stille*, Berlin 2011.

[59] Ebd.

[60] Vgl. Eckhardt, *Zur Theorie des vertikalen Hörens*.

[61] Ebd., 4.

[62] Ebd., 5.

[63] Ebd., 6f.

nige werden bei dieser Formulierung an den räumlichen Aspekt denken. Doch bereits die Tatsache, daß Kanzeln bzw. Predigtstühle oft erhöhte Orte sind, unterstützt die lokale, räumliche Deutung. Der Prediger gelangt in manchen Kirchen über eine Treppe auf die Plattform. Auch der Kanzelvorgänger, der Ambo (von *anabainein*: „hinaufsteigen"), war ein Podest, „das durch eine oder zwei symmetrisch angelegte Treppen"[64] zugänglich wurde. Aufgrund dieser Bauweise konnte die Gemeinde den Prediger besser hören und sehen. Und dieser ‚kanzelte' bisweilen jemanden ‚ab', machte also seine Vergehungen von der Kanzel herunter bekannt.

Eine *Studie zur Raumakustik von Schweizer Kirchen*[65], bei der katholische und reformierte Kirchenbauten (die Datenbank umfaßt 150 Kirchen) sowie unterschiedliche Epochen (romanisch/gotisch, barock, neoklassizistisch und modern) unterschieden werden, hat u.a. die in der Literatur häufiger anzutreffende Behauptung empirisch nachgewiesen, „daß *die Nachhallzeit in katholischen Kirchen länger ist als in reformierten*, wo dem gesprochenen Wort im Sinne der Reformation mehr Gewicht beigemessen werde. [...] *Romanische und Gotische Kirchen* haben die längsten Nachhallzeiten. Die Raumakustik unterstützt viel mehr die sakrale Stimmung als eine gute Sprachverständlichkeit. Für die Liturgie des Klerus im Chor (ev. hinter dem Lettner) und den Gregorianischen Gesang sind die Verhältnisse angepaßt. [...] Nach der Reformation (*Barock*), werden in den reformierten Kirchgemeinden nicht mehr nur bestehende Kirchen umgebaut, sondern es werden spezifisch reformierte Neubauten erstellt. Sie haben bei einer dichteren Besetzung mit Kirchenbesuchern viel kürzere Nachhallzeiten. Die zentrale Bedeutung des Wortes nach der Reformation, liturgisch offenbar beim Verlesen des Evangeliums und bei der Predigt, wird mit einer recht kurzen mittleren Nachhallzeit von 1.2 Sekunden im besetzten Zustand klar unterstützt."[66]

Die Predigt und das Wort Gottes wurden für mittelalterliche Christen zu einem imposanten Hörerlebnis. „Die Architektur romanischen sowie gotischen Stils ist in ihrer Akustik so ausgelegt, daß Schallwellen von mittlerer und tiefer Frequenz reflektiert, hohe Töne hingegen geschluckt zu werden scheinen. Dies führt zu einer großen Nachhallzeit tieferer Klänge. Es kommt zu einem Zusammenfluß des Klanges, was den Prediger dazu zwingt, langsam und betont zu sprechen. Es entsteht so für den Zuhörer ein gesteigerter Eindruck sinnlicher Wahrnehmung durch das Gehör, obwohl mit Sicherheit auch die Kälte des Raumes auf das körperliche Befinden der Gläubigen einwirkt. [...] Dem Gläubigen wird so die Predigt zu einem absoluten Hörereignis. Untermauert wurde das Erlebnis des gesprochenen Wortes dann noch durch den überwältigenden Schall der Orgel. [...] Das gesprochene Wort, die Botschaft Gottes, wird von der rein

---

[64] H. Claussen, Art. „Kanzel", in: *Die Religion in Geschichte und Gegenwart*, 3. Aufl., Bd. 3, Tübingen 1959, Sp.1130f., hier Sp.1130.

[65] In: http://www.eggenschwiler.arch.ethz.ch/vortrag3.pdf.

[66] Ebd.

geistigen Ebene auf die des Körperlichen gezogen und erhält somit ein hohes Maß an Intensität."[67]

Bereits in der Hochgotik, vor allem aber später im reformierten Raum, entstanden ,Predigtkirchen', die das gottesdienstliche Geschehen auf Abendmahl und Predigt konzentrieren. „Eine typische Umformung des Verständnisses heiligen Raumes im Protestantismus zeigt sich in der Umgestaltung von Kirchen in der Reformationszeit [...] An die Stelle der Orientierung zum Hochaltar hin tritt der Versammlungsraum der Predigtgemeinde, die sich am Hören des Wortes orientiert."[68]

Auch in einer Moschee gehört die Predigtkanzel zur konstitutiven Ausstattung. Freitags besteigt der Imam die nach oben führenden Stufen. Mohammed soll ein dreistufiges *Minbar* aus Äthiopien geschenkt bekommen haben, von wo aus er seine Ansprachen hielt. „Die Kalifen erhöhten den Minbar um mehrere Stufen, die späteren Minbar besaßen meist bis zu sieben Stufen, konnten aber wie die osmanischen Minbar noch höher sein. [...] Als für den Gottesdienst notwendiges Requisit wurde der Minbar oft als kostbar verziertes Kunstwerk gestaltet, wie etwa der Holzminbar in der Großen Moschee in Qairawân/Tunesien aus dem 9. Jahrhundert, der vermutlich aus dem Irak stammt. Verziert werden die Seitenwangen, Stufen und der Sitz, über dem sich ein Baldachin erhebt."[69]

Die Predigt (ca. 5-10 Minuten) wird stehend auf einer der untersten Stufen der Treppe gehalten, so wie Mohammed es tat. Nur der Prophet predigte von der höchsten Stufe. Die Zuhörer sitzen auf dem Boden. *„Kursi"* ist ein Pult für den Koranrezitierer (*„Kari"*). Es wird von hier auch unter der Woche oder an Feiertagen eine Ansprache gehalten (bis zu 30 Min.), wenn am Freitag, dann vor dem eigentlichen Freitagsgebet. In größeren Moscheen befindet sich eine *Dikka* – ein Podium, von der aus der Richter (*Kadi*) der Moschee die Worte des Imam wiederholt, so daß sie alle Moscheebesucher gut hören können.

## 9. Typologie religiöser Klangquellen und Hörereignisse

Die religiösen Klangerzeuger sind vielfältig, und es empfiehlt sich eine (vorläufige) Systematisierung. Man kann primäre und sekundäre Klangproduzenten unterscheiden: Primäre (nonverbale, verbale) Klangquellen sind konstitutive akustische Bestandteile religiöser Handlungs- und Ausdrucksformen (Orgel im

---

[67] Nadine Wagner, „Von komprimierter Luft zur Erziehung der Sinne. Der Umgang mit Gehör und Klangwahrnehmung von der Antike bis zur Neuzeit", in: *Über das (Zu-)Hören*, Beiträge zur Volkskunde in Niedersachsen 18, hg. v. Projektgruppe Zuhören, Göttingen 2003, 15-36, hier 28.

[68] Fritz Stolz, „Heilige Stätten [im Protestantismus]", in: *Heilige Stätten*, hg. v. Udo Tworuschka, Darmstadt 1994, 20-27, hier 23.

[69] Art. „Minbar", in: *Kleines Islam-Lexikon. Geschichte – Alltag – Kultur*, hg.v. R. Elgar/F. Stolleis, München 2001.

Christentum; *Hokku*, *Keisu* u.a. im Zen-Buddhismus; *Schofar* und Trompete im Judentum; Schneckenhorn als Symbol *Vishnus* usw.). Voneinander abgrenzbar sind Religionen mit erlaubter und nicht-erlaubter Musik, geringerer und umfangreicherer Instrumentalisierung ihrer kultischen Handlungsabläufe. Nicht zuletzt bestehen Unterschiede zwischen Orten und Zeiten der Verwendung von Klangerzeugern bzw. den sozialen Schichten ihrer Benutzer.[70] Sodann ist zwischen individueller und kollektiver Klangerzeugung zu differenzieren: Solisten (Sänger, Musikinstrumente) einerseits, Orchester und Chor anderseits, religiöse Autoritätspersonen hier und Laien dort. Zu den sekundären Klang- bzw. Geräuschquellen[71] zählen alle die für Religion(en) nicht-konstitutiven Begleitklänge, zum Beispiel die jeweiligen *Soundcsapes*, in die religiöse Handlungen eingebettet sind. Dazu gehören Umgebungsgeräusche natürlichen wie auch künstlichen Ursprungs: Wind und Wellen, das Rauschen der Blätter, Regentropfen (vgl. Geophonien), Verkehrs- und Flugzeuglärm, der zum Beispiel bei einem ‚Gottesdienst im Grünen', aber auch im Innern von Gebäuden hörbar wird. Auch Begleitgeräusche bei religiösen Veranstaltungen (Räuspern, Husten, Lachen, gedämpfte wie ungedämpfte Unterhaltung während einer rituellen Veranstaltung usw.) gehören dazu. Wenn ein ägyptischer Taxifahrer im Autoradio einer Koranrezitation lauscht, so muß eine religionswissenschaftliche Klang- und Höranalyse das *gesamte* Spektrum der Klangquellen berücksichtigen: das Motorgeräusch des Wagens ebenso wie den Verkehrslärm, die Qualität der Übertragung, Wortwechsel zwischen Fahrer und Taxigast usw.

Schon früh hat Gustav Mensching (1901-1978) die Fülle des religiös geprägten Wortes religionsphänomenologisch und -typologisch erschlossen.[72] Kommunikationswissenschaftlich relevant sind die Botschaft (Nachricht) und ihre Kodierung durch Text, Bild und Ton. Die Rezeptionsseite ließ sich bislang nicht so leicht in den Griff bekommen,[73] so daß hier weniger Arbeiten vorliegen. Rezeptionsästhetisch gesehen ist der Lesende/Sehende/Hörende produktiv an der Sinnbildung beteiligt. Statt nur die vorgebliche/vorgegebene Bedeutung einer Botschaft zu erschließen, ist davon auszugehen, daß der Leser/Hörer aktiv am Verständnisgeschehen teilhat.

---

[70] Vgl. Lawrence Sullivan, Art. „Musik/Musikinstrumente", in: Die Religion in Geschichte und Gegenwart, 4. Aufl., Tübingen 2002, Sp.1598-1600.

[71] Geräusche sind im Unterschied zu Tönen und Klängen durch nicht-periodisch verlaufende Schwingungsvorgänge charakterisiert. Siehe Art. „Geräusch", in: http://de.wikipedia.org/wiki/Ger%C3%A4usch.

[72] Vgl. Gustav Mensching, *Das heilige Wort. Eine religionsphänomenologische Untersuchung*, Bonn 1937.

[73] Vgl. Regina Bendix, „ Hören, Zuhören und Gehörtwerden: Kommunikation und die Wahrnehmung von Stimme", in: *Über das (Zu-)Hören*, 63-76.

Gustav Mensching berührte bereits 1925 Probleme[74] einer akustisch-auditorischen Ästhetik des Gottesdienstes im Spannungsfeld zwischen dem mit unterschiedlichem rhetorischen Niveau (Stimmqualität, Sprache, Körpersprache) ausgestatteten Prediger, seiner Predigt und dem mit unterschiedlichem Wahrnehmungspotential ausgestatteten ,*homo religiosus audiens*': „Unsere Predigt [...] ist notwendig, das ist ihre Größe und Grenze, Zeugnis von Gott, aber auf dem Umwege über das eigene Erkennen und Erfahren. Das historische Wort muß stets neu geboren werden in der Tiefe der Seele, sonst wirkt es nicht. Gottes Wort ist eine lebendige Größe und steht darum in seiner *Lebendigkeit* nicht in der Bibel. Das Bibelwort will Weg zu Gottes wahrem Worte sein. Man sollte erkennen, daß man sich furchtbar irrt zum Schaden des Gottesdienstes und der Kirche, wenn man glaubt, von der Persönlichkeit des Predigers absehen zu können."[75] Das durch die je und je unterschiedliche Persönlichkeit des Predigers erzeugte Klangereignis einerseits sowie Horchen und Lauschen anderseits („geboren werden in der Tiefe der Seele") werden zu zentralen anthropologischen Eckdaten.[76]

Für eine akustisch-auditive Untersuchung verbaler Klänge ist die menschliche Stimme bzw. der Stimmklang bedeutsam, der durch Tonhöhe (Stimmlage) und die für jedes Individuum spezifische Klangcharakteristik charakterisiert ist. Die Stimme als Vektor von Emotionen wird zum Spiegelbild einer Persönlichkeit. Sie kann u.a. kindlich-quengelnd, männlich oder weiblich sein, laut oder leise, hoch oder tief, schnell oder langsam, quängelnd, salbungsvoll, weinerlich sein. Thomas Manns Pastor Trieschke in den ,Buddenbrooks', ,Tränen-Trieschke' genannt, führte diesen Namen, „weil er allsonntäglich einmal inmitten seiner Predigt an geeigneter Stelle zu weinen begann [...]"[77]. Die Sprechakttheorie hat auf weitere Aspekte aufmerksam gemacht, derer sich die Analyse religiöser Worte/Sprache bedienen kann.

In Fortentwicklung der Rezeptionsästhetik hat die Literaturdidaktik handlungs- und produktionsorientierte Verfahren entwickelt, die „durch Schreiben, Malen, Vertonen der eigenen Konkretisierung des Textes Ausdruck geben".[78] Daß die Religionen sich dieser Praxis schon längst bedient haben, zeigt u.a. das jüdische Purim-Fest. Kinder, auch Erwachsene, verkleiden sich an diesem Tag

---

[74] Vgl. Christian Grethlein: „Gustav Mensching". In: Benedikt Kranemann/Klaus Raschzok (Hg.): *Gottesdienst als Feld theologischer Wissenschaft im 20. Jahrhundert. Deutschsprachige Liturgiewissenschaft in Einzelportraits*, Bd. 2, Münster 2011, 722-731.

[75] Gustav Mensching, *Die liturgische Bewegung in der evangelischen Kirche. Ihre Formen und ihre Probleme*, Tübingen 1925, 37.

[76] Ich greife hier auf meine Ausführungen in der Festschrift für Johann Figl zurück: Homo religiosus audiens. In: *Religionen nach der Säkularisierung*, hg. v. Hans Gerald Hödl u.Veronica Futterknecht , Münster 2010, 355-377, hier 365f.

[77] Thomas Mann, *Buddenbrooks. Verfall einer Familie* (Original 1922), Berlin 1953, 5. Teil, Kapitel 5, 250.

[78] Kaspar Spinner, „Handlungs- und produktionsorientierte Verfahren im Literaturunterricht", in: http://www.didaktikdeutsch.de/lehre/ss06/Spinner.pdf.

mit bunten Kostümen. Wenn die Esther-Rolle in der Synagoge verlesen wird, begleiten Kinder diese Handlung mit allerlei Lärm machenden Instrumenten. Sie ertönen immer dann, wenn der Name des bösen Ministers Haman fällt.

Die auch außerhalb des christlichen Gottesdienstes anzutreffende Textsorte ‚Predigt' bietet Anschauungsbeispiel für die Notwendigkeit rezeptionsästhetischer Sichtweisen. Auf Wilfried Engemann geht die Theorie vom *„Auredit"* („mit dem Ohr gehört") zurück. Im Unterschied zum Manuskript ist das *Auredit* nicht der Text des Predigers, auch nicht, was aus seinem Munde kommt, sondern das im Kopf des Hörers entstehende Produkt.[79] Hörer, räumlicher und sozialer Kontext, Prediger und Sprache (Rhetorik) sind relevante Elemente der Predigt.

Für den Islam hat Navid Kermani[80] die besondere Bedeutung des Klangs bei der Koranrezitation dargestellt. „Der Koran ist seinem eigenen Konzept nach die liturgische Rezitation der direkten Rede Gottes. Er ist Vortragstext. Das geschriebene Blatt ist sekundär, im Prinzip nicht mehr als eine Erinnerungsstütze. Gott spricht, wenn der Koran rezitiert wird sein Wort kann man genauso genommen nicht lesen, man kann es nur hören. [...] Erst das *samiʿa*, nicht schon das *qaraʿa* führt zum Erkenntnisakt (*ʿaqala*)"[81], wobei *samia* „hören" und *qarara* „rezitieren, vortragen" bedeutet. Das „auditorische Moment" ist „nicht nur ein Nebeneffekt der koranischen Rede, [...] sondern eigentlicher „Träger der Botschaft"[82].

## 10. Ottos auditives Heiligkeitserlebnis

Kommen wir abschließend auf unser Eingangsbeispiel zurück und betrachten es aus der Perspektive der Sound Studies. Das Beispiel demonstrierte Rudolf Ottos Klang- und Heiligkeitserlebnis in einer kleinen, „vom Westen unberührten", kaum 50 Quadratmeter großen marokkanischen Synagoge. Um welche Synagoge – in der Blütezeit gab es in Essaouria einmal 63 – es sich handelt und ob diese heute noch existiert, ist kaum zu eruieren. Es gibt in diesem Ort aber heute noch eine Reihe kleiner Synagogen, auf die Ottos Charakterisierung zutreffen könnte. Westliches Überlegenheitsdenken wird Otto dazu verleitet haben, den „unbegreiflich schmutzigen" Hausflur nicht unerwähnt zu lassen. In kurzen Strichen beschreibt Otto den Raum: An der schmalen Stirnwand des mit braunem, durch 30 Öllampen angeräucherten Holz verkleideten Raumes befindet sich das Allerheiligste, die Lade mit den darin verborgenen Torarollen. In der Mitte des Raumes steht ein „kleiner Altar mit breitem Pult". Es handelt sich um die *Bima*

---

[79] Vgl. Wilfried Engemann, *Einführung in die Homiletik*, Tübingen, Basel 2002, 282.

[80] Vgl. Navid Kermani, *Gott ist schön. Das ästhetische Erleben des Koran*, 3. Aufl., München 2007, 171ff.

[81] Ebd., 173.

[82] Ebd., 186.

(bzw. den *Almemor*), auf dem die Torarollen ausgebreitet und vorgelesen werden. Dieser Tisch braucht eine gewisse Größe, damit man die Rollen darauf ausbreiten kann. Meist steht die für gewöhnlich hölzerne *Bima* auf einer erhöhten Plattform. „An den Wänden ringsum Bänke mit abgeteilten Sitzen, wie Chorgestühl von Bettelmönchen."

Otto erreicht die Synagoge durch „labyrinthische Gänge", „zwei finstere Treppen" und einen „dunklen [...] Hausflur" – und erhält den Eindruck des Abgelegenen, Verborgenen, vielleicht Geheimnisvollen. Eventuell handelt es sich um eine in einem Privathaus befindliche Haussynagoge. Der Eindruck des Geheimen, des „numinosen Eindruckes"[83] dieses auratischen Raumes wird in erster Linie durch das Halbdunkel, das gedämpfte Licht erzeugt. Sechs Jahre später wird Otto in *Das Heilige* schreiben: „Erst das Halbdunkel ist ‚mystisch‘ [...] Das Halbdunkel, dämmernd in erhabenen Hallen, unter den Zweigen eines hohen Baumganges, seltsam belebt und bewegt durch das *mysteriöse* Spiel der halben Lichter, hat noch immer zum Gemüte gesprochen und Tempel- Moscheen- und Kirchenerbauer haben davon Gebrauch gemacht."[84] Dann beschreibt Otto sein ihn aufwühlendes Klang- und Hörerlebnis: erst das Benschen der Gebete und Schriftverlesungen, dann das halbsingende, halbsprechende nasale Cantillieren. Diese Klänge sind für seine Ohren wohllautend. Er erwähnt regelmäßige Modulationen und Tonfälle. Daß Otto diese feierliche Art des liturgischen Sprechgesangs schätzt, zeigen seine liturgischen Reformversuche in den 1920er Jahren. Es erscheint ihm „wünschenswert, daß die Gemeinde nach längerer Übung vom reinen Sprechen zum Sprechgesang und Singen nach den alten Psalmtönen übergeht"[85].

Die „Stimmenverwirrung" deutet darauf hin, daß sich mehrere Personen in der Synagoge befinden. Vielleicht gerade einmal der obligatorische *Minjan*? Höhepunkt der Szene ist der feierliche Schreck und der mächtige Schauer in den tiefsten Gründen von Rudolf Ottos Seele: das, wie er es nennt, Überweltliche und Heilige.

Raumakustisch ist auf verschiedene Elemente aufmerksam zu machen: die hörpsychologische Raumeigenschaft, diverse Schallquellen („Stimmenverwirrung"), der Ort, von dem aus Otto den Klang wahrnimmt, schließlich – auf der subjektiven Ebene – „Hörvermögen, Urteilskraft, Vorerfahrungen usw. des Beurteilenden". Die Akustik des mittelgroßen Raumes ist durch seine mit Holz vertäfelten Wände bestimmt, ein Material, das aufgrund seines geringen Absorptionsgrades (0,06-0,10) ideal den Schall reflektiert. Der Absorptionsgrad eines Raumes wird durch die Anzahl der sich in ihm befindenden Menschen beeinflußt. Je mehr Menschen versammelt sind, desto mehr Schall wird absorbiert (vollbesetzter Saal: a=0,95). „Die im Raum anwesenden Menschen bilden eine schallschlu-

---

[83] Rudolf Otto, *Das Heilige. Über das Irrationale in der Idee des Göttlichen und sein Verhältnis zum Rationalen* München 1963, 89.

[84] Ebd., 88f.

[85] Katharina Wiefel-Jenner/Rudolf Ottos Liturgik, Göttingen 1997 (Diss. Hamburg 1994),177. Siehe auch „Eine Gottesdienstordnung für den Vaterlands-Sonntag", in: *Christliche Welt 39*, Nr. 20/21 vom 14. Mai 1925, Sp. 433-438.

ckende Fläche, welche je nach Raumform und Anordnung einen beträchtlichen Anteil der gesamten inneren Raumoberfläche ausmachen kann – vor allem, wenn die Raumhöhe kleiner ist als die halbe Raumbreite. In Kirchen und Sälen, die sehr hoch sind, ist dieser Einfluß wegen der relativ großen Seitenwandflächen kleiner, aber dennoch wesentlich. Die Zahl der Plätze, die Ausstattung der Sitze und ihre Anordnung gehören deshalb zu den wichtigsten bestimmenden Faktoren für die Raumakustik."[86]

Eine nicht näher bestimmbare Zahl von (vermutlich ausschließlich) männlichen Stimmen erzeugt das Klangereignis. Die an der Liturgie beteiligenden Frommen „benschen" ihre Gebete, und vor unserem geistigen Auge erscheinen dabei die rhythmischen Bewegungen der Oberkörper der Beter. Hinzu kommt die freirhythmische melodische Rezitation, das „gesungene Lesen", der Sprechgesang (Cantillieren). Das Klangereignis ist diffus, und Ottos Anstrengungen zur Extraktion einzelner Schallquellen („Cocktail-Party-Effekt"[87]) wollen nicht gelingen: „Worte zu trennen und zu fassen bemüht sich das Ohr zunächst vergeblich und will die Mühe schon aufgeben". Dann „löst sich die Stimmenverwirrung und – ein feierlicher Schreck fährt durch die Glieder – einheitlich, klar und unmißverständlich hebt es an: *Kadosch Kadosch Kadosch* […]"[88] Diese feierlichen Worte erklingen im *Sabbath*-Morgengottesdienst: Dann begibt sich der Vorbeter zum Toraschrein, ‚hebt' die Torarolle ‚aus', nimmt sie in beide Hände und singt, worauf die Gemeinde die feierlichen Verse („*Kadosch* […]") aus dem *Jesajabuch* (6,3) wieder-

---

[86] Dorothea Baumann u. Christina Niederstätter, „Akustik [in Sakralräumen]", in: Rudolf Stegers, *Entwurfsatlas Sakralbau*, Basel 2008, 54-59, hier 56.

[87] Zu den neuesten Erkenntnissen einer auf das Hören focussierten Aufmerksamkeitsforschung gehört die Erforschung männlichen bzw. weiblichen Zuhörens am Beispiel des bekannten „Cocktailpartyphänomens", bei der man gleichzeitig vielerlei Stimmen aus unterschiedlichen Richtungen hört. Die Konzentrationsleistung auf nur eine Stimme wird von Männern besser bewältigt als von Frauen. Der Grund mag in unterschiedlichen evolutionären Anforderungen an die beiden Geschlechter liegen. Siehe Pressemitteilung des Universitätsklinikums Tübingen vom 22.06.2011: http://www.pressrelations.de/new/standard/result_main.cfm?r=456857&sid=&aktion=jour_pm&print=1&pdf=1. Siehe auch: Ida Zuendorf u.a., „Male attention in sound localization at cocktail parties", in: *Cortex* 47 (2011), 741-749.

[88] Prof. Dr. Drs. h.c. Peter von der Osten-Sacken, von 1974-2007 Leiter des Instituts Kirche und Judentum in Berlin, äußert in einer Mail an den Verfasser vom 05.12.2011 gut begründete Zweifel an dem wiedergegebenen Wortlaut des von Otto Gehörten:
„Er zitiert als vermeintlich gehörten Sanctus-Text: ‚Kadosch, Kadosch, Kadosch Elohim Adonai Zebaoth
Male'u haschamajim wahaarez kebodo!'
Ich bin überzeugt, dass er *diesen* Text nicht gehört hat, sondern dass er hier tatsächlich Jes 6,3 aus der ihm geläufigen deutschen Version ins erinnerte Hebräische übersetzt hat. Vor allem folgender Tatbestand macht dies m.E. zweifelsfrei: Der hebräische Text lautet: kadosch […] (3x wie bei O.) Adonai Zebaoth (ohne vorangestelltes Elohim) melo kol haarez kebodo (nicht: mal'u haschamajim wa- […] bzw. we'haarez). Angesichts der großen Treue zum biblischen hebräischen Wortlaut im Judentum, gerade auch in orthodox-konservativer Tradition, ist dort ein Abweichen von Jes. 6,3 im Ottoschen Sinne nicht denkbar."

holt. Sie sind Bestandteil der von orthodoxen und konservativen Juden praktizierten *Musaf*-Gebete. Alle Anwesenden singen beziehungsweise proklamieren dann die in der *Kedusha*, zentraler Bestandteils des *Amidah*-Gebets (auch *Schmone essre*, ‚Achtzehngebe'genannt), vorkommenden Verse.

Überliefert ist die Synagogenszene nur von Rudolf Otto allein. Wahrnehmungen seines Führers und Begleiters Chajjim el Malek sind nicht überliefert. Ottos Empfindungen sind so stark, daß sie einige Aussagen über sein Hörerlebnis gestatten. Dieses hat etwas Elementares, Ursprüngliches, Urwüchsiges an sich. Das erwähnte Hörerlebnis entfaltet eine direkte Wirkung auf die Emotionen Ottos. In *Das Heilige* wird er später beschreiben, wie „diese eigentümliche Scheu vor dem ‚Unheimlichen' auch eine völlig eigentümliche bei natürlicher Furcht und Schrecken niemals so vorkommende *körperliche* Rückwirkung hervorbringt: ‚Es lief ihm eiskalt durch die Glieder', ‚Mir lief eine Gänsehaut über den Rücken'. Die Gänsehaut ist etwas ‚Übernatürliches'. Wer imstande ist zu schärferer seelischer Zergliederung, der muß sehen, daß sich solche ‚Scheu' von natürlicher Furcht durchaus nicht nur durch Grad und Steigerung unterscheidet und keineswegs nur etwa ein besonders hoher Grad der letzteren ist."[89]

Ob man Ottos Hörerlebnis mit dem Gänsehauteffekt (*„chill"*) vergleichen kann, der von einer starken Empfindung herrührt und Hörende innerlich aufwühlt?[90] Physiologisch gesehen handelt es sich dabei um eine „Ausschüttung von Glückshormonen", eine Aktivierung des limbischen Belohnungssystems. Ähnliche Hirnaktivation findet sich u.a. auch bei gutem Essen, Sex, Drogenkonsum. Vielleicht war dieser Effekt „ursprünglich Bestandteil eines lautlichen Kommunikationssytems, das dazu diente, soziale Bindung zu erzeugen, wichtige Veränderungen der Hörwelt anzuzeigen und durch Ausschüttung von Glückshormonen die Gedächtnisbildung zu unterstützen. Später wurden ‚Gänsehautreaktionen' als Mittel zur Selbstbelohnung in der Musik vielfach spielerisch und gezielt eingesetzt."[91] Manche Forscher postulieren sogar eine *Chill*-Persönlichkeit (schüchtern, belohnungsabhängig, sensationsgierig) als Voraussetzung des Effektes.[92]

Das äußerst komplexe Beziehungsgefüge zwischen Musik und Emotion wird in einem fast 1000seitigen Handbuch dargestellt.[93] Man kann davon ausge-

---

[89] Otto, *Das Heilige*, 18.

[90] Vgl. Markus Kunkel u.a., „Ein konstruktionspsychologischer Ansatz zur Messung des Chill-Erlebens", in: www.aspm-samples.de/Samples7/kunkeletal.pdf, (Zugriff: vom 18.8.2008).

[91] So der an der Hochschule für Musik, Theater und Medien Hannover lehrende Neurologe und Musiker Eckart Altenmüller. Zitiert in Martin Fendel, „Kreativität und Kunst als Überlebenshilfe", in: *Deutsches Ärzteblatt*, 106, Heft 13, vom 27.März 2009, A 617.

[92] Vgl. Oliver Grewe u.a., „How does music arouse ‚chills'? Investigating Strong Emotions, Combining Psychological, Physiological, and Psychoacoustical Methods", in: *The Neurosciences and Music II: From Perception to Performance*, hg. v. Giulano Avanzini u.a., (= Annals of the New York Academy of Sciences 1060). New York 2005, 446-449.

[93] Vgl. Patrik N. Juslin/John Sloboda (Hg.), *Handbook of Music and Emotion*, Oxford 2010.

hen, daß der rhythmische Anteil von Musik unmittelbar in den Hirnstamm fährt („Reptiliengehirn"). Die von der Evolution fest verdrahteten Schaltkreise bewirken, daß es auf Töne reagiert, ohne das Bewußtsein vorzuschalten. Solche klanglichen Ereignisse werden vom Gehirn mit bestimmten Situationen verbunden, in denen sie zum ersten Mal gehört worden sind. Die Klangerzeuger wirken auf die Gefühle der Hörenden ein, was wohl mit der menschlichen (auch tierischen?) Gabe zur Empathie zusammen hängt. Die sog. „Spiegelneuronen" lassen den Hörenden nämlich die gleiche Emotion spüren, die auch der Klangerzeugende hat. Ob es Klänge gibt, die bei jedem Menschen unabhängig von seiner Religion und Kultur die gleichen Wirkungen hinterlassen, etwa den ,chill', wird von vielen verneint.[94] Wie eine 2008 in einer Höhle der Schwäbischen Alb gefundene gut erhaltene steinzeitliche Flöte (Alter: ca. 35000 Jahre) nahe legt, hat bereits der Steinzeitmensch musiziert – Jahrtausende, bevor er den Ackerbau erfand. Singen konnte er vermutlich „bereits einige zigtausend Jahre früher, da sein Kehlkopf und Vokaltrakt sich schon damals kaum von den Organen heutiger Artgenossen unterscheiden"[95]. Musik scheint „ein naturgegebener, offenbar weitgehend angeborener, kulturübergreifender Bestandteil des menschlichen Verhaltensrepertoires als Modus menschlicher Kommunikation"[96] zu sein. Die Wirkung von Klangereignissen zeigt sich darin, daß Menschen „nicht nur rhythmisch-melodische, sondern auch emotionale Geschlossenheit [erleben], die sich wiederum nach außen mitteilt"[97]. Die Leistung ist als „Verhaltensanpassung des Menschen zu begreifen, als Repertoire kommunikativer Strategien, um bestimmte Probleme zu lösen: Bindungen herzustellen, Vertrauen bilden, Kooperation verbessern, Aggression kontrollieren"[98].

---

[94] Vgl. Siehe die hilfreiche Zusammenfassung bei Wolfram Goertz, „Fühlt sich an wie Glück", in: *Die ZEIT* Nr. 35, 26. August 2010, 31f.

[95] Christian Lehmann, „Geheimnisvolles Hörvergnügen", in: *Rheinischer Merkur* 45, vom 11. November 2010, 7 und ders., *Der genetische Notenschlüssel. Warum Musik zum Menschsein gehört*, München 2010.

[96] Ebd.

[97] Ebd.

[98] Ebd.

# Geschichtsphilosophie und ihre curriculare Umsetzung in der gymnasialen Oberstufe

Arnold Babetzke (Hannover)

## Einleitung

An deutschen Schulen stellen sich seit dem Beginn der Bildungsreform der sechziger Jahre und der damit erneut aufgekommenen sozialwissenschaftlichen Betrachtungsweise von Gesellschaft im Geschichtsunterricht keine geschichtsphilosophischen Fragen mehr. Der mittlerweile entschiedene Streit um die jeweilige Vorrangstellung der Fächer Geschichte oder Politik hat dazu geführt, daß die Inhalte des Faches Geschichte nahezu gänzlich soziologisiert und politisiert worden sind.

Universalgeschichte tritt widersprüchlicher Weise praktisch nur partikularisiert als Folie in untergeordneten Teildisziplinen auf und ist damit aus dem sich von seiner Genesis her historisch verstehenden bürgerlichneu-zeitlichen Bewußtsein seit der Jahrtausendwende endgültig verschwunden. Äußerlich erkennbar als Verlust und mit pädagogisch-didaktisch vehement vorgetragenen Behauptungen der Überflüssigkeit von Daten- und Faktenwissen verliert sich dieses ursprünglich bürgerliche Selbstbewußtsein im Nebulösen seiner eigenen Herkunft und des damit verbundenen Selbstverständnisses.

Rahmenrichtliniengemäß und curricular ausgewiesen ist das Zentrum dieses Typs geschichtlichen Denkens zwar die Emanzipation des Bürgertums, aber nicht in seiner tatsächlichen Herausbildung, sondern in dem, was sie nicht ist, nämlich in ihrer Abwesenheit im Mittelalter und in der Antike bzw. in agitatorischer Weise im Endziel aller Entwicklungen: der Demokratie.

Der Bewertungsmaßstab der Schüler, deren „eigenständige" Beurteilung es schulisch vorrangig zu entwickeln gilt, speist sich am blinden, weil erlebten und völlig unverstandenen Bekenntnis zur Demokratie in ihrer augenblicklichen Ausprägung. Für diese intellektuell getarnte Einübung in die zeitgenössische Ideologie bedarf es natürlich kaum des historischen Materials, geschweige denn geschichtsphilosophischer Überlegung, da das Telos der Geschichte sowieso schon gesetzt ist, nämlich als Demokratie momentaner westlicher Prägung und als Erklärung der Vergangenheit mit der theoretisch ebenso unspektakulären wie langweiligen Feststellung ihrer Abwesenheit z.B. im Mittelalter, aber auch in allen anderen Zuständen wie z.B. im Geschlechterverhältnis oder in der mittelalterlichen unfreien, weil sakralen Zwecken zugeordneten Kunst. Die in den bloßen Psychologismus übergehende Betrachtung von Gegenständen, die als solche gar keine mehr sind, sondern nur noch als Selbstrelation existieren, erschöpft sich unterrichtlich im Absolvieren von Phasen und Methoden sowie im Medieneinsatz um seiner selbst willen. Sich als die Sache zu erkennen, ist höchstes Ziel.

Wenn Geschichte der systematisch begründete Vermittlungszusammenhang zwischen Antike, Mittelalter und Neuzeit ist,[1] so können Schüler heutzutage unter den Bedingungen einer solchen Zugriffsweise kein Geschichtsbewußtsein mehr entwickeln. Es bleibt vielmehr bei einem bloßen säkularen Bekenntnis zum Ist-Zustand: Geschichte ist folglich der Zustand der Menschheit, der durch die Abwesenheit gegenwärtig eingeforderter Ideologeme gekennzeichnet ist. Die schlichte Tautologie dieses „Un-Verständnisses" scheint jedoch nicht nur Pädagogen und Didaktikern zu gefallen, sondern insgesamt für einen sogenannten mündigen Bürger auszureichen. Daß Geschichtsschreibung Philosophie impliziert, da sie ansonsten in den tendenziell unendlichen Historismus abgleiten würde, wird mittlerweile von Bildungstheoretikern nicht mehr gewusst, obwohl eigentlich die christlich-abendländische Denktradition es nahelegt, dass es keine Wissenschaft vom Zufälligen geben kann, sondern ausschließlich nur wahrhaft Seiendes gedacht werden kann. Notwendig Seiendes strukturiert Bewegung – also auch den Geschichtsprozeß – und geht somit auf ein Gesetz, das selbst überzeitlich ist. Das Modell der Geschichtsphilosophie, die letztlich Produkt der Aufklärung ist, liefert die christliche Heilslehre. Somit ist ihr Keim bereits in der mittelalterlichen Theologie angelegt, deren intellektuelle Austragung auf die überzeitliche Erkenntnis Gottes ausgerichtet war. Auf diesem Wege gewinnt Geschichte allererst die Substantialität, die sie zum wissenschaftlichen Gegenstand erhebt.

## I. Vorgehensweise

Mit den nun folgenden Überlegungen soll in curricularem Sinn diesem Bekenntnis entgegengewirkt werden. Es gilt die Systematik des Vermittlungszusammenhangs aus den jeweils epochal vorherrschenden philosophischen Denkmustern als Notwendigkeit der diesen Mustern geschuldeten Handlungen der Menschen zu erklären.

Als allgemeine Geschichte ist sie die Darstellung der Abfolge von politischer Herrschaft, ihrer Erscheinungsformen und Bedingungen. Erst die vorausgesetzte Universalgeschichte macht die Beschäftigung mit deren Bedingung, z.B. wirtschafts- und sozialgeschichtlichen Betrachtungen möglich und nötig.

Da das Denken dem Handeln vorausgeht – es gäbe sonst keine Motive für organisiertes Tun –, ist es von daher gesehen in seiner Ausrichtung im jeweiligen zeitgenössischen Denktypus verankert. Somit liegt der Schlüssel zum Verständnis der Gründe des Handels für die Übereinstimmung des Verhältnisses von historischen Erscheinungen und deren Ursache in der jeweiligen bestimmend vorherrschenden Philosophie.

---

[1] Bezugnahme (auch im Folgenden) auf Günther Mensching, *Geschichtsphilosophie*, Vorlesung im Wintersemester 1991/92, damalige Universität Hannover, [eigene Mitschrift A.B.].

Diese Vorgehensweise unterstellt das Kernproblem der Geschichtsphilosophie als gelöst. Trotzdem ein kurzer Anriß:

Ob Geschichte nämlich ein konsistenter Gegenstand der Philosophie ist und mithin überhaupt wissenschaftlicher Betrachtung fähig sein kann, ist davon abhängig, ob Regelmäßigkeiten in ihr bzw. ihrem Ablauf zu entdecken sind. Da Geschichte bereits Rekonstruktion von Vergangenem ist – gemeint sind hier nicht die Chroniken und Stadtgeschichte, die eine bloße Summe von singulären Ereignissen darstellen und somit Material für eine Rekonstruktion liefern –, gehen implizit Ordnungsgedanken und damit Gesetzmäßigkeiten in sie als behaupteten Gegenstand ein. Da sie als Gegenstand Prozeß ist, muß dieser durch einen Anfang und ein Ende charakterisiert sein, wobei insbesondere die Behauptung des Endes problematisch ist. Insofern ist der Gegenstand der Betrachtung niemals die chronologische – sprich bloß zeitliche Abfolge – von etwas, sondern die synchrone Betrachtung, die die reine Chronologie auf ein Telos hin organisiert hat.

So ist z.B. die im Barock erfolgte Einteilung von singulären Ereignissen in Zeitalter von deren Hinordnung auf eine in den Ereignissen angelegte innere Systematik. Insofern ist Geschichte als Wissenschaft kein vorfindlicher, natürlicher Gegenstand, sondern immer Konstruktion eines Gegenstandes, die selbst auf ihre Weise systematisch sein muß.

In seinen Überlegungen zum Begriff des Endes der Geschichte zeigt Günther Mensching die Äquivokation dieses Begriffs:[2] Pointe oder Schluß?

- Wird Geschichte bezüglich ihres Ziels als Lehre von zyklischen Abfolgen verstanden, rutscht man in den Mythos zurück.
- Wird Geschichte als Prozeß des unaufhaltsamen Fortschritts verstanden, ist diese Vorstellung mindestens seit den Ereignissen des 20. Jahrhunderts strittig.
- Der Geschichtsprozeß, der auf ein Endziel, z.B. Freiheit hinausläuft, wäre bestenfalls noch theologisch begründbar.

Die säkulare Form dieser Position, die schon eingangs nicht zufällig angeführt wurde, alles liefe auf Demokratie hinaus, entlarvt sich damit selbst als höchst problematisch.

Allen drei Varianten inhäriert das Problem der Notwendigkeit der Abläufe in Gestalt von Ereignissen im kausalen Sinn. Wenn Geschichte also Produkt von Determination ist, ergibt sich eine grundsätzlich antinomische Situation: Wie können die determinierten Subjekte ihre Determination überhaupt erkennen? Zum anderen wäre Geschichte – als von Menschen gemachte – im Grunde ein Naturprozeß, der letztlich – je nach Bedingungen – vorherbestimmt ist.

---

[2] Günther Mensching, Vorlesung: *Ende oder Ziel der Geschichte, Geschichtsphilosophie heute*, Leibniz Universität Hannover, 04.04.2011, [eigene Mitschrift, A.B.].

Aber bereits diesen drei prinzipiellen Interpretationen steht die Einheit des Gegenstandes „Geschichte" gegenüber. Auch die unendliche Vielfalt und Subjektivität der Historiker selbst unterstellt noch diese Einheit, auf die sich alle „irgendwie" beziehen. Wäre dem nicht so, dann könnte man von Geschichte hier im Plural sprechen, denn es gäbe keinen Zusammenhang zwischen einzelnen Geschichten. Damit wäre dieser Gegenstand aber der Literaturwissenschaft zu überantworten und hätte sich selbst aufgelöst, oder dessen Deutungen wären dem Journalismus überlassen. In diesem Sinn spricht Karl Popper auch vom Elend des Historismus und lehnt damit Geschichtswissenschaft als Wissenschaft ab.

Ohne ein zeit- und raumübergreifendes Subjekt als Einheit der Perspektive bzw. der Probleme ist Geschichte offensichtlich nicht zu haben, weshalb ein Geschichtsunterricht ohne den Topos „Universalgeschichte" als des sich zu sich selbst verhaltenden Bewußtseins nicht zu haben ist.[3]

Davon ausgehend ist Geschichte Prinzipienwissenschaft wie jede andere Disziplin im Kanon der Wissenschaft, da sie begrifflich vorgeht. Wenn Universalgeschichte als Abfolge von politischer Herrschaft zu betrachten ist, zeigt der philosophische Begriff des Absoluten seine Verbindung zur Herrschaft. Curricular lässt sich dieser Gedanke in sechs Schritten entwickeln, indem die Chronologie der Herrschaft auf ihre Synchronie hin bestimmt wird.

## II. Curriculare Überlegung

*Curriculare Vorbemerkung*
Schüler sollten die sich ergänzenden Modelle der Erklärung von Geschichte zunächst grundlegend anhand der Vorstellungen von Kant und Hegel verdeutlicht werden. Die folgende Skizze bietet in Kurzform zunächst einen Einblick in entsprechend didaktisch reduzierter Form. Diese Grundgedanken müssen vorab vermittelt werden.

Für die Aufklärer war es klar, daß die Menschen den Geschichtsverlauf bestimmen. Kant zeigte z.B. auf, daß der Mensch Herr seines eigenen Geschichtsprozesses werden kann. Hegels Axiom war, daß der Geschichtsprozeß vernünftig verläuft, denn Geschichte ist der Gang des Weltgeistes. Das bedeutet, daß Denken und Handeln identisch werden. Der von Kant vertretene Antagonismus (ungesellige Geselligkeit) wird hier als dialektischer Prozeß gedacht.

Geschichte ist vernünftig, weil die Freiheit sich in die Welt entäußert. Dabei ist ihre objektive Seite der Weltgeist, die subjektive Seite der Mensch. Wenn Geschichte Entäußerung des Weltgeistes ist, heißt ihr Ziel also nicht das Erreichen

---

[3] Die allseits beklagten Defizite im Geschichtswissen von Schülern haben letztlich ihren Grund im Versuch des Ausblendens von Universalgeschichte.

des Glückes des Einzelnen, auch wenn der Geschichtsprozeß gebunden ist an die einzelnen Menschen.

Welthistorische Persönlichkeiten wie z.B. Cäsar sind Heroen, bei denen sich die Entfaltung des Weltgeistes der List der Vernunft bedient. Diese besteht darin, daß Heroen durch Leidenschaft gekennzeichnet sind. Durch diese an sich unvernünftige Leidenschaft setzen sie aber die Vernunft des Weltgeistes durch. Den Heroen selbst aber bleibt der letztliche Grund ihres Handels verborgen. Daraus folgt: Das Wirkliche ist nur die Vernunft und Weltgeschichte ist Theodizee.

Aus dieser idealistischen Bestimmung ergibt sich, daß Geschichte eine antinomische Bewegung ist, die aber notwendig ist, denn Bewegung gibt es nicht ohne Gegensätze. „Antinomisch" bedeutet in diesem Fall, daß die Katastrophen der Geschichte nur Vehikel der Vernunft sind. Alles, was ist, ist Produkt einer Negation. Z.B. wird das Römische Reich durch die Germanenwelt derart negiert, daß ein an sich allumfassendes Reich einen Limes zur Abgrenzung benötigt. Die Negation dieser Negation wiederum ist das Reich Karls des Großen, eine Synthese von beiden Erscheinungsformen (*universitas christiana*).

Dieser Fortschritt im Bewußtsein der Freiheit hat sich in drei Schritten (s.u. Topos „Herrschaft" in den Ausführungen zur Bedeutung der Universalgeschichte) vollzogen:

1. Die orientalische und die griechische Religion bieten nur die Freiheit des Einen (des Despoten).
2. Die antike Polis und das Römische Reich bieten nicht mehr nur einem, sondern mehreren die Freiheit.
3. In der christlichen Religion sind alle frei durch die Vorstellung der prinzipiellen Erlösbarkeit aller Seelen. In der christlichen Religion setzt Säkularisierung des heiligen Gedankenguts notwendig ein, da vieles gar nicht mehr geglaubt werden kann, sondern schon reflektiert ist (siehe Trinitätslehre).

Der Geist gelangt zu sich selbst, das Telos ist die Freiheit. Diese Freiheit ist bereits in allen drei Schritten enthalten und Weltgeschichte ist folglich bei jedem Schritt schon Resultat des bisherigen Verlaufs, erzeugt sich aus sich selbst vom Bewußtsein her.

Wenn Bewußtsein sich aber selbst erzeugt, ist der Motor der Weltgeschichte der Geist. Der Weltgeist ist also die sich entwickelnde Vernunft. Geschichte ist der objektive Fortgang des Geistes, weshalb es keine Rückfälle in der Geschichte gibt.

Während die Hegelsche Position über Zitate erarbeitet werden sollte, kann die Kantsche Position im Rahmen seiner (Ganz)-schrift (*Idee zu einer allgemeinen Geschichte in weltbürgerlicher Absicht*) behandelt werden.

Die folgende curriculare Grundlegung ist in den Jahren 1990-1994 als Modellversuch am Matthias-Claudius-Gymnasium in Gehrden zweimal erfolgreich neben dem etablierten schulinternen Curriculum durchgeführt worden. Dazu bedurfte es ergänzend als theoretische Grundlegung der Lektüre von Herders geschichtsphilosophischen Schriften.

Programmatisch sieht der auf eine Abfolge von vier Semestern geplante Gang durch die Geschichte wie folgt aus:

## 1. Herrschaft als Mythos

Das Erste ist unbedingt und Herrschaft zugleich. Der Beginn der Folge von Herrschaft ist mit den Vätern gesetzt, denn das genealogische Urprinzip überhaupt ist das der Geschlechterfolge. Im griechischen Mythos ist nach dem Titanenkampf der Göttervater Zeus Oberhaupt der sich ewig streitenden Götterfamilie. Sein Wort gilt unhinterfragbar. Im Sinne rationaler Mythosinterpretation ist Zeus das Bild für das Prinzip. *„Principium"* bedeutet „zum Grunde Liegendes". Der Grund für etwas (Zeus) ist nicht weiter befragbar auf einen weiteren Grund, aufgrund des notwendiger Weise zu vermeidenden *„regressus ad infinitum"*. Also übt das Prinzip (Zeus) Macht aus über die Kräfte (Titanen) im Sinne von Gefangenhalten. Im übertragenen Sinne bedeutet dies, daß der Begriff [4] die Macht hat, die Erscheinungswelt zu beherrschen.[5] Das Unbedingte ist auch der Grund, warum in der griechischen Tragödie der Held an der Unausweichlichkeit des über ihn verhängten Schicksals trotz aller physischen Stärke, Tugendhaftigkeit und trotz aller möglichen Verstandesbemühungen scheitern muß.

In der alttestamentarisch jüdischen Vorstellung ist der noch nicht einmal nennbare erste Grund Jahwe, der im rational nicht nachvollziehbaren Sinn Unterwerfung fordert, wie es das Buch Hiob mustergültig ausgestaltet.

Um dies zu zeigen, werden folgende Gegenstände behandelt:

- *Altes Testament, Genesis* 1, als Beleg für die Herrschaft der Völker, exemplarisch aufgezeigt an der Geschichte des Volkes Israel.
- Als Folge der Reiche kann die ägyptische Geschichte (3 Reiche) als Ausdruck des dynastischen Denkens von Herrschaft behandelt werden.
- Im Zentrum der Behandlung dieser ersten Herrschaftsform steht die altgriechische Geschichte in der Zeit von 2000-200 v.u.Z., wobei die politische Organisa-

---

[4] Dies dürfte im rationalen Sinn der Ursprung der Bedeutung von Zauberwörtern bzw. Zauberformeln sein.

[5] Hier gilt es in Anlehnung an Günther Mensching noch einen Verweis auf die im Wintersemester 2010/11 gehaltene Vorlesung *Zur Aktualität der Kritischen Theorie* über die „Frankfurter Schule" zu machen, in der der Rolle des Begriffs bei Th. W. Adorno besondere Aufmerksamkeit verliehen wurde.

tionsform von Herrschaft in Gestalt der Polis im klassischen Zeitalter besondere Berücksichtigung findet.

## 2. Entmythologisierung von Herrschaft

Die nächste Seite der Herrschaftsgestalt ergibt sich aus der Entmythologisierung des Denkens, so daß statt ambivalenter mythischer Mächte apersonale Kräfte als Prinzipien gedacht werden. Getragen wird dieser Teil des Geschichtsunterrichts von Kenntnissen aus dem parallel erteilten Philosophieunterricht, der den Übergang vom *Mythos* zum *Logos* thematisiert hat als vorsokratische Suche nach dem ersten Prinzip, das über der Blindheit der personifizierten mythischen Kräfte stehen soll, dem *Apeiron*. Bei Platon ist es noch personalisiert als Demiurg,[6] dessen Tätigkeit durch die ihm vorgegebene Materie bestimmt ist. Die Herrschaftsform ist die der *Polis*. Aristoteles hingegen schließt schon auf den ersten unbewegten Beweger (*proton kinoun akineton*). Dieser Gedanke ist gegen den „Demiurg" gerichtet, der letztlich bloßer Wille ist. Mithin wird Willkür bereits ausgeschlossen.

## 3. Herrschaft als universales Prinzip

Zwar wird Herrschaft bei Aristoteles personal gesehen, aber im universal geltenden 1. Prinzip liegt schon die die partikularen Mächte (*poleis* = einzelne Prinzipien) überwindende Weltherrschaft Alexanders des Großen begründet. So ist die Aristotelische Erkenntnis der durchgängigen Rationalität der Natur – die Erkenntnisse gelten damit zu jeder Zeit an jedem Ort – die gedankliche Bedingung für das Großreich. Im Großreich kann zu jeder Zeit an jedem Ort einheitlich gehandelt werden. Politisch und vor allem kulturell heißt diese Gestalt „Hellenismus".

So gilt es, Aristoteles als den ersten systematischen Denker der westlichen Welt zu exponieren, denn auf ihn geht die Erkennbarkeit der Natur nach einheitlichen Prinzipien in der Welt zurück. Zu behandelnde Unterrichtsgegenstände: Alexander der Große, Hellenismus, Diadochenreiche (die besondere Rolle Ägyptens), Römisches Reich.

Die begleitende Weltanschauung in der Gestalt der Philosophie der Stoa gilt es zu exponieren ebenso wiederum Herders *Ideen zur Philosophie der Geschichte*.

Immerhin verschafft die Stoa dem römischen Reich über Jahrhunderte das politische Weltbewußtsein. Eine in allen Teilen unterstellte Welt des *Logos* ergibt dann den römischen Herrschaftstypus. Dessen Staatszweck ruht ausschließlich

---

[6] Vgl. Platons Dialog *Timaios*.

in sich selbst. Als er durchgesetzt ist, fällt die Unterjochung der Völker weg. Dieser Staatszweck fördert letztlich nur die Herrschaft eines Herrschers auf der Grundlage des römischen Rechts, die dann die spätere Grundlage für das bürgerliche Recht bildet.

### 4. Vereinigung von Prinzip und Herrschaft

Erst die christliche Heilslehre hat Herrschaft und Prinzip des Denkens endgültig in eins gesetzt. Vorbild ist hier die *„arbor porphyriana"*, der das ganze Sein nach Herrschaftsprinzipien durchgängig von oben nach unten einteilt. Die Pyramide als Urbild der Rechtfertigung von Herrschaft entsteht somit. Das Erste (Gott) hat jetzt allerdings wieder personale Identität angenommen. Heilsgeschichte als Erlösung wird nun zum Telos der Geschichte. Ebenso erfolgt die Institutionalisierung der Autorität der Bibel gegenüber der philosophischen Tradition, ist aber gleichzeitig in Gestalt ihrer theologischen Interpretation ohne diese nicht zu haben.

Herrschaft beruft sich ab jetzt auf die *„auctoritas"*; Gott, der durch die Prädikate Wille und Vernunft bestimmt ist, ist der Herr. Folglich liegt nur eine scheinbar mythologische Wendung zur Herrschaft vor, denn es handelt sich hier um Offenbarungsreligion. Diese begleitet zunächst den Zusammenbruch der antiken Welt.

Folgende Topoi gilt es zu behandeln:

- Christianisierung Europas und Untergang des römischen Reiches
- Völkerwanderung und deren Resultate als Grundlage der späteren modernen Staatenwelt und Schmelztiegel der germanischen Stämme, aus dem sich ein neuer Herrschaftstypus herauskristallisiert: Adelsherrschaft in Gestalt des Lehnswesens
- Christianisierung insbesondere Mitteleuropas bis zum 1. allgemeinen Konzil von Nicäa 325 u.Z.

Hervorzuheben ist der dabei aufkommende Widerspruch, daß der Zweck der biblischen Geschichte (Heil/Erlösung) sich auszuweisen hat an der Vernunft, die durch die philosophische Tradition repräsentiert wird. Gott ist Herrscher und gleichzeitig das reine Gute. Also hat seine Herrschaft ein Maß: das vollkommene Seiende. Ohne dieses Maß ließe sich bis heute keine letztbegründende Kritik an Herrschaft sinnvoll formulieren. Herrschaft und Vernunft in Übereinstimmung zu bringen, so daß sie nicht getrennt gedacht werden können, ist Ziel der christlichen Theologie.

Hier gilt es, den ersten Ansatz zur Kritik zu formulieren: In der Wirklichkeit herrscht statt Vernunft durchgängig Gewalttätigkeit. Daß Kritik überhaupt gedacht werden kann an der christlich sich verstehenden Herrschaft, liegt somit an ihrer theologischen Motivation selbst.

Wird der Akzent darauf gesetzt, daß die Schöpfung dem Willen Gottes und nicht mehr seiner Vernunft entspringt, wird damit von der Erklärung her dem Despotismus und der Tyrannei Tor und Tür geöffnet.[7]
Zu behandelnde Topoi:

- Karl der Große und der Reichsgedanke
- das *Heilige Römische Reich Deutscher Nation*
- die Verlaufsform dieses Reiches: Dauerstreit dreier Machtgruppen (Kaiser, Fürsten, Papst) um die eine Macht (Vormachtstellung).
- Universalienstreit und Reformation als aus den philosophisch-theologischen Vorgaben erfolgte Konsequenzen.

Zu behandelnde Autoren:
Augustinus (*civitas dei – civitas terrena*); Plotin ; Proklos (*Liber de Causis*); Thomas von Aquin (Substanz und Akzidenz).

## 5. Von der Reichsherrschaft zur Staatsherrschaft

Der Verlust des Substanzdenkens führt so gesehen zur Trennung von Denkprinzip und Herrschaft. Die Dinge sind nicht mehr aristotelisch vom Wesen her bestimmt, sondern sie sind Verstandsbegriffe, Resultate des Gattungssubjekts, nicht oder noch nicht individuelle Produkte. Im Gegensatz zum Glauben gehen die nun entstehenden Wissenschaften partikular vor.

Aus dem kontemplativen (ganzheitlichen) Denkmodus schält sich ein neuer, sprich analytisch verfahrender Modus heraus.
Glaube ist spätestens seit der Reformation subjektive Unterwerfung unter Herrschaft in Gestalt des Protestantismus.
Zu behandelnde Topoi:

- Absolutismus
- Merkantilismus
- Verlagswesen und mittelalterliche handwerkliche Produktion
- Übergang von Handelskapital zum Industriekapital
- Kolonialismus und Imperialismus

---

[7] Vgl. die *Regensburger Rede* Benedikt XVI.

## 6. Moderne Staatsherrschaft – Herrschaft der Blöcke

Die Epoche der Aufklärung ist nicht nur der Endpunkt des Universalienstreites, sondern auch die nochmalige Entmythologisierung des Nominalismus. Alle Gegenstände werden der menschlichen Erkenntnisfähigkeit schrankenlos unterworfen, sowohl Gott als auch die äußere Natur, mit allerdings zwiespältigem Resultat: Kein Gott – keine Herrschaft, zumindest ist sie ihrer Begründung nach nicht mehr zwingend. Das dadurch entstehende Problem ist, daß die Abschaffung des Absoluten (Gott) sowohl dessen Kritik als auch die Grundlage des Einspruchsrechts aufhebt. Somit ist das temporär aufkommende Selbstbewußtsein des „cogito – ergo sum" zugleich seine eigene Preisgabe. Den „Deutschen Idealismus" gilt es somit als die entscheidende, letzte Gegenreaktion entsprechend zu thematisieren.
Zu behandelnde Topoi:

- bürgerliche Revolution
- Deutscher Idealismus
- Weltbürgertum

Die Preisgabe des philosophischen Wahrheitsanspruchs sowie die der Position des deutschen Idealismus führen direkt in die Partikularisierung von Herrschaft und damit in deren Erscheinungsbild des Nationalstaates.
Zu behandelnde Topoi:

- Emanzipationsphase des Bürgertums
- Etablierung des Bürgertums
- Weltherrschaft als imperiale Konkurrenz
- Blockbildung:   Ost-West (UdSSR - USA)
                  EU – USA –Rußland – China

*Curriculare Schlußbemerkung*
Wenn aber Gegenstand der Geschichtsphilosophie der Geschichtsprozess ist, dessen Gesetzmäßigkeit etwas Seiendes ist, so ist es dieses Seiende, das Geschichte als Bewegung überhaupt erst denkbar macht. Zugleich weist ein so rekonstruierter Prozeß Gerichtetheit auf ein Ziel auf. Da das Seiende dieser Rekonstruktion von Geschichte die sich auseinander ergebenden Herrschaftsformen sind, die ihren denkerischen Letztgrund damit in der jeweilig vorherrschenden zeitgenössischen Philosophie haben – nach Hegel ist Philosophie schließlich ihre Zeit in Gedanken –, beginnt Geschichte eigentlich als aktive erst mit dem selbstbewußten Denken der griechischen Geschichte. Deshalb gilt die griechische Antike auch als die Wiege der abendländischen Kultur. Daß dabei, wie auch Herder erkennt, Ort, Zeit und Nationalumstände – auch darf hinzugefügt werden ökonomische Verhältnisse mit ihren Eigengesetzlichkeiten – grundlegend

sind, da sie das Denken des Menschen prägen – nicht im deterministischen Sinn – und einen jeweils bestimmten Denk- bzw. Bewußtseinstypus fördern, soll hier nochmals betont werden. Das Denken komprimiert dann seine Einsichten zu einer Idealvorstellung und ist so motiviert, diese durch Taten in die Wirklichkeit umzusetzen. So verstanden ist Geschichte eine Tat des Geistes, nicht bloßer Reflex auf ökonomische Umstände, der mithin blind wäre, da die Differenz zwischen Denken und Gedachtem getilgt wäre und mithin weder Kritik der Umstände noch gewollte Veränderung der Verhältnisse möglich wäre. Sind diese Taten Resultat eines kosmologisch – nicht in empirisch erkennbarer Zeit – gedachten Bewußtseins, geschehen sie nach Hegel „im Reich der Menschheit" und damit wirklich.[8]

Nach Kant ist die sich ergebende Ursache – Wirkungskette auch vom menschlichen Willen abhängig, so daß der Geschichtsprozeß nicht nach einem „göttlichen Plan" verläuft, wie es im Buch *Daniel* nachgedacht wurde. Wenn nach Herder Humanität Ziel der Geschichte ist, so kann dies in letzter Konsequenz interpretiert nur bedeuten, daß der zu sich selbst gekommene Mensch seine Verhältnisse vernünftig organisiert hat und somit keiner externen Herrschaft mehr bedarf, die immerhin den Anspruch hatte, das Richtige zu tun oder gar selbst vernünftig zu sein (siehe Mittelalter), sondern sich selbst als vernünftiges Wesen beherrscht. Damit hätte der Geschichtsprozeß in der Tiefe des Gedachten sein Ziel in der Freiheit durch Selbstsein.

## III. Die Versiegelung
### *Daniel*: Versiegle das Buch bis zur Zeit des Endes

Der Versieglung dieser Einsicht entspricht offensichtlich der gegenwärtig zu praktizierenden heutige Geschichtsunterricht.

Die sich jetzt wahrscheinlich aufdrängende Frage nach der unterrichtlichen Vermittlung dieses Komplexes soll zunächst abschlägig in Form einer Kurzkritik heutigen didaktischen Treibens beantwortet werden.

Das seit der Jahrtausendwende ins Methodische ausschlagende didaktische Pendel geht von der falschen Prämisse aus, es gäbe unabhängig vom zu erlernenden bzw. zu erkennenden Gegenstand ein selbständiges Verfahren, das dessen Verständnis von außen ermöglicht[9].

Diese „Methodenmühle", durch die alle Gegenstände – obendrein unabhängig von Fächern – „gedreht" werden, gibt es schlichtweg nicht.

---

[8] Das Verhältnis von Bewußtsein und Umständen kann m. E. mit dem Verhältnis von Tätigkeit und Materie bei Aristoteles verdeutlicht werden, wenn Bewußtsein (Denken) mit der daraus erfolgten Tat gleichgesetzt wird.

[9] Vgl. Heinz Klippert, *Methodentraining*, Weinheim/Basel 2002.

Der Verfasser hält es an dieser Stelle vielmehr mit dem Hegelschen Methodenverständnis: Methode ist die innere Form der Selbstbewegung des Inhalts: „Denn die Methode ist nichts anderes als der Bau des Ganzen, in seiner reinen Wesenheit aufgestellt [...] Die Wahrheit ist die Bewegung ihrer an ihr selbst; jene Methode aber [gemeint wäre hier auch Klippert, A.B.] ist das Erkennen, das dem Stoffe äußerlich ist.“[10]

Das heißt, vom Unterrichtsverfahren her wird dieser Gang der Geschichtserkenntnis klar gesteuert vom Fachlehrer, der die Systematik, die Autoren- und Textauswahl und die Art der Behandlung der Texte (textimmanent!) sowie das Unterrichtsgespräch auf die Sache bezogen in sokratischer Manier (mäeutisch) steuert.

Bleibt als Zweites noch übrig, den sich an den Methodenzirkel, d.h. das sich vom Gegenstand verabschiedende gedankliche Tun, anlehnenden Kompetenzwahn zu reflektieren.[11]

Der im oben kritisierten Modus stattfindende Unterricht hat es endgültig geschafft, die Inhalte zu psychologisieren, d.h. sie ihrer objektiven Bestimmtheit zu entkleiden und sie *quasi* als in der Befindlichkeit des Schülers präpositioniert zu behaupten. Aus dieser werden sie wie aus einer „Blackbox“ mit allerlei methodischen Verrenkungen als vom Schüler „erkannte“ ans Tageslicht – sprich in die Präsentation – befördert. Es werden dann noch ein paar Sicherungstechniken durch die Lehrkraft nachgelegt, nachdem oder während der Schüler die Ergebnisse als sein eigenständig gefälltes Urteil verkündet – und schon ist das Thema, nicht mehr der Geschichtsprozeß, gewußt.

Wenn überhaupt der unselige Kompetenzbegriff bemüht werden muß, dann doch am Ende des viersemestrigen Durchgangs durch die Geschichte, an dem der Schüler die, wie oben gezeigt, systematisierten Inhalte als Resultat der gemeinsamen unterrichtlichen Arbeit kennt. So gesehen ist durch moderne Didaktik das Buch – der Geschichte – wieder versiegelt worden und es bedarf der geschichtsphilosophischen Wiedereröffnung – auch gegen den ausdrücklichen Gedanken des Propheten Daniel, handelt es sich doch hier um einen selbstbewußten Akt der Betrachtung von Geschichte, die von Menschen mit Bewußtsein und Willen vollzogen wird und nicht mehr um eine zwar wichtige, aber mythisch ganzheitliche visionäre Schau des Ganzen. Zu dieser Gruppe Mensch zählen Schüler als Adressaten des Lehrers vorrangig. Deshalb wurde dieses Curriculum-Projekt entwickelt. Zwar wurden die einzelnen Schritte nicht detailliert vorgestellt, aber die gedankliche Grundstruktur dürfte den Kennern der Materie klargeworden sein. Der geschichtsphilosophische Zugriff ist angesichts des desolaten Zustands des bildungstheoretischen Zeitgeistes nötiger denn je.

---

[10] G.W.F. Hegel, *Phänomenologie des Geistes*, Hamburg 1988, 36.
[11] Arnold Babetzke, „Inhalte als Selbstrelation in Zeiten der Kompetenzsemantik“, in: *Gymnasium in Niedersachsen* 3 (2009).

# Gesellschaftskritik und akademische Wissenschaft

TOBIAS REICHARDT (Trier)

Der Kapitalismus macht Voraussetzungen, die nicht durch rein am Profit orientierte gesellschaftliche Akteure gewährleistet werden können. Die Aufgabe, diese Voraussetzungen aufrecht zu erhalten, liegt direkt oder indirekt in den Händen des Staates. Dazu zählt auch der größte Teil des Bildungssektors: Schulen und Hochschulen sind in der Regel keine profitorientierten Unternehmen. Sie befinden sich entweder direkt in öffentlicher Hand oder nehmen, so es sich um private Einrichtungen handelt, doch die Privilegien der ‚Gemeinnützigkeit' für sich in Anspruch. Auch durch andere staatliche Eingriffe wird der Bildungsbereich dem unmittelbaren und ungemilderten Zugriff der Logik der Profitmaximierung selbst heute, in Zeiten zunehmender wirtschaftlicher Liberalisierung und Privatisierung enthoben. Ein ganzes Arsenal von sozialstaatlichen Mitteln wird eingesetzt, um einer breiteren Bevölkerung den Erwerb von höherer Bildung zu ermöglichen: Neben der direkt staatlichen Organisation und Verantwortung von Bildung selbst zählen zu diesen Mitteln: BAföG, Weiterbildungsprämien, Kredite, Stipendien etc. Wäre, wie bei anderen Waren und Dienstleistungen, Bildung ungemildert vom Einzelnen ohne Unterstützung durch die öffentliche Hand zu tragen, so würde ein weiter Bereich der Bildung und Ausbildung einem großen Teil der Bevölkerung aus Kostengründen verwehrt. Auf dem Markt fände man nur noch diejenigen Bildungs- und Ausbildungsangebote, für die hier und jetzt zahlungskräftige Nachfrage besteht. Die sozialen Gegensätze würden zunehmen. Unternehmen erhöben noch lautere Klagen über ein unzureichendes Reservoir an qualifizierten Arbeitskräften. Es würde fraglich, ob das hoch qualifizierte Personal, dessen eine moderne kapitalistische Gesellschaft bedarf, will sie eine führende Stellung in der Konkurrenz der Nationen behaupten, mittelfristig noch zur Verfügung stünde.

Daß das Bildungswesen dem Profitmechanismus mithin nur bedingt unterworfen ist, kann dazu führen, dieses als Freiraum vom kapitalistischen Verwertungszwang zu betrachten. Dadurch scheint sich Individuen mit gesellschaftskritischen Ambitionen im öffentlichen Bildungsbereich, vor allem an den Universitäten, die Möglichkeit zu eröffnen, ihre Sozialkritik zumindest in wissenschaftlicher Form verfolgen und davon – bezahlt vom Staat – relativ bequem leben zu können. Die Vorstellung, von der Gesellschaft für deren Kritik bezahlt zu werden, ist verlockend.

Bereits zu Beginn der bürgerlichen Epoche in Deutschland, als die Philosophie nach Hegel religions-, staats- und schließlich gesellschaftskritische Züge annahm, war die Universität ein Zufluchtsort von nach einem Auskommen suchenden Kritikern. Bruno Bauer, Ludwig Feuerbach, Arnold Ruge, Karl Marx traten als Kritiker der Gesellschaft, des Christentums und des noch absolutistischen Staates auf. Gleichzeitig suchten sie die Verbindung zu den Universitäten. An den Universitäten, so schien es, konnte man seinen geisteswissenschaftlichen, unter günstigen Umständen sogar seinen gesellschaftskritischen Interessen frönen und dennoch Ansehen und vor allem ein nicht zu verachtendes regelmäßiges Einkommen genießen. Man hatte zudem in den Studenten ein Publikum für die eigenen progressiven Ideen. Doch bereits in den Anfängen der Gesellschaftskritik war die Verbindung von Staat und Gesellschaftskritik in den Universitäten mehr als brüchig. Gut hatte es zweifellos David Friedrich Strauß getroffen, der auf eine theologische Professur in Zürich berufen, aber aufgrund von Protesten noch vor Amtsantritt pensioniert wurde. Sein Auskommen zumindest war fürderhin gesichert. Bruno Bauer begann eine theologische Universitätskarriere in Berlin, wo der Einfluß der hegelschen Schule stark war. Allerdings wurde ihm die *Venia legendi* durch die preußische Regierung schließlich wieder entzogen. Arnold Ruge nutzte die Zeit seiner Festungshaft, um an einer Habilitationsschrift zu arbeiten, und wurde 1831 kurz nach seiner Entlassung mit einer Arbeit über platonische Ästhetik habilitiert. Eine akademische Zukunft war ihm nicht beschieden. Feuerbach konnte trotz allen Demutsbekundungen gegenüber den Behörden und dem bayerischen König keine Anstellung an der Universität erringen, nicht zuletzt aufgrund seiner bereits früh in den *Gedanken über Tod und Unsterblichkeit* geäußerten Religionskritik. Er zog sich auf das Land zurück und führte ein Leben als Privatgelehrter. Die Lehrbefähigung wurde ihm 1841 wieder entzogen, weil er keine Lehrtätigkeit ausübte. Ebenfalls in diesem Jahr erschien das *Wesen des Christentums*, welches aufgrund seines Inhalts eine akademische Karriere endgültig unmöglich machte. „Philosophie und Professor der Philosophie" hielt Feuerbach für „absolute Widersprüche". Historisch nicht unrichtig stellte er fest: „Mit dem Austritt der Philosophie aus der Fakultät beginnt daher eine neue Periode der Philosophie."[1] Zwar war die Verbindung von Philosophie und Universität seit deren Anfängen im Mittelalter brüchig, auch trat andererseits jetzt mit Feuerbach nicht die Philosophie als ganze „aus der Fakultät" aus, aber es läßt sich festhalten, daß entscheidende philosophisch relevante Fortschritte des neunzehnten Jahrhunderts, beginnend bei den Junghegelianern, außerhalb der Universität erarbeitet wurden. Zweifellos war Feuerbach als unabhängiger Privatgelehrter vielen Zwängen und Beschränkungen, die an den Universitäten herrschten, nicht unterworfen. Gleichzeitig war er allerdings auf dem Lande auch von neueren wissenschaftlichen Entwicklungen abgeschnitten. Laut Engels trifft Feuerbach keine Schuld, daß er die Entwicklungen der Naturwissenschaft nicht hinreichend rezipierte: „Die Schuld fällt hier einzig auf die erbärmlichen deutschen Zustände, kraft deren die Lehrstühle der Philosophie von spintisierenden eklektischen Flohknackern in Beschlag genommen wurden, wäh-

---

[1] Ludwig Feuerbach, *Zur Beurteilung der Schrift ‚Das Wesen des Christentums'*, in: Gesammelte Werke, Kleinere Schriften II, Bd. 9, hg.v. W. Schuffenhauer, Berlin 1970, 241.

rend Feuerbach, der sie alle turmhoch überragte, in einem kleinen Dorf ver-
bauern und versauern mußte."[2]

Unter den damaligen politischen Verhältnissen in Deutschland war auch für
Marx an eine akademische Karriere nicht zu denken. Er promovierte *in absentia*
und ohne mündliche Prüfung in Jena, einer damals verhältnismäßig liberalen
Universität. Zu einer Habilitation und einer akademischen Position kam es be-
kanntlich nicht. Eines der bis heute bedeutendsten gesellschaftstheoretischen
Werke wurde außerhalb der Universität verfaßt, mit privater Unterstützung
durch einen befreundeten revolutionären Unternehmer und unter intensiver
Nutzung der *British Library*.

Das gesamte neunzehnte Jahrhundert hindurch gelang es der durch die Arbeiterbewegung getragenen Gesellschaftskritik nicht, an der deutschen Universität auch nur partiell Fuß zu fassen. Schon aufgrund politisch gewollter Barrieren
war die Universität nahezu uneingeschränkt ein Element der Klassenherrschaft.
Erst nach dem Ende des Ersten Weltkriegs und der damit verbundenen Revolution fand die Gesellschaftskritik einen Zugang zur akademischen Welt. Zu nennen ist hier vor allem das – privat finanzierte – Frankfurter Institut für Sozialforschung. Es war ein außerordentlicher Glücksfall, daß der Millionenerbe Felix
Weil einen Teil seines Privatvermögens dem wissenschaftlichen Marxismus zur
Verfügung stellen wollte. Die ‚Kritische Theorie‘ des Frankfurter Instituts für
Sozialforschung setzte sich zum Ziel, die Philosophie und Theorie, die dem
Marxismus der Arbeiterbewegung verloren gegangen war, wiederzuentdecken
und zu entwickeln. Sie wollte durch wissenschaftliche Objektivität auch die fort-
schrittlichen Kräfte stärken. Max Horkheimer, dessen Lehrstuhl ebenfalls von
Weil gestiftet worden war, erklärte es als Leiter des Instituts zu dessen Aufgabe,
eine auf die Totalität gerichtete Sozialphilosophie zu betreiben, die sich sowohl
von einer bloß positivistischen Wissenschaftsauffassung abhob als auch von einer Philosophie, die sich allein feindlich zur Empirie verhielt. Er teilte den Impuls der damals gängigen Sozialphilosophie, menschliche Zwecke gegenüber einer rein akademischen Wissenschaft zur Geltung zu bringen, beharrte aber darauf, dies rational und in Auseinandersetzung mit der Empirie zu tun.[3]

Betrachtet man den akademischen Werdegang der Protagonisten der Frankfurter Schule, so wird deutlich, unter welchen Schwierigkeiten die Verbindung
von Gesellschaftskritik und Universität zustandekam und daß es sich dabei um
einen historischen Ausnahmefall handelt. Obgleich nämlich Horkheimer und
Adorno schon während ihres Studiums mit der Arbeiterbewegung und mit
nicht-akademischen Gestalten der Philosophie sympathisierten, konnten sie diese Orientierung kaum mit ihrer akademischen Tätigkeit verbinden. Horkheimer

---

[2] Friedrich Engels, *Ludwig Feuerbach und der Ausgang der klassischen deutschen Philosophie*, Marx-Engels-Werke, Bd. 21, Berlin 1975, 280.

[3] Vgl. Max Horkheimer, *Die gegenwärtige Lage der Sozialphilosophie und die Aufgaben eines Instituts für Sozialforschung*, in: Gesammelte Schriften, Bd. 3, hg.v. A. Schmidt, Frankfurt
am Main 1988, 20-35.

schrieb 1921: „Je mehr Philosophie mich gefangen nimmt, umso weiter entferne ich mich von dem, was man auf der hiesigen Universität darunter versteht. Nicht formale Erkenntnisse, die im Grunde genommen höchst unwichtig sind, sondern materiale Aussagen über unser Leben und seinen Sinn haben wir zu suchen."[4] Seine Qualifikationsschriften waren rein akademische Arbeiten, was ähnlich auch für Adorno gilt. Walter Benjamins akademisches Scheitern sei nur am Rande erwähnt.

In der Emigration konnten die Hauptvertreter der Kritischen Theorie, Adorno, Horkheimer, Marcuse, nur unter großen Schwierigkeiten Anschluß an die amerikanische akademische Landschaft finden. Horkheimer und Adorno kehrten nach Deutschland zurück, wo sie wiederum aufgrund besonderer Umstände, weil sie nämlich vertriebene Opfer des nationalsozialistischen Antisemitismus waren, Lehrstühle erhielten. Die Rückkehr der Exilanten war von der Stadt Frankfurt und der Universität gezielt betrieben worden. Obwohl Horkheimer sich im Alter zunehmend von seinen marxistischen Wurzeln distanzierte und Adorno zwar keine theoretische Wendung vollzog, aber sein indirektes Verhältnis zur politischen Praxis im Allgemeinen und seine Distanz zu bestimmten Teilen der APO im Besonderen betonte, fiel die Kritische Theorie auf den fruchtbaren Boden der Studentenbewegung und ihrer Nachläufer. Ihre Schriften trugen dazu bei, eine kritische Wissenschaft in Deutschland zu entwickeln. Zwar haben die prägenden Gestalten der Frankfurter Schule sich kaum je intensiv und ernsthaft mit Marx beschäftigt, - was sicherlich zum Teil die resignative Wende Horkheimers zu einer „negativen" Theologie erklärt, doch wurden manche Schüler von Horkheimer und Adorno, wiederum unter Einfluß der politischen Atmosphäre der sechziger Jahre, zu einer vertieften Auseinandersetzung mit der Kritik der politischen Ökonomie angeregt. So ist die als ‚neue Marx-Lektüre' bekannte Interpretation und Diskussion der Kritik der politischen Ökonomie, die sich ein weit tieferes Verständnis des Marxschen Hauptwerks erschloß, als es zuvor je vorhanden war, historisch großen Teils auch eine Frucht der Frankfurter Schule.[5]

Es war ein Hauptziel der Studentenbewegung, die Institution Universität in ihrem Sinne umzugestalten: die universitären Strukturen zu demokratisieren, das Verhältnis von Lehrenden und Studierenden zu verändern, das Studium von gesellschaftlichem Druck zu entlasten und schließlich Räume für kritische Wissenschaft zu schaffen. Teilweise, je abhängig von fachlichen und regionalen Besonderheiten, gelang dies. Die Hochschulreformen der Sechziger und Siebziger, die eine Modernisierung, Ausweitung und Öffnung der Universitäten bewirkte, war auch ein Ergebnis der Studentenproteste. Die Hochschulen wurden aus einer Bildungseinrichtung für eine schmale Elite zu einer für die Masse. An einigen

---

[4] Max Horkheimer, *Brief an Rosa Riekher v. 30. November 1921*, in: Gesammelte Schriften, Bd. 15, hg.v. A. Schmidt/G. Schmid Noerr, Frankfurt am Main 1995, 77.

[5] Vgl. Ingo Elbe, *Marx im Westen. Die neue Marx-Lektüre in der Bundesrepublik seit 1965*, Berlin 2008, 66ff.

deutschen Universitäten, so auch an der Universität Hannover, entstanden geradezu Hochburgen der Gesellschaftskritik, vor allem in Fächern wie Soziologie, Philosophie, Politik. In diesem Rahmen konnte sich Gesellschaftskritik an deutschen Universitäten zu einem gewissen Grade institutionalisieren. Für den gesellschaftlichen Einfluß der Linken war dies sicherlich ein wichtiger Faktor. Für sozialkritisch orientierte Akademiker war es außerdem eine Perspektive, an einer Universität in Lohn und Brot zu gelangen, ohne sich dabei allzu sehr verbiegen zu müssen. Das Gedankengut von Autoren wie Marx, der Kritischen Theorie, Freud und anderen, die an der deutschen Universität sonst kaum eine Rolle spielten, wurde so eine Weile vor dem Vergessen bewahrt. Linke Professoren, oftmals persönlich aus dem Umfeld der Frankfurter Schule, bildeten ihrerseits Schulen und Traditionslinien. Angesichts dessen erschien eine akademische Karriere für viele Gesellschaftskritiker als Ideal: Es schien, als habe man hier Aussichten, sich ungehindert und gut bezahlt dem Studium und der Lehre kritischer Gesellschaftstheorie widmen zu können. Häufig mag diese Strategie, wenn auch zumeist nicht ohne Anstrengungen, Risiken und Anpassungsprozesse, in Erfüllung gegangen sein. Viele derjenigen, die in den siebziger und achtziger Jahren ihre Posten an den Universitäten erklommen, stehen zur Zeit vor der Emeritierung oder sind bereits in den letzten Jahren emeritiert worden.

Für ihre jüngeren Schüler ist es nun aber wesentlich schwieriger geworden, sich an der Universität zu etablieren. Seit einiger Zeit ist eine neue Tendenz in der Bildungspolitik zu verzeichnen, die den seit den 1990er Jahren stärkeren ökonomisch liberalen Tendenzen entspricht. Durch die Reformen der letzten Jahre und Jahrzehnte, die mit dem Namen der – an sich sehr schönen – Stadt Bologna verbunden sind, wurden die Bedingungen für eine Verbindung von Gesellschaftskritik und Universität drastisch widriger.

Der ökonomische Druck auf die Studenten wurde erhöht. Eine zentrale Zielsetzung der Bologna-Reformen ist eine stärkere Ausrichtung am Arbeitsmarkt. Dieses Ziel gilt gleichermaßen für Fachhochschulstudiengänge, bei denen eine Berufsorientierung nachvollziehbar ist, und für universitäre Studiengänge wie die Philosophie, die nicht in Hinblick auf einen bestimmten Beruf ausbildet. Die europäischen Staaten wollen die Zahl der Akademiker in der Bevölkerung erhöhen, dabei aber die Kosten für den Staat möglichst minimieren. Alles was vom direkten Weg auf den Arbeitsmarkt abführen könnte, erscheint dabei als überflüssiger Kostenfaktor. Es geht nicht um die Bildung von Persönlichkeit, die ohne Muße nicht zu haben ist. Auf solche Bildung meint man verzichten zu können. Vielmehr geht die Tendenz dahin, daß die Studierenden in möglichst kurzer Zeit, unter Ausnutzung jeder Minute, so verformt werden sollen, daß sie in den Augen von Politikern und Unternehmern für den Arbeitsmarkt zu gebrauchen sind. Studienzeit erscheint nur noch als ein Aufwand, der für eine bestimmte Qualifikation geleistet werden muß. Formalisierte Qualifikationen dienten gewiß schon immer zur Vergleichbarkeit in der Konkurrenz um Positionen auf dem Arbeitsmarkt. Dieser formale Aspekt des Studiums gewinnt nun jedoch an Bedeutung, ja er tendiert dazu, den Inhalt in den Hintergrund zu drängen. Es ist daher nur konsequent, wenn Angehörige der politischen Elite, die gewiß Vorbildfunktion erfüllen und den Geist der Zeit in besonderer Weise verinnerlicht haben, von zu Guttenberg bis Koch-Mehrin, den erstrebten Titel gleich ganz ohne eigene wissenschaftliche Tätigkeit erwerben.

Die einzelnen Bestandteile des Studiums, die in der Vergangenheit mitunter recht frei gestaltet werden konnten, werden neuerdings in die Währung von ‚Credit Points‘ gepreßt, die einer bestimmten in Zeit gemessenen Arbeitsbelastung entsprechen und damit die Vergleichbarkeit erhöhen sollen. Das Studium philosophischer Schriften wird dadurch umrechenbar in jede beliebige andere Arbeit. Die Studienzeit wurde enger begrenzt, der Umfang der Pflichtveranstaltungen erhöht, Lehrveranstaltungen, in denen sich die Studierenden auf die Anforderungen der Berufstätigkeit vorbereiten sollen, sind zunehmend obligatorischer Bestandteil des Studiums. Aufgrund dieser Einschränkungen der Möglichkeiten freier Gestaltung sprechen Kritiker zu Recht von einer weitgehenden Verschulung des Studiums. Von der Möglichkeit, sich während des Studiums aus eigenem Interesse intensiver mit wissenschaftlichen Fragen zu beschäftigen, die nicht selbst unmittelbar Teil des Curriculums sind, kann oftmals keine Rede mehr sein.

Die Bologna-Reformen werden in Deutschland flankiert von einer Schulzeitverkürzung in vielen deutschen Bundesländern von 13 auf 12 Jahre. Was zuvor in dreizehn Jahren geleistet wurde, soll jetzt auch in zwölf Jahren zu schaffen sein – ohne Qualitätseinbußen natürlich. Man müsse eben einfach nur stringenter lernen, bisher freie Zeit verstärkt nutzen und gegebenenfalls die Lehrpläne ‚entschlacken‘. Es gibt Pläne, die Schulzeit ein Jahr früher beginnen zu lassen, um bereits aus Kleinkindern das Maximum herauszupressen. Auch für solche Reformen ist der Antrieb, Ausgaben der öffentlichen Hand für Bildung einzusparen und die Absolventen früher dem Arbeitsmarkt zur Verfügung zu stellen. Unter anderem hat dies zur Folge, daß die Studenten, auch in den Masterstudiengängen, jünger sind als in vorherigen Generationen, tendenziell über weniger Vorkenntnisse und weniger persönliche Reife verfügen, was wiederum die Verschulung des Studiums begünstigt.

Durch den systematisch erzeugten Druck nehmen psychische Krankheiten unter Schülern und Studenten zu. Nach einer aktuellen Studie ist der Anteil der an Studenten verschriebenen Psychopharmaka in vier Jahren um 54 Prozent gestiegen. Bei mehr als jedem achten männlichen und bei fast 30 Prozent der weiblichen Studenten sei mindestens einmal eine psychische Störung diagnostiziert worden.[6] Vielen antiken Philosophen galt die körperliche Arbeit als mit einer

---

[6] So der Gesundheitsreport 2011 der Techniker Krankenkasse. Birgitta vom Lehn empfiehlt in der Frankfurter Allgemeinen Zeitung (23./24. Juli 2011, C 4) - ausdrücklich als Reaktion auf die genannte Studie - Hochschulsport zum Streßabbau und als Alternative zu Psychopharmaka. Gleichzeitig wird allerdings als Hürde benannt, daß die Studenten des Bachelor-Master-Systems nicht vor 20 Uhr Zeit für Sport fänden. Man darf bezweifeln, daß Hochschul-

freien körperlichen Entwicklung nicht vereinbar. Sie verallgemeinerten die Auswirkungen der Arbeit unter den Bedingungen ihrer sozialen Gegenwart, wenn sie behaupteten, daß körperliche Arbeit geistig unfrei mache oder sogar körperliche Schäden verursache.[7] Der körperlichen Arbeit stellten sie die in der Philosophie gipfelnde freie geistige Betätigung gegenüber. Daß das Studium, das der Ausbildung der geistigen Fähigkeiten des Menschen dient, gleichzeitig krank machen könnte, entzog sich der Vorstellungskraft eines Platon oder Aristoteles. Sie sahen die Philosophie im Gegensatz zur Notwendigkeit der Sorge um den Lebensunterhalt. Heute wird die akademische Philosophie dieser Sorge untergeordnet.

Dennoch ist davon auszugehen, daß viele Schüler und Studenten diese Reformen als in ihrem eigenen Interesse liegend verstehen und daher begrüßen. Innerhalb der kapitalistischen Gesellschaft liegt eine zügige Qualifizierung für den Arbeitsmarkt unter Umständen durchaus im Interesse des Individuums, das sich davon eine bessere Position in der Konkurrenz erhofft. Muße, Bildung, Freiheit lösen in der jungen Generation Angst aus: die im Prinzip nicht unberechtigte Angst auf dem Arbeitsmarkt abgehängt zu werden. Die Unterstützer und Betreiber derartiger Reformen dürften davon ausgehen, daß sie selbst und ihre Kinder von den zerstörerischen Folgen des zunehmenden Leistungsdrucks nicht betroffen sein werden. Je höher das Einkommen ist, desto größer sind auch die Möglichkeiten sich dem Leistungsdruck zu entziehen oder ihm besser gewappnet gegenüber zu treten – mithilfe von Nachhilfe-Unterricht, Privatschulen und Privathochschulen. Die Liberalisierung des Bildungswesens und der dadurch zunehmende Konkurrenzdruck verschärfen bestehende soziale Gegensätze. Die Ober- und Mittelschicht wird in der Lage sein, die höheren Anforderungen aufgrund eines bildungsfreundlichen familiären Hintergrunds oder mit finanziellen Mitteln weitgehend zu erfüllen. Die Sprößlinge von Familien mit geringeren geistigen und finanziellen Möglichkeiten werden es schwerer haben, ihren sozialen Status zu halten oder gar aufzusteigen.[8]

Geringer wird die Zustimmung zu einem beschleunigten Studium vermutlich in denjenigen Fächern sein, die wie die Philosophie überhaupt nicht ohne weiteres für den Arbeitsmarkt qualifizieren. Bei Studenten der Philosophie darf vorausgesetzt werden, daß es ihnen weniger um eine verwertbare Qualifikation geht als um ein inhaltliches Interesse. Im Fach Philosophie erscheint tatsächlich der Druck des Arbeitsmarkts als ein der Wissenschaft von außen auferlegter

---

sport eine tragfähige Lösung der durch psychische Krankheiten indizierten Widersprüche darstellt.

[7] So z.B. Platon, *Der Staat*, 495d-e.

[8] Es stimmt allerdings hoffnungsvoll, daß viele Eltern sich offenbar vom Konkurrenzdruck nicht den gesunden Menschenverstand trüben lassen und die Schulzeitverkürzungen ablehnen. In Schleswig-Holstein, wo durch eine Änderung des Schulgesetzes den Schulen die Rückkehr zum Gymnasium in neun Jahren freigestellt wird, entscheiden sich viele Schulen auf Wunsch der Elternschaft für „G 9".

Druck. Wie für Aristoteles oder für die Aristotelikerin Hannah Arendt muß sich auch dem heutigen Philosophen die akademische Philosophie als von den Mächten der Ökonomie bedroht darstellen. Daß ferner unter diesen Bedingungen, die systematisch eigenständiges Lernen und eigenständige Entwicklung abwürgen, der Freiraum für Gesellschaftskritik, die sich *per definitionem* nicht als Vorbereitung auf den Arbeitsmarkt versteht, geringer wird, ist offenkundig. Wie Freiräume überhaupt abnehmen, so nehmen auch die Freiräume für eigenständige kritische theoretische Tätigkeit ab. Während in den alten, bewußt laxer reglementierten Diplom- und Magister-Studiengängen häufig private Interessen innerhalb des Studiums selbst verfolgt werden konnten, wird die Beschäftigung mit kritischer Wissenschaft nun zu etwas, das in der immer spärlicher bemessenen Freizeit zu erledigen ist.

Erhöht wird der ökonomische Druck auch durch eine höhere Zahl an Prüfungen. Noch vor einigen Jahren spielten Zensuren in den geistes- und sozialwissenschaftlichen Studiengängen eine geringe Rolle, da man sie generell, insbesondere aber in einem Studium als pädagogisch und didaktisch zweifelhaft betrachtete. Zensuren reduzieren die komplexe zu bewertende und zu diskutierende Qualität eines wissenschaftlichen Beitrags auf eine Zahl. Die Klarheit, die sie schaffen, ist nur scheinbar. Sie stellen eine Vergleichbarkeit mit den Leistungen anderer her, die mit der Sache der Wissenschaft nichts zu tun hat. Inzwischen sind Zensuren wieder fester Bestandteil des Studiums geworden. Der Grund dafür ist keineswegs, daß pädagogisch sich der Gedanke durchgesetzt hätte, daß Zensuren dem Lernen oder gar der Entwicklung philosophischen Denkens förderlich wären, sondern das Ziel, leicht überprüfbare, ‚handfeste‘, Leistungsbewertungen und damit Vergleichsmöglichkeiten bereitzustellen. Nichts und niemand darf sich der gesellschaftlichen Überprüfbarkeit, der Kontrolle entziehen. Die Bachelor-Prüfung bedeutet eine zusätzliche Hürde. Konnte man sich im früheren System ohne größere bürokratische Hindernisse bis zum Diplom oder Magister auf seine Studieninhalte konzentrieren, so tritt jetzt mit dem Bachelor schon auf der Stufe, die dem früheren Vordiplom oder der Zwischenprüfung entspricht, ein Bruch ein. Wer sich mit diesem Abschluß nicht zufriedengeben will, der von den erworbenen fachlichen Kenntnissen und Fähigkeiten kaum ausreichend erscheint und auch als Qualifikation für den Arbeitsmarkt in vielen Fächern von sehr fragwürdigem Nutzen ist, der muß sich nun um einen Platz für ein Master-Studium erst *bewerben*. Von den praktischen Widrigkeiten, die dabei in Deutschland zur Zeit zu überwinden sind, soll hier abgesehen werden. Festgehalten sei aber, daß mit dieser zusätzlich zu überwindenden Hürde auch eine zusätzliche gesellschaftliche Kontrolle installiert ist. Auch dieser Sachverhalt einer nochmaligen Bewerbung um eine Fortsetzung des Studiums stellt eine Hürde dar, die auf den Inhalt übergreift. Dem Studenten wird mit der Einschränkung ökonomischer Chancen gedroht. Er fürchtet zu Recht, ohne einen Masterabschluß auf dem Arbeitsmarkt noch schlechter dazustehen als dies mit einem sozial- oder geisteswissenschaftlichen Abschluß ohnehin schon der Fall ist. Ob er einen Master-Studienplatz erlangt, ist jedoch ungewiß. Er wird daher in seinem Studium keine allzu großen Risiken eingehen, keine eigenen Wege beschreiten, keine Gedanken formulieren, die ihn in Konflikt mit den Dozenten, die ihn bewerten, führen könnten.

Denn mit der Kontrolle der ‚Leistung‘, vor allem in Form von Noten, die nicht nur nach der Bachelor-Prüfung zusätzlich eingefügt wurden, wird auch die soziale Kontrolle verstärkt. Auch die in einzelnen Seminaren erworbenen Noten gehen nach dem neuen System in die Abschlußnote ein. So aber beeinflußt das formale System den Inhalt. Da es nun auf jede Note ankommt: Wird ein Student es wagen, in einer Hausarbeit Standpunkte zu vertreten, bei denen er damit rechnen muß, mit seinem Prüfer in Konflikt zu geraten? Konnte man sich nach den alten Studienordnungen durchaus erlauben, in Hausarbeiten eine von seinem Prüfer abweichende Meinung zu vertreten, so hat der Prüfer nun unmittelbar die Möglichkeit dem Studenten durch eine entsprechende Note zu schaden. In den Geistes- und Sozialwissenschaften ist die Qualität einer Arbeit kaum objektiv meßbar, unabhängig von bestimmten Auffassungen des Messenden. Selbstverständlich muß man damit rechnen, daß Professoren und Dozenten die Theorien von Karl Marx oder der Kritischen Theorie für ‚veraltet‘ halten. Wer sich auf sie bezieht, scheint also nicht auf dem neuesten Stand der Wissenschaft zu sein. Zudem entsteht der Verdacht, er mische Parteilichkeit in seine wissenschaftliche Arbeit und verletze daher die verlangte ‚Wertfreiheit‘. Seine Arbeit ist also scheinbar wissenschaftlich minderwertig. Früher konnte man diese Kritik des Lehrenden in Kauf nehmen. Jetzt schlägt sie sich in schlechten Noten nieder und hat damit möglicherweise weitreichende Konsequenzen.

Dies bewirkt, daß sich der Student in stärkerem Maße an den Wünschen des Lehrenden orientieren wird, um eine bessere Note zu erzielen, und nicht an seiner eigenen kritischen Einschätzung, wenn diese, wie bei Gesellschaftskritik in der Regel der Fall, kontrovers sein könnte. Der notgedrungen an seiner zu erwartenden Zensur orientierte Student wird nicht den Eindruck erwecken wollen, dem Prüfer, der als Repräsentant der Gesellschaft ihm gegenübertritt, zu widersprechen. Im Zweifelsfall wird er vorauseilenden Gehorsam an den Tag legen. Zensuren entmündigen. Die Hoffnung, Widerspruch werde als Zeichen selbständigen Denkens positiv bewertet werden, ist naiv und hochriskant. Wahrscheinlicher ist, daß die Dozenten Widerspruch als Angriff auf die von ihnen vertretenen Positionen und damit schließlich auch auf ihre Person deuten werden. Auch wenn viele Wissenschaftler in prekären Verhältnissen arbeiten, führt dies in Deutschland bisher nicht zu einem gestiegenen Protestpotential unter den Nachwuchswissenschaftlern. Gerade die prekäre Situation erhöht den Anpassungsdruck. Das Ziel ist es nach wie vor, durch angepaßtes Verhalten die Chancen auf eine unbefristete Anstellung oder eine Professur zu erhöhen, und nicht, die sozialen Verhältnisse in Frage zu stellen.

Die Lehrenden sind ähnlichen Kontrollmechanismen unterworfen wie die Studierenden. Sie werden ebenfalls durch das System geformt, in dem sie studiert haben und in dem sie in ihre Position gelangt sind. Auch unter dem akademischen Personal hat sich die Konkurrenz auch an den Hochschulen drastisch verschärft. Der finanzielle Druck auf die Universitäten ist gestiegen und steigt weiter. Die Wissenschaften, insbesondere natürlich die Geisteswissenschaften, haben immer mehr zu begründen, wieso gerade sie alimentiert werden sollen. Das Prinzip der Finanzierung durch Drittmittel hat stark an Bedeutung gewonnen. Praktisch bedeutet dies, daß nicht etwa frei gearbeitet werden kann, sondern ein Forschungsvorhaben zuerst gegenüber dem Finanzier in der Hoffnung auf Bewilligung begründet werden muß und dann gegebenenfalls auch während und nach Abschluß des Projekts Rechenschaft abzulegen ist. Dies stellt eine soziale Kontrolle dar. Da die Begutachtung und Evaluierung in der Regel anonym durch unbekannte Angehörige des Wissenschaftsbetriebs erfolgt, ist der Antragsteller genötigt, sein Vorhaben so zu wählen und so zu begründen, daß er möglichst bei niemandem auf Widerspruch stoßen wird. Dies tendiert generell zu einer Banalisierung der Forschung. Gesellschaftskritische Vorhaben aber sind auf diesem Wege schon von vornherein ausgeschlossen. Es liegt geradezu im Begriff der Gesellschaftskritik, daß sie innerhalb der bürgerlichen Gesellschaft nicht auf Zustimmung der maßgeblichen Institutionen stoßen kann.[9]

Aufgrund der genannten Mechanismen ist es für den von der Kritischen Theorie der Gesellschaft inspirierten Wissenschaftler in einem geisteswissenschaftlichen Fach nur in Ausnahmefällen möglich, sein Interesse im Sinne einer freien Forschung und Lehre an der Universität zu verfolgen. Eine mögliche Strategie besteht darin, sich durch andere Projekte, die ihn vielleicht auch irgendwie interessieren, zu finanzieren und nebenbei seine sozialkritischen Interessen zu verfolgen. Selbst dabei muß der Kritiker allerdings fürchten, daß Nachrichten über seine Einstellung nach außen dringen. Denn dadurch, daß kaum noch ungehindert auf unbefristeten Stellen gearbeitet wird, sondern immer neu befristete Projekte oder Stellen beantragt werden müssen, wird auch die Person immer aufs neue kontrolliert: Ist der Betreffende persönlich geeignet? Vertritt er etwa ‚verfassungsfeindliche‘ oder andere allzu kontroverse Standpunkte? Wenn man ihn auch persönlich und wissenschaftlich schätzt, würde das Projekt oder das Fach sich anderen gegenüber eine Angriffsfläche verschaffen, wenn man die betreffende Person einstellte?

Insgesamt führt dieses Bild in den Sozial- und Geisteswissenschaften dazu, daß für kritische Tendenzen deutlich weniger Raum bleibt, als dies etwa in den Dezennien zwischen 1960 und 1990 der Fall war. Wie schon zu Zeiten der Linkshegelianer eignet der Universität auch heute ein zwiespältiges Verhältnis zur Wissenschaft insgesamt und zur Philosophie im Besonderen. Gewiß bietet die Universität für jeden, der sich philosophisch und sozialwissenschaftlich bil-

---

[9] Diesbezüglich gibt es gewiß Einschränkungen. Die Gesellschaft ist durch widersprüchliche Interessen gekennzeichnet und das drückt sich auch in unterschiedlichen Interessen wissenschaftsfördernder Institutionen aus. Es werden sich also hie und da Asyle für Gesellschaftskritik finden. Maßgeblich sind diese Asyle nicht.

den will, Möglichkeiten. Angesichts der genannten gegenläufigen Tendenzen, die ihren Ursprung nicht in der Wissenschaft als solcher haben, wird die Universität jedoch nur in wenigen Ausnahmefällen noch der Ort sein, in dem sich Kritische Theorie entwickeln kann. Wir kehren zurück zum historischen Normalzustand, in dem die Bildungseinrichtungen, darunter die Universität, ein Instrument der gesellschaftlichen Kontrolle sind und abweichendem Denken nur minimalen Raum lassen. Dies ist zwar bedauerlich, nicht nur weil dadurch Einkommensquellen für viele kritische Denker fortfallen, sondern auch Möglichkeiten der gesellschaftlichen Einflußnahme entfallen. Andererseits ist aber in der bürgerlichen Gesellschaft nichts anderes zu erwarten. Kritische Theorie kann nicht erwarten, daß die von ihnen kritisierte Gesellschaft sie finanziert. Angesichts der widrigen Umwelt, die die Universitäten in der Regel bieten, ist dem jungen Menschen, dessen Interessen und Ansichten allzu sehr vom *Mainstream* abweichen, davon abzuraten, allzu viele Energien in eine akademische Karriere zu investieren. Der Ort kritischer Philosophie und Gesellschaftstheorie wird in Zukunft in Arbeitsgruppen und Diskussionszusammenhängen sein, die nur locker oder gar nicht mit der Universität verbunden sind. Der von Engels genannte Nachteil der Distanz zur Universität, unter der Feuerbach litt, besteht heute nicht mehr. Selbst auf dem Lande sind die Resultate der akademischen Wissenschaft durch die modernen Medien relativ bequem zugänglich. Andererseits ist an den Universitäten die Gefahr ungebrochen, aufgrund der notwendigen Anpassungsleistungen im spintisierenden Flohknacken unterzugehen.

# V.

Modelle II: Kunst und Literatur

# Benjamins „Krankenengel".
## Zur Kafka-Rezeption Walter Benjamins

WIEBRECHT RIES (Hannover)

Im November 1927 schreibt Walter Benjamin an seinen Freund, den jüdischen Gelehrten Gershom Scholem in Berlin:
„Als Krankenengel habe ich an meinem Lager Kafka. Ich lese den ‚Prozeß'."

Wie das Wort „Krankenengel" an dieser Stelle zu verstehen ist, soll im Verlauf meiner Überlegungen seine Klärung finden. Zunächst sei darauf hingewiesen, daß der jüdische Dichter Franz Kafka zu einer Zeit, da seine Bedeutung nur einem kleinen Kreis von Literaten bewußt war, für Benjamin zu den geistigen Heroen der Moderne zählt. Er ist für ihn eine Ikone der modernen Literatur. Die Früchte seiner über ein Jahrzehnt (1928-1934) andauernden Beschäftigung mit ihm, gereift in Dialog und Korrespondenz mit Scholem, Adorno, Brecht und Werner Kraft, dokumentiert eine Reihe von Aufzeichnungen und Skizzen. In ihrer literarischen Form sind sie Betrachtungen, die als vier in sich abgeschlossene Texte 1934 Benjamins großen Kafka-Essay ausmachen.[1] Als eine „Deutung des Dichters aus der Mitte seiner Bilderwelt" zählen sie zu den bedeutenden, wenn auch zu wenig beachteten Kafka-Interpretationen des 20. Jahrhunderts. Sie schenken bis heute von der Germanistik nie überholte und überholbare Einsichten. Von ihrem Zentrum her zielen sie auf eine literarische „Mystik", die als eine Denkfigur der Negativität das Hermetische in Kafkas Werk ausmacht und seiner Poetik verschlüsselt zu Grunde liegt. Ihrem spät geborenen Leser drängt sich in ihrem denkenden Nachvollzug die Ahnung eines nie gänzlich aufhellbaren Kerns analoger Einstellungen zu Welt und Mensch auf, der Benjamin mit dem Prager Dichter verbindet.

Meine Ausführungen wenden sich zunächst Benjamins Kafka-Essay von 1934 zu. Auf sie folgt eine Würdigung seiner Aufzeichnungen, von ihm als Materialien eines nie publizierten Kafka-Buches konzipiert. Abschließend würdigen sie seine Korrespondenz mit Gershom Scholem[2] zu Fragen der Kafka-Interpretation.

---

[1] Walter Benjamin, „Franz Kafka. Zur zehnten Wiederkehr seines Todestages", in: *Benjamin über Kafka. Texte, Briefzeugnisse, Aufzeichnungen*, hg.v. Hermann Schweppenhäuser, Frankfurt am Main 1981, 9-38. Nach dieser Ausgabe sind in meinem Text alle Benjamin-Passagen zu Kafka zitiert.

[2] Zu Scholems Kafka-Interpretation: Stéphane Mosès: „Zur Frage des Gesetzes: Gershom Scholems Kafka-Bild", in: *Franz Kafka und das Judentum*, hg.v. Karl Erich Grözinger, u.a., Frankfurt am Main 1987, 13-34.

## I Benjamins Essay zur zehnten Wiederkehr von Kafkas Todestag

Der Essay setzt ein mit einer freien Nacherzählung einer Anekdote von Puschkin.[3] Der Kanzler Potemkin am Hofe Katharinas der Großen leidet unter schweren Depressionen. Alle ihm zur Vorlage bestimmten Akten bleiben auf Grund seiner Erkrankung und des Eintrittsverbot in sein Zimmer ohne die von ihm benötigte Unterschrift. Man ist verzweifelt. Der kleine Kanzlist Schuwalkin macht sich erbötig, den Akten die benötigte Unterschrift zu besorgen. Mit ihrem Bündel unter dem Arm betritt er, ohne anzuklopfen, das verbotene Zimmer. In seinem Halbdunkel sitzt Potemkin „in einem verschlissenen Schlafrock" und an seinen Nägeln kauend auf dem Bett. Einen abwesenden Blick auf den Eindringling werfend, unterzeichnet er mit der ihm von Schuwalkin überreichten Schreibfeder „wie im Schlaf" alle ihm übergebenen Akten. Triumphierend kehrt der Kanzlist mit ihnen zu den im Vorzimmer des Kanzlerpalais wartenden Staatsräten zurück. Atemlos beugt man sich über die Akten und erstarrt in Bestürzung über das, was das Auge lesen muß: „Ein Akt wie der andere war unterfertigt: Schuwalkin, Schwalkin, Schuwalkin …".

Mit der ihm eigenen Genialität, einer Intuition für das Atmosphärische in Dichtung, hat Benjamin die innere Verwandtschaft zwischen dieser Geschichte und dem Werk Kafkas erkannt, wenn er schreibt: „Die Rätselfrage, die sich in ihr wölkt, ist Kafkas. Die Welt der Kanzleien und Registraturen, der muffigen verwohnten dunklen Zimmer ist Kafkas Welt."

Potemkin, der in einem abgelegenen, kaum bemerkten Zimmer eines Palastes dahindämmert, zu dem der Zugang untersagt ist, „ist ein Ahn jener Gewalthaber, die bei Kafka als Richter in den Dachböden, als Sekretäre im Schloß hausen, und die, so hoch sie stehen mögen, immer Gesunkene oder vielmehr Versinkende sind, dafür aber noch in den Untersten und in den Vollkommensten – den Türhütern und den altersschwachen Beamten – auf einmal unvermittelt in ihrer ganzen Machtfülle auftauchen können."

Mit diesen Worten hat er nicht nur den geschichtlichen Stand der im Versinken begriffenen Metaphysik in der Moderne wie in einem Blitzlicht festgehalten, er markiert mit ihnen auch die topographische Struktur jener Väterwelt, die das literarische Werk von Franz Kafka in seinem thematischen Aufbau strukturiert. Aus gutem Grund widmet er Kafkas Erzählung *Das Urteil*, das für den Dichter zu einem „Wahrzeichen" (R. T. Gray) seines Schreibens wurde, gleich zu Beginn seines Essays bedeutende Zeilen. Ihre kunstvolle Erzählstrategie[4] auf dem Hintergrund des „uralten Vater-Sohn-Verhältnisses" dient der Darstellung einer Grenzüberschreitung. Durch sie wird der Schrecken einer Vorwelt erkennbar, wie er in dem vom Sohn selten betretenen dunklen Zimmer des Vaters

---

[3] Zitatnachweise siehe: Schweppenhäuser (Hg.), *Benjamin über Kafka*, 53.
[4] Hierzu: R. T. Gray: „*Das Urteil* – Unheimliches Erzählen und die Unheimlichkeit des bürgerlichen Subjekts", in: *Franz Kafka. Romane und Erzählungen*, hg.v. Michael Müller, Stuttgart 1994, 11-41.

haust. Für den Fuß, der die Türschwelle zu ihm überschreitet, öffnet sich eine in der Moderne verdrängte fremde Welt. In ihr sind das verblaßte Bild des Sophokleischen Ödipus, die archaische Weltzeit von Freuds „Totem und Tabu", der schwere „Schlafrock" des Vaters in Kafkas Meistererzählung *Das Urteil* ikonische Zeichen für ein unsagbares Trauma in der Geschichte. Es verdunkelt den „geradezu unendlichen Verkehr", der am Schluß dieser Erzählung „über die Brücke" geht. Das Gericht, dessen Jagdcharakter im *Process*-Roman an der „Figur der Gerechtigkeit" auf dem „Ölbild" Titorellis sichtbar wird, stützt sich auf mythisches Recht. Der Opferstein liegt im Mondlicht, der Sphäre der Artemis.[5] Auf ihm wird K. außerhalb der Mauern der Stadt nach einjährigem Prozess von zwei bleichen Herren, die aussehen wie alternde Tenöre, erstochen. Auf der Bühne der Innenwelt inszeniertes vorzeitliches Opferritual und absurder Mord an einem Menschen sind sich kreuzende Überblendungen in dem dramatisch gestalteten Endkapitel des „Process"-Romans. Die Trennung zwischen archaischem Ritual und moderner bürokratischer Aktenzirkulation ist auf der Traumbühne in ihm aufgehoben.

Dem Melancholiker Benjamin verdanken wir kostbare Winke hinsichtlich einer Verbindung zwischen Hoffnungslosigkeit und Schönheit im Werk Franz Kafkas. Der Transformation in vollkommen poetische Ausdrucksformen verdankt die Depressivität von Kafkas Welt ihre trostlose Schönheit. Besonderes Interesse dürfte Benjamins Kafka-Lektüre aber an der Stelle beanspruchen, die die Ambiguität des Dichters gegenüber dem Mythos akzentuiert. Für sie steht symbolisch die Figur des *Odysseus* als Bezwinger mythischer Gewalt. Er bezieht sich auf einen von Max Brod aus dem Nachlass des Dichters unter dem Titel *Das Schweigen der Sirenen* publizierten Text aus dem Jahr 1917.[6] Aus dem Sirenen-Mythos bei Homer wird bei Kafka, so Benjamin, ein „Märchen für Dialektiker" zum „Beweis dessen", wie es in der kleinen Erzählung heißt, „dass auch unzulängliche, ja kindische Mittel zur Rettung" vor dem Gesang der Sirenen „dienen können", in dessen Tiefe ein tödliches Schweigen wohnt. Nur als ein genial listiger „Fuchs" und „Schauspieler" hat der *Künstler* Odysseus – wie im Anhang der Erzählung berichtet wird – tatsächlich gewußt, dass die Sirenen schweigen und die erotischen Sängerinnen dadurch genarrt, daß er ihrer unwiderstehlichen Verlockung eine als Gesang täuschend inszenierte Mimesis – in Kafkas Text steht für ihn das Wort „Scheinvorgang" – „als Schild" entgegengehalten hat. In Kafkas Erzählung, soviel sei noch gesagt, überwindet der männliche Blick des Odysseus siegreich die von den Sirenen kunstvoll aufgeführte pathische Pantomime einer Erotik des Lebens: tiefes Atmen, tränenvolle Augen, halb geöffnete Münder. Da er sie als das Imaginäre aus seinem Sehraum ausblendet, kommt es zu einem Tausch der Verhältnisse. Nun sind es die weiblichen Seelenvögel, die sich danach

---

[5] Hierzu: Ludwig Dietz, *Franz Kafka*, Stuttgart 1990, 92.
[6] Hierzu: Wiebrecht Ries, *Nietzsche/Kafka. Zur ästhetischen Wahrnehmung der Moderne*, Freiburg/München 2007, 76ff.

sehnen, „den Abglanz vom großen Augenpaar des Odysseus" so lange als möglich zu erhaschen, bevor er dem Sog ihres magischen Reiches, in dem „die Flöte des Dionysos" (Nietzsche) zur Aufgabe der Individuation lockt, gänzlich entschwunden ist. Kafkas hinterlistige Korrekturen am Sirenen-Mythos stehen für Benjamin im Zeichen der Aufklärung. Gelesen werden sie von ihm als die Zeichen einer Verheißung: dem Entrinnen aus mythischem Bann.

Der Würdigung eines bezaubernden „Kinderbildes" des fünfjährigen Kafka im Stil der *Berliner Kindheit* folgen Betrachtungen zum *Naturtheater von Oklahoma* in Kafkas *Amerika*-Roman. An ihm hebt Benjamin die „Auflösung des Geschehens ins Gestische" auf der Bühne des Theaters hervor. Indem dem Gestus bei Kafka die Bedeutung abhanden gekommen ist, hat er ein Animalisches an sich. Erschrocken blickt man von der Lektüre der Erzählung *Die Verwandlung* auf und erkennt, „daß man vom Kontinent des Menschen schon weit entfernt ist". Die Dominanz von *Entfremdung* gewinnt in den Figuren Kafkas Ausdruck in einer ihnen anhaftenden somatischen Mechanik. Ihre Wahrnehmung als sinnfreie, gleichsam automatisierte Bewegungsabläufe, die dem erzählten Geschehen spezifische Züge des Grotesken verleiht, blockiert bei ihnen das Verstehen von dem, was ihnen widerfährt. Ein typisches Beispiel ist eine von Benjamin zitierte Passage aus dem Kapitel *Ende* des *Process*-Romans. Am Vorabend seines einunddreißigsten Geburtstages von zwei Herren „mit scheinbar unverrückbaren Cylinderhüten" abgeholt, stellt ihnen Josef K. die Frage: „An welchem Theater spielen Sie." „Teater" fragte der eine Herr mit zuckenden Mundwinkeln den anderen um Rat. Der andere gebärdete sich wie ein Stummer, der mit dem widerspenstigsten Organismus kämpft."

Scharfsinnig erkennt Benjamin an den Erzählungen Kafkas ein Grundthema: die Überwältigung des Subjekts durch „das Fremde" *in* ihm. „Es kann geschehen", schreibt er, „daß der Mensch eines Morgens erwacht, und er ist in ein Ungeziefer verwandelt". Er interpretiert diese Verwandlung jedoch weder im Sinne der Psychoanalyse noch aus dem Geist eines aus der Gnosis bekannten Erwachens in der Weltfremde, sondern er versteht sie weitgehend soziologisch im Sinne der Marxschen Frühschriften als Chiffre für eine „aufs Höchste gesteigerte Entfremdung"[7]. In Kafkas Meistererzählung *Die Verwandlung* ist der Alptraum des kleinen Angestellten Gregor Samsa deren groteske Darstellung. Sie erzählt am hellichten Tag „die dunkle Geschichte" (E. Lenk) der Subjektivität als die Geschichte ihrer Verwandlung.

Die von Max Brod mit Eifer betriebene Stilisierung seines verstorbenen Freundes zu einem Religionsstifter wehrt Benjamin vehement ab. Seine Kritik verweist auf das unter einem ewigen Winterhimmel geduckt liegende Dorf in Kafkas *Schloß*-Roman. Die in ihm herrschende „Luft", umweht von Pferdegeruch, widerlegt alle Intentionen Brods. Denn: „Zu diesem Dorf gehört auch der

---

[7] Walter Benjamin, *Franz Kafka. Zur zehnten Wiederkehr seines Todestages*, in: Gesammelte Schriften, Bd. 2, hg.v. Rolf Tiedemann und Hermann Schweppenhäuser, Frankfurt am Main 1972-1982, 436.

Schweinestall, aus dem die Pferde für den Landarzt hervorkommen, das stickige Hinterzimmer, in welchem Klamm, die Virginia im Munde, vor einem Glas Bier sitzt, und das Hoftor, an das zu schlagen den Untergang mit sich bringt. Die Luft in diesem Dorf [...] Kafka hat sie sein Lebtag atmen müssen. Er war kein Mantiker und auch kein Religionsstifter. Wie hat er es in ihr ausgehalten?"

Es gibt „zwei Wege", die für Benjamin Kafkas Schriften grundsätzlich verfehlen. Es sind dies die im Sinne des Realismus natürliche und die durch Brod repräsentierte übernatürliche, theologische Auslegung. Um letztere wird sich, wie wir sehen werden, die Korrespondenz mit Scholem drehen. Nicht nur, dass das Wort „Gott" in Kafkas Schriften nicht vorkommt, eine philologische Lektüre des *Process*-Romans zeigt, daß er sich jeder Antwort, was das Gericht *ist,* bewußt entzieht. Sowohl der *Process* wie der *Schloß*-Roman sind Fragment geblieben und wurden – worauf in der Literatur viel zu wenig reflektiert wird – von ihrem Autor als künstlerisch mißlungen verworfen.

Die Körperwelten des Gerichts sind sexuell aufgeladen.[8] Mit der ihm eigenen Sicherheit des Urteils charakterisiert Benjamin die *Frauenfiguren* in der Dichtung Kafkas als „Sumpfgeschöpfe" aus der von Bachofen erschlossenen Sphäre des Matriarchats. Zeichen für ihre Ausgrenzung ist im *Process* der „körperliche Fehler" an Lenis rechter Hand. Im Dienst des Gerichts stehend, ziehen die Frauen den Mann „in den finsteren Schoß der Tiefe" ihres Wellenreiches. Auf der Folie dieser Verlockung *nach unten,* der die Logos-Philosophie immer mißtraute, diskutiert Benjamin die das jüdische Selbstverständnis bestimmende Dialektik von Vergessen und Erinnerung. Aus der vorweltlichen Tiefenschicht des Vergessens stammt „die unerschöpfliche Zwischenwelt", die in der Literatur Kafkas ans Licht drängt. Erinnerung hingegen ist in einer Tiefenschicht des Somatischen gespeichert. Als ein Leib gewordenes Gedächtnis reflektiert sie auf eine vergessene *Schuld,* an die im „Process" die Agenten des Gerichts bis hin zum Gefängnisgeistlichen im Dom Josef K. mahnen.

In der Spukfigur des *Odradek* sieht Benjamin die Form, die die Dinge als entstellte in der Vergessenheit annehmen. Sie sind die Sorge des Hausvaters. „Urbild der Entstellung" ist für ihn das „Bucklige". Es stammt aus der Dunkel-Sphäre des Gerichts. Seine Versinnlichung findet es in der Gebärde des gesenkten Kopfes wie in der Linie des gebeugten Rückens. Ihm schreibt die Rute des „Prüglers" die vergessene Schuld ein. Zugleich ist das Lastende dieses Gebeugtseins Stigma eines Unheils am Ursprung der Menschengeschichte. Als Ursache der Verhexung allen Wollens, solange der Messias ausbleibt, steht für diesen Gedanken eine geisterhafte Grundfigur von Benjamins Denken wie mit Kreide auf dunkler Tafel gemalt: das *bucklicht Männlein*. Wer seine Bekanntschaft macht, ist verloren. Die Aufforderung am Schluß des schwermütigen

---

[8] In seinem Aufsatz „Franz Kafka ‚Der Proceß‘" empfiehlt D. Kremer, die Lektüre des Romans „als eine von erotischen Obsessionen inspirierte universale Form", in: *Nach erneuter Lektüre: Franz Kafkas „Der Proceß",* hg.v. Hans Dieter Zimmermann, Würzburg 1992, 198.

Volksliedes „Liebes Kindlein, ach ich bitt, / Bet' fürs bucklicht Männlein mit!" berührt sich für Benjamin mit einem Tiefengrund von Kafkas Dichtung, den weder ein „mythisches Ahnungswissen" noch die „existentielle Theologie" auszumessen vermag.

Der jüdische Autor Walter Benjamin stellt sich mit seiner Kafka-Lektüre dezidiert auf den Boden geistigen Judentums und der in seiner Tradition entwickelten zentralen Begriffe Schöpfung, Offenbarung und Erlösung. In ihrem Gegenlicht wird die der Dichtung Kafkas eingeschriebene *Negativität* sichtbar. Für ihr Verständnis fordert eine biographische Notiz Kafkas vom 25. Februar 1918 als ein gewichtiger Zeuge Gehör: „Ich bin nicht von der allerdings schon schwer sinkenden Hand des Christentums ins Leben geführt worden wie Kierkegaard und habe nicht den letzten Zipfel des davonfliegenden jüdischen Gebetsmantels noch gefangen wie die Zionisten. Ich bin Ende oder Anfang."

Benjamin wird Kafkas Figur der Negativität gerecht, wenn er im Eingedenken an die jüdische Idee der Gerechtigkeit schreibt: „Die Pforte der Gerechtigkeit ist das Studium. Und doch wagt Kafka nicht, an dieses Studium die Verheißungen zu knüpfen, welche die Überlieferung an das der Thora geschlossen hat. Seine Gehilfen sind Gemeindediener, denen das Bethaus, seine Studenten Schüler, denen die Schrift abhanden kam."

## II Die *Aufzeichnungen* zu Kafka

Bejamins *Aufzeichnungen* gewähren kostbare Einblicke in die Werkstatt seines Denkens. Zugleich sind sie als Entwürfe zu einem Kafka-Buch zu würdigen, das nie zustande kam. Seine Brennpunkte sollten mystische Erfahrung einerseits und modernste Erfahrungswelt der Großstadt andererseits sein. In den Notizen zu Kafkas *Process*-Roman fixiert ein Hinweis jene Pole, zwischen denen sich seine Interpretation zu bewegen hat: „Die Sinnschicht die höchste: Theologie. Die Erlebnisschicht die tiefste: Traum." Die Wendung der traumhaften Schicht in die theologische entwickelt sich im Roman, wie Benjamin hellsichtig erkennt, „an der Kommunikation von Wohnräumen und Gerichtsräumen". Paradigmatisch für ihr Scheitern ist das Kapitel *Die Kanzleien* im *Process*-Roman. K. versteht die Sprache des „Mädchens" und des „Herrn" auf dem Dachboden nicht. Sie klingt wie ein fremder Gesang in seinen Ohren. (Eine Parallele zu Dostojewskijs phantastischer Erzählung *Traum eines lächerlichen Menschen* ist offenkundig.) Liegt es an der „Luft", die auf dem Dachboden des Gerichts herrscht, daß er sie nicht versteht? Sie ist kein nur metereologisches Phänomen als Folge der Sonneneinstrahlung auf die niedrig hängenden Deckenbalken der Kanzleien, sondern in einem tieferen symbolischen Sinn ist sie die atmosphärische Strahlung einer die Kapazität der menschlichen Lunge bedrohenden Sphäre des „Oberen". Auf die durch sie ausgelöste Krise K.s bezieht sich die Stelle: „[...] und wirklich sahen ihn das Mädchen und der Gerichtsdiener derartig an, als ob in der nächsten Minute irgendeine große Verwandlung mit ihm geschehen müsse, die sie zu beobachten nicht versäumen wollten".

Eine „große Verwandlung", woraufhin deutet sie anders als auf *die Verwandlung Josef K.s in den Tod*, das zentrale Grundthema des *Process*-Romans?[9] Auf sie deuten in ihm die Worte des Onkels zu seinem Neffen: „du bist verwandelt (...) Willst du denn den Process verlieren?" Dass er ihn verloren hat, symbolisiert der schwarze Anzug, den K. am Vorabend seines einunddreißigsten Geburtstages trägt.

In einem schriftlich fixierten Vorhaben Benjamins, für sich die „ganze Gerichtsverfassung" zusammenzustellen, findet sich ein Notat, in dem die für das juridische Verständnis des Romans so wichtige Bedeutung der ikonischen Zeichensprache aufleuchtet: „Bedeutung der Porträts der Richter. Über dem Türrahmen hängend als Fallbeil."

Ein Indiz für das Beschädigte – bei Benjamin heißt es „Entstellung" – des menschlichen Daseins ist bei Kafka die gebückte Körperhaltung auf den Dachböden des Gerichts. „In vielen Räumen zwingt die niedrige Decke die Leute in eine gebückte Haltung. Es ist als wenn sie eine Last trügen und die ist sicher ihre Schuld", schreibt Benjamin. Das schwebende Verfahren des Gerichts degradiert die auf den Gängen des Gerichts Wartenden zu Bettlern. Dem Status der unaufgeklärten Schuld korrespondiert das Unerforschliche an den „Ratschlüssen" der Gerechtigkeit. „Eben das", so Benjamin, „bringt das Prozeßverfahren bei Kafka zum Ausdruck. Aber in der Gestalt der Korruption." In einer bestimmten Phase des Kapitalismus „werden gewisse Elementarverhältnisse aus Bachofens Sumpfzeit wieder aktuell". Kafkas Literatur gnostischer *Weltablehnung* korrespondiert bei Benjamin aus marxistischer Perspektive die „Verkommenheit dieser Welt". Im Roman *Der Verschollene* ist ihre verräumlichte Darstellung die hoch gelegene Wohnung von Delamarche: „Man trat in vollständiges Dunkel ein."

Eine Eigentümlichkeit von Kafkas mit der Groteske verwandtem Humor liegt für Benjamin darin, den Vorfällen in der Welt des Gerichts „gewissermaßen den Sinn abzuzapfen". Darauf beruht ein wesentlicher Anteil seiner traumhaften Schreibweise. In seinen Notizen verweist er auf den Gerichtsbeamten im *Process*, „der eine Stunde lang die Advokaten die Treppe hinunterwirft." Diese Komik kennen wir aus der Zeit des Stummfilms. Kafka war ein begeisterter Kinogänger, er hat von ihm für seinen Erzählstil jenen Gestus übernommen, der, wie Benjamin schreibt, „aus allen affektiven Zusammenhängen herausgelöst ist".

Einer der umstrittensten „Schlüsselsätze" des *Process*-Romans ist der Satz des Gefängnisgeistlichen, mit dem er sich von Josef K. verabschiedet und ihn im Dunkel des großen Doms alleine läßt: „Das Gericht will nichts von Dir. Es nimmt Dich auf, wenn Du kommst und es entläßt Dich, wenn Du gehst."

---

[9] Hierzu: Wiebrecht Ries, „*Maskeraden des Auslands*". *Lektüren zu Franz Kafkas „Process"*, Berlin 2011.

Stellt man sich auf den Standpunkt, daß das Gericht nur agiert, wenn K. es (unbewußt) herbei zitiert – siehe sein Klingeln nach dem „Frühstück" / „Gericht" am Morgen seiner Verhaftung oder seine Haltung am Vorabend seines einunddreißigten Geburtstages, an dem K. in einem Sessel sitzt und die Gäste des Gerichts, die zwei Herren mit den Zylinderhüten in seiner Wohnung erwartet –, könnte der Satz sagen: Das Gericht nimmt den Menschen auf, wenn er die Resonanz seines Anrufs in seinem seelischen Innenraum vernimmt und ihm Folge leistet; es entläßt ihn, wenn er sich in der Orientierung auf den „Lärm" der Welt ihm verweigert. Dann steht er *vor* der Tür des Gesetzes. Wie andere Weisen der Auslegung des Satzes ist auch diese hypothetischer Natur. Sie blendet den Jagdcharakter des Gerichts aus, das – vom Blutgeruch der Schuld angezogen – seine „Wächter" ausschicken muß. „Das ist Gesetz", heißt es im *Process*. Rainer Stach, der Biograph Kafkas, hat der eigenwilligen Kommentierung des Satzes durch Benjamin Priorität eingeräumt, wenn er ihn zitierend – *„Mit diesen letzten Worten, die K. erfährt, ist eigentlich ausgesprochen, dß sich das Gericht von jeder beliebigen Situation gar nicht unterscheide. Das gilt von jeder Situation, allerdings unter der einen Voraussetzung, daß man sie nicht durch K. sich entwickelnd, sondern als ihm äußerlich und gleichsam auf ihn wartend auffasse"* – schreibt: „Näher ist vielleicht noch kein Leser dem eisigen Kern des PROCESSES gekommen. Denn das hieße, daß Kafkas private Traumlogik eins ist mit dem Alptraum der Moderne: der gleichsam hinter dem Rücken jedes Einzelnen sich vollziehenden Enteignung seines Lebens."[10]

Es ist eine der spannendsten Fragen, die die Wahl einer Interpretation des Romans (im Sinne der Gnosis) berührt, wie die voneinander getrennten Räume der oberen und der unteren Welt im ausgedehnten Hause des Gerichts sich aufeinander beziehen lassen. Ganz aus dem Geist Kafkas heraus ist, wie mir scheint, von Benjamin jener Aphorismus geschrieben, der als ein genialer Bildeinfall wie ein Blitz das Problem der Trennung der Sphären topographisch in das Licht der Erkenntnis stellt. Er zählt für mich zu seinen auf besondere Weise inspirierenden Einsichten in die Negativität von Kafkas Erzählwelt: „Keine Aussage, die wir über die „obere Welt" bei Kafka besitzen, ist als ein Schlüssel zu der unsrigen anzusehen. Denn diese obere kommt überhaupt nicht zu sich. Sie ist an die untere gebunden, wie ein Mann, der sein Dasein damit verbrächte, durchs Schlüsselloch ins Zimmer seines Nachbarn zu starren, von dem er nichts weiß und den er nicht versteht. Dieses Zimmer ist unsere Welt."

Aus dem Bild des durchs Schlüsselloch in ein fremdes Zimmer starrenden Mannes ließe sich eine ganz neue Geschichte, eine kleine Erzählung erfinden. Sie hat uns Benjamin vorenthalten. Es mag jedoch die Spekulation erlaubt sein: Der *Process*, der als Krankenengel am Bett steht, bestärkt die Ahnung des Patienten, daß das Zimmer, in das seine Verlegung „höheren Ortes" angeordnet wurde, ein

---

[10] Reiner Stach, *Kafka. Die Jahre der Entscheidungen*, Frankfurt am Main, 2002, 553.

staubiges Fremdenzimmer ist. Die mit Schwermut getränkte Hoffnungslosigkeit, die von Benjamins „Aphorismus" ausstrahlt, gründet in dem Argwohn, daß die „obere Welt" zu keinem Bewußtsein von diesem Zimmer kommt. Aus diesem Gedankengang ließe sich der Schluß ableiten: Der Messias, der ihr zu einem solchen rettenden Bewußtsein verhelfen könnte, ist in der Geschichte ausgeblieben. Oder, um das Ausbleiben seiner Parousie mit der paradoxen Formulierung in einem Notat Kafkas vom 4. Dezember 1917 hervorzuheben: „Der Messias wird erst kommen, wenn er nicht mehr nötig sein wird, er wird erst nach seiner Ankunft kommen, er wird nicht am letzten Tag kommen, sondern am allerletzten."

## III  Die Korrespondenz mit Scholem

In Benjamins Briefwechsel mit Gershom Scholem geht es um grundsätzliche Fragen der Kafka-Interpretation im Horizont religiöser Fragen aus dem Geist des Judentums, für deren Beantwortung Scholem eine zuweilen beinahe lehrhaft anmutende Autorität einfordert. So schreibt er in seinem Brief vom 1. August 1931 dem Freund: „Ich würde auch dir raten, jede Untersuchung über Kafka vom Buche Hiob aus zu beginnen [...]", um ihn hellsichtig und in sich vollendet mit dem Urteil zu beschließen: „[...] so gnadenlos wie hier brannte noch nie das Licht der Offenbarung. Das ist das theologische Geheimnis der vollkommenen Prosa."

Einer Briefbeilage Scholems an Benjamin verdanken wir das wundervoll einzigartige Gedicht über den Roman, das überschrieben ist *Mit einem Exemplar von Kafkas „Prozeß"*. Es ist ein versteckter Gebetsanruf an den Gott *Hiobs*. Als Klage ist ihm die vierte Strophe zugedacht:

*„So allein strahlt Offenbarung
in die Zeit, die dich verwarf.
Nur dein Nichts ist die Erfahrung,
die sie von dir haben darf."*

Die siebte Strophe reflektiert eine Grunderfahrung unseres Lebens – die andauernde Verirrung – wie sie im *Process*-Roman ihren unübertrefflichen Ausdruck gewinnt:

*„In unendlichen Instanzen
reflektiert sich, was wir sind.
Niemand kennt den den Weg im ganzen,
jedes Stück schon macht uns blind."*

Benjamin antwortet diese Strophen zitierend in seinem Brief vom 20. Juli 1934 an Scholem: „[...] ich habe versucht zu zeigen, wie Kafka auf der Kehrseite dieses „Nichts", in seinem Futter, wenn ich so sagen darf, die Erlösung zu ertasten gesucht hat. Dazu gehört, daß jede Art von Überwindung dieses Nichts wie die theologischen Ausleger um Brod sie verstehen, ihm ein Gräuel [sic!] gewesen wäre."

Sein etwas später zu datierender Brief an Scholem (11. 8. 1934) stellt bei allen nicht verschwiegenen unterschiedlichen Lesarten das Gemeinsame ihrer beiden Intentionen hinsichtlich der religiösen Kategorien von „Offenbarung" und „Erlösung" ins Licht. Ein dabei leicht mitschwingender Ton der Verteidigung eigener Position ist dabei unüberhörbar: „Daß ich den Aspekt der Offenbarung für Kafkas Werk nicht leugne geht schon daraus hervor, daß ich – indem ich sie für ‚entstellt' erkläre – den messianischen für sie anerkenne. Kafkas messianische Kategorie ist die ‚Umkehr' oder das ‚Studium'. Richtig vermutest du, daß ich der theologischen Interpretation an sich nicht den Weg verlegen will – praktiziere ich sie doch selbst – sondern nur der frechen und leichtfertigen aus Prag."

Benjamins Brief vom 12. Juni 1938 an Scholem, hält eine für das Kafka-Verständnis wertvolle Einsicht fest, wenn in ihm erneut davon die Rede ist, sein Werk sei eine Ellipse, „deren weit auseinanderliegende Brennpunkte" mystische Erfahrung einerseits und moderne Großstadtwelt andererseits sind. Kafkas Werk, das für Benjamin „eine Erkrankung der Tradition" dokumentiert, reflektiert mit diesen antinomisch aufeinander bezogenen „Brennpunkten" auf einen geschichtlichen Stand, der als Katastrophe den Verlust der „Konsistenz der Wahrheit" anzeigt, die für ihn in dem hagadischen Element einst ihre Stütze fand. Die Engführung des Diskurses auf primär jüdische Theologoumena hat sich in der Literatur nicht durchgesetzt. Statt ihrer wäre an der Stelle, die vom Verlust der Wahrheit redet, auf die Thematisierung des *Nihilismus* bei Nietzsche hinzuweisen. Für den Philosophen ist er durch den „Tod Gottes", den Verlust des Wahrheitsbegriffs der Metaphysik, bestimmt. Wirft in der Erzählung vom „tollen Menschen" aus der *Fröhlichen Wissenschaft* der tolle Mensch „seine Laterne auf den Boden, daß sie in Stücke sprang und erlosch" (KSA 3, 481), so entspricht dem Bildsegment der Laterne bei Nietzsche im *Dom*-Kapitel des Romans die Lampe in der Hand Josef K.s: „Die Lampe in seiner Hand war längst erloschen."[11]

In der nie ganz spannungsfreien Diskussion mit Scholem betont Benjamin, wie sehr die Vorwelt bei Kafka eine geheime Gegenwart charakterisiert, in der das messianische Element ein gleichsam verborgener, sie nicht durchdringender Funke ist. Soweit er in seinen Erzählungen und Romanen aufleuchtet, illuminiert er den „finsteren Schoß der Tiefe". In Kafkas letztem Roman *Das Schloss* verbindet sie sich mit einem Schweigen der in die Dämmerung eines Wintertages ver-

---

[11] Zu dieser Entsprechung verweise ich auf meinen Artikel „Kafka, Franz", in: *Nietzsche-Lexikon*, hg.v. Ch. Niemeyer, 2. Aufl., Darmstadt 2011, 188f.

sinkenden Konturen eines merkwürdig dunklen Schlosses. Unterbrochen nur von einem „Glockenton", dessen schwerer Klang im Ohr des Wanderers K. „einen Augenblick lang das Herz erbeben" läßt, um bald danach in einem „eintönigen" Glöckchenklingeln zu verebben. Was indes *das Studium* angeht, mit dem Benjamin wie Scholem in ihren Schriften differente Hoffnungen verbinden, die sie graduell unterschiedlich auf das Werk des Dichters projizieren, so zeigt eine nüchterne Betrachtung des Kapitels *Kaufmann Block* im *Process*-Roman, daß Kafka mit ihm keine Hoffnung verbunden hat. Im Gegenteil. Die „Schriften", in denen Block nach der Auskunft Lenis „den ganzen Tag über" mit Eifer liest, immer die gleiche Seite und beim Lesen von ihr mit dem Finger die Zeilen entlang buchstabierend – eine grandiose Parodie auf das Studium der Thora –, helfen ihm bei seinem „Prozeß" gar nichts. Es ist wie ein Beweis dieser Nutzlosigkeit, daß – wie sein Anwalt Huld ihm höhnisch verkündet – „das Glockenzeichen", das seinen Beginn einläutet, höheren Orts noch gar nicht gegeben wurde.

Aus dem Prozess, wie er über Josef K. als ein morgendlicher Überfall hereinbricht – „Sie sind zwar verhaftet, aber nicht so wie ein Dieb verhaftet wird", sagt seine Zimmerwirtin Frau Grubach zu ihm – läßt sich kein Heilskapital schlagen. Schon aus Gründen der offenen polyphonen Erzählweise des Romans, die seine Modernität ausmacht, verbietet sich eine theologische Ausdeutung. (Das Wort „Gott" kommt in den Dichtungen Kafkas nicht vor.) Der *Glanz*, der – wie in der Legende *Vor dem Gesetz* berichtet – unverlöschlich aus der Türe des Gesetzes bricht, nimmt das Feuer seines Leuchtens aus den in der west-östlichen Mystik bezeugten Lichtepiphanien. Der Augenblick seiner Erkenntnis schließt bei Kafka an den Augenblick der Wahrheit, das Sterben, an. Im *Process* heißt es von dem Mann vom Lande, als er „im Dunkel" diesen Glanz sieht, lakonisch: „Nun lebt er nicht mehr lange."

Liest man aus dem Abstand vieler Jahre erneut Benjamins Beiträge und Aufzeichnungen zu Kafka, spürt man fast körperlich die von ihnen ausstrahlende Authentizität einer mit Kafkas Welt vertrauten *Sprache*. Nach ihr, der aus ihrem mimetischen Element geborenen „Traum- und Angstdichtung" (Th. Mann) suchen wir, nicht nach einer Wiedergeburt der schon in den späten fünfziger Jahren des vergangenen Jahrhunderts von dem Tübinger Germanisten Friedrich Beißner zu Recht verspotteten Kafka-Interpretationen von Gnaden Martin Heideggers. Es gilt, Abschied von einer Literatur zu nehmen, die Kafka zum „Schriftsteller der metaphysischen Aussichtslosigkeit" (E. Lenk) stilisiert. Es geht darum, wie Elisabeth Lenk schreibt,[12] in Kafka den „Meister der traumhaften Erzählweise" in der Moderne erneut zu entdecken. Trifft, um den Kreis meiner Überlegungen mit einer Frage zu schließen, Benjamins „Potemkin" nicht eher ein essentiell dichterisches Element der im Winterlicht liegenden dörflichen Welt im *Schloss*-Roman, in der der Landvermesser, schon am Ende seiner Kräfte,

---

[12] Elisabeth Lenk, *Kritische Phantasie*, München 1986, 269.

einen unvermuteten Zugang in das entlegene Zimmer des Schloßsekretärs Bürgel findet und auf dessen großem Bett in die Tiefe eines Schlafes versinkt, der ihm das Phantasma eines trügerischen „Sieges" schenkt, als langweilende akademische Kunst-Diskurse über semantische Referenzen in dem Roman?

Was wir aus Benjamins Kafka-Rezeption für unseren Umgang mit großer Kunst lernen können, ist, wie ich meine, die Lehre, daß nur durch die lange, geduldige, meditierende Lektüre jener großen Texte der Literatur der Moderne, die sich dem Weg der verstehenden Einfühlung versagen, plötzlich ein „Unsagbares" an ihnen dem Erkennen aufscheint. Einer solchen Lektüre mag es ähnlich gehen wie dem armen Josef K.: Erst als er den zögernden Fuß auf das Federbett des Künstlers Titorelli setzt, erkennt er auf einmal staunend die Gerichtskanzleien und erschrickt über seine Unwissenheit. Wenn wir K.s Erkenntnis auf Benjamins „Krankenengel" übertragen, stellt sich die Frage: *Der Process*, heilt er, wie es uns, verfangen in Benjamins Melancholie, für einen Augenblick scheint, tatsächlich von der Krankheit des Lebens? Oder sind wir, indem wir so fragen, nicht eher auf dem Territorium Schopenhauers, den Kafka früh gelesen und bewundert hat? Im Endstadium seines Prozesses wird Josef K. klar, welche Konsequenz aus ihm zu ziehen jetzt von ihm gefordert wird: „K. wußte jetzt genau, daß es seine Pflicht gewesen wäre, das Messer, als es von Hand zu Hand über ihn schwebte, selbst zu fassen und sich einzubohren. Aber er tat es nicht [...]".

(*Der Process*, Ende)

Benjamin hat diese „Pflicht" nicht versäumt. In der Nacht vom 26. auf den 27. September 1940 nahm er sich, tief erschöpft, aus Angst vor den faschistischen Häschern in dem französischen Grenzort Port-Bou mit einer Überdosis Morphiumtabletten das Leben. Sein Grab, nicht mehr auffindbar auf dem Friedhof des kleinen Ortes, wäre der stumme Zeuge, daß er für sich die Verheißung eingelöst hat, die Kafka am Ende seines Lebens der singenden Maus Josefine zugedacht hatte: in gesteigerter Erlösung vergessen zu sein.

# Spätherbst und Pasmographie[1]

GERHARD MENSCHING † (Bochum)

Beruhigendes Badenweiler. Keine lauten Lustbarkeiten, kein Rummel, keine aufregenden Frauen. Kurkonzert, dreimal täglich, bei gutem Wetter im Park, bei schlechtem im Kurhaus, ein Kino, das ganz alte Klamotten bringt, Heimatfilme, Simmel, verbrauchte Kopien, in denen es manchmal komische Sprünge gibt. Der Beiprogrammfilm über den Berliner Busfahrer läuft jeden Tag, wird gar nicht ausgewechselt. Ich sah ihn fünfmal während unseres Aufenthaltes. Spaziergänge. Mein Großvater machte höchstens einmal die Runde durch den Kurpark, weitere Exkursionen überließ er mir. Ich nutzte die Zeit seines Mittagsschlafes dazu: Römerberg, Blauen, Vogelbachtal. Manchmal fuhr ich mit dem Wagen etwas weiter hinaus, um durch ein anderes Waldgebiet zu laufen, aber im allgemeinen bevorzugte ich die einmal erprobten Wege, deren Laufzeit ich kannte. Immer pünktlich zum Kaffee zurück, ein braver Enkel. Jeden Abend Kurkonzert oder Kino, immer abwechselnd. Mein Großvater schwärmte begeistert für den Dirigenten, einen Rumänen namens Ionesco, wie der Dichter. Gern ließ ich mich anstecken, freundete mich sogar mit der im Grunde grausamen Verschnitttechnik des Programms an. Brahms neben reiner Kaffeehausmusik. Die Religionsstudien haben meinen Großvater nicht zu einem Menschen von höchstem kulturellen Anspruch gemacht. Sein unverhohlener Hang zum Unterhaltenden, fast Trivialen in Musik und Literatur. Kein Purist, kein Asket. Das liebe ich besonders an ihm.

Eine Geschichte in Badenweiler spielen zu lassen, wäre kein schlechter Gedanke. Man sollte es versuchen. Schon am nächsten Tag, auf dem Weg durch das Vogelbachtal hatte ich den Grundeinfall für eine Erzählung, und ich vergnügte mich auf meinen täglichen Gängen, sie zu verbalisieren. Jetzt hätte Silva dasein müssen, damit ich ihr einzelne Teile erzählen konnte, um die Wirkung auszuprobieren. Noch zwei Tage, dann hielt ich es nicht mehr aus ohne Zuhörer.

„Warum nicht, Enkel? Ich höre mir gern deine Geschichten an, wenn es nicht solch ein Zeug ist, das man nicht versteht."

„Ich verbürge mich dafür, daß man sie versteht. Ich hoffe auch, daß sie unterhaltsam ist, aber sie ist überhaupt noch nicht fertig. Einige Teile sind ausgeführt, anderes steht erst im Entwurf."

---

[1] {Diese Geschichte wurde dem Roman *Löwe in Aspik*, Zürich 1982, Kapitel XVIII, entnommen. Der Autor Dr. Gerhard Mensching, war der Bruder von Günther Mensching. Er lehrte Germanistik an der Ruhr-Universität Bochum, verfaßte als Schriftsteller zahlreiche Romane, Erzählungen und Kinderbücher. Er war außerdem passionierter Puppenspieler, der für das Goethe-Institut Tourneen in viele Länder Europas unternahm. Auf einigen dieser Reisen assistierte ihm Günther, bevor wir heirateten und ich diese Rolle übernahm. Gerhard Mensching starb viel zu früh im Januar 1992.
*Bochum, Juni 2011, Katharina Mensching*}.

„Na dann lies mal.“

[...]

„Ich lasse sie in Badenweiler spielen. Ich sehe die Geschichte eigentlich nur in Badenweiler. Auf Sylt zum Beispiel könnte ich sie mir nicht denken. Es ist gut, wenn man seine Schauplätze kennt und sich nicht alles aus den Fingern saugen muß. Also Badenweiler. Es könnte gestern sein, heute, unmittelbare Gegenwart auf jeden Fall.

Die Geschichte handelt von einem Wissenschaftler, einem pensionierten Professor der Pasmographie, etwa achtundsechzig Jahre alt, der für ein paar Wochen im Hotel Römerbad wohnt.“

„Was ist Pasmographie?“

„Das habe ich mir gedacht. Jeder wird sich das fragen. Dabei ist es ganz belanglos. Es kam mir nur darauf an, eine Wissenschaft zu finden, in der kein Mensch Experte ist, damit sich keine bestimmten Vorstellungen einschleichen. Eine erfundene Wissenschaft. Pasmographie ist ungeheuer wichtig für alle, die Pasmographie betreiben, und sie hat eine ehrwürdige Tradition.

*Die Geschichte beginnt mit einem Blick von der Burgruine auf den Kurpark und die belebten Terrassen des Kurhauses von Badenweiler. Und dann fahre ich auf eine besonders auffällige Person zu, die sich vom Gewimmel der Kurgäste abhebt. Es handelt sich um Professor Almans (eigentlich Almansor) Wildgruber, weiß umflocktes Haupt, kleiner weißer Stoppelschnäuzer und schwarzrandige Brille, mittelgroße Erscheinung, einen Wanderstock mit silbernem Knauf in der einen Hand, einen schwarzen, breitkrempigen Filzhut in der anderen. Kein Brunnenglas. Von dem lauwarmen, angesalzenen Schlürfzeug hält er offenbar nichts, ist auch nicht der Kur wegen hier, gebraucht keine Bäder, Packungen, Massagen und manuellen Lymphdrainagen, ist völlig anwendungsfrei, wenn man von den Britzinger, Laufener, Auggener Gutedel, Silvaner, Freisamer, Nobling, Müller-Thurgau und Gewürztraminer einmal absieht. Frei und amüsiert bewegte er sich in der Menge, mit jedem Schritt betont er seine Nichtzugehörigkeit zu den ergeben Kurenden. Er hat das absolut richtige Badenweiler Kuralter, und deshalb erfordert es schon einen kecken, kapriziösen Hahnenschritt, um seine Besonderheit kundzutun, was natürlich gar nichts nützt. Man hält ihn trotzdem für kurpflichtig. Ich werde ihn nun an den Himalayazedern, Lebensbäumen, Catalpas und Kalifornischen Mammutbäumen vorbei, hinab in den Kurpark verfolgen, wo er am Schwanenteich stehenbleibt, um, den leicht gewölbten Bauch gegen das Eisengitter gelehnt, eine Frühstücksscheibe aus dem „Römerbad“ an die beiden verfressenen Schwäne zu verschleudern. –*

Das wäre übrigens auch mal eine Geschichte: Hunderte von Brotscheiben verschwinden täglich aus den geflochtenen Frühstückskörbchen der Hotels und Pensionen von Badenweiler, um in den Teich geschmissen zu werden. Und die beiden Schwäne fressen und fressen, weil sie dafür von der Kurverwaltung angestellt sind, wie die Eichhörnchen und handzahmen Vögel, bis sie eines Tages mit ihrem Gewicht das ganze Wasser verdrängen, das dann Tschechows Gedenkstein überflutet …"

„Du schweifst ab, Enkel. Tschechows Gedenkstein hat nichts mit deinem Professor zu tun."

„Warum nicht? Ich könnte ihn ja mal hingehen lassen, es sind nur wenige Schritte. Warum soll er nicht die paar Stufen hinuntersteigen, sinnend stehen, mit der Hand in der rechten Jackentasche wühlend, wo noch ein paar Krümel von der Frühstücksscheibe stecken, und sie ihn dann gedankenverloren vor den Stein streuen lassen?"

„Aha. Du willst andeuten, daß er sich auch einen solchen Stein wünscht. Oder opfert er der Dichtkunst einige Brosamen?"

„Keins von beiden. Um einen Gedenkstein im Kurpark zu erhalten, müßte er erstmal in Badenweiler sterben, wie Tschechow, und ich habe nicht vor, ihn in Badenweiler sterben zu lassen."

*Er gedenkt vor dem Gedenkstein, was man ja auch soll, zwar nicht Tschechows, von dem er wohl weiß, daß er ein russischer Dichter war, von dem er aber nichts gelesen hat, denn er ist keine Spur schöngeistig. Nein, er gedenkt eines Mannes, der auch in Badenweiler gestorben ist, vor fünfunddreißig Jahren, und den er, Wildgruber, vor genau vierzig Jahren erledigt hat. Es handelt sich im Otto Lauritz, den berühmten Pasmographen, der vor achtzig Jahren die Lauritzsche Propaltheorie schuf, die genau vierzig Jahre unangefochten Geltung besaß, und ihrem Entdecker zu Weltruhm verhalf. Vor vierzig Jahren hat Wildgruber die Propaltheorie durch die Miranztheorie zur Strecke gebracht, die seither als herrschend gilt. Schöne Zeiten für Theorien, jeweils vierzig Jahre, da kann man nichts sagen. Es war gewiß nicht schön für den alten Lauritz, durch den jungen Wildgruber erledigt zu werden, als er sich gerade zur Ruhe gesetzt hatte. Kaum abgetreten war er auch schon weg vom Fenster, von dem er eigentlich noch ein wenig hatte herabwinken wollen zum bewundernden Nachwuchs. Ein paar Jahre später starb er in Badenweiler, aber einen Gedenkstein bekam er nicht, denn die Pasmographie ist wie gesagt eine Wissenschaft, die hauptsächlich für Pasmographen bedeutsam ist. Der junge Wildgruber hatte ihn also beerbt, und es gab weitere vierzig Jahre lang einen pasmographischen Papst, der trotz zahlreicher Versuche nicht zu entthronen war.*

*Der alte Wildgruber am Tschechow-Gedenkstein. Und jetzt könnte eigentlich Hans Hausich zum erstenmal auftreten, zusammen mit seiner Frau Lioba Hausich. Ich werde ein junges Paar schildern, nur ganz flüchtig, mit ein paar Strichen, mehr nebenbei, um den zweien noch nicht zu viel Gewicht zu geben. Sie stelle ich mir als schläfrig-aparte, dunkelhaarige Schönheit vor, er soll klein sein, wenigstens einen Kopf kleiner als sie, Goldrandbrille, bedrohlich ausgeweitete, nicht mehr überdeckbare Wirbelglatze. – Sie sind schon eine Weile lang hinter ihm hergegangen, das ist nicht weiter auffällig im belebten Kurpark. Vielleicht haben sie auch schon im Kurkonzert hinter ihm gesessen. Ave Maria von Bach-Gounod, Sologeige Professor Ionesco, dann etwas Grieg, dann das Gräfin-Maritza-Potpourri, und dann war der*

417

*alte Wildgruber noch vor dem Ende aufgestanden und durch den Park geschlendert,*
*und wohl auch die beiden Hausichs. Sie bleiben stehen, als er die Schwäne füttert,*
*setzen sich auf eine Bank und blicken scheinbar gleichgültig vor sich hin ohne den*
*Alten dabei aus den Augen zu lassen. Als er weitergeht in Richtung auf den Gedenk-*
*stein, bleiben sie noch ein wenig sitzen, bis er hinter einer Zeder verschwunden ist,*
*stehen dann hastig auf und folgen ihm mit eiligen Schritten, die sie bremsen, sobald*
*sie ihn eingeholt haben.*

Ich werde das natürlich ganz anders machen, als ich es jetzt erzähle. Ich glaube,
ich werde noch mehr Personen einführen, Kurgäste mit verschiedenen Besonderheiten, die ich auf ihrem Weg durch den Kurpark verfolge, immer von einem
zum anderen springend, damit nicht so schnell klar wird, daß die beiden
Hausichs dem Professor nachstellen. Erst wenn sie immer wieder auftauchen,
soll man Verdacht schöpfen. –

*Ins Parkstübel, das Wildgruber, bald nachdem er den Kurpark verlassen hat, betritt,*
*um sich einen Mittagstisch zu sichern – vielleicht ist er deshalb auch so zeitig aus*
*dem Konzert aufgebrochen – ins Parkstübel folgen sie ihm nicht. Sie zögern, bereden*
*den Fall, scheinen zu viele Einwände zu finden, gehen weg. Aber abends, im mäßig*
*besetzten Kino, ein alter Rühmann-Film läuft, sind sie wieder da, sitzen in der letz-*
*ten Reihe, während Wildgruber den Sperrsitz bevorzugt, wo er den Mantel vor sich*
*über die Balustrade legen kann. Beim Hinausgehen – man durchquert dabei ein*
*Weingeschäft, das der Kinobesitzer nebenbei oder doch wohl eher in der Hauptsache*
*betreibt – bleibt Wildgruber plötzlich stehen, dreht sich um und schaut den Hausichs*
*direkt in die Gesichter. Kein Erkennen, so scheint es wenigstens. Er wendet sich ab,*
*geht weiter. –*
    *Einen Tag später. Mittagszeit, etwa gegen zwei Uhr. Die Hausichs machen ei-*
*nen Spaziergang. Sie steigen aufwärts, überqueren die Blauenstraße, kommen höher*
*auf gewundenen Waldwegen. „Alter Mann" lesen sie auf einem Wegschild. Was für*
*ein alter Mann das sein mag, fragen sie sich, zu dem man da kommen soll, und ge-*
*hen weiter. Sofienruhe, Schubergfelsen, Prinzensitz, darunter kann man sich etwas*
*vorstellen, aber „Alter Mann"... Wenn da ein solcher einmal war, hat er noch ganz*
*schön steigen können. Ein Holzbrückchen über Felsgestein, ein paar Stufen. Sie sind*
*oben. Der „Alte Mann" ist eine erstaunlich hohe Holzhütte mit einem spitzen Dach.*
*Ein Geländer davor, eine Bank. Auf der Bank ein alter Mann: Wildgruber. Sie*
*bleiben erschrocken stehen, wenden den Blick ab, lesen die Schilder der vier weiter-*
*führenden Waldwege. Sie entscheiden sich für den unteren Weg nach Sehringen.*
*Kaum sind sie etwa zehn Minuten gegangen, da fängt es in großen Tropfen zu reg-*
*nen an. Immer stärkeres Rauschen. Lioba trägt eine dünne Bluse. Die wird bald*
*durchnäßt sein. Auf jeden Fall ist es besser, umzukehren, zurück nach Badenweiler.*
*Dazu müssen sie, wenn auch auf dem unteren Weg, wieder am „Alten Mann" vor-*
*bei. Prasselnder Regen. Wildgruber steht jetzt in der Hütte, stützt sich auf seinen*

*Wanderstab und schaut dem Wetter zu. Bevor sie die Stufen des abwärts führenden Weges betreten, wirft Lioba einen Blick nach oben, den Wildgruber sofort auffängt.*
*„Wenn ich ihnen raten darf..."*
*Sie bleibt stehen. Heinz, schon tiefer, stockt.*
*„...stellen sie sich unter. Das geht schnell vorbei."*
*Lioba, völlig durchgeregnet, macht kehrt und steuert auf die Holzhütte zu, Heinz folgt zögernd.*

Was nun kommt, ist die zentrale Szene der Erzählung, und die ist fertig verbalisiert. Also:

*Sehr klein stand Heinz Hausich hinter seiner Frau Lioba. Sie hatte schon das Innere der Hütte betreten, er verharrte etwas tiefer. Das machte ihn noch kleiner, als er ohnehin schon war. Des Professors Blick, geschult für Wesentliches, erfaßte Lioba. Die nasse Bluse klebte auf ihren frierenden Brüsten.*
*„Wie sind Sie durchgeregnet!" sagte er mitleidig. „Das wird eine böse Erkältung geben, wenn wir nicht sofort..." Hastig zog der Professor seine Jacke aus und hängte sie Lioba um die Schultern, und ebenso hastig zog nun auch Heinz sein kurzes, grünes Wolljäckchen aus, das er so gerne trug.*
*„Ich habe auch... Sie brauchen nicht... oh bitte!"*
*„Mit einer nassen Jacke dürfte hier nicht viel auszurichten sein. Gestatten Sie mir, den freilich entzückenden Zustand Ihrer Frau Gemahlin zu bemänteln, gewissermaßen."*
*Lioba errötete. Der Professor, Verlegenheit überspielend, zu Heinz: „Übrigens kenne ich Sie. Ich habe Sie schon einmal auf einem Kongreß gesehen. Sie sind Pasmograph?"*
*„Assistent, ja, am Pasmographischen Institut der Ruhr-Universität in Bochum. Hausich."*
*„Wildgruber."*
*„Selbstverständlich, ich weiß... natürlich..."*
*„Bochum", sagte der Professor, „tja", und meinte, daß man von dort noch nicht viel Großes in der Pasmographie vernommen habe. Man wollte da doch alles anders machen, damals, na ja. Und damit es auch hier keine Verlegenheit gäbe, hob er seinen Spazierstock, und ehe Heinz und Lioba den silbernen Knauf näher betrachten konnten, hatte er ihn abgeschraubt. Um Erkältungen vorzubeugen, so der Professor, sei es gut, sich mit etwas Kirschwasser anzufüllen, und so schüttete er aus dem Stock, der innen hohl war, etwas in den Knauf und reichte ihn Lioba.*

„Das hast du aber geklaut, Enkel", sagte mein Großvater. „Toulouse-Lautrec, Moulin Rouge."
„Klar, aber der Professor hat den Film damals schließlich auch gesehen und sich gesagt: So einen Stock möchtest du auch haben, und hat sich einen bauen lassen."

*„Setzen wir uns", sagte Wildgruber und wies auf die umlaufende Holzbank im In-*
*nern der Hütte. Heinz sah sich um. Die Wände waren fast lückenlos mit einge-*
*schnitzten oder getuschten Markierungen bedeckt: Frank und Else 1959, Rüdiger*
*Olms und Renate Wieselow 1914... Ein Gedenktempelchen. Vielleicht wallfahrten*
*aus Badenweiler mühsame, grauweiße Pärchen manchmal hinauf zum „Alten*
*Mann", um ihre unvergänglichen Signaturen zu betrachten, zu betasten.*

*„Haben Sie die Felsinschrift da unten gesehen?" fragte Wildgruber und hielt*
*Heinz den gefüllten Knauf hin. „1902. Zur Erinnerung an den Aufenthalt Ihrer Ma-*
*jestät der Deutschen Kaiserin Augusta Victoria und der kaiserlichen Prinzen u.*
*Prinzessinnen." – „Andere müssen sich eben die Mühe machen, und sich irgendwo*
*hinkritzeln oder schnitzeln, wenn sie der Nachwelt erhalten bleiben wollen. – Und*
*was führt Sie nach Badenweiler? Kuren etwa?"*

*„Neinnein", sagte Heinz Hausich, „es ist... wir sind..." und dann faßte er sich*
*ein Herz: „Wir sind Ihretwegen hier."*

*„Meinetwegen?" Schwarze Augenbrauen wuchsen über die Brillenränder hin-*
*aus. „Und was wollen Sie denn von mir, und warum in Badenweiler?"*

*„Ich werde mich im Winter habilitieren", flüsterte Heinz, ein wenig heiser.*

*„Da wünsche ich viel Glück. Das ist ja erfreulich."*

*„Für mich ja – aber für Sie weniger."*

*„Wie soll ich das verstehen?"*

*„Ich habe in meiner Habilitationsschrift Ihre Miranztheorie widerlegt."*

*„Ei Potz, da gratuliere ich. Sie sind ja ein ganz ausgekochter Pasmograph." Der*
*Professor legte eine unbegreiflich, höchst verwirrende Lustigkeit an den Tag.*

*„Ich wollte", fuhr Heinz stockend fort, „Sie nicht so einfach, so unvermittelt mit*
*dieser Tatsache konfrontieren, sondern..."*

*„Das tun Sie ja nun doch, Sie sagen es ganz einfach und ziemlich unvermittelt."*

*„Wir sind nach Badenweiler gekommen, weil wir wußten, daß Sie hier sind,*
*und ich wollte mit Ihnen sprechen, vorher, ehe meine Arbeit erscheint, damit es Ih-*
*nen nicht wie ein Affront... Es ist ja auch nicht so gemeint... und Sie sollten mir*
*nicht böse sein. Aber ich wußte nicht, wie ich es sagen sollte. Seit Tagen drücken wir*
*uns in Badenweiler herum, und nun..."*

*„Nun hat uns der Regen zusammengeführt", lachte der Professor, und Heinz*
*wurde immer ratloser.*

*„Es liegt mir daran, mit Ihnen nicht in Feindschaft leben zu müssen, Herr Pro-*
*fessor."*

*„Ja, ich habe noch beträchtlichen Einfluß. Aber keine Sorge, den werde ich bald*
*verloren haben, wenn Ihre Theorie erst heraus ist. Dem alten Lauritz ist es auch*
*nicht besser ergangen, damals."*

*„Ich habe keine Theorie."*

*„Nein? Nicht? Und was setzen Sie an die Stelle der Miranztheorie?"*

*„Die Lauritzsche Propaltheorie."*

*Der Professor lachte ganz fürchterlich.*

*„Ich habe nachgewiesen"*, fuhr Heinz unsicher fort, *„ich glaube nachgewiesen zu haben, daß die Propaltheorie und nicht die Miranztheorie recht hat. Genaugenommen ist sie ja auch niemals eindeutig widerlegt worden. Ihre Theorie erschien nur glaubwürdiger, überzeugte damals mehr, schien mehr offene Fragen zu beantworten als die Theorie von Lauritz. Ich habe nun den Fehler in Ihrer Theorie gefunden. Es tut mir sehr leid."*

Professor Wildgruber klopfte ihm fröhlich auf die Schulter, und Heinz lächelte schüchtern zu ihm hinauf. *„Ich bin Ihnen nicht böse, junger Freund, überhaupt nicht böse. Ich weiß es ja selber, daß sie falsch ist."*

Da war Heinz natürlich geplättet. Nein, das paßt nicht. Soll ich sagen: Heinz stand da in fassungslosem Staunen? Oder: Überrascht und verwirrt trat Heinz einen Schritt zurück? Na, das muß ich mir noch mal überlegen.

*„Sie wissen es selber?"*

*„Schon lange. Ich wußte es bereits vor vierzig Jahren, als ich sie herausbrachte."*

*„Aber..."*

*„Tja, mein Freund, stellen Sie sich das einmal vor. Um nicht nur ein kleiner, unbedeutender Pasmograph zu bleiben, mußte ich schon gegen den alten Lauritz anstinken, und ich forschte und forschte, bis ich eines Tages die Theorie von der verdoppelten Miranz fand. Gerettet, gerettet, nun bin ich gerettet! Und ich brachte das alles ganz schön zu Papier. Aber als ich das am Ende noch einmal gutgelaunt überdachte, da entdeckte ich den Fehler. Ja, was nun? Weg mit dem Plunder? Aus der Traum? Na, dachte ich mir, da soll erst einmal einer kommen und den Fehler finden. Meine pasmographischen Kollegen sind nicht allzu intelligent. Die werden sich erst einmal freuen, daß der olle Lauritz abgesägt ist. Das Weitere wird sich finden. Und es fand sich ja auch. – Jetzt sind Sie mir draufgekommen, und Ihnen gönne ich es. Sie haben so eine entzückende junge Frau. Wie heißt sie denn, wenn man fragen darf?"*

*„Lioba"*, sagte Lioba, die den Professor mit großen Augen ansah und dann flink zu Heinz hinüberlugte, dessen Blick ganz starr vor Entsetzen war.

*„Sie haben also... Sie haben, obwohl Sie..."*

*„Ja. Ich habe, obwohl ich. Und in Ihren Augen habe ich mich damit natürlich gegen das Ethos der Wissenschaft vergangen."*

*„Das kann man wohl sagen."*

*„Und wem hätte ich damit geschadet? Der Pasmographie? Eine Wissenschaft ist nur so viel wert wie ihre Wissenschaftler, und die waren allesamt Trottel, weil sie den Fehler so lange nicht gemerkt haben."*

*„Sie sind"*, sagte Heinz und machte ganz schmale Lippen, *„Sie sind ein Betrüger."*

*„Tja, wissen Sie, daraus mache ich mir wenig. Eine falsche pasmographische Theorie kann niemanden umbringen."*

*„Doch. Sie haben einen Menschen auf dem Gewissen. Lauritz. Der alte Mann war zu schwach, um sich zu wehren, sein Lebenswerk gegen Sie zu verteidigen, und so ist er gestorben, einsam in Badenweiler."*

*„Diese Deutung ist mir zu romantisch. Lauritz starb an einem Leberleiden, und das hatte er sich bereits angegluckert, als sein Ruhm in höchster Blüte stand. Aber wie dem auch sei, jetzt sind Sie an der Reihe, jetzt gehört die Zukunft Ihnen. Hoffentlich werden es auch vierzig Jahre sein wie bei Lauritz und mir. Ich freue mich, daß ich Sie kennengelernt habe."*

*„Wenn ich gewußt hätte, was ich nun weiß…"*

*„Dann wären Sie nicht nach Badenweiler gekommen, klar. Die Auslagen für die Reise hätten Sie sich sparen können. Das tut mir leid."* Der fröhliche Professor goß wieder Kirschwasser aus dem Stock in den Knauf, aber Heinz und daher auch Lioba lehnten ab. Schluck, vereinnahmte der Professor die Ladung selber und schaute die beiden aus blitzenden Äugelchen an. *„Was habe ich Ihnen gesagt, der Regen hat nachgelassen. Bald können Sie wieder abwärts steigen."*

Jetzt fiel es Heinz ein, daß Lioba ja noch des Professors Jacke trug. Er schickte sich an, sie ihr wieder auszuziehen.

*„Warten Sie noch! Lassen Sie Ihre arme Frau nicht frieren. Warten Sie, bis es ganz aufgehört hat. Unterdessen erzähle ich Ihnen noch ein wenig."*

*„Sie haben alles erzählt. Mehr will ich nicht wissen."*

*„Oh, da sind Sie aber vorschnell. Ich habe ein langes Forscherleben hinter mir und könnte einem jungen Adepten der Pasmographie manches sagen. Schließlich habe ich mich ja nicht mit meiner falschen Theorie begnügt."*

*„So."*

*„Ja. Ich habe damals natürlich auch, so wie Sie, messerscharf geschlossen, daß, wenn meine neue Theorie falsch war, die Lauritzsche automatisch wieder Geltung haben mußte. Sie war ja, wie Sie richtig bemerkten, nur ersetzt, nicht widerlegt worden. Und so verwendete ich einen großen Teil meiner Zeit dafür, die Propaltheorie zu widerlegen. Allerdings hatte ich damit wenig Glück."*

*„Das beruhigt mich."*

*„Ich hatte einfach zu viel um die Ohren. Ämter, Familie, der lange Krieg, der Wiederaufbau des zerstörten Pasmographischen Instituts, Kommissionen, meine Rektoratsjahre, Prüfungen, Verwaltungskram. Ein Jahr Ruhe hätte ich gebraucht, nur ein Jahr. Ich wußte genau, daß der tote Lauritz verwundbar war wie Siegfried, aber ich fand die Stelle nicht, und keiner verriet sie mir. Und dann kam der Ruhestand, die Emeritierung. Auf einmal hatte ich die Zeit. Aber ich hatte mich getäuscht. Es dauerte nicht ein Jahr, es dauerte drei Jahre, bis ich dahinter kam."*

*„Wollen Sie sagen, daß Sie Lauritz widerlegt haben?"*

*„Das will ich nicht nur sagen, das sage ich. Meine Arbeit ist abgeschlossen, jetzt ist sie abgeschlossen. In Badenweiler feiere ich gewissermaßen den Erfolg. Ich war auch schon auf dem Friedhof und habe mit dem ollen Lauritz darauf angestoßen. Nun sind wir miteinander endlich quitt. Zwei Wissenschaftler mit zwei falschen Theorien, von denen beide ganz gut gelebt haben."*

Heinz Hausich setzte sich auf die Holzbank, und Lioba wußte nicht, ob sie das auch tun sollte. Unschlüssig schaute sie von einem Pasmographen zum anderen.

„*Was wollen Sie jetzt tun?*" *fragte Heinz, der noch nie in seinem Leben so verwirrt gewesen war.*

„*Das hatte ich eigentlich bereits entschieden, aber nun bin ich wieder unschlüssig geworden. Sehen Sie: wem würde ich dienen, wenn ich Lauritz, der bereits durch mich erledigt war, noch einmal eins über den Kopf gäbe, das seine Auferstehung für immer vereiteln würde. Wenn das Ganze einen Sinn haben sollte, müßte ich gleichzeitig auch mich in die Luft jagen. Dann gäbe es in der Pasmographie plötzlich überhaupt keine gültige Theorie mehr, und das könnte doch diese ohnehin stark angeschlagene Wissenschaft vollends auf den Hund bringen. Das Ethos der Wissenschaft, von dem Sie so viel halten, gebietet mir zu schweigen.*"

„*Könnte man Ihren Beweis einmal einsehen?*"

„*Aber natürlich könnte man. Ich werde ihn Ihnen nicht vorenthalten. Aber schöpfen Sie keine Hoffnung! Ihre Habilitationsschrift, Ihre Rehabilitationsschrift ist damit erledigt.*"

„*Du kannst dich nicht mehr habilitieren?*" *fragte Lioba ihren Gatten.*

„*Nein*", *sagte Heinz.* „*Das werde ich wohl nicht mehr können.*"

„*Aber er muß sich habilitieren. Die Assistentenstelle kann nicht mehr verlängert werden. Er hat Aussicht auf eine planmäßige Dozentur.*"

„*Wie schön*", *sagte der muntere Wildgruber, dessen Fröhlichkeit durch nichts zu trüben war.* „*Dann habilitieren Sie sich natürlich, und bald! Flink, flink, damit ich es noch erlebe.*"

*Heinz rappelte sich auf. Die Widersprüche wurden ihm allmählich zu toll.* „*Herr Professor Wildgruber, es leuchtet mir ein, daß Sie Ihren Beweis gewissermaßen als Privatsache ansehen wollten zwischen Ihnen und dem toten Lauritz. Aber wenn ich meine Schrift veröffentliche…*"

„*Dann muß ich Sie natürlich abschießen. Ich kann mich ja nicht mit einem Messer schlachten lassen, dessen Klinge eigentlich abgebrochen ist.*"

„*Na eben*", *entgegnete Heinz,* „*das sage ich ja. Ich bin erledigt. Sie sind ein ganz schöner Sadist.*"

„*Ein Mörder, ein Betrüger, ein Sadist. Schade, daß Sie mich so sehen. Eigentlich hatten Sie mir nämlich gefallen, Sie mit Ihrer hübschen jungen Frau, und wenn Sie weiter Kirschwasser mit mir getrunken hätten, dann wären wir schnell einig geworden. Ich hätte geschwiegen und schmunzelnd zugesehen, wie Sie mich schlachten und den ollen Lauritz unverwest aus dem Grabe holen. Das wäre ein gerechter Ausgleich gewesen für meinen sogenannten Betrug. Von unserem Gespräch hier oben beim „Alten Mann" brauchte ja keiner etwas zu wissen. Waldeinsamkeit umgibt uns. Aber nun haben Sie mich ziemlich scheußlich beschimpft und sich aufs hohe moralische Roß geschwungen. Jetzt sehen Sie mal zu, wie Sie da wieder runterkommen, ohne sich die Knochen zu brechen.*"

„*Ja was soll er denn tun?*" *fragte, blanke Angst in den Augen, Lioba den fürchterlichen Professor.*

„*Es wird alles wieder gut*", *sagte Wildgruber und strich ihr sanft über das feuchte Haar.* „*Eine kleine Rache für mich genügt. Schicken Sie morgen mittag Ihre liebe*

*Frau zu mir ins Hotel Römerbad, sagen wir um dreizehn Uhr dreißig. Dann habe ich gegessen. Ich sage Ihr dann, was ich tun werde. Meine Jacke kann sie mir dann auch gleich mitbringen."* Und mit diesen Worten setzte er seinen schwarzen Filzhut auf und schritt hemdsärmelig zu Tal, wobei er auf der Treppe den Hut noch einmal lüftete und schwungvoll zum „Alten Mann" hinaufgrüßte.

Jetzt folgt ein Teil, den ich noch nicht ausgeführt habe. Das Pärchen tauscht sich aus über das gehabte Erlebnis. Die ersten wutentbrannten Gedanken haben mit Anzeige, Erpressung, Gericht, Prozeß und Gefängnis zu tun.

„Das ist doch ganz eindeutig. Der Kerl will morgen mit dir schlafen."
Aber hat er das denn wirklich gesagt? Von ins Bett gehen war überhaupt keine Rede. Ins Hotel kommen soll Lioba, nach dem Mittagessen.
Jaja, ha ha! „Nach dem Essen soll man rauchen oder eine Frau gebrauchen."
Vielleicht ist alles ein wahnsinniger Bluff, und er hat Lauritz überhaupt nicht widerlegt. Aber, wie soll man das wissen?
Erstmal den Beweis fordern. Aber wenn er ihn wirklich hat, was dann? Dann ist der Weg zu gütlichen Lösungen endgültig verbaut.
Was heißt eigentlich „gütliche Lösungen"?
Heinz habilitiert sich, Wildgruber schweigt. Etwas anderes kann es doch gar nicht heißen. Hätte man Wildgruber doch nichts gesagt!
Ja, dann wäre spätestens nach der Habilitation alles aus gewesen. Oder auch nicht. Wer will das denn alles vorher wissen?
„Ich gehe da nicht hin. Ich gehe auf keinen Fall morgen da hin." –
Auch Heinz will nicht, daß sie geht. Der Alte ist bestimmt nicht ganz dicht. Ein Ordinarius alter Schule, der theatralische Auftritte liebt. Kirschwasser im Wanderstock!
So kommen sie in der „Pension Immergrün" an, wo sie für ein paar Tage preiswerte Unterkunft gefunden haben. Morgen müssen sie sowieso abreisen. Alle Zimmer sind ausgebucht. Frühherbst in Badenweiler, Hochsaison. Und das Wetter ist strahlend jeden Tag. Zuweilen ziehen sich Wolken bedrohlich zusammen. Blickt man wieder hinauf, ist alles freigewischt wie von der Zauberhand eines Kurgottes. – Gab es einen Kurgott im römischen Badenweiler? „Si me amas". Die kleine, nachgebildete P-förmige Rune aus vergoldetem Silber hat er ihr geschenkt. Wenn du mich liebst. Das Original wurde bei Ausgrabungen gefunden. Wenn du mich liebst. Steck dir doch die Brosche an und geh morgen zum Professor! Er wird das Zeichen schon zu deuten wissen, haha!
Inzwischen sehe ich die beiden in der „Markgräfler Winzerstube". Eigentlich wollten sie einen kalten Zwiebelkuchen auf dem Zimmer essen und nicht mehr ausgehen, aber in dem engen Zimmer haben sie es dann nicht mehr ausgehalten. Wildgruber, davor haben sie Angst, taucht nicht mehr auf. Vielleicht ist er im Kino. „Ladykillers".

*Die Frage, was man nun morgen tun soll, ist selbstverständlich überhaupt noch nicht gelöst. Es geht ganz einfach ums nackte Überleben. Was soll Heinz denn machen? Er kann doch nur Pasmographie. Schuldienst scheidet aus. Nach dem dritten Schoppen Auggener Schäf – es kommt jetzt auch nicht mehr drauf an – sind sie einigermaßen am Ende und starren in den leeren Aschenbecher auf dem Tisch. Da hat Heinz einen Gedanken, der ihn rettet.*

*„Ich überlasse alles ganz dir", sagt er. „Ich muß es dir überlassen. Wenn du meinst, daß du unser beider Zukunft und der Zukunft unserer Kinder, die wir vielleicht einmal haben werden, damit dienst, dann tu es. Ich kann dich nicht dazu zwingen. Ich will dich nicht dazu zwingen. Ich kann dir in diese Entscheidung nicht hineinreden. Das darf ich nicht, das will ich nicht. Das wäre ja noch schöner! Du bist ein freier Mensch. – Gott ist das alles gräßlich!"*

*„Gut. Schön", sagt Lioba. „Ich überlegs mir."*

*Sie spricht an diesem Abend nicht mehr viel. Heinz trinkt noch einen vierten Schoppen, dann gehen sie. Das Zimmer ist eng. Schrank, Doppelbett, Waschbecken. Heinz liegt schon und blinzelt über dem Simenon-Roman, wie Lioba sich wäscht. Als sie sich mit dem Lappen für unten zwischen die Beine fährt, kriegt er plötzlich Lust auf sie. Wenn Lioba dann im Bett liegt, will sie nicht, und rollt sich zur Seite. Licht aus. Eine Weile starrt Heinz zur finsteren Zimmerdecke, dann schläft er urplötzlich ein und schnarcht. Immer wenn er Rotwein getrunken hat, schnarcht er.*

*Mittags um dreizehn Uhr dreißig am anderen Tag betritt Lioba die Empfangshalle im Hotel Römerbad und setzt sich in einen der Sessel. Das wäre natürlich noch entsprechend auszumalen, um die Spannung zu steigern. Lioba wartet und wartet, aber kein Wildgruber kommt. Gespräche aus Nebensesseln, Wortwechsel an der Rezeption. Ein weißer, nervös bellender Zwergpudel, ein Engländer, der mit dem Münzgeld nicht klarkommt, schließlich seine Börse zur Verfügung stellt, aber argwöhnisch späht, was da nun herausgepickt wird, obwohl er das gar nicht beurteilen kann. Lauter Geschehen am Rande, aber Wildgruber kommt nicht an. Inzwischen ist es totenstill in der Halle, in ganz Badenweiler. Mittagsruhe. Fahrverbot. Um zwei Uhr tritt Lioba an die Rezeption und fragt nach Professor Wildgruber. – Professor Wildgruber? Der ist abgereist. Gegen dreizehn Uhr abgereist. Sie sind Frau Hausich? Ja? – Herr Professor hat eine Nachricht für Sie hinterlassen. Und man händigt ihr einen Brief aus. Sie dankt, geht zum Sessel zurück, liest.*

*„Hochverehrte Frau Lioba!*
*Seien Sie versichert, daß ich Ihnen wohlgesonnen, sehr wohlgesonnen bin, und daß es mir schwerfiel, Sie nicht noch einmal zu sehen. Sagen Sie Ihrem Gatten, daß ich ihm zur Habilitation Glück wünsche. Ich werde nicht gekränkt sein, wenn er meine Theorie erledigt. Mein Lebensabend ist gesichert, und ich hoffe, daß Ihre Existenz auf dem alten Lauritz sicher begründet werden wird. Sollten Sie Kinder haben, so lassen Sie sie keine Pasmographen werden. Die Begegnung am „Alten Mann" wird mir in schönster Erinnerung bleiben.*

*Herzlichst*
*Ihr Almans Wildgruber"*

Lioba stand auf und verließ die Halle. Sie ging die wenigen Schritte zum Kurpark hinüber, der um diese Zeit von Kurgästen leergefegt war. Nur hier und da saßen sehr vereinzelt Gestalten auf den weißen Stühlen. Sie schlenderte über die Terrassen des Kurhauses, in der linken Hand eine modische, leinerne Einkaufstasche, in der Wildgrubers zusammengerolltes Jackett steckte. Die oberste Terrasse war völlig menschenleer. Nein, ein blonder Mann, Mitte Vierzig, saß in der Nähe des Geländers. Er trug eine bügelfreie Bleylehose, braungestreiftes Hemd und einen braunen, gewirkten Blouson. Auf den Knien hielt er eine Klemmunterlage und schrieb eifrig. Gelegentlich schaute er auf und blickte zum Hochblauen hinüber. Er sah sie gar nicht. Wahrscheinlich schreibt er einen Brief an seine Frau daheim, dachte Lioba, aber ich stelle mir vor, er ist ein Schriftsteller, und er schreibt diese verrückte Geschichte auf. Der Mann steckte sich ein Zigarillo an und wedelte eine zudringliche Wespe fort. Lioba ging weiter. Das Jackett stopfte sie in einen Papierkorb unten im Kurpark, und dann ging sie langsam, sehr langsam zur Pension Immergrün.

Heinz hatte sich im Zimmer aufs Bett gelegt und fuhr in die Höhe, als sie eintrat.

„Nun. Da bist du ja.“

„Ja, da bin ich.“

„Und?“

„Ich bin ziemlich müde. Ich glaube, ich lege mich auch noch ein bißchen.“

Sie zog ihr Kleid aus und streckte sich neben ihn.

„Was hat er denn gesagt? Was war denn? Gott, laß mich doch nicht so zappeln!“

„Weißt du was, ich will nicht darüber reden. Ich will niemals darüber reden. Es ist ja nun vorbei, und deiner Habilitation steht nichts mehr im Wege. Aber dafür mußt du mir versprechen, mich niemals nach Einzelheiten zu fragen. Ja, mein Schnuckelchen? Ich liebe ja nur dich!“ – Und dann nach einer Weile: „Will mein Schnuckelchen mal fühlen, wie sehr ich jetzt möchte?“ Und sie drängte sich eng an ihn.

„Mein Gott“, dachte er, „mein Gott! Diesem Wildgruber will ich nie mehr begegnen, an keinem Ort.“

Nach einer Weile strich sie ihm mit der Hand über die Stirn. „Wenn du erst habilitiert bist, wird dein Bäumchen wieder wachsen. Es war einfach zu viel für dich, mein Schnuckelchen!“

Ganz schnell schlief sie neben ihm ein, während Heinz zur Decke starrte, zwei endlose, schreckliche Stunden lang. Dann wachte sie wieder auf und sagte, daß sie einen entsetzlichen Hunger habe, und sie wolle mit ihm ins Café Grether gehen, um Torte zu essen.

Torte essen, Torte essen, dachte Heinz. Wie kann sie so etwas jetzt nach allem so einfach tun wollen!

Und er trottete hinter ihr her.

426

# VERFASSERNOTIZEN

AERTSEN, JAN (\*1938), Professor für Philosophie an der Universität zu Köln und ehem. Direktor des Thomas-Instituts, emeritiert 2003.

ANTES, PETER (\*1942), Professor für Religionswissenschaft an der Leibniz Universität Hannover.

BABETZKE, ARNOLD (\*1952), Oberstudienrat, Tätigkeitsbereich: Lehrerausbildung am Studienseminar Hameln für das Lehramt an Gymnasien als Pädagogischer Leiter.

BERG, DIETER (\*1944), Professor für Geschichte des Mittelalters an der Leibniz Universität Hannover, seit 2009 emeritiert.

BERGER, MAXI (\*1975), Postdoc-Stipendiatin am Graduiertenkolleg *Selbst-Bildungen. Praktiken der Subjektivierung* an der Carl-von-Ossietzky-Universität Oldenburg, Vorstand am Gesellschaftswissenschaftlichen Institut Hannover.

BOIADJIEV, TZOCHO (\*1951), Professor für Geschichte der Philosophie an der Philosophischen Fakultät der St. Kliment Ochridski-Universität Sofia.

BULTHAUP, PETER (\*1934 - †2004), Professor für Philosophie an der Universität Hannover.

FISCHER, HUBERTUS (\*1943), Professor für Ältere deutsche Literatur an der Leibniz Universität Hannover, seit 2008 emeritiert, Mitglied des Beirates des Zentrums für Gartenkunst und Landschaftsarchitektur.

HAAG, KARL HEINZ (\*1924 - †2011), Professor für Philosophie an der Johann Wolfgang Goethe-Universität Frankfurt am Main bis 1972, ab 1972 freier wissenschaftlicher Schriftsteller.

HACKETT, JEREMIAH (\*1948), Professor für Philosophie an der University of South Carolina in Columbia/SC, Schwerpunkt: Philosophie des Mittelalters, Philosophie der Religion und Phänomenologie.

KAPRIEV, GEORGI (\*1960), Professor für Geschichte der Philosophie an der Philosophischen Fakultät der St. Kliment Ochridski-Universität Sofia u. Direktor des Lehrstuhls der Geschichte der Philosophie. Präsident der Kommission „Byzantinische Philosophie" der S.I.E.P.M.

**KOBUSCH, THEO** (\*1948), Professor für Philosophie des Mittelalters an der Rheinischen Friedrich-Wilhelms-Universität Bonn und Direktor des Instituts für Philosophie in Bonn.

**KRIEGER, GERHARD** (\*1951), Professor für Philosophie an der Theologischen Fakultät Trier, Honorarprofessor an der Universität Trier, Vorstandsmitglied der Gesellschaft für Philosophie des Mittelalters und der Renaissance (GPMR) u. Vorsitzender des Katholisch-Theologischen Fakultätentages.

**MARKOVITS, FRANCINE** (\*1942), Professorin für Philosophie an der Université de Paris Ouest Nanterre La Défense, Schwerpunkt: Philosophie des 18. Jahrhunderts, seit 2006 emeritiert.

**MENSCHING, GERHARD** (\*1932 - †1992), Akademischer Oberrat für neuere Deutsche Literatur an der Ruhr Universität Bochum, freier Schriftsteller, Puppenspieler und Filmregisseur.

**MENSCHING-ESTAKHR, ALIA** (\*1976), Promovendin im Fach Philosophie an der Rheinischen Friedrich-Wilhelms-Universität Bonn, Wissenschaftliche Mitarbeiterin bei Günther Mensching u. Organisatorin der Hannoveraner Symposien zur Philosophie des Mittelalters.

**REICHARDT, TOBIAS** (\*1973), Dr. phil., Privatdozent an der Universität Trier, Hauptberuflich tätig in der Erwachsenenbildung.

**RIES, WIEBRECHT** (\*1940), Professor für Philosophie an der Leibniz Universität Hannover, Schwerpunkte: Antike Philosophie, Ästhetik, Hermeneutik, Nietzsche, seit 2005 pensioniert.

**ROHBECK, JOHANNES** (\*1947), Professor für Praktische Philosophie und Didaktik der Philosophie an der Technischen Universität Dresden.

**SCHWEPPENHÄUSER, HERMANN** (\*1928), Professor für Philosophie an der Universität Lüneburg und Honorarprofessor an der Johann Wolfgang Goethe-Universität Frankfurt a.M., seit 1998 emeritiert.

**SPEER, ANDREAS** (\*1957), Professor für Philosophie an der Universität zu Köln und Direktor des Thomas-Instituts u. der a.r.t.e.s. Forschungsschule, Vorstandsmitglied der Gesellschaft für Philosophie des Mittelalters und der Renaissance (GPMR) und der Deutschen Gesellschaft für Philosophie (DGPhil).

STÄDTLER, MICHAEL (*1970), Privatdozent an der Westfälischen Wilhelms-Universität Münster, Mitarbeiter am Exzellenzcluster Religion und Politik, Vorstand am Gesellschaftswissenschaftlichen Institut Hannover.

STAMER, GERHARD (*1939), Dr. phil., Begründer und Direktor von *Reflex*, Institut für praktische Philosophie in Hannover.

TAYLOR, RICHARD (*1950), Professor für Philosophie an der Marquette University in Milwaukee/WI & De Wulf Mansion Centre, Schwerpunkt: Philosophie des lateinischen und arabischen Mittelalters. Gastprofessor am Institut für Philosophie in der Katholieke Universität Leuven.

TWORUSCHKA, UDO (*1949), Professor für Religionswissenschaft an der Theologischen Fakultät der Friedrich-Schiller-Universität Jena, seit November 2011 emeritiert.

ZIMMERMANN, ALBERT (*1928), Professor für Philosophie an der Universität zu Köln und ehem. Direktor des Thomas Instituts, seit 1993 emeritiert.

ZUNKE, CHRISTINE (*1974), Dr. phil., Wissenschaftliche Mitarbeiterin am Institut für Philosophie an der Carl-von-Ossietzky-Universität Oldenburg, dort in der Lehre und an der Forschungsstelle Kritische Naturphilosophie tätig.